U0605674

我当院长的日子里

（上册）

孙传尧◎著

东北大学出版社

·沈 阳·

图书在版编目（CIP）数据

我当院长的日子里 / 孙传尧著. — 沈阳：东北大学出版社，2023.7

ISBN 978-7-5517-3333-5

Ⅰ. ①我… Ⅱ. ①孙… Ⅲ. ①散文集—中国—当代②选矿—文集 Ⅳ. ①I267②TD9-53

中国国家版本馆CIP数据核字（2023）第137082号

出 版 者：东北大学出版社
地址：沈阳市和平区文化路三号巷11号
邮编：110819
电话：024-83687331（市场部） 83680267（社务部）
传真：024-83680180（市场部） 83687332（社务部）
网址：http://www.neupress.com
E-mail:neuph@neupress.com
印 刷 者：辽宁一诺广告印务有限公司
发 行 者：东北大学出版社
幅面尺寸：170mm × 240mm
印　　张：37.25
字　　数：684千字
出版时间：2023年7月第1版
印刷时间：2023年7月第1次印刷
策划编辑：孙　锋
责任编辑：孙德海
责任校对：项　阳
封面设计：潘正一
责任出版：唐敏志

ISBN 978-7-5517-3333-5　　总定价：95.00元

前言

我1968年从东北工学院（现东北大学）有色冶金系选矿专业本科毕业，与同专业的22名毕业生一起被分配到新疆可可托海矿务局。在那里我从事锂铍钽铌稀有金属选矿10年，先后在四矿、五矿、8859选矿厂、8766选矿厂工作，曾任当时中国新建最大的8766选矿厂副厂长。1978年考取北京矿冶研究总院研究生，师从著名选矿专家吕永信先生。1981年毕业获硕士学位后被分配在该院做科研工作。1985年起我先后任科研处代处长、处长，副院长（主管科研工作）。1988年2月任院长，直到2007年2月离任。我任院长近20年间，历经了中国科技体制改革的全过程，这也是国家经济体制改革最困难的时期。当时有一句话："办法总比困难多。"中国终于挺过来了，闯过来了，迎来了改革开放的新局面。经历不寻常的20年，我也经了风雨，见了世面。我愿意把那个年代我的经历和体会告诉读者，使我的同龄人共享改革的春风，使年轻人增加对国情的了解，也为当今科研机构和高校的同行提供一点借鉴。

目　录

上　册

1 当院长前的工作

1.1 参与《当代中国》的调研和撰稿

我在新疆时的月工资是106元。研究生毕业后套改定技术十二级工资75元。当时大学本科毕业实习期46元，转正后55元。从55元到62元，再到75元这两个台阶要经过多年的磨炼，我研究生毕业定级并得到75元工资已经相当好了，我很珍惜读研究生和留在北京矿冶研究总院工作的机会，对任何工作都充满激情。

我的第一项工作是参与《当代中国》丛书的编写，具体参与《当代中国的有色金属工业》一书的调研和编写。我负责东北地区有色金属选矿厂调研和收集第一手资料。因此，我们调研组在严寒的冬季到杨家杖子钼矿、青城子铅锌矿、岫岩铅锌矿、柴河铅锌矿、西林铅锌矿现场考察。此外，还在北京地质资料馆查阅了有关天宝山铅锌矿、红透山铜矿、芙蓉铜矿、华铜铜矿、红旗岭镍矿的资料。这些工作对我十分重要。由于我长期在新疆选矿厂工作，熟悉企业的情况，因此每到一处考察效率较高。此外，我对铜、铅锌和钼选矿厂也增加了了解，特别是在柴河铅锌矿选矿厂详细考察了“先硫后氧，先铅后锌”的硫化-氧化铅锌混合矿难选矿石的选矿工艺技术。柴河选矿厂的浮选工罗振英师傅在现场给我讲浮选作业如何“调泡”，讲得很神奇，我听入迷了。东北地区有色金属选矿历史悠久，企业管理水平很高。

去岫岩铅锌矿时我与老矿长同乘一辆汽车。老矿长原是沈阳东北有色金属管理局的老干部，后来被派到该矿当矿长，现在已退休（离休）定居在矿山。老矿长对我说：“东北有色局派我到岫岩铅锌矿当矿长已经20多年了，直到退休谁也没想起我来，20多年没挪窝。”我听了心情很复杂，一方面感到老矿长离开沈阳大城市20多年扎根矿山很不容易，另一方面觉得组织上用干部也得关心干部。我对老矿长充满了敬意。

此后我完成了选矿概论部分的撰稿任务。

1.2 参与包钢选矿厂的选矿科研

与鞍山式铁矿石不同，包头白云鄂博铁矿石含硅矿物不是石英而是含铁硅酸盐矿物霓石，俗称钠辉石。铁矿物与霓石的分离要比与石英的分离难得多，一直是包钢选矿科研攻关的重点。当时方毅副总理抓包头、金川和攀枝花三大资源综合利用基地的科研攻关，矿冶总院组织精兵强将参与。选矿室主任吕永信先生是我的研究生导师，他具体领导选矿科研攻关。包头选矿科研的主流程是“细磨-选择性团聚-脱泥”工艺，这是第一号的政治任务，项目负责人是罗家珂，他早年做过新疆可可托海锂铍钽铌选矿的科研工作，对非硫化矿选矿很有造诣。吕永信主任除了领导“细磨-选择性团聚-脱泥”工艺之外，还亲自领导我和张心平高级工程师等科技人员，以我研究生阶段提出的《用络合浸蚀浮选法分离霓石和铁矿物》论文的部分内容为基础，从原矿开始研究提出“稀土、萤石反浮选—弱磁、强磁反浮选”工艺，实验室获得良好的结果，尤其是处理包钢选矿厂四系列弱磁精矿反浮选在实验室获得极好的结果，得到包钢选矿专家的重视。遗憾的是，院里把我们的研究工作终止，理由是向一号政治任务让路，确保“细磨-选择性团聚-脱泥”工艺实施。迄今为止，我仍然认为我们“第二包头组”提出的工艺流程是适合包钢选矿厂的。我与工艺矿物学专家杨锡惠当年就有共识：细磨是脱泥工艺的需要，从矿物解离和分离角度没有必要磨那样细。

我在实验室做反浮选脱硅实验时，用了几种抑制剂对铁矿物抑制效果都不好，我索性把两个永磁块放在浮选槽的两侧，结果含硅脉石全部上来，铁矿物几乎全在槽内，这一现象使我产生了反浮选磁力抑制的想法。1986年在云南牟定铜矿召开16立方米浮选机鉴定会时，我已是副院长，向设备室领导提出研究磁浮联合选矿设备的要求，可惜没太得到响应，当时搞浮选设备和磁选设备的都很火，赚钱不少，并且学科交叉不容易，研究浮选机的对磁选不熟悉，研究磁选机的对浮选也不熟悉，就没有深入开展下去。后来我的研究生林潮完成了《磁团聚浮选法及磁浮选矿机的研究》的论文，从理论及设备构思上有创新，但他毕业后在选矿室参与BK204起泡剂在德兴铜矿的应用研究，该设备研究又搁浅了。如果在20世纪80年代研究成功，估计可以获国家发明奖。

1.3　参加凡口铅锌矿异步混合浮选的研究

广东韶关的凡口铅锌矿是我国最著名的铅锌矿。原矿品位高且稳定，含铅5%，含锌10%左右，且含银高。该选矿厂从20世纪60年代起就与北京矿冶研究总院合作，以后又与日本人和德国人合作过，见过大世面。该厂长期采用高碱流程生产铅精矿、锌精矿和硫精矿。其中，铅精矿和锌精矿卖给韶关冶炼厂，该厂配成铅锌混合精矿，用引进的密闭鼓风炉法进行铅锌冶炼。这对于凡口铅锌矿就存在一个问题：铅精矿中的锌和锌精矿中的铅不但不计价，反而作为杂质影响了凡口铅锌矿的经济效益。在这一情况下，北京矿冶研究总院和广州有色金属研究院向中国有色金属工业总公司论证：凡口铅锌选矿厂直接生产铅锌混合精矿销售给韶关冶炼厂，对于选矿厂而言，铅、锌总回收率得以提高。关于此项工作，1983年两院分别完成实验室小型试验。北京矿冶研究总院项目负责人是李凤楼，1958年东北工学院毕业，提出铅锌混合浮选流程。广州有色金属研究院提出铅锌硫先全浮选再脱硫的工艺流程。之后在1984年分别在凡口矿选矿试验场完成半工业试验。

当年2月末，李凤楼和选矿室副主任甘经超领导的实验组一行15人浩浩荡荡到达凡口铅锌矿。因实验工作的需要，临时把我从兰坪铅锌项目组调到凡口项目组参加现场试验，进行流程改造和任值班工程师。

因我在新疆可可托海选矿厂工作10年，特别是经历了8766选矿厂试车、改造和投产的全过程，对选矿厂磨矿分级、磁选、重选、浮选和电选工艺及设备较熟悉，因此凡口铅锌矿半工业试验开始没有几天，科研处处长罗良士，这位1964年北京矿业学院毕业的选矿专家见我上手很快，就对李凤楼说："孙工不是你们矿冶院的，你们的人我都知道，没有孙工这样的人。"经李凤楼再三解释，罗良士终于明白，我原在新疆可可托海现场工作10年，考入北京矿冶研究总院读研究生，毕业后已留院工作，不是假冒的。我感觉，凡口铅锌矿这些选矿技术人员大都是20世纪60年代前期中南矿冶学院和北京矿业学院科班毕业的专家，他们见多识广、工程实践经验相当丰富，对北京矿冶总院这些学院派的研究人员有偏见，认为我们的人在实验室可以，到工业上不如他们。我加盟试验组在一定程度上改变了他们的一些固有看法。

有一天，赶上我任值班工程师，当班中午正在吃饭，听外面吵吵嚷嚷，忙问"怎么了?"有人回答："孙工，石灰药泵打不上药了，原因查不出，再停一会儿药这个班的指标就废了。”当时正是连续运转取试验指标的关键时期，药剂工和维修工个个心急火燎，但束手无策。我站在旁边，饭碗都没放下，说：“快把药泵出口的输药管拔下来再安上。”众人发愣，怀疑地看着我，不动手。我说：“别犹豫了，快动手！”就在药泵输出药管拔下又安上的一瞬间，药泵工作恢复正常，试验得以正常进行。人们由发愣变得惊呆了，搞不清我葫芦里卖的什么药。其实道理很简单，就是排气。

我在车间里领导试验，在厂房里巡查，有一个钳工师傅和一个电工师傅不离身地跟着我。有一天，我说：“林师傅，楼板底下砂泵坏了，快去修吧。”

林师傅问：“你怎么知道？”我说：“听声音。”

又有一天，我对林师傅说：“林师傅，那台浮选机轴承坏了，停车修吧！”

他又问：“你怎么知道？”我照旧说：“听声音。”

长期在选矿厂工作，我养成眼观六路、耳听八方的习惯，由此判断工艺是否稳定、设备运转是否正常。有一次半夜上零点班，有一台浮选机坏了，没有值班钳工，怎么办？我自己修。费了两个小时的劲儿才修好，保证了系统连续运行。

试验开始时，搅拌槽无矿浆循环筒，导致矿浆搅拌效果差。我及时设计制图交机械厂加工，改造成新型搅拌槽，保证了试验成功进行。在凡口铅锌矿工作了两个月，厂里的人以为我是机械工程师，我说是选矿工程师，机械是我的业余爱好。

半工业试验取得了良好的效果。铅锌混合精矿含铅15%、含锌35%恰好达到密闭鼓风炉的要求，铅回收率90%，锌回收率98%，均已相当高。不过在试验中我发现，虽然是同一种矿物的方铅矿但可浮性并不一样，闪锌矿也是如此，棕黄色的闪锌矿更好浮些。回到北京后，我和李凤楼反复对比研究，提出更优化的浮选流程：粗选分两步，第一步以铅为主，与方铅矿可浮性相近的闪锌矿跟随上浮，第二步以锌为主，全部闪锌矿及剩余的方铅矿随之上浮，两次粗选的介质条件不同，两步粗选精矿合并精选。我把这一工艺定名为异步浮选工艺，其与同步浮选流程相比指标明显优越。如今异步浮选已在业内得到普遍认可并被大量推广应用。

进入凡口铅锌矿工业试验阶段投标时，我院以异步浮选工艺生产铅锌混合精矿投标，作为副院长的我很有信心地在投标书上加了一句话：“如果工业试验失败，北京矿冶研究总院赔偿现场技术改造的全部损失。”我敢下这个赌注，是因为我们对此项技术已经研究得相当成熟，有百分之百的把握。无疑地，我们中标了，并且工业试验开车后一次成功。该项目获得1989年国家科技进步二等奖。

1.4 参加吉林浑江铅锌矿选矿研究

1984年夏季的一天，我和李凤楼正准备去西林铅锌矿出差，吉林浑江铅锌矿矿长刘新民，这位东北工学院1956年采矿专业的毕业生突然来北京把我们截住。他告诉我们，该矿新采区矿石入选后，铅锌分不开，冶炼厂拒收产品，全矿几个月没发工资了，再拖下去矿山就倒闭了。看在东北工学院老校友的情面上，无论如何得拉一把。

我和李凤楼没有犹豫，立即改变行程去浑江铅锌矿。在矿山，我们体会到了干部、职工对我们的期望。经过现场考查和在北京进行艰难的小型试验，我们确定了工业试验流程，在早春天气很冷的时节去现场进行流程改造，开展工业试验。李凤楼负责小型试验，我负责工业试验及转产。

图1.1 1984年本人和李凤楼教授级高工在浑江铅锌矿出差时与时任矿长刘新民在鸭绿江边合影

矿山的人很热情，几乎每天晚上都请吃饭喝酒，喝完酒别人都睡下了，我还得画图设计。之后我领导现场施工改造。新工艺流程突出原矿细磨和精细分选的特点，将原一段闭路磨矿分级流程改造成三段两闭路磨矿，二段磨矿用旋流器闭路。我不用变频电机或液力偶合器，只在砂泵的出浆管加装了一个简单的矿浆回流管。整个工业试验期间，水力旋流器运行平稳，没有发生一次喘气现象。有一个施工环节，厂长图省事没按设计要求施工，我问他："按你的方案出了问题，你敢负责吗?"厂长不敢肯定。我说："按我的设计方案施工，出了问题我负责!"实践表明，我的设计方案是正确的。

工业试验在下午4点开车，因为是我设计并领导施工改造的，自然是我亲自任当班值班工程师。到现场一看，没有一人带饭。我问班长李德铁："晚饭你们吃什么?"我没想到班长竟这样回答："我们见得多了，当年黑龙江和吉林的研究所都来我们厂做试验，开车后停停打打，一个多星期才能转起来。你们北京矿冶研究总院水平高，估计也得三五天才能正常。再说，流程这么复杂，不可能顺利，待会儿停车，我们都回家吃饭。”我说：“我可带饭了，你们今晚回不去了。”

我指挥开车后，全流程打通，工艺稳定、设备正常。班长一看明白了：北京矿冶研究总院到底不是黑龙江和吉林的研究所。马上派人去1公里外的商店买饼干，每人一包，对付到半夜12点交班。

工业试验运行后，铅锌分离效果良好，铅、锌精矿品位及铅回收率都达标。但细磨后，加上铅浮选作业对闪锌矿的抑制过强，导致锌回收率低。恰在此时，林青副院长给我发电报，让我回院管科研（此时我已是科研处处长，但现场不知道）。我急电回复林青副院长：“工业试验正值困难时期，无法脱身，请求暂缓回院。”院总工程师东乃良明白，他对林院长说：“别催他了，他们这些人出去做工业试验，做不完是不会回来的。”

我让参加试验的技术人员全部撤离现场，打铅浮选尾矿浆在试验室做锌浮选试验。一周后，锌浮选的工艺条件找好，重新回到车间，铅、锌、硫浮选指标全面达标。工业试验成功后立即移交生产，全矿欢腾，举行庆功晚宴，工人们赌咒发誓，一定把工业试验的成果保持下去（我改造设计的流程图见图1.2）。

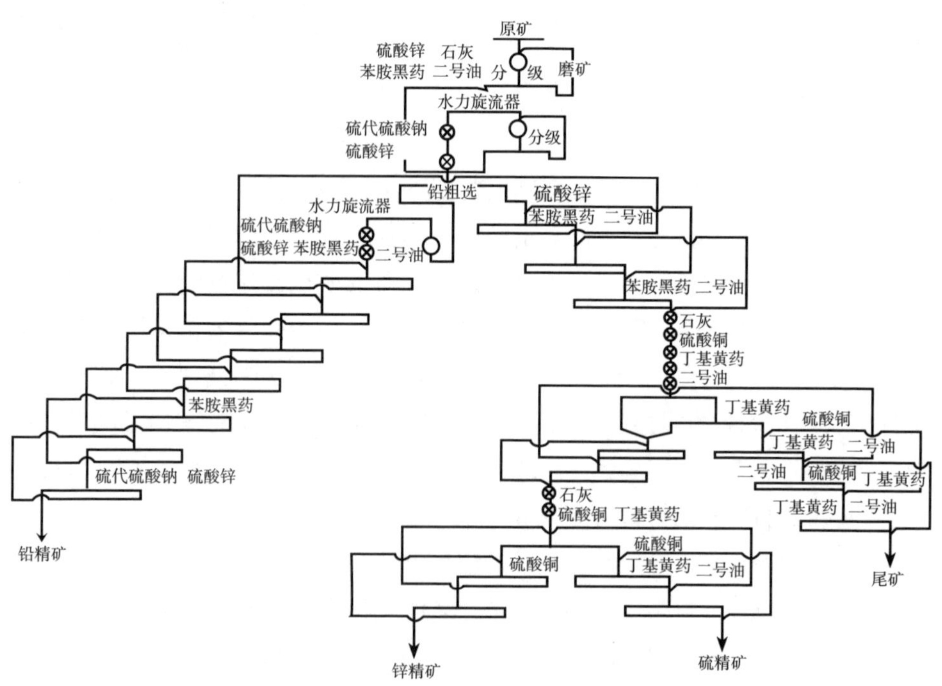

图1.2 改造设计的流程图

该项成果获1986年部级科技进步二等奖。后来该矿的技术人员写信告诉我，由于我们科研的成功，全矿上下呈现一派新气象，该矿员工每人升两级工资。我们用辛勤工作获得的研究成果救活了一个企业，感到十分欣慰，找到一种幸福感。

浑江铅锌矿研究项目获得成功后，1986年我们重新杀回西林铅锌矿，完成了选矿新工艺和JJF-SF浮选机联合机组的工业试验，获国家科技进步三等奖。

1.5 当科研处处长

如前所述，在承担浑江铅锌矿选矿科研项目时，我已被任命为矿冶研究总院科研处处长。为了方便工作，在矿山我一直没露处长的身份，现场的领导与工人仍亲切地称呼我孙工。

那是1985年元月，我搞科研工作思维正活跃的时候，院长何伯泉、党委书记李永蔚找我谈话，调我到科研处代理处长，理由是处长史继昌突然病倒，科研处运行不得力，影响全局。我表示，我在选矿研究室工作很顺手，不想离开。院人事处处长肖九如说透了："你是院里选定的后备干部，原来想让你在选矿室当室主任往上走，现在科研处处长突然缺位，只好让你先到科研处了。你想想，尽管你俄语很好，可出国留苏都不让你去，就是要把你扣住。"话说到这份儿上，我只好服从了。刚到科研处两天，情报资料室徐乃娟高级工程师见我坐在科研处，问我："你坐这干吗？"我说："我调到科研处代理处长了。"她听后眼睛睁得很大，说："孙传尧你是干将，你到这当什么处长？"我无言以对。那时一般人对在研究室工作和职能部门工作的人看法不一样。

我任科研处代理处长不久，看见一件怪事：经常有研究室主任到科研处争吵，就连老实巴交的自动化室主任陈鼎久都来吵架。我想这个普遍的现象问题症结可能不在研究室，而在科研处。我问处里各主管："有科研管理条例吗？"大家说没有。我感到很奇怪，建院30年了，这么大的研究院居然没有科研管理条例，依据什么管科研？怪不得经常有人来吵架，仅凭个人解释人家能服气吗？于是我让全处负责计划、经费、项目管理、科研基金、成果鉴定、评奖、横向对外经营等的主管，每人写出各自的管理条例，然后全处讨论，汇编后提交院长办公会议审阅，通过后全院颁布实施。我对大家说："以后来人你们不要与人家吵架，就对他们念科研管理条例，按条文办。"这是矿冶研究总院第一部科研管理条例，颁布后全院的科研管理形成了新局面。这是我到科研处主持工作后干的第一件重要的工作，该条例20世纪90年代又修订一次。

我在企业干了10年，非常看重科研成果转化为生产应用。吉林浑江铅锌矿和西林铅锌矿的成功实例有代表性。我与项目组的人员多次去现场考察，签订合同，注重项目的实施过程直到工业应用。我还重视成果的鉴定。1985年9月，中国有色金属工业总公司在平谷专门为北京矿冶研究总院召开了一次规模很大的多项科研成果集中鉴定会。

1.6 当副院长管科研

因我任科研处处长总在外面出差，对院里发生的事不大了解，也不关心。有一天我从浑江铅锌矿回来正赶上有色总公司人事部来院考察干部。我记得是王志敏处长在原南主楼三楼韩荣元副院长的办公室找我谈话，内容是推荐副院长的人选。当时我的心思都在科研上，根本没想这事，再说也不太了解情况。仅以我科研处处长的观察提出几名候选人：王柯，听说是副院长老候选人了，一直没当上，自然想到他；郑宝臣，设备室主任，研究室里属他们项目多，财大气粗，威信高，来科研处吵架也数第一，当然大多数他在理，是很有名气的研究室主任，我自然就想到他了。王志敏处长很认真地听我的意见并做记录。他沉思了几秒钟，突然冒出一句："让你干，你能干吗？"我不假思索地回答："根本干不了，想都不敢想！"谈话后我迅速回到浑江铅锌矿继续领导现场工业试验，这事我没再想。

几个月后在科研处，选矿高级工程师邹国和说："咱院的副院长怎么还揭不开盖子？"转过身又对我说："孙处长，你上也行，我们都服你。"我说："邹工你瞎说什么？我刚来院几年，当处长才几天？没影的事！"

1985年9月末的一天，院长何伯泉把我和规划处副处长周峰叫到他在主楼309的办公室，对我和周峰说："有色金属工业总公司党组已决定，你孙传尧任副院长，你周峰任院党委副书记。不过，这次你们跟随林青副院长到金川参加金川资源综合利用会议和去酒钢出差还以处长和副处长的身份，必要时可亮副院长和副书记。"何院长还告诉我们，党组批准的副院长还有邱定蕃。

我听后愣住了，一是不相信，也没想到自己当副院长；二是保密工作这样严密，事先没有一点风声。周峰说："以前我连党支部书记都没当过，一下子当院党委副书记怕不胜任。”何院长鼓励我俩好好干，不辜负党组的信任，我们表明了态度。

林青副院长领我们到酒钢选矿厂看望肖庆苏、王淑秋等人，搞综合回收重晶石浮选工业试验，这是国家“六五”科技攻关项目。项目总负责人是长沙矿冶研究院选矿专家孟庆丰——东北工学院50年代的毕业生，主要试验圆形跳汰机，北京矿冶研究总院负责选铁之后用浮选法回收重晶石，大家很辛苦。我临时提议经林院长同意给试验组留下了几百块钱买些西瓜、白兰瓜吃，这在当年已算破例了。

从嘉峪关到金川的火车上人多得出奇，在硬座车厢根本没有座位，林院长建议我们到硬卧车厢买卧铺，我说白天坐卧铺可能不给报销。林院长说：“特殊情况，回去我跟院里说说。”可是回院后财务处就是不给我们报销卧铺，我们自己掏腰包了。到金川后金川方面已经知道我任副院长，我的大学同学、金川公司党委副书记吴金生一见面就紧握我的手说：“当副院长了！”我说：“这次到金川还以处长的身份。”

我担任科研主管副院长后，把主要精力放到承担国家项目、联系企业、下厂矿找项目、订合同、跟踪科研项目、抓成果转化、鉴定、评奖等方面。

1986年，我带领一批专家到新疆有色集团谈合作，受到老领导刘履中总经理的破格接待。在刘总的安排下，我们又到哈图金矿、喀拉通克铜镍矿、可可托海矿务局，受到老朋友的热情接待，签订了一批科研合同。

1987年11月23日—12月3日，我与李凤楼、赵纯录、白秀梅等专家去青海省海拔3200米的锡铁山矿务局考察，克服了高原反应，签订了选矿科研合同。此行我还有一个意外的收获，困扰我已久的右肩肩周炎好了。我在凡口铅锌矿出差时因受凉右肩肩周炎很严重，右手不能梳头，党员开会表决不能举右手，端酒杯抬不起胳臂，晚上睡觉疼痛难忍，医院也没有好办法。在北京至西宁的往返火车上睡卧铺颠簸相当于长时间按摩，回到北京后渐渐地好了，我十分高兴。

同年，我们又去甘肃白银有色金属公司签订一批小铁山地下采矿、矿山机械和选矿科研项目的合同。这次项目合同的签订，院规划处处长李树田、科研处处长王乃勤起了很大作用。白银公司党委书记吴运泰对北京矿冶研究院给予了充分的信任和支持。此后我多次到小铁山现场，包括地下采场。

1987年，我带领专家组两次到广西大厂矿务局（今华锡集团）调研和进行“七五”科技攻关论证。大厂矿务局在山里，连篮球场大小的平地都难找到。刚到大厂，我院采矿室高级工程师袁砚池这个老北京对我说：“孙院长，我看来参加会的都是苞谷面它爹呀！”我问他什么意思，他说：“都是碴子!”我听了好笑，仔细一看，果然是一场恶战！有色金属工业系统各大研究院、设计院和高校的专家云集大厂矿务局，而且都是院长、校长带队。

为了更有针对性，开会前一天晚上，我邀请了两名现场的老技术人员，认真听他们的看法，包括存在的问题及技术思路。

“七五”项目论证会由中国有色金属工业总公司科技局黄恩兆副局长负责，具体由李铭岩处长主持。会上宣布注意事项：每个单位代表讲20分钟，中间不得打断，根据论证的充分程度决定项目的承担量。

首先是广州有色金属研究院院长程德明论证，这位留苏的选矿专家讲得很好，但专业面窄，没有采矿、冶金，材料也讲得不多。第二个发言的是长沙矿山研究院王爵鹤副总工程师，这位1957年北京钢铁学院毕业的采矿专家同样讲得很好，但限于该院的专业只有采矿和矿山机械，也不可能讲得很全面。我是第三个发言，由于我院采选冶、机械装备、自动化、材料和化学化工专业齐全、配套，在院内做了充分的准备，开会前一天晚上又与现场的工程技术人员充分交流，抓住关键问题，再加上我有10年的现场工作经验，又是研究生毕业，掌握的理论和研究方法与手段较多，我把20分钟充分用足，论证效果明显占优势。这时，广州有色院程德明院长要求补充发言，说他的20分钟没用完。

此次论证会，北京矿冶研究总院大获全胜。会后，广州有色院程德明院长对邱定蕃副院长说：“你们讲那么多全都能干呀?”程院长是实在人、典型的学术型院长，他当时并不充分理解论证就是比实力、争项目、争经费。长沙矿山研究院采矿所刘德茂所长对我说：“你们是三轮车（采选冶），我们是独轮车（采矿），你们与我们争啥呀！”

大家十分高兴。会后我和郑宝臣副院长（当时他代表有色总公司参会）在南宁自费请大家吃饭喝酒庆贺。那时的餐费不贵，我出10元，郑院长出10元2角，特意比我多出两毛钱以示嘎过我（东北话“超过我”），20元就可以吃十分丰盛的一桌餐。我们还请长沙矿山院的王爵鹤副总共进午餐。会上是竞争对手，会下是老朋友。项目承担后，我多次到现场检查实施情况。

1987年我三次到江西德兴铜矿。

第一次是带队到德兴铜矿论证38立方米浮选机立项。

第二次是在凡口铅锌矿参加异步混合浮选工业试验后，赶到德兴看38立方米浮选机工业试验情况，我决定结束工业试验并高调宣布工业试验已成功。

第三次是参加38立方米浮选机鉴定会。

凡口铅锌矿选矿厂正式开展我院提出的铅锌异步混合浮选工业试验。开车当天，工艺和设备就正常并且达到合同指标，这是从未见到的好结果。我参加了几天工业试验，看一切正常，就放心地去德兴铜矿。

那天，我一人在韶关乘硬卧去江西德兴铜矿，这是广州开往南昌的火车，乘客在桌上都摆着无色透明的饮料。我心想：到底是发达的富人区广州开出来的火车，旅客有钱，不喝茶只喝饮料，只有我一人喝茶。其实那时候我真不知道他们赶时髦喝的是不值钱的矿泉水，还以为是什么贵重的高级饮料呢！那些年月，我任何饮料都没喝过，也不懂，连矿泉水都不知道。

火车停在向塘站准备进入南昌。我突然看见从南昌开往南京的火车刚进向塘站，我判定这火车是走皖赣线必经乐亭，于是我毫不犹豫地跳下火车钻进那列去南京的火车，免得再到南昌换车。在乐亭是半夜下车，冒着大雨在一铁路小旅馆里熬到天亮，在一小摊上吃碗馄饨和油条，买一长途汽车票到达德兴县城，这里距德兴铜矿还有挺远的距离，天色已晚，没有公交车，我只好找个地方打电话向德兴铜矿蔡经福副总工程师求助，他立刻安排一辆皮卡车把我接到铜矿。到了招待所，见到我院选矿室教授级高级工程师、1958年东北工学院毕业的老大姐张竞成，她是中国有色金属工业总公司第一把手费子文总经理的夫人，还有年轻的江西冶金学院毕业的杨菊，她二人张着嘴睁大眼睛看着我，问我怎么来的。我叙述了一路的经过，她们说："啊呀！德兴铜矿派车在南昌站接你呢！"真遗憾！那时没有手机，联系不上，让汽车空跑了一趟。

当时在德兴泗洲选矿厂，北京矿冶研究总院与江苏溧阳矿机厂合作、北京有色冶金设计院与陇西冶金机械厂合作，平行做38立方米浮选机两种机型对比工业试验。我到德兴后得知，我院的浮选机工业试验已经达到预期指标，而且比陇西与设计院的机型好，由于对方还在运转，我们的浮选机也没停，但研究人员已有厌战情绪，觉得没有必要再陪着他们转。针对这一情况，我与实验组的人员杜懋德、邹介斧、刘振春、谢百之和沈政昌商议，工业试验应当停止而且宣布顺利完成，得到大家的赞成。

经过简单的准备后，在德兴铜矿举办了一场我院完成38立方米浮选机工业试验的答谢宴会，参加宴会的有上百人，有矿领导、江铜基地基建指挥部的领导、选矿厂和矿职能部门的代表，有参与试验的科技人员和工人等，各方人员都到齐了，我先讲答谢的话，之后与矿冶院现场试验负责人、设备室主任杜懋德，德兴铜矿副总工程师蔡经福，溧阳矿机厂领导代表我方实验组逐桌敬酒，大家又互相敬酒，宴会气氛十分热烈。我决定举办这样的答谢宴会，一是表达真诚的谢意，二是加深我院与现场的合作关系，三是高调宣布我院研制的38立方米大型浮选机已成功完成工业试验。这一活动产生的效果非常好。

我处理完38立方米浮选机工业试验的事，在回京的路上从德兴铜矿到贵溪时发高烧39 ℃。因机会难得，在等车的大半天内，我还是请江铜冶金工程师王泽凯陪我用2个小时参观了贵溪冶炼厂，这是我国最先进的闪速炼铜厂，具有国际水平。参观后，我去鹰潭乘福州到北京的K46次特快回京。我难受得实在坚持不住了，走到车站对面的一个小旅店，为了给院里省钱，在一间有上下双层床的房间仅花了1元4角钱躺下，告诉服务员千万想着喊我上火车，别误了火车。当我踉跄地走到检票口时，女检票员说："我就等你一人了，你来了我就完成任务了。"上了火车，我顾不上刷牙洗脸倒头就睡。第二天上午醒来已退烧，精神也好了。我对面下铺的一名军官说："昨天夜里你在鹰潭上车后一句话也不说，睡得很沉。"我告诉他发高烧了，浑身没劲。

第三次去德兴铜矿是参加两种机型的鉴定会，在会内会外又是一番较量。我院参会人员由我带队，有设备室领导及项目组人员：卢荫之，1953年东北工学院选矿专业毕业生；张竞成，1958年东北工学院选矿专业毕业生；郑宝臣副院长，1962年东北工学院机械系毕业生，等等。有色冶金设计院由罗中兴老总带队，他是业内著名的专家，但前期的试验工作他没有介入，不太了解情况；还有钟基敏，东北工学院1954年矿机专业毕业生；还有项目组的专家。鉴定专家组成员东北工学院教授冯守本，一下车看到双方的阵势说了一句话："我若知道这样，我就不来开会了，双方都是我东工的同学、校友和朋友。"有色设计院的研究骨干朴树寰、秦毅，也都是东北工学院50年代的毕业生。会还没开，我与几位领导和专家前去看望发烧的我院卢荫之教授。有色设计院钟基敏对卢工说："卢工，您这两天忙活得太累了！"卢工一听他话里有话，腾地一下坐起来，对低他一届的钟基敏说："小钟，我告诉你，你现在还不是教授级高工，我可是评委啊！"可见双方竞争的火药味十足。鉴定会上，有色设计院的一位大专家、东北工学院1955年毕业生对专家组说："你们见过大型浮选机吗？我给你们讲讲。"此举令专家组成员不满，有的从会场出来说："他给专家组上课呢！"最终结果，我院的浮选机凭实力获得了鉴定委员会的充分肯定。

1987年底，我带领一个专家组到武山铜矿考察及签订科研合同。冬季的武山铜矿十分阴冷，我们经考察调研后与矿领导进行了几天的科技与商务谈判。该矿总工程师朱占全，外号"老八路"，我们是多年的老朋友了。他问我何时回京。我开玩笑说:“看你表现了！签不了合同就在武山过年。”最终在元旦前签订了含炸药、采矿、选矿的多项科研合同，使双方的合作深化一步。

1.7 接任院长工作

1988年初，北京矿冶研究总院院长何伯泉升任中国有色金属工业总公司副总经理，需要确定接任院长人选。我一直在企业出差，因此也没想院长一事。2月，中国有色金属工业总公司在院原文兴街总部大食堂搞了一次公开推荐新任院长人选的测评会。参加会议的有全院处级以上干部和高级职称的专业技术人员。过了一段时间，何伯泉副总经理向我打招呼，说我可能接任院长。我说邱定蕃和郑宝臣两位副院长比我合适。何总说:“从工作考虑你上合适，干部测评有一半的票是投你的。”

1988年2月末的一天，中国有色金属工业总公司副总经理吴建常代表费子文总经理来到矿冶院先找我谈话，然后同样在院部大食堂召开全体干部大会，吴总代表党组宣布我任北京矿冶研究总院院长，并作了重要讲话。当年我43岁，可见院领导和有色金属工业总公司党组思想的解放程度和对我的信任。人们戏称北京矿冶研究总院的干部队伍是“老兵”“中将”“少帅”。这“少帅”指的就是我了。我万万没想到在院长的岗位上一干就是近20年，直到2007年2月正式离任。在任院长的最初两年，我把全部精力放在改革与管理上，没有承担任何科研项目。

2　我所经历的国家科技体制改革的历程

国家科技体制是指对科学技术的机构设置、管理研究、职责范围、权利义务关系的一整套国家层面的结构体系和制度设置。我国原有科技体制是在计划经济体制下逐步形成的，其突出特点是，政府拥有独立研究机构的技术和资源。该体制在特定的历史时期，为我国经济发展、国防建设和社会进步做出了重要贡献，例如“两弹一星”，而且为科学技术自身发展奠定了坚实基础。随着我国改革开放的不断深入和社会主义市场经济体制的逐步建立，原有科技体制的弊端日益突出。

因此，自20世纪80年代开始，中共中央决定对科学技术体制进行坚决的、有步骤的改革。我接任院长后，接触到的高层领导较多，几乎经历了国家科技体制改革的全过程。改革的历程，中央没有明确划分，按我个人的体会大致可划分为以下五个阶段。

2.1　第一阶段：1985—1992年拨款制度改革

1985年，中共中央发布《关于科学技术体制改革的决定》，全面启动了科技体制改革。这一阶段改革由国家科委的李绪鄂副主任领导，条件财务司为主实施，具体是对科研机构减拨事业费，实行差额预算拨款。以改革拨款制度、开拓技术市场为突破口，引导科技工作面向经济建设主战场。具体做法是，根据改革前一年国家纵向科研经费在全院总收入中的比例（承担国家级科研任务的能力），确定国拨事业费的比例。北京矿冶研究总院事业费只有原来的20%多，其他不足部分需要自己走向市场去赚取。有色金属研究总院和钢铁研究总院因承担的国家纵向项目多，事业费留的比例比我院要高。这是一次“定成分”，多年不变。对此科研机构反响不一，普遍认为是“断皇粮”，也有的人有情绪地称“断气”。

2.2 第二阶段：1992—1998年放活科研单位、放活科研人员

1995年，中共中央、国务院发布《关于加速科学技术进步的决定》，确立了“科教兴国”战略，提出了“稳住一头，放开一片”的改革方针，开展了科研院所结构调整的试点工作，1998年在中国科学院开始实施知识创新工程试点。

从这一阶段起，科技体制改革以国家科委体改司为主，其核心内容实际上是“放开一片”，即“两放活”：放活科研机构，放活科技人员。鼓励科研院所和科技人员主动走向社会，到企业找项目、要经费、订合同。试图进一步解决科研和生产“两层皮”的问题，相应地也增加了科研院所和科技人员的收入。

2.3 第三阶段：建立国家队实施重点院所试点

这一阶段实际上是第二阶段后期的“稳住一头”。我把它单独列为一个阶段。1995—1998年，在“两放活”之后，国家科委拟大浪淘沙，选择一批有实力的科研院所，由国家重点支持，效仿教育部“211工程”，国家科委（1998年3月10日国家科委更名为科学技术部）内部称“五〇工程”，即：21世纪中国重点建设50所科研院所。北京矿冶研究总院已在重点院所试点的行列中。

2.4 第四阶段：科研院所转制为科技型企业

1999年，中共中央、国务院发布了《关于加强技术创新、发展高科技、实现产业化的决定》，对科研院所的布局结构进行了系统调整。加强国家创新体系建设、加速科技成果产业化成为这一时期的主要政策走向。政策供给集中在促进科研机构转制、提高企业和产业创新能力等方面。

当时国务院各部委下属800多个科研院所，其中大型的有100多个。随着国务院机构改革，十大部委撤销，于是，做出了科研院所转制为企业的决定。1999年7月1日，中国技术开发类242个科研院所整建制转变为科技型企业，这是本阶段的重要标志；后来又有第二批院所转制。

到此，科技部建立国家队实施重点院所试点的工作自然终止。科技部部

长徐冠华向李岚清副总理汇报建立国家队时，李岚清副总理当即做出科研院所转制为企业的最新决定，科技部当时没有思想准备，立即调整思路贯彻执行国务院决策。

经科技部、国家经贸委和中央编委的慎重选择，确定第一批有12家科研院所直属中央，由中央企业工委（后国资委）直管。北京矿冶研究总院被选入其中。

图2.1　中央直属的大型科研院所领导合影（右七为时任科技部体改司司长，后任科技部副部长的尚勇）

北京矿冶研究总院进入12家中央直管的科技企业并不是一帆风顺的。起初，中央拟定一个行业只选一家大型院所的方案。在有色金属行业总计21家科研院所中，北京有色金属研究总院排名第一，北京矿冶研究总院排名第二，这是各界公认的。如果一个行业只选一个，北京有色金属研究总院肯定被选中，其院长也不必着急。但是，中国有色金属工业协会力挺北京两大院都上，理由是：北京矿冶研究总院虽然排名第二，但该院采选冶和材料专业配套、科研、设计及装备制造一体化，是有色金属行业科技进步的主力，也是为有色金属工业主战场服务的主力军。时任科技部体改司司长尚勇也力推矿冶总院。但无论怎样，10家院所的大名单里仍没有矿冶总院。面对如此严峻的形势，我召开院长办公会议，报告院所转制的形势，请各位院领导做最坏的思想准备，并且要求院领导出主意、想办法。参会的张建良副院长事后对我说："那一天我看出你是真着急了！"

我是真着急了！面对这历史性的抉择，我院不能丧失机遇，作为院长，我深感责任之重大。于是在得知次日召开决策会议的当天夜里11点钟，我拨通了国家经贸委技术装备司王建增司长的电话，此前我与王司长并不熟悉，更没联系过。在电话中我表示抱歉，深更半夜打电话到王司长家中实在是无奈，因为第二天就开会研究名单了。我用最短的时间把矿冶总院归中央直管的理由说清楚了。王建增司长很客气，他说："你的意见与有色金属工业协会康义会长的意见一致，我明天就把你的意见带到会上，你尽管放心。"

我永远不会忘记王建增司长在关键时刻对矿冶总院的支持。

有两件事涉及北京矿冶研究总院，我必须说明：

西北有色金属研究院是材料大院，在航天、航空和战略高技术领域占有重要席位，院长周廉院士是著名的超导专家。该院要成为第13家中央直管的科技企业，无奈，中央不批准第13家。后经科技部徐冠华部长建议和运作，西北有色金属研究院作为北京矿冶研究总院的分支机构跟随矿冶总院直属中央。两院强强联合、专业优势互补，这样做对两院都有利。对此，我院表示欢迎，也进行了系列运作。本书后面将说明，该院后来下放归陕西省管。

图2.2　北京矿冶研究总院党政领导成员访问西北有色金属研究院（右三为西北有色院院长周廉院士，右一为孙传尧，右二为王玉田，左一为张晓春，左二为时任人事处处长周洲）

马鞍山矿山研究院按原方案与长沙矿冶研究院合并组建冶金工业部矿冶研究总院。但公布方案时马鞍山矿山研究院是作为长沙矿冶研究院的下属机构进入中央直管院所。对此，马鞍山院立即提出异议，该院党政领导班子开会研究后，委托院长王运敏给我打电话表示，该院坚决不进入长沙矿冶院，要求进入北京矿冶总院。摆在桌面上的理由是：该院选矿研究室是1966年初北京矿冶研究院第二选矿室整建制地搬迁到马鞍山院的，此外还有分析测试的部分科技人员。马鞍山院与北京矿冶总院有渊源关系，要进就进入矿冶总院。我回复王运敏院长，我感谢马鞍山院，但这一方案我无法同意，理由是：

（1）马鞍山院是冶金工业协会推出的，北京矿冶总院是中国有色金属工业协会推出的，二者推出的渠道不同；

（2）中央已做出决定；

（3）长沙矿冶研究院的院长张泾生是我的东北工学院同专业同学，毕业后又同在新疆可可托海矿务局工作10年，1978年同期考上研究生，是多年的朋友及合作伙伴，我如同意该方案，有挖他墙脚的嫌疑。

最后，马鞍山矿山研究院进入中钢集团。

社会各界对科研院所转制为企业有不同的理解，有不同的声音，但是既然国家已决定，就得坚决走下去。2003年4月，科技部徐冠华部长小范围召集几名院长座谈，尽管过去几年时间了，院长们对科研院所转制为企业还是持有异议。徐部长做我们的工作："科研院所转制为企业是不可逆的，因为中央已做出决定。我最初的方案是搞重点院所试点，建立国家队，但中央不同意，不同意就吹台了！我们科技部也是紧急调头紧跟中央。大家不能再犹豫了，一定与中央的决定保持一致。"

2000年，李岚清副总理亲自组织近百名科研院所领导在国务院杏林山庄开办为期一个月的理论研究班，后来从这个班里走出多名部长和院士。结业式在人民大会堂小礼堂举行。李岚清副总理为我们颁发结业证书，我是第八组的组长，代表全组学员从李岚清副总理手中郑重地接过结业证书。

2.5 第五阶段：科研院所转制为科技型企业以后

《国家中长期科学和技术发展规划纲要（2006—2020年）》的提出，进一步明确了我国科技体制改革与建设创新型国家的要求，其中指出，在今后一段时间内，我国科技体制改革的主要任务：一是支持鼓励企业成为技术创新主体；二是深化科研机构改革，建立现代科研院所制度；三是推进科技管理体制改革；四是全面推进中国特色国家创新体系建设。

但是，我感觉从科研院所转制后，直到我2007年院长离任这一时期，国家对科研机构管理体制再没有出台新的举措。

国家科技体制改革是渐进式的，也取得了很大成绩，但还存在一些问题。主要是：国家的技术创新体系有待完善；科研投入不少，但原创性的成果不多；科研和经济的结合有待加强；企业是创新的主体有待突出；转制科研院所的基础研究和技术创新能力不强；研究机构和高校注重科技与经济结合内部的小循环，在国家层面上科技与经济结合的大循环削弱了；国家重点科研院所人才难稳定。这些不在本书的讨论中。

在科技体制改革的初期，科研院所从领导到员工在认识上有较大差异，有的积极跟着国家科委进行改革试点，北京矿冶研究总院就进入十大院所改革试点的行列，有些院所是边看边跟着走，也有少量院所行动缓慢，其发展受到影响。

20世纪90年代，由钢铁研究总院吕其春院长发起，16个院所长联名给国务院领导写一封信，信中表达了国务院各部委所属的数百家科研院所在国防军工和国民经济中的作用、与国际先进水平的差距、院所存在的困难以及国家应大力支持科研院所的愿望。我是写信的16个院长之一。这封信在社会上引起强烈反响，李鹏总理亲自阅示，国家科委立即响应，采取措施支持大院大所。

90年代，国家科委认为科技体制改革比较好的院所有冶金工业部自动化院、北京矿冶研究总院、钢铁研究总院、北京有色金属研究总院、机械工业部北京机床所、国家建材局人工晶体研究所、武汉邮电科学研究院、南京自动化所等。

我经常参加国家高层次的科技体制改革座谈会，领会高层领导的思路，与院领导班子成员密切合作，积极稳妥地推进改革，尤其要考虑改革支付的成本和我院的承受能力，力求不出现大的失误。

3 北京矿冶研究总院的历史沿革

3.1 发展历程

北京矿冶研究总院最初是适应国家冶金工业发展的需求而建立的，建院后历经多次专业和机构调整，目前已很完善，成为在国内外有重要影响力的矿冶科技集团有限公司。

1956年，我国正执行国民经济发展的第一个五年计划，正规划和建设苏联援建的156个大型工业项目，也正落实周恩来总理亲自主持制定的国家十二年科学技术发展规划，是共和国向科学进军的起步阶段，是国家经济建设的黄金时节，是激情燃烧的岁月。当时我虽然只上小学五年级，也感受到社会风气良好、人们心情舒畅、奋发向上建设新中国的氛围。这一时期国家建立了多个研究院和设计院，直到现在仍发挥着重要作用。

1956年4月，重工业部根据苏联专家的建议，参照苏联有用矿物机械加工科学研究设计院（原列宁格勒，现圣彼得堡米哈诺布尔）的模式，从当时的北京有色冶金设计院成建制地抽调数百名科技人员，在设计院内组建了重工业部选矿研究设计院，专门从事金属矿选矿科研和设计一体化工作，同年6月更名为有色金属选矿研究设计院，这就是我院创建时的背景和名称。

以查西金为首的苏联米哈诺布尔的专家组帮助我们建院并指导科研。国家委托米哈诺布尔在北京市北郊进行全新的建院设计，我院派出以陈健院长带队的专家组在米哈诺布尔历时两个月完成了设计审查，但遗憾的是，此项目当年在国家没有立项，我院迫不得已从有色冶金设计院搬出到文兴街1号有色金属工业局的办公楼落户。

因此，与国内其他大型科研院所相比，我院是先天不足。现在北京动物园对面文兴街1号老院址的新主楼，是1986年开工，1992年竣工的建设项目，也是建院项目的延续，是经方毅副总理签字批准的，只是已重新选院址和重新设计。1956年，中华人民共和国重工业部撤销，冶金工业部成立，我院隶属冶金工业部设计司而不是科技司（当时隶属冶金工业部设计司的有北京钢铁设计院、北京有色冶金设计院、冶金建筑研究院和有色金属选矿研究设计院）。

图3.1 方毅副总理签字批准立项的北京矿冶研究总院主楼（1986年动工，1992年竣工，在文兴街院区）

1957年，冶金工业部决定将我院选矿工程设计业务重新划归有色冶金设计院。12月，我院更名为北京冶金工业部选矿研究院。1958年4月，冶金工业部决定将北京钢铁研究院的黑色金属选矿室成建制划归我院，我院更名为冶金工业部选矿研究院。至此，我院选矿试验研究由单一的有色金属扩展到黑色金属、稀有金属和贵金属等领域，组建有色（一选）、黑色（二选）和稀有（三选）三个选矿研究室，并且选矿、湿法冶金专业已较为配套。

图3.2　1994年北京矿冶研究总院代表团在米哈诺布尔（右四为时任院长B. A. 阿尔辛季耶夫）

1960年11月，冶金工业部决定将地质研究所同我院合并，增加了矿床研究室和物理探矿研究室，同年增设采矿研究室挂靠在物探室。当时很多从苏联和东欧归国的本科和博士留学生以及从东北工学院和北京钢铁学院毕业的采矿、矿建专业的本科生和研究生入院。1961年，采矿室独立建制，院名改为北京矿山研究院。1962年，东北工学院、唐山矿冶学院和中南矿冶学院分配来一大批有色冶金专业的毕业生，大大加强了有色冶金专业，使地、采、选、冶专业配套。1962年，冶金工业部重新恢复地质研究所并成立分党委。1963年3月，国家科委批准地质研究所独立，从我院分离出去在管庄重建，但有一部分地质和矿物的专业人员留下，专门从事物质组成研究，构成了现我院矿产资源所的基础。相应地，我院更名为北京矿冶研究院。现在的桂林矿产地质研究院和北京矿产地质研究院与我院都有渊源关系。

1963年7月，冶金工业部对我院专业发展方向做出整改意见，明确我院作为全国重有色金属研究中心，专业包括采矿、选矿、有色冶金三部分，力争两三年内在科学技术方面成为具有国家水平的研究机构。同年，冶金工业部将北京有色金属研究院三个冶炼研究项目的人员和装备以及北京有色冶金设计院的冶金试验人员、机修人员和装备调入我院。1964年6月，冶金工业部决定将北京铝试验厂先划入我院代管，后该厂改为北京矿冶研究院实验厂（即今我院二部）。

1966年初，冶金工业部将我院黑色金属选矿研究室（第二选矿室）以及配套的分析测试人员调往马鞍山矿山研究院，形成了该院的选矿科技骨干力

图3.3 2006年北京矿冶研究总院建院50周年时，1956年建院当年入院的老员工聚会合影（前排右8为首任院长陈健先生）

量（1965年东北工学院的沈阳矿山研究所整建制调往马鞍山矿山院，形成该院采矿专业骨干），该院首任院长沈建民及继任院长夏昭柱均是原我院第二选矿室的人员。由此可见，虽然马鞍山矿山研究院成立较晚，但其采选科研力量早有坚实的基础，一直是国家的骨干研究院。

2006年，我院建院50周年之际，时任院长孙传尧、党委书记王玉田专程到马鞍山矿山研究院看望当年从我院调往该院的老同志，并举行了纪念活动，这批老同志深受感动。

图3.4　2006年北京矿冶研究总院建院50周年之际，时任院长孙传尧（三排左4）、党委书记王玉田（二排左4）专程到马鞍山看望老院友（前排右2为前任院长夏昭柱，原我院第二选矿室专家，苏联回国留学生）

如此，从1956年建院至1963年底，历经多次调整，分合变迁，我院形成了包括采矿、选矿、冶金、药剂、设备、自动化、物质组成、分析测试为主要研究领域的重有色金属研究中心，成为专业建制、人员装备较为完善的研究院，为以后的科学研究发展奠定了坚实的基础。

1970年前后，基于当时的政治环境和战备需要，中央决定令北京地区的部分高校和研究机构离京往南疏散。由此，冶金工业部决定北京矿冶研究院搬迁到河北省和甘肃省。

当时河北省的主要领导认为石家庄容纳不下北京矿冶研究院，因此河北省不接收，故我院的院址仍在北京，但是户口已转入河北省，那几年经常有人来文兴街总部看房子准备接管。

因石家庄进不去，院革委会不得不另选地点。考虑到靠山隐蔽或其他因素，选择了湖南省冷水江市。据当年先遣队的成员郑宝臣和蒋向阳回忆，1970年元旦前，院革委会派出专业及行政后勤配套的先遣队20多人到达目的地冷水江市沙塘湾镇的太平里，一个1958年大炼钢铁的遗址，这里位于资江附近，距冷水江市及锡矿山矿务局均有很远的距离，前不着村，后不着店。先遣队由院革委会副主任、原冶金工业部安全司司长慕洁忱带队，成员有：邹明元（革委会常委）、张卯均、郑宝臣、石荣、陈祥涌、顾锡昌、将向阳、邓石樵、汪修尧、朱寿松、郑克成、庾天丰、周千端、吕静一、王仕明、张志远、薛纯祯、曹祝龄、黄宝善、江冰等。由于当地条件太差，更不适合在此地建院，因此先遣队内部意见分歧很大，绝大部分人员持否定态度。在此情况下，要求院革委会主任、来自总参的宋宗印代表亲自来现场考察决定。

宋代表带着刘通义于某天晚上到达驻地。第二天，宋代表查看了现场条件及周围环境后面色凝重。他想，他早晚得回总参，不能把矿冶院留在这山沟里。因此，他决定矿冶院不搬迁到冷水江。由于宋代表的正确决定，北京矿冶研究总院得以继续留在北京发展。对此，宋代表功不可没，北京矿冶研究总院也没有忘记他。1978年我来院后，经常听到有人讲这段历史，内心充满了对宋代表的感激之情。

有一年，宋代表和潘代表在北京矿冶研究总院门口徘徊，有人认出他了立刻通知我，我和其他院领导赶紧去大门口迎接宋代表并高规格接待、宴请。我前任的老领导能来的都赶来了。当大家谈到宋代表的贡献时，宋代表含泪感谢矿冶院没有忘记他。午餐后，宋代表和潘代表又参观了矿冶二部和三部，看到矿冶院的发展，他由衷地高兴，因为这得益于他当年的决定。

1970年11月，赴甘肃省的152名职工携带部分装备，在白银市建立了北京矿冶研究院白银分院，后改名白银矿冶研究所（今西北矿冶研究院），这些同志远离北京，为开发大西北的矿产资源和组建新的科研机构奉献了宝贵的年华，建立了不朽的功绩。多年来，西北矿冶研究院始终与北京矿冶研究总院保持密切的联系，我院也尽可能为西北矿冶研究院的发展提供支持。

我是1978年读研究生才从新疆来到矿冶总院的，虽然当年白银分院搬迁的情景我没有身临其境，但是由于我独特的矿冶和西部的双重情怀，我理解西部，理解西北矿冶院，我忘不了这些院友。在我任院长期间，院里有一条不成文的规定：凡是从北京矿冶研究总院调到西北矿冶院的老职工，只要他们的子女大学本科毕业，专业基本对口，在自愿的前提下我院都会录用他们。这一做法使西北矿冶院的老同志感到欣慰，虽然几十年过去了，但北京矿冶研究总院没有忘记他们。

2006年我院建院50周年之际，老领导李永蔚、东乃良及时任院长孙传尧、党委书记王玉田、院办主任敖宁专程去白银市看望当年调往西北矿冶研究院的老院友，赠送院庆纪念品，搞了纪念活动，气氛十分热烈。

1978年1月，为加速矿冶事业发展，经国务院主管领导方毅副总理批准，国家计委发文决定我院回归冶金工业部直属。1979年4月，冶金工业部决定将我院改制为冶金工业部矿冶研究总院，除我院自身的科研工作外，还专门设立综合处，负责京外8个矿冶类科研院所的科研归口管理工作。这8个院所是：广州有色院、长沙矿冶院、长沙矿山院、湖南有色所、赣州有色所、沈阳矿冶所、西北矿冶院、新疆有色所。当时冶金部有六大总院：北京钢铁研究总院、北京有色金属研究总院、北京有色冶金设计总院、北京钢铁设计总院、北京矿冶研究总院、冶金工业部建筑研究总院；另有个情报总所。

1983年4月，经过短时的国家有色金属工业总局过渡后，有色与冶金工业部分家离开冶金工业部大楼，在北京西内大街新开胡同三官庙组建副部级建制的中国有色金属工业总公司，我院划归中国有色金属工业总公司领导。同年11月，更名为北京矿冶研究总院。至此，已七易院名。

1998年4月，国家有色金属工业管理体制发生重大变革，国务院决定解散中国有色金属工业总公司，组建国家有色金属工业局。相应地，我院隶属国家有色金属工业局。

1999年，国务院做出决定，7月1日起，将国家经贸委管理的10个国家局所属的242个科研机构转制为科技企业，其中有12个大型科研机构转制为中央直属的大型科技企业，我院是被选中的12个大型科研机构之一，隶属中央企业工委，现国资委。由于竞争激烈，科技部部长徐冠华协调，西北有色金属研究院作为北京矿冶研究总院的下属机构共同归中央直属。为此，北京矿冶研究总院做了大量的工作，包括将该院党委从宝鸡有色金属加工厂中分离出来建立独立的院党委以及选择后备干部等。

2000年5月末，我去国家有色金属工业局向张吾乐局长汇报工作。临走时张吾乐局长告诉我：西北有色金属研究院要下放陕西省。我听后大吃一惊，忙问："怎么没向我们打招呼？"张吾乐局长说："现在变化大，今天合，明天分，谁敢打招呼！"当时我们正在做两件事：一是西北有色金属研究院院长周廉院士和常务副院长奚正平兼任北京矿冶研究总院副院长，并且户口转到北京；二是在北京矿冶四部建立新材料产业基地，把西北有色院的部分新材料科研成果在北京产业化。这两件事无法继续进行了。

图3.5 2000年我院院长孙传尧、党委书记王玉田、处长张晓春一行到西安和宝鸡两地对西北有色金属研究院调研和考察，准备建立独立院党委（右1为该院常务副院长奚正平）

同年6月，国务院发文，随着铜铅锌、中国铝业和稀有稀土三大有色金属集团解散，西北有色金属研究院从我院分离出去归陕西省。三大集团解散，企业下放地方，可矿冶研究总院与三大集团无关，为何我院下属的西北有色金属研究院下放陕西省？张吾乐局长说，是吴邦国副总理到陕西视察时，陕西省省长程安东与吴邦国副总理商定的。接到文件，我立刻通知中央企业工委干部二局，停止办理周廉和奚正平兼任北京矿冶研究总院副院长和户口进京。二局主管处长于学范问何原因，我说国务院已下文西北有色金属研究院下放到陕西省管，于处长说没接到文件，我把文件传真给二局，两院合并的工作到此结束。

过了一段时间，周廉院长率领西北有色金属研究院全体领导成员专程来北京矿冶研究总院，感谢一年来矿冶总院对西北有色院做的大量工作。两院党政领导班子成员欢聚一堂，畅谈友谊与合作。从此两院又恢复了兄弟院所的关系。

1997年，我院兼并了丹东冶金机械厂和北京钨钼材料厂，进行了低成本扩张。2002年1月，经国家经贸委批准，铁岭选矿药剂厂无偿划拨北京矿冶研究总院。

丹东冶金机械厂位于鸭绿江边，占地面积近1000亩，是一个具有70多年历史的老企业。

图3.6　丹东冶金机械厂

图3.7　位于草桥的北京矿冶研究总院原实验厂，1990年改制为矿冶二部

图3.8　我院1993年在大兴区西红门购地100亩，1995年建成的矿冶三部

图3.9 我院1997年兼并位于沙河的北京钨钼材料厂，建成的矿冶四部

3.2 我院良好的院风和社会公认的矿冶风格

2006年9月，在北京矿冶研究总院建院50周年的答谢宴会上，作为院长我在讲话中对北京矿冶研究总院的院风和矿冶风格做了如下总结：

> 半个世纪以来，为了祖国的矿冶事业，经过几代矿冶人不懈的努力奋斗，形成了良好的院风和社会上公认的矿冶风格：
>
> 矿冶人坚定不移地和党中央保持一致，认真接受不同历史时期各主管部门的领导，不折不扣地执行上级指令；
>
> 在科研、设计和生产经营的各项业务活动中，严格遵守国家的法律、法规；
>
> 干部、员工顾全大局，院内执行决议通畅无阻；
>
> 和国内外企事业单位及社会各界精诚合作，树立了矿冶品牌，每合作一方留下一片阴凉；
>
> 尊重人才、爱惜人才，工程技术人员以技术创新为荣，对专业技术精益求精；
>
> 矿冶人心系企业，想企业之所想，急企业之所急，以科研成果在企业工程转化，为企业做出实际贡献为己任；
>
> 不张扬、不浮躁、不骄傲，稳扎稳打、埋头苦干、务求实效；

矿冶人不怕困难，不服输，没有条件创造条件也要干，团结合作，大力协同，勇打大战、硬战与恶战，不达目的誓不罢休；

重视党建工作，为矿冶精神增辉，使矿冶总院保持一块净土，构建一种和谐并催人奋进的矿冶文化氛围，使矿冶员工尽可能舒心地工作；

员工爱岗敬业，形成了矿冶人与矿冶总院的利益共同体。

这就是“团结、求实、开拓、奉献”的矿冶精神与“强院报国，成就员工”办院宗旨的融合。

基于上述风格和理念，半个世纪以来，几代矿冶人不懈地拼搏，使矿冶总院在任何艰难困苦的环境中都得以生存和成长，能在每一个关键时刻抓住机遇加速发展。凭借这些风格和理念，矿冶团队将在国内外竞争中永存并实现可持续发展。

4 北京矿冶研究总院的科技体制改革

4.1 传达广东有色金属工作会议情况

我任院长后参加全行业的第一项工作，是到广东参加全国有色金属工作会议，换换脑筋，增强改革开放的意识。1988年，广东是全国改革开放的前沿，那里市场经济和开放意识比北方和内地省份要强得多，因此全国有色金属工作会议在广州召开，会议的主旋律是解放思想，提高开放意识。会后到广东省其他地区参观考察。

我们参观了几家铝加工厂，对比明显。几家民营企业厂内堆满了铝锭，原料充足，各加工车间满负荷生产一片火热。到一家国企铝加工厂却看见另一番景象：厂内堆存很少的铝锭，原料不足，流动资金也不够，各车间冷冷清清。这就是体制和运行机制不同，企业的活力也不同。

在健力宝集团，发现这家民营企业的管理体系和经营理念十分有特色，因此该企业当时的发展势头极好，产品市场占有率很高。

通过广州会议和广东省内的参观，参会企业领导人深受教育，我也大开眼界，提高了解放思想和改革开放的意识。

回院后，第一件事就是向全院干部职工传达广州会议精神和参观考察感想。当时的矿冶研究总院没有大礼堂，放电影就在大食堂，职工各自把办公室的椅子搬到食堂坐，开全院总结大会也在大食堂。其实这样很不符合安全规定，一旦发生灾难只有一个门，人人搬椅子根本跑不出去。我就在广播室里报告，职工都在各自的办公室听。我除了详细报告广州有色金属工作会议情况和企业参观见闻外，重点是增强全院干部职工改革意识，解放思想。

我重点讲了两点看法：

其一，我们到企业搞科研既要重视短期效益，还要注重远期效益。所谓短期效益是指项目的科研经费及时获取，不要拖欠。远期效益包括两个方面：科研项目争取有效益提成，例如，凡口铅锌矿异步浮选工业转产后，凡口矿给矿冶研究院提成200万元，浑江铅锌矿按年效益的百分比连提3年；此外，科研要先做出信誉，再签订后续的科研合同。

其二，我当时还不懂得企业财务管理的三张表：资产负债表、损益表和现金流量表。但是我粗浅地讲了一个观点：一个企业经济效益好、利润不少，可是企业可动用的资金不足，企业经理到北京出差买飞机票的钱都没有，这能说经济效益好吗？后来我明白了经济效益和现金流量是两回事，买飞机票的钱没有是现金流不好甚至是负现金流。我刚当院长哪懂得这些！再说，那时也没人讲过企业的三张表。但我说的现象大家都明白了。

我将近半天的报告后，院党委宣传部到基层搞了一次调研，普遍反响良好，有人说多少年没听到这样好的报告了，有人对项目的短期效益和远期效益很感兴趣，说以前没想过远期效益。炸药专家汪旭光对我说："你上任后第一个报告大家很认同，提高了你当院长的威信。"

4.2 矿冶研究总院的改革模式及整体定位

1984年，国家科委、国家体改委联合下发了《关于开发研究单位由事业费开支改为有偿合同制改革试点的意见》，我院领导何伯泉院长、李永蔚书记带领广大职工转变观念，毅然决然摈弃了"等靠要"的思想，积极争取成为第一批改革试点单位，并于同年开始了对外实行有偿合同制、对内实行各种形式的承包制及其同步配套改革进程。当时不少院内职工对改革不理解，有人观望，有人发牢骚，还有人在党支部会上发言："调动这个积极性，调动那个积极性，我看就是调动自私自利的积极性。"这是有代表性的观点。有人认为去企业谈项目要钱张不开口。院外企业也不理解，过去国家给钱，来企业搞科研不要钱，现在怎么要钱了？但是，院领导高明之处在于不争论，不批评落后言论，鼓励勇于改革的员工走出院门找项目、订合同、要经费，他们也提高了个人收入。渐渐地，那些持观望态度的科技人员也跟着走了出去，认识趋于统一。

1985年，《中共中央关于科技体制改革的决定》为全国的科技体制改革指明了方向，我院又不失时机地做出实现"两个转移"的决策，即将院研究方向从工艺研究为主向工艺、设备、材料、深度加工研究并重转移，从技术研究为主向技术研究、工程和产品设计同时发展转移，加快由单一科研型向科研生产经营型的运行机制转变。我时任副院长，参与了这些决策。同年我院实行院长负责制，由院长何伯泉主持全院的工作。1987年，我院恢复了工程设计业务。

经过两年多的探索，1988年我院明确了改革的指导思想：以商品技术为中心，以市场为导向，以产品开发为依托，以生产经营求效益，向商品经济的轨道发展（当年还没提出市场经济），以有色金属行业为主，面向全社会，把我院办成内外贸相结合的经济实体。

1988年2月我任院长后，参考联邦德国鲁奇公司、卡哈德公司和苏联米哈诺布尔的模式，明确提出了全院科学研究、工程设计和生产经营（后改为科技产业）三位一体发展的模式。院里成立一个改革领导小组，我是组长，原副院长、时任总工程师东乃良是改革小组的重要成员，有些思路是东总先提出的。

1992年，进一步确定全院整体改革的模式和框架：保持北京矿冶研究总院的事业单位性质和名称不变，以产业为支柱，以市场为导向，以出成果、出人才、出效益为目标，做到科学研究、工程设计与工程承包和科技产业三位一体，特别要加强高新技术产业和社会服务业的创办与开发，使我院成为一个以有色金属工业为主，为国民经济主战场服务，科工贸一体化的综合科技产业实体，面向国内外两个市场开拓业务，特别是将着眼点立足于国际竞争。

当时确定的长远目标是：使我院跻身国际著名科研机构和科技先导型产业公司行列，为国内外厂商提供成套的技术、成套的设计、成套或配套的设备或材料，以工程设计为通道，开展工程整体承包，建立完整的服务体系，加速科技成果商品化、产业化和国际化经营的进程，逐步走向良性循环。要把北京矿冶研究总院办成具有中国特色、在国际同行中属一流的科研、设计与产业化实体。

1992年，我院就曾以组建综合科技先导型产业集团公司和行业技术开发基地是北京矿冶研究总院改革发展的模式而立论，向国家科委申请并进入十大院所改革试点的行列。尽管试点工作启动后外部认识不同，但我们在院内始终宣传并坚持这一总目标。整体发展模式和定位确定后，全院的一切工作均服从和服务于这一大前提，做到整体规划，分年度实施。

1993年，为适应国内外商贸发展的需要，我院组建了北京矿冶总公司。同年将我院原工程设计处改制为工程设计院，设计资质由丙级晋升乙级，紧接着在福建省石狮市建立设计分院。

1997年，根据国务院加快国有企业改革与发展的要求和我院长远发展的需要，我院在一年之内兼并了北京钨钼材料厂和（辽宁省）丹东冶金机械厂，进行了一次力度较大的资产运营，实现了全院事业发展的又一次飞跃。研究院所兼并企业在国内开了先河。

1998年，我院进一步提出了本院跨世纪发展整体定位和发展模式：以北京矿冶研究总院（矿冶总公司）为核心企业组建一个北矿集团。并提出了推进全院科技体制改革和带方向性、政策性的36项议题进行研究。院领导认为，与体制变化相适应，十几年来我院一贯奉行的科研、设计、科技产业三位一体并进行企业化管理的运行机制，都是为最终建立大型科技型企业或企业集团做准备。

1999年，根据国务院的决定，我院转制为中央直属的大型科技企业，这既肯定了十几年来我院改革发展的道路，又为我院新时期的发展提供了难得的机遇。

为适应建立大型科技企业和全院跨世纪发展的需要，2000年我院又提出了一系列涉及全院改革与发展的重大课题，包括全院的整体定位、发展目标与策略，法人治理结构，组建股份有限公司、股票上市，建立适应现代企业发展的职能机构，专业与研究方向的调整和研究机构整合，科研与产业的结合方式，技术创新机制，知识产权和科研成果的保护，大型科研院所的资本运营，物流管理，人才策略，激励与约束机制，分配制度改革，国际化经营等。这些课题涵盖了全院企业化转制中涉及的主要问题，已分别组织研究、论证和做出决策并实施运作。

图4.1　经国家经贸委批准，2002年铁岭选矿药剂厂全部资产无偿划归北京矿冶研究总院，成为我院的全资子公司

2002年，我院提出“打造旗舰，建立组合舰队，把改革与发展推向新阶段”的模式。这种模式是把北京矿冶研究总院这艘无救生艇的大船打造成旗舰，以资产和矿冶文化为纽带，与北矿磁材科技股份有限公司、赞比亚谦比希炸药公司、北京当升材料有限公司、北京矿冶研究总院工程设计院、丹东冶金机械厂、北京钨钼材料厂、铁岭选矿药剂厂等一些全资、控股和参股的子企业共同构成组合舰队的基础模式，构筑大型科技集团的架构，在此基础上明确投资与决策中心、利润中心和成本中心，为将来过渡到事业部制的大型跨国集团公司奠定基础。

2002年，根据国家经贸委下达国经贸企改〔2002〕417号文件批复，同意铁岭选矿药剂厂自当年1月1日起无偿划归北京矿冶研究总院，为集团公司的发展壮大又跨出一大步。

4.3　矿冶二部的体制改革

位于北京市丰台区草桥的技术开发研究所原来是冶金工业部北京铝试验厂，1964年划归北京矿冶研究院，后改名技术开发研究所，具有独立法人资格，我当副院长时该所由副院长邱定蕃分管，但我觉得那里的情况院部很难摸清楚。我任院长后，提任饶绮麟女士为副院长，分管技术开发所，同样摸不清草桥的情况。说得严重些，那里犹如独立王国。在技术开发所里只有磁性材料研发和生产是主业，但是面积很大、装备良好、加工能力很强的三车间实际上只负责为磁性材料生产模具和维修工作，资源浪费严重，而院部设备所没有机加工车间，只能外委加工，这是多年来存在的老问题，我决心改变这一状况。

我请副院长饶绮麟和党委副书记罗忠义负责去草桥调研并提出改革方案，尽管事先我没有谈我个人的想法，但他们的调研结果与我的思路完全相同。与此同时，我与党委书记周峰同志多次向中国有色金属工业总公司领导汇报，提任草桥的技术开发所所长谢怀复为北京矿冶研究总院（以下简称“矿冶总院”）副院长。理由是，一方面谢怀复是几十年的老模范，应当提任了；另一方面是院整体改革的需要。中国有色金属工业总公司充分理解和支持，终于在老谢57岁时提任其为副院长，按年龄属于破格了。推进这项改革并不是一帆风顺的。一方面，技术开发所的部分干部职工有抵触情绪，因为受矿冶总院领导只是体制上的隶属关系，实际上草桥几十年的独立运作已经常规化，人们习以为常。谢怀复已提任副院长，他当然支持这项改革，至少不能反对。对于提任他为副院长，草桥有人说风凉话："老谢，你这是明升暗降啊！"可见群众的情绪。

另一方面，明明是整合院内资源，但设备所的干部、职工大多数都反对，原因是他们认为草桥三车间是包袱，那里的工人得由所里的科技人员来养活；另外，到院外选择加工厂，所里说了算，有自主权，可能还有利益上的好处。有一天在院部南主楼305会议室开会研究厂所一体化时，要选派一名设备所副所长到草桥办公，直接领导加工车间的工作。我当场选中了方志刚副所长，因为他是强烈反对这项改革的。当我做出决定时，方志刚脸涨得通红，一句话不说，之后他起身离开会议室，到楼道里来回踱步，不一会儿他稳定情绪后回到会议室，表态：服从院里决定。后来的实践表明，方志刚在草桥工作很出色，密切了厂所的合作。

一切准备就绪后，我和周峰书记召开院长办公会和党委会联席会议，请调研组罗忠义和饶绮麟两位院领导报告调研结果及改革方案。会议在充分论证的基础上做出了决定：将位于草桥地区的北京矿冶研究总院技术开发所建制撤销，组建磁性材料研究所、设备研究所加工厂、二部综合处和二部后勤处（后来后勤处与综合处合并），成立二部党委，加强全院一体化领导。1990年4月30日，在矿冶二部召开大会宣布这一改革决定。会后有人说，矿冶院几十年想干没干成的事，让孙传尧一上台就干了！这分明是带着情绪说的话，但大多数干部、职工还是拥护的。

二部改革后情况大变样。原来到现场，情况都摸不清，现在不用去二部，在办公室经常接到电话，相互告状，情况自然清楚了！年底中国有色金属工业总公司总经理费子文来二部视察，我向费总经理汇报二部这一改革时，老领导一

图4.2　位于矿冶二部的设备研究所加工厂一角

句话:就得这样干!

4.4 建立矿冶三部

1993—1995年我院自筹资金4200万元建设了矿冶三部，并于1995年当年立项、当年开工、当年竣工投产、当年受益，创造了一个“矿冶速度”，扩大了科技产业规模，也提高了全院干部职工的士气。该项工程当时是国内外规模最大的铁氧体预烧料生产线。

图4.3 1995年我院在矿冶三部自行设计建成并投产的磁性材料预烧料工程（工程当年开工、当年竣工、当年投产，创造“矿冶速度”）

说起矿冶三部的建设，还有一个决策的背景。鉴于我院建院先天不足——占地面积很小——的实际情况，老领导何伯泉任院长时，就领着我们在北京市多处察看，试图买地建立产业基地，我接任院长后继续这一工作。我们看过海淀铸钢厂，因厂区太小，还是斜坡地，没有看中。此后，人事处处长肖九如带我们到丰台区看一个面积很大的化工厂，车间已建好，设备已安装就位，但一直没有投产，有一些我院也无力解决的问题，此项工作没有继续进行。后来韩荣元副院长负责找地、买地。韩院长东奔西跑，一直没找到理想的地方。以后在卢沟桥附近找到北京市金属文具厂，韩院长建议院领导及相关处长去看看。我们认真考察了该厂，厂区不大，有一栋不小的办公楼，有几辆大巴车，估计是通勤班车，有几栋平房车间，里面都是生产文具的小型和微型车床，产品是曲别针、订书钉、图钉、简易画图仪器等。这些设备我院生产选矿设备和矿山机械根本用不上。该厂有职工500余人，而且是大集体的，这都是不利条件。但该厂是资产划拨，不花一分本钱就能接管，这是优势，而且该厂资产负债情况尚可。

经过几次非正式讨论后，我和周峰书记召开院长办公会和党委会联席会议正式讨论。有话直说，不隐讳自己的观点，但争论只在会议室，离开会场任何领导不谈领导班子内部分歧，这一直是院领导班子的优良传统。会上院领导争论很热烈，甚至争论的声音连楼道里的人都听得见，不了解情况的人还以为在吵架。周峰书记在讲话时拍了一下桌子，很严肃地说："老韩，你找这工厂这么多人让我怎么管？"韩荣元副院长也拍了一下桌子回应："老周，你嫌人多我给你找个没有人的地方！"周峰书记第二次拍桌子："我看你能不能找个没人的地方！"

因多数院领导持反对意见，会议做出决定不再考虑金属文具厂，请韩院长再努力选地方。这是我从1985年当副院长直到2007年2月院长离任的20多年中经历的唯一一次院领导在会议讨论时拍桌子的场面。周峰书记的激将法效果出现了！最终韩院长选好了西红门的100亩麦地，一个人没有，而且以每亩仅6万元的低价买下50年的使用权，大家皆大欢喜。

土地签约的前一天，我到中国有色金属工业总公司向何伯泉副总经理汇报购买大兴县（现北京市大兴区）西红门镇100亩地的事，得到何总的充分肯定。何总说："我当院长时不是领着你们到处找地吗？现在遇见合适的了，不能错过机会！"

在矿冶总院南楼（原主楼）317会议室举行了签字仪式，我在购地合同上从未这样坚决地写上"孙传尧"三个字，签字笔尖几乎要把纸划破了！签完字，我一手交出600万元的支票，一手从大兴县土地局局长张广增手中接过100亩地的土地证，总算长出了一口气。对于这项决定，当时院内从职工到中层干部，甚至院领导都有不同的看法。1993年的矿冶总院经济实力很弱，拿出600万元不是一件小事，大家普遍认为还不如给职工增加工资和改善职工的福利待遇。作为院长，我很理解大家的想法，但我坚持买地，否则没有发展的空间，正因如此，合同签字的前一天我跑到何伯泉副总经理那里汇报，得到何总的认可第二天我才敢签合同。

土地买好了，但建设项目一时没选定。原来的麦地里麦子不种了，地里长满了野草。土地局张局长托人来谈："100亩地如果不用，再卖回我们，给你翻倍的价。"我当然不会同意，再也找不到这么低价的土地了，哪能撒手！

经过调研和论证，决定在新区建设3条铁氧体磁性材料预烧料回转窑生产线，并将此产业新区定为矿冶三部。1995年4月16日，在矿冶三部举行开工典礼。那天风很大，会标都挂不住，工地上齐刷刷地坐满了头戴红、蓝、黄3种不同颜色安全帽的3支施工队伍，可是典礼无法开始，因为开工证还没拿到手。大家急切地望着公路，不一会儿，一辆轿车急速开到现场，张建良处长下车高举开工证向各方示意，全场掌声热烈，于是开工典礼得以顺利举行，建设项目破土动工。

矿冶三部建设以大庆石油会战的形式展开，那时已很少提大庆和大庆精神。郑宝臣副院长是东北工学院早我六年毕业的老学长、老大哥，但他从来都摆正院长和副院长的位置。每当我向客人介绍他是郑院长时，他总是补充一句："姓郑，副院长。"郑院长的助手、时任三部建设处处长张建良的团队是一支很强的项目管理队伍。我对郑院长说："我就管三件事：第一，管项目决策，现在已开工了；第二，管建设资金，如果资金不到位，停工我负责；第三，管投产日期，这项工程年底必须投产，厂房盖好了投产，厂房盖不好像露天高炉冶炼一样也得投产。别的我不管，你爱怎么干就怎么干！"

那年郑院长已57岁了，他不负众望，领导项目管理人员和施工队伍夜以继日，终于在年底建成当时国内外规模最大的铁氧体预烧料生产线，又创造了一个"矿冶速度"。

在年底全院职工参加的总结表彰大会上，当宣布郑宝臣副院长领导三部会战有功奖励人民币1万元，张建良及团队也奖励1万元时，全场爆发出长时间的掌声。这经久不息的掌声是全院职工发自内心对郑院长领导三部会战获得成功的高度评价，也是一次大长矿冶士气的集体释放。另外，领导班子奖励副院长也是一件新鲜事，对此，《中国有色金属报》还做了特别报道。

矿冶三部的建设不仅在于技术经济效益，而且极大地提高了全体矿冶人的士气，三部建设也不能忘记周书记和韩院长拍桌子争论的成效以及韩院长考察选定100亩地的贡献。

4.5　兼并丹东冶金机械厂

丹东冶金机械厂是1939年日本侵略我国东北时建设的铜冶炼厂，没等建成投产，日本就战败投降了。解放后三次复建冶炼厂，终因各种原因没有建成，但在丹东一直称该厂为丹东冶炼厂。1962年，该厂改为冶金机械修配厂，承担东北有色局系统汽车大修任务。该厂曾隶属辽宁省冶金厅和东北有色金属工业管理局。1985年，中国有色金属工业总公司决定将该厂并入沈阳有色冶金机械总厂成为其第五分厂，具备独立法人资格。

丹东冶金机械厂历史悠久，但长期主业不明，隶属关系多次变更，一直没能很顺利地发展。划归沈阳有色冶金机械总厂后，其机加工主业与沈阳总厂有部分重复，又因两地分设疏于管理，丹东冶金机械厂发展势头一直不好，到1996年已连续11个月没发工资，成为时任中国有色金属工业总公司总经理吴建常的一块心病。

4.5.1 问题的提出

1996年春季的一天，吴建常总经理到矿冶总院视察，在草桥二部院设备研究所加工厂，我院正为鞍钢新建的调军台选矿厂加工一批磁选机和浮选机，任务量大、工期紧，车间里到处堆满了工件和半成品，连安全通道都占用了，这是不合规的。我向吴总汇报了这一情况，说这是暂时的，明年在厂房北面新建一加工车间就宽松了。吴总听完我的汇报后，不假思索地说："不用新建厂房了，丹东冶金机械厂厂区很大，任务不饱满，你把它兼并就行了。"我万万没想到吴总会说出这个方案。接着吴总又说："兰州有色冶金设计院你们也把它接过来吧！"我听后没敢往深里想，只是说："那我们可带不动！"

第二天，在中国有色金属工业总公司626会议室召开司局长及院所长干部会议，我正在开会，吴总的秘书对我说吴总在他的办公室找我谈事。我到吴总的办公室刚坐下，吴总就开门见山地说："昨天我对你说的兼并丹东冶金机械厂一事不是随便说的，这个厂我一直想帮它找个主，沈阳有色冶金机械总厂自身难保，顾不了它，你矿冶院把它兼并过来。回去后你立刻派人到该厂考察调研，当回事。"我回院后紧急召开领导班子会议，大家没有思想准备，想法难以统一，但吴总布置的工作必须做。当即做出决定：由选矿设备专家郑宝臣副院长带队，矿山机械专家饶绮麟副院长、设备所副所长夏晓鸥、矿山机械室主任潘英民共四人组成考察组，尽快到丹东冶金机械厂调研。

几天以后调研组回到北京，郑院长在院党政联席会议上做了详细汇报。主要观点是：丹东冶金机械厂紧靠鸭绿江，距海港只有几十公里，交通方便。厂区面积很大，将近1000亩，多为平地，有很小的山丘。厂房及其他构筑物年久失修，有一个100米高的大烟囱是日本人修的，没有用，办公楼也是当年日本人建的。车间里设备陈旧、装备水平低，但铸钢、热处理、铆焊及其他冷加工车间配套，主要产品是中小型球磨机及其他矿用机械。工人素质好，工厂任务少，连年亏损，11个月没发工资，但厂区的土地没有丢失。

矿冶总院如果兼并要承担其债务，几年之内只有投入，不可能有回报，但从长计议是值得的。

情况说得很清楚，关键是如何决策了。兼并丹东冶金机械厂在院领导班子内部及中层干部中分歧很大：不赞成者的主要观点是背包袱，短期内救不活，光投入无回报，矿冶总院经济实力不够，承担不起，我们没有必要为中国有色金属工业总公司承担这个义务；赞成者主要看重的是远期效益，近1000亩地对于原本就缺地的矿冶总院是一大优势，另外该厂的机加工主业与我院选矿设备和矿山机械的研发可互补，最重要的是，吴建常是代表中国有色金属工业总公司（以下简称“有色总公司”）党组提出的要求，作为下级不能无动于衷，下级服从上级是我党的规矩。作为院长，我当然同意兼并。

1996年9月25日，北京矿冶研究总院隆重召开建院40周年庆祝大会，出席会议的领导和嘉宾很多。吴建常作为当时中国有色金属工业总公司的主官参加庆典。散会后在去国谊宾馆餐厅的路上，吴总很郑重地对我说：“关于丹东冶金机械厂的几千万债务，有色总公司每年给你补贴300万，7年补贴2100万，剩下几百万的零头你自己出吧，你矿冶院捡了个洋落儿总得出点血。”又过了几天，有色总公司专门召开会议，由总经理助理杨光主持，贯彻吴建常总经理在矿冶总院对我讲话的内容，出席会议的有财务部、科技局、计划部、办公厅、投资部、企业部等主要司局长，并做出会议决议。我和周峰书记、郑宝臣副院长等院领导出席。

4.5.2 贯彻决议、决定兼并

到此，无论院内领导和干部、职工如何认识这件事，既然有色总公司做了会议决议，就得将思想统一到这个决议上来，后面的工作就是如何贯彻了。

矿冶总院对于兼并丹东冶金机械厂做了认真的部署：郑宝臣副院长为主管院长，明确了刘仁继为厂长、杨文奎为党委书记的厂领导班子成员，调设备研究所副所长夏晓鸥为该厂副厂长，同时任命顾洪枢为副厂长。这样做一是充实该厂领导班子，二是培养和考察院后备领导干部。

选配干部，我经常建议选用积极的或者反对的两种人。夏晓鸥是积极主张推进的，所以选用他当副厂长。前面所述二部机构改革时，调方志刚副所长到草桥主管加工厂，是因为他反对这项工作。实践证明，这两种人都能把工作干好。

此外，还确定了院厂资产重组交接仪式的时间和安排，矿冶总院对丹东厂资金、项目的支持及其他相关工作。丹东冶金机械厂对以兼并的形式实行

图4.4　中国有色金属总公司副总经理、我院前任院长何伯泉先生与院领导及丹东冶金机械厂领导在厂后的鸭绿江边合影

资产重组十分积极。刘仁继厂长和杨文奎书记多次来北京商讨工作，他们深刻感到这是一个起死回生的绝好机会，感谢中国有色金属工业总公司和北京矿冶研究总院的决策，并在厂内做好资产重组的准备工作。

1997年12月8日，丹东冶金机械厂充满节日般的气氛，多年没用的厂俱乐部里坐满了欢声笑语的人们，北京矿冶研究总院与丹东冶金机械厂资产重组仪式在这里举行，中国有色金属工业总公司、沈阳公司领导，丹东市领

图4.5　院长孙传尧与丹东冶金机械厂厂长刘仁继（右）签订目标考核任务书

导，沈阳有色冶金机械总厂的厂领导及各方代表出席了仪式并讲话祝贺，我与刘仁继厂长分别代表北京矿冶研究总院和丹东冶金机械厂在交接仪式上讲话。会后，丹东市歌舞团演出了精彩的节目。整个交接仪式充满了祥和、欢乐、催人奋进的氛围，这是该厂从未有过的景象。交接仪式后，在现场召开院长办公会议，把工作夯实。

4.5.3　丹东冶金机械厂的变化和问题

从此，丹东冶金机械厂一片新气象。工厂的大门挂上了北京矿冶研究总院丹东冶金机械厂的牌子，启用了新印章，这无疑大大提高了该厂的品牌影响力和信誉，适逢矿业形势好转，工厂的订货合同大幅上升，各车间都满负荷运行，工人不得已还要加班，销售总额和利润大幅上升，工人的收入也年年增加，原来下岗和离厂的人有不少陆续回厂。经过我院的支持和全厂职工的努力，终于实现了三年解困，扭亏为盈，步入求发展新阶段的奋斗目标(实际上两年半就实现了)。

有一年春节前，我和几位院领导去丹东厂参加全厂的总结大会，并借此机会到家属区看望一些退休的老工人。来到一个双目失明的老工人家，当这个老工人听说是北京来的人时，他激动地拉着我的手说："俺眼瞎啥也看不见，俺听俺厂的工人讲，俺厂在北京找了个爹。"我连忙弯下腰说："这爹是党中央、国务院。"

我与一名处长到厂属子弟小学看看，场面令我震惊：学校不算小，但只有一名女老师，她既是校长，又是教导主任、班主任，只教几名学生，而且这几名学生又属于不同的年级。看到这里我心里很难受，这学校还能办吗？学生能学好吗？老师讲几个年级的课仍然很认真，但能长久吗？于是我坚定了厂办子弟校移交社会办学的决心。

关于丹东冶金机械厂如何发展，院领导做了一些思考：光靠机加工干不大，合资办汽车制造厂？办一所大学？都不成熟。我还想过，该厂职工宿舍都是平房，每家门口还有一个小菜园，占用的土地很多，可否盖几栋楼房，花不了多少钱，让职工进楼把土地置换出来？这些想法都没有进一步思考，更谈不上实施了。

虽然对丹东厂兼并资产重组后呈现一派发展的好势头，但还是遇到了一些困难，其中最大的困难是有色总公司答应给矿冶总院的债务补助成了泡影。

图4.6　与院办主任敖宁在丹东冶金机械厂小学（这名女老师集校长、班主任和任课老师为一体，学校总计4名学生，在不同年级，她一人教课）

4.5.4　丹东冶金机械厂选派运动员来北京参加运动会

1998年，中央直属的17家大型科研院所在北京海淀体育场联合召开一次运动会。各家十分重视，做了充分的准备。与有色金属研究总院和钢铁研究总院相比，矿冶总院的竞技体育实力远远不如，再练也不行。怎么办？院领导自然想到丹东冶金机械厂，于是通知该厂选派运动员到北京参赛。实际上我们并不知道丹东厂有无选手，但能增加我院运动员的数量也好。

丹东厂很认真地精心挑选了十几名运动员，并在生产岗位上做了妥善安排。据说，还真有几人参加过运动会并取得了不错的成绩。院里把这些远道而来的运动员安排在院专家楼酒家。到达的当天晚上请他们到北郊著名的大阳坊吃涮羊肉、喝茅台酒。我对大家说："感谢各位来北京参赛，你们是矿冶总院的运动员，今天在北京著名的大阳坊吃涮羊肉、喝茅台酒，为大家接风。你们的厂长、书记多次来京都没有享受过这种待遇，预祝比赛取得理想的成绩。"晚宴气氛热烈，运动员们深深感到自己是矿冶大家庭的一员，并且为能代表矿冶总院参赛而自豪。

运动会在北京海淀体育场开幕。在运动员入场式上，由院部和丹东厂运动员联合组成队伍，运动员身穿矿冶标志的运动服，激情满怀，精神抖擞地接受检阅。不要说外单位，就是我院部的人对这么多陌生面孔的运动员都感到惊奇，我院暗藏了一支奇兵。

果然不负众望，丹东厂的运动员在女子100米、400米、800米，男子5000米及中老年组男子100米项目中都取得好成绩，尤其是男子5000米运动员车工小陈，取得冠军到达终点后又继续多跑了一圈。由于丹东厂的运动员参赛，矿冶总院取得了总分第六名的好成绩，并且，我院总分的一半都是该厂的运动员取得的，真要感谢丹东厂，否则，矿冶总院的名次大概会垫底了。这次运动会彰显了我院的综合优势。

4.5.5 建常的丹东厂情结

1994年，吴建常接任费子文总经理的职务，任中国有色金属工业总公司总经理、党组书记。作为有色行业的主官，他操心的是中国有色金属工业的发展和如何参与全球竞争，考虑的是百万有色职工的生存与发展。区区几百人的丹东冶金机械厂，还不如大企业的一个车间。丹东厂濒临破产引起建常的挂念，成为他的一块心病，遂提出让矿冶总院兼并的方案，可见他的百姓情结。

正当我们最需要他支持的时候，吴建常调离中国有色金属工业总公司到冶金工业部任副部长，这是他本人事先没有思想准备的，但他仍关注矿冶总院和丹东厂的事。

在一次北京化工研究院从化工部转到中国石化总公司的交接仪式上，我和其他一些大型院所长坐在第一排，主席台上坐满了各部委的部长，吴建常代表冶金工业部坐在台上第一排。当我们俩目光对视的一瞬间，我和建常部长都会意地点了点头，这也是一次心灵的沟通。这是他离开中国有色金属工业总公司后我们头一次会面。会议结束后，别的部长都离会，只有建常部长不急于离开，他从主席台下来径直走到我面前说："我现在调到冶金部了，在有色我定的事我不方便催办了，你向张吾乐汇报吧。"我立即对建常部长说："您放心，我们既然接收了丹东厂，无论发生任何情况我们都会把这个厂管好。"建常部长听后放心地离开了。

还有一次建常对我说："有一天我在国谊宾馆开会，不想吃它餐厅的饭，走到你矿冶院的专家楼酒家想进去吃碗面条，我在门口站了半天没进去。"（我院的专家楼酒家距国谊宾馆步行只需5分钟）我问为什么，他说："我答应给你补贴的钱没落实。"我说："您调离有色了这不怪您，您永远是我们的领导，餐厅不大但很方便，您想吃什么随时来。"

建常一直想去看看我们整合后的丹东冶金机械厂，但是由于他的身份，特别是到冶金工业部任副部长后，和丹东厂没有业务关系，就更不方便去了。后来他终于找到了机会。冶金工业部撤销后他改任冶金工业协会会长，他有意把全国冶金工业会议安排在丹东市召开，会议由本溪钢铁公司承办。在开会前，我和王玉田书记及夏晓鸥副院长两次到原冶金工业部大楼建常的办公室向他汇报到丹东市的安排，建常同意了，并叮嘱秘书曹处长与矿冶院联系。

会议如期在丹东市郊区一个高尔夫球场召开，本钢把建常安排在一个二层小楼住。没想到却出现意外，一是由于参会的人员太多，代表住宿困难，会务组没向建常汇报，居然把深更半夜到会的两人安排在建常住的小楼一楼；二是夜里小楼一楼漏水。开会当天早上，我与夏院长去接建常到丹东市中心的中联宾馆入住，刚一进小楼见到满地都是水，才知道夜里漏水了。对于当夜出现的两件事，建常自然心中不快，只是他没有流露出来，告诉我们上午开幕式他讲完话后就由矿冶院安排。

建常入住条件很好的丹东中联宾馆，与我们几位院领导座谈，他对我院兼并丹东厂后该厂的发展尤其感到高兴，并商量好去丹东厂的时间及其他活动。正在这时，本钢一名办会的副总经理和钢铁工业协会的一名司长来到建常的房间，向建常表达了三点愿望：第一，希望吴部长不离会，代表们希望与吴部长在一起；第二，本钢是会议东道主，特代表董事长请吴部长到本钢指导工作，董事长还要请吴部长吃饭；第三，他们当着我的面说，北京矿冶研究总院把吴部长接走是干扰了会议。

他们刚说完，我抢先不客气地说："我们没有干扰你们的会，在开会之前我两次到吴部长的办公室当面汇报会议期间请吴部长到丹东冶金机械厂指导检查工作，吴部长已同意并且列入工作计划。再说，你们在吴部长住的小楼里夜里临时安排两个不速之客，而且楼里漏水，吴部长的安全没有保证。"我说完之后，吴部长解释："会前他们到我办公室汇报了日程安排，在开幕式上我讲话了，也和大家见面了，余下的时间我得到冶金机械厂看看，这是我做的决定。"吴部长和我说完之后，两位无语了。建常又补充说："如果时间来得及我争取到本钢看看。"离开丹东的那天晚上，吴部长中途到达本钢和领导班子成员见面，本钢领导专门陪吴部长吃了一顿夜宵，也算在本钢吃了顿饭。

建常到达丹东冶金机械厂受到厂领导和工人的热烈欢迎。人们知道，是吴建常总经理做出决策让北京矿冶研究总院对该厂兼并重组，该厂才有今天的发展，吃水不忘挖井人，大家怎能不感谢呢！建常与大家合影留念，到车间察看生产情况并看望生产岗位的工人，大家十分感动。

建常历来不愿题词写字，但是，在丹东冶金机械厂破例了，他拿起毛笔写下："依靠科技进步，发展生产力，为老百姓办实事。"这是他一贯的思想，这幅题词一直挂在墙上鼓励大家。

来到丹东厂，建常兴致很高，他坐在一艘简易的机动船上在鸭绿江上与北京矿冶研究总院和丹东冶金机械厂的干部们长时间畅谈，他谈了不少鲜为人知的事，看得出他对毛主席等老一辈革命家的深情怀念。尽管建常仍然惦记着丹东厂，但他已离开有色总公司，不方便再插手了。

图4.7 中国有色金属工业总公司原总经理吴建常在视察丹东冶金机械厂期间在鸭绿江的船上听本人及院党委书记王玉田（左）的汇报

4.5.6 有色金属工业局局务会议和张吾乐局长的支持

张吾乐曾任甘肃省省长、国家经贸委常务副主任，后接替吴建常任中国有色金属工业总公司总经理。1998 年，国务院解散中国有色金属工业总公司，成立国家有色金属工业局，他以正部长的身份担任国家有色金属工业局局长。关于中国有色金属工业总公司被解散的原因，下面的人没有谁能说清楚，但是与此相关，原有色金属工业总公司决定给北京矿冶研究总院补贴 2100 万元偿还丹东厂债务一事可能要泡汤了！这是我得知解散消息的第一反应。

我急忙跑到有色金属工业总公司的大楼，先找了我们的老院长何伯泉副总经理，后找了张健和陈胜年副总经理，这几位领导都是吴建常主持工作时参与决策的。领导们表明了相同的态度：2100 万元对于矿冶研究院不是小数，但对于有色总公司不算什么，只要有色总公司存在，兑现是没有问题的，只是他们现在的职务都被解除了，说不上话了。老领导们深表同情。

我又找财务部主任——他是现职的干部，当年他在沈阳铝镁设计院当副院长时，因都是院领导，我们很熟悉，可以说是多年的朋友——想让他帮我想想办法。可我万万没想到他不但不想办法，连一句同情和安慰的话都没有。他冷冰冰地给我撂下几句话：“有色总公司解散了，当时定的事不算数了，即使会议作了决议也没有用，再说也没有正式下文件，你这问题无法解决。”我原想他是现职的财务部主任，财务家底和办事程序他最清楚，况且，中国有色金属工业总公司刚被宣布解散，甚至还没进入过渡期，他要想帮忙还是能想出办法的，至少能指个路子。但没想到多年的朋友给我打了一顿官腔，那情景我终生不会忘却！我是为有色党组定的公务找他，不是为个人私事，真不理解！

当时可以说是呼天天不应，呼地地不灵。有一天国家有色金属工业局在京西宾馆开干部会议，散会后我有意与张吾乐局长一起走。路上，我对张吾乐局长说：“张局长，我向您汇报关于北京矿冶研究总院兼并丹东冶金机械厂的事。我向您汇报，可能您印象不深，如果丹东厂厂长向您汇报，您会更加关注，可是丹东厂的厂长也是我们任命的。”张局长听后说：“你科研院所兼并什么企业呀？你带不动！”我说：“带得动。”他说：“你带不动！”我说：“能带动，等您有时间到丹东厂去看看。”接着我把现在丹东冶金机械厂的发展和中国有色金属工业总公司被解散后原定给矿冶总院2100万元补贴无法落实的事说了一遍。张局长听后说：“这倒是个事，以后你见到我就找我。”我说：“您忙我不能总找您，我找主管财务的高德柱副局长就行了，您对他打个招呼。”看来这段路边走边汇报，张局长还真听进去了。

此后的一天，有色局局长办公室通知我准备材料参加局长办公会议研究丹东冶金机械厂的事。我十分高兴，总算有个盼头了！

我亲自写好了汇报稿。

1998年9月17日下午，有色金属工业局召开局务会议，专门研究丹东冶金机械厂的债务补贴问题。会议由张吾乐局长主持。参会人员很全，局长、副局长、相关的司局长都在座。我院参会的有我、郑宝臣、夏晓鸥几位院领导。

张吾乐局长先开头讲了会议议题，然后由我汇报。我讲了一会儿，张局长提示，具体背景不用讲很多了，讲讲解决问题的具体办法。我在汇报结束前，特别讲道：“科研机构进入企业是改革，有实力的研究院所兼并企业也是改革，希望有色局支持矿冶总院的改革。”

待我讲完，张局长说：“北京矿冶研究总院兼并丹东冶金机械厂是一种改革。前中国有色金属工业总公司答应给矿冶院补贴2100万，有色金属工业局按理应当继续支持。但是有色局不像有色总公司，是国家机关。国家拨给我们的办公费只有1000万，大楼里的人发工资都是问题，哪来的钱呢？大家谈谈想法。”

张局长讲完话，参会的领导开始表态。

财务司司长龚永才发言：“有色局没有这笔钱，无法解决2100万补贴。建议把丹东冶金机械厂按原渠道退回辽宁省，让地方解决。有色总公司没有了，如贷款你们院也可以贷。如果该厂交地方，矿冶院要求补贴130万，有色总公司已投了500万，算是双方共同投资转为固定资产，你院的部分科研成果可以撤回去。”

丁海燕：“同意龚司长的意见，下放地方。”

龙朝生：“同意下放地方。”

接下来的几位司长发言都是这个调子：没钱解决，退回辽宁。但是高德柱、康义和郭声琨三位副局长暂时没发言。

在此关键时刻，投资司副司长王春生站了出来。

王春生说：“请各位考虑一下，把丹东冶金机械厂按原渠道退回辽宁省不妥。原因其一，北京矿冶研究总院兼并丹东冶金机械厂是国家经贸委列入国家兼并计划的，并且已享受了兼并政策；其二，明年的兼并计划还要上报，退回辽宁会产生有色的信誉问题，影响明年兼并计划上报。”王春生司长的发言扭转了会议的形势。

高德柱副局长首先表态：“丹东厂被兼并后，北京矿冶研究总院尽了很大努力，管理很规范，院长也花了不少心血，现在成效也很显著了，还是应当支持搞下去。丹东厂已不算辽宁的企业了，矿冶院要留，可否从补亏渠道上补点钱？”

黄春萼副局长：“历史就不说了，已既成事实，关键是2100万如何解决？不行就贷款。”

此后康义副局长、郭声琨副局长都讲了话，观点如同高德柱副局长。这时，把丹东厂退回辽宁的观点不再出现了。

孙传尧发言：“原来用500万做嫁妆交地方，丹东市不接。沈阳有色冶金机械总厂管不好的原因是，两家同属机加工企业，本身就争产品、争市场。只有矿冶总院以科技新产品为后盾才有可能搞好。该厂最困难的时期已过去，现在已是上升时期，我们并不看重已投入的130万元，关键是大量的人力、精力，还有科研成果已形成资产，现在事实上已很难分清，因为我院不留后路，把丹东厂的事作为矿冶院的一部分来干。恳请局领导能解决2100万元，或少一点，我们全管起来。”

龚永才：“我们有色总公司财务部从未同意补2100万。”

孙传尧："是财务部宫俊卿主任和杜盛副主任参加818会议室的会，你那天没在会场。"

康义副局长："龚永才，你不要说这些了，是中国有色总公司党政一把手建常定下的事。"

张吾乐局长做出决定：

（1）龚永才十天之内去财政部要专项补贴，让他们也抓一个试点。

（2）向财政部说明这是一项改革，请财政部支持院所的改革。

（3）十天之内要不来钱就得考虑下放地方了。

龚永才："我可以跑，但结论可以肯定，跑不下来。"

孙传尧："去财政部得帮助说说好话。"

王春生："那肯定，只要给钱，下跪都行。"

高德柱副局长："补充一下，十天之内这事对丹东厂保密。十天之后要不下来钱，要再开例会研究丹东厂的处理问题。500万信用社的债和职工集资的内债不得了。"

郭声琨副局长："以丹东厂的名义要，肯定要不下来钱，得想个好办法。"

会议基本上圆满结束。我至今忘不了王春生司长在关键时刻的发言，忘不了高德柱、康义、郭声琨三位副局长的鼎力支持，忘不了张吾乐局长的最后决策，矿冶研究总院忘不了这些领导。

会后，龚永才司长到财政部还真要来几百万按一个年度拨给矿冶总院。但十分遗憾，国家又把有色工业局撤销，这唯一的希望又破灭了。尽管这样，我们还是感谢张吾乐局长的支持。2100万的补贴大约落实600万，还差1500万没有着落了。以后的几年，康义作为中国有色金属工业协会会长，每次到北京矿冶研究总院参加全院总结大会讲话时，都要提到还欠矿冶院1500万，有愧于矿冶院。我们很感谢康会长。

2000年我在中央党校学习，国家经贸委蒋黔贵主任给我们讲课。下课后我对蒋黔贵主任说："蒋主任，国家机构改革撤销几大部委我们都拥护，但是下属的企业不应受损失吧！"她让我说得具体些。我简要把中国有色金属工业总公司被解散后，2100万元没有着落的事向她汇报，还没等我讲完她就说："是有色的事吧？管不了，管不了……！"说完就走了。丹东冶金机械厂的事不得不到此结束。

4.6 兼并北京钨钼材料厂

4.6.1 背景

北京钨钼材料厂原址在广安门内，后搬迁到北郊沙河镇，主业是钨钼电极、钨丝、钼丝等，在行业内有较大影响。该厂隶属北京有色金属公司，由于有色金属产业在北京市不是优先发展的主业，北京有色金属公司及下属企业大都不景气。公司总经理于霰夫1969年从长春地质学院物探专业毕业，思维敏捷活跃，他想让中国有色整体接收北京有色，但没能实现。于是他又提出让下属企业分别被有色总公司直属企业兼并或接管的方案。具体操作的是陈姗姗处长，她是一位气质高雅、很有事业心和责任感的女性。

考虑到北京矿冶研究总院机械装备研发能力强，让我们考虑接收南城的一个机械厂。考虑到北京有色金属研究总院主业是材料研发，让该院考虑接收北京钨钼材料厂。

4.6.2 过程

我院几位院领导到指定的北京有色公司机械厂考察，感觉不满意，不准备接收。北京有色金属研究总院的院领导到北京钨钼材料厂考察后，感觉优势不明显，也不想接收。当时邱定蕃副院长正与北京有色金属公司合作，在北京冶炼厂做工业试验，同时他也是北京市政府的科技顾问。陈姗姗处长将北京有色金属研究总院不愿兼并钨钼厂的情况告诉邱院长，并在有色金属研究总院考察后不久，陪邱院长仔细参观钨钼厂，当时邱院长表示有兴趣，但兼并是大事，要院里决策，希望她先做北京有色公司的工作之后再由她向我院提出。

几天之后，陈姗姗处长正式建议北京矿冶研究总院考虑可否接收北京钨钼材料厂。于是，有一天我院8位院领导中有6位到达该厂。进厂一看，厂区绿树成荫。所有厂房都是洛阳加工设计院的正规设计，车间内的工况条件还好。也许是因为矿冶总院地盘狭小远不如有色金属研究总院，我扩充心切。于是我当场表态："这个厂我们要定了，如果有一天工厂发不出工资，把树砍伐卖木料也能抵挡一阵子。"我说这话不能当真，只是表达我的决心而已。因为矿冶院接收钨钼材料厂后，该厂不可能发不出工资，再说，厂里的树木归园林局管，私自伐树违规、违法。

何伯泉副总经理催我们：决心下了没有？如同意接收，尽快向有色总公司打报告。于是我院立即召开院长办公会和党委会联席会议，做出同意接收北京钨钼材料厂的决议并分别向中国有色金属工业总公司和北京有色金属公司报告，很快得到同意。北京有色金属研究总院院长屠海令出差回来后发现不对，立即向中国有色金属工业总公司总经理吴建常汇报，要求接收北京钨钼材料厂。但建常总经理回答："已经晚了，北京矿冶研究院已经先决定接收了。"与此同时，该厂厂长王爱德和党委书记时常青表示："跟着矿冶院跟定了，要饭也跟着矿冶院要。"

待中国有色金属工业总公司和北京有色金属公司同意我院以兼并的形式对北京钨钼材料厂资产重组，并正式列入国家经贸委兼并计划后，经过一番准备，1997年在北京矿冶研究总院主楼306会议室举行了俭朴的资产重组交接仪式，中国有色金属工业总公司、北京有色金属公司的领导出席，北京市经贸委副主任徐和谊参会并讲话。

与丹东冶金机械厂相比，兼并北京钨钼材料厂情况简单，院领导班子成员思想统一。该厂负债较低，又在北京市，经常来往，情况摸得很透。另外，我的一个潜意识是怕夜长梦多有变化，所以尽快完成了兼并。当时看到后来的北京钨钼材料厂反倒先兼并了，丹东厂有人坐不住了，问我："矿冶院兼并钨钼材料厂了，丹东厂还能兼并吗？"我回答："照办不误，如果有第三个合适的厂还兼并！"

4.6.3 兼并后的北京钨钼材料厂

资产重组后，把钨钼材料厂变成矿冶四部的建制，组建综合四处统一协调管理四部的业务，处长是王爱德（兼）、副处长是曾健。矿冶四部除了钨钼材料厂外，利用原来的厂房改造成锌粉车间和选矿连选扩大试验车间，在这里完成了云南会泽铅锌硫化-氧化混合矿的连选扩大试验，依据该试验成果已建成年处理65万吨矿石的选矿厂。此外还进行了哈萨克斯坦某矿的选矿连选扩大试验，接待了哈萨克斯坦铜业公司的选矿专家，完成了青海德尔尼铜矿连选扩大试验、贵州锦丰金矿连选扩大试验等。以后矿冶总院投资，在矿冶四部南侧新建了一座新材料试验大楼；在厂区外面新建了两栋宿舍楼，一栋五层、一栋六层，院部职工分一栋、钨钼材料厂职工分一栋。矿冶四部还挤出一些设施租给附近的民办大学，既解决了该校校舍紧张的难题，又为我院增加了收入。

北京钨钼材料厂的领导成员仍旧是王爱德任厂长，时常青任书记，李炳山、彭鹰、王为任副厂长。后来铁岭选矿药剂厂原厂长傅有忠任副厂长兼书记，胡福成任副厂长。与丹东厂一样，钨钼材料厂实现了三年解困，扭亏增盈，步入求发展的新阶段。还有一大进步是，该厂与北京工业大学合作获得国家发明二等奖，新产品开发也获成果。现在选矿扩大连选车间已在矿冶三部新建，锌粉车间已撤销，经过后来几任领导的努力，矿冶四部已建成有相当实力的新材料研发和产业化基地。

4.7 铁岭选矿药剂厂划归北京矿冶研究总院

与兼并丹东冶金机械厂和北京钨钼材料厂不同，铁岭选矿药剂厂是国资委批准以资产划拨的形式归属北京矿冶研究总院的。从2002年该厂归院，到2007年我院长离任，我本人及矿冶总院付出了大量的心血。然而，国资委统计评价局派出的审计组在我的离任审计报告中关于铁岭厂却提出了与事实不符的观点。

以下是我对审计报告的回复，借以真实地还原铁岭选矿药剂厂划归北京矿冶研究总院的过程，也算对审计组的结论提出异议（已报审计组）。

4.7.1 铁岭选矿药剂厂进入矿冶总院的方式

铁岭选矿药剂厂（以下简称铁岭厂）经原国家经贸委批准，自2002年1月1日起，以资产划拨的方式并入北京矿冶研究总院，不是以被兼并的形式。此前1997年丹东冶金机械厂和北京钨钼材料厂是以被兼并的形式进入矿冶总院的，享受了国家企业兼并的优惠政策，但铁岭厂并入矿冶总院未享受任何优惠政策。

4.7.2 铁岭厂并入矿冶总院的背景

铁岭厂始建于1942年，是中国建厂最早、规模最大的选矿药剂厂，在国内外同行业中有较大影响。该厂曾是中央企业，先后隶属中国有色金属工业总公司和中国铜铅锌集团，2000年下放到辽宁省管理。该厂的优势是：产业化能力强，品牌好，药剂品种多、质量好，市场占有率大。但相比之下，该厂选矿药剂研发能力弱，浮选药剂与选矿工艺技术结合的能力弱，装备陈旧。

铁岭厂的弱项正是矿冶总院的强项。我院的药剂研发能力和浮选药剂与选矿工艺技术结合的能力在国内是最强的。实际上在以往的几十年中，矿冶总院与铁岭厂已形成了长期合作的伙伴关系。我院研发成功的苯胺黑药、BK301捕收剂等，都是铁岭厂的主导产品。但我院自身产业化能力低，经营管理水平差。此前全院唯一以选矿药剂生产为主业的洛克公司，虽经10多年的经营，但发展缓慢，年销售总额只有300万～500万元，严重阻碍了我院主业的发展。

1997年，我院兼并了丹东冶金机械厂和北京钨钼材料厂，开创了国内科研事业单位兼并企业的先河。经过努力，到2000年两厂都实现了“三年扭亏解困，步入求发展新阶段”的目标。对两厂资本运作的经验，为我院进一步实施企业并购和低成本扩张提供了借鉴。

1999年，我院转制为中央直属的大型科技企业。将主业做强做大，形成有国际竞争力的企业集团，为国内外厂商提供成套的技术、成套的设计、成套或配套的装备和材料，提供包括工程总承包和交钥匙工程在内的全方位技术服务是我院的宗旨。但以上目标与我院体量小形成强烈反差。鉴于我院资金、土地、物力和企业经营管理人员不足的现状，继续采用像矿冶三部那样完全依靠自己的力量从买地起平地建厂的做法，实际上有很大难度。

另一方面，科研单位看起来成果多，但真正能培育成规模产业的成果寥寥无几，并且非经过十几年乃至几十年的苦心经营不可。例如，本院的磁性材料、选矿设备、植物胶和当升公司产业的发展历程就是一个见证。

因此，选择合适的企业进行并购，是实施低成本扩张、扩大经营范围、增大企业体量的一个快捷的方案。到2000年前后，这一举措已成为我院的发展战略之一。

4.7.3　铁岭厂并入我院之前我院做了深入的调研、论证工作

长期以来，矿冶总院议事决策遵循四句话原则：“立项调研充分，论证科学民主，决策定论果断，实施运作坚决。”坚持这四句话原则，使我院在重大决策中无明显失误。对铁岭厂的并入也严格遵循这四句话原则。此外，我院的风格之一是，“不干则已，干则必须成功，不达目的，誓不罢休。”无论是丹东厂、北京钨钼厂或铁岭厂，除非不管，一旦归矿冶总院管，我们便坚决管好。

铁岭厂是主动提出并入的。1999年前后，我院承担当时亚洲最大的蒙古国额尔登特铜选矿厂的技术改造任务，其中一个技术关键是采用我院研发、铁岭厂生产的BK301捕收剂。由于利益上的原因，协议中规定矿冶总院是蒙方企业的药剂供应商，铁岭厂只负责生产，不直接向蒙方出口。2000年8

月，时任铁岭厂厂长富有忠和党委书记钱晓哲来京谈扩大合作时，正式提出铁岭厂整建制并入矿冶总院的提案，当然这一提案是经过该厂党政领导班子多次论证和职代会讨论后通过的。

矿冶总院对该提案做出了回应。参考兼并丹东厂和钨钼材料厂的做法，院党政领导班子研究后，于2001年初派出调研组现场调研考察，组长是对产业相当熟悉的时任副院长郑宝臣，成员有审计处处长蒋向阳、财务处副处长程爱民、产业处处长李士伦、人事处处长张晓春及选矿药剂专家刘蓉裳等。该调研组对沈阳、铁岭两个厂区进行了全面认真的考察，总体结论是该厂生产技术和市场开拓情况良好，离退休人员负担较重，设备陈旧，技术改造欠账，相比之下沈阳厂区比铁岭厂区的企业管理稍好些。

此后，院领导又以不同的方式多次对该厂进行调研和明察暗访，出于慎重，迟迟没有做决策，这引起辽宁省主管部门的不满。2001年9月，辽宁省一副省长、省经贸委刘主任、铁岭市赵副市长及沈阳公司副经理马浩春等领导，在一个周日专程到北京矿冶研究总院与院领导见面，旨在推动这项工作。在沟通中副省长对我院行动迟缓提出批评。对此，我当时不好表态，但时任院党委书记兼副院长邱定蕃院士对该副省长的批评当场提出不同的看法。邱书记认为，矿冶总院接收铁岭厂态度是积极的，行动是稳妥的，这是我院一贯的风格，我们一直在认真调研，努力推进这项工作的进程。副省长听了邱书记的发言没有再说什么。

为了更科学慎重地做出结论，我院委托中审会计师事务所于2002年初对沈阳、铁岭两个厂区进行了全面的审计，并提出审计报告。

经过长达一年半的调研论证，并经职代会通过后，院党政联席会议郑重做出决议，同意铁岭选矿药剂厂并入矿冶总院，并上报国家经贸委。

2002年下半年，国家经贸委批复，铁岭选矿药剂厂以资产划拨的形式，从2002年1月1日起并入矿冶总院。2002年12月在铁岭召开了交接仪式。以中国工程院副院长王淀佐院士为代表的同行专家及业内企业界对此高度评价，认为这是中国选矿药剂研发与生产、药剂销售与浮选工艺技术相结合的优势互补和强强联合。王淀佐副院长及中国有色金属工业协会高德柱副会长参加了交接仪式。从提案到国家经贸委批准为时两年，其间我院做了大量工作，决策过程符合科学民主的程序。

4.7.4 铁岭厂并入矿冶总院后，我院对该厂的管理做出很大努力

铁岭厂并入我院后连续4年（含2002年）亏损，给我院带来阴影。亏损的原因是多方面的：主要化工原料三种醇持续涨价，但该厂药剂产品涨价幅度小，且滞后；厂内部管理不善；干部员工的积极性未充分发挥；流动资金严重不足，融资渠道不畅；矿冶总院采取的措施不完善或贯彻执行不力；等等。为了尽快扭亏减亏，我院开展了一系列工作，可以说打了攻坚战，主要包括：

（1）2004年初，派出以夏晓鸥副院长和张晓春副书记带队，包括审计、财务、产业、人事、营销、物流等专家型的处长组成的7人工作组，到厂开展工作，历时10天提出促进铁岭厂扭亏减亏和改革发展的措施。

（2）2004年，以张晓春副书记为首的干部考察组对铁岭厂领导班子成员及后备人选进行考核。

（3）孙传尧、王玉田、夏晓鸥、张晓春、蒋开喜、战凯、张立诚、张建良、刘显清等院领导以及多名处长，以不同方式多次到铁岭厂开展工作。2001—2006年院领导去该厂达20多人次。2006年，为了扭亏，院长孙传尧去铁岭厂3次。这些工作对铁岭厂加强管理起了促进作用。

（4）2004年4月，院党政领导班子人员在铁岭厂进一步进行现场考察和后备干部考核，在现场召开党政联席会议，决定王锁宽任厂长、钱晓哲任专职党委书记，并增补两名副厂长。现场召开全体干部会议，动员扭亏增盈。

（5）召开了第32次院长办公会议和党政联席会议，研究铁岭厂的扭亏和管理问题，有时会议开到晚上10点。历次会议都作出决议，要求铁岭厂执行(见附录大事记)。

（6）解决了20多年悬而未决的沈阳、铁岭两地分设厂区的难题。院领导和厂领导先后多次在铁岭和北京研究这一难度极大的问题，完成了沈阳分厂搬迁到铁岭及职工安置问题。其间夏晓鸥副院长、张晓春副书记多次去沈阳、铁岭两地，包括与地方政府官员沟通协调，指导沈阳分厂搬迁。

（7）决定铁岭厂新建黄药车间及黑药、起泡剂车间，并限期投产。

（8）解决了部分流动资金及基本建设资金不足问题。

（9）经过大量艰苦细致的工作，2006年不但遏制了4年连续亏损，而且实现当年盈利。

4.7.5 铁岭厂并入矿冶总院后的评估

正如审计报告所述，铁岭厂连续几年亏损，资产负债率上升，所有者权益下降，占用矿冶总院2550万元资金，并且由于该厂未能按期还贷，在一段时间内矿冶总院银行账户存款被冻结1300万元。这对矿冶总院产生了一定的负面影响，但是还算不上使矿冶总院背上沉重的包袱。当年兼并丹东冶金机械厂和北京钨钼材料厂，矿冶总院为二厂分别偿还了2400万元和1400万元的债务，连同铁岭厂的借款在内，并未使矿冶总院在财务上伤筋动骨，发展中的矿冶总院对三个厂的财务负担承担得起。

无论是丹东冶金机械厂、北京钨钼材料厂被矿冶总院兼并还是铁岭厂划拨矿冶总院，都属于国企改革大环境中的局部运作，这符合国企改革大方向，也符合矿冶总院建成大型科技企业集团这一总体战略发展目标。任何一项改革都要支付成本，丹东厂和钨钼厂的兼并及铁岭厂的并入包括其他项改革无一例外，我们已充分考虑到我院的承受能力。

矿冶总院对三厂的兼并或资产重组，立足于对矿冶总院主业做强做大，并未指望近年内从三厂得到大的回报。从企业的社会责任来讲，矿冶总院救活了三个国企，避免了人员下岗失业，为国家减轻了负担；从我院自身来讲，也提高了发展的潜力，蕴藏了发展的商机。

铁岭厂并入矿冶总院后，除了近几年增加了我院的负担外，对我院还起到以下正面作用：

正如审计财务报告所述，矿冶总院是中国最大的选冶药剂研制与供应商，报告中所述的五种选矿药剂（黄药、黑药、起泡剂、羟肟酸、乙硫氮等）全部产自铁岭厂，这些药剂国内市场占有率为20%，为国内同类产品出口量的25%。没有铁岭厂的并入，报告中就无法写出上述这段文字。

该厂的并入，使我院主业更加完整突出，增强了矿冶总院的品牌，提高了国内外的竞争力。扩大了生产规模，增加了全院总资产、净资产，主营业务销售额增加1亿元左右。

如果是我院自筹资金新建药剂厂，在10～20年内达不到铁岭厂的现有规模、产量、品牌、产品质量、品种和国内外市场占有率。

即使在当今本院持股49%的情况下，本院现在及将来也均有回报预期。

接收铁岭选矿药剂厂，作为院长，我除了在企业和商业方面的分析考虑外，作为选矿工艺技术专家和选矿药剂的同行，从技术和行业发展趋势方面也做出了判断：我院接收铁岭选矿药剂厂在发展战略上不会有错误。我就是吃这碗饭的，我能把握得住。

中色矿业沈阳矿业投资中心主动与我院合资对铁岭厂改制，对方坚持51%控股，可见铁岭厂不是一个救不活的企业，而是存在潜在发展商机的尚好的企业。

事实上，铁岭厂2008年产量达2万吨，销售额达2亿元，利润在450万元以上。2006年以来，药剂市场走势一直良好，目前产销两旺，利润增加。

4.7.6　建议

在审计报告中关于重大经营决策方面，“在未经过充分的调查研究基础上，孙传尧同志力主接收铁岭厂”“矿冶总院管理不到位”“除了对铁岭厂提供资金支持外，其他管理皆不到位，致使铁岭厂扭亏未见成效”“兼并铁岭厂给矿冶总院带来沉重的包袱”等提法，与事实有较大出入。

作为法人代表和院长，我思考问题的着眼点与一般干部和普通员工不同。对国家负责，对企业的昨天、今天和明天负责和对员工负责的一致性，是企业行政一把手必须考虑的。接收铁岭厂并入矿冶总院，正是从矿冶总院发展大局，特别是从战略发展方面重点考虑的，是推进国企改革的一次运作，也符合矿冶总院为国家承担政治责任、社会责任、经济责任和技术责任的一贯理念。一项决策和判断要经得起历史的检验。我们接收铁岭厂仅四五年的时间，还应做长期的考验。

希望审计组能再审视一下铁岭厂并入本院的全过程，对报告中的部分文字做适当修改。

以上是我对离任审计报告中关于铁岭选矿药剂厂不符合事实结论的回应。我以事实为根据，当仁不让，毫不客气地回应，不光是为我个人，也是还矿冶总院及院党政领导班子一个清白。我把这段表述公布于世，我可以与任何有异议的人公开辩论，并奉陪到底。我至今不明白，审计组为我写审计报告的人，关于铁岭厂严重与事实不符的资料是从何而来的，他是否了解企业，是否懂得企业管理！

以上回应也还原了铁岭选矿药剂厂划归北京矿冶研究总院的全过程。

4.7.7 孙传尧在铁岭选矿药剂厂划归北京矿冶研究总院交接仪式上的讲话

在铁岭选矿药剂厂划归北京矿冶研究总院交接仪式上的讲话

孙传尧

今天，在铁岭市举行铁岭选矿药剂厂划归北京矿冶研究总院的交接仪式，这是北京矿冶研究总院和铁岭选矿药剂厂历史上的一件大喜事，我首先代表北京矿冶研究总院向在百忙之中光临仪式的各位领导、各位来宾表示热烈的欢迎和崇高的敬意，向铁岭选矿药剂厂的广大干部、职工表示亲切的问候！

铁岭选矿药剂厂在中国有色金属工业发展历史上留下了闪光的足迹。该厂始建于1942年，是中国选矿药剂的创始企业。建厂60年来，药剂厂的几代领导、工程技术人员、干部和工人同志们兢兢业业地努力工作，使工厂由小到大，建立了不朽的功勋，为中国的选矿工业做出了重要贡献。可以说，中国选矿药剂的工业化及当今的持续发展源于铁岭选矿药剂厂，中国有色金属浮选技术和浮选工业的发展与铁岭选矿药剂厂有着千丝万缕的联系。经过几十年的生产经营，工厂研制成功多种浮选药剂，目前已形成六大系列50余个品种，并已形成了较为稳定的客户群。选矿药剂出口多个国家，在国内外市场具有良好的信誉。在中国选矿界的高层领导和工程技术人员圈内，几乎无人不知道铁岭选矿药剂厂。

与其他老国有企业一样，随着市场经济的发展，铁岭选矿药剂厂在改革与发展中也遇到了绝大多数国企在改革与发展中普遍遇到的新问题。这主要是企业的管理体制和运行机制创新不够，企业的技术创新能力不足，装备水平有待更新，并且，随着东北地区有色金属矿山资源逐步枯竭，工厂与市场的距离由近变远。总而言之，企业的核心竞争力遇到了挑战。铁岭选矿药剂厂的领导班子成员审时度势，着眼于企业的改革与长远发展的需要，首先提出将铁岭选矿药剂厂并入北京矿冶研究总院的建议，这一提案得到了工厂广大干部和职工的认可。

我们认为，铁岭选矿药剂厂领导的这一建议和决策是开明的，是有改革精神并富有创意的，是对国有资产负责、对企业发展负责、对全厂职工负责的一种可贵的选择，也是对北京矿冶研究总院的高度信任，他们为此付出了艰辛的努力。

北京矿冶研究总院于1956年建院，先后隶属于重工业部、冶金工业部、中国有色金属工业总公司、国家有色金属工业局，从1999年7月份起转制为中央直属的12家大型科技企业之一，隶属于中央企业工委。经过46年的发展，特别是近20年的改革与发展，全院已成为以矿产资源综合开发利用和材料学科与工程为核心主业，科研、工程设计和科技产业三位一体的技术开发、工程转化与产业化实体，是国家经贸委定点建设的行业技术开发基地，在国内外同行中有较大的影响。选矿与选矿药剂历来是我院的主业之一，几十年来，我院与铁岭选矿药剂厂早已形成良好的合作关系，我院研究开发的苯胺黑药、BK301和CF等新型药剂已先后在铁岭选矿药剂厂批量生产转化成生产力；我院在承接国内外选矿厂的工艺流程研究与技术改造中，多次采用铁岭选矿药剂厂的名牌产品；我院在新建选矿厂的工程设计中多次推荐和采用铁岭选矿药剂厂高质量的浮选药剂。可以说，北京矿冶研究总院为我国有色金属选矿事业的诸多贡献中，也有铁岭选矿药剂厂的一份功劳。

我院领导对铁岭选矿药剂厂资产整合和管理体制改革的建议认真响应，在多次深入调研论证的基础上，院领导班子做出决策并经院职代会通过，同意铁岭选矿药剂厂并入北京矿冶研究总院的建议。经双方共同上报主管部门，国家经贸委下达国经贸企改〔2002〕417号文件批复，同意铁岭选矿药剂厂自2002年1月1日起无偿划归北京矿冶研究总院。

今天我们在这里举行隆重的交接仪式，使过去的两个合作伙伴终于能在优势互补的基础上融合为一个整体，成为一家人，使北京矿冶研究总院和铁岭选矿药剂厂共同迈进一个崭新的发展阶段。

各位来宾，同志们，朋友们，在我们今天举行交接仪式和庆典的时刻，我们要更加感谢辽宁省人民政府、辽宁省经贸委、省财政厅、中国有色金属沈阳公司以及铁岭市政府对这一重要改革的关心与支持，感谢国家经贸委、财政部和中国有色金属工业协会的关心与支持。

2001年9月份，辽宁省人民政府一副省长亲自率领省经贸委、沈阳公司和铁岭市人民政府的领导，专程来到北京矿冶研究总院，与院领导共同研究铁岭选矿药剂厂并入北京矿冶研究总院的具体实施方案并提出了重要的意见。该副省长深入基层开展工作，大大加快了这项工作的进程。

以往，铁岭选矿药剂厂在自身的发展历程中一贯得到中国有色金属沈阳公司的领导和支持。对铁岭选矿药剂厂并入北京矿冶研究总院这一管理体制上的改革，沈阳公司同样给予了大力支持。沈阳公司总经理宛吉廷同志以及原副经理马浩春同志曾先后在沈阳市和北京市与北京矿冶研究总院的领导认真商讨具体实施方案，表现出推动国企深化改革和着眼于企业发展的大家风范，令我院领导十分佩服。今天辽宁省人民政府副秘书长富万忠同志，沈阳公司总经理宛吉廷同志，省经贸委的有关领导和铁岭市委副书记王秉杰同志，市委常委、总工会主席肖国范同志，副市长赵福祥同志，副市长贾天敏同志等领导光临大会，再次表达了辽宁省和铁岭市领导对本项改革的关心与支持。我代表北京矿冶研究总院表示衷心的感谢！

在刚刚闭幕的中国共产党第十六次全国代表大会上，党中央已提出在我国全面建设小康社会的奋斗目标，号召全党和全国人民要进一步深化国有企业改革，深化国有资产管理体制的改革，要走出一条科技含量高、经济效益好、资源消耗低、环境污染少、人力资源优势得到充分发挥的新型工业化的道路。这些英明的决策，为我们今后更加深入地改革与发展指明了道路和方向。我们将坚定不移地深入贯彻执行党的十六大精神，以改革为动力推动全院各项工作的发展，进一步调动全院广大干部、职工的积极性，使北京矿冶研究总院在国家新型的工业化道路上，发挥国有企业和骨干科研机构的带头作用，为国家、为社会不断做出新贡献。

今后，本着对国家负责，对社会负责，对辽宁省、沈阳市和铁岭市负责，对铁岭选矿药剂厂的发展负责和对全厂广大干部职工负责的一致性，北京矿冶研究总院将从各方面关心与支持铁岭选矿药剂厂的发展，创造条件全面提升企业的核心竞争力。也希望铁岭选矿药剂厂的领导、干部和广

图4.8　出席铁岭选矿药剂厂划归北京矿冶研究总院交接仪式的各方领导（2002年）

大职工，进一步转变观念，增强竞争意识，增加紧迫感、使命感和危机感，团结奋斗，大力协同，克服改革进程中存在的暂时性困难，把职工个人的利益、家庭利益同企业的发展紧密联系起来，以实际行动关心和推动企业的发展，不辜负省市领导和社会各界对全厂的希望，使铁岭选矿药剂厂不断为中国矿冶事业做出贡献的同时，增强可持续发展的能力，使全厂的干部、职工尽快地富起来，并且为养育铁岭选矿药剂厂的辽宁省、沈阳市和铁岭市的父老乡亲多出一把力气。我们恳切地希望辽宁省、沈阳市和铁岭市党政领导机关及各主管部门，对铁岭选矿药剂厂和北京矿冶研究总院的改革与发展给予更多的关注和支持，我们将不胜感谢！

4.8 院内承包制的演变及目标考核

随着全院总体改革的不断发展深化，我院制定了一系列促进全院科研、设计、科技产业和精神文明建设全面发展的目标考核办法，调动了广大干部和职工的工作热情。

1984—1987年，在院内实施第一轮承包考核，特点是定比承包。对各研究室及生产单位，按经济收入的固定比例效益分成，收入越多，分成越多，职工的收入越多，积极性也越大，这对于增强全院和基层单位的经济实力起了很大的作用。

1988—1990年，实施第二轮承包考核，特点是“包死基数，确保上缴，超收多留，欠收自补”，由定比承包转为定额承包。这是我借鉴首钢的承包方案对上一轮承包方案的改进，要素是有任务定额了，定额就是基数，要包死，给各承包单位确定任务压力，院里的收益也能保证。

1991—1993年，实施第三轮承包考核，其特点是在上一轮考核的基础上增加总量（三年纯收入总量）、控制基数（承包定额）、调整结构（科研发展基金、集体福利基金和奖励基金三项基金的比例），在确保承包单位和职工切身利益的前提下，适当地增加了全院的公共积累，适当地增加了发展基金的比例，这有利于提高全院自我发展能力。

1994—1997年，在总结前三轮承包考核的基础上，提出了以准成本核算为基础，对院上缴利润递增包干，超收分成的第四轮承包考核。这轮办法是明确承包单位的收支两条线，既要开源又要节流，树立成本核算的理念，但还不是全成本核算，因为准确核算各单位的成本院里还不具备条件，有的成本仍由院里承担。

1998—2001年，提出第五轮目标考核管理办法，其特点是，坚持完善对经济指标考核的同时，加大了对科研、设计、科技产业，安全保卫和社会主义精神文明建设方面的综合考核力度。从1998年起将原承包制改为全方位的目标考核制，院里对各单位的要求不以经济指标为唯一标准，而是多目标要求，促进全面发展。这是在前几轮承包考核全院经济实力有较大增长的前提下，才转入多目标考核，是一大进步。

2002年，提出了新的目标考核及内部准成本费用管理办法，体现“效率优先，兼顾公平”和“收入与绩效挂钩”的原则。矿冶研究总院用于院内分配的红头文件银行认可，取现金没有任何障碍，因而兑现各单位的奖金不成问题。

通过将近20年的院内承包或目标考核，建立了一套较完整的考核及分配体系。各二级实体单位和个人根据各自的模型都能知道个人的收入。在我任职院长的20个年度中，没有一个人找我讨要奖金，他们知道，找也没用，按规则办事。1988年，定额承包的第一年兑现研究室主任的嘉奖，采矿室主任邓国智上台领超产奖金，红包里只有103元，装奖金的包就值100元。有人说我太寒碜这名主任了，我说没办法，按公式算出来的，公式中后面没有常数项，没法另加钱。

我说过：“赚钱是本事，分钱也是本事，钱分得好就能赚钱，分不好就赚不了钱。”我任院长期间花费很大精力研究分配问题，承包和目标考核就是重要的内容。每一个考核周期开始，必然与下属二级单位经过认真的讨价还价定任务指标，一旦谈定了，作为院长根本不用操心，下属二级单位的领导及员工会主动杀向市场、奔向社会去找项目、要经费。每个周期的谈判也不容易，当年与毕业于清华大学的自动化室主任李忠义谈定额指标时，我问他同不同意，他回答：“不同意也得同意，你把我免职别人不还得同意吗?”他代表了一部分研究室主任的想法，但大家都顾全大局了。

4.9 建立多个国家级平台

在别的科研机构和高校还没有关注的情况下，我院行动快，连续组建了五个国家级平台：国家磁性材料工程技术研究中心、国家金属矿产资源综合利用工程技术研究中心、无污染有色金属提取及节能技术国家工程研究中心、国家重有色金属质量监督检验中心和国家进出口商品检验实验室。在我院长离任以后又建立了矿物加工科学与技术国家重点实验室、矿冶过程自动控制技术国家重点实验室。

图4.9　我院建立多个国家级平台的牌匾

4.9.1　建立国家磁性材料工程技术研究中心

北京矿冶研究总院是中国永磁铁氧体材料的发明单位及主要研发和产业化单位，到20世纪90年代前期已建立起规模化的铁氧体预烧料中试线、磁粉中试线、烧结磁器件和粘结磁器件中试线以及稀土永磁烧结磁器件中试线，综合研发水平和中试能力在国内属第一。

我曾作为专家参加过建立国家工程技术研究中心可行性论证，因此对工程中心比较敏感，在思想上和行动上也早有些准备。当国家科委决定建立国家工程技术研究中心时，我院开始申报。因为以采选冶为代表的矿产资源综合开发利用一直是矿冶总院的核心主业，因此我院申请建立国家金属矿产资源综合利用工程技术研究中心。

这里我必须说明，要感谢赵涌泉先生的提醒。在我院之前，地矿部郑州矿产资源综合利用研究所先申请了国家非金属矿产资源综合利用工程技术研究中心，赵涌泉老先生是该中心的评委。他回院后立即向我报告这一信息并提醒我赶紧申报国家金属矿产资源综合利用工程技术研究中心，我立即回应。

经过一番准备，我们请以国家科委综合司司长黎懋铭为首的专家组来院做前期调研。黎司长等经过详细考察后，认为矿冶总院磁性材料产业链研发和中试体系完整，在国内无人可比，而且集中在矿冶二部，条件更成熟，不妨建立国家磁性材料工程技术研究中心。我们接受了国家科委的意见，立即调整思路，重新准备材料。不久以后，国家科委在大都饭店召开国家工程技术中心申报论证会，会议主持人正是黎懋铭司长。我做了25分钟的论证汇报。参加会议的还有院副总工程师兼磁性材料研究所所长林毅、副院长饶绮麟等。初期的论证比较简单，不用PPT，只有项目申报书，不用详细的打印材料，我的汇报只是一份我手写的发言稿。后来我成为国家科委和科技部国家工程技术中心的常任评委，参评和验收的工程技术中心有150多个，目睹了申报材料越来越多、越来越厚。

论证很顺利地通过。北京矿冶研究总院作为依托单位立即按照计划任务书的要求进行组建，我是院长兼主任，林毅是副主任。该工程技术中心验收后连续多年一直评价优秀，并且以此为基础，建成了北矿磁材科技股份有限公司，以后又在上交所主板上市。

4.9.2 建立国家金属矿产资源综合利用工程技术研究中心

建立国家磁性材料工程技术研究中心可谓“无心插柳柳成荫”。建成了我们当然十分高兴，然而，我们几十年的主业是金属矿产资源综合利用，在这一领域也是公认国内领先的。这个中心不建，我们不会甘心。于是，我们又做了相当艰苦的争取工作。

摆在我们面前的有两个困难：第一，除了我院之外，长沙矿冶研究院也申请了同一中心，该院院长张泾生是我的大学同学，也是在新疆可可托海共同奋斗10年、又在1978年同时考上研究生的同事和朋友，现在成了竞争对手了；第二，我院已有了国家磁性材料工程技术研究中心。

国家科委很清楚，这个领域很重要，应当建立国家工程技术中心，甚至比磁性材料领域更为重要；长沙、北京两大院势均力敌，在国内优势明显，建一个丢一个不可以，也不应该。鉴于长沙矿冶研究院偏重黑色金属、隶属冶金工业部，北京矿冶研究院偏重有色金属、隶属中国有色金属工业总公司，最后国家科委不得不采用一个特殊方案：两家共同申报，获批后分别组建，各自独立运行，实际上按两个中心管控。因项目特殊决定两次论证，首先是行业论证，通过后再到国家科委论证。

我与张泾生院长商定，行业论证由我做。论证会规模很大，国内该领域高校、研究设计院、企业、冶金工业部和中国有色金属工业总公司的主管领导，以及两个依托大研究院的领导和专家全到会了。因为论证材料是两家联合完成的，事先又做了演练，论证突出两院联合的优势，因此获得专家的充分肯定。会后，参会专家东北大学龚焕高教授很自豪地说："中国以选矿专业为主的北京、长沙南北两大院的院长都是东北工学院1968年选矿专业毕业生，而且都是从新疆可可托海考出来的研究生，真不简单！"

国家科委的论证会由邓楠副主任主持，与行业论证会不同，大都是国家工程技术研究中心的综合评审组的专家，行业专家很少。论证会前，张泾生对我说："孙院长，我们两家联合申报，上次行业论证是你做的，这次科委论证我做，不知道在理论上是否行得通。"我回答："什么理论不理论的，这次就应当你讲。"张院长讲得很好。会上有评委提出问题，你们两院为什么不分别组建两个工程中心？还没等我和张院长回答，邓楠副主任就说了："这哥俩愿意联合申报就联合呗。"实际上，联合申报是国家科委综合计划司的意见。

该中心获批后，两个中心独立运行，拨款也是按两个中心拨，只是遇到评估检查时两家联合汇报。关于名称如何区分也是难题。国家金属矿产资源综合利用工程技术研究中心后面若加"（北京）"或"（长沙）"，对方不同意，因为北京比长沙占优势；若加"（冶金）"或"（有色）"我方不同意，因为理论上冶金包含有色。后来挂牌时还是分别加上"（北京）"或"（长沙）"以便区别。

国家科委专门在北京会议中心举办一次国家工程技术研究中心授牌大会，会议很隆重，工程中心的主管部委领导、依托单位的领导以及工程中心的领导都参会。会议由邓楠副主任主持。很荣幸，我作为诸多工程技术研究中心的代表上台讲话，表达了大家的意愿。

4.9.3 建立无污染有色金属提取及节能技术国家工程研究中心

这一工程中心是国家计委（现国家发改委）负责组建的，特点是数量少，难申请，利用世界银行贷款国家贴息组建，贷款额度比科技部拨款数额大。

已经建立两个国家科委的工程中心了，还怎么建？名称如何叫？这都是问题。我与主管科研的邱定蕃副院长绞尽脑汁，定名为"无污染有色金属提取及节能技术国家工程研究中心"。建该中心的时间是2001年10月。现在看来符合清洁工艺技术和节能减排的大政策。主业是有色冶金、选矿和环保，这都是我院的主体专业。名称参考了中南大学著名有色冶金学家赵天从教授的一本专著《无污染有色冶金》。经过认真准备后，在北京前门饭店举行了论证会，由我报告，邱院长等几位冶金专家准备答辩。会上北京化工研究院的一位专家提问：何为地下溶浸？在实验室如何试验？这位专家问到点子上了。好在1995年我在美国亚利桑那州考察过铜矿的地下溶浸半工业试验场和实验室，于是我做了回答，专家也不再说什么了。该中心获批后，我院照样认真建设，作为院长的我兼主任，邱院长主管科研，任副主任，科研处为工程中心办公室，罗家珂处长任副主任，在3个国家工程中心论证材料的编写中罗家珂起了重要作用。

4.9.4 建立国家重有色金属质量监督检验中心（以下简称检测中心）

这个检测中心的业务主管部门是原国家技术监督局和原国家标准局。由于矿冶总院分析检测技术很强，在得知要建立国家检测中心的消息后，分析室符斌主任及周根林、丛阳滋副主任就主动申请和联系。

1986年，国家技术监督局派出一个专家组来院详细考察测试仪器装备及构筑物等硬件以及分析测试标准和管理规则等软件，均得到满意的结果。但是专家组提出一系列实验室改造升级的要求，只有达到要求才可能认定，这与国家工程中心的申请论证不同。院里决定投资改造，这对于当时的矿冶总院在经济上是不小的负担。我当时任副院长，主管这项工作。为了方便工作，我兼首任检测中心主任（筹备）。我除了管日常的科研工作外，将很大精力放在检测中心组建和实验室改造上。有一次在原主楼304会议室召开改造工程协调会时，我嫌分析室行动不得力，在新疆可可托海当选矿厂领导时的火气上来了，当众对符斌主任发出了训斥般的批评，弄得这位日本留学回来的学者无地自容，气愤地退出会场。事后我很后悔，虽然我占理，但完全应当换一种方式让符斌加快工程改造进度，这大大伤害了符斌同志的自尊心。以后我向他道歉，符斌同志倒很宽容地说："你批评得有道理。"

实验室改造竣工后，整体上焕然一新。我院迎来了国家技术监督局和国家标准局的联合验收。这两个国家局是部级建制，来了主管司长、处长和专家，中国有色金属工业总公司科技部、生产部的主任和处长们也到会。经过严格的检查验收和答辩，最终以优秀的结果获得批准。

我不会忘记检测中心发证的情景，因为我身临其境地体验了朱镕基同志的威严。

发证仪式在北京城南一个肉类加工企业的礼堂里进行。上午9点开会，8：45，时任国家经委副主任和党委副书记朱镕基已经坐在会场第一排最右边靠门的座位上，不与任何人交谈。我以国家重有色金属质量监督检验中心主任的身份坐在第二排中央。会场很静，没有人交头接耳。

上午9点整，朱镕基一人坐在主席台中央宣布开会。他的第一句话就是："你们的部长架子太大，9点开会我提前15分钟就到达会场，可你们的部长现在还没到会。我很忙，讲话到9：45离会去天津，晚上回北京明天参加十三大。"朱镕基讲了建立国家质检中心的目的、意义和对质检中心的要求，特别强调公正、科学和权威性。9：15，国家技术监督局和国家标准局的两位部长级局长进来了，一左一右站在朱镕基两侧不敢坐下，没想到朱镕基连看都不看他俩一眼，眼望着会场继续讲话，此刻我们的目光只注意左右两位局长，甚至没有听清朱镕基讲什么。两人站立足足有1分多钟，然后不约而同地缓缓坐下，朱镕基仍然不理不问。9：45，朱镕基讲完话在一片掌声中起身就走，始终没看两位局长一眼。等朱镕基出了门，大家才缓过劲儿来，仿佛倒吸了一口冷气。亲身感受到朱镕基同志的威严，作为检测中心的主任们，工作敢马虎大意吗！

4.9.5 一幅象征着矿冶总院主业的壁画

国家重有色金属质检中心改造完毕，各个实验室和楼道焕然一新，真是旧貌换新颜了。可是四楼中厅的一大片墙上是空白，与总体格局不协调，大家建议加上一幅画。

加什么画好？当然要突出我院的特色。矿冶总院的特色是矿产资源综合开发利用，其中采矿、选矿和有色金属冶炼以及相配套的理化检测是我院的主业，检测中心也与主业密切相关。当时邱院长建议放一幅"天工开物"，正好与院采、选、冶主业相符。

我找来选矿室的魏述超和采矿室的郑家文两人，并向他们说明创作的思路。他们两人有文采、有创意。

过了一段时间，两人把作品交了上来。魏述超参考古代《天工开物》一书中有关古人开矿、冶炼等一些画面，再进行组装和创作，最后形成中国古代人们用最原始的方式从事井下采矿、提升、通风、河水重选淘洗、浸出、火法冶炼以及市场交易的画面，人物刻画得十分逼真、栩栩如生，有点矿业清明上河图的感觉。这幅画用古代的方式形象深刻地表现了当今矿冶总院的主业。郑家文在画面的右上角加了一首诗（后矿冶总院大厅壁画上没有此诗），使图文并茂。

人们对这幅画赞叹不绝。我院请中央美术学院的油画家改画成油画，又花费4000元请北京工艺美术厂烧成瓷砖镶在四楼大厅的墙壁上，成为全院经典的壁画。这幅画以后又用在我院的礼盒封面，现在又出现在矿冶集团总部大厅的墙上，吸引着无数人的眼球，外国朋友更是十分喜欢这幅古为今用的杰作。

图4.10 象征着北京矿冶研究总院主业的一张仿古壁画（魏述超原作）

这幅画诞生至今已过36年，画作者魏述超和诗作者郑家文在作品上没有留下署名，没有几个人知道是他们的作品，他们也没有获得一分钱的稿酬，真是无名英雄了！如今，我有责任把这两位作者介绍给大家，不能埋没他们的贡献。

4.9.6 建立国家进出口商品检验实验室

这项工作是在国家重有色金属质检中心的基础上进行的，因为业务相关度大，不需要很周密的论证就比较顺利地建立起来。

综上所述，不难看出，科技体制改革30多年来，我院逐步发展并且框架已基本形成，走出了一条大型科研院所企业化之路，而且，无论外部环境如何变化，我院的目标始终坚定不移。如今，大型科技企业矿冶科技集团有限公司就是科技体制改革和发展的成果。

“抓机遇、占山头、抢地盘。”这是一句土话，但不是一句空话，在我院的改革实践中实施见效了。

5　制定2004—2013年院十年发展规划

2003年，在经过充分调研和论证的基础上，参考国家、北京市和广西壮族自治区的发展规划，我院制定了2004—2013年十年发展规划。这份规划是经过所有院领导与所领导的处室联合调研与充分讨论，最后由我归纳总结执笔完成的，后经院长办公会议和党委会审定，又经职代会讨论通过。

北京矿冶研究总院2004—2013年十年发展规划

序言

从新世纪开始，我国进入走新型工业化道路，全面建设小康社会，加快推进社会主义现代化的发展新阶段。国务院即将制定2006—2020年国家中长期科技发展规划，进一步落实科教兴国的方针。国家经济、科技和社会发展的新形势，为我院的快速发展提供了新机遇，相应地我院也面临着国内外同行更激烈的竞争。

北京矿冶研究总院已走过47年的发展历程。自20世纪80年代中期开始的国家科技体制改革，为我院的发展创造了良好的机遇。广大干部、职工对外部环境的变化及时做出反应，紧紧抓住机遇，以改革为动力全面推动各项工作的进展，使全院历经了一个快速发展的时期，走出了一条大型科研院所企业化之路。特别是1999年7月，我院转制为中央直属的大型科技企业，成为行业科技开发的排头兵、国家队，使全院实现了一次里程碑式的跨越，进入一个全新的发展阶段。

回顾科技体制改革以来我院快速发展的历程，一个重要的体会就是，我院总是不失时机地提出阶段性的发展目标和策略，并且把目标和策略变为干部、职工自觉的行动，实实在在地实施，使我院实现了跳跃式的发展。

当前，我院又进入一个关键的发展时期，能否把握住机遇，搞好今后5～10年的工作，对于我院在国内外的发展前景以及员工个人事业的发展和生活水平的提高至关重要。面对国内外市场的激烈竞争，立足于本企业的发展和社会需求，在总结以往改革与发展的经验和实践的基础上，制定北京矿冶研究总院（北矿集团）2004—2013年十年发展规划。其中前五年偏重于计划，后五年侧重于规划。这是制定全院年度实施计划和阶段性目标的主要依据，也是进一步规划我院长期发展蓝图的基础。

诚然，社会发展日新月异，不可预见因素会时隐时现，国家的政策导向可能有局部调整，但发展始终是第一要务，是主流。我们要时刻把握住发展的主流，在实施十年发展规划过程中，要埋头苦干，全面快速地推进我院事业的发展，同时还要密切关注国内外的时局，对外部环境的变化及时做出快速反应，包括适当调整本规划的内容，使全院始终保持兴旺发展的局面。

一、指导思想和基本策略

经过近20年的改革与发展，我院已初步具备了科研、设计和产业三位一体的发展模式，全院的资金流、物流和人才流得到有效的整合，综合实力已有很大提高，具备了实现持续、快速发展并向更宏伟目标冲击的基础条件。面对加入WTO之后国内外的激烈竞争，今后5～10年，我院要抓住国内外市场的各种机遇，全面提升企业的核心竞争力，为把我院做强做大成为国际品牌的大型科技企业集团，并成为在国内外有较大影响的国家与行业的技术开发基地奠定坚实的基础，为我国走新型工业化道路和全面建设小康社会建功立业。与此同时，要对出资人负责，对国有资产和股东资产实现增值保值，完成国资委下达的各项业绩考核指标。与经济发展相适应，还要较大幅度地提高员工的经济收入，提高离退休人员的福利待遇，全面提高员工的生活水平，尽可能满足员工多样化的物质文化需求。

坚持以改革促发展。要全面推动我院各项工作的发展，特别要推进以产权制度改革为重要内涵的科技体制改革。坚持公有制为主体，大力推进投资主体多元化，实现产权多元化和多种经济成分共存。

突出主业、做强主业。继续以矿产资源综合开发利用和材料科学与工程为核心主业，实施相关多元化发展的策略。

大力加强技术创新。要努力增加科技投入，增加科技收入。在巩固与发展传统科研领域的同时，努力向新材料、高新技术和军工领域拓展，调整与改善我院的专业结构和研究方向。

进一步深化分配制度改革。要规范企业、集体和员工个人的分配关系，确立劳动、资本、技术和管理等生产要素按贡献参与分配的原则，实施以按劳、按贡献分配为主体，多种分配方式并存的制度。首先，要注重效率优先，较大幅度地提高管理策划、技术创新、生产制造、市场营销方面骨干员工的薪酬水平；其次，要合理控制分配差距，适度提高普通员工的收入水平，使我院的员工普遍富裕起来。

贯彻发展为第一要务的方针。全院的各项工作都要服从和服务于发展这一主线，坚持用发展的办法解决发展中的问题，特别是要设法解决长期以来制约发展的绕不开、躲不过的重点、难点问题和职工群众不满的问题。注意改革、发展和稳定的关系，既要量力而行，适度控制发展速度和规模，又要解放思想，实事求是，创造条件引入新机制，争取实现超常规、跨越式发展，这是我院未来的希望所在。

积极推进全球化的经营战略。努力提高国际化经营在全院经济总量中的权重，加快北矿集团作为跨国集团公司的建设进程。

控制风险。加强对国内外建设与并购项目的前期调研，充分做好可行性论证，严格按照决策程序进行项目审批、建设或运作，避免决策失误，注重投资回报。要有效地防范和应对企业可能遭遇的各种经营风险，包括市场风险、法律风险、环保风险和财务风险等。

创造和谐、竞争、公正的人文环境。调动院内外一切可能的积极因素，化解消极因素，形成一种使干部和员工平等竞争、舒心工作、催人奋发向上的氛围，使员工对职业的忠诚和对企业的忠诚统一；员工个人发展与企业的发展目标和策略统一。要以资本、收益、利益、事业和文化等多因素为纽带，建立企业和员工的利益共同体。

二、主要发展目标

打造科技旗舰，建立组合舰队。十年内要使北矿集团成为国内外有较大影响的、实力较强的大型科技企业集团。继续在矿山工程、矿物加工工程、有色金属冶炼、环境工程、黄金提取、炸药与爆破工程等领域保持优势，为国内外厂商提供成套的技术、成套的设计、成套或配套的设备或材料，提供完整的技术服务，包括交钥匙工程。此外，在材料科学与工程领域，包括磁性材料和器件，表面工程所需的耐腐蚀、耐高温、耐磨专用材料，超细、高纯、高活性的金属粉末材料以及电子和能源电池领域所需的金属化合物材料等要形成特色并创国内外品牌，为国内外客户提供满意的产品，使北矿集团的跨国经营初具规模，为将来建立大型跨国集团公司奠定基础。主要经济目标如下（表1）：

表1 主要经济目标 单位：亿元

	2002年	2008年	2013年
全院总资产	6.00	12.00	30.00
主营业务收入	5.72	15.00	31.00
利润	0.275	1.50	3.00

（1）全院总资产到2008年翻一番，2013年是2002年的5倍。

（2）全院总收入2008年是2002年的2.62倍，2013年是2002年的5.42倍。

（3）实现利润2008年是2002年的5.46倍，2013年是2002年的10.92倍。

（4）在职员工年人均收入2008年是2002年的1.68倍，2013年是2002年的2.58倍。

（5）在职员工和离退休人员的物质文化生活水平的主要指标，在同类大型科研机构中排序在前七名。

推进产权制度改革，使投资主体多元化。到2013年，培育并建成规范现代企业制度、股权多元化、有活力、年销售额2亿元以上的股份有限公司或有限责任公司10个以上。

到2013年，完成具有品牌标志的大型工业和民用设计项目10项以上。

物业管理转化为产业，2008年以前院二部和院部西区要完成地产开发。2013年以前丹东冶金机械厂在确立企业定位的基础上完成地产开发。2008年以前完成铁岭选矿药剂厂沈阳、铁岭两厂区的资源整合。2008年国际业务收入占全院总收入15%，2013年达30%。

以芬兰奥托昆普集团为参照企业，经过全体员工十年的努力奋斗，把北矿集团发展成为在国内外有一定影响的初具规模的跨国集团公司。

三、发展模式及组织架构

根据我院主业的特点，在今后较长一个时期内我院的定位应当是建立具有国际品牌的大型科技企业集团，同时兼国家与行业的技术开发基地，根据公司法建立母子公司体制的企业集团——北矿集团（北京矿冶研究总院，BGRIMM）。北矿集团的母子公司结构目前应控制在母公司—子公司—孙公司三个层次内。必须建立较完善的北矿集团架构，到2013年北矿集团应在国内外有较大的影响。

组建北矿集团，应遵循以下原则：

（1）北矿集团（北京矿冶研究总院）母公司是企业法人，子公司也是企业法人，应当按《中华人民共和国公司法》的要求，建立母子公司的控制与自主关系。

（2）北矿集团应按国际惯例的跨国公司的标准，组建成母公司与子公司之间既有投资关系又有业务关系的绝对控股或相对控股的混合控股公司，而不应当是仅仅以资本作为纽带的纯粹投资控股公司。母、子公司的业务关系包括科研、设计、生产、销售、采购、信息、人力资源和物业等。

（3）子公司可依法投资于孙公司（含控股和参股），但也必须按规范的母子公司体制来建立子孙公司。五年内拟建立孙公司的子公司有北矿磁材、当升材料、星宇惠龙、冶金科技等。

（4）母公司对子公司的控制，除了出资人应享有的股东权益之外，对子公司还应有业务控制力。可通过重大经营决策，人事管理，战略管理，预算管理，运营监控，价格转移，技术转让，商标、专利、信息及其他交易方式进行。

北矿集团母公司与子公司之间业务交易方式的选择，应当遵循增强母公司和子公司双重市场竞争力的原则。在维护母公司和子公司各自利益的基础上，形成北矿集团的核心竞争力。北矿集团的核心竞争力是经过整合后母子公司共有的、竞争对手难以模仿的技术、知识、管理、技能等。

（5）在北矿集团母、子、孙公司三层结构中，要确保会计报表信息的质量，在北矿集团公布（上报）会计报表时，也应同时公布（上报）重要子公司的报表。

（6）母公司与子公司关联交易的原则，应当是有利于充分利用北矿集团内部的市场资源，降低交易成本，既能提高子公司的经营质量，也能实现北矿公司内部资本运营的目的。

北矿集团的主要子公司包括：

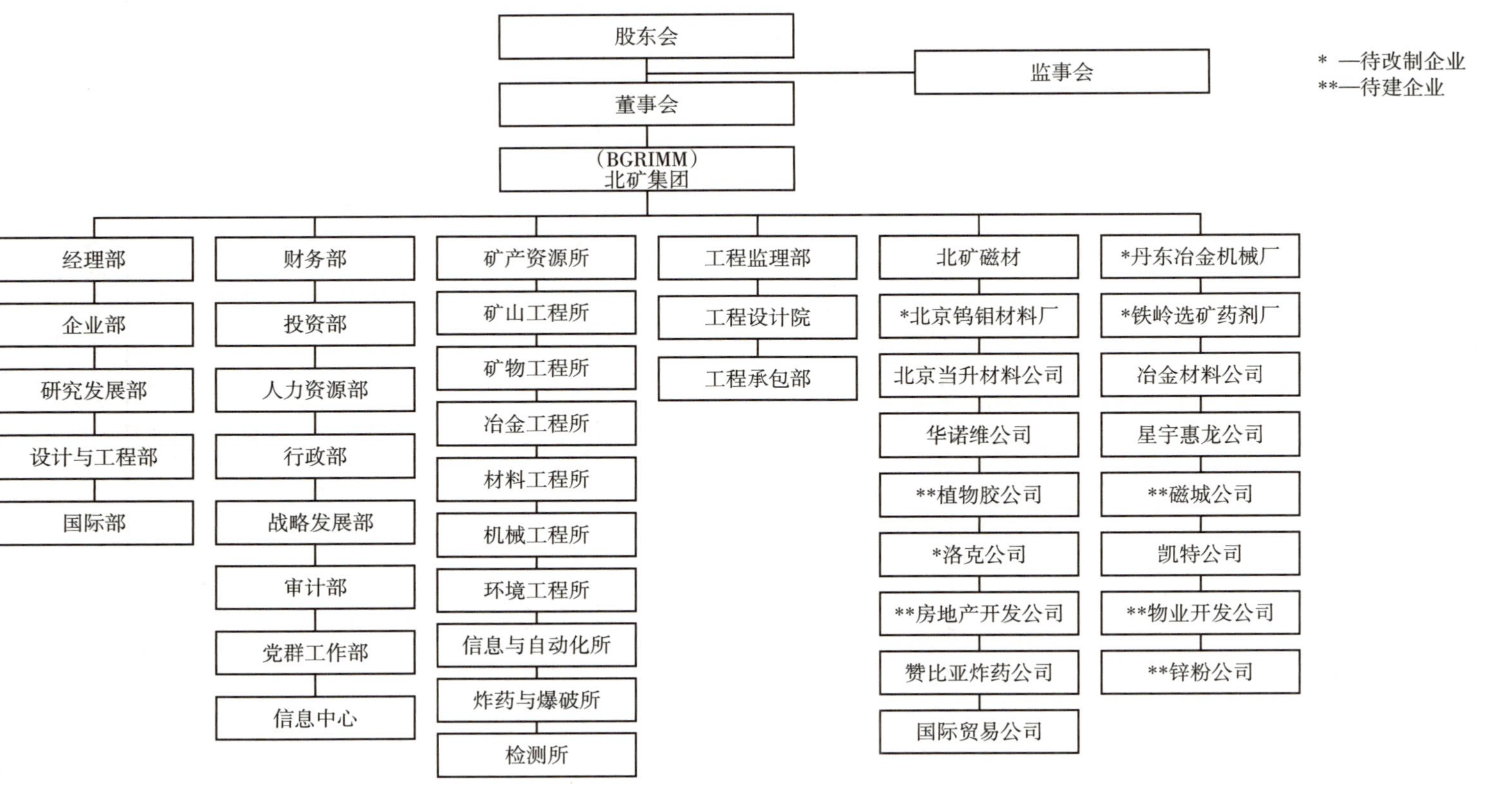
股东会
监事会
董事会
（BGRIMM）
北矿集团
* —待改制企业
**—待建企业
经理部
企业部
研究发展部
设计与工程部
国际部
财务部
投资部
人力资源部
行政部
战略发展部
审计部
党群工作部
信息中心
矿产资源所
矿山工程所
矿物工程所
冶金工程所
材料工程所
机械工程所
环境工程所
信息与自动化所
炸药与爆破所
检测所
工程监理部
工程设计院
工程承包部
北矿磁材
*北京钨钼材料厂
北京当升材料公司
华诺维公司
**植物胶公司
*洛克公司
**房地产开发公司
赞比亚炸药公司
国际贸易公司
*丹东冶金机械厂
*铁岭选矿药剂厂
冶金材料公司
星宇惠龙公司
**磁城公司
凯特公司
**物业开发公司
**锌粉公司

北矿集团组织架构图

（1）全资企业有铁岭选矿药剂厂、丹东冶金机械厂、北京钨钼材料厂、洛克公司、磁城服务公司、北京科贸公司及其他规模较小的公司。上述企业有待投资主体多元化的公司制改制。

（2）控股公司有北矿磁材科技股份有限公司、BGRIMM（赞比亚）炸药有限责任公司、北京当升材料科技有限公司、凯特破碎机有限公司、华诺维科技发展有限公司、北矿冶金材料科技发展公司、北京星宇惠龙科技公司、北京新纳密公司等。

（3）孙公司有北京捷安货运有限公司、永清北矿冶金材料科技有限责任公司。

此外，5年内将改制成子公司的有植物胶、锌粉等产业。

北矿集团的近期组织架构原则上如图所示

四、以经济发展为主线，实现全院快速发展

今后5～10年，北矿集团按主营业务收入大致有如下排序：科技产业（制造业）、物业及房地产开发、科研、国内外贸易、工程设计、工程承包与监理、服务业。

其中代表北矿集团知识和技术密集型品牌的仍然是科研、设计和产业（制造业）。主营业务的预期收入见表2。

表2　主营业务的预期收入　　单位：亿元

	2002年	2008年	2013年
科研总收入	0.32	0.80	1.50
其中国家部分	0.12	0.40	0.70
地方政府与企业部分	0.20	0.40	0.80
设计与工程承包收入	0.10	0.25	0.70
产业总收入	5.00	13.50	27.56
其中制造业	4.80	12.50	25.56
物业开发	0.20	1.00	2.00
其他（贸易、资本运作、服务业等）	0.30	0.80	2.00
合计	5.72	15.35	31.76

以上列出的是最基本的经济指标。如果考虑到资本运营和以企业并购为代表的资产运营，全院的经济收入到2008年应在18亿元以上，2013年应在35亿元以上。

五、加快科技开发，促进成果转化

科技是北矿集团发展的基础。持续不断地开发出一批批具有自主知识产权的科研新成果，是企业核心竞争力的重要内涵。要大力促进科研成果向社会转化和在集团内部有偿转化，提升北矿集团的产业水平，增强经济实力，形成知识（技术）—资本—再知识（技术）—再资本的良性循环。今后十年，我院科技发展的总体目标是：成为国际一流的矿产资源综合开发利用和新材料研发与制备的技术开发源和辐射源，在主要专业领域代表国家水平。研发服务的主要范围是：

（1）为国内外矿冶行业及相关企业提供成套的技术、装备和材料，提供完整的技术服务；

（2）为北矿集团内部传统科技产业的提升改造和创办新兴科技产业提供技术支撑；

（3）为工程设计和工程承包提供主要技术依据。

在工业炸药与爆破技术、矿山工程、矿物加工工程（含工艺、设备、药剂、矿物材料）、有色金属冶炼、黄金提取、永磁铁氧体材料、表面工程技术及专用材料、工艺矿物学、植物胶加工、现代测试等专业及研究领域继续保持行业领先地位和代表国家水平，在国外相关领域能有较大影响，这是北矿集团知识与技术品牌的标志。

此外，在矿山复垦和固体废弃物处理、污水净化、能源材料、稀贵金属材料、生物技术及信息与自动化技术等领域要形成特色，扩大影响。

今后十年，我院应在以下重点研究领域有新突破并获一大批新成果：

（1）金属矿地下开采及充填技术；

（2）岩石力学研究及地压监测；

（3）复杂多金属硫化矿及混合矿的综合选矿技术；

（4）电化学控制浮选及工程化研究；

（5）非硫化矿及非金属矿选矿（含铝土矿选矿、铁矿石选矿、硅酸盐矿物选矿）；

（6）矿物材料的研发与应用；

（7）新型高效的选矿药剂、冶金萃取剂，石油开采的压裂液和驱油剂所需的化学剂；

（8）矿浆电解技术；

（9）加压湿法冶金技术；

（10）复杂金矿焙烧预处理技术；

（11）火法冶金强化熔炼技术；

（12）工业炉窑及节能技术；

（13）电子、电池功能材料；

（14）火箭推进剂；

（15）航空发动机热喷涂材料；

（16）结构功能材料；

（17）高性能磁性材料及器件；

（18）乳化炸药现场制备技术；

（19）非爆炸性农用硝酸铵研究与推广；

（20）高效节能选矿设备（含磁选、浮选、重选、破碎、分级、脱水等设备）；

（21）井下车辆；

（22）污水治理；

（23）固体废弃物治理；

（24）环境评价；

（25）岩矿及工艺矿物学；

（26）植物胶加工技术、改性及应用；

（27）磨矿及浮选过程控制技术；

（28）重有色金属工/矿产品测试技术。

到2008年，平均每年获国家科技进步奖或发明奖1～3项，年批准专利5～8项。

2008—2013年，平均每年获国家奖达3～5项，批准专利10项以上。

2004—2008年承担863项目或973项目3～4项，2008—2013年承担4～6项。

为达上述目标，要大力增加研发经费，到2008年总费用不少于0.80亿元（其中院拨款1500万元，不含子公司自筹）；2013年总费用不少于1.60亿元（其中院拨款3000万元）。

要改善研发基础条件，重点建设工业炸药实验室、环境工程实验室、粉末材料及表面工程实验室、矿物加工实验室（含工艺、药剂、设备、矿物材料）和湿法冶金实验室。

要建立和完善一批中试基地，包括工业炸药及相关材料中试基地、冶金中试基地、选矿工艺中试基地、矿物材料中试基地、选冶药剂中试基地及机电液一体化设备中试基地。

要培养造就一大批领军的科技帅才和研发骨干，搞好科技开发中的资金流、信息流、物流和人才流的管理，进一步完善和优化北矿集团内部科技资源在三个层面上的合理配置。院技术创新中心、专业研究所和子公司的研发机构应根据已明确的定位制定规划，选好课题，落实经费，用好科技人员，为提升北矿集团的科技水平、推动行业的科技进步发挥作用。

六、推进产权多元化改革，实现科技产业跨越式发展

我院的科技产业，诸如磁性材料和选矿设备已成为优势产业。但应清楚地看到，当今国内外市场竞争日趋激烈，制造业国际化的趋势日趋明显。由于历史上国家投入甚少，我院经济实力不强，加之我院专业结构所限，无论是传统产业的扩大再生产，还是新建产业项目都遇到前所未有的竞争和挑战。尽管我院的科技产业在国内起步早，但与少数产业发展势头迅猛的科研院所相比，当前我院科技产业的发展速度还不够快。

科技产业是北矿集团的经济支柱，是院内科研成果自身转化形成知识（技术）—资本—再知识（技术）—再资本良性循环的关键环节，也是北矿集团作为国内外供应商的品牌保障。因此，今后科技产业的发展始终是集团公司的重点。选好项目，特别是自主知识产权的产业项目，多渠道融资，实现投资主体多元化，提高生产技术和装备水平，采用新型的运行机制，加强市场开拓是促进产业化发展的几个要素。

到2008年，我院形成2～4个核心支柱产业，使科技产业销售额达到12.50亿元，利润1.30亿元。其中材料产品销售额达到8.10亿元，利润8300万元；炸药及相关材料销售额达到2.50亿元（含赞比亚炸药公司），利润5500万元；机械设备销售额达到1亿元，利润750万元；选冶药剂和化工建材产品销售额达到1.50亿元，利润800万元。到2013年，科技产业年销售额达24.50亿元，利润2.305亿元。

（1）北矿磁材科技股份有限公司通过上市融资，计划在5年内扩大产量，增加高性能、高附加值磁性材料和器件品种。到2008年使年销售额达到4亿元的规模，实现利润4000万元；到2013年年销售额达8亿元，实现利润6000万元。

（2）北京当升材料科技有限公司的主营产品是氧化铋、氧化钴、氧化镍、氧化锑、钴酸锂。正在开发的钴酸锂市场前景较大，可能成为电

子粉体材料产业的下一个主导产品。公司2008年实现年销售额1亿元，利润1200万元，并建立股份公司准备上市融资；到2013年，年销售额达2亿元，实现利润2000万元，公司完成股票上市。

（3）天然植物胶深加工制品及配套设备，用于食品、石油、制香、建材、纺织等行业，其市场前景良好。到2008年实现年销售额8000万元，利润900万元；到2013年，销售额达2亿元，实现利润3000万元。在2003年要建立有限责任公司，5年内建立股份公司，2013年前完成股票上市。

（4）北京星宇惠龙科技发展有限责任公司的主营产品是乳化炸药、粉状炸药及相关化工产品。到2008年实现年销售额1亿元，利润2000万元，创造条件建立股份公司完成上市融资；到2013年，销售额达2亿元，实现利润3000万元。

（5）北京北矿冶金材料科技有限责任公司的主营产品是草酸钴、碳酸钴、碳酸镍、氧化亚钴、镍粉、储氢合金，5年内全面进入粉末冶金、电子材料、电池材料、化工催化剂、肥料、饲料添加剂等行业。到2008年实现年销售额8000万元，利润700万元；到2013年，销售额达2亿元，年利润2000万元。2008年以前组建股份有限公司，2013年前实现股票上市。

（6）机械加工产业（含机械研究所、凯特公司、丹东冶金机械厂、北京华诺维科技有限责任公司）的主营产品是浮选设备、磁选设备、重选设备、破碎设备、磨矿设备、分级过滤设备以及矿山专用设备和备件。目前选矿厂处于设备更新换代的时期，为选矿设备的发展和技术成果推广带来难得的机遇。今后5年，要配合矿山企业装备更新换代，加速推广大型高效选矿设备和井下采矿辅助设备。到2008年实现年销售额1亿元，利润750万元；到2013年，销售额达2亿元，年利润1400万元。

（7）金属材料产业（含金属材料研究所和北京钨钼材料厂）的主营产品是金属粉末、热喷涂复合粉、合金粉、铝合金添加剂、晶粒细化剂、超细钴粉、钨电极及钼制品等。到2008年实现年销售额1亿元，利润1000万元；到2013年，销售额达2.50亿元，年利润2500万元。

（8）超细锌粉应用领域主要在涂料行业。5年内通过改制在市场机制中整合，与下游企业联合对外融资，在现有生产能力的基础上，大力发展超细高活性锌粉，稳定和扩大市场份额，并逐年增加产量。到2008年实现年销售额5000万元，利润500万元；到2013年，销售额达1.20亿元，利润1200万元。

(9) 精细化工产业（含铁岭选矿药剂厂、北京洛克工贸公司和冶金研究所）的主营产品是选矿药剂、化工建材产品和冶金萃取剂。到2008年实现年销售额1.50亿元，利润800万元；到2013年，销售额达2.50亿元，利润1500万元。

(10) 信息技术与自动化产业，到2008年实现销售额1000万元，利润150万元；到2013年，销售额达3000万元，利润450万元。

加快产权制度的改革。由若干个企业法人或自然人投资参股，通过对院内现有的产业进行产权多元化的公司制改制或新建，形成若干个有限责任公司或股份有限公司，建立现代企业制度，这是加快集团公司产业发展的重要措施。5年内要完成对洛克公司、丹东冶金机械厂、北京钨钼材料厂和铁岭选矿药剂厂等全资企业进行投资主体多元化的公司制改制。此外，对植物胶、锌粉产业及国内外贸易组建相应的有限责任公司。上述公司连同业已形成的股份有限和有限责任公司与北矿集团母公司形成既有资产纽带关系，又有业务关联的混合控股母子公司。

对所有的产业公司均实行规范的企业化经营管理，并按照工商类竞争性企业效绩评价指标体系进行考核，见表3。

表3 工商类竞争性企业效绩评价指标体系

评价内容	基本指标	修正指标（±）	评议指标（±）
一、财务效益状况	净资产收益率 总资产报酬率	资本保值增值率 销售（营业）利润率 成本费用利润率	1. 领导班子基本素质 2. 产品市场占有能力（服务满意度） 3. 基础管理比较水平 4. 在岗员工素质状况 5. 技术装备更新水平（服务硬环境） 6. 行业或区域影响力 7. 企业经营发展策略 8. 长期发展能力预测
二、资产营运状况	总资产周转率 流动资产周转率	存货周转率 应收账款周转率 不良资产比率 资产损失比率	
三、偿债能力状况	资产负债率 已获利息倍数	流动比率 速动比率 现金流动负债比率 长期资产适合率 经营亏损挂账比率	
四、发展能力状况	销售（营业）增长率 资本积累率	总资产增长率 固定资产成新率 三年利润平均增长率 三年资本平均增长率	

所有子公司内部都要设有健全的研发、质量控制、生产管理等技术保障体系，使企业的核心竞争力得到增强。

加强科技新成果转化。到2008年，北矿集团科研新成果内部转化的产业项目应在2～4项（主营业务收入达1000万元/年以上的项目），到2013年新转产项目再增加5～8项。

实行名牌战略。今后十年，磁性材料和器件、植物胶深加工产品、电子及电池材料、选矿设备、选矿药剂、高性能的特种粉末材料、钨电极及钼制品、工业炸药及辅助材料、矿山冶金企业的控制仪表及软件应创国内名牌，其中部分产品应创国际名牌。

引进技术和人才。选择国内外合适的技术、人才和产业项目在北矿集团内部落地生根，开花结果，为此需制定专门的策略。

做好产业基地的规划和建设。随着新兴产业项目的建设和二部地产的商业性开发，整体规划和建设北矿集团京内外的产业项目基地已迫在眉睫。着眼于今后十年和更长远的未来，要规划好我院产业基地，并分期建设。当前要加快矿冶三部、四部，固安、永清等产业基地的建设。

此外，本着做强做大，资源共享、优势互补的原则，适度对已有的产业进行整合。

七、完善设计体系，增强综合实力，攻下几项品牌工程

我院在2002年由乙级设计资质晋升为甲级，在资质和市场准入方面取得了重大突破。

作为北矿集团主业之一的工程设计业务，与科研和产业相比目前发展速度还不够快，今后应当以晋升甲级资质和建立全院设计业务网络为契机，全面促进工程设计的发展并创造条件争取获得工程承包资质，整体提高北矿集团的工程化能力。

到2008年，要建立成建制的、各类专业人员和装备配套基本齐全的、有较高素质能力的70人左右的专业设计队伍，进入行业内的主战场，工程咨询和设计营业额超过2500万元（人均36万元/年）。

到2013年，专业设计队伍达120人，要培养造就出一批国内知名的设计专家，全院综合设计实力达到行业内的先进水平，在国内外有一定影响，年营业额超过5000万元（人均42万元/年），另有工程承包和工程监理2000万元。以部分设计项目为龙头，带动北矿集团内部的工艺、技术和设备相关业务的发展。

今后5～10年，平均每年有5～8项工程获得省部级以上的优秀工程设计奖或优秀成果奖。要确保设计中没有重大安全和质量责任事故发生，坚决杜绝设计中违反国家强制性标准和规范的现象。

到2013年，完成投资2亿元以上的较大工业设计项目和代表品牌的民用设计项目10项以上，其中2008年以前应达3～4项。

今后5～10年，我院设计业务的重点发展方面为：

（1）任何种类的金属矿山和非金属矿山的采、选工程，有色金属和黄金冶炼工程；

（2）民用建筑工程设计，配套装饰设计；

（3）民用爆破器材（含工业炸药）工程设计；

（4）市政工程设计；

（5）环境工程设计与评价；

（6）涉及物料分离技术的工程设计。

在向业主提供成套设计的同时，可提供项目所需装备的成套或配套的设备、材料，工程竣工后投入运营所需的成套技术，提供完整的技术服务，包括交钥匙工程。

到2008年以前，创造条件建立国家级大型国际工程咨询机构，面向国内外客户承接矿山工程、矿物加工工程、有色金属冶炼和黄金冶炼工程、材料、化工、机械工程、分离技术、工业炸药等领域的大型工业项目的工程咨询业务。

在2013年以前获得甲级工程承包资质和工程监理资质。

为达上述目标，北矿集团要从各方面支持工程设计业务。要制定灵活的人才策略，大力引进和培养相关专业的设计人员，尤其是专业注册工程师的培养和引进，使专业人员配套，适应承担各类大型工程设计的需要。

要支持开发专业计算软件、绘图软件和标准图库，编制国家或行业标准和规范等项目。

要尽快完成全院设计ISO质量体系的认证工作，提高质量、进度和项目管理水平。

要尽快完善全院的工程设计、工程咨询项目管理和工作体系。2008年前各专业研究设计所的设计水平，要达到同专业的科研水平。

八、加快国际化进程，提高国际化经营在全院经济中的权重

开拓国际业务，包括国际贸易、国外项目研发、国外工程咨询、设计、工程承包、在国外建立分支机构或子公司、国际资本运作以及国际学术交流与国际合作等。这是北京矿冶研究总院转为知识、技术密集型的跨国公司北矿集团在海外的主业。今后5年要全面夯实基础，到2013年要建成跨国集团公司的基本架构，全方位开拓上述各项业务。

两年内形成高效的国际化经营的顶层结构，三年内完善国际化经营的运行体制。

在北矿集团内部建立由各子公司、分公司、研究设计所构成的网状结构的国际工程化项目实施体系。

整合院内资源，建立由北矿集团母公司控股，由子公司参股，并适当吸引外部企业法人资本参股，建立BGRIMM国际贸易有限责任公司，将国内外贸易合并经营。到2008年，北矿集团在国外代理商达到10～15家，成立BGRIMM境外办事处1～2家，到2013年可增至5～6家。在条件成熟的重点国家或地区升级设立3～4家海外分支机构，作为北矿集团拓展国外市场的基地。

选择国际上3～5家优秀厂商的产品和技术作为国内代理。

到2008年，国际业务的营业收入达到全院总收入的15%（2亿元人民币），到2013年达到30%（8.40亿元人民币），真正实现BGRIMM的国际化经营。

要参与国外资本融资。到2008年以前，利用国外资金和我院的技术、产品在国外再建立1～2家中外合资企业，并在境内成立1～2家中外合资企业。到2013年，北矿集团有1～2个优良的控股公司在海外上市。

重点办好BGRIMM（赞比亚）炸药有限责任公司。

该公司是我院利用自主知识产权的成套技术、成套设计和配套装备控股创办的第一个境外企业，办好该企业对于积累国际化经营的经验和创国际品牌十分重要。

2003—2004年为投产、开拓市场阶段。2004年生产、销售量3000～3500吨，年销售额300万～350万美元（2480万～2894万元人民币），年利润70万～75万美元（579万～620万元人民币）。

2005年通过培训论证，通过ISO9002认证。年生产、销售量6000吨，即达到设计产量，年销售额600万～630万美元（4960万～5210万元

人民币），年利润130万~150万美元（1075万~1240万元人民币）。

2006年对生产线进行适当改造，扩大产量。同时增加“起爆药柱”的生产与销售，拓展赞比亚邻国的销售市场。年生产、销售炸药7500~8000吨，年生产、销售起爆药柱5万~7万只。销售额790万~850万美元（6530万~7030万元人民币），年利润170万~200万美元（1400万~1650万元人民币）。

2007年继续扩产与拓展邻国市场。年生产、销售炸药1万吨，年生产、销售起爆药柱10万只，年销售额1100万美元（9097万元人民币），年利润250万美元（2067万元人民币）。

2008—2010年的目标为：建设年产6000吨粉状乳化炸药生产线，扩建起爆药柱生产线，建设塑料导爆管或导爆索生产线，发展配套的化工产品。力争到2010年年产炸药1.60万吨，起爆药柱20万只，导爆管（索）1000万米，年销售额1820万~1900万美元（1.50亿~1.57亿元人民币），年利润400万~450万美元（3500万~3800万元人民币）。

到2013年的目标为：力争年产炸药2万吨，起爆药柱30万只，导爆索（管）3000万米，年销售额2500万美元（2.06亿元人民币），年利润625万美元（5168万元人民币）。

要进一步开展国际学术交流和国际科技合作。努力申办2009年第24届国际选矿大会在北京召开。到2013年，要使BGRIMM成为国际矿产资源综合开发利用和材料科学与工程领域最活跃、最有影响的机构之一。

九、实现物业向产业转变，成为全院的主要经济支柱

根据北矿集团整体发展目标和策略，按照物业发展的市场规律，充分考虑我院所处不同地域的经济发展和市场特点，打破原有行政区域，对院属北京四个区整体规划，坚持物业发展产业化、社会化和公司制方针，对我院物业发展统一设计。丹东冶金机械厂和铁岭选矿药剂厂根据所在地的区域经济发展情况和企业发展需求，物业及地产开发另行规划。

2008年以前，由我院控股组建投资主体多元化的房地产开发公司和物业公司，完成二部和院部西区的商业开发。对院部的房产资源进行整合经营，实现物业管理和后勤服务体系向市场化、社会化的根本转变。要从二部和院部西区开发及院总部房地产资源整合中形成我院新的经济增长点。

2003—2008年完成二部商业开发，包括项目定位、前期规划、合作

方式、二部搬迁和项目建设。

2004—2008年完成院部西区商业开发，包括调整控规、项目定位、前期规划与拆迁和项目建设。

以分阶段、滚动开发为主要运作方式，以二部开发带动院部西区建设，以院西区开发和白堆子住宅建设带动全院物业经营。

到2008年以前完成院部房地产及物业经营的总体规划及资源整合，实现物业经营面积2.5万~3.0万平方米，年物业收入达1500万~2000万元，此期间要组建投资主体多元化的物业公司，对院管宿舍区的后勤服务方式向市场化、社会化转变。

视科技部和北京市昌平区建立昌平科学城的规划及实施情况，在2004—2008年，我院对昌平开发区进行项目论证、总体规划和建设前期的工作。

在2013年以前，完成丹东冶金机械厂的整体规划和地产开发，完成铁岭选矿药剂厂、北京钨钼材料厂和矿冶三部的地产开发。

十、促进学术发展，推动科技创新

在矿产资源综合开发利用领域，到2008年整体学术水平要达到国内第一，亚洲一流；到2013年达到亚洲第一，世界一流。在磁性材料、金属粉末材料领域到2008年达国内一流，到2013年达国内领先水平。

增加论文数量。全院发表论文数量在国内技术开发类院所排序中，到2008年应在前30名之内，2013年在前20名之内。

提高论文质量。2008年，在入选世界六大检索系统的杂志上发表的论文数达50%以上，到2013年达90%以上。

在国外科技期刊和国际学术会议上发表的论文数，2003—2008年平均每年20篇，2009—2013年平均每年50篇。

鼓励出版专著。2003—2008年，平均每年出版学术专著2~3部；2009—2013年平均每年出版5~8部。

适度举办学术会议。2003—2008年，院内专业学术会议平均1次/年，国内专业学术会议平均2~3次/年；2009—2013年，院内专业学术会议平均2次/年，国内专业学术会议平均4~5次/年。2013年以前组织大型国际学术会议2~3次。

要对现有期刊进行整合。2013年以前80%的期刊进入世界六大检索系统，期刊的影响因子力争达到同类期刊的前5名。

要建立新型的图书、资料网络系统。

要制定在国内外重点期刊、重要国际会议发表学术论文和出版学术专著的激励办法，要创造条件使更多的科技人员有机会出席国际学术会议。

到2008年，实现2～3家股份公司在国内外证券交易所成功上市，到2013年我院拥有3～5家上市公司，使之成为北矿集团中有相当实力和规模的子公司。到2008年在资本市场融资3亿～5亿元，到2013年融资5亿～10亿元，为北矿集团的发展筹集必需的资金。

积极优化资产结构，在保持适度负债前提下，要逐步提高金融资产比例，防范和应对企业可能遭遇的各种经营风险。到2008年金融资产占全院总资产的比例达到10%以上，到2013年达到20%以上，满足北矿集团发展的资本结构需要。

量力而行，采取多元化的方式努力开展战略性投资。除传统的实业投资外，筹集一定比例的专项资金积极开展股票、债券、期货等资本市场的投资工作，实现资本增值。到2008年实现15%的利润贡献率，到2013年实现30%的贡献率。

适度在国内外开展产权投资。通过兼并、收购、参股、控股、租赁等形式的产权重组，整合与我院有相关业务的或我院战略开拓业务领域中所需的中小企业，以较小的资本控制更多的社会资源，实现低成本扩张和资本收益的有机结合，进而形成我院新的经济增长点。

开发盘活我院闲置的、低效的不良资产或非核心资产，采取转让、重组、股份制改造、租赁等方式对资源进行整合和重新配置，变低效资产为高效资产，以存量资产吸引增量资本，为我院的健康和可持续发展创造有利条件。

积极招商引资，实现资本运营国际化，积极采取全球化经营策略，逐步实现从市场全球化到资源全球化的转变。到2008年实现1～2家在国外投资控股或参股的公司，到2013年实现3～5家在国外投资控股或参股的公司。

组建专门的资本运营管理部门，集中优势力量加强对我院资本运营的策划和管理工作。

十一、加速信息化建设

1. 域网建设

局域网服务段采用1000 Mb/s以太网络，客户端之间采用100 Mb/s互联，采用2 Mb/s光纤与Internet互联，现阶段为200个客户端，建立矿冶院E-mail服务器，提供给每名员工一个E-mail地址。

该系统的建立为今后我院的办公自动化、电子政务、电子商务、ERP系统提供了基础平台。局域网建设于2003年底完成。

企业内部网的建成为全院职工提供信息共享和工作交流的平台，提高院软硬件资源的利用率和工作效率。

2. 网站建设

第一批设计的网站包括院主网站，矿物工程所、环境工程所、测试所、金属材料所、热喷涂协作网、机械工程所、当升公司、北矿磁材科技股份有限公司和北京钨钼材料厂网站，预计2003年底以前建成。其余的研究所和下属公司在2006年以前逐步建立自己独立的网站。

3. 办公自动化

通过采用现有成熟的技术和针对我院的实际情况定制方案实现如下功能：

（1）个人办公功能：个人（主要指工程技术人员和管理人员）日常办公的工作平台，包括电子邮件、通讯录、日程安排、记事本等。

（2）公共办公功能：提供员工进行公共事务处理的能力，包括参加各种讨论、发表公告、投稿、各部门查找信息、交换信息、填写各种办理单等。包括部门信息、电子论坛、电子公告牌、信息上报、电子刊物、领导查询、资源管理、会议管理。

（3）工作流系统：工作系统的纽带，负责人与人之间、人与系统之间、系统与系统之间的信息交换。包括日常办公公文流转、文件管理、科研项目管理、设计项目管理、财务管理、物流管理、网络管理、网络远程视频会议等办公自动化。

（4）信息采集查询系统：提供各类信息的分类采集、分析、统计和查询等功能，为决策提供支持。

该办公自动化系统在2008年以前完成。

4. 科技信息检索平台

实现基于网络的科技数据库检索平台，主要包括EI、CA、中国科技期刊（报纸、论文、重要会议论文）数据库、专利数据库等，为科技文献检索提供方便。

该系统在2004年以前完成。

5. 现代企业管理信息系统

该系统主要包括：办公信息系统、财务管理系统、人力资源管理系统、供应链管理系统、科研管理系统、设计管理系统、生产制造管理系统、客户服务管理系统等。

该系统在2008年以前部分完成，2013年以前全部完成。

6. 电子商务

包括网络营销、物流管理、客户关系管理、经营决策。建立北矿集团的电子商务系统，可实现低风险、低成本、高效率、高效益。

该系统在2008年以前部分完成，2013年以前全部完成。

7. 图书馆

结合信息系统建设，成立网上数字图书馆，收集、整理并积累网上各类科技、艺术等门类文章，供全院网上查阅及讨论。

到2008年将院图书馆建成数字化矿冶、材料类特色的图书馆，成为矿产资源综合开发利用检索中心。到2013年建成国内一流的矿产资源综合开发利用检索中心。

十二、增加员工的经济收入，提高物质文化生活水平

在对国有资产和股东资产增值保值，保持北矿集团可持续发展的前提下，不断提高员工货币收入，提高员工的物质文化生活水平，尽可能满足员工的多元化需求，这就是我院对国家负责、对企业负责和对员工负责的一致性。

在保证全院经济效益稳步增长的前提下，按每年增长率不低于9%计，到2008年院在职员工人均收入是2002年的1.68倍以上，到2013年是2002年的2.58倍以上。

要建立一套有效的激励机制和约束机制，对管理决策骨干、工程技术骨干、生产制造骨干和市场营销骨干要提高薪酬，使这一部分人先富起来。要使员工按资本、管理、知识与技术、技能和普通劳动这5个要素的实际贡献获得收益。在国家政策法规允许的范围内，抓紧对有突出贡献者实施股权和股票期权的激励。在北矿集团坚决消除贫困现象。

到2008年，院人均居住面积不低于同期北京市人均住房标准。住房水平和薪酬收入水平在中央直属的17家大型院所中要进入前七名。此期间，向没有达到国家标准住房面积的职工发放住房补贴并适度增加住房公积金，支持员工自行增加住房面积。

到2008年，对经济型轿车具有购买能力的在职员工应达到50%（按每辆10万～15万元计）；2013年，对中档轿车具有购买能力的应在60%以上（按每辆15万～25万元）。

带薪休假要成为我院的刚性规定，2008年达到80%以上，2013年达到95%以上。

院工会要根据职工的兴趣爱好，每年组织丰富多彩的文化娱乐活动，包括国内外旅游观光度假等。

要千方百计保证员工的健康，提高员工的免疫力，提高生活和生存质量，改善员工宿舍区的环卫状况。

在职工较集中的宿舍区宽带入户。

在提高现职员工薪酬和物质文化生活水平的同时，努力改善离退休人员的待遇。

解决离退休人员的住房问题，按现职员工相同的标准执行。

离退休人员生活费补贴随我院效益增长相应增长，增长幅度不低于17家大型科研单位的平均水平。

建立离退休人员医疗补助基金，提高对患有重大疾病的离退休人员的医疗保障水平。

根据离退休人员年龄的差异，对达到一定年龄的离退休人员增加护理费。

此外，根据离退休人员健康和个人兴趣的实际情况，在保障安全的情况下，适当组织文化娱乐游览活动。

通过上述措施提高离退休人员的生活质量，满足离退休人员个性化的爱好，使一大批为矿冶总院立功建业的老同志心情舒畅，健康长寿，欢度晚年，还可以发挥个人专长服务于社会，受益于个人和家庭。

十三、以人为本，建立新型的人力资源体系

人才资源是第一资源，企业管理是人本管理。在市场经济条件下，企业之间的竞争归根到底是人才的竞争，人才流失是企业核心竞争力的最大流失。我院吸引、使用和稳定优秀人才的策略是：北矿的发展目标和策略与员工的个人发展统一；员工的职业兴趣与岗位统一；员工对企业的贡献和企业对员工的回报相符；企业有一个员工喜爱的人文环境。欲实现本院今后五年和十年的发展目标，人力资源的发展规划十分关键，没有一流的人才干不出一流的企业。

到2008年，我院新增中国工程院院士1～2人；新增博士生导师3～5人；在国内较有影响的知名专家8～10人；在国际上有较大影响的知名专家1～2人；在院内能担当领军人物的科技专家10～15人；相当于职业经理的优秀经营管理专家3～5人；高级技师3～5人；新增技师30人以上。

到2013年，再新增中国工程院院士2～4人，使全院的院士总数达5～6人；博士生导师再增加6～8人，博导总数达15～20人；再培养出国内较有影响的知名专家10人，总计达20～25人；国际上有影响的知名专家2～4人，总计8～10人；优秀的企业经营管理专家5～10人，总计15～20人；新增高级技师5～10人，技师50人以上。

2013年以前培养或引进设计大师1～2人。

要下决心选拔一批人品好、忠诚于北矿集团、外语运用自如、专业学术水平高、知识面广、与国际同行交往多、可在国际组织中任职并且年富力强的国际型专家。培养和造就这样一批国际型专家，是北矿集团国际化发展的重要人才策略。

2008年以前，独立承担或通过与国外专业工程公司合作，承担2～3项国外工程的科研、咨询、设计或工程承包，应有3～5人达到能编写合格英文科研报告，并且所提交的报告能使国际金融和证券机构接受，应有2～3人具有国际认可的PMP（项目管理职业资格证书）资质。

到2013年，独立承担国外的科研或设计项目达3～5项。承接国际工程项目的合同额达到全院工程类合同总额的30%～40%（1600万元人民币/年以上），能编写国际Bankable（银行认可的）文件的人数达到8～10人，具有PMP资质的人数达到5～7人。

要加大科技人员在全院员工中的比例。每年从高校毕业生中和本院培养的研究生中录用一大批优秀毕业生来北矿集团母公司或子公司工作。要采取有效措施吸引国外留学人员和外籍专家来北矿集团工作，并且充分发挥他们的作用。要从京内有关公司、研究设计机构调入一批骨干，经过严格考核，每年也可从京外调入3～5名骨干。在增加科技人员的同时注意选聘一部分优秀青年技工参与科研或产业项目，发挥他们的职业技能，要把一部分科技骨干从具体的技术操作中解脱出来。

要着力培养忠诚企业的“为我所有”的人才，这是企业的核心人才队伍。此外要吸纳“为我所用”的人才，这是一种战略合作关系的人才策略，可直接、间接，长期、短期，专职或兼职地灵活聘用。对特殊人才，可特殊设岗和协议工资。要进一步加大分配制度改革的力度，适度扩大复杂劳动与简单劳动岗位或特殊岗位的薪酬差距。

鼓励员工在北矿集团内根据自己的特长、兴趣和企业岗位的需要进行职业生涯设计。教育职工把忠于自己的职业和忠于自己的企业统一起来。要尊重知识、尊重劳动、尊重人才，准确地把握住：在合适的时机，把合适的人任用到合适的岗位。

对人才的培养和干部选拔必须坚持“四化”方针和德才兼备的原则，把坚持和实践“三个代表”重要思想作为最重要、最根本的要求，注重考察干部的实际能力，重点培训和起用那些政治上靠得住、业务上有本事、肯干事、干成事的员工，使大批的年轻干部和科技骨干在工作实践和经常性的培训中成长起来。

要建立必要的制度和管理办法保护商业机密和知识产权，通过实行年薪制、股权、股票期权、期奖或增加补充养老保险及提高北矿集团内部福利待遇的办法增加员工外流的机会成本，发挥经济杠杆的辅助调节作用，减少骨干员工外流。

十四、把“北矿”办成学习型的企业，对员工加强培训

建立学习型的企业，既是适应建设学习型社会的要求，也是适应国内外竞争的需要。为此，在北矿集团内部要普遍对干部和员工进行培训，并且作为企业的长期发展战略。这些培训内容包括思想政治教育、法律、现代企业经营管理、现代经济学基础、计算机及网络知识、外语及涉外项目管理、企业文化、岗位技能及个人修养等。

培训的方式是多层次、多渠道的，做到重要干部重点培训、优秀干部加强培训、年轻干部经常培训、紧缺人才抓紧培训、在岗员工普遍培训。集团母公司和各子公司每年都要制订出详细的员工培训计划，做好财务预算。全体干部员工，除母公司和子公司组织培训外，要加强自我学习，树立终身学习和受教育的理念，让每个干部、员工的知识和理念不断更新，跟上或超前时代的潮流。

对大量的、面上的人才，每年通过举办不同类型的培训班对干部、员工进行培训。也可以组织员工到国内外典型企业参观考察，提高员工的综合素质。

重点人才以学历教育为主。通过学历教育，加强对科技骨干和管理骨干的培养，提高重要学术队伍和管理队伍的学历层次。2008年以前培养在

职硕士研究生、博士研究生各35人左右。到2013年各培养80人左右。

充分利用我院已具备的教育资源，提升在职人员学历层次。

利用我院具有硕士学位授予权的4个学科及现有的15人的招生规模，平均每年每个学科安排1人攻读硕士学位，计划5年内通过院内学历教育培养在职硕士研究生20～30人，10年内培养60人左右。

按目前我院兼职博士生导师的最低数量计，每年向每名导师至少推荐1名在职博士研究生。5年内培养在职博士研究生25～40人，10年内培养60～100人。

为弥补我院研究生培养专业的缺陷及提高现有管理人员的学历层次，计划每年选送2～3人到相关高校攻读硕士、博士学位。

鼓励技术工人参加相关、相近工种的培训，逐步开展内部轮岗，培养复合技能人才，5年内使20%的技术工人，特别是年轻技术工人持有两个工种岗位等级证书。根据我院现有技术工人队伍状况，逐步开展外聘技能人才的培训。

十五、加强矿冶文化建设，创建和谐的人文环境

先进的企业文化不仅对提升企业形象具有重要作用，而且对提高企业管理水平和综合素质、增强企业凝聚力和核心竞争力起着至关重要的作用，这是企业的宝贵财富。在我院业已形成的矿冶文化的基础上，通过进一步提炼和塑造具有北矿特色的企业精神、经营理念、价值观念，形成我院特有的企业文化和行为规范。

企业形象是企业的重要无形资产，是企业竞争力的重要组成部分。北矿集团一定要树立良好的社会形象，做到依法经营，诚信守约，规范交易，依法纳税。

“强院报国，成就员工”是北京矿冶研究总院的办院宗旨，也是北京矿冶研究总院的价值观。我院在报效国家、服务社会的同时，要确保全体员工平安和富裕。调动一切积极因素，化解消极因素，使员工努力为企业创造财富并得到相应的回报，建立起员工与企业利益的共同体，这是企业士气兴旺、绩效不断增长的重要保证。

在提高员工薪酬收入、居住条件大为改善以及部分职工购买家用轿车的情况下，也就是，职工衣食住行问题得到较好的解决之后，员工所关心的是能否有一个舒心、宽松、和谐并能形成自我激励、自我约束、催人奋发向上的工作环境，这是我院企业文化的重要内容。为此，要进

一步弘扬“团结、求实、开拓、奉献”的矿冶精神。这是实现我院办院宗旨和发展目标不竭的精神动力。要强化创新意识、竞争意识、团队意识、诚信意识和节约意识，还要营造公开、公正、公平和尊重人才、爱护人才、使用人才的氛围，使员工个人的能力与良好的团队精神相融合，使员工忠诚“北矿”、舒心为北矿奋斗的同时，也实现个人价值和追求的目标。

十六、制定实施措施，规划不流于形式，重在落实

1. 落实规划坚定不移

北京矿冶研究总院有一个鲜明的风格：不干则已，一干则必须成功，不达目的誓不罢休。“立项调研充分，研讨论证科学，决策定论果断，实施运作坚决”，这四句话原则，也是我院长期坚持并为事实所证明有效的做法。本规划是在大量调研的基础上，经过比较科学的论证提出初步方案，再经广泛征求意见，职代会讨论通过，经院党政领导班子最终决策后颁布实施。本规划颁布后绝不可流于形式，全院从上到下要坚定不移地贯彻落实。院领导、部门领导、各子公司、企业、研究所等二级机构领导和广大员工要树立信心认真落实。规划中的各项目标是在现有水平的基础上考虑到今后5～10年的发展趋势而策划的，经过努力绝大多数预期目标可以实现，甚至可能大大超过，因为在今后5～10年国民经济增长和社会发展的速度还要加快。广大干部、职工应当明确，本规划的落实效果与全院的发展，二级机构的发展和广大干部、员工的切身利益密切相关。另外，要消除不切合实际的想法，不要把预期的目标估计过高。历史上我院经济基础薄弱，专业结构受局限，虽经近20年科技体制改革，由于广大干部、职工的奋力拼搏，已经奠定了今后发展的基础，但是，我们必须承认，无论与实力雄厚的大型研究院所相比，还是与当今国资委所属有实力的大型国有企业相比，我院在综合实力及核心竞争力方面仍有很大差异。特别是，以往国家对我院资本金投入极少，主要靠我院自我积累，举步维艰。因此，我院必须尊重历史，面对现实，量力而行，稳中求快，创造条件实现超常规发展。只要全体干部、员工着眼于未来，克服浮躁心理，真抓实干，本规划一定能够得到落实，全院一定会发展，广大员工一定会受益。

2. 详细制订二年制阶段性实施计划

本规划的实施责任落实到各主管院领导。院领导班子成员要分工明

确，权责明确，按所分管的业务把5～10年的规划目标按两年一阶段分解，落实到责任部门负责人和子公司负责人。在此基础上再层层落实到具体个人或集体。要制定实施细则和支撑与保障措施，在规划实施过程中加强北矿集团的顶层设计和协调，从集团母公司到各子公司，形成一个有机的、独立运行并协调发展的大体系。

3. 资金运作与落实是关键

落实本规划需要大量的资金支撑，需要多渠道筹措资金。

（1）股票筹资。

已通过发审的北矿磁材要在2003年第四季度或2004年第一季度上市发行A股股票。要用好募集到的资金，把北矿磁材尽快做强做大，回报股东。此外，利用上市公司可发行债券（包括可转换债券）、配股、增发等融资手段加大资金筹措力度。

除北矿磁材以外，要选出几个成长性好的企业加大培育力度，尽早转制为股份有限公司在国内外上市。要加快我院公司制改制的步伐，吸收社会法人资本、个人资本和外商等多种资本投资入股或受让股权，特别要创造条件使大多数员工自愿在北矿集团的子公司或孙公司入股，这可将我院员工个人货币集中起来办些大事，并优先让“北矿”的员工受益。

（2）长、短期借贷。

要加强我院产业化项目论证，争取国债贴息贷款或其他形式的长期贷款。加强同银行沟通、合作，争取获得固定资产投资、更新改造、新产品试制或中试线建设等长期项目贷款。此外，根据院事业发展需要（主要是产业需要），从银行争取足够的流动资金授信额度，保证现金流量。

（3）商业信用筹资。

利用应付账款、应付票据、预收账款等手段筹取资金。

（4）加强投资回报。

到2003年6月，我院全资控股和参股的公司已近30个，再加上战略性投资项目，总投资额已达2亿元。

目前投资收益好的有北矿磁材股份有限公司，此外预计今后5年内收益较大的公司有20个左右。落实《企业国有资产监督管理暂行条例》，加强国有资产监管，加强投资收益的监管，是落实十年规划中的重要工作。

（5）努力向政府部门申请高额经费的研发项目。

做好前期预研工作，选好项目，搞好项目论证，争取从国家发改委、科技部、国防科工委以及地方政府争取较大的项目和经费，加大研发的经费投入。

4. 加强财务管理

加强和完善财务预算管理，力争广泛实行全面预算管理，做到管理目标与管理过程对接，制度管理与人本管理结合。

进一步完善目标考核体系，建立以目标利润效益为目标，以资金流量为纽带，以成本费用控制为重点，以责任报告信息为基础，以经营、财务预算指标为依据的企业管理模式。

实施集团化财务管理，统一财务政策，规范母子公司财务行为，进行制度化管理。

建立完善的企业内部控制制度。

强化投资管理，建立以产权管理为主的现代企业财务管理制度。

5. 加强物流管理

针对我院已形成集团公司模式的现状并着眼于未来发展，根据产品供应链原理将原料物流、生产过程物流、产成品物流和废弃物物流统一规划，制定出适合我院的现代物流管理办法，健全科学物流管理体系。

6. 采取有效措施保护知识产权和商业秘密

要建立一整套有关知识产权和商业秘密的保护制度及实施办法，对在岗员工加强培训并以契约的方式进行控制、激励与约束，依靠法律对违约的员工进行追究。

7. 建立巡视、督查和评估制度

要组建一个由集团公司总部党政领导成员、职能部门负责人、子公司高管人员和职工代表组成的规划实施巡视、督查和评估小组，在规划实施过程中不定期地对全院或局部的实施情况进行巡视，督查，每两年对全院的规划实施情况做出评估结论。此外，根据外部环境的变化对规划的部分内容提出调整的咨询意见，供集团的决策层参考。

8. 进一步发挥职代会的作用，搞好厂务公开

本规划涉及企业改革与发展的重大问题、经营管理中的热点问题和职工群众切身利益的重大问题，不但在颁布前要经职代会讨论通过，而且在日常和阶段性的实施过程中都要增加透明度，通过适当方式将落实情况和督查评估结果向职代会报告，使职工参与民主决策、民主管理和民主监督。

9. 建立奖惩制度

根据巡视督查评估小组的意见和职代会的民主监督，对本规划实施过程中贡献突出的干部、员工个人和集体给予嘉奖；对于非不可抗拒的因素造成的工作失误，或因工作不积极主动业绩不显著，使规划不能如期实施者，视情况给予警告或惩罚。

10. 坚决杜绝以权谋私的不正之风

落实规划的第一要素是人。“人心齐，泰山移”，若想人心齐，首先要使广大干部、员工“顺气”，杜绝以权谋私的不正之风，使我院保持一块净土是员工顺利实施规划的重要保证。

避免和消除以权谋私，应当综合治理。

全体干部、员工应当树立信心，要有不达目的誓不罢休的气概，团结协作确保本规划的实施，为把北矿集团做强做大而努力。

2003年9月

这份十年规划虽然是我本人执笔完成的，实际上是凝聚了几十人的智慧和研究工作的结晶，是集体劳动的成果。该规划颁布后的前几年执行顺利，但2007年初院党委和行政换届，我也离任了，由于多方面的原因，没有继续执行。

图5.1 以我院为主发起人，北矿磁材2004年5月12日在上交所A股上市，孙传尧院长和中国有色金属工业协会会长康义敲锣

图5.2　北京矿冶研究总院历届院领导合影（前排左起：李永蔚、戴涛、刘东、陈健、张卯均、茅林、何伯泉、魏立华、东乃良；后排左起：饶绮麟、韩荣元、谢怀复、邱定蕃、罗忠义、孙传尧、周峰、汪旭光、郑宝臣、王玉田）

图5.3　2003年春节历届院领导团拜合影（后排左1张晓春、左3战凯、左4蒋开喜、左12夏晓鸥、左13张立诚、左14张建良）

图5.4 孙传尧向北京矿冶研究总院首任院长陈健先生（左）汇报工作

6 科研工作

科研是我院的主业，国家依靠和看重北京矿冶研究总院，也正是看重我院的科研实力和特色。因此，历届院领导都十分重视科研工作。在我任院长之前，我院早已从单一的选矿发展成采矿、选矿、有色冶金、工艺矿物学、机械工程、化学化工、金属材料、民用炸药与工程爆破、自动化与过程控制、环境工程、理化检测等门类齐全的多科性研究机构。我任院长后，在继续巩固和加强传统学科专业建设的同时，又开发了一些新的研究方向，并制定了一些促进科研发展和人才快速成长的措施。

必须指出，科研主管院长邱定蕃同志的领导对促进我院科研工作的快速发展做出了重要的贡献。多年来，科研处和各研究室、所的同志在他的领导下进行了大量卓有成效的工作，包括制定各项条例，向科技部、发改委申请国家项目，与企业广泛交往并承担大量的横向科研项目，获得一大批国家奖和省部级奖。对于难度大的重要科研项目，邱院长亲自挂帅立项和领军实施。代表性的成果是新疆阜康冶炼厂的高冰镍湿法精炼项目，从矿冶二部的扩大实验到阜康冶炼厂的工业调试和工程转化，邱院长在科研一线领军垂范，获国家科技进步一等奖，并为中国的镍冶炼技术做出了贡献。

继邱院长之后，蒋开喜副院长带领科研处和研究室、所，在科研领域继续努力奋斗，做出重要贡献。后来他能接任院长，说明他任副院长的业绩是被肯定的。

我任院长期间，院里发布了不少有关科研的条例，以下仅举几例。

6.1 制定了促进全院科研快速发展的系列措施

6.1.1 《关于加快我院科研管理工作改革的决定》

1993年2月17日院长办公会议研究决定，加快我院科研工作改革，把科研计划管理转变为科研合同管理的新模式以适应科技体制改革需要，促进我院科研工作的发展，为此，特采取以下措施：

一、科研计划管理改为科技合同管理，从1993年4月1日起实行修改的北京矿冶研究总院《科技管理办法》。具体条例由科研处负责制订、颁布和实行。

二、执行我院科技发展的“挑战计划”，具体内容另行发文。

三、鼓励从事“攻关计划”项目的科技人员。

对于承担国家级项目（如国家“八五”攻关项目、火炬计划项目、高科技项目、攀登计划项目、863项目等）以及经院里批准的特殊项目的科技人员，我院采取鼓励政策；

(1) 享受院级科研津贴。

项目负责人：每月发给院级科研津贴费50元；

成员：每月发给院级科研津贴费30元；

科研津贴费计入本专题的成本。

(2) 设立“攻关计划”项目进度、质量奖。

从项目经费中提取1%由科研处掌握，作为“攻关计划”项目进度、质量奖。每季度末由课题组填报一次试验进度情况报表，按进度完成任务和填报报表的专题组，每半年由科研处造表报主管副院长批准后，交财务处发放奖金；未按要求完成任务和填报报表的专题组，扣发当季度的进度质量奖。

“攻关计划”项目采用滚动管理，不承担国家项目时立即停发院级科研津贴，以鼓励我院科技人员去争取承担国家级科研项目，并取得好成绩。

对于一般的纵向项目也提取项目费的1%作为进度、质量奖，每半年检查一次进度情况。

四、提高中介信息服务费

为了广开科技项目来源，提高中介信息服务费：

(1) 院内外人员为院里提供项目，项目签约后可按本院有关规定提取中介信息服务费（详见科技项目中介费的暂行办法）。

(2) 以单位名义介绍的项目，可视情况从项目中提取单位的中介信息服务费（详见科技项目中介费的暂行办法）。

(3) 为了增强研究室（所）的市场竞争手段，研究室（所）可从本室上年度纯利润中提取1.5%作为本室承揽科技项目的公关、中介等的费用。

五、继续设立院科研基金和设备基金，其中科研基金每年30万元，设备基金每年20万元。

以上措施均按照《科技管理办法》的有关规定具体执行。

一九九三年二月十八日

6.1.2 《关于在我院设立“挑战计划”的决定》

根据1998年2月17日院长办公会议研究决定，在我院设立加快科技发展的“挑战计划”。

当前，我国的科技体制改革已进入了一个新阶段，我院的改革处于关键的时刻，面临着机遇的选择，也面临着严峻的挑战。科研是我院的基础，为了稳住并加强我院的科研工作，必须加强对科研的投入以增强我院科技发展的后劲。所谓“挑战计划”，就是要鼓励广大科技人员敢于向国内外科技最高水平挑战，敢于提出并承担高水平的科研项目，敢于与国内外的同行竞争。“挑战”就意味着主动投入，“挑战”就意味着甘冒风险。执行“挑战计划”的目的就是要为我院拿出一批技术水平高、经济效益显著的优秀科研成果，提高我院在国内外同行中的知名度，增加我院的经济效益，保证我院科研工作持续发展。

一、“挑战计划”项目的研究方向和要求

（1）矿冶学科前沿的新工艺、新技术、新方法研究，要求是发明创造、高水平的科技成果；

（2）具有巨大经济效益的新产品和新设备的开发研究，要求是专利产品，为创办高科技产业做准备；

（3）创新性的应用基础理论研究，要求出高水平的学术论文。

二、“挑战计划”项目来源

（1）鼓励全院职工提出研究题目；

（2）由研究室、管理部门提出；

（3）由院学术委员会提出；

（4）由在国外留学人员及国外专家提出。

在题目提出的同时，要求提交立项的详细论证材料（内容包括：项目的目的和意义、国内外现状、研究内容、技术路线、研究进度、效益

预测、研究经费、承担人员情况等)。

申报题目由科研处负责汇总和初步筛选，必要时请院内外有关专家提供咨询，报主管院长审阅同意后提交院长办公会议研究选定题目。

研究题目可随时申报，随时审批，但必须严格把关，保证质量，宁缺勿滥。

对于提出“挑战计划”项目而本人又没有承担的人员，在项目取得成果后要给他们适当的奖励。

三、“挑战计划”项目的承担

项目可以本人提出，本人申请承担；也可以本人提出项目，由他人申请承担；还可以通过招标，由中标者承担。

经院长办公会确定负责人后，负责人可挑选1～3名合作伙伴经研究室（所）主任同意后组成专题组共同承担。该专题组不能再承担其他科研任务。

四、“挑战计划”项目的管理

项目和负责人确定后，由研究室（所）和专题组与院里签订内部科技合同（参照标准合同书格式），经主管院长批准后生效。项目实行合同管理和滚动管理，要求专题组每季度填报一次进展情况报表，年底由科研处和院学术委员会评估项目是否继续进行，每个项目周期一般不超过三年，特殊情况经主管院长批准后可适当延长。

五、“挑战计划”项目经费

由院里出资提供科研经费，经费多少因项目情况而异。

六、“挑战计划”项目承担人员的待遇

（1）由院里发给工资和奖金：

负责人奖金：为当年院职能部门平均奖的2倍。

成员：为当年院职能部门平均奖的1.6倍。

（2）免交专题组人员管理费。

（3）专题组人员，仍享受本室的福利待遇。

（4）项目完成或中途因故停止均不再享受院给的相应待遇。

七、项目最终竣工考核

“挑战计划”项目完成后，专题组要进行答辩，由科研处和院学术委员会组成考核小组，进行审查和验收。

八、科研成果

科研成果应尽快转化为生产力，研究室（所）可自己承担，也可院内外实行有偿转让。院外转让按横向合同办理；院内转让在正常投产后第一年按利润提成30%作为研究室（所）收入，以后每年提成10%，连提5年，提成的经费按院承包办法计算发给研究人员奖金。研究成果可以申报各级奖励。对于为本院产生重大经济效益的成果，除按目前已有的规定申报奖励外，还可按《对我院有突出贡献的科研成果奖励办法》给予奖励。

本条例的解释权归科研处。

一九九三年二月二十日

6.2 突出主业，建立优势学科专业

在20世纪60年代，在冶金工业部对我院制定的采矿、选矿和有色冶金发展方向的基础上，经过几十年的发展，我院已形成鲜明的主业：矿产资源综合开发利用和材料科学与工程。以此为主线，形成了学科齐全、专业配套的研究体系。全院主要研究方向有采矿工艺、矿山机械、工业炸药与爆破技术、矿山复垦技术、各种矿石的选矿工艺、选矿药剂、选矿设备、有色冶金工艺、自动控制与信息技术、磁性材料及制品、金属复合材料及非金属材料、表面工程技术、矿物材料、植物胶、电子粉体材料、环境工程、物质组成与工艺矿物学及理化测试等。

其中，采矿、选矿、有色冶金、工艺矿物学、磁性材料、工业炸药、选矿设备和表面工程技术与材料等研究领域代表国家水平。与科研相适应的，我院已具有甲级工程设计资质。我院是中国矿冶行业领域规模最大的研究设计院。

6.3 与国内企业建立了广泛的合作关系

在我任副院长、院长期间，北京矿冶研究总院与国内外许多企业建立了科技合作关系。其中国内企业有：金川有色集团、白银有色金属公司、攀枝花钢铁公司、包头钢铁公司、新疆哈图金矿、新疆阜康冶炼厂、新疆喀拉通克铜镍矿、新疆可可托海矿务局、四川拉拉铜矿、云南锡业公司、中国铝业集团、云南驰宏锌锗公司、华锡集团（原广西大厂矿务局）、柿竹园有色金属公司、中条山铜业公司、江西铜业公司及德兴铜矿、城门山铜矿、武山铜矿、永平铜矿、银山铅锌矿、东乡铜矿、铜陵有色金属公司、多宝山铜业公司、紫金矿业集团、西部矿业集团、西林铅锌矿、乌拉嘎金矿、萝北云山石墨矿、汤原东风山金矿、鸡西奥宇集团、珲春金矿、建龙集团、浑江铅锌矿、浑江金矿、红透山铜矿、柴河铅锌矿、八家子铅锌矿、杨家杖子钼矿、新华钼矿、鞍山钢铁公司、本溪钢铁公司、唐山钢铁公司、河北铜矿、涞源有色金属矿、石人沟铁矿、司家营铁矿、青铜峡铝厂、中州铝厂、山东铝厂、青海铝厂、宣化钢铁公司、太原钢铁公司、酒泉钢铁公司、陕西厂坝铅锌矿、铅硐山铅锌矿、中条山有色金属公司、凡口铅锌矿、西藏玉龙铜矿、韶关冶炼厂、株洲冶炼厂、沈阳冶炼厂、江苏溧阳矿机厂、沙洲矿机厂、威海海王旋流器公司、浙江天台银矿、平水铜矿、南京栖霞山铅锌矿、陕西金堆城钼矿、栾川钼矿等。

以上企业有的在我任职前已与我院有合作关系，有的是后建立的合作关系。除此以外，还有一些中小民营企业。

6.4 与一批科研、设计院所和高等院校建立合作关系

研究院所有（均是当年的名称）：钢铁研究总院、北京有色金属研究总院、长沙矿冶研究院、长沙矿山研究院、广州有色金属研究院、西北有色金属研究院、西北稀有金属材料研究院、长沙有色金属研究所、长沙稀土研究所、长沙劳动保护研究所、马鞍山矿山研究院、新疆冶金研究所、长春黄金研究院、吉林冶金研究所、包头稀土研究院、包钢研究所、鞍山矿山研究所、赣州有色金属研究所、昆明贵金属研究所、四川冶金研究所、沈阳矿冶研究所、西北矿冶研究院、桂林矿产地质研究院、北京矿产地质研究所、郑州轻金属研究院、郑州矿产资源综合利用研究所、成都矿产资源综合利用研

究所等。

设计院有：北京有色冶金设计研究总院、长沙有色冶金设计院、南昌有色冶金设计院、兰州有色冶金设计院、昆明有色冶金设计院、乌鲁木齐有色设计院、鞍山矿山设计院、鞍钢矿山设计院、长春黄金设计院、冀东矿山设计院等。

高等院校有：中南大学、东北大学、北京科技大学、昆明理工大学、江西理工大学、辽宁科技大学、辽宁工程技术大学、武汉理工大学、武汉科技大学、武汉工程大学、中国矿业大学、中国矿业大学（北京）、北京工业大学、北京理工大学、黑龙江科技大学、广西大学、贵州大学等。

6.5 注重科研与经济结合，获得一大批科技成果奖

矿冶总院历来重视科研成果在企业的应用，以为企业创造经济效益和社会效益为己任。由于我曾在新疆企业工作十年，来到矿冶总院后经常去企业出差，了解企业的疾苦，因此我更加关注科研工作的工程转化。

1988—2006年，北京矿冶研究总院获得国家级科技奖如下：

1988年

白云鄂博中贫氧化矿浮选——选择性团聚选矿工艺，技术发明一等奖

国家十二个重要领域技术政策研究，科技进步一等奖

金川镍系统钴渣提取氧化钴粉新工艺的研究，科技进步二等奖

提高西林铅锌矿选矿技术指标及浮选机联合机组研究，科技进步三等奖

1989年

金川资源综合利用，科技进步特等奖

白银熔池富氧炼铜，科技进步一等奖

凡口高品位铅锌混合精矿铅锌异步混合浮选新工艺研究，科技进步二等奖

优良胶用田菁胶品种和田菁胶的研究，科技进步三等奖

1990年

提高铜矿石伴生金银选矿回收率研究，科技进步二等奖

KYF（SF）型浮选机，技术发明四等奖

自吸式浮选机（SF型），技术发明四等奖

1991年

BGRIMM乳化炸药及其混装机械的研究与推广应用，科技进步二等奖

1992年

地下矿连续开采工艺技术和装备研究，科技进步一等奖

提高大厂现有选矿厂选矿指标的研究，科技进步二等奖

新型锶钡固溶体（GR）铁氧体材料的研制，科技进步三等奖

1993年

提高凡口铅锌矿铅精矿和锌精矿质量的研究，科技进步二等奖

提高难选贫铜矿石选矿回收率研究，科技进步三等奖

1995年

XCF-8吸浆型充气机械搅拌式浮选机的研制，技术发明三等奖

新疆喀拉通克铜镍矿湿法精炼新工艺，科技进步一等奖

矿块崩落法技术与装备研究，科技进步二等奖

DCH型强磁选机及工业应用，科技进步三等奖

武山铜矿南矿带上向斜壁进路水砂充填采矿方法研究，科技进步三等奖

1996年

SL型微细物料连续排矿射流离心选矿机，技术发明三等奖

电化学控制浮选综合技术研究及工业应用，科技进步二等奖

提高云锡公司选矿指标的研究，科技进步三等奖

综合利用锂渣生产优质锂渣硅酸盐水泥，科技进步三等奖

1997年

粗颗粒浮选机，技术发明三等奖

粘结铁氧体新工艺，技术发明四等奖

永平铜矿提高铜、银回收率新工艺研究，科技进步三等奖

SF系列自吸式浮选机的研制与推广应用，科技进步三等奖

1998年

矿浆电解新技术，技术发明二等奖

高纯石英粉生产新工艺及工业应用，科技进步三等奖

系列高性能铁氧体永磁材料的研制与推广，科技进步三等奖

地下铲运机系列化产品的研制与推广应用，科技进步三等奖

工业污染源控制研究，科技进步三等奖

选矿手册，科技进步三等奖

1999年

BKW型尾矿再选磁选机研制，技术发明四等奖

特大型低品位斑岩铜矿床综合采选技术的研究及应用，科技进步一等奖

矿山尾矿库区复垦与防治技术研究，科技进步二等奖

钡铁氧体橡塑磁粉的制造方法，科技进步三等奖

2000年

BGRIMM系列浮选机研制与推广应用，科技进步二等奖

地下矿山高阶段强化开采新工艺综合技术研究，科技进步二等奖

新型热喷涂技术和涂层材料的研究与开发，科技进步二等奖

2001年

钨钼铋复杂多金属矿综合选矿新技术——柿竹园法，科技进步二等奖

铝土矿选矿——拜尔法生产氧化铝新工艺，科技进步二等奖

2002年

云南元阳复杂金矿资源综合利用，科技进步二等奖

难采难选低品位铜矿地下溶浸工艺研究设计及工程化实践，科技进步二等奖

2003年

金属矿床无废害开采技术，科技进步二等奖

2005年

纳米铝粉包覆的复合型涂层材料，科技进步二等奖

6.6 科研成果必须转化为生产力

除了上述近50项国家技术发明奖和国家科技进步奖外，我院还获上百项省部级科技进步奖。矿冶总院有一条不成文的规则：工业试验不成功不回院。科研工作不讲成功率。100个项目有99个成功了，但有一项失败，这失败的一项落到某一个企业就是灾难。因此要求必须百分之百成功。以下仅举几个实例。

6.6.1 凡口高品位铅锌混合精矿铅锌异步混合浮选新工艺研究（1989年国家科技进步二等奖）

广东韶关凡口铅锌矿是我国著名的铅锌矿山，长期以来原矿含铅5%，含锌10%，而且含银量高。该矿曾与德国和日本合作，也与北京矿冶研究总院

有几十年的合作历史，工程技术人员和工人水平高，见多识广。该矿选矿厂长期采用高碱流程，即在球磨机中加大量的石灰和黄药，采用铅锌黄铁矿顺序优先浮选流程，浮选指标良好。但是，由于该矿的铅、锌精矿卖给同在韶关的韶关冶炼厂，该厂把铅、锌精矿配成铅锌混合精矿送密闭鼓风炉冶炼，对于铅精矿中含锌和锌精矿中含铅冶炼厂不计价，这样矿山损失了一部分经济效益。对此，我院派出以李凤楼为首的项目组，经论证，在与兄弟院所的竞争中中标，先后经过系统的实验室小型试验、试验厂的半工业试验，在半工业试验中取得了混合精矿含铅15%、含锌35%，铅回收率90%、锌回收率98%的极好指标，在此基础上工业试验一举成功并转产，使该矿获得十分显著的经济效益。除了科研经费外，另外奖励我院200万元。

但是新的问题又出现了，铅锌混合精矿价格受韶关冶炼厂制约，凡口铅锌矿无话语权，于是该矿要求我院再分别选出铅、锌精矿销售给铅冶炼厂和锌冶炼厂。应企业的要求，我院又派出以宣道中为首的铅锌组再次进驻凡口铅锌矿，经努力，制定了铅快速优先浮选的流程结构，并选用新型选矿药剂获得成功，该项成果又获1993年国家科技进步二等奖。

6.6.2 BGRIMM乳化炸药及其混装机械的研究与推广应用（1991年国家科技进步二等奖）

成果完成单位：北京矿冶研究总院、长沙矿山研究院。

BGRIMM乳化炸药是北京矿冶研究总院根据不同爆破作业条件要求而研制的8个系列30多个品种乳化炸药的总称。1986年曾荣获第35届尤里卡世界发明博览会金奖。其中，EL和SB系列为小直径雷管敏感品，适用于大小不同直径要求的坚硬矿岩的爆破；CLH系列为高密度、高爆速、高威力乳化炸药，主要用于坚硬矿岩的大直径深孔爆破；BME系列为非雷管敏感的袋装或散装药，具有成本低、能量密度可调等优点，适用于露天矿大直径深孔爆破，可实现装药车机械化装药；BMH系列是高温硫化矿床开采使用的安全炸药，炸药可直接与高温炮孔接触而不发生自燃自爆；BY系列为在高瓦斯浓度下使用的三级煤矿许用安全炸药；BSE系列可作石油地震勘探用的震源药柱，具有抗水、抗高寒、高威力等特点；BJ型炸药具有流散性好的特点，主要用于井下中深孔和大直径深孔机械化装药。BGRIMM乳化炸药具有抗水性强、原料来源广泛、生产使用安全、无毒无环境污染等众多优点，深受用户的欢迎。截至1994年底已在国内先后转让了30余家炸药厂，获经济效益24亿元。该生产技术还先后向瑞典、哈萨克斯坦、蒙古国等国转让，创汇70余万美元。

6.6.3　新疆喀拉通克铜镍矿湿法精炼新工艺（1995年国家科技进步一等奖）

本项目是新疆维吾尔自治区国家305项目和中国有色金属工业总公司下达的国家重点科研专题。其目的是为建设阜康冶炼厂提供设计及投产依据。要求将喀拉通克铜镍矿火法冶炼高冰镍中的铜、贵金属、硫和铁都保留在镍质量分数不大于3%的渣里。采用金属化高冰镍硫酸选择性浸出—黑镍除钴—镍电积的湿法精炼工艺。其特点是：（1）铜镍深度分离，无固体返料，流程短；（2）除杂负荷小，有利于有价金属分段综合回收；（3）电氧化槽电流效率高，黑镍除钴效果好；（4）镍电积新液用量少；（5）环境保护好，不产生有害的废气、废水和废渣。在完成小型试验、扩大试验和半工业试验各阶段研究后，1993年11月在阜康冶炼厂一次开车试生产成功。取得主要技术指标如下：镍总回收率91.9%，铜镍分离后铜渣中铜回收率>99%，电镍质量达到国标1号电镍标准，并生产0号电镍。年产2040吨电镍的经济效益为3856万元。该工艺在我国首次应用成功，为我国高冰镍的精炼技术发展开辟了一条新路。该项目获1995年国家科技进步一等奖。该成果为改造我国落后的镍精炼工艺奠定了基础，在阜康新建成镍精炼厂，投产后正常运行。

应当说明的是，该项目扩大试验是在我院草桥矿冶二部湿法冶金车间完成的。新疆有色集团派大批工人和技术人员来矿冶二部参加试验，这些人后来都是阜康冶炼厂的骨干。有些人自豪地说："我是矿冶研究总院毕业的。"

6.6.4　矿块崩落法技术与装备研究（1995年国家科技进步二等奖）

中条山铜矿峪矿属低品位大储量铜矿床，铜平均品位0.672%，矿石储量3.2亿吨，设计规模为年产400万吨。自1958年以来曾两次停缓建设，1974年简易投产，年生产能力仅70万吨左右，长期亏损。该课题列为国家"六五""七五"科技攻关项目，下设5个专题17个子专题43个研究题目，研究内容涉及矿块崩落法的整个领域。经过长期研究，取得了一系列重要成果。在消化国外技术的基础上，对矿岩崩落特性分级评价及岩石自然崩落规律、出矿系统结构应力分析及支护、放矿控制技术、科学管理工程、出矿运输系统、井下无线电通信系统等方面的研究更加全面深入，在主要基础理论和应用技术上均有发展和创新，使其更符合生产实际，为解决国际上长期以来单纯依靠经验类比法进行矿块崩落法设计、施工和生产管理的问题做出了重要贡献。该项成果用于生产，生产能力从70万吨/年增加到340万吨/年，生产成本每吨降低17.5元，年经济效益近6000万元，矿石损失与贫化率分别降低10%～15%，使长期亏损的大型矿山开始扭亏为盈，取得了显著的经济效益和社会效益。该项成果达到了国际先进水平，对我国大型贫矿的开采利用具有重大意义。

6.6.5 SL型微细物料连续排矿射流离心选矿机（1996年国家技术发明三等奖）

北京矿冶研究总院发明和研制的具有离心射流流膜分选过程的两台ϕ600 mm射流离心选矿机，在广西大厂长坡锡矿选矿厂分别对浮锡系统的ϕ75 mm旋流器溢流及ϕ300 mm旋流器溢流进行工业试验，取得了令人满意的效果。在选别ϕ75 mm旋流器溢流−10 μm废弃细泥时，通过一次粗选，可从给矿锡品位为0.54%左右的细泥中获得精矿品位4.37%、锡回收率53.29%、尾矿品位0.27%、处理量218公斤/(台・时）的结果；在选别ϕ300 mm旋流器溢流（−74 μm）细泥时，通过一次粗选，可从给矿锡品位为0.91%的细泥中获得精矿品位5.01%、锡回收率71.52%、尾矿品位0.29%、平均处理量274.8公斤/(台・时）的结果；当对ϕ300 mm旋流器溢流细泥通过一次粗选、一次精选闭路流程选别时，可获得精矿锡品位11.48%、总富集比12.77。

该项发明人吕永信先生是我的研究生导师。对他这一真正原创的发明我很了解，作为学生我想多谈谈这项发明的背景。

20世纪80年代初，吕永信先生主动要求从领导岗位上退了下来。1984年7月，在心脏病长休后上半天班起，又开始了新的追求。他将1971年大搞“红矿选矿攻关”期间提出但后来中断的“微细物料连续排矿射流离心选矿机”发明课题延续下来。

有一次，我去矿冶总院原主楼五楼的一间小实验室看望导师吕永信先生，见到工作台上摆满了实验物品，他一边在容器中搅动样品一边对我说：“我要探索一下从研究室主任位子上退下来后还能干点什么，另外也好把过去中断的思路捡起来，室里特批了点钱作化验分析费。”后来的一天，吕老师特意对我讲了他的技术创意和构思过程：“文革”时作为技术权威他靠边站了，让他去打扫卫生。矿冶总院老一点的同志都知道，当时原主楼后西北侧是车库，车库门前是倾斜的水泥地面。有一天，他用水管子冲洗斜坡地面上的沙土时发现一个现象：在水流的冲洗下，重沙子往上走，轻沙子翻滚着往下流，以后他重复几次均看到这一现象。对于这一现象，大多数人也许无心顾及，即使看到了也并不在意，但选矿专家吕永信先生以其特有的敏感捕捉到这一现象，并由此引发了他连续排矿射流离心选矿机技术发明的原始创意。

离心机因形成特殊的离心力场，提高了矿物重力分选的效率，对于密度差很小的矿物分选尤其有效。我国云南锡业公司在重选实践中已率先应用离心选矿机，但属于间断作业，连续排矿连续作业的难题20多年间一直未解决。吕永信先生决心攻下这一难题，多年来他致力于复杂多金属矿石的选矿分离，尤其在浮选理论和浮选工艺方面造诣很深，他在60年代已凭锂辉石不脱泥碱法正浮选获国家发明奖，现在一下子转到重选理论和技术方面，并且要设计研制一种全新的重选设备，其难度是可想而知的，也是一般人不敢涉足的。他从机械原理和机械设计着手进行计算、画图、设计和实验。经过数年不懈的努力，到1986年吕永信先生系统地提出了射流流膜分选新理论。这一理论从根本上突破了40年来传统的，通过附加各种剪切作用强化拜格诺（Bagnold）效应来强化重选粒群分层富集作用方法的局限性，首次向流膜引入高压水射流的逆坡逆流冲击作用，从而形成全新的射流冲击，离心沉降及拜格诺力联合分选力场，其特有的动态水力堰效应及流膜跳汰分选功能，强化了分选过程，提高了分选效果。经过艰苦的努力，他发明了微细物料连续排矿射流离心选矿机。

吕永信先生身患心脏病，在夫人邵玉珍女士的陪同下，1989年在大厂矿务局长坡选矿厂用SL-600型射流离心选矿机机组建成了工业分选10 μm以下超细粒锡石的试生产系统，开创了超细粒锡石离心重选连续工业生产的先例。1995年，长坡选矿厂建成SL-1200及SL-600型射流离心选矿机联合机组，集中分选74 μm以下的锡石细泥，生产结果表明分选效果达到预期指标，成为世界上取代微细粒锡石浮选工艺的第一个细泥重选系统。1987、1989、1994年，用于大厂锡石细泥分选的SL-300实验室型、SL-600中型及SL-1200大型三种重选新设备先后通过了部级鉴定，被一致誉为重大技术突破，处于国际领先水平。此后，吕永信先生再与北京矿冶研究总院及现场的同行合作，采用全新的“非谐振无簧摆架机构”，使设备更加完善。

1994年，吕永信先生出版了专著《微细与超细难选矿泥射流流膜离心分选法》，填补了国际选矿的空白。

6.6.6 电化学控制浮选综合技术研究及工业应用（1996年国家科技进步二等奖）

该项目属选矿工程技术领域中的高新技术研究，是集矿物浮选、电化学、数学模型、计算机及自动控制技术于一体的系统工程，涉足了当代国际浮选技术发展的最前沿。该研究是迄今为止我国对浮选电化学技术的最系统、最深入的研究，是首次在选矿厂工业化生产中成功应用的范例，由此使我国在该领域中无论在科学研究还是在工业化程度方面一跃至世界领先水平。

该研究不同于传统的浮选研究方法，以最新的浮选电化学理论为基础，借助于电化学传感器及所建立的数学模型，将浮选新工艺和自动控制有机地结合为一体，从根本上实现了从微观机理到宏观过程自动寻优的最佳化控制，使传统的凭工人的经验、感觉进行的宏观的、粗糙的、不及时的操作浮选进入到微观的、精确的、及时的、自动的优化过程，从而使浮选工艺过程调控由过去的经验到科学发生质的变化，是浮选科学技术的一次飞跃。

该研究通过研究浮选过程发生的电化学反应，进行了大量的热力学计算推导，建立了电化学控制浮选的数学模型，在世界上首次研制成功苯胺黑药及丁基黄药专用传感器，在中国首次设计出适合浮选领域的小型集散型电化学控制系统，并在Windows平台上自行开发控制软件，使该研究获得成功，也开辟了电化学控制浮选广阔的应用前景。

电化学控制浮选在西林铅锌矿的应用，实现了在铅粗选、铅精选、锌粗选、锌精选等重要作业通过控制电位对苯胺黑药、硫化钠、硫酸锌、硫酸铜、丁基黄药、氧化钙等14个加药点的最佳化控制，解决了该矿的生产难题，在不改变原生产流程的情况下，使选矿指标获得较大幅度提高，与原生产指标相比：铅精矿品位提高10.80%，含锌降低1.38%，铅精矿回收率提高2.94%，质量由5级品上升到4级品；锌精矿品位提高1.93%，含铁降低1.43%，锌回收率提高2.40%，质量由7级品上升到6级品；银在铅精矿中回收率提高3.17%；经济效益显著，达到714万元/年。此项新技术在西林铅锌矿投放运行1年多，整个控制系统稳定可靠，选矿技术指标良好，深受矿山的欢迎，并使西林铅锌矿在处理性质多变的矿石中获得稳定的优异指标及经济效益（累计达1033万元），受到国内外选矿界的高度关注，它对我国选矿领域的科学技术进步产生了重大影响。

对会理铅锌矿采用电化学浮选方法查明了影响方铅矿、闪锌矿可浮性的原因，并将研究的新工艺用于工业生产，虽然由于经济原因未能在工业上实施在线检测与控制的技术改造。此外，还对山东省和黑龙江省的几个黄金矿山、广东凡口铅锌矿等矿石进行了实验室电化学控制浮选研究，均取得了显著的效果。此后有几个大型选矿厂采用该项新技术。

6.6.7　矿山尾矿库区复垦与防治技术研究（1999年国家科技进步二等奖）

该项目在中条山有色金属公司毛家湾尾矿库和铜陵公司五公里尾矿库完成了包括坝体稳定性分析、防止尾矿水渗流污染、粉尘控制、复垦设计、农业种植、食物链污染监测、社区发展、人群健康、矿山废弃物管理政策建议和矿山复垦技术指南等15项课题的研究。建成了毛家湾尾矿库有土复垦农业示范场和五公里尾矿库无土复垦生态恢复示范场。

6.6.8　地下矿山高阶段强化开采新工艺综合技术研究（2000年国家科技进步二等奖）

地下矿山高阶段强化开采新工艺属采矿新技术，在国内属首次研究应用。该项目包括高阶段大直径深孔强化采矿工艺技术、高浓度尾砂充填工艺技术、高阶段连续出矿装备、进口设备备品备件国产化等多项内容的试验研究。该采矿工艺技术的特点是生产能力大，适应矿山大规模安全生产，具有采矿效率高、成本低、矿石贫化损失小等优点。该综合技术研究针对安庆铜矿矿体厚大特征，科学地提出了120 m高阶段强化开采技术方案，为安庆铜矿新模式办矿及实现稳产、高产奠定了基础；在强化采矿工艺上进行了系列创新，实现采场日生产能力千吨以上；首创立式尾砂仓分水控制器和充填钻孔排气压水装置，成功实现了高浓度尾砂自流输送，解决了高阶段采场充填脱水技术难题；进口设备国产化研究使设备备品备件国产化率达到80%～95%。该工艺技术已在安庆铜矿全面推广应用。至1998年12月，采用该工艺累计采出矿量475.40万吨，实现全员劳动生产率16.3万元/(人·年)，居有色矿山榜首，经济效益和社会效益显著。

6.6.9　金属矿床无废害开采技术（2003年国家科技进步二等奖）

该研究是矿山废物处理与综合利用领域国家“九五”科技攻关重点计划项目。我国有着丰富的金属矿藏资源，但传统的矿床开采技术在获取矿产资源的同时会产生大量的废料。这些废料长久堆积后不仅会破坏地表的植被、破坏耕地，还将显著地增加地球表面环境的负荷。研究人员针对金属矿床开采过程中产生最多的三大固体废料源——废石、尾矿和赤泥，运用工业生态学原理和工程科学方法，研究开发出能有效减少废石产出量的露天与地下联合开采技术、能实现矿山废料资源化的高浓度全尾矿充填技术，以及赤泥胶结充填技术和自然级配废石胶结充填技术。实践证明，这些全新的金属矿床无废害开采技术，最大限度地减少了矿山废料的产生，最大限度地实现了废料资源化，并从根本上解决了金属矿床开采过程中可能出现的环境灾害问题。

露天与地下联合开采技术是在一个矿体垂直面的上部与下部同时进行露天开采与地下开采，这种通过采矿系统的优化、内排土和露天坑底直接延伸采矿技术，具有高强度、高效率开采和大量减少废石产出量的优势，且剥离废石不再向地面排放而是在露天坑内部被消纳，解决了露天开采废石排放这一矿山第一大固体废料源问题。

尾矿是金属矿山开采过程中第二大废料源。高浓度全尾矿挤压输送充填技术，通过浓密、沉降两段全尾矿脱水等重大技术工艺显著提高了高浓度全尾矿输送系统的可靠性，大幅度降低了基建投资和生产成本，实现了全部尾矿资源化和矿山尾矿零排放。

赤泥是金属矿氧化铝生产中的副产品，赤泥的集中堆放和对地表的危害已成为影响铝工业发展的瓶颈。赤泥胶结充填技术充分利用赤泥的活性和矿山充填只需低标号要求，通过添加激活剂，使以赤泥为基础原料生产出的矿山充填胶结剂具有高性能和低成本的特点，且充填料的性能明显优于硅酸盐水泥。此外，自然级配废石胶结充填技术通过充填料分流输送和自淋混合新工艺，实现高效率、低成本的自然级配废石胶结充填，为矿山废石资源化开辟了一条有效的技术途径。

该研究成果已在铜绿山铜矿、丰山铜矿、铜坑锡矿、湖田铝土矿和会东铅锌矿等推广应用，取得直接经济效益5.74亿元。

6.6.10 区域整体崩落复杂空区群处理与残矿回采技术

华锡集团股份有限公司是我国最大的两家锡业骨干企业之一，是广西有色金属行业龙头企业，控制资源量超1亿吨，其中铟储量居世界前茅，锡、锌、锑储量名列全国前茅；锡储量占广西的70%，约占全国总量的1/3。华锡集团铜坑矿经过50多年的生产，呈现采空区复合重叠、地应力高、矿岩破碎稳定性差、地温高、矿石自燃等多灾源交互演化的开采环境特点，是我国复杂难采矿山的典型，面临诸多行业共性技术难题。根据铜坑矿三大矿体赋存条件、生产现状和隐患区的状态，我院提出了以集束孔爆破为技术核心区域整体崩落复杂空区群处理与残矿回收技术方案，构建大尺寸连续矿柱支撑的巷道式凿岩硐室结构，采用由多个φ165 mm大直径下向垂直深孔组成的大间距集束深孔，集束深孔通过调整装药结构适应不规则空区自由面，实现多空区、高应力等环境下规模化安全爆破，避免多次爆破对回采环境的恶化，减少工人在恶劣工作环境下的作业时间。2005年3月成功实施大爆破，总装药量达150吨，区域爆破崩落面积6500 m^2，崩落矿量77万吨，是我国地下矿最大规模的大直径深孔爆破。爆破成功后，基本消除了铜坑矿细脉带的采空区，从根本上消除了地压灾害隐患。后续出矿能力强，可实行快速强出，有效回收宝贵矿石资源。采区生产能力达到2500～3000吨/日。矿石回收率68%，贫化率20%，年效益1.75亿元。我院采矿专家孙忠铭是项目负责人和大爆破的技术总监。

6.6.11　难采难浸低品位铜矿地下溶浸工艺研究设计及工程化实践（2002年国家科技进步二等奖）

该项研究针对难采难选低品位铜矿开发与常规选矿富集难等突出问题，利用室内浸出模拟技术、地质工艺技术和计算机模拟技术等，并将其与原地爆破技术、矿物学研究技术及井下集液工程合理配置相结合，在确保矿山环境的前提下，开发适用于难采难选氧化铜矿资源综合回收利用的成套原地破碎浸出技术，形成了“孔网布液、静态渗透、注浆封底、综合收液”技术特色的成套地下浸出提铜技术。技术内容涉及矿石溶浸化学、浸出动力学、计算机渗流模拟、布液参数优化、集液工程设计、原地爆破技术、井下防渗注浆、矿山环境监测及全流程成本控制等方面。实现了国内第一家铜矿资源万吨级原地破碎工业化浸出，开创了国内铜矿资源原地浸出采矿的先河，建成了年产2000吨电积铜的萃取电积提铜厂，取得了良好的经济效益和显著的社会效益，技术上具有相当的深度和广度，且推广应用前景十分广阔。地下溶浸采矿应用领域的拓宽，其工艺过程的组成及参数的最优化，不仅使金属矿石探明储量的利用率提高数倍，而且使曾经被认为商业价值不大，不宜用常规采矿法开采的贫矿资源、残留矿石和矿柱、难采矿体、盲矿、边缘矿石等成为可开发利用的潜在资源。此外，地下溶浸采用的是地下闭路循环系统，可以减少矿石、废石、矿坑水对环境的污染。因此，无论从资源角度，还是从环境保护及矿业开发可持续发展的角度来看，地下溶浸采矿技术的应用发展前景都十分广阔。该项技术成果获2002年国家科技进步二等奖。

6.6.12 钨钼铋复杂多金属矿综合选矿新技术柿竹园法（2001年国家科技进步二等奖）

湖南郴州柿竹园有色金属公司具有世界级的钨钼铋大型多金属矿床。早在20世纪80年代就与江西铜基地共同被列为国家重点建设项目。但是，由于多方面原因，其中之一是选矿工艺技术分歧大，不过关，搁置了整整20年。1990年被重新列入国家科技攻关项目，经过10年科技攻关，形成了完整的具有自主知识产权的钨钼铋复杂多金属矿综合选矿新技术——柿竹园法。该法的特点是：（1）确定了合理的硫化矿物、钨矿物和萤石矿物主干全浮选流程，彻底解决了多年来对主干流程的选择长期争论不休的悬而未决问题，为1000吨/日大选矿厂的复建工程起了决定性作用。（2）在国内外首次制定出成品率高、副产品附带利用、工艺流程简单、生产成本较低的CF和GYB螯合捕收剂合成工艺线路和设备，并已完成工程化。（3）在国内外首次采用高效选择性螯合捕收剂CF和GYB高选择性地回收黑白钨矿物和回收黑钨细泥，它是柿竹园法的技术核心，在世界钨选矿工艺技术领域有重大突破。（4）独创的钼铋等可浮－铋硫混浮－组合抑制剂钼铋分离－氧化法铋硫分离的钼铋浮选新工艺浮选指标高、药剂费用低、选择性好。（5）联合使用硫化钠和水玻璃的钨粗精矿加温精选工艺是对应用了半个世纪的彼德洛夫法的改进，它既强化了脱药过程，又保证了白钨精矿质量。（6）用组合抑制剂和选择性捕收剂的萤石－强磁选脱硅新工艺使萤石回收工艺成熟，为矿石中萤石资源的开发利用提供了技术保障。在原矿钨钼铋品位都比旧工艺低的情况下，用柿竹园法可使钼精矿品位提高1.77个百分点，回收率提高2.86个百分点，铋精矿品位提高9.02个百分点，回收率提高12.64个百分点，总钨回收率提高22.33个百分点。从1998年10月至2000年已为企业增创利税6225.875万元，而且使停建近20年的大选厂复建投产成功并顺利达产达标。在柿竹园法的基础上，我院和广州有色院分别制定了硫化矿浮选之后黑、白钨强磁分流分别精选的新工艺，这是柿竹园法的继续。柿竹园法成功后，该公司新建了2000吨/日和3000吨/日的两大选矿厂，成为中国最大的和效益最好的钨矿山。

6.6.13 BGRIMM系列浮选机研制与推广应用（获2000年国家科技进步二等奖）

北京矿冶研究总院一直是中国浮选机研制的引领者。早在1987年我们就研制成功38 m^3浮选机。2000年以来，围绕矿产资源禀赋特点和行业共性难题，矿冶总院在浮选装备大型化、系列化、专用化，以及完善我国新的浮选装备体系等方面取得了巨大成就。其形成了世界范围内最完备的浮选装备体系，包括28个系列400余种规格，可以满足不同矿物、不同规模矿产资源开发的需求，保障了我国矿产资源的高效利用，并推广至全球43个国家，应用超过2.3万台套。获国家科技进步二等奖2项；部级科技成果奖29项，其中一等奖13项。

BGRIMM浮选机大型化技术实现了中国浮选装备从赶超先进到引领发展的转变。研制成功了具有自主知识产权的40～320 m^3系列浮选机，改变了我国选矿厂长期使用20 m^3以下浮选机的局面，使中国成为与芬兰、美国并列的具有浮选机大型化能力的三大强国之一。近几年研制成功的680 m^3智能高效浮选机示范应用标志着我国浮选装备技术持续引领发展。大型浮选机在我国90%日处理量万吨以上选矿厂应用，出口秘鲁、塞尔维亚、南非等23个国家，应用超过7000台套，其中300 m^3以上浮选机全球市场占有率达40%。每年节电31亿度，碳减排86万吨，矿物回收率提高1~5个百分点。

系列专用浮选设备促进了中国战略矿产资源高效开发。发明了自吸浆浮选机流程配置技术，变革了选矿厂设计，在我国85%的5000吨/日以下选矿厂应用，节约用地20%，节能10%，投资节省18%以上。宽粒级浮选技术年处理铜冶炼炉渣占全国总量的70%，每年回收铜占我国自产铜的10%，实现了炉渣资源化利用。开发了铁精矿提质降杂浮选机技术，在酒钢、秘鲁铁矿等实现“精料入炉”；开发了适用于“铝土矿选矿–拜耳法”的浮选机技术，在中国铝业、郑州铝业等实现大规模应用；开发了钾盐、萤石等盐类矿物浮选机技术，在罗布泊钾盐、柿竹园多金属矿等应用，推动了盐类资源的规模开发；开发了稀土矿物浮选机技术，在牦牛坪稀土矿、白云鄂博稀土矿等应用。

BGRIMM系列浮选装备技术率先实现了中国选矿装备的自立和自强，不仅保障了中国矿产资源的高效开发，而且助力了中国矿山企业走出去，是国家矿产资源供应安全的重要支撑。

6.6.14 纳米铝粉包覆的复合型涂层材料（2005年国家科技进步二等奖）

复合型涂层材料是一类重要的、应用市场广的热喷涂材料，它的应用已随着热喷涂技术的发展而渗透到军工与民用方面的国民经济各个工业领域。本项目通过纳米铝粉表面处理技术的深入研究，提高了低成本的经表面处理纳米铝粉的产率。通过多组元团聚包覆技术等大量试验研究及应用开发工作，将其更广泛地用作多组元复合粉末的包覆层材料，制备出满足应用需要的新型纳米铝粉包覆的复合粉末涂层材料。

该项目采用高效表面处理技术在国内外首次批量制备出低成本实用化的纳米铝粉，并将其用于多组元复合型涂层材料的制备。在国内外首创多组元多层均匀团聚包覆新工艺，成功制取了纳米铝粉包覆的多组元复合粉末，该工艺技术先进、成本低，适于批量生产。制备的镍铬铝（合金/金属）、镍铬铝钴氧化钇和铁铬镍铝碳化钨（合金/金属/陶瓷）三种新型复合粉末成分、粒度合理，均匀性、流动性、松装密度、燃烧特性、喷涂加工性能优越，各项指标优于国内外同类产品的水平；采用该粉末获得的涂层组织均匀、致密，结合强度高，耐磨性能好，各项技术指标优于国内外同类粉末制取的涂层。

三种纳米铝粉包覆的复合型涂层材料产品已在航空、航天、兵器、石化等军工和民用部门的多种部件喷涂加工上获得批量应用，研究开发期间已使用近20吨，使用效果好，直接经济效益6000多万元，社会效益显著，并为满足神舟五号等多种用途的需求做出了贡献，产品成本低、应用前景广阔，加强推广应用将获得更大的经济与社会效益。

以上列举的实例足以说明我院的科研工作在企业和行业的科技进步中所起的重要作用。其他实例还有很多。

6.7 造就了一批科研领军人才和技术专家

北京矿冶研究总院在长期的科研实践中造就了一支能打大仗、硬仗和恶仗的铁军，涌现了一大批科研领军人才、技术专家和学者，他们为国家做出了重要贡献。

6.7.1 全国劳动模范

1989年，李凤楼

2000年，孙传尧

2005年，汪旭光

6.7.2 国家级有突出贡献的中青年专家

1984年，汪旭光

1986年，金锡根

1988年，罗家珂、方志刚、李凤楼

1992年，林毅

1994年，孙传尧

1996年，邱定蕃

6.7.3 享受国务院政府特殊津贴的专家

以下列出的是2006年以前矿冶总院享受国务院政府特殊津贴的全部专家名单，共93人。其中，汪旭光、金锡根分别于1984年和1986年获批，其他91人均于1988—2006年获批。十分遗憾，其中有些专家已离世，但他们的贡献、业绩会永远载入史册。

1984年：汪旭光

1986年：金锡根

1988年：罗家珂、方志刚、李凤楼

1991年：张卯均、孙忠铭

1992年：邱定蕃、林毅、陈鼎玖、刘振春、章士逊、吕永信、李正骅、徐又元、幸伟中、孟凡中、邓国智、潘英民、龚盛标、刘大星、刘文华、张鸿甲、成巧云、饶绮麟、张竞成、于建中、韩寿林

1993年：宣道中、谢百之、崔安娜

1994年：孙传尧、郑宝臣、李永蔚、东乃良、谢怀复、汤集刚、邢永清、符斌、李忠义、李昌福、林运亮、赵纯禄、贯鸿林、邹介斧、刘伯琴、刘维祥、贾永昌、李家梅、康廷璋、周以华、沃国经、汪光烈、洪丕基、苏仲平、陈国英、周桂华

1995年：于一公、黄振华

1996年：谢珉、杨焕文、张文禄

1997年：蒋开喜、罗忠义、冯桂婷、钟荫庭

1998年：熊代余、肖庆苏、尹才硚、梁殿印

1999年：周峰、李长根、江培海

2000年：甘经超、郑九龄、吕宝顺、王国利、吴峰、沈政昌

2001年：王泽杭、成先红、要继忠

2002年：夏晓鸥、周秀英、刘永振

2004年：余斌、王瑜、于月光、张振宇

2006年：战凯、王福良、刘桂芝、周俊武

6.7.4 其他有贡献的高级技术专家

除了全国劳动模范、国家级有突出贡献的专家和享受国务院政府特殊津贴的专家以外，我院还评出一大批教授级高级工程师和高级工程师，我在其中选了部分代表列出如下，详细名单请查阅院志。

采矿专家：孙宏华、曹连喜、丁亦敏、宋晓天、黄恩兆、费梅英、梁英龙、宫本毅、陈龙金、王柯、王庆贵、袁传盛、王金斗、王光明、魏宝林、刘庆林、董卫军、杨小聪、宗海祥、樊秀丽、陈河、张民政

炸药与爆破专家：闫宏久、许志壮、郭素云、周大明、赵忠元、袁砚池

选矿专家：金长忠、许世斌、刘少先、刘振中、石大新、卢荫芝、于广泉、郭丽华、张心平、朱观岳、汪桂兰、鞠义武、王碧善、王宗莹、赵明林、高新章、曲立、陈子明、崔宝宾、唐顺华、王纯梅、贺飞丽、李翠云、白秀梅、管泽云、毕明德、徐建民、魏明安、吴熙群、李成必、刘耀清

选矿药剂专家：董贞允、闫瑞芬、吴经畴、李友权、梁淑珍、宋庆福、陈定洲、卢福道、付惠英、李星云、刘树藻、李绍敏、刘蓉裳、栾和林、林江顺、彭钦华

冶金专家：林礼蕃、杨佼庸、崔学忠、李瑞星、刘振华、张汝智、李旺昌、张寅生、蒋训雄

材料专家：黄菊林、甘照平、于月光、廖传美、尹友祥

选矿设备专家：徐宝诚、周二星、王洪勋、杜懋德、张闻迢、宋家俊、赵鸿才、张振宇、陈雷、邱中珏、杨守业

矿山机械专家：刘格平、陈世涛、吕甦民、涂继正、安纯善、白金城、于文彦、郑家文、杨福真、郎平振

工艺矿物学专家：田福纯、傅贻模、费允初、吴锋、杨锡惠、陈军、刘述宗、肖仪武、汪淑芬、王永恒、张丽艳

分析检测专家：丛阳滋、孙淑媛、陶淑凤、周根林、金醉宝、杨滨湖、张子贞、吴金铎

自动化专家：韩龙、张秉实、曾荣杰、左焕莹

环境工程专家：代宏文、张文敏、吴义千、梁友青、成方德、陈茂棋

翻译及信息专家：张立诚、史明心、胡立行、付维义、于醇、郑飞、徐乃娟、赵炳德、孙成林、顾丽兰、赵涌泉、张京京、王恩荣、王庆生

7 工程设计

7.1 我院工程设计的发展历程

7.1.1 建院初期的工程设计

1956年4月8日，我院建院。当时的院名是重工业部选矿研究设计院，不久更名为有色金属选矿研究设计院，隶属冶金工业部设计司而不是科技司。那时隶属冶金工业部设计司的北京地区设计机构有：北京钢铁设计院、北京有色冶金设计院，冶金建筑研究院和有色金属选矿研究设计院。我院的规模相对较小，人员是从北京有色冶金设计院选矿设计及配套专业整建制调转的，院址就在北京有色冶金设计院（今中国恩菲工程技术有限公司）的院里。首任院长是陈健。

1957年，将设计的人员和业务重新划归有色冶金设计院，我院以研究为主。因委托苏联米哈诺布尔设计的新院址国家没有批准，于是搬迁到二里沟文兴街1号有色金属管理局的办公楼，经自行设计改造后改为科研和办公大楼。因此，我院的建筑和构筑物以及占地面积先天不足。

到1957年底，我院已完成多项设计任务（实际上主要是北京有色冶金设计院时期完成的选矿设计项目，该院建院早）：中条山胡家峪铜矿选矿厂、易门铜矿选矿厂、彭县铜矿选矿厂、铜山铜矿选矿厂、寿王坟铜矿选矿厂、天宝山铅锌矿选矿厂、新冶铜矿选矿厂、通化铜矿选矿厂、锦屏磷矿选矿厂、云南个旧新冠砂锡矿选矿厂、杨家杖子钼矿选矿厂、西华山钨矿选矿厂、德兴铅锌矿选矿厂、赣州精选厂、韶关精选厂、铜官山铜矿选矿厂、大黑山钼矿选矿厂等。可见，当时我院的设计实力相当雄厚。起初这些设计是在苏联专家指导下完成的，后期由我院独立完成。

由于我院设计人员和业务重新回归有色冶金设计院，我院以研究为主，当年有533人调回北京有色冶金设计院。

1958—1986年，虽然我院已改为综合性研究院，但仍承担一些中小型的设计以及生产企业的局部改造工程，以我院的科研成果转化为主。主要设计人员是原选矿设计院留下的少量骨干，另外又从北京有色冶金设计院调入部分骨干。总体上讲，没有干过大型设计项目，也不具备设计资质。

7.1.2 1987年恢复工程设计业务

对于北京矿冶研究总院恢复工程设计业务，时任院长何伯泉等老领导多次议论过。1987年，我院发展规划处处长李树田等正式提出恢复工程设计的重要提案。院长何伯泉审时度势立即做出我院恢复工程设计的决定，尽快上报中国有色金属工业总公司，这是一个历史性的里程碑式的转折。

1987年3月7日，中国有色金属工业总公司批准成立北京矿冶研究总院设计处。同年4月1日，颁发给我院设计处丙级工程设计证书，业务范围是小型有色金属采矿、选矿、冶炼工程，1991年增加中小型民用建筑。其间，有色总公司曾批准两项设计任务临时升乙级。

我院的设计业务恢复得很艰难，确切地说很可怜。当时真正是没有条件创造条件也要上。院工程设计处与院基建工程处是一套人马两块牌子，处长是石荣。顾名思义，基建工程处是负责全院盖房子、修房子的，没有干过像样的设计，没有一个干过正规设计的设计人员，有的以管理为主。西安冶金建筑学院本科给排水专业的毕业生刘奇伟是高校毕业的唯一的年轻专业技术骨干，其他人即使以前读过大学，也没有从事过专业设计。此外，设计资料也极缺乏，为此我把当年有色冶金设计总院设计的新疆可可托海8766选矿厂的全套图纸，请时任厂长李金海先生寄送给矿冶总院，整整有一麻袋。

工程设计处的机构设置很简单：设计办公室（综合管理部门），设计一室（工艺、设备），设计二室（土建），设计三室（水、暖、风、电），设计四室（总图、概预算、技术经济），设计五室（民用建筑），该室是院外少数合伙人组建的民用设计队伍，利用我院的设计资质挂靠到我院设计处。

后来原建设部正式颁发给北京矿冶研究总院工程设计院乙级工程设计证书，主业是有色冶金（含采矿、选矿、有色金属冶金），跨行业有建筑工程、黄金。由于当时矿业形势不景气，与矿业相关的工业设计也不景气，从事设计业务的单位处境均较艰难，当时在北京地区有甲级设计资质的设计单位有400多家，有乙级设计资质的单位也有300多家。这些设计单位的设计资历、经验、业绩、管理水平都比我院有优势。因此，我们在北京市走民用设计这条路很困难，没有竞争力。1994年6月，我院决定成立北京矿冶研究总院工程设计院石狮设计分院，这样我院得以在民用设计领域闯出一条路子。1996—1999年，工程设计院每年的设计合同额仅200万～350万元，注册建筑师只有两人。

7.2 解决设计人才缺乏的困难，配齐专业

我院最初的工程设计处就是基建工程处，基本上没有专业设计人才，为解决这最大的难题，我院不得不采取以下措施。

7.2.1 特聘一批老专家

从甲级设计院特聘一批老专家。他们一般都已办理退休手续，有几十年的设计经验，长期特聘和短期特聘相结合，还有一批设计咨询专家，前后总计有40人左右。这些特聘专家起了重要作用，在设计项目中任总师领衔，确保设计质量，此外还为我院培养了一批年轻的设计人员。

例如，我院在福建石狮承接的政府公务大楼项目，列入石狮建市十周年标志性工程，按当时的实际设计实力，我院不可能承担，我们特聘了清华大学建筑系1952年毕业的老专家李培德先生担任工程负责人，带领年轻人终于完成了设计，确保大楼竣工。对此项目，建设部对我院设计资质临时升甲级。

图7.1 我院石狮设计分院承接并完成的标志性建筑石狮政府公务大楼，楼高88米，25层，2000年获部级优秀设计二等奖

1992年，我院文兴街办公区新建的主楼即将竣工，但门头原设计不好，门前是汽车道，下面还是汽车道，上下道没有任何连接，活像一个轮船码头，万一有人掉下去会摔伤。虽然已完工，但我看后十分不满，执意让施工队扒了重建。见队长有些犹豫，我对队长说："你们扒不扒？不扒我把院工程爆破公司调来扒！"

扒完了如何建？恰好总图专家邓崇武，刚从北京有色冶金设计总院退休就被我院特聘，我与邓工几人乘车考察了北京市典型建筑物的门头，然后请邓崇武先生重新设计。邓工来院的第一项设计就是文兴街新建主楼门头设计，他采用左右两侧斜坡车道，正面是两个平台阶梯式的设计。工程竣工后，主楼更显得美观大气，人车分流安全，增添了光彩。此后，我给北京有色冶金设计总院院长、我东北工学院毕业的老学长、老朋友董鸿镉打电话，说明邓工已在有色设计总院退休，现被我院聘任，我可否聘他为副总设计师。董院长沉思了一会儿先问："你们到底干了些什么设计？"我回答："董院长放心，你干大型的，我干中小型的，与你没有竞争。"随后这位老大哥说："你办吧！"邓工受聘副总设计师后，更加努力工作，他带领从西安冶金建筑学院总图专业刚毕业的高晓军完成了蒙古国额尔登特乳化炸药厂的总图设计等多项工程，把高晓军培养成一位年轻的总图计专家。

朱新之，冶金自动化院教授，还没退休就被聘到我院工作，在1988年6月至1993年8月期间任工程设计处副处长，为我院的设计业务做出了重要贡献。

这批外聘专家来院后，我们适当地发给较高的工资，其实现在看起来薪酬仍然很低。我对现职的年轻人讲："适当提高外聘专家的工资，是因为他们工作经验丰富、水平高，有的专业我们短缺，现阶段没有他们帮助，我们的设计无法发展。咱们自己的人现在还不行，还需要这些老专家带，等你们都起来了也就不需要外聘那么多人了，你们要理解，不要犯红眼病。"大家非常明白，虚心向老专家学习，内外团结得很好。

每逢春节前，我院都请外聘专家聚餐，感谢他们对矿冶总院工程设计的贡献。主管设计的副院长饶绮麟一定要出面致谢，我只要有时间也去陪老专家们喝一杯。在这样的氛围里，外聘专家有主人翁的感觉。外聘专家除了朱新之、李培德、邓崇武之外，还有张玉铣、朱国明、刘云仙、徐凤兰、徐道宽等十几位。他们对提高矿冶总院工程设计业务水平起了十分重要的作用，已载入我院史册。

我2007年2月院长离任后就不再过问院里的事，也不方便关心这批外聘老专家。2022年春节前，我让时任工程公司经理、设计专家王建文设法联系这些老专家聚一聚。建文经过几天了解后告诉我："多年不联系了，几位老先生已故去，还有几位联系不上，旅居澳大利亚的李培德先生也联系不上了。"我听后感到很伤感，就算故去的老专家也应当为其送行，这些老专家的形象和业绩始终刻在我的脑子里，我忘不了他们。

7.2.2 调入和引进一批设计骨干

王瑜，1977届中南矿冶学院选矿专业毕业后一直在长沙有色冶金设计院工作，后来任设计室副主任，是副处级骨干，有较丰富的设计经验。他的父亲王淀佐院士已从长沙中南大学校长岗位调任北京有色金属研究总院院长。有一天，该院党委书记汪宗武给我打电话："淀佐院长从长沙调到北京有色金属研究总院，身边无子女照顾，现已把他的长子王瑜调到北京，不存在户口问题了，但工作单位没落实。北京有色三大院中，北京有色设计院不大好进，北京有色研究院没有设计业务，来了不能发挥作用，你矿冶院有设计，能否安排一下？"我紧接着说："何止是安排，请还请不来呢，王瑜我们要定了！"汪书记哪知道我对王瑜的了解！1984年春天，我和李凤楼、赵纯禄等在广东凡口铅锌矿做铅锌混合精矿浮选半工业试验历时两个多月，长沙有色冶金设计院选矿设计专家李三可带领王瑜与我们合作，我对王瑜的性格和专业功底有所了解，认为他是一个直率、坦诚、好合作的人。所以我很痛快地答应下来。王淀佐院长是北京矿冶研究总院老师辈的好朋友，无论在中南大学当校长还是在有色金属研究总院当院长均是如此，按矿冶总院的风格更应当接收。

王瑜毕竟是甲级设计大院的副处级骨干，来院后，显示出很高的业务能力和组织管理水平。1995年5月任我院工程设计院副院长，以后任北京矿冶研究总院副总工程师、总工程师。王淀佐院长当面对我说过："王瑜搞研究不行，搞设计是块料。"他何止是块料！王瑜调入矿冶总院后，对设计的贡献是众所周知的。

程普章，1965年西安冶金建筑学院工民建专业毕业，曾在航天部设计院工作多年，在建筑结构设计和设计管理方面有深厚的功底。工民建专业是我院设计紧缺专业，他调入后立刻发挥了作用。他先后任石狮设计分院和总院设计院副院长。

张世海，东北工学院毕业后在鞍山矿山设计院从事铁矿山选矿厂设计多年，正是我院铁矿选矿厂设计紧缺的人才，调入我院后大大加强了我院的设计力量。

刘俊希，女，郑州工学院工民建专业毕业，此前在大兴一家设计机构工作，因我院急需工民建专业人员，将她调入，还付给大兴设计机构一笔费用。

此外，我院还从秦皇岛冀东设计院、马鞍山矿山研究院、河北矿山冶金设计院、兰州有色冶金设计院及相关企业调入一批设计骨干，包括张俊杰、杜丽艳、李国富、李开仪、文建新、程秀绵、杨莉莉、柳志刚、朱建国、王玉岩、张锐敏等。这批骨干设计经验丰富，来院后上手很快。

7.2.3 接收一批高校毕业生

前面说过，刘奇伟毕业于西安冶金建筑学院，是我院资格最老的年轻设计人才，之后当属盛勉桥，其毕业于武汉某高校。再后有叶平先，华中科技大学的硕士，曾任我院设计院院长；聂建新、陈向清，大连理工大学的硕士；龚峰毅，内蒙古工业大学建筑专业毕业；郑晓虎，天津大学毕业，搞技术经济和概预算；王凤仪，西安冶金建筑学院建筑学专业毕业；此外还有杨筑芳、唐华雄、武秀君、王军忠、姚迪、田园等。这些毕业生大多数成为各专业的设计骨干，有的担任了领导。例如，王建文，东北大学毕业，工作刻苦努力，是选矿厂设计专家，现在是矿冶总院工程公司的总经理。

通过上述特聘、调入和接收三种方式汇聚了较多的设计人才，我院的设计力量迅速增强，专业也基本配套齐全，像一个正规设计院了。

7.3 建立石狮设计分院

如前所述，北京地区的甲级和乙级设计院多达700多家，民用建筑设计方面我们没有竞争力，而且当时矿业不景气，工业设计项目也少，几家以工业为主的甲级设计院也面临困难，在此情况下如何摆脱困境、闯出一条新路是重要的决策。

20世纪八九十年代，福建省闽南地区，特别是石狮经济很活跃，人们的思想比较开放，相应地，工业和民用建筑市场发育程度较高，但设计力量严重缺乏。于是，如同当年在深圳纷纷建立分院一样，北方的几个大型设计院在石狮也建起了设计分院。

我院建石狮分院不能忘记许景期先生。许景期是土生土长的石狮人，其家中人口多，他是老大，必然承担起家庭的负担，他从采石头开始起步，后来办起了几个家族型企业，成为石狮当地有影响的民营企业家。

北京航空规划设计院院长聂玉华与许景期先生此前已有合作，主要是为许先生做一些小型工业设计，许先生也为航空规划设计院介绍一些项目。航空规划设计院是甲级大院，任务饱满，忙不过来，而石狮的项目规模小、设计收费低，聂院长积极性不高，但又不想得罪老朋友许景期先生。

北京矿冶研究总院与航空规划设计院同属首都科技集团的大院大所，我与聂院长此前已有10多年的交往，他知道我院有设计力量并且设计任务不足，于是建议我院在石狮帮他干点项目，为他解脱一些。对此我当然求之不得，于是在石狮开始了我院与许景期先生的初步合作。当年我院在石狮房无一间、地无一垄，不具备基础的设计条件，起初甚至吃住和工作都在许先生家里，我就在许先生家里吃过早饭。

经过一段磨合，许先生认为我院的设计人员踏实肯干，可以信赖。着眼于长期合作，他建议我们在石狮建立设计分院，这就是建分院的背景。

1994年6月10日，北京矿冶研究总院工程设计院石狮分院建立，首任院长是汪光烈副总工程师，副院长是叶平先、程普章。该分院具备独立法人资格，独立核算，自负盈亏，在石狮当地归属石狮土地局管理。实际上石狮设计分院还起到前店后厂的作用，分院在闽南承接了不少设计项目，可以利用北京矿冶研究总院的设计力量完成。

石狮设计分院在10年的运行中，承接了多个重要项目。如石狮市政府公务大楼（25层），建筑面积3.8万平方米，楼高88米。在8个设计单位投标中我院中标，该项工程属于一级民用建筑工程，这与我院聘请的建筑设计专家，1952年清华建筑系毕业的李培德先生任总师设计团队的实力有关。在整个设计过程中，时任石狮市委书记黄锦龙、市长魏坚以及许景期先生都多次参加讨论。

此外还有泉港区政府办公大楼、丰泽区政府办公大楼、石狮市电力调度中心大楼（23层）、石狮市鸳鸯池影剧院、泉港区广播电视中心大楼、晋江体育馆、晋江游泳馆、晋江博物馆、惠安体育馆、石狮博物馆、石狮文化馆、泉州光电信息学院、惠安少体校、石狮市人民法院、石狮市妇女儿童活动中心、石狮市青少年活动中心等在当地具有代表性的建筑，在福建树立了北京矿冶研究总院良好的品牌形象，扩大了知名度，为北京矿冶研究总院在民用建筑领域打下了良好的基础。石狮分院10年的发展，使工程设计院获得了大量的民用建筑工程业绩，为我院后来取得建筑工程甲级设计资质起到了关键性的作用。石狮设计分院从1994年6月起至2003年3月运行10年后搬迁到泉州，更名为北京矿冶研究总院泉州设计分院。

航空规划设计院原本让我院在石狮帮忙解脱一些任务，我们建立石狮设计分院客观上挤占了该院的设计市场，但该院毕竟是甲级大院，不在乎石狮这点设计任务，以后两院的合作关系一直很密切。

7.4 设计资质的变化

1993年6月1日，北京矿冶研究总院设计处改为北京矿冶研究总院工程设计院。1993年6月30日，由中华人民共和国建设部正式颁发给北京矿冶研究总院工程设计院工程设计证书，证书等级为乙级，主行业为有色冶金，跨行业有建筑工程、黄金。

1994年1月25日，北京矿冶研究总院工程设计院正式注册，成为北京矿冶研究总院具有法人资格的三级全资子公司。

1995年12月22日，国家计委向北京矿冶研究总院工程设计院颁发了工程咨询资格证书，资格等级为乙级，主营有色金属（采、选、冶），兼营黄金冶炼、建筑工程。服务范围包括编制建议书、可研报告、工程设计、招标咨询、投产后咨询。

2001年6月，工程设计院注册资金增至600万元人民币，同年向中国有色金属建设协会和建设部申报资质升级。

到2002年，我院各研究所的工程设计业务已经形成了一定的规模并具备了良好的发展态势。为了进一步拓展北京矿冶研究总院整体设计和工程业务，经院长办公会研究决定，将工程设计资质整体由工程设计院移升至北京矿冶研究总院，同时向工商行政管理部门申请撤销工程设计院二级法人，以便使全院与工程设计及工程承包相关的研究所更好地从事设计业务，扩大北京矿冶研究总院设计的整体规模，同时理顺全院的设计与工程管理。工程设计院由原二级法人单位变成总院领导下的一个二级机构，但仍然保留了北京矿冶研究总院工程设计院的名称。各研究所的名称改为研究设计所，例如，选矿研究设计所。这样，各研究所除了正常的研究业务外，有一名副所长主管设计，有专门的人员从事工艺设计任务，与工艺配套的土建、水、电、风、气、技术经济等公共专业由设计院完成。

2002年11月6日，北京矿冶研究总院获得建设部颁发的甲级和部分乙级工程设计证书。这些资质包括：

甲级资质工程设计证书，编号为011008-s。业务范围：冶金行业（矿山、黄金冶炼）、市政公用行业（环境卫生）、军工行业（防化民爆器材）和建筑行业（建筑工程）。

乙级资质工程设计证书，编号为011008-sy。业务范围：冶金行业（重有色及稀有金属）和建材行业（非金属矿）。

2003年10月26日，北京矿冶研究总院获得了国家发改委颁发的甲级和部分乙级工程咨询资格证书。这些资质包括：

甲级工程咨询资格证书，编号为工咨甲2031901003。有色冶金（矿山）专业的服务范围：编建议书、编可研、评估咨询、工程设计、招标咨询。黄金、环境工程（固废）、市政公用工程（环卫）、建筑、其他（民爆器材）专业的服务范围：编建议书、编可研、工程设计。

乙级工程咨询资格证书，编号为工咨乙2031901003。有色冶金（重有色及稀有金属）专业的服务范围：编建议书、编可研、评估咨询、工程设计、招标咨询。建筑材料（非金属矿）、环境工程（废水、废气）专业的服务范围：编建议书、编可研、工程设计。

7.5 工程设计业务建设与管理

1987—2000年，我院工程设计业务管理主要以工程设计处和工程设计院为主进行。工程设计院机构设置还是沿袭计划经济体制下形成的以设计专业划分科室的模式。科室设置为：设计办公室（含综合管理部门）、设计一室（工艺、设备、机械）、设计二室（建筑、结构）、设计三室（给排水、暖通空调、电气）、设计四室（总图、技术经济、概预算）、设计五室（民用建筑）、石狮设计分院。

2000—2002年，在管理模式上开始实行项目经理制，在保留原专业设计室建制的同时，增加了项目经理部、技术部和设计六室。项目经理部以市场开拓为主，经济上也相对独立核算。设计六室以民用建筑设计为主。

2003年1月，我院成立了工程设计部。

工程设计部负责全院工程设计和工程承包业务的管理、监督，检查工程设计和工程承包项目执行合同情况，实行过程管理和监控，包括进度和质量；负责组织重大项目各阶段技术方案和成果的审查以及工程竣工验收，对我院承担的工程总承包项目实行资金的收支管理和监控；组织制定并实施全院工程设计和工程承包的相关管理条例和办法，建立健全工程设计和工程承包的质量管理体系；组织重大工程项目的招、投标及市场开拓工作；负责全院设计和咨询资质的管理，设计人员注册资格的管理；协调院内各设计单位之间的业务合作；组织全院工程项目设计成果的申报和奖励工作；负责与行业协会和主管部门的接口工作。

2004年7月，工程设计部组织召开了我院首次设计工作会议。全院各研究设计所、华诺维公司和工程设计院，科研处和国际部等单位的主要负责同志参加了会议。矿山所、炸药所、选矿所、冶金所、材料所、机械所、自动化所、环境所、华诺维公司和工程设计院等单位均制定了3～5年专业设计队伍建设和设计业务发展规划。

工程设计部成立后，先后出台了《设计合同、工程承包合同管理条例》《工程设计项目管理条例》《设计印章管理条例》《设计文件归档管理的有关规定》《设计基金管理条例》《工程设计技术创新奖评选办法》《工程总承包项目管理办法》。

2005年，由工程设计部、工程设计院和信息中心组成的“ISO9000工程设计质量标准体系”贯标小组完成了近300页的质量手册、程序文件和作业文件的编写、修改和定稿。对骨干人员进行了培训，进行了内审员的培养等工作。“ISO9000工程设计质量标准体系”旨在提高我院设计质量、设计业务的竞争能力，为我院设计进一步发展打下了坚实基础。

为了适应工程项目管理及工程建设总承包项目的快速发展需要，同时为了突出院部对这部分业务的管理职能，2005年12月工程设计部更名为工程部。

7.6　取得一批设计成果

我院工程设计和咨询项目的一个突出特点是，注重发挥全院的综合实力优势，院内多部门横向联合设计。这样的项目2003年有16项，占项目总数的45.7%；2004年有40项，占项目总数的51.0%；2005年有29项，占项目总数的28.7%。另一个突出特点是，科研、设计和设备成套相互延伸。既有科研成果向工程设计延伸的项目，也有工程设计带动研发和设备成套的项目。

2004年承担的“江苏镇江韦岗铁矿46000吨/年硫铁矿焙烧制酸/回收铜、钴酸浸工序技改工程”项目，是我院承担并完成的最具有代表性的工程总承包项目。它涵盖了试验研究、工程设计、设备成套、土建工程、安装调试、项目管理、竣工投产和验收的全过程。由工程设计部组织协调，冶金所和工程设计院承担。项目从2004年9月28日正式开始施工至2005年8月8日正式竣工，圆满地完成了任务，为矿冶总院以后承担工程建设项目提供了宝贵的经验。该项目工程总合同额为2400万元。

2004年完成的“河北涞源鑫鑫矿业有限公司年处理240万吨超低品位铁矿选矿厂建设项目”，是北京华诺维科技发展有限责任公司、工程设计院及矿物工程研究设计所（现选矿所）共同合作完成的一项创新性示范项目工程，涉及试验研究、工程设计、设备选型采购、土建、安装调试、竣工投产验收及生产管理全流程技术服务等内容。该项目通过新工艺、新技术和新装备的技术集成研究，全部采用国产高效节能设备，实现了对超低品位铁矿石的大规模和低成本开发利用。在该项工程中实施的“超低品位铁矿石综合开发利用技术”属国内外首例，其技术经济指标居世界领先水平。该项工程的建设和管理模式也受到了业界的广泛关注。

国电项目是我院工程设计业务与合作方探索“发挥各自优势、实现双赢”的典型合作项目。2004年3月以来，我院与国电龙源环保工程公司合作，专门开展处理电厂的烟气脱硫类设计项目。该类项目由龙源环保公司负责市场和工艺技术，我院承担施工图设计。自2004年4月合作常州电厂4×600 MW烟气脱硫项目以来，共接洽脱硫项目5项，配合投标项目3项。累计确定5项合同，设计合同总额为1281万元。此后龙源环保公司将我院的设计点作为长久的合作伙伴。

北京四中综合楼工程项目功能复杂，包含1000人的学生食堂、1200人的学生礼堂、博物馆、国学讲坛、学生活动、教师办公、教工食堂等综合功能，2005年12月交付施工图。该工程已经成为我院的品牌工程之一。

2005年我院承担的哈萨克斯坦铜业公司（以下简称哈铜公司）项目是我院核心主业全面进入国际大市场的契机，标志着我院已进入有色行业集科研、设计、设备成套采购乃至工程总承包领域的主战场。这对全面完成我院十年发展规划，实现产业结构调整，将工程承包业务做大做强，具有十分重大的意义。2003—2005年的两年多时间里，我院接受哈铜公司委托，圆满地完成了多项难度较大的选矿小型试验、扩大试验和工业试验等研究项目。我院推荐的选矿工艺流程、高效选矿药剂和选别指标，以及我院的大型选别设备等，引起了哈铜公司高管层和技术主管部门的高度关注，并获得了充分的肯定。在此基础上，2005年11月，我院在杰兹卡兹甘与哈铜公司就我院推荐的选矿厂、露天采矿场和炸药厂等项目的设计方案、原则工艺流程、设备选型和配套的自控仪表等，进行了较充分的技术讨论和交流。经过商务谈判，签订了第一阶段的“阿克托嘎依5000万吨/年露天采矿方案设计”“阿克托嘎依25000吨/年炸药厂初步设计和施工图设计”“阿克托嘎依5000万吨/年选矿厂初步设计和施工图设计”“尼古拉耶夫250万吨/年选矿厂改造方案设计和施工图设计”“阿克托嘎依扩大连选试验”等5项合同。在上述设计项目的方案设计或初步设计获得哈铜公司认可后，我院与哈铜公司签订了第二阶段的机械设备、自动化控制仪表和电气设备的成套采购合同，以及达产达标工业试生产调试合同。

2005年7月我院承担了秘鲁Cementos Pacasmayo S.A.A公司的“锌冶炼厂基础设计”项目，2006年2月完成基础设计工作后，2006年4月又承担了该项目的施工图设计，项目于2006年8月30日完工。

表7.1和表7.2列举了部分设计和咨询项目获奖情况。

表7.1 承担设计项目获奖情况

序号	获奖项目名称	获奖类型及等级	获奖时间	授奖单位
一	**冶金行业**			
1	国家磁材中心业务楼及球磨、干燥厂项目	部级优秀工程设计三等奖	1998年	中国有色金属工业局
2	0.59 m×9 m链蓖机	部级优秀工程设计一等奖	1999年	中国有色金属建设协会
3	GGPH-W型高温高效喷流换热器	部级优秀工程设计二等奖	1999年	中国有色金属建设协会
4	矿山复垦与防止污染示范项目工程设计	部级优秀工程设计二等奖	1999年	中国有色金属建设协会
5	铜矿峪矿湿法提铜扩建工程	部级优秀工程咨询成果一等奖	2001年	中国有色金属建设协会
6	大宝山矿业有限公司中铜选厂二期工程	部级优秀工程设计一等奖	2001年	中国有色金属建设协会
7	铜矿峪铜矿地下破碎浸出湿法提铜示范工程	部级优秀工艺专业设计一等奖	2001年	中国有色金属建设协会
8	1米幅宽橡塑磁卷材生产线	部级优秀工程设计二等奖	2001年	中国有色金属建设协会
9	CTB-1230永磁中磁场磁选机	部级优秀设备专业设计二等奖	2001年	中国有色金属建设协会
10	京承生态农业示范区建设停采（选）矿山地貌恢复	部级优秀工程咨询成果二等奖	2002年	中国有色金属建设协会
11	北京市东北部机械清扫车辆厂	部级优秀工程咨询成果三等奖	2002年	中国有色金属建设协会
12	成都电冶厂搬迁技改扩建	部级优秀工程咨询成果三等奖	2002年	中国有色金属建设协会
13	自动温控永磁铁氧体回转窑预烧料工程设计	部级工程设计创新三等奖	2002年	中国有色金属建设协会
14	回转窑－链篦机程控设计	部级工程设计创新三等奖	2002年	中国有色金属建设协会

表7.1（续）

序号	获奖项目名称	获奖类型及等级	获奖时间	授奖单位
15	高效高压气雾化、水雾化生产线工程设计	部级工程设计创新二等奖	2002年	中国有色金属建设协会
16	本钢歪头山铁矿高产能多品种乳化炸药微机控制生产线工程设计	部级工程设计创新二等奖	2002年	中国有色金属建设协会
17	凡口铅锌矿矿泥流失矿回收系统新工艺改造工程设计	部级工程设计创新二等奖	2002年	中国有色金属建设协会
18	凡口铅锌矿选矿厂主系统新技术改造工程设计	部级工程设计创新一等奖	2002年	中国有色金属建设协会
19	山西朔州安平高岭土有限公司1.85万吨/年煅烧高岭土设计项目	部级工程设计创新一等奖	2003年	中国有色金属建设协会
20	BKJ-1030磁铁矿精选用筒式磁选机	部级工程设计设备专业创新二等奖	2003年	中国有色金属建设协会
21	BL1500系列螺旋溜槽	部级工程设计设备专业创新二等奖	2003年	中国有色金属建设协会
22	涞源鑫鑫矿业有限公司选矿厂	部级优秀工程设计二等奖	2005年	中国有色金属建设协会
二	**建筑行业**			
1	石狮政府公务大楼	部级优秀工程设计二等奖	2000年	中国有色金属建设协会
2	元远宾馆封闭式曝气接触氧化法处理地热水工程	部级优秀环境工程专业设计二等奖	2001年	中国有色金属建设协会
3	福建石狮生产力促进中心项目	部级优秀工程设计三等奖	2001年	中国有色金属建设协会
4	北京洲际大厦加层工程	部级优秀结构设计三等奖	2001年	中国有色金属建设协会
5	福建省泉州市丰泽广场综合楼	部级工程设计创新二等奖	2003年	中国有色金属建设协会
6	福建省晋江市8泳道游泳馆	部级工程设计创新三等奖	2003年	中国有色金属建设协会
7	晋江市博物馆	部级优秀工程设计一等奖	2004年	中国有色金属建设协会
8	北京市东北部机械清扫车辆场	部级优秀工程设计三等奖	2005年	中国有色金属建设协会
三	**军工行业**			
1	浙江利民炸药厂	部级优秀工程设计一等奖	2000年	中国有色金属建设协会
2	北京城建总公司办公大楼控制爆破设计	部级优秀工艺专业设计二等奖	2001年	中国有色金属建设协会

表7.1续）

序号	获奖项目名称	获奖类型及等级	获奖时间	授奖单位
3	大连庄河3000吨/年ML型粉状乳化炸药生产线	部级优秀设计二等奖	2003年	中国有色金属建设协会
4	赞比亚6000吨/年多品种乳化炸药生产线	部级优秀设计二等奖	2004年	中国有色金属建设协会
5	614厂乳化炸药生产线工程设计	国家第十一届优秀工程设计铜奖	2005年	建设部
四	**建材行业**			
1	江苏东海105矿高纯石英粉精加工厂	部级优秀工程设计一等奖	1998年	中国有色金属工业局

表7.2　承担咨询项目获奖情况

序号	项目名称	获奖等级	获奖时间	颁奖单位
1	铜矿峪矿湿法提铜厂扩建项目	优秀工程咨询成果奖	2001年	中国有色金属建设协会
2	京承矿山地貌恢复项目	优秀咨询成果二等奖	2002年	中国有色金属建设协会
3	京承水污染防治点源治理项目	优秀咨询成果二等奖	2002年	中国有色金属建设协会
4	北京市东北部机械清扫车辆厂	优秀咨询成果三等奖	2002年	中国有色金属建设协会
5	北京市德国赠款垃圾处理项目	优秀咨询成果二等奖	2003年	中国有色金属建设协会
6	青海滩间山金矿扩建项目	优秀咨询成果三等奖	2003年	中国有色金属建设协会
7	北京市榆树庄垃圾转运站项目	优秀咨询成果三等奖	2003年	中国有色金属建设协会
8	铁岭选矿药剂厂年产12000吨选矿药剂生产线技改工程可研	优秀咨询成果二等奖	2005年	中国有色金属建设协会
9	北京市房山区半壁店垃圾卫生填埋场项目建议书	优秀咨询成果三等奖	2005年	中国有色金属建设协会

从表7.1和表7.2中可以看出，尽管我院的设计资质已升甲级，但当时重大的工程设计项目还很少。

1997年11月，我参加了中组部第八期理论研究班，几十名学员都是各部委科研设计大院、大所的院、所长。有一天课间休息时学员们在外面评论周边的建筑，核工业第二设计研究院的院长指给大家说："看那片宿舍楼是我们做的。"大家评论很好。又指了指旁边更精美的一片宿舍楼，问是哪家设计的。我说："是我们北京矿冶研究总院设计的。"众院所长流露出一片惊奇和赞美声，他们不知道那片精美设计的宿舍楼的总设计师就是我院外聘的1952

年清华大学建筑系毕业的李培德先生。

1999年，西部矿业对四川白玉县呷村铜多金属矿采选工程设计项目招标。矿区在海拔4000米以上，缺水，条件艰苦。我院决定投标，采矿和选矿设计做了充分的讨论，我就参加了多次方案论证。此前北京矿冶研究总院提交了选矿全流程小型试验报告，有色冶金设计研究总院也提交了小型选矿实验报告，两份研究报告均可作为选矿设计投标单位工艺流程选择的依据。我打电话问有色设计总院的彭怀生副院长是否参加投标，因为该项目的可研报告是他们做的，下一步初步设计和施工设计照理应当参与投标，并且该院设计实力雄厚是业内公认的。但彭院长十分肯定地表示不参加投标，没有说明原因。这样最终投标单位只有北京矿冶研究总院和兰州某设计院两家甲级设计机构。

评标会在成都进行。我与主管设计和科研的战凯副院长带队，率十几名专业配套的设计专家乘飞机去成都。刚下飞机，我的东北工学院的老同学、西部矿业的主要领导带人来接机，我心想干吗搞那样高规格的接待！一连几天，采选工程设计接受国内权威专家组评审。结果是，采矿设计兰州这家设计院有优势，选矿厂设计北京矿冶研究总院优势明显。宣布投标结果的当天，西部矿业安排我院的全部专家去都江堰参观，后来明白实则调虎离山，他们背着我们搞名堂。待回来复会公布评标结果，令人感到意外，采选设计居然全部落地兰州这家设计院，我院投标失败！北京矿冶研究总院选用自家的工艺流程，而兰州这家设计院在浮选厂设计中犯了一个大忌：前后两段浮选分别选用北京矿冶总院和有色冶金设计院的工艺流程，两院的流程结构和药剂制度不同，怎么能连接在一起？这样一个低级错误居然中选？不可思议！但评审专家到底是行家，宣布评审结果时明确要求兰州这家设计院要补做小型试验，因为其前后连接两家的工艺流程等于没有一个完整的研究报告，由此可以看出业主并没有尊重专家的评审意见。

回到北京的第二天，我与负责同志通电话45分钟，严厉揭露和批评他们搞假投标的行为。他没有理由了，不得不如实告诉我：他无法违背董事长的意见。显然，业主早已内定兰州这家设计院承担采选设计，这是典型的假投标走过场。这家设计院是西部矿业的股东，他们没有得到分红，于是业主就让该院承担设计项目作为补偿。我把投标结果告诉有色冶金设计总院彭怀生副院长，他告诉我，他们院不参加投标的原因是已经知道业主要搞假投标，尽管前期项目可研报告是他们做的也不能去。这时我才恍然大悟。

假投标后，这家设计院采矿设计已在进行，但是，选矿设计却按兵不动。该院毕竟是甲级院，不能胡来。他们深知，没有完整的小型试验报告作为依据不敢做设计，如果做了是违反设计规范的。于是他们派人来北京矿冶研究总院私下找选矿研究所王福良所长和魏明安副所长，希望为兰州那家设计院补做选矿试验，并且试验费丰厚。王、魏两位所长不敢答应，向我汇报。我当即明确地告诉他们："你们如果胆敢接兰州那家设计院委托的小型试验研究，我马上就撤你们的职！"

又过了一段时间，西部矿业请老领导、我的好朋友、原锡铁山矿务局局长肖垂斌出山，专程来北京找我，希望北京矿冶研究总院为那家设计院补做选矿试验研究。老朋友见面格外高兴，我以礼相待，请肖局长吃饭喝酒，回顾往日他任锡铁山矿务局局长时两家的亲密合作。待酒过三巡谈到正题时，我明确告诉肖局长："投标之前，我们的研究报告是公开的、各家共享的，投标后我们的研究成果是我院专属的，我院不会为那家设计院做试验了。如果业主把我院的研究报告提供给那家设计院，或者他们私自采用我院的研究报告，那是侵权，我必将通过法律维权，再好的朋友也不行！"肖局长看我态度坚决，没有协商的余地，便不再谈此事。回去后，肖局长明确告诉西部矿业的时任领导："不要指望矿冶研究总院为你们做选矿试验了，孙院长态度坚决，没有商量的余地。"

又过了几个月，业主新上任的呷村项目董事长专程来北京，约见我和王瑜总工程师，恳切地要求我院不计前嫌，出山接管选矿厂设计。因为兰州那家设计院始终无法进行选矿设计。我表态，从企业建设和发展大局考虑，感谢新任董事长的信任，矿冶总院可以承担选矿厂设计，但前提是那家设计院必须整体撤出，否则我们不进入。董事长说，这好办，他来做工作。

兰州那家设计院整体撤出后，我院的综合设计力量全力以赴，根据枯水期和丰水期的实际情况，设计了处理量不同的两个选矿系统。竣工投产时，我院又派出选矿研究所副所长魏明安等多位专家，在高海拔的多金属选矿厂帮助调试投产成功，直到达产达标，代价是魏明安等人都得了高血压。

我任院长的那些年，除了常规的院长工作外，有几件事我特别投入不少精力：一是发展工程设计业务；二是丹东冶金机械厂摆脱困境扭亏为盈；三是北京钨钼材料厂摆脱困境，扭亏为盈，这两个企业都是1997年被我院兼并的；四是对铁岭选矿药剂厂加强管理，提高经济效益，实现扭亏为盈。到我离任时上述目标都实现了。

我下大力气抓工程设计是基于如下考虑：首先我喜欢设计业务，早在新疆可可托海企业工作时，自己小打小闹做了几项设计也见到了成果，特别是我多次参与8766选矿厂的设计交流、试车调试、技术改造和投产运营，与北京有色冶金设计院现场设计组的人员有良好的交往，他们对我影响很大；其次，我倡导的矿冶总院科研、设计和产业三位一体的发展模式中，设计是一个短腿、细腿，必须补齐这一短板；再次，没有设计优势，就不能为国内外的企业厂商提供交钥匙工程的完整服务。这些年的心血没白花，目的达到了。

7.7 我院当今的设计

1987年，在不具备条件的情况下，我院勉强恢复设计业务，直到2007年我离任的20年中，尽管我和院内的领导、干部、职工竭尽全力，使设计资质艰难地完成了丙级—乙级—甲级的晋升，也干了不少设计项目，但总体上讲，收入不多、业绩不多、大型有品牌的项目不多，远不如科研和产业板块。

如今我院长离任已16年了，矿冶总院（矿冶科技集团）已拥有专业配套的工程设计人员300余人，其中高级工程师及以上人员200余人，全国有色行业设计大师4人，拥有各类国家注册工程师170余人。

2021年，矿冶科技集团的工程设计与工程承包业务合同额达14.54亿元，营业收入5.86亿元，实现利润6000余万元。

在过去的10年间，矿冶科技集团累计承担国内外矿山、冶炼、环保、民用建筑、市政、民爆等项目千余项。国际业务涉及美国、加拿大、澳大利亚、芬兰、捷克、塞尔维亚、俄罗斯、蒙古国、哈萨克斯坦、吉尔吉斯斯坦、塔吉克斯坦、伊朗、沙特阿拉伯、印度、印度尼西亚、刚果（金）、南非、赞比亚、埃塞俄比亚、加纳、津巴布韦、塞拉利昂、几内亚、智利、秘鲁、玻利维亚等20多个国家和地区，获得国家优秀工程设计咨询奖7项、省部级优秀工程设计咨询奖300余项。

以上成就不是我领导取得的，但我还是介绍给读者，如今矿冶科技集团的设计和工程承包业务已不再是短板，而是与科研和产业三驾马车并驾齐驱的状态。

8　科技产业

8.1　科技产业的初期和发展

20世纪70年代，我院开始有组织有计划地兴办科技产业（当时叫小生产），充分利用中间实验厂（后矿冶二部生产基地）初步建立起磁性材料生产线。20世纪80年代，我院开始由单一科技开发型向科技开发与生产经营相结合型转变，相继建立了金属材料生产线和田菁胶生产线。

1988年我任北京矿冶研究总院院长后，在前几任院长创业的基础上，我参考了苏联米哈诺布尔科研、设计和机械制造的模式，联邦德国鲁奇公司、卡哈德公司的模式，明确提出全院科学研究、工程设计和生产经营三位一体的发展模式。当时的生产经营按国家科委和中国有色金属工业总公司的说法是科研院所的小生产。其特点是：规模小，属于科研院所自身的科研成果扩大试验和中试产品；当时只有部分研究院所有小生产；经济收益很低，只少量地弥补科研的投入。

1990年后，我院相继组建了以产品研制、生产和销售为主业的磁性材料研究所、磁器件研究所、设备研究所和金属材料研究所，建立了矿冶二部和矿冶三部两个中试和产业基地，大大地推动了科技产业的发展。

1996年以来，我院实施相关多元化发展战略，科技产业从单一的生产经营发展转变为生产经营与资本运作相结合，使我院的科技产业实现了低成本扩张和跨越式发展。1997年先后兼并了丹东冶金机械厂和北京钨钼材料厂。1999年7月1日我院转制为中央直属大型科技企业以后，提出了要把北京矿冶研究总院“打造成科技旗舰，建立成组合舰队”的思路，加快了科技产业的改革和发展进程。全院组织形式、管理体制和运行机制都发生了深刻变化，先后组建了9家子公司。其中，北矿磁材科技股份有限公司于2004年5月在上海证券交易所实现A股上市。2002年，经国家经贸委批准，铁岭选矿药剂厂全资产划归我院。我院已初步形成了以资本和矿冶文化为纽带的混合控股型企业集团的发展模式。至2005年底，全院以科技产业为主的14个单位总产值达9.61亿元，销售额达8.44亿元。

8.2 产业机构改革及资本运作

1996年以前，我院从事产品研发、生产和销售的机构主要有磁性材料研究所、磁器件研究所、金属材料研究所、设备研究所、冶金研究室的电子粉体材料项目组、矿山机械研究室的田菁胶项目组等。

1998年6月，在冶金研究室电子粉体材料项目组的基础上，成立了具有独立法人资格的电子粉体材料发展中心。

1999年我院转制为中央直属大型科技企业后，进行了较大力度的机构改革。2000年3月，将已初具规模的产业项目从所属研究室分离出来。当年，植物胶产业从矿山机械研究室分离出来组建了北京天然植物胶发展中心，电子粉体材料发展中心从冶金研究室分离出来改建成北矿电子材料发展中心；2001年4月，锌粉产业从金属材料研究所分离出来组建了北矿锌粉公司。

为了建立现代企业制度，开拓资本市场，加快产业发展，1998—1999年我院开始酝酿组建股份公司和股票发行上市。1999年10月，我院加快了股份公司组建的进程，确定了以北京矿冶研究总院为主发起人，以我院的优质资产磁性材料研究所和磁器件研究所的全部生产经营性净资产出资，联合钢铁研究总院、机械科学研究总院、中国纺织科学研究院、中国建筑材料科学研究院及江门市粉末冶金厂，共同发起设立北矿磁材科技股份有限公司。2000年9月，北矿磁材科技股份有限公司正式成立，经过4年的良好运行和上市辅导，北矿磁材于2004年5月12日在上海证券交易所上市，股票代码为600980。根据中国证监会的统一部署，2006年4月北矿磁材科技股份有限公司完成了股权分置改革。

2001年开始，我院进一步推动了产权多元化的公司制改革，先后组建了5家控股子公司。2001年12月，由我院作为主要出资人，并由高管人员、业务骨干及部分职工等自然人出资参股，在原北矿电子材料发展中心的基础上，组建了北京当升材料科技有限公司。2002年9月，由我院作为主出资人，并由高管人员、骨干员工等自然人出资参股，在冶金研究所产业项目的基础上，组建了北京北矿冶金材料科技有限责任公司。2002年11月，由我院出资控股，相关自然人参股，组建了北京华诺维科技发展有限责任公司。2003年5月，在炸药与爆破研究设计所的基础上，组建了我院控股和相关自然人参股的北京星宇惠龙科技发展有限责任公司。2005年4月，由北矿磁材公司与我院联合出资，在北矿锌粉公司的基础上成立了北京北矿锌业有限责任公司。

2000年11月，我院与中色建设非洲矿业有限公司（NFCA）合资在赞比亚建立了BGRIMM（赞比亚）炸药有限责任公司，这是我院首次在国外投资建立的合资公司。

此外，1999年，在我院工程设计院建筑装修业务基础上组建了北京广佳建筑装饰工程有限公司，在磁城服务中心货物运输业务基础上组建了北京捷安货物运输有限责任公司。

2005年11月，我院投资330万元参股组建了从事安全评价业务的北京国信安科技术有限公司，我院持股30%。

2001年以来，我院实施了战略性投资参股，投资100万元参与发起云南地矿资源股份有限公司，该公司主发起人为云南地矿勘察工程总公司（集团）；投资100万元参与发起瑞泰股份有限公司，该公司主发起人为中国建筑材料科学研究院；投资100万元参与发起西安华钼新材料股份有限公司，该公司主发起人为金堆城钼业公司；投资90万元（其中技术股份40万元）参与组建北京圣比和科技有限责任公司；投资100万元参与发起机科发展科技股份有限公司，该公司主发起人为机械科学研究院；投资200万元参与发起中色国际矿业股份有限公司，该公司主发起人为中国有色矿业集团公司；投资100万元参与发起山西北方铜业股份有限公司，该公司主发起人为山西中条山铜业公司；投资100万元参与组建甘肃金川国际经济技术合作有限公司，大股东为金川集团有限公司。当时我院战略性投资参股总额为890万元。

至2005年底，我院产业机构已发展到20家（未包含科技产业的机械研究设计所、金属材料研究设计所、信息技术与自动化研究设计所），其中全资企业3家、控股子公司10家、全资公司或中心5家、参股公司2家。产业机构情况见表8.1。

表8.1 北京矿冶研究总院下属产业机构一览表（至2005年底）

序号	机构名称	法人代表	注册日期	注册资金	股权关系	主营业务
1	北矿磁材科技股份有限公司	孙传尧	2000月9日	6500万元	控股	磁性材料及器件
2	北京当升材料科技有限公司	夏晓鸥	1998年6月	1459万元	控股	锂离子电池正极材料、电子陶瓷材料

表8.1（续）

序号	机构名称	法人代表	注册日期	注册资金	股权关系	主营业务
3	北京北矿冶金材料科技有限责任公司	邱定蕃	2002年9月	569万元	控股	钴化合物等
4	北京星宇惠龙科技发展有限责任公司	汪旭光	2003年5月	1000万元	控股	民用炸药的技术开发、技术转让及技术服务
5	北京北矿锌业有限责任公司	夏晓鸥	2005年4月	3000万元	北矿磁材控股	超细锌粉
6	北京天然植物胶发展中心（非独立法人）		2000年3月		全资	植物胶及相关产品
7	北京凯特破碎机有限公司	夏晓鸥	1993年1月	220万元	中俄合资，控股	惯性圆锥破碎机等
8	北京华诺维科技发展有限责任公司	饶绮麟	2002年11月	316.8万元	控股	低矮破碎机等
9	丹东冶金机械厂	刘仁继	1997年6月	817万元	全资	矿山设备及备品备件
10	北京钨钼材料厂	李炳山	1997年10月	1615.3万元	全资	钨钼材料制品
11	铁岭选矿药剂厂	王锁宽	2002年1月	1366万元	全资	选矿药剂
12	北京矿冶爆锚技术工程公司	李建设	1985年5月	130万元	全资	爆破及拆除工程
13	北京矿冶科贸公司	孙立庭	1993年4月	30万元	全资	国内贸易
14	北京磁城科贸公司	李言孝	1991年3月	50万元	全资	咨询、服务、销售
15	北京洛克工贸公司	王福良	1993年6月	50万元	全资	建材、选矿药剂
16	北京美圣工业生态工程有限公司	孙传尧	1995年1月	82.6万元	中哈合作，50%股份	过滤材料、电凝聚静水设备
17	北京广佳建筑装饰工程有限公司	战凯	1999年4月	508.05万元	控股	建筑装修工程
18	北京捷安货物运输有限责任公司	李士伦	2002年10月	80万元	控股	货物运输
19	BGRIMM（赞比亚）炸药有限责任公司	汪旭光	2001年3月	501.73万美元	控股	民用炸药
20	北京国信安科技术有限公司	汪旭光	2005年11月	330万元	参股	安全评价

8.3 产业基地及布局

1996年以前，我院已形成了矿冶二部、矿冶三部两个中试和产业基地。1996年以后，随着我院产业的快速扩张，产业基地不但在京内进一步发展，而且扩展到京外地区。

1997年我院兼并北京钨钼材料厂后，在该厂区成立矿冶四部。矿冶四部地处北京市昌平区沙河镇沙阳路，占地面积81839 m^2，原有厂房建筑面积26419 m^2，办公及生活用房建筑面积24633 m^2，新增的特种材料研发生产中心大楼设计建筑面积4761 m^2。矿冶四部被定为我院的金属材料研发和生产基地，当时有北京钨钼材料厂、金属材料研究设计所，还曾经有北京北矿锌业有限责任公司等产业和研发机构，另外，还有国家工程中心中试线，包括选矿中试车间、气流磨中试线等。

1997年兼并丹东冶金机械厂后，丹东厂区成为我院京外最大的产业基地。该厂地处辽宁省丹东市浪头镇，占地总面积53.6万 m^2，厂房面积32292 m^2，办公用房面积2752 m^2，为我院机械设备及备品备件的主要生产基地。

2001年，我院控股的北京当升材料科技有限责任公司在通州建立生产基地，地处通州大杜社镇首科集团工业园，占地20亩，厂房及办公用房建筑面积5000 m^2。

2002年，铁岭选矿药剂厂并入我院。该厂原有厂区包括铁岭厂区和沈阳分厂厂区，占地面积分别为14.6万 m^2（其中家属区占地3.2万 m^2）和2.18万 m^2。2005年，根据沈阳市铁西区政府的要求，沈阳分厂拆迁，部分设备搬迁至铁岭厂区。在沈阳市于洪区北李官还留有仓库一座，即李官仓库，占地面积19000 m^2。沈阳分厂拆迁的同时，在铁岭厂区新建了12000吨/年的黄药生产线，并利用原有厂房改建了2500吨/年的黑药生产线。铁岭选矿药剂厂成为我院选矿药剂的生产和中试基地，当时厂房面积18929万 m^2，其中新建12000吨/年黄药生产线厂房面积2902 m^2，仓库面积10948 m^2，办公楼面积2490 m^2。

2003年，我院控股的北京北矿冶金材料科技有限责任公司在河北省廊坊市投资建立生产基地，地处河北省廊坊市永清镇裕丰街168号，占地面积27801 m^2，拥有厂房及办公用房建筑面积15000 m^2。

2003，2005年，我院控股的北矿磁材科技股份有限公司两次在河北省固安县投资，共购买89338 m^2土地，作为上市后进行新一轮扩张的生产用地。在该基地已建成5000吨/年高性能磁粉生产线一条，300吨/年静电显像材料生产线一条，当时在建项目有3000吨/年静电显像材料工业生产线，10000吨/年高性能活性锌粉生产线。

到2006年底，我院的产业基地已发展到8个，包括京内的矿冶二部、矿冶三部、矿冶四部、当升公司的通州生产基地，京外的河北固安基地、河北永清基地、辽宁丹东冶金机械厂和铁岭选矿药剂厂。

8.4 经营领域、规模及效益

我院的主业是矿产资源综合开发利用和材料科学与工程，并实施相关多元化战略。产业都是围绕主业在自主研发的基础上发展起来的，经营领域主要包括与矿产资源开发利用相关的机械设备、仪器仪表、选冶药剂、植物胶、金属材料和金属化合物产品等，突出了我院的主业。经过几年的快速发展，全院产业已由原来的磁性材料“一花独秀”发展为磁性材料与器件、机械设备、金属材料、植物胶、化工药剂等多领域“群花争艳”的良好态势。当时我院科技产业各经营领域销售收入情况见表8.2。

表8.2 2000—2005年我院科技产业各经营领域销售收入情况 单位：万元

年份	2000	2001	2002	2003	2004	2005
磁性材料及器件	16719.66	19374.54	19199.99	19329.55	22840.72	21241.96
机械设备	2545.00	3931.09	5052.20	7081.95	12647.69	21652.81
金属材料	5916.09	5346.17	7324.86	9857.03	16576.00	21699.21
植物胶	3818.00	4109.23	4912.48	4645.3	5448.37	5727.62
化工药剂	282.25	346.53	8232.48	9082.53	13731.00	13378.81
其他			532.66	508.78	625.13	654.84
总计	29281.00	33107.56	45254.67	50505.14	71868.91	84355.25

8.4.1 磁性材料及器件

我院从事磁性材料及器件的研发、生产和销售的产业单位是北矿磁材科技股份有限公司。主要产品有永磁铁氧体预烧料、烧结铁氧体永磁材料、粘结铁氧体永磁材料、各向异性磁粉、各向同性磁粉、烧结钕铁硼磁体、粘结钕铁硼磁体、静电显像材料、吸波材料等。我院是“国家磁性材料工程技术研究中心”的依托单位，在铁氧体永磁材料领域具有技术和品牌优势，在国内外市场上处于主导地位，部分产品的国内市场占有率达40%以上。“北矿”

图8.1 在北矿磁材上海证券交易所A股上市仪式上董事长孙传尧致辞

品牌的磁性材料及器件在国内外已享有盛誉。磁性材料及器件产业一直是我院规模最大的产业，2005年销售额为2.16亿元，净利润为1703万元。2004年北矿磁材在上交所成功上市。

关于磁性材料和器件发展的产品结构定位，院内一直有不同的意见：

第一种意见是以传统的预烧料和磁粉为主业，少量生产磁器件，做大做强产业，为国内外磁器件企业提供原料。如果大规模地发展磁器件势必与我们的下游企业争市场，最后将失去产业链下游器件企业的合作伙伴。

第二种意见是大量生产预烧料和磁粉的同时，必须大力发展磁器件产业，把产业链做完整，如果下游企业订货量不足，我们可以自我消化预烧料和磁粉。当时磁性材料研究所副所长柴立民（后任磁器件所所长）是这种意见的代表，他两次写出厚厚的可研报告在扩大的院长办公会上进行论证。为了降低生产成本，他把生产磁器件的生产线设在丹东冶金机械厂，用煤窑而不是用电隧道窑。

我是倾向于柴立民的方案的，但是两次论证终因争论很大，特别是反对者以院内磁性材料专家为主，而我因专业所限判断不准，导致丹东冶金机械厂磁器件的项目一直没有上。现在看来我院发展器件是对的。

与此相关的有两件事：

有一个美国企业GM，位于得克萨斯州的达拉斯，产品与我院相似，以微电机用磁瓦和扬声器用喇叭磁环为主。有一客户群用其磁器件。该企业决定转卖，原我院职工、定居美国的徐群建议我院考虑并购该企业。因我院一直想在国外办企业，遇到这一机会当然不能放过，就派副院长张立诚带专业配套的多人队伍几次去该企业考察，目的是利用该厂的磁器件生产线，特别是看中了其客户群，拟并购该企业。几经谈判，终因对方要价高、我方觉得经济效益不好而且管理可能会有困难而停止并购。该企业后来倒闭，其客户都分散了，也流向我院一部分。

还有一个美国磁器件厂ANOLD，但于田纳西州，老板是美籍波兰人拜克瑞，因产品结构转型及设备陈旧想出售全厂或设备。我院派出调查组，经考察认为设备太旧一件也没买。几年以后拜克瑞还来过我院。

8.4.2 机械设备

我院从事机械设备的研发、技术转让、生产和销售的单位主要有机械研究设计所、丹东冶金机械厂、北京华诺维科技发展有限责任公司、北京凯特破碎机有限公司。主要产品有各种型号、各种规格的浮选机、磁选机、球磨机、惯性圆锥破碎机、外动颚低矮破碎机、井下矿用设备等。我院在选矿设备领域具有技术和品牌优势。全国各地金属和非金属矿选矿厂用的新型高效浮选设备和永磁磁选设备绝大多数是由我院机械研究所研制的。尤其在大型浮选机的研究方面，我院已达世界先进水平。在矿用机械设备领域，我院具有很强的竞争优势和市场主导地位。我院机械设备产业取得了快速发展，到2005年销售额达2.16亿元，已成为全院的支柱产业之一。

原来矿山机械室研究了一些井下采矿设备，但推广应用不好。后来与设备所合并组建机械所，矿山机械的研制几乎中断。

矿冶二部三车间是机加工车间，与设备室合并组建设备所后，在矿冶二部有看得见的加工厂了，增加了客户对矿冶总院的信任感，设备订货量增加，提高了市场竞争力。

20世纪90年代，吉林省辽源矿冶机械厂不景气，由于我院的主业是矿冶，经中国农机院院长陈志介绍，该厂厂长找上门来要求该厂无偿划归北京矿冶研究总院，甚至给院里送来了一些高粱酒。陈志院长表示，他们院研究农业机械，与该厂主业不对口，否则他们就接收了，建议我院接收。在此情况下，我院夏晓鸥副院长等带领一个考察组去该厂调研，回来后的基本观点是：该厂规模、装备都强于丹东冶金机械厂，产品结构与丹东厂类似，但都比丹东厂的产品大一号，两厂有一定的竞争。我们既然已兼并丹东冶金机械厂，就得一心一意把丹东冶金机械厂搞好，如果再接收辽源矿冶机械厂，两厂可能都搞不好。第二年，随着矿业形势的好转，选矿设备市场变得景气，辽源的厂长再没来找我们，也没再送高粱酒了。估计生产经营已大为好转，以后再没联系。后评估这件事不知是福还是祸。

8.4.3 金属材料

我院从事金属材料及相关产品研发、生产和销售的单位主要有金属材料研究设计所、北京当升材料科技有限公司、北矿冶金材料科技有限公司、北矿锌业有限责任公司和北京钨钼材料厂。主要产品有表面工程和技术用的金属粉体及复合粉体材料、固体火箭推进剂、铝合金晶粒细化剂和添加剂、锂离子电池正极材料、电子陶瓷材料、钴金属化合物、超细锌粉、钨电极、钨铼丝及钨铼热电偶、钨螺旋、钼棒、钼杆、钼粗丝、钼细丝和钼片等。在表面涂层材料、超细锌粉、锂离子电池正极材料、钨电极材料和钨铼丝等产品方面，我院具有技术和品牌优势。2005年，我院金属材料产业销售额达2.17亿元，已成为全院的支柱产业之一。

8.4.4 植物胶

田菁胶是化工部牵头的国家“六五”科技攻关项目，有多家单位参加。但是，在众多参加单位中只有北京矿冶研究总院一家坚持进行应用研究和产业化。在此领域，邓华云和潘英民两人的贡献必须肯定。我院从事植物胶及其相关产品研发、生产和销售的单位是北京天然植物胶发展中心。主要产品有田菁胶、瓜尔胶、香豆胶、石油压裂液混配车及混配站等。植物胶不仅用于石油压裂液，食品级瓜尔胶还用作方便面、冰激凌等的食品添加剂。在植物胶的生产及应用方面，我院具有明显技术优势。植物胶产业取得了快速发展，2005年销售额达5727万元。

8.4.5 化工及选冶药剂

化工及选冶药剂领域主要包括民用炸药、选矿药剂、建筑用胶、冶金萃取剂等产品。

我院从事民用炸药的研发、技术转让、技术服务的单位是北京星宇惠龙科技发展有限公司（其前身是矿山化工研究室、炸药与爆破研究所）。在此领域，我院副院长、中国工程院院士汪旭光做出了开创性的工作，他在后来的工程转化及产业发展中继续做出重要的贡献。我院在乳化炸药、民爆器材方面具有技术和品牌优势。2005年，北京星宇惠龙科技发展有限公司的主营业务收入为2936万元。BGRIMM（赞比亚）炸药有限责任公司是我院提供技术、设计、控股、承建和负责生产经营的赞比亚炸药厂。该厂投产时赞比亚矿业部部长班达、中国驻赞比亚大使和矿冶总院院长孙传尧三人剪彩。但是，正当生产和经济效益良好时，2005年4月20日该厂发生爆炸事故，造成了员工和财产的严重损失，炸药厂已停产。尽管赞方要求复建，我院复建的设计已完成，但由于国内有关领导部门的担忧和阻力没有再建。我院在乳化炸药、民爆器材方面具有技术优势。

我院从事选矿药剂生产和销售的产业单位主要有铁岭选矿药剂厂和北京洛克工贸公司。铁岭选矿药剂厂是中国选矿药剂的创始企业，在国内外市场享有较好的信誉，具有一定的品牌优势，2005年销售额为9647万元。北京洛克工贸公司除选矿药剂外还生产销售建筑用胶，该公司组建以来一直没有很好的发展，2005年公司销售额仅为811万元。

冶金萃取剂为原精细化工研究所研制，该产业项目规模尚小，当时由冶金研究所管理。后来主要研究人员调离矿冶总院到紫金矿业集团工作，冶金萃取剂在紫金集团产业化业绩尚好。

8.4.6 自动化仪表

该类产品的研发和生产集中在信息技术和自动化所。主要产品为：程控加药系统、PLC数控加药系统、浮选机和浮选柱的液位控制系统、BSDM-1型重量法矿浆浓度计、BPSM-1型在线粒度分析仪、便携式X荧光分析仪、智能化pH值在线检测仪及老产品金属探测器等，当时的规模和销售额不大。

9　国际科技合作与国际化经营

这一部分工作比较零散，资料也不全，主要谈1996—2006年的情况。

9.1　1996—2006年工作概况

1996年是北京矿冶研究总院建院40周年，2006年是建院50周年，这10年随着全院业务的不断发展，我院的国际化经营工作经历了一个快速发展的过程，在全院业务中的权重不断增加。1999年我院转制为科技型企业后，进一步加大了开拓国际市场的力度。2000年2月，我院获得了外交部授予的派遣人员临时出国（境）和邀请外国经贸人员来华事项审批权、护照签证自办权、出具出境证明权及邀请外国经贸科技人员来华权，中共中央组织部授予的出国人员审查权和国务院港澳办授予的因公出国人员赴港澳地区通行证自办权（以上各项的总和俗称“外事权”）。此外，我院还获得百家企业自营进出口权，大大便利了全院国际化经营业务的开展。

10年间，全院产品的年出口总额增长了10倍，出口的国家和地区由1996年的10余个增加到2005年的40余个，10年累计出口创汇8000余万美元。

在涉外技术服务方面，随着改革开放的不断深入和我院自身实力的不断增强，技术服务的方式从为外国公司在中国的业务提供产品代理和售后服务，逐步转变为直接向国外客户提供BGRIMM自有的技术与服务。服务的内容从简单的分析测试发展到工程承包。特别是通过加强与蒙古国及哈萨克斯坦矿冶公司的合作，充分发挥了我院的综合优势，使这两个国家成为我院选矿药剂、炸药厂备品备件、采选设备及选冶工艺技术、工程设计服务的主要目标市场。

10年间，我院积极响应国家“走出去”的号召，以直接投资的方式走向国际市场，2001年与中色非洲矿业公司合资成立了BGRIMM（赞比亚）炸药有限责任公司，成为我院第一家境外投资企业。

在国际科技合作与交流方面，我院以参加国际学术会议、人员互访、技术交流、学习培训、共同开展国际合作项目、共建试验室、建立长期合作伙伴关系等多种方式与50余个国家的企业、大学、学术组织开展了合作与交流。我院还通过承办2000年国际工程科技大会－国际新材料研讨会(ICETS2000-ISAM)、第六届中俄双边新材料新工艺研讨会，以及成功申办第24届国际矿物加工大会（2003年在南非开普敦国际矿物加工大会上申办成功，2008年在北京成功召开)，扩大了在相关学术领域的国际影响。

在2004年编制的我院十年发展规划中，确定了我院的发展定位是建立具有国际品牌的大型科技企业集团同时兼国家与行业的技术开发基地，并把跨国集团公司作为我院的长远发展目标，这必将使我院的国际化经营业务提升到一个新的高度。

9.2 进出口贸易

1996年—1998年7月，我院进出口业务主要由外经处以北京矿冶总公司对外签约。1998年7月，我院决定组建外事处及国际贸易部，同时撤销了外经处。2000年3月，国际贸易部改名为进出口部。

在这10年时间里，出口额实现了较快速的增长。全院的自营出口额由1996年的138万美元增加至2005年的1474.18万美元。其中自2002年起计入了铁岭选矿药剂厂的出口额。

进口方面，也逐步由单一进口我院自用的仪器、设备和材料，转向开展代理进口业务。2005年，实现进口总额1432万美元。2004年，北京矿冶总公司获得了流通领域经营资格，实现了由自营进出口资质向全流通领域进出口资质的转变。

我院产品出口的市场营销在这10年时间里，也逐步走入成熟期。2000年，在美国以合作方式设立了BGRIMM USA，为我院在北美开拓磁器件市场、提供靠近市场的本土化服务创造了基本条件。同时，在满足国际市场对出口产品质量要求的过程中，全面提升我院各产业的管理水平，加速了质量管理体系的认证以及产品生产技术和工艺水平的提高。

经营的主要产品及出口的国家和地区如下。

主要出口的产品为：磁粉、磁环、磁瓦、选矿药剂、炸药厂备品备件、以钨电极为主的钨钼材料、锌粉、草酸钴、氧化铋和选矿设备等。

出口产品的国家和地区由1996年以前的11个增加到2005年的38个，具体国家和地区有美国、日本、德国、韩国、印度、马来西亚、法国、波兰、意大利、西班牙、捷克、匈牙利、菲律宾、泰国、缅甸、蒙古国、哈萨克斯坦、俄罗斯、荷兰、赞比亚、英国、保加利亚、爱尔兰、加拿大、巴西、罗马尼亚、新加坡、澳大利亚、奥地利、瑞典、乌克兰、秘鲁、玻利维亚、南非、印度尼西亚、伊朗，以及中国台湾地区和中国香港地区。

9.3 涉外技术服务

1996—2006年，与产品对外出口快速增长一样，我院的涉外技术服务也有较快的发展。自80年代开始的以提供产品代理和售后服务为主的服务已逐步减少，发展为对外直接提供我院自身的技术与服务。1996年以来，原来设在我院的12家外国公司的产品示范站、维修站（中心）相继终止。我院直接涉外技术服务，主要针对国外公司在当地及国内的项目、中国公司“走出去”在国外的项目。服务内容从分析检测、技术咨询、试验研究、工程设计到工程承包。客户来自加拿大、澳大利亚、印度、印度尼西亚、委内瑞拉、蒙古国、哈萨克斯坦、英国、韩国、南非、伊朗、巴基斯坦、朝鲜、秘鲁等国家。

部分涉外技术服务项目见表9.1。

表9.1 部分涉外技术服务项目

时间/年	项目/合同名称	服务内容	客户
1997	中韩大洋结核冶金提取技术	深海结核样品试验	韩国资源所
1997	萤石选矿试验	试验室选矿试验	印度ESSEL公司
1999—2000	煎茶岭金矿焙烧工艺设计	焙烧工艺设计及相关土建设计，提金焙烧试验和可行性研究	澳大利亚中矿公司(Sino-Gold)
1999—2001	兰坪铅锌矿试验及试样分析	浮选脱泥试验、兰坪示范选矿厂的流程考察和数千个矿物样品制备及多元素分析	南非Billiton公司
2002	赞比亚谦比希矿选矿工艺研究	选矿试验、试验室建设	中国有色建设集团公司
2002	越南生权矿选矿工艺研究	选矿试验	中国有色建设集团公司
2002—2006	选矿工艺研究	选矿及药剂试验研究	蒙俄合资额尔登特铜业公司

表9.1（续）

时间/年	项目/合同名称	服务内容	客户
2002	滩间山金矿项目可行性研究	可行性研究	澳大利亚中矿公司(Sino-Gold)
2004—2005	15000吨/年炸药厂扩建工程	工艺设计、设备成套、生产调试	蒙俄合资额尔登特铜业公司
2003	锦丰金矿项目技术服务	选矿试验和焙烧试验	澳大利亚中矿公司(Sino-Gold)
2003	技术服务合同	金矿焙烧试验	艾芬豪矿业（Ivanhoe Mines）
2004—2006	德兴铜矿HDS水处理站改造技术服务	详细设计、施工管理和投产管理	加拿大PRA公司
2004	锌选矿试验技术服务	选矿试验、化学分析	Griffin
2004	卢氏锂辉石矿工艺试验与资源评价	选矿工艺试验、地质储量的评估与核实和有代表性矿样的采样方案设计	加拿大Micro Express
2004—	哈铜公司技术服务	选矿工艺试验、采矿方案设计、选厂初步/详细设计、炸药厂方案设计，设备成套	哈萨克斯坦铜业公司
2004—	青海滩间山项目技术服务	可研、初步设计、详细设计、采购和施工管理、环评	加拿大Afcan/Eldorado公司
2005—	长山壕金矿技术服务	可研、辅助设计、设计转化、采购和施工管理及化学分析	加拿大金山矿业公司
2005—	秘鲁锌厂技术服务	小型试验、基础设计和详细设计	辽宁国际贸易公司、秘鲁Pacasmayo
2005—	朝鲜湿法生产300吨/年铜试验厂设备制造技术服务	施工图设计、设备采购和施工管理	北京金思凯信息技术有限公司
2006	图穆尔达嘎依铁矿选矿工艺研究	选矿工艺研究	蒙古国达尔汉冶炼公司
1996—	分析测试技术服务	制样与化学分析	Barrick、Asia Mineral、Linux、Minproc、Midas、SGS、Glencore、Metals、Minco等
1998—	铜业市场调查报告	铜业市场调查、IWCC办事处	Brookhunt、Simonhunt、ICSG、Ivanhoe Mines等

9.4 国际科技合作

在与国外同行进行人员互访和学术交流的基础上，我院与澳大利亚、加拿大、俄罗斯、白俄罗斯、荷兰、罗马尼亚等国的研究机构和大学开展了一系列科技合作工作。主要方式为共同承担国际科技合作项目、建立联合试验室、建立合作伙伴关系、互派人员进行培训或到对方处开展研究工作等。

1996—2006年开展的部分国际科技合作项目如下。

9.4.1 中澳矿山废弃物管理研究

1996—1997年，继续与澳大利亚政府澳援局、ACIC咨询公司、Woodward-Clyde国际工程咨询公司合作，执行“中澳矿山废弃物管理研究”项目。1996年，建成了由澳方提供主体框架和控制系统的300平方米的温室、具有国际水平的环境化学分析试验室和土工试验室。完成了在中条山和铜陵两个试验现场的全部试验项目，土工、水工、农业、社区、粉尘控制等各专业均取得了相应的成果。到院的澳援设施和装置价值总计达1013万元人民币。外经贸部对这个项目的管理、运行给予了很高的评价，1997年8月将其选为典型项目在外经贸部及有关西方驻华使馆举办的“双边无偿援助研讨会”上作了经验介绍。

9.4.2 利用生物技术处理矿山酸性废水

1996—1998年，继续执行与日本新能源产业技术综合开发机构、金属矿业事业团合作的武山铜矿“利用生物技术处理矿山酸性废水”项目。日方增加向我方提供设备、仪器的投入，总额近2亿日元，其中两台环保生物动态连续试验装置和废水前处理装置赠送给了我院环保所，价值1万美元。1999年2月，中日双方在京共同举办了该项技术的普及讲座研讨会。

9.4.3 HDS工艺处理矿山酸性废水

我院作为主要参与者参加了在德兴铜矿开展的“HDS工艺处理矿山酸性废水”中加合作项目。加方合作单位是加拿大PRA公司。2002年4月，该项目获得加拿大国际开发署批准资助。2002年6月，我院环保所协助加方专家在德兴铜矿先后进行了三个阶段的HDS半工业示范试验。我院还负责编写试验报告中的环境影响评估部分。此后，PRA公司与德兴铜矿正式签订了采用

HDS技术进行废水系统改造的工程合同。2004年，我院与PRA公司签订了相应的合同，承担该项目的详细设计、施工管理和投产调试工作，我院工程设计院和自动化所参与了该项目。整个项目在2006年下半年完成。

9.4.4 中加清洁生产合作项目

2002—2005年，我院环保所参加了加拿大国际开发署提供资助的中加清洁生产合作项目，与加拿大专家共同在金川有色金属集团公司完成了有色金属清洁生产的预可研和可研工作，初步筛选并最终确定实施了清洁生产方案，编制了有色金属工业清洁生产指南/手册，其中包括清洁生产审核方法和一系列可用于其他相似工厂的清洁生产方案。该项目得到了对外贸易经济合作部、国家经贸委和国家环保总局的指导。

9.4.5 多金属复杂矿矿浆电解新技术研究

我院主导开展了科技部科技合作与交流专项资金支持的国际合作项目“多金属复杂矿矿浆电解新技术研究”。该项目2000年申请，2001年批准立项，2005年12月按期完成，2006年3月通过验收。我院通过与国外合作单位建立定期交流的合作机制，充分利用了国外合作单位的先进科学仪器和设备，进行了矿浆电解基础理论和溶液处理方法的研究；开展了广泛的学术交流和学术互访，举办了矿浆电解国际学术会议，提高了我国在国际有色冶金领域的影响力，并在项目执行过程中培养了一批博士、硕士等年轻的科研人才。该项目2006年3月通过了科技部组织的验收，获得了很高的评价。

9.4.6 减少中国采矿和选矿过程带来的环境影响以及土地可持续发展利用项目

该项目为中国—澳大利亚科技合作特别基金项目。我院研究人员于2001—2002年与澳大利亚昆士兰大学土地复垦中心开展了人员互访和多次技术交流。项目成果对于减少我国矿业开发对环境的影响、提高矿山土地可持续利用具有积极的意义。

9.4.7 中国—罗马尼亚政府间合作项目

2002年，我院与罗马尼亚有色和稀有金属研究院共同申请了“铜厂废水处理”项目，列入了中罗科技合作委员会第36届例会议定书，双方进行了互访。2004年，我院与罗马尼亚有色和稀有金属研究院共同申请了“有色金属生产新技术”项目，列入了中罗科技合作委员会第37届例会议定书。罗方和我院进行硫包裹铅锌精矿试验和铅精矿冶炼试验。

9.4.8 气升式浮选柱和选铜药剂的研制

该项目由我院与俄罗斯国家有色金属研究院合作开展，2003年被列入科技部国际科技合作重点项目。项目借助国外先进技术研制了适合我国矿物加工特点的新一代浮选柱和选铜药剂，到2006年项目基本执行完毕。

9.4.9 减少废弃物焚烧中二次污染的风险研究

2004年，我院与荷兰德尔福大学共同开展了“减少废弃物焚烧中二次污染的环境风险研究”项目。

9.4.10 与澳大利亚联邦科工组织（CSIRO）矿冶所合作

CSIRO矿冶所是澳大利亚从事矿冶学科研究的重要机构。2004年3月，该研究所高级代表团访问我院，双方进行了广泛的学术交流和现场考察，确定了几个共同感兴趣的研究领域，并签订了双边科技合作备忘录。2004年10月，我院派出以孙传尧院长为团长的8人代表团对澳大利亚CSIRO矿冶所进行了回访，全面了解考察了该所的科研业务情况。2005年，我院与CSIRO矿冶所共同申报了科技部国际科技合作重点项目“CFD在BGRIMM浮选机建模中的应用”。2006年2月，双方签订了两项人员交流合作协议。2006年4月和5月，我院分别派员赴澳开展利用扫描电镜进行矿物学图像分析研究的学习和工作，以及有关CFD的学习和交流。

9.4.11 引智项目

1998年以来，我院利用国家外专局“引进国外技术管理人才项目”的经费支持，申请、获批并执行了一批引智项目，促进了我院的国际科技合作与交流工作。历年获批的引智项目见表9.2。

表9.2 历年引智项目表

年度	批准项目名称	邀请专家国籍
1998	螯合树脂材料 优化金川铜镍浮选工艺 大型惯性圆锥破碎机	哈萨克斯坦 俄罗斯 俄罗斯

表9.2（续）

年度	批准项目名称	邀请专家国家
1999	三维球状结构整合树脂材料	哈萨克斯坦
	新型滚筒式电凝聚设备	哈萨克斯坦
	大型惯性圆锥破碎机	俄罗斯
	磁粉吸附法处理工业废水	白俄罗斯
	粘结永磁铁氧体器件	日本
	铜镍矿电化学浮选技术	俄罗斯
	酸性排土场污染场地治理	澳大利亚
	热压永磁铁氧体器件	美国
	高纯石英粉提纯工艺研究	俄罗斯
	深部矿产资源开采技术	俄罗斯
2000	磁吸附剂制备净化工业废水	白俄罗斯
	细菌氧化法处理矿山废水	日本
	滚筒式电凝聚设备及工艺	哈萨克斯坦
	三维球状结构整合树脂应用	哈萨克斯坦
	粘结永磁铁氧体器件	日本
	大型惯性圆锥破碎机	俄罗斯
	各向异性钕铁硼粉	英国
	尾矿复垦生态恢复技术	澳大利亚
	矿物浮选离子选择电极	俄罗斯
	锂离子电池正极材料开发	日本
2003	金属丝电爆法生产纳米金属粉末技术和应用	俄罗斯
	大型惯性破碎机国产化	俄罗斯
	气升式浮选柱和新型选矿药剂3026的制造及工业应用研究	俄罗斯
	微弧氧化(MAO)表面处理及其在Mg合金上的应用	俄罗斯
2004	大型有色金属矿山生态环境整治技术研究与示范工程	澳大利亚
2005	减少废弃物焚烧中二次污染的风险合作研究	荷兰

此外，2001年5月，我院聘请美国工程院院士Corale L.Brierley博士为荣誉研究员。2002年，我院聘请加拿大高级工程师陈隆金在我院矿山工程研究所工作，主要开展高浓度尾砂输送技术方面的课题研究。

9.5 人员交往

9.5.1 概况

1996年以来，随着我院国际科技合作项目不断增多，进出口贸易额快速增长，我院的国际交往更加频繁，每年有150～200名外宾来院参观、讲学、洽谈国际合作项目，我院也不断派员出国执行任务，包括执行国际合作项目，在境外进行现场勘查、工业试验、工程设计、建厂调试投产、市场开发、进出口商务谈判、技术考察与合作洽谈、学术交流和参加国际会议与展览等。

2000年2月28日，我院获得了外交部授予的派遣人员临时出国（境）和邀请外国经贸人员来华事项审批权（外管函〔2000〕81号）。同年，获得外交部授予的护照签证自办权、出具出境证明权及邀请外国经贸科技人员来华权，中共中央组织部授予的出国人员审查权和国务院港澳办授予的因公出国人员赴港澳地区通行证自办权。这大大提高了我院出国审批和手续办理的效率。

9.5.2　出境人员统计

1996—2005年出境人员统计见表9.3。

表9.3　1996—2005年公派出境人员统计表

年份	出国团组数	出境人数
1996	27	72
1997	23	40
1998	17	41
1999	22	57
2000	34	97
2001	19	50
2002	33	89
2003	39	89
2004	57	141
2005	63	252

出访的国家和地区包括安哥拉、奥地利、澳大利亚、南非、日本、巴西、玻利维亚、美国、智利、白俄罗斯、比利时、波多黎各、波兰、捷克、玻利维亚、朝鲜、德国、法国、荷兰、瑞典、意大利、俄罗斯、哈萨克斯坦、芬兰、土耳其、西班牙、菲律宾、丹麦、韩国、印度、罗马尼亚、马来

西亚、加拿大、蒙古国、刚果（金）、赞比亚、尼日利亚、挪威、葡萄牙、瑞士、苏丹、阿联酋、泰国、新加坡、乌克兰、新西兰、伊朗、巴基斯坦、印度尼西亚、英国、越南，以及中国台湾地区、中国香港地区和中国澳门地区。

9.5.3　境外团组来访

10年间，来我院考察、参观访问、进行技术交流、开展科技合作的境外学者和专家日益增多。在广泛的国际交往和技术交流基础上，确立了一系列国际科技合作、技术服务项目和经贸合作渠道。

1996年以来，我院先后接待了来自葡萄牙、埃及、安哥拉、澳大利亚、波兰、朝鲜、德国、俄罗斯、法国、芬兰、哈萨克斯坦、韩国、荷兰、加拿大、罗马尼亚、马来西亚、美国、蒙古国、秘鲁、南非、日本、瑞士、沙特阿拉伯、泰国、委内瑞拉、新加坡、伊朗、印度、印度尼西亚、英国、赞比亚、智利等国，以及联合国和中国香港特别行政区、中国台湾地区等的633个团组共1689人次的境外人员。

表9.4　1997—2005年接待来访境外人员统计

年份	团组数	人次
1997	78	153
1998	65	148
1999	86	202
2000	67	167
2001	59	217
2002	62	157
2003	47	107
2004	58	158
2005	41	184

9.5.4　承办国际会议

9.5.4.1　2000年国际工程科技大会－国际新材料研讨会（ICETS2000-ISAM）

“2000年国际工程科技大会”（ICETS2000）于2000年10月11—13日在北

京召开，该会议由中国工程院主办、国际工程与技术科学理事会协办。大会按领域分为8个分会，第三分会为“2000年国际工程科技大会-国际新材料研讨会”，会务工作由我院承担，会议秘书处设于我院金属材料研究所，主席为殷瑞钰院士，常务副主席为汪旭光院士。

“2000年国际工程科技大会-国际新材料研讨会”于10月11—13日在北京新大都饭店举行，会议主题包括“材料科学与工程前沿”“新型功能与结构材料”“新型催化材料与高分子材料”“钢铁与有色冶金工程”。参会正式代表共233人，其中国内代表190人，来自全国近百个科研单位、高校及企业，包括两院院士24人；国外代表43人，来自22个国家或地区的著名研究院所、大学或公司。

9.5.4.2　第六届中俄双边新材料新工艺研讨会

中俄双边新材料新工艺研讨会是中俄两国科学界从1995年开始举办的一项科技交流活动，每两年在中俄两国轮流举办。中方主办与参会单位有中国工程院、中国材料研究学会、中国金属学会、中国航空学会、中国有色金属学会及国内有关的科研院所；俄方主办与参会单位有俄罗斯科技工业部、俄罗斯教育部、俄罗斯小型科技企业发展基金会、俄罗斯科学院巴依可夫冶金材料研究所、俄罗斯科学院西伯利亚分院强度物理和材料研究所等。2001年10月16—20日，我院在北京郊区峡谷宾馆承办了第六届中俄双边新材料新工艺研讨会，会议的主题是“21世纪新材料、新工艺”。中方参会代表89人，来自27个单位；俄方参会代表56人，来自32个机构。包括梁基谢夫院士、潘宁院士等知名学者。双方共提交论文约200篇，内容包括材料学基础研究、高精尖材料研制、制备工艺中迫切需要解决的问题等广泛范围。我院孙传尧院长担任会议组委会常务副主席，邱定蕃院士任顾问，张立诚副院长担任组委会副秘书长。与会代表对本次会议给予了很高的评价

9.5.4.3　中蒙低成本有用矿物提取技术研讨会

2002年，为庆祝我院与蒙古国最大矿业公司——额尔登特蒙俄合资企业开展合作10周年，我院在蒙古国与额尔登特公司共同举办了“中蒙低成本有用矿物提取技术研讨会”。目的是以研讨会为平台，全面宣传我院有用矿物低成本提取技术在额尔登特成功应用的经验，推介我院自主开发的具有国际先进水平的矿产资源综合开发利用技术和设备，扩大我院在蒙古国的影响，争取在其他矿山取得科技和经贸合作项目。2002年7月23—30日，我院派出由孙传尧院长、汪旭光院士、张立诚副院长率领，由外事处、进出口部、炸药与爆破技术研究所、机械研究所、冶金研究所和矿物工程研究所负责人组成

的代表团，赴蒙古国参加了研讨会。蒙方参会的有额尔登特公司全体经理层成员、部门行政和技术负责人，以及其他蒙古国矿业公司的代表。

9.5.4.4　第七届国际爆破破岩学术会议

国际爆破破岩学术会议，是从1982年开始举办的国际岩石爆破破碎委员会的系列会议。前六届会议分别在瑞典、美国、澳大利亚、奥地利、加拿大和南非举行。2002年8月11—15日，中国工程爆破协会以我院为依托单位和中国力学学会共同承办了第七届国际爆破破岩学术会议，来自24个国家的218名代表参加了会议。

9.5.4.5　申办成功第24届国际矿物加工大会（IMPC）

国际矿物加工大会（International Mineral Processing Congress，IMPC）是国际矿冶领域最重要的学术会议之一，每2～3年举办一次，自1951年至2006年已举办22届。会议交流的内容涉及除石油外的所有矿物加工领域，包括矿物粉体、分离、提取冶金、矿物材料、废弃物处理的工艺、技术、装备及节能、环保等。该会是矿物加工（选矿）领域最具权威性的国际学术会议，规模和影响很大。

20世纪80年代，中国就开始积极争取主办IMPC。北京矿冶研究总院联合有关单位曾于1997年和2000年两次书面提出主办IMPC的申请，皆因准备不充分等原因而未能成功。2003年5月，成立了以王淀佐为主席、孙传尧为执行副主席，包括国内有色、黑色、煤炭、非金属选矿行业的著名专家学者和知名企业人士在内的第24届IMPC中国申办委员会，申办工作得到了国土资源部、中国科协以及国内外有色、黑色等行业内知名企业的支持。经过认真准备和激烈竞争，在当年9月于南非开普敦举办的第22届IMPC上，中国最终获得了2008年第24届IMPC的主办权。

北京矿冶研究总院为会议承办单位，第24届IMPC于2008年10月在北京成功举行。

9.6　合资企业

9.6.1　中俄北京凯特破碎机有限公司

1996年，合资公司完成了俄罗斯米哈诺布尔КИД-900型破碎机的技术引进，并组织设计、制造，1997年开始产品正式投放市场。10年间，该公司对产品不断进行完善和系列化，已形成动锥底部直径从60 mm到1500 mm十种规格的惯性圆锥破碎机产品，生产销售的数十台不同规格的惯性圆锥破碎机已广泛用于金属及非金属矿山、冶金、电子、陶瓷、涂料、耐火材料、化工、磨料磨具、建材、医药和食品等行业的物料破碎领域。2002年，该公司合资双方因合作富有成效，决定将合作期限延长10年至2013年，现在继续延长。

图9.1 中俄合资生产惯性圆锥破碎机项目在北京矿冶研究总院正式签约

9.6.2 中俄北京新纳密新技术产业有限公司

1996年以来，新纳密公司重点在蒙古国矿业市场开展业务。1996年，与蒙古国额尔登特铜业公司签订了数额为17.4万美元的合同，用先进的电化学控制手段对其铜钼分离工序进行指标优化。1998年，又签订了该合同的补充协议。2000年，新纳密公司在蒙古国额尔登特采选公司进行了新药剂的工业试验，取得了很好的结果。额尔登特公司决定长期使用我方提供的MIBC起泡剂，并批量订购我院的BK901捕收剂。在此之后的数年内，由于我院主要以北京矿冶总公司名义对外开展进出口业务，新纳密公司直接开展的业务逐步减少，在2004年公司合作期限到期时，中俄双方同意终止该公司。

9.6.3 中哈北京美圣工业生态工程有限公司（以下简称美圣公司）

1996年10月，美圣公司哈方第五批专家来我院工作。此后，美圣公司在产品性能和生产工艺方面开展了许多工作，并生产出批量产品，在不同领域推广应用。但由于多种原因，公司运营不善。2003年，由于经营状况不佳，美圣公司提出中止合同、撤销公司的建议，已办理完毕各项手续。

9.6.4 BGRIMM（赞比亚）炸药有限责任公司

2001年，在国家援外基金贷款的支持下，我院与中色非洲矿业公司合资成立了BGRIMM（赞比亚）炸药有限责任公司。2003年5月，工厂开始试生产，同年10月正式投产。此后公司正常经营，业务成长良好，但由于2005年4月20日突发爆炸，运营工作停止。

10　我直接参与的主要涉外活动（含院长离任后某些涉外工作的延续）

10.1　参加英联邦矿冶学会第13届学术会议

1986年5月，我任北京矿冶研究总院副院长时，院长何伯泉派我参加中国有色金属学会科技代表团出席英联邦矿冶学会第13届学术会议。我任团长，选矿专业，团员有：有色金属学会刘远友，苏联乌拉尔工学院毕业，冶金专家；李光溥，昆明工学院冶金系教授，早期留英学者；姜荣超，长沙矿山研究院采矿专家，留苏学者；张悦煌，水口山矿务局副总工程师，冶炼专家。代表团五人采选冶专业配套。会议分两个阶段：先在新加坡开学术会议，后在澳大利亚技术考察。

图10.1　1986年5月在新加坡参加英联邦矿冶学术第13届学术会议，会后去澳大利亚技术考察）

我们从首都机场乘香港国泰的航班到达香港启德机场。在香港机场转机等了几个小时，于下午登上飞往新加坡的航班，经过几个小时的飞行到达新加坡，晚上9点钟左右入住果园路的文华大酒店。这家酒店收费高，服务极好，每天早上和下午换两次床上用品和卫生间的洗漱用品，国际会议就在这里开。入住当晚，因房间窗帘都拉上了，我也没往外看，洗完澡就入睡了。

第二天早上拉开窗帘往外看，简直把我惊呆了！窗外的楼群就像森林一样，因为在1986年的中国，从未见到这样多的楼房。当时的理念是楼高、楼多就是繁华。其实中国城市建设发展也很快，1997年，我再到新加坡住文华大酒店时，对繁华的果园路、五星大酒店和楼群已经没有新奇感了，现在北京的楼群比新加坡还多!

我们花费19美元在酒店用自助早餐，遇见几名新加坡当地和马来西亚的华人参会代表。他们说，除了会议安排宴会外，自费用餐他们不在酒店，嫌贵，他们都到街上吃快餐，例如肯德基、麦当劳之类，也有馄饨、饺子。以后的几天，我们就效仿他们在外面吃饭。

一天晚上，刘远友接到一个叫陈万教的先生的电话，邀我们到酒店一楼大厅会面。陈先生是新加坡人，他的朋友、北京有色冶金设计总院驻新加坡代表在北京通知他我们已到新加坡，因此他来请我们吃饭或者喝咖啡，我们都谢绝了，只在一起聊天。问他在哪打的电话，他说在车上。当年在国内还没有使用手机，因此，对于他在汽车上打电话感到新奇。他的女友叫呼桂娜，居住在台湾，她讲一口标准的“国语”，是专程来新加坡与陈先生度周末的。呼女士对我们两人说：“我们都是中国人，只有他（指陈先生）不是中国人。”还真有海峡两岸一家人的情结。

参加学术会议的人很多，但亚洲人面孔的很少。开会前一天，晚宴规模很大，新加坡一位副总理参加并讲话。因我是中方代表团团长，安排的桌次比较靠前。主菜是一大块牛排，我尝了一口咬不烂，此时又是新加坡副总理讲话，我放下刀叉停止用餐以示礼貌。可同桌的人狼吞虎咽没几分钟就吃完了牛排。等副总理讲完话我再想吃时，服务员已将餐盘收走。这些服务员一律留短发，身着紫红色中式上衣，分不清是华人还是马来人。这顿晚宴我只吃了点小菜和点心。

第二天，学术会议开始，议程与现在的国际会议差不多，上午是主旨报告，然后是分会场报告。长沙矿山院姜荣超在分会场做了一个关于岩石力学的报告。会议时间较长，在新加坡将近一周的时间，中午和晚上会议多次安排集体用餐。

离开新加坡时是傍晚，乘澳大利亚快达航班。起飞后不久，乘务长，一个50多岁的老者来到我们五人经济舱的座席关切地与我们聊天，当他得知我们五人都是第一次去澳大利亚时，马上给我们每人送来一套只有公务舱才有的洗漱包，算是对我们特殊照顾了。我们马上回送空姐景泰蓝的戒指，很漂亮。空姐们戴上戒指向我们致谢，那时景泰蓝的工艺品很受外国人欢迎。经过一夜的飞行，早晨到达悉尼，开启了在澳大利亚的技术参观和考察。到达悉尼的早上，我们几人在一家餐馆吃早餐，女老板是韩国人。起初，她以为我们来自台湾，当知道来自北京时突然大惊失色连喊："共产党、共产党！"那时中国大陆到澳大利亚的人不多。经我们解释，她恢复了情绪，仍旧热情招待。

考察第一站坐飞机到著名的布罗肯希尔参观铅锌矿选矿厂，在这里不仅技术上收获大，而且索取到硫化矿浮选的捕收剂S-4037。我在选矿厂参观时见到一种液态浮选药剂，我问工程师是什么药，那个澳大利亚工程师很耐心地告诉我是锌浮选的捕收剂，代号S-4037，是美国氰胺公司的产品，该药选择性好，黄铁矿不易上浮。我判断中国没有此类浮选药剂，于是向他索取点样品，这个工程师照样很热情，给我装了两小瓶：一瓶是工业上用的；另一瓶是实验室样品。因为都是液体、气味很大，我严密包装，一路上小心翼翼地带回国内。

我回国后把样品交给北京矿冶研究总院药剂室，由苏仲平老先生亲手创建的实力雄厚的有机分析组傅惠英、刘树藻、李星云、卢福道等专家破译药剂的成分，几天后提交了报告：该药剂固相占40%，水占60%，混配成液体。有用组分，固相是两种组分复配，比例是3：7，因此药剂代号是S-4037，并且两种固相药剂名称也都查清，显示了北京矿冶研究总院有机结构分析强大的破译能力。我向中国有色金属工业总公司申请了点经费，让药剂室参考S-4037的配方，利用我国的原料研制出新型硫化矿捕收剂BK-301，该捕收剂一直在国内外硫化矿选矿厂广泛应用。

中午在选矿厂餐厅用餐。我们是中国专家，用的是接待客餐，有主人陪同。12点铃声响，选矿厂的工人一下子涌进餐厅，但很有秩序地排队。餐厅仅一名女服务员把快餐盘（当时中国还没有快餐）快速依次分发给工人，就餐人员四人一桌，边吃饭边打牌，没有吵闹声，半小时后就餐人员将废餐盘送到回收站，然后回厂房工作，桌上干干净净，看不出刚开过饭。我边吃饭边仔细观察员工用餐，心想，这餐厅管理得这样好，就餐人员的素质这样高，真让我心服口服了！当然，现在类似的快餐在中国也有很多了，可是，那是1986年的事。

各国代表在布罗肯希尔还有一个小的观光活动，大家坐在大巴上参观布罗肯希尔的遗迹。这座城市不大，但矿业历史悠久，留下不少矿业遗址，供旅游者参观游览。司机边开车边讲解，结束时，一个会议代表送司机一瓶红葡萄酒表达全体参观者的谢意，大家热烈鼓掌。这件小事给我留下深刻的印象，一瓶红酒不算贵重，但这是一种文明、一种文化。

第二站是皮里港冶炼厂。从布罗肯希尔到皮里港乘汽车要一天。澳方很热情友好，几个人争着用私家车送我们，最后选了一辆多座的小轿车送我们五人。这条路线不是高速路，但路况还好，车辆不多，沿途人烟稀少，植被还好，只是没有高大的乔木，灌木很多，尤其是仙人掌很多，是干旱缺雨的缘故。后来我想，中国没有这样的地貌，墨西哥有。中午在一个小镇上吃饭，同时与皮里港来的车交接，我们感谢送我们的司机并合影留念，之后坐上皮里港的车开始了下午的行程。

下午的路况比上午要好，可能与去沿海方向有关。皮里港是南澳的一个海港，矿产品、农副产品在这里出港外运。进入皮里港时天色已黑，看夜景这是一个很繁华的城市。我们在一栋平房别墅住下，里面整洁、高雅又宁静。坐了一天汽车，睡了一夜好觉。

第二天参观皮里港冶炼厂。这是世界闻名的铅锌冶炼厂，已有近百年的历史。铅冶炼是传统的烧结-鼓风熔炼法，厂里负责人告诉我们，将来改造时考虑在基夫赛特法或QSL法中选择一种，取代烧结-鼓风熔炼法。但是，几十年后我在一份资料里看到，该厂还是用老办法炼铅。锌冶炼用传统的焙烧-浸出-电解精炼法。几十年过去了，不知该厂近况如何。

离开皮里港到达阿德莱德，恰好赶上南澳州百年纪念日，街上插满了旗帜。我们参观了南澳理工学院，该校有矿物加工专业，但规模不大，有一名中国山东的学生在这里学习。晚上该校的一名老教授请代表们去家中做客，我印象中是坐汽车上山，老教授的家在山上。主人很热情地招待各方客人，对中国客人尤其关照。

次日我们到Amdel参观。这是一个科研机构，同位素在线分析仪和选矿设备是其主流产品。进入实验大厅，我一眼就看见一辆台车上有一台设备，立刻跳上车，其他外国专家也跟随我上车观看。原来这是澳大利亚新研究的选矿设备离心跳汰机，我拍了照片，又索要了资料，带回院供选矿设备研究人员参考。

我们顺利完成了三个地方的参观考察，收获很大。

从阿德莱德飞悉尼、从悉尼飞北京都是坐澳航快达航班。在悉尼机场候机时遇到一名南非金矿公司的参会代表，是一个金矿的老总。他认出我了，执意要与我交换领带，我很高兴地满足了他的要求，他的领带是紫红色的，带有他企业的标志，质量很好，之后我经常戴它。那个南非代表对我说："中国是钨矿大国，但企业多头出口钨产品，打价格战，不但失去了对国际市场的控制力，也扰乱了国际市场。"这一问题客观存在，也很复杂，我不了解国家的政策，加上我的英语不流利，不便多讲，只是简单敷衍了几句。后来在中国有色金属工业总公司干部会上，费子文总经理在讲话时谈到："对钨矿产品生产和出口，我们是搬起石头砸了自己的脚。"我才领会了那个南非人的话。

10.2　在北京接待苏联有色冶金工业部科技代表团

1986年1月，时任院长何伯泉先生去匈牙利参加国际会议，由副院长邱定蕃主持工作。此期间苏联有色冶金工业部派出一个大型科技代表团访问中国，代表团的成员都是苏联有色金属行业科研设计院的领导，包括苏联国立有色金属研究院、苏联国立稀有金属研究院、全苏矿冶科学研究院、苏联有色冶金设计院、全苏铝镁设计研究院、全苏镍钴设计研究院、米哈诺布尔选矿研究设计院。因何院长出国，邱定蕃副院长负责接待，我协助。

苏联代表团来院的那天，外事处处长史明心女士精心安排，地点在当时主楼南楼三楼会议室，气氛相当热烈，部分当年留苏生也参加了座谈，有王柯、丁亦敏、费梅英、周二星、赵鸿才、幸伟中等。

待苏联科技代表团去京外访问时，时任米哈诺布尔院长的苏联科学院通讯院士B. И. 列夫尼夫采夫先生离开代表团，单独对我院进行了一周的访问和考察，因为他知道我们两院历史上的渊源关系，也许这是他计划内的工作。他仔细到连我院出版的期刊都看。回国前B. И. 列夫尼夫采夫院长留下这样一段话："20年前我们帮助过你们，20年过去了，你们院有了很大的发展，现在我们可以坐在同一条椅子上平等地商谈合作。"

他是来我院访问的米哈诺布尔第一位院长，一位慈祥又谦虚的长者，因此他留给我的印象极深，我院也做了周密的安排。如今B. И. 列夫尼夫采夫院长已故去多年，但他为恢复两院合作所做的开拓性贡献，以及他留给米哈诺布尔的宝贵财富将永远载入两院的史册。

10.3 对苏联有色冶金工业部的回访

1990年，中国有色金属工业总公司派出科技代表团对苏联回访。代表团团长是副总经理沃庭枢，成员均是各大研究院的院长：北京有色金属研究总院院长马福康、北京矿冶研究总院院长孙传尧、北京有色冶金设计总院副院长蒋继穆、长沙矿山研究院院长黄业英、贵阳铝镁设计院院长梅荣醇、郑州轻金属研究院院长田庚友，以及有色金属工业总公司科技局副局长肖金声。俄文翻译是外事局陈祥勇处长。

5月初，代表团从首都机场起飞，这一天天空晴朗，透过机窗鸟瞰，可清晰地看见西伯利亚的大型工厂和贝加尔湖等。经过7小时的飞行，飞机降落在莫斯科谢列梅捷沃国际机场。机场入境和通关很慢，将近一个小时。当时的苏联计划经济特色明显，经济状况不好，商店里商品缺乏，没有预定是吃不上饭的，我们入住和平饭店。

当晚，苏联有色冶金工业部副部长乌斯季诺夫设宴招待中国有色金属工业科技代表团。苏联政府的宴席十分丰富，沙拉、冷菜、鱼子酱、各种饮料、伏特加、面包、黄油等摆满了长条的宴会桌。双方主宾在中央对面入座，其他人在两侧依次坐定。沙拉、冷菜各取所需，之后是汤菜、主菜、甜点心和冰激凌。苏方首席首先发表祝酒词，之后中方首席回敬，然后苏、中双方依次祝酒，时间很长。这是苏联乃至现在俄罗斯正式宴会的程序，无人改革。尽管当年苏联的经济情况很差，在饭馆吃一顿正餐都很难，但部长的宴请是相当讲究的，尤其是鱼子酱，一般饭桌上看不见。

宴会结束后，我们重冶和采选专业的专家共5人在莫斯科另一国内机场乘图-134喷气式客机飞阿拉木图。成员有有色金属工业总公司科技局副局长肖金声（兼领队）、外事局处长兼翻译陈祥勇，北京矿冶研究总院院长孙传尧、长沙矿山研究院院长黄业英、北京有色冶金设计总院副院长蒋继穆。夜航很疲乏，给我留下很深印象的一件事是，机上服务员送饮料时，送来一小铁桶苹果汁，不是易拉罐，没有开口，没有工具根本打不开，无法喝。

飞了一夜，早上图-134降落在阿拉木图机场，机场不大，航站楼也很小。哈萨克米哈诺布尔选矿研究设计院的领导来接机，在宾馆吃过早饭后马上睡觉休息。

第二天参观的研究院原来不清楚，到达后才知道是哈萨克米哈诺布尔，这是从列宁格勒米哈诺布尔分出来的，同样是非常著名的选矿研究设计院。

院长波波夫热情地接待中国专家。与此同时，巧遇中国新疆冶金研究所的代表团在该院访问，所长赖生伟和团员我都认识，在异国他乡见到中国的同行倍感亲切，大家在主楼前合影留念。

图10.2 中国有色金属工业科技代表团部分团员于1990年第一次访问哈萨克米哈诺布尔（前排右3为院长波波夫）

在实验大厅参观时，我意外地看见惯性圆锥破碎机，真是喜出望外，因为我已关注该设备多年了。于是我与陈祥勇处长表明，到列宁格勒米哈诺布尔时，我想把该设备引进矿冶研究总院在国内联合制造。我的这一表示引起了有色冶金设计总院蒋继穆副院长的注意，他表示也要这种设备。我问蒋院长："你一不搞选矿设备研究，二不生产选矿设备，你要这破碎机干吗?"他说给洛阳矿山机械厂。陈祥勇处长听后表态，破碎机给北京矿冶研究总院。

在巴尔哈什矿冶联合企业参观铜冶炼厂，看见瓦纽科夫熔炼炉的运行状况。当时工况不正常，车间里充斥着二氧化硫气体，呛人，工人戴着呼吸器操作。本来中国有心引进苏联的瓦纽科夫炼铜法，但这次现场考察留下了不好的印象，蒋继穆副院长是铜冶炼专家，我们回国后在考察报告中明确不推荐这一炼铜工艺技术和装备。

参观选矿厂留下较深印象的是铜钼分离，在分离之前加温处理。我见到一个戴深度近视眼镜的老工程师，我说这里的建筑格局很像中国白银有色金属公司，他笑笑说"是"，而且他当年就是苏联驻白银公司的专家。那一年我在巴尔哈什书店买了几本选矿专业书，这在其他地方很难见到。巴尔哈什湖很大，很漂亮，湖岸边建成了工人疗养院。

我们的团组仍乘图-134飞机回到莫斯科，在莫斯科参观了有色冶金设计院、有色金属研究院、稀有金属研究院。晚上乘“红箭号”列车，次日早到达列宁格勒，住在车站对面的十月宾馆，与轻冶和稀冶组的专家会合。在十月宾馆的几天，我们这些院长们一日三餐都在小吃店里用餐，面包、香肠、酸黄瓜、红茶，没有人安排到餐厅吃顿正餐。在列宁格勒参观考察了全苏铝镁设计研究院、镍钴设计研究院，还有最重要的米哈诺布尔选矿研究设计院，这是北京矿冶研究总院的老大哥——1956年帮助我们在北京建院。

我们在米哈诺布尔受到非常热烈的接待。我与副院长捷尼索夫谈到要在北京建立惯性圆锥破碎机的合资企业，他个人表示同意，但要与其他院领导商定。

这次访问米哈诺布尔，我院有两大收获：第一，把中断了20年的两院合作关系恢复起来；第二，拟把该院的王牌技术和产品惯性圆锥破碎机引进矿冶总院。

按照双方约定，这一年下半年，米哈诺布尔副院长捷尼索夫带一个小组回访了矿冶研究总院。他随手带了一个型号最小的ϕ60 mm惯性圆锥破碎机来院，具体商谈在中国联合制造和开发中国市场问题，双方很有诚意，谈判进展顺利。他临走时，我建议ϕ60 mm惯性圆锥破碎机就留在矿冶总院不要带回去了，我院买下来。问他报价，他说1万元人民币，但他不要现金，要我们次年回访米哈诺布尔时给他们带去等价的苏联短缺的日用品，我满口答应。捷尼索夫这次来北京推进了双方合作的进程。

10.4　1991年访苏恢复了与米哈诺布尔的合作，开启了与哈兹米哈诺布尔的合作

根据北京矿冶研究总院和苏联米哈诺布尔（即列宁格勒苏联选矿研究设计院）两院间的合作意向，北京矿冶研究总院于1991年5月派出了七人代表团去苏联列宁格勒的米哈诺布尔进行科技与商务合作谈判。在列宁格勒市还访问了全苏铝镁设计研究院，在莫斯科访问了国立有色金属研究院和稀有金属研究院并商谈业务。在阿拉木图参观访问了国立哈萨克选矿研究设计院，即哈兹米哈诺布尔，并且进行了科技与商务会谈，还参观访问了苏联哈萨克科学院选矿冶金研究所。这一次访问取得了超预期的成果。访苏期间，苏联的经济状况不好，是解体的前夕。关于这次访苏的详细情况，我写了《1991

年访苏散记》一文，将近4万字，收入我的《足迹与情怀》（东北大学出版社）一书中，这里我简单谈谈与工作相关的活动。

我们代表团是乘国际列车从北京先去莫斯科的，不乘飞机的原因之一是省钱，每张火车票只花1000元外汇券；原因之二是按约定要给米哈诺布尔带去与ϕ60 mm惯性圆锥破碎机等价的日用商品，行李多。

5月1日是国际劳动节，早晨不到6:30，我们就到达了北京站。因为给苏方带去了一批东西，所以行李比较多，送行的人员也多。除了团员和部分家属之外，还有主管外事工作的饶绮麟副院长、外办副主任张立诚，以及李长根、刘子河及设备研究所的一些同志，黎建国及几名司机师傅也都来送行。我们团一共有7人：我任团长；汪光烈，副总工程师，主管设计业务；史明心，外事处处长兼翻译；郑九龄，设备研究所所长；甘经超，选矿研究室副主任；汤集刚，物质组成研究室副主任；吴经畴，药剂研究室主任。

经过近一周的长途旅行。5月6日中午，我们到达了莫斯科。米哈诺布尔外办主任卡丽娜女士等两人专程来莫斯科接我们，在该院的办事处用餐和休息后，当夜我们乘上开往列宁格勒的火车。5月7日早7:00，火车驶进了列宁格勒的莫斯科火车站。车刚一停，我一眼就看见了米哈诺布尔的副院长捷尼索夫和别拉柴拉阔夫斯基在车站上等候我们。我和史明心女士先下车与欢迎者握手，相互问候。我们算是老朋友了，捷尼索夫副院长又向史明心女士献了一束鲜花，这是苏联朋友对待女性的传统礼仪。大家把东西都卸下来以后，我们就出站乘桑塔纳旅行车来到十月宾馆，这个宾馆很大，也很老。其实，十月宾馆就在我们下火车的列宁格勒的莫斯科火车站的对面，在起义广场的东北角。据史明心讲，早在50年代她就住过该宾馆。1990年5月，中国有色金属工业科技代表团在列宁格勒期间我们也住这家宾馆。十月宾馆设施很好，很大，而且是环形的结构。我们住在五楼，我和甘经超在一个房间，窗户正好对着起义广场，可以看到街上的各种景物，还有慌慌张张、忙忙碌碌赶路的人们。无论在莫斯科还是列宁格勒的大街上，都很少能见到悠闲自得漫步的人，大部分人都是匆匆地赶路，特别是女性，永远是挺胸收腹、目视前方，像训练有素的女兵在齐步走。

下午2点，我们准时乘车离开十月宾馆。这辆黑色的奔驰旅行车是米哈诺布尔奖励给研发惯性圆锥破碎机团队的，因其业绩突出。汽车沿着古老而繁华的涅瓦大街走到头，然后过桥左转，沿着涅瓦河大约用半个小时的时间到达米哈诺布尔。老朋友见面，我又旧地重游，倍感亲切。我们来到院长办公室，接待我们的有副院长捷尼索夫、副院长克鲁巴及副总工程师基斯略夫等。

正式会面，中方代表团首先向苏方移交商品。我们将带去的商品铺满一地：皮夹克、毛巾、浴巾、折叠雨伞、压气热水瓶、香皂、肥皂、牙膏、茶叶、石英挂钟、旅游鞋等，犹如一个日用百货商店。捷尼索夫和在场的苏方人员见状十分高兴，连说感谢。因为当时这些东西在苏联是紧俏商品，备受苏联人青睐，也是国际“倒爷”主要经营的货物。我告诉他们，这些商品总价值不够1万元人民币，下次来再带。捷尼索夫忙说：“这些足够了，不要再带了！”初次见面就是一片欢乐的气氛，见面后安排我们先去餐厅用餐。

饭后进入会谈。涉及双方科技和商务会谈的事情，我们已经把准备好的建议书交给苏方，苏方还要进行传阅。像前一年一样，苏方的专家向我们介绍他们的研究课题和内容，捷尼索夫排了一大串名单，要用7号下午和8号一天的时间来进行学术交流。7号下午开始技术交流，其实只是苏方谈，我们听。首先由波列赫曼介绍，他是机械振动理论方面的著名教授，也是捷尼索夫的老师；还有扎尔干茨基，他是搞惯性圆锥破碎机的专家；等等。每名专家介绍15分钟左右，都很认真，一个接一个，没有投影，更没有PPT，只是口头报告。用甘经超的话说：“幸亏院长你脑子好使，否则，这么多人讲都听糊涂了。”每名专家讲完之后，我都表示感谢并送一件小礼品。

第二天中午，矿冶研究总院代表团全体成员在捷尼索夫和萨达耶夫两位副院长的陪同下，向在苏联卫国战争中牺牲的米哈诺布尔的同事表示缅怀和致敬，并敬献了鲜花。在办公楼的外墙上有一塑雕，旁边有战争年代牺牲的

图10.3　1991年5月在俄罗斯米哈诺布尔缅怀在苏联卫国战争中牺牲的员工

同事的名单，下面是用红木托起的花篮，里面插满了鲜花，形成一种庄严肃穆的气氛，使人油然而生敬意。我代表同志们献花完毕，大家敬礼，捷尼索夫和萨达耶夫两位副院长紧握着我的双手连声感谢，我们合影留下了这个珍贵的画面。

这天早上我们进院时，巧遇老专家查西金的女儿。北京矿冶研究总院是1956年米哈诺布尔参照该院的模式在北京援建的，苏联人一直称我院是中国的米哈诺布尔。查西金作为米哈诺布尔派出的专家，曾长期在北京矿冶研究院帮助工作，我院老一些的员工都认识他，虽然他已故多年，但我们都没忘记。查西金的女儿见到我们很激动，流出了眼泪，她知道她的父亲在我们院工作这段历史，她给我们每人送了一件纪念品，我们回赠了礼物，并请她方便时来北京矿冶总院做客，她很感动。

5月12日，是经过苏联卫国战争假日以后的第一个紧张的工作日，也是谈判的一天。早晨，我们在米哈诺布尔的会议室里，B. A. 阿尔辛季耶夫院长首次出面，他是在加拿大不列颠哥伦比亚大学（UBC）留过学的高材生，年龄比我还小3岁，但是很有能力。还有两位副院长以及研究室的主任、专家，到会的人很齐。我们主要讨论一些双方的技术合作问题。B. A. 阿尔辛季耶夫性格比较内向，但是非常有头脑，谈问题也很深刻。所谈的技术合作内容，包括将选择性离子电极用于选矿厂自动化，我们先派人去阿奇萨依选矿厂考察应用情况，如果有前景，就在中国挑两个选矿厂进行合作研究。苏方提出了高冰镍高硫磨浮项目，因为这一课题在中国已经解决了，金川公司和矿冶研究总院的技术水平比苏联人还要高，因此我们不打算再合作这个项目。这个项目苏联的负责人是一个年轻人，叫米哈依勒维奇，他的主任是马克西马夫，是一名专家，他介绍的浮选柱已在乌拉尔和乌恰林斯克矿山应用。还有一名搞药剂的专家叫里阿堡，是一个很出名的专家，经常在国外杂志上发表文章，他一直没有发言，我在国内也常常注意到他的研究内容。

5月13日，在米哈诺布尔开始了一天的正式谈判，此前多半是学术讨论和谈判的准备工作。这一天参加谈判的苏方人员规格很高，有院长B. A. 阿尔辛季耶夫、副院长捷尼索夫和萨达耶夫，还有工程科学院主席费多多夫等。谈判主要是关于中方提出的合作建立生产线的建议，也就是苏联提供主机和备件，在北京矿冶研究总院建立凯特惯性圆锥破碎机合资企业生产线，生产的破碎机在中、苏国内外销售。另外，中方提供技术和半成品，在列宁格勒建立化妆品生产线，由苏方进行销售，各自进行产品互补，双方不以外汇来支付，搞易货贸易。我们原则上同意了这些方案，并提出了几个应当考虑的问题，苏方都表示赞同。对这一重要问题取得一致意见之后，我们心里都有了数，因为这次访问的主要目的也就在于此。在会谈过程中还谈了一些其他的技术合作内容，例如光电选矿、选择性离子电极的应用，工艺矿物学在中苏双方各自建立展示中心等。苏方还提出利用中方的技术和设备，在科拉半岛建立磁性材料生产线，我们对这件事没有完全答应，准备回国再做进一步深入研究和比较。苏方主谈的是院长B. A. 阿尔辛季耶夫，中方主谈的是我，双方院长对等。

按原来预定计划，苏方起草协议书，之后派人送到十月宾馆征求我们的意见。我们等到晚上10:30，苏方人员才将草稿送来，是俄文的打字稿。我们把苏方人员送走以后连夜讨论，直到5月14日凌晨1:30才结束，凌晨2:00我们才睡觉。

14日早晨到达米哈诺布尔，双方开始讨论，但是没想到节外生枝，出现了一个问题：B. A. 阿尔辛季耶夫院长收到了中国沈阳有色冶金修造总厂王海涛的一封信，要求米哈诺布尔将直径为2.2 m的最大型号的惯性圆锥破碎机技术转让给沈阳有色冶金修造总厂进行制造。院长将此英文信原件交给了我，并征求我的意见。面对这一突如其来的新情况，我方来不及研究，我当场谈了几点原则的意见：第一，不损害米哈诺布尔的利益；第二，米哈诺布尔与北京矿冶研究总院之间的合作，是建立在互相信任的基础上，以互利为基础的；第三，要使惯性圆锥破碎机在中国的发展不受到阻碍；第四，沈阳的信更加证明我们矿冶研究总院对这种设备的选择和宣传是正确的，我们的选型也符合国家的需要。B. A. 阿尔辛季耶夫院长非常同意我的看法，并且表态，一切由北京矿冶研究总院来定，沈阳有色冶金修造总厂如果要制造，应与北京矿冶研究总院联系。这表明了米哈诺布尔对与矿冶研究总院合作的诚意，开始时节外生枝的一点麻烦，恰恰是对我们谈判的一个小小的考验，很容易就解决了。我们又谈了关于生产磁性材料的问题，关于破碎机在医学上应用的问题。此后医学教授维勒曼来到会议室和我们见面，他来过北京矿冶研究总院几天，我接待过。

由于苏方要继续修改会议纪要，所以下午我们乘车来到该院的生产制造现场参观。该厂在列宁格勒的另外一个地方，跟北京矿冶研究总院的实验场相似，也和院部不在同一个地方。厂长接待了我们，我们在车间里一看，到处都在生产和装配直径300 mm和450 mm两种型号的惯性圆锥破碎机。苏联人对我们毫无保密，图纸随意看，加工工序也讲得很细。这一次现场参观使我坚定了两个基本估计：第一，惯性圆锥破碎机在苏联国内是有市场的，否则在高度计划经济的苏联不可能成批生产，而且成品已摆了一片；第二，该厂的设备装备水平与北京矿冶研究总院设备研究所加工厂的水平相当，在矿冶研究总院生产中小型规模的惯性圆锥破碎机看来没有问题。

回到米哈诺布尔以后，我与B. A. 阿尔辛季耶夫院长继续会谈，在会谈纪要上签字，双方合影。至此，我们团在苏联列宁格勒的商务与技术合作的会谈已经全部结束，我们获得的成果比预期的要好得多。

图10.4　与俄罗斯米哈诺布尔领导进行谈判

结束了米哈诺布尔的工作后，我们乘火车从莫斯科到阿拉木图。

这是我第二次访问阿拉木图。按照原定计划，我们分别到哈萨克选矿研究设计院（哈兹米哈诺布尔）和哈萨克科学院选矿冶金研究所参观访问。我们从莫斯科到阿拉木图仍乘火车。5月22日早晨刚下火车，不出我所料，来迎接我们代表团的是哈萨克选矿研究设计院的外办主任达维多夫，前一年就是他送我们的。我和史明心、卡丽娜坐他开的自家小轿车，一路上边走边聊。我们说阿拉木图绿树成荫很美丽，他说这里有规定，新婚夫妇结婚时要种树，妇女生小孩也要种树，国家都给予补贴。汽车从哈萨克米哈诺布尔门前通过以后绕过一个广场，再行驶不远，在一处风景优美的疗养院停下来，这是工会疗养院。我们将行李搬进房间，洗澡换衣服，然后去餐厅用餐。大餐厅非常漂亮，是疗养院服务人员、休假人员用的，墙壁上是用木头拼成的画，很有风格。在莫斯科住的冶金工业部招待所就是这样。饭菜很好，服务小姐总是笑容可掬，十分有礼貌。

上午10点，我们来到哈萨克选矿研究设计院，院长波波夫接待我们，和前一年一样，位置也是一样的，陪同的有外办主任达维多夫。1990年来的时候见到的人中有两位院领导我这次没有见到，一位是当时的总工程师，另外一位是副院长阿基洛夫。我不方便问他们两人到哪去了。我们送给该院一个石英挂钟作为纪念，波波夫院长非常高兴，大概他从来没有见到这种造型非常精美的挂钟。

会谈工作是非常紧张的，在阿拉木图只停留两天的时间，但是为了这次会谈，他们准备了一个星期，列宁格勒米哈诺布尔的卡丽娜女士没有坐在主谈判桌上，而是在后面旁听。我认为她对列宁格勒米哈诺布尔很负责任，一方面照顾我们，另一方面作为观察员。她对我们每次谈的议题都十分关心。我明白，在列宁格勒和阿拉木图两个选矿研究设计院之间也有竞争，尽管阿拉木图院原来是列宁格勒院的分院。因此，我们谈的观点要以不伤害两家为原则。我们就如下问题都取得了一致的看法：1992年在北京召开国际选矿会议，该院参会，会后部分代表西行去苏联哈萨克地区参观访问，该院提供方便，苏方表示要合作。利用该院的净水器技术在北京矿冶研究总院建立生产线，进而建合资企业，对方同意。对于本院的化妆品，苏方兴趣很大，愿意在该院建立一个化妆品厂，同时我们对该院的污水处理技术和设备也非常感兴趣。关于其他技术合作问题，比如在生产化妆品的问题上，我就遇到了问题，两个院都想生产，但是我们在列宁格勒已经达成了协议，如果在阿拉木图再生产，有些困难，我婉转地说明了这一情况。但是没想到波波夫院长当着列宁格勒米哈诺布尔卡丽娜女士的面直言不讳，他说："我们和列宁格勒的米哈诺布尔早已相互独立，这两个院原来是一个院的，哈萨克米哈诺布尔是分院，两个院相距5000公里，作为院长，你有权向世界上任何一个地方进行技术转让。"中午，卡丽娜和史明心往列宁格勒通了电话，列宁格勒米哈诺布尔副院长萨达耶夫明确表示，他不希望我们再与哈萨克米哈诺布尔进行关于化妆品的合作，不希望再建立化妆品生产线。双方竞争的局面已经十分清楚，我只好策略地与他们两家进行周旋。我们还参观了该院的部分实验室和机加工厂。

5月23日上午，我们来到哈萨克科学院选矿冶金研究所，这里1990年我来过。院长、副院长以及几名选矿冶金的专家和我们座谈。1990年我来的时候，见了副院长别谢依巴耶夫，他是专门搞铅锌矿石地下浸出的，这次出差了，没有在场。选矿实验室不在院本部，选矿室主任介绍情况，他可能在1992年9月来北京参加国际会议。该主任说，他们研究了一种新药剂，是捕收剂代替油酸，在实验室比彼德洛夫法要好。我们参观了一些检测实验室，还有冶金实验室，看得出研究所的选矿、冶金力量很强。

晚上7:00，我们匆匆忙忙赶回哈萨克米哈诺布尔，因为波波夫院长要举行正式的签字仪式和宴会。在宴会前的签字仪式上，波波夫院长郑重宣布：庄严的时刻到了！我和波波夫院长分别在会谈纪要上签字，大家鼓掌，握手，互相祝贺，工作时间不长，但效率很高，双方都十分满意。

图10.5　1991年在哈萨克选矿研究设计院与院长波波夫签合作协议

图10.6　哈萨克米哈诺布尔接任院长克列茨先生访问我院

晚宴相当丰富，中方有7个人，苏方有哈萨克选矿研究设计院的波波夫院长、克列茨副院长、总工程师、一位行政副院长、外办主任达维多夫等，以及列宁格勒米哈诺布尔的卡丽娜女士。波波夫院长首先祝酒，他热情洋溢，早在20世纪50年代，他曾经在阿奇萨依矿山工作，当时有中国人在该矿实习和工作，因此他对中国的同行一直怀有深刻的感情。轮到克列茨副院长讲话的时候，他的话题很有个性，他很佩服中国，原因之一是中国共产党还起作用；原因之二是中国的改革是致力于发展经济的，这两点他是发自内心的。但是越往下讲，我就越不好表态了，他讲他们院比列宁格勒米哈诺布尔更可靠，他建议北京矿冶研究总院首先考虑和阿拉木图米哈诺布尔合作，除了其他因素之外，还有一条，他说我们是最近的邻邦，地理位置有优势，这是他的坦率和他对研究院的忠诚，但是由于涉及列宁格勒米哈诺布尔，我就不能明确表态了，只能原则地说明要发挥各自的优势来进行互补性的合作。我们有一条原则：不能交了新朋友，就忘记了老朋友。波波夫院长和总工程师对克列茨副院长的直言已经感到不合适，几次暗示他不要再讲下去，但是他没有接受这个劝告。我们对此并不感到介意，只是卡丽娜女士听了会感到不快，好在我的表态对双方都没有伤害。

这次访苏完成了两件可以载入史册的工作：其一，把北京矿冶研究总院与米哈诺布尔中断了20年的合作重新恢复起来，开创了两院在新的历史时期技术和商务合作的新篇章；其二，开创了北京矿冶研究总院与哈萨克米哈诺布尔合作的历史，这是零的突破。

10.5 去墨西哥和玻利维亚

10.5.1 去墨西哥

这一趟出差前后20多天，目的是：（1）应邀考察墨西哥的选冶技术；（2）在玻利维亚考察可否接管圣何塞矿山和选冶研究所。

1992年12月，北京矿冶研究总院派出高级代表团出访墨西哥和玻利维亚。成员有：院长孙传尧兼团长，选矿；副院长邱定蕃兼副团长，冶金；处长张立诚兼翻译，选矿；研究室主任汤集刚，地质；中国有色金属工业总公司外事局处长袁传盛，采矿。由于知道南美洲玻利维亚路途遥远，海拔高，我们心里都没底。

全团5人于12月4日晚到达首都机场，计划先乘国航的飞机到罗马，然后转机飞法兰克福，再转机飞墨西哥。

因飞机加油系统故障，我们乘坐的国航CA937航班的波音747飞机不能按时在22:25起飞。晚点1小时30分钟，给下一步换乘造成了困难。飞行8小时后到达沙迦，经停1小时再飞罗马。一路上很紧张，几次问乘务长时间能否抢回来，我们要转机到法兰克福。乘务长回答：尽量，但不能保证。

机上有名机组人员坐在第一排，和我们聊天。他说："你别看我们穿得挺神气，其实像赶马车一样，到了罗马稍停就往别处飞。"又说："你们坐飞机还是选国航的飞机，原因是，国航有一整套安全管理制度很严格，是强制性的。其他航空公司不一定这样。"他的建议我很相信，因此，以后我首选还是国航。

飞机于当地时间12月5日上午9:15到达罗马机场，还是晚点了。我们匆忙到Alitalia航空公司转乘A300飞机于10:30飞法兰克福，人上来了但行李是否上来不知道。飞行1小时25分钟到达法兰克福，再换乘汉莎航空公司的波音747飞机飞往墨西哥。登机前，行李都在地上摆成一排，让旅客自行辨认寻找。我们发现5人的行李都没有，无奈只好登机了。汉莎航空公司的飞机，一路上服务很周到，于当地时间12月5日晚7:30到达墨西哥机场，经查5人的行李没到，说是已送往美国再转墨西哥。在机场做了登记，只好先去宾馆入住，因为已是晚上。

到达墨西哥的第二天，我们上街，先买了衬衫、内衣和一个旅行箱，因为在墨西哥要工作一周的时间，大行李没到，只好用随身的手提箱先对付。

12月6日晚7:25，我们乘MD-82飞行一个多小时到达托雷翁市（Torreon），这是一个大有色金属公司所在地。次日，我们参观考察了著名的铅锌公司Penoles的铅锌冶炼厂。

12月8日早6:00，出发去Naica矿山参观，这是已开采40年的铅锌矿。一整天非常辛苦，回到宾馆已是深夜11:30。

图10.7　1992年在墨西哥考察地下矿山

12月9日，去蒙特利Peneles研究所参观。在研究所待的时间过长，导致赶飞机紧张。我们三人赶上了飞机，邱院长和汤集刚因在路口被红灯挡住而没赶上同一班飞机，幸好航班多，1小时后乘另一架飞机与我们在机场会合，当晚乘飞机回到墨西哥城。

12月10日，我们乘波音727飞行2小时多到达Hermosilla机场。一下飞机，当地电视台、报纸及其他媒体的记者就都围了上来，看来墨方对我们的团组很关注。记者的主要问题是我团来访的目的。我即兴回答：（1）是应邀考察墨西哥的矿产资源和采选冶技术状况；（2）我们是中国的国家队伍，探讨与墨西哥同行的合作；（3）考察中国有色金属工业总公司和北京矿冶研究总院在墨西哥投资的可能性。

在机场的另一处，5人分乘两架小公务机——我、袁传盛和张立诚三人坐一架，邱院长和汤集刚两人坐另一架——到达一个矿冶企业。这里距美国图森不远，靠近边界。在参观一个湿法炼铜厂时，由于我们对技术感兴趣，参观时间长了，已近傍晚，接待方催我们赶紧登机回去，说这小飞机靠驾驶员目测飞行，天黑了不安全。看我们还不走，接待人员乘小飞机先飞走了。我们的两架小飞机晚上才回机场，驾驶员的技术高超。

12月11日，我们乘汽车去一个金矿考察堆浸技术。行车途中在一报亭前休息，突然发现前一天在机场采访我的大幅照片和相关报道已刊登在当地的报纸上，尽管西班牙文看不懂，也买了一份作纪念，我感叹当地媒体竟如此高效。

完成了一整天的考察，当晚7:00，州政府矿业部部长在机场贵宾室接见我们，并赠送木雕纪念品。8:00，我们乘飞机飞往墨西哥城机场。

12月12日白天，做墨西哥考察的总结并准备去玻利维亚。晚上，我们去墨西哥机场，办登机手续前，汤集刚的箱子终于找到了，是汉莎航班刚送达的。我们四人的行李早几天已到。打开箱子一看，带的礼品少了不少，是有人盯住这个行李箱刻意扣留盗窃礼品、纪念品。因急于上飞机，也无法说理了。在机场，我仔细观察墨西哥机场的航班起飞情况，飞机在跑道上排队，每隔30秒钟起飞一架，不知道1992年首都机场飞机的起飞情况如何。

10.5.2 去玻利维亚

12月12日晚，我们乘秘鲁航空公司的麦道-82飞机离开墨西哥，于秘鲁时间12月13日早5时到达利马机场。在机场候机室巧遇首钢秘鲁铁矿的几个同行，但以前我们不认识。他们知道我们是矿冶研究总院的，忙问国内对首钢并购秘鲁铁矿的反响如何。当时国内对此并购事件评价不一，我们没有认真关注该问题。

12月13日13:25，我们乘玻利维亚的航班离开利马，当地时间下午3:30左右到达拉巴斯机场。在飞机上看见山峦重叠的安第斯山脉，快到拉巴斯时看见了的的喀喀湖。与我们同机的有中国原驻玻利维亚大使陈先生，还有首钢的代表团。

玻利维亚原驻中国大使莱马先生和女儿到机场接我们，正是他发的邀请。他告诉我们搬行李要轻，否则心脏受不了，这里海拔4200米。可是，刚下飞机还没有很明显的感觉，我年富力强，一连搬了几个行李箱，直到坐进汽车才感到心脏怦怦地跳，莱马先生很有经验。

拉巴斯平均海拔3600米，我们住在总统宾馆。与矿业公司、政府官员、企业及莱马的公司认真讨论合作的可能性。来玻利维亚的主要原因是该国有一个国有圣何塞铅锌矿和选矿厂已停产了几年，矿业部无力投资恢复生产，想无偿地交北京矿冶研究总院接管，外加一个研究所。我们决定到现场实地考察。

矿业部安排了一辆越野车，司机是一个老先生，5个人挤在一辆车里可想而知是很难受的，为了工作大家也只好忍受了，况且是免费乘车。目的地是奥鲁罗，海拔3900米，距拉巴斯一天的车程，是一座小城。著名的文托锡冶炼厂就在该市，我们去参观了。我们在这里工作了一周，4000米的高海拔，专家组成员都有高原反应，晚上睡不好觉。

图10.8 与玻利维亚矿业部部长（右3）会谈（1992年）

对圣何塞铅锌矿和选矿厂，专家组进行了详细的考察，结论是：该地下矿已淹井，疏干排水工程大，深部巷道及采场结构不清，矿方提供不出必要的技术文件，没有详细的地质资料，储量不清，复产投入大，况且海拔高，不便于管理。

铅锌选矿厂除了一台美国产名牌球磨机外，没有值得看的东西，而且浮选机是木制槽体。因此，矿山及选矿厂不考虑接收。这里还有一个研究所，全套意大利湿法冶金中试设备，外加几台单机选矿设备，装备良好，全所有几十名员工。我们讨论再三，主要是距中国太远，海拔太高，中方管理人员不好派，科研经费无保证，难以自我维系和发展，也无意接管。

正在开会谈判时，楼道里挤满了人，原来是工会听到消息，让工人都来了。我们知道外国的工会问题与中国完全不同，外国的工会是与业主对着干的，不好对付，这也促使我们决定全部不予接管。

我们在拉巴斯期间正是圣诞节前，很热闹。大马路中间是摆满地摊的自由市场，大多是日用百货，也有不少中国产品，但都不是直接从中国进来的。

从拉巴斯到圣克鲁斯是坐飞机。在圣克鲁斯我们休息了两天等航班，这是热带雨林地区，平原地貌，海拔也低，很热，我晚上睡得很香，没想到好几个人却睡不着觉，说还不如回拉巴斯呢！我估计与从高海拔到低海拔醉氧有关。

10.5.3 玻利维亚矿业部部长访华

我们回国后，玻利维亚矿业部还有意让北京矿冶研究总院接管该国圣何塞矿和奥鲁罗的选冶研究所。应中国地矿部的邀请，玻利维亚矿业部部长一行访华。到达的当天晚上，中国地矿部部长朱训在北海的仿膳餐厅举行了正式的接待宴会，我也参加了。其中一项议程是玻利维亚矿业部部长访问北京矿冶研究总院，估计与圣何塞矿和奥鲁罗的选冶研究所有关。这位部长我在玻利维亚矿业部见过，很年轻。本来这两个项目我们已进行了充分的研究，决定不予接管，但部长亲自来院谈合作，我们还是做了认真的、真诚的准备，也请来了中国有色金属工业总公司国际合作局的领导。但会晤当天，部长失约了，我们在布置庄重的会议室从早上等到中午不见客人来，与他的团员和地矿部接待方都联系不上，这是在国际事务中从未遇到的，对方是严重失礼、不讲诚信。经临时商定，我院取消了这次会见。估计这位部长感到任务没完成回去不好交代，几次找我，我均不予理会，甚至他在即将离开北京时在首都机场还打电话到我家，是我大女儿接的电话，他恳请我去机场与他会面。我女儿回答："我父亲在外面开会，联系不上。"

10.6　去美国矿山局出差

我作为中美矿山领域国家间科技合作的中方协调人，两度去美国矿山局出差，参与协调中美双方科技合作项目。

第一次是1993年，由中国有色金属工业总公司副总经理何伯泉任团长，团员有外事局局长潘家柱、科技局局长胡克智、北京矿冶研究总院院长孙传尧、长沙矿山研究院院长黄业英、外事局处长方宝定兼翻译。我们乘国航飞机从北京直飞纽约，住在中国驻纽约总领事馆。稍休息后去位于华盛顿的美国矿山局，在矿山局王志馨博士的协助下完成了项目的检查与协调。

按计划我们到盐湖城研究中心考察，该中心在电脑上为中方专家演示进行井下采矿岩爆的仿真模拟，研究人员输入一批数据，电脑上给出岩爆的图像和输出的参数。这种岩爆仿真研究当时在中国还没有。该中心的研究经费是国家投入的，因此，科研成果提交社会共享，不可以收取技术转让费，他们的研究报告、论文摆了一大片，供客人各取所需。

图10.9　1993年与北京矿冶研究总院第三任院长、中国有色金属工业总公司副总经理何伯泉先生在美国矿山局出差

谈到大洋锰结核和钴结壳的研究，盐湖城研究中心主任说："以前开展了很多研究，但现在已停止了，现存的大洋钴结壳样品你们需要就送你们。"听了主任的话我很高兴，因为我院正开展此项研究工作，我索要了部分钴结壳样品，请美方寄到北京，我的博士生申士富正是用盐湖城研究中心的样品完成了博士论文。

中方代表团还参观了中国有色金属工业总公司的美国有色金属公司以及洛杉矶中国有色金属一写字楼的竣工招商仪式。

第二次去美国矿山局是1995年7月，我作为团员参加中国有色金属工业总公司科技代表团，到美国矿山局及其所属的研究所参加中美国际合作项目第四次协调会。代表团成员有：潘家柱，团长、中国有色金属工业总公司外事局局长；钮因键，中国有色金属工业总公司科技局局长；孙传尧，中方项目协调人、北京矿冶研究总院院长；陶遵华，中国有色金属工业总公司安环部处长；岳洁，翻译。

1995年7月7日，中国有色金属科技代表团于北京时间9:30乘美国NW002航班由首都机场起飞，先飞上海虹桥机场，在上海机场出关。

大约13:30到达东京机场转机飞纽约。北京时间7月8日凌晨3:50，纽约时间7月7日下午3:50，到达纽约肯尼迪机场。中国有色金属工业总公司纽约有色公司张经理和谷先生在机场迎接，仍住在中国驻纽约总领事馆，1993年我们来美国出差也住在这里，感觉有一种到家的亲切感，我看到中国国航的机组也住在这里。当天晚上，谷先生请我们在中国城的一家中餐馆吃晚饭，潘家柱局长、我、陶遵华处长和岳洁出席，钮因键局长尚未到。

晚饭后，我和陶遵华处长出来散步。我们步行到时代广场，那里人多，十分繁华、热闹。还看见一家中国企业的两条巨幅广告从楼顶落到地面，很醒目。看看时间不早了，我们就往回返。路上陶处长要上洗手间，我俩只好沿路寻找，来到一座楼门口问门卫老人，老人家很耐心地告诉我们二楼有很好的洗手间。我俩致谢后就上楼，只见彩灯闪烁，光线昏暗，不少漂亮女郎身着“三点式”在各自的房间门口笑迎客人。我对陶处长说：“这是色情场所，不能久留，赶紧走。”我俩坚持到总领事馆才解急。事后潘局长对我俩说：“你们太教条了，着急上厕所就算上色情场所也不算违规。”

7月9日，去航空母舰参观。12:00，纽约有色公司张经理送我们到肯尼迪机场，在这里与钮因键局长会合。14:50，乘双螺旋桨小型客机于16:05到达华盛顿机场，美国矿山局王志馨博士在机场迎接。我们与王博士多次在中国和美国见面，算是老朋友了。在于小姐的安排下，代表团住进一家中国旅馆。晚上在旅馆准备第二天的工作。

早晨8:30，宾馆的车送我们到Pentagon City地铁站去矿山局。华盛顿地铁远不如莫斯科地铁，但比纽约地铁要好得多。地铁自动售票、自动检票、自动计程，乘车高峰时与人少时票价不同。代表团5人乘黄线车到中国城站下车，美国矿山局就在中国城旁边。

上午9:00，王志馨博士在矿山局门口等我们。两年前为我们办手续的黑人女士仍然在岗。不一会，Shekarchi先生下楼接我们。我们先在王博士办公室开半小时预备会议，主要是讨论会议议程，通报代表团在美国的活动和美

图10.10 2005年在美国矿山局

方参会的人员等。

10:00，双方工作会议正式开始。矿山局新任局长Gramaha女士是一位黑人，40多岁，很干练，听说是地质专业的。她首先致辞，然后是中方潘家柱局长致辞。

美国矿山局执行副局长米克尔介绍矿山局机构重组计划和研究重点计划的新安排。中方潘局长和钮局长分别介绍中国有色金属工业总公司的机构变化及研究工作的重点。接着王志馨博士总结中美矿业科技合作的现状，确认附件三（环保技术附件的中英文本），最后是通过附件三。上午会议结束后，中午美国矿山局在较大的中国餐馆宴请中方代表团。餐后安排在中国城的活动。下午休会，参观国会大厦、白宫、华盛顿纪念碑、林肯纪念堂等。天气很热，以前也都看过，兴趣不大。在白宫前见到一架直升机在白宫降落，估计是接送宾客。

7月11日，全天活动。上午在矿山局讨论附件一（岩石力学和地压控制），美方由霍利普先生、中方由孙传尧院长分别介绍双方的执行情况，包括岩爆研究、计算机辅助矿山设计以及确定新的合作项目等，此后研究双方互访计划。

中午在矿山局一楼自助餐厅由王博士和卡普兰先生陪用自助餐。该餐厅中西餐冷、热菜品种多，水果、饮料、点心俱全。客人取餐后过磅按重量计费。价格大约3.75美元每磅。卡普兰先生从家里自带一块面包，买一杯可乐陪我们用餐，这与在中国陪客人吃饭不同。他以后来中国访问北京矿冶研究总院时我接待过他，因为他是美方的项目协调人，我们两人是对等的。我陪他参观天坛公园，热情接待，他表示不安，他说在美国他没有这样的接待能力接待中国客人。

下午讨论附件二（选矿、冶金、材料和溶浸采矿）。美方由卡普兰先生主谈，他是美国矿山局矿物和材料学部主任，职位很高。中方由孙传尧主谈。内容包括讨论当前双方研究项目进展情况、确定新的研究内容和讨论下一步互访计划，与上午相近。

晚上Shekarchi先生举行家宴，招待中美双方的客人。中方客人是代表团5人。美方客人有：局长Gramaha女士、霍利普先生、王志馨博士和谢培钧先生。

Shekarchi先生原籍是伊朗，夫人是美国明尼苏达人。夫妇二人十分热情、好客。他们家是一个独立的院子，内有一栋二层小楼，院内有绿地、花园、树木、游泳池。楼内客厅和书房里铺着伊朗地毯，摆着各种工艺品，十分考究。晚宴后王博士开车送我们回宾馆，已是晚上10点钟——紧张满负荷的一整天。

7月12日，继续在矿山局开会，关于矿物加工信息和分析交流。由信息分析部执行副主任凯斯先生、规章和政策分析部主任米勒先生和谢克奇先生介绍情况，王志馨和谢克奇谈矿物加工合作和技术交流；中方钮因键和孙传尧发言。讨论下一步计划，通过附件九。

上午11:00在矿山局的会商结束，举行闭幕式。会后安排参观。中午由信息部主任Caracalla在一家意大利餐馆请吃饭。饭后司机并不知道去机场，我急忙与总台联系，总台值班员忘记派车了，便急忙安排。我们于12点准时离开宾馆，到达机场后给司机小费表示感谢，司机服务十分好。

看时间还早，我和陶处长到值机台办登机手续，是一个黑人小姐，她发现陶处长的机票有问题，说要等翻译来了再办。我一看才弄明白，原来陶处长的机票，在纽约肯尼迪机场错误地把华盛顿至明尼阿波利斯的机票撕掉了，却把纽约至华盛顿的机票保留了，这样陶处长就没有本航班（NW326）飞明尼阿波利斯的机票了。又等了1个小时，不见潘局长和翻译岳洁到达，时间不多了，我和陶处长到另外一个值机台试试看。我说了情况，那值机台的人也弄明白了，于是在陶处长的机票上签字，办好了登机牌。

我们的飞机于下午3:30在华盛顿机场起飞，两小时后到达明尼阿波利斯机场，双城研究中心主任Wade先生亲自开车来接我们代表团。这里天气十分炎热，有38~40℃，我们入住Days Inn AirPort酒店，放好行李，抓紧时间洗漱换衣，应邀到Wade家里做客。Wade夫人是搞艺术的，家中布置得像小艺术博物馆。摆、挂着各国的艺术品和纪念品。我们赠送他们一幅丝锦、一瓶孔府家酒和一个BGRIMM印画纪念盘，夫妻俩很高兴。Wade夫人特意为我们做了中国菜，很合口味。借吃饭的机会，Wade和夫人向我们介绍，明尼阿波利斯和圣保罗两座城市连在一起，是有名的双子城，因此他的研究中心叫双城研究中心。我们几人都是第一次来到这里，这里是明尼苏达州的首府，很繁华、漂亮。

回到宾馆，我和陶处长去游泳，宾馆有一个很大的游泳池。晚上我给院里发了一个传真。

7月14日，在双城研究中心工作一天。

上午到达研究中心，Wade主任就给了我一份传真，是北京矿冶研究总院张立诚发来的，他时任外事处处长，告诉我考察团将于7月17日从北京启程，让我在明尼阿波利斯等他们。

Wade主任先致辞，介绍双城研究中心的概况和目前的研究项目，我们讨论附件三（环保技术）的内容，并确定合作的优先项目和互访计划。中午Wade主任在一家自助餐厅招待用餐，下午参观双城研究中心。

工作结束后，J.Olson副所长（副主任）与我和岳洁去机场改票，结果回北京的机票只有8月2日的，无奈只好改签了。回来后到Mall of America参观，这是全美国最大的超级市场，商场大得令人惊叹，内设大型游乐场、商店、餐厅、咖啡厅，真是一个大商城。后来中国也有类似的大超级市场，但都不如这家那样庞大。

代表团的其他4人乘飞机去洛杉矶后回国，我因执行下一个团组的任务要在该宾馆等3天。回到Days Inn AirPort酒店，我一人住205房间，交房费5天350美元，但宾馆却要我交525美元，我问总台：“昨天说好是70美元每天，今天为何提价？”总台服务员知道我是以前入住的，马上与Wade主任电话联系，结果仍交350美元。晚上再去游泳，看见几个两三岁的小孩在学游泳，很有趣。

7月15日周六，是休息日。只剩我一人在明尼阿波利斯，双城研究中心的副主任J.Olson先生怕我寂寞，计划陪我去外面游览观光。早饭后我到外面散步，昨夜里雷雨交加，感到很凉爽。因是休息日，外面除少量汽车行驶外，不见行人，汽车也不鸣笛，很清静。9:50，我带着礼品到大厅等候，5分钟后J.Olson先生提前到达。我们相互问候后，我就坐在J.Olson先生的旁边，他要陪我一天。估计他平时很少出去游览，路线也不太熟，开车前他认真地在预先准备好的地图上仔细看好，我们就启程。一路上他为我讲了不少景点的情况，因我的英语水平不高，再加上对各景点的背景不熟，所以很多东西听不明白，只听了个大概。

先到明尼苏达国家山谷荒原生态保护区，该保护区位于明尼苏达河旁边。里面是一座小展览馆，外面是自然生态保护区，偶尔见到小动物，十分清静，极少有人参观。在馆内有保护区的各种植物标本和图片，我不是学植物的，那么多种类的植物我连中文都不全懂得，更不要说英文解说了。还有动物标本及生存的环境，很逼真。在外面见到几个老人在漫步观光，很休闲。我们请老人为我俩拍了几张照片。

来到一个古兵营遗址。内有碉堡、营房、农妇打扮的姑娘、农具、野兽皮和土特产商店，还有一个铁匠炉。有一个卖货的老人知道我是中国人，特意从货架上取下一把剪刀，我一看是中国产的王麻子剪刀。有几名士兵身着战训服在营房里，门口有全副武装的战士站岗。来这参观的人不多，有一团组是中国粮油进出口总公司的。大热天看见一群孩子身背大包满脸流汗，在老师的带领下好像在“拉练”，我很佩服美国人对孩子的这种教育方式。

汽车驶进 Lake Street，路旁是低矮的小楼和一片民房。J.Olson 先生说，这一片是贫民区。我一看果然是，黑人多，没有大的商业网点。汽车拐了几个弯进入大小湖相接的区域，从地图上看是市中心。大概 J.Olson 先生路不熟，汽车绕了很久才绕出湖区，这倒使我有更多的机会领略假日里美国人的生活：有穿背心短裤骑山地车的；有骑车带着随身听的男女青年；有滑旱冰的男女，其中有的女青年身着比基尼在湖边路上滑旱冰；有不少人沿湖边跑步；有打高尔夫球的，也有的全家人出来锻炼的。中国人习惯早晨跑步，美国人全天都有跑步的，在其他城市也是如此。

汽车在花园般的林荫道上行驶，路两旁是树林、花草，使你想不到这里是市区还是郊外。我们在一座大桥边停下，这座大桥连接密西西比河两岸，并通往市中心，路上人很少，极清静。在此之前还看见一个小瀑布。风光真是美妙到极致！我们打算去一个山间的小园林，但没有开门。

汽车驶进著名的明尼苏达大学，这是一座大学城，没有围墙，多座教学楼、图书馆围成一个建筑群，其中地质楼像一座小古城堡。以前我就知道明尼苏达大学是世界上著名的学府，该校的毕业生中有十几位获得诺贝尔奖，该校的物理、化学、数学、地质、医学都是名牌专业。我们在校园里名为“北京花园”的中餐厅用餐，餐厅的大堂很大，用餐的人很多，大部分是亚洲人，可能是中国留学生，也可能是日本、越南或东南亚的学生。有的三五成群，有的男女对视含情脉脉。服务员也都是亚洲面孔，分不清是哪国人，因为都讲英语。这座餐厅只供应类似中国广东早茶的快餐，没有炒菜。J.Olson先生点了几样风味小吃和饮料，不必说自然是他请我吃饭了。我们两人慢慢吃喝也等于休息，边吃边观察周围的餐客。餐后，我们在明尼苏达大学自然博物馆参观了很长时间。博物馆有四层楼高，各种动物、植物标本和生态环境所展现的景观相当逼真，给人一种身临其境的感觉。其风光有点儿像中国黑龙江三江平原的景观。除了我们两人之外，还有一两个人参观。尽管人少，但四层楼的展厅都灯火辉煌。服务员小姐笑容可掬，忠于职守。每张门票3美元，博物馆的收益谈不上了，但其消耗很大，无疑地，只注重社会效益。

忽然暴雨倾盆而下，我们等了一会儿，待雨小后两人共用一把伞走向车库。我对J.Olson先生说："下雨了，快走，穿过城区直回宾馆。"

J.Olson先生同意。汽车驶入圣保罗城区，雨不下了。在一座历史纪念馆前停下，背景是市中心，拍了几张照片。

雨完全停了。汽车在一栋小楼前停下，我心领神会地问J.Olson先生："这是您的家吗?"他回答"是"，请我进屋。他夫人已准备好茶点和水果。他下车后把早晨我送给他的礼物又交还给我，请我亲自送给他的太太，我欣然同意，感受到美国人对其太太的尊敬。J.Olson先生的太太十分热情，他家的小男孩手拿一个恐龙模型，说是中国产的，我一看，果然是Made in China。夫人拿来各种各样的袋泡茶让我选择，我喝了一杯明尼阿波利斯红茶，吃了点心、水果，谢过女主人后就告辞了。

下午4点钟，J.Olson先生开车送我回到Days Inn AirPort酒店。先生亲自陪我花费了5个多小时，他是科学家又是研究所领导，对我是特殊关照了，很是感谢。这是一个十分难忘的周末，使我进一步了解了美国，了解了明尼苏达州和明尼阿波利斯。在我到过的美国城市中，我感觉这是风光最好、最优雅、最漂亮的城市。听说夏天潮湿炎热，这我已经领略了，冬天特别寒冷，气温可达-40～-30℃，雪很大。该市与中国哈尔滨结成友好城市，两座城市纬度相近，但气候不一样。哈尔滨夏天没有那么炎热和潮湿，冬季雪没有那么大。

7月16日，周日，10:00—14:00，我一人在宾馆附近的大商场里逛了4个小时。旱冰鞋90～250美元，录像带9.99～15美元，有几家标有2盘15美元。各种商品应有尽有，游乐场中有多种游乐活动。中午我在楼上的美食城吃中国快餐，是宫保肉丁盖饭，中国人做的正宗中餐。又在Subway买了些快餐带回酒店，晚上就不出来了，一个人晚上不远走，安全第一。下午在房间看资料，晚饭后在游泳池游泳。我每天都在一楼的饮水机上沏茶，是我带的上等的绿茶，我外出时无论国内还是国外一般不喝宾馆的袋茶，这是我多年的习惯。这天晚上，我照例到一楼沏茶，一个老先生很识货，对我说："你这是中国绿茶，好绿茶，我去过中国，我喝过。"我感谢这个老者的夸奖，请他稍等，我回房间取来一些绿茶送他，老先生连连说感谢，我欢迎他再去中国。

7月17日，上午在宾馆看资料，游泳。为了保险，我去总台说明，下午有4人来宾馆入住，请预留房间。总台人员听后拿出几张单子说已预留好，并且再次与双城研究中心确认。下午5:30，我按预定时间到达宾馆大厅，一会儿，双城研究中心Larther先生进门与我打招呼，他开车带我去机场接张立诚4人。机场的一层停车场已满，我们去4层把车停下。离开车时Larther还特别提醒我停车位是4F，他很细心。

18:30，美国西北航空的飞机准时到达明尼阿波利斯国际机场，在31号门迎来了张立诚、曹连喜、张汝智和丁建华4人。入住宾馆后看时间还早，我带他们去Mall of America参观，对这特大的购物中心我已很熟悉了，天天都来。本想吃晚餐，但商场里的餐馆晚上9:00以后全部关门，我们只好买了些点心回到宾馆用晚餐。

7月18日，早饭后中方5人在阿纳尔斯的陪同下来到双城研究中心开展一天的工作。Wade所长先接待我们，然后参观实验室，每到一处，研究人员都十分耐心地为我们讲解，显示出该研究中心人员素质很高。此后，在阿纳尔斯的主持下，我们与地质、岩矿、冶金和采矿的研究人员讨论地下溶浸问题。中午阿纳尔斯陪我们在一家中餐馆用餐，就是前几天接待潘局长代表团的那家餐馆。下午继续讨论双方合作。

7月19日，在双城研究中心，Wade所长首先与我们商讨研究工作，之后派一名女士开车带我们游览观光，有明尼苏达州议会大厦、密西西比河、明尼阿波利斯和圣保罗两个市中心，两处不大，但很有秩序。最后来到明尼苏达大学。中午该女士在大学区的一个海鲜中餐馆招待我们，5大盘菜，时令海鲜，平均每盘菜价7～8美元。

下午4:00，回到双城研究中心讨论会谈备忘录，有意见当即修改，之后我与Wade所长签字，效率极高。Wade所长还向我们赠送了该中心编写的地下溶浸工程设计手册及成本分析软件。

10.7 到美国亚利桑那州和犹他州考察

这次考察是执行与美国矿山局科技合作项目的具体实施。1995年7月19日，北京矿冶研究总院代表团（孙传尧，院长；张立诚，矿冶研究总院国际合作处处长；曹连喜，矿冶研究总院采矿专家；张汝智，矿冶研究总院冶金专家；丁建华，大姚铜矿地质工程师）圆满地完成了在双城研究中心的工作，感谢Wade所长的周密安排和热情接待。当天晚上乘美国西北航空的飞机离开明尼阿波利斯，Wade所长专门派阿纳尔斯先生全程陪同我们去亚利桑那州和犹他州考察。

经过3个多小时的飞行，我们于晚上9点到达凤凰城（Phoenix），这是亚利桑那州政府所在地。我们取出行李，阿纳尔斯排队租车，他在国家租车公司办好手续后，我们连夜出发。

出机场一股热浪袭来，虽然已是晚上，气温还在40 ℃。我们先乘租车公司的接站大巴到达租车停车场。开大巴的司机像西部牛仔，我们下车后他主动帮我们搬行李，这人力气极大，沉重的行李箱被他一手提一个搬到我们租的车上，我们付他小费表示感谢。一切就绪，我们坐上一辆租的美国旅行车，由阿纳尔斯驾车，连夜奔向马格马。

大约夜里11时（当地时间是夏时制，比明尼阿波利斯早1小时），到达一家小宾馆Coppor Hillinn，我在门外往里面一看，灯光幽暗，坐着一个美国西部的女性，门外站立着一个骷髅样的模型，十分瘆人，不知该宾馆为什么这样接待旅客。这是一座汽车旅馆，院内还挺大。我们办好入住手续后迅速进入房间。这是一栋二层的小楼，我又到前面的总台看看，没有什么活动，抓紧时间洗澡睡觉，工作一整天，路途又远，感到有些疲劳。

次日早餐是墨西哥风格的。餐后我们去Syprus矿，因时间还早，我们乘车在小镇上转转。该矿在七八十年前就开了，但小镇不大，街道也很小。8点整，我们来到矿山门口办手续、填表、接受安全教育，之后一名女秘书开车带路，沿着盘山道路到达浸出、萃取、电积厂。说来奇怪，我们一行人来到小楼的会议室，无人让座，也无人让茶，大家就站着交流。一会儿，一名矿山工程师带我们上山，这是一个老露天铜矿，硫化铜矿石已采完，选矿厂也已停产。我们先到挖运调度室，一名工程师在计算机前为我们讲解，用他的软件可随时调度汽车和电铲。其实这样的技术在中国大露天矿已很普及，例如江西德兴铜矿和几个露天大铁矿都是如此。此后参观露天大堆浸，把露天矿里的氧化铜矿石挖运到这里堆成大矿堆，在矿堆上喷淋硫酸浸出液，矿堆底部铺设防渗漏材料，浸出的硫酸铜溶液从矿堆底部流出，进入集液池，经净化再送萃取厂和电积厂。

参观萃取厂是另外一名女工程师带领的，她是一个美国白人，微胖，戴一副眼镜。工艺是两段萃取和两段反萃。电积厂内酸气很大，工作条件比不上中国的贵溪冶炼厂。我当时头脑中有一个问号：矿山远离城市，地处偏僻，工作条件又差，这个白人女工程师怎能安心在这里工作？她很敬业，业务很纯熟，并且对客人提的问题有问必答，毫不保留，给我们留下很深的印象。我感觉这里的情况与1992年冬季我去墨西哥考察的Canania矿差不多。

中午在Subway快餐店吃快餐，店里的服务极好。原本买5份，但我发现太多吃不完，店里居然给我们退掉两份。我买了一杯中等大的饮料，价格是0.8美元，自己去接冰、接柠檬汁，喝完后可免费再接一次。阿纳尔斯告诉我们，Subway是美国有名的快餐，仅次于麦当劳。每个店的墙壁上都贴有纽约地铁的黑白图画。我对此深信不疑，因为我觉得比麦当劳好，以前在澳大利亚出差也吃过。当时在中国北京也有这样的快餐店，名字叫赛百味，但没有几家，不如麦当劳和肯德基那样普及。

下午乘车直奔图森市。路上遇到一个古旧杂货店，我买了一个一次成像的快照相机，花了5美元，但买后一次也没用过。还买了一个铜鹰头的手杖，花了10美元。

车到图森市，天还早，太阳很高，这是名副其实的太阳城。我们住Innsuite Hotel。放下行李后，我们去一家大百货商场购物，阿纳尔斯帮我买一次成像的相纸，但没有，售货员又帮忙给厂家打电话，但厂家已下班。开车在图森观光游览市容，该城市中心仅有几栋高楼，市区相当清静。我们在当地最大的中餐馆“朱家花园”吃饭，请阿纳尔斯与我们共用晚餐，他很高兴，6人餐费70美元，中餐很正宗。

7月21日，早晨在Innsuite Hotel吃免费早餐，花样多极了！在早餐厅学会一个菜名——sunny side up单面煎鸡蛋（太阳面朝上），这个菜名一下子就记住了。餐后我们去Magna公司的San Manuel矿。进门后，男女各一名工程师接我们，换乘他们的汽车，女工程师驾车。先看露天矿，10年前开采的矿石是氧化铜矿石，用汽车运到矿石大堆场，进行堆浸。然后到露天矿的平台上看就地浸出。这种技术是不把矿石从地下开采出来，而是在地表打多个钻孔到矿体，顺着钻孔注入浸出液（例如硫酸）在地下矿体就地浸出，将浸出的含铜液体（例如硫酸铜）用管道泵扬送或抽出地面，集液后再送萃取和电积厂生产电铜。这种技术大都在试验中，极少工业应用。在回程的路上，我问陪同参观的Steap先生，当时不搞堆浸，完全用就地浸出可以吗？他回答说："现在是完全可以的，但当时没有把握，也不可能有公司投资，所以先建露天堆浸场。"

在萃取厂参观是一名亚裔女工程师接待的，她30多岁，讲一口纯正的美式英语，不像亚洲来的留学生讲话带口音。该厂是两段萃取、一段反萃。萃取和电积是常规的湿法冶金工艺，在中国也很成熟，这里的生产条件比马格马好。

中午在一个高尔夫球俱乐部餐厅用餐。很巧，吃饭时遇到1994年来北京矿冶研究总院访问的Magna金属公司的总经理，我们很高兴地相互问候，他表示很高兴我们来他的公司考察，我欢迎他再去北京矿冶研究总院。

饭后在一个专门商店看见有真手枪在柜台上出售。还看见一个县政府，十分小，是一座小平房。我拍了几张照片。

回到图森后，晚上6:30，Mallgold先生来接我们吃饭。他是汉高公司萃取剂的销售经理，常去中国，也常去北京矿冶研究总院，我们习惯地称他老迈，可谓老朋友了。他的办公室就在图森，知道我们到达一定要尽地主之谊，我们很高兴地接受邀请。这个餐厅是美国西部风格的露天餐厅，十分土，按中国的说法就是大排档，低矮的饭桌和凳子都是大原木做的，显得很粗犷，吃饭时还有人演唱。肉全是烧烤，我要了一份烤牛排和一瓶百威啤酒，老朋友见面格外高兴，边吃边聊。我到屋里看看，都是土墙，写满了文字，要的就是这种西部原生态的风格。

7月22日，周六，休息日，阿纳尔斯开车带我们到Fomstone小镇参观。这里原来是一座银矿山，现已开采完，变成了一个旅游小镇。街上牛仔很多，商店一个接一个，大都是卖工艺品的。一个商店里摆了很多枪在卖，有几个牛仔正在与老板交谈，是真买枪的顾客。我们参观了一个旧城矿山纪念馆。门票是2美元/人。又看见了据说是世界上最大的一棵树，树的名字不知道，我不相信这种说法。

坐上大马车免费走一圈。马车夫一路上讲解非常认真。原来这里有一座中国城，后来失火烧毁了没有再建。早期有一批华工在这里开矿，当年华人在美国西部当劳工对美国经济的贡献，美国人一直都承认。可惜现在几乎见不到华人居住了。下车时我们给了马车夫小费，他很高兴。回程路过一座大教堂，很遗憾，下午6点就关门了。车开到一座小山上停下，我们仔细看了图森市的全景。市区很大，除了市中心有几座高层建筑外都是低层建筑或平房，显然不像明尼阿波利斯那样宏伟、壮观和漂亮。晚饭是在一个肯德基快餐店吃的。

7月23日，周日，我们离开图森市。先到航空博物馆参观，这是一个相当大的航空博物馆，里面有各种各样的退役飞机，我以前从未参观过，真是大开眼界了！中午在Subway吃快餐。天热得出奇，我们吃完饭坐在汽车上，到处都烫手。下午阿纳尔斯建议去看一个古遗址，客随主便，我们就同意了。汽车开了很长时间到达Casagrande，我们看见一座土房子用木头围起来，算是保护文物吧！真是哭笑不得，这算什么文物古迹？可一想，美国的历史只有几百年，哪像中国是几千年的文明古国有很多名胜古迹？这座遗址没看见解说文字，不明白其背景。在Casagrande小城，我们住在Holidayinn，这是一座很好的宾馆。晚上整理考察资料，写笔记。

7月24日，早上先到Santa Cruz铜矿就地浸出实验基地。该基地正在建设中。现场已完成盐水注水和抽水试验，萃取厂和电积厂也正在施工。休息时，Steap先生请我们吃冷餐，与他分手后我们的车直奔凤凰城，因时间紧张，进城后没有看市容就直接去了机场。来往经过凤凰城——亚利桑那州的首府，始终没看清该城市的“庐山真面目”。

我们乘飞机下午到达盐湖城。

7月25日，在盐湖城研究中心工作一天。Sandberger先生原来在罗拉研究中心任主任，1993年调到盐湖城中心任主任。该中心的接待相当正规，除主任外，有地质、采矿、选矿和冶金的专业技术人员与我们交流。他们佩戴胸卡，上班时打卡，管理规范。会议室备有点心、水果、咖啡和茶。每个专业的人都很认真地介绍自己的研究工作。

午餐后，回到盐湖城研究中心参观实验室，Sandberger主任始终陪同参观。每到一处都有人耐心地讲解。下午4:00以后，讨论双方合作项目，讨论时在白板上写字画图，每写完一板就拷贝给参会人员，设备很先进。1995年我在中国还没看见过这种自动拷贝的设备。

盐湖边上有一座铜冶炼厂，我们决定去看看。按理说，预先没有计划，也没打招呼，对方是不能接待的，但机会难得，我们还是争取参观。好在阿纳尔斯说明我们是美国矿山局的客人，来美国是执行中美科技合作计划的，对方认为我们是正规的团组，还是接待了。没想到开始参观后见到一对中国夫妇，由他们带我们，这就更方便了。先生是冶炼厂自动化专业的，该企业是国际著名的肯尼科特闪速炼铜厂，有他们二位带领，我们得以详细地参观全厂。中午我们请他们夫妇吃饭，又加深了了解。我邀请他们来中国到北京矿冶研究总院做客，他们欣然答应。

中午我们乘飞机离开盐湖城，在机场与阿纳尔斯依依不舍地分别了。我再三对他表示感谢，送他一份很好的纪念品，邀请他到北京做客，我们接待他，他很高兴。阿纳尔斯1953年出生，毕业于明尼苏达大学地质系，一直没出过国。他是一个工作兢兢业业、很谦和的人，给我们留下极深的印象。以后美国矿山局解散了，不知道双城研究中心是否保留，他在哪里工作，很怀念他。

图10.11　美国双城研究中心阿纳尔斯（右）全程陪同我们考察地下溶浸项目

图10.12　在美国亚利桑那州考察地下溶浸项目，双城研究中心阿纳尔斯（左2）全程陪同考察

7月29日，我们圆满地完成了在双城研究中心和盐湖城研究中心的合作交流，以及对亚利桑那州矿冶企业的考察，在洛杉矶起飞回国。5人中有3人

是第一次到美国，没有去纽约和华盛顿的东部地区有些遗憾，我作为院长和团长感觉很过意不去，但没有办法，原本东部地区没有任务就不能去，这是外事纪律。

回国后，我们提交了一份详细的考察报告。

10.8 去法国铝业公司

应法国铝业公司（也称普基公司）邀请，中国有色金属工业局派出以高德柱副局长（副部长级）为团长的代表团于1999年6月18日—6月26日赴法国访问和参观考察。代表团其他成员有：陈胜年，原中国有色金属工业总公司副总经理；孙传尧，北京矿冶研究总院院长；李永军，重庆西南铝加工厂厂长；边刚，有色局外事局处长兼翻译；谢小兵，高副局长秘书。

图10.13 与中国有色金属工业局副局长高德柱访问法国铝业公司

6月18日上午到达首都机场No.5 VIP贵宾候机室，有色金属工业局潘文举副司长来送行。原在北京矿冶研究总院的江曼女士代表法铝北京办事处全程陪同。

我们乘波音747大型客机，300多个座席的大型宽体客机本次航班只有120人左右，头等舱只有10来个人。12:30在首都机场起飞，一路上大部分时间天气晴朗。由于这条航线我飞过几次，又借助机上的航路图，地面上不少城市和建筑物我大体上都能识别出来。在飞机上看见了乌兰巴托及蒙古国西北部地区，俄罗斯伊尔库茨克、新西伯利亚、莫斯科及以北地区，在圣彼得堡上空飞行时，城市看得相当清楚，波罗的海、芬兰湾、赫尔辛基、哥本哈根尽收眼底。再往西飞，欧洲航线上各国的城市几乎连成片了，很难分辨。地面上森林和田园很多，农田耕作得像画一样。整个航程除了在蒙古国西北部风大气流不稳飞机有些颠簸外，其他时间都飞得很平稳。

巴黎时间18日下午4:20，北京时间18日晚上10:20，飞机降落在法国巴黎戴高乐机场。法国铝业公司国际部副主任、一个年龄较大的先生及一个年轻的女士到机场迎接我方代表团。我们住巴黎协和大酒店，这是巴黎市很高的酒店，我住2617号房间，最高层是35层。在宾馆的咖啡厅举行了简短的接待会面，这称不上接待仪式，因为法铝没有高管人员在场。法方人员向我们报告了主要活动及日程。并表示，利用休息日安排我们到巴黎市的著名景点观光。高副局长表示感谢。

6月19日，周六，休息日，法铝安排代表团在巴黎市内观光，国际部副主任全程陪同。

6月21日，正式开始工作。高副局长带队访问法国铝业公司总部。法铝参加会面的有法铝副总裁、工程部负责人、国际贸易部负责人等6人。法方介绍了该公司的情况，重点谈到和中国西南铝加工厂建合资企业的进展问题。我方李永军厂长、陈总和高副局长都做了说明。法铝与中国西南铝加工厂建合资企业，法方对于中方的进度有些不满，但表现得很含蓄、客气。

中午举行正式午宴。由法国铝业公司总裁出面，餐厅就在会议室不远处的同一座楼里，双方边吃边讨论，从12:00一直到下午2:30。宴会实际上成了工作午餐会。午餐后，按计划我们乘一辆大巴车去位于科尔马（Colmar）小城附近的一座大型铝加工厂，是在法德边界的斯特拉斯堡附近。整整一下午，行车7~8小时，到达小城市Colmar，住在Novotel宾馆，这里很清静。

6月22日上午，乘车到铝加工厂参观。先在厂部接待室双方会面，厂方介绍情况。该厂1961年开建，1967年投产，是世界第三大铝加工厂。主产品是包装用铝材，例如易拉罐体及拉环、拉盖料等。主要工序有铝锭熔铸（13吨），表面修整，热粗轧、精轧、冷轧、校直等。装备是30年前的，但仍耐用。主机是法国的，自动化水平较高。

会议进行中有人报告：中国BGRIMM（北京矿冶研究总院）孙传尧先生有电话。我走出会议室感到十分诧异，来法国工厂出差还有什么人打电话？接待人员交给我一个电话号码，告诉我是通过巴黎法铝总部转来的，让我给这个电话号码回电话。我不清楚发生了什么急事，请人把大巴车的司机找来，告诉他我的手机在车上，请他开车门，我需要取手机打电话。我完全不懂法语，英语也说不太好，但司机还是听明白了，他很客气地满足了我的要求。

我好不容易把电话接通，原来是北京矿冶研究总院从北京打来的国际长途，我接听后感觉不是急事，也不需要我回去，就放心了。我在电话里把工作安排好就回到会议室，此时参会的人员已经进入车间。我赶紧追上队伍，随团逐个工序观看。我在国内也看过铝加工厂，从大面上看，我感觉和中国的企业差不多。中国的铝加工厂大都是20世纪七八十年代以后新建的，装备及工艺水平比较新。法铝这座加工厂很大，但毕竟是60年代建的，我看不出该厂先进在何处。但我不是科班搞铝加工专业的，详细的工艺技术内涵我并不了解，李永军厂长会明白。

午餐是加工厂副厂长宴请，在靠近莱茵河的一个餐厅用餐，边吃饭边欣赏莱茵河的美景及河面上吨位不小的轮船和游船。午餐后乘大巴过桥穿过莱茵河到德国境内的一座小城短时间观光，然后返回法国，大约行车半小时就回到Colmar。Colmar这座小城是10世纪建的，目前是旅游城市，游人很多，但极少见到华人，小城是德国风格的建筑。

无论斯特拉斯堡还是邻近的Colmar，都是著名的旅游胜地。这里虽然是法国的领土，但历史上德法争夺多年，无论建筑风格还是文化，都是法德交融的，特色鲜明。遗憾的是时间紧张，主人没有安排我们在当地旅游观光，以后可能没有机会再到这里了，在法国，这里属于边远地区。

晚饭是8:00左右在高速路旁的中间休息站吃的，比较简单，还算可口，最重要的是节约了不少时间，我们这些人对吃喝并不在意。晚上回到巴黎协和大酒店已是夜里11时。

6月23日早晨，陈胜年接到北京电话，让他与旬总（后来随团访问的）马上回京，这样原计划被打乱了。

上午10:30，我们去Paribus银行，高副局长原在中国银行任副行长，是专家型的领导，他在辽宁工作时在中国信贷界有“东北王”之说，这是一个银行系统的人对我讲的。他在金融系统人脉很旺，来到巴黎自然这家银行的总经理要见高行长，中午设宴招待，向高行长请教，这也是我们代表团计划内的工作。

午餐后，我们匆忙回宾馆，下午要去法国工业部，副部长和国际事务女部长助理与高副局长及随行人员会面。法国工业部派两辆加长的奔驰轿车来接我们，司机很有礼貌，客人上下车他都主动开、关车门，微笑服务，素质相当高，不愧为政府部门的礼仪车。

法国工业部实际上是石油、能源和原材料领域的工业部门，相当于一个小经贸委。部长助理是一个大约45岁的女士，极具政府官员的气质。

工业部在一栋很旧的小楼里，接待室在楼上，我们沿着木楼梯上楼，感觉楼梯有些颤动。接待室俭朴，接待也很简单。

会面是礼节性的，没有实质性的谈判，主要是增进双方的了解。法方部长比较详细地介绍了法国工业部主管领域的发展情况，高副局长介绍了中国有色金属工业管理体制的变革及近年间有色金属快速发展的情况，会面达到了预期的目的。该部长助理在4月末来北京时曾到北京矿冶研究总院，当时我不在北京，是其他院领导接待的。

我们离开工业部后，5人在一个中餐馆用晚餐。这是一个华人开的，客人自助取餐后过秤，按总重量计费。中国国内也有这样经营的，我在武汉去过这样的餐馆。我怀疑这老板是把中国的经营方式转移到法国了，当然高档餐馆不能这样干。5人总计餐费500法郎，不便宜，因为不是点菜小炒，而是自助取大锅饭菜。但也不算贵，相当于500元人民币。在法国吃饭毕竟不是在中国国内。

由于日程安排得很紧凑，在法国的主要工作提前完成了。距离下一站出访俄罗斯的时间还有几天，而且中间又赶上周日，我们就利用这空闲的时间到别处走走。

离开法国的前一天晚上，中国银行巴黎分行杨行长在巴黎最著名的中餐馆福禄居宴请中国银行老领导高行长一行，这餐馆地处香榭丽舍大街，过去是法国上流社会富人出入的黄金地段，在八区，凯旋门附近。

杨行长年轻有为，见到高行长十分高兴，很热情。他介绍，近年来移居巴黎的中国人不少，以浙江人居多，大部分住十九、二十区，听说那里新建了一个中国城，但我们没去过。

晚上我住在协和大酒店1801房间。看见另一方向远处有一高楼群，是近年新建的。

6月27日早晨，巴黎天气阴，但没下雨。我们整理好行装，于9:30乘车去机场，飞往莫斯科履行公务，结束法国之行。

10.9 去瑞典参加北欧国际选矿会议

这次活动时间是2007年2月1日—2月8日，此时我的院长离任决定尚未宣布，用国资委干部二局副局长宋亚晨的话说：“你这次出国还需要这一职务。”

这是我第一次到瑞典参观考察并参加北欧的国际选矿会议，目的是扩大中国矿物加工的学术影响，并且为次年我院在北京承办第24届国际矿物加工大会做一些宣传。

2007年2月1日中午12:30，同在北京矿冶研究总院工作的我、韩龙和王福良乘张健的汽车去首都机场。由于我们的瑞典签证入境时间是2月2日，我们乘北欧航空公司（SAS）的SK996航班先到达丹麦哥本哈根是当地时间晚上7点，与2月2日相差4～5小时，不能入境（丹麦与瑞典同为欧盟国，须在丹麦入境），因此，SAS的中国小姐坚持在2月2日之前我们不能入境丹麦，否则，有被遣回国的危险。按她的意见，只能改签2月2日早6:25哥本哈根飞瑞典斯德哥尔摩的航班，而且韩、王每人补交改签费1000元人民币，我们只好认了。

比原定起飞时间晚45分钟，航班终于起飞了，飞得很平稳。我乘公务舱，座位是6H，旁边是一个老先生，国籍不明，不便询问。飞机上的乘务员均是年龄较大的中老年女士或先生，不像中国大都是漂亮的空姐或帅哥。

我饭后听了一会儿MP3，因电量不足，便调平座椅休息。飞行了9小时30分，当地时间为晚上7时多，我们到达哥本哈根，时差7小时。在出口，遇到一个懂中文的高个子小姐，我们说明来意，并说要等几个小时后才能入境，那个小姐告诉我们，与边防说一下可以入境。我们在她的引领下，来到边防入境口，丹麦边防人员很客气地让我们入境了。我们对那个帮忙的小姐致谢，韩龙留给她一张名片。机场旁边有一家希尔顿酒店，太贵。我们又在机场人员的帮助下定了附近的一家小宾馆，并且办好了次日早6:25的登机手续。我们三人乘一辆奔驰出租车，只几分钟就到达这家小宾馆。

宾馆小得出奇，从未住过这样小的房间。一张小床，与俄罗斯以前酒店的小床一样小，一张小桌子，一个1平方米的小卫生间，小小的洗脸池，水开关同时控制淋浴喷头。我洗了澡，又看了几眼电视就躺下睡觉了。

由于时差的原因，原定2月2日早5点起床，实际上3点就醒了，这相当于北京时间上午9点，一夜只睡了4个小时，韩龙和王福良也是如此。这家小宾馆名叫ZZZLeeps，房间里没有电话，我们在宾馆总台叫了一辆出租车，5分钟就到达机场。丹麦哥本哈根机场室内地面全是木地板，没有地毯，这是一种特色。北欧森林多，木料被广泛应用。

飞机正点起飞，机上旅客很少。飞行1个多小时就到达瑞典首都斯德哥尔摩阿兰达（Arlanda）机场。旅行社的孙立宝开车接我们。他是福州人，

1963年生，1983年中国警官大学英语专业毕业。

我们住的宾馆是Scadic Hotel，是大型的连锁酒店。我住272号房间，韩龙和王福良住276号房间，房间很大，70美元/天。幸亏我们自带了电热杯，否则热茶都喝不上。

当地时间上午11时，在瑞典皇家工学院任教的杜嗣琛教授来到大厅。他穿一件黑色的长呢大衣，围一条花格围巾，个子不高，很瘦，头发花白且很稀疏，一派学者的气质。午饭后，杜教授驾车送我们到斯德哥尔摩皇宫，天气不太冷，但很阴，不见太阳。据说，北欧的冬天经常如此。最短的12月只有几个小时的白天，太阳从地平线上爬上来仅几个小时就落下去了。这使我想起圣彼得堡的冬天。皇宫是一座黄色的古建筑，其格调有点像圣彼得堡的夏宫和法国的凡尔赛宫。

离开皇宫，我们到达皇家工学院（KTH），该校理工科在瑞典排名第一，是17世纪建立的名牌大学，这里没有围墙，全是红砖清水墙的建筑，很像纽约的哥伦比亚大学。杜教授在他的办公室里与我们谈了很多，看得出他造诣很深，在学校很受重用，但付出的努力和代价也很大。他忙起来经常中午不吃饭，怪不得当天的中饭他吃得很少。用他的话说，已经习惯中午不吃或少吃了。在参观实验室时遇见了杜教授的学生、北京科技大学李文超教授之子李蕃。李文超教授早年留苏，是国内著名的冶金物理化学家，我与他很熟，见到他的儿子自然都很高兴。傍晚，杜教授送我们回到宾馆，我们与他告别并表示感谢。

次日，旅行社的孙先生接我们去市政厅。这座宏伟的建筑是1919—1923年建成的，全部由红砖砌成，内部有诺贝尔奖颁奖宴会厅，没有贴蓝色的马赛克，保持了红砖内壁，这又是一种特色。与前一天不同，太阳很难得地出来了，蓝天白云，空气异常清新，这是北欧少见的好天气。我们又到了王子公园，这里有一处富豪的家族园林。斯德哥尔摩有点像俄罗斯的圣彼得堡和土耳其的伊斯坦布尔，到处是湖、水和桥，整个城市是一个群岛。各种不同风格的哥特式、巴洛克式建筑再加上国色的黄色，实在是很美。我们在不同的经典建筑前拍照留念，据孙先生讲，这座城市1/3是建筑、1/3是森林、1/3是水，生态环境极好，适合人居住。

午饭前，在宫门看了士兵交接仪式。此时有一年轻的中国女人向我们散发反动的宣传品，被我们狠狠地训了一顿，狼狈地离开了。

我们乘双螺旋桨飞机Sub经过1个半小时的飞行，到达Skelleftea机场，外面全是雪，一片银白色，但不太冷。高明炜博士租了一辆大众两厢轿车，由他开车，我们3人坐车，一直在雪地上行驶。高明炜在吕勒奥大学留学并获博士学位，他习惯了在冰雪路上开车，并且技术水平很高。经过大约100公里的行程，到达波立登公司招待所。这里积雪很厚，但不太冷。下午3:30，天色已黑，周围是森林，北欧冬季的风光很神奇。住下后我们去一家小超市，这里的东西与斯德哥尔摩价格相近，我买了5盒瑞典巧克力，总计250克朗。

晚上7:30，波立登选矿厂厂长开车送我们到30公里以外的餐厅，波立登公司举行晚宴。Nils Johan Bolin博士在工厂已工作几十年，他开车，我们4人乘车，在夜色中的雪地里行车30公里到达Skelleftea一家希腊式餐厅，在这里波立登公司的高管举行便宴。Forshberg教授和德国亚琛工业大学的Wotruba博士已在餐厅，老朋友异地相见十分高兴。后面又来了几人，每人点了沙拉和一道主菜，有啤酒和葡萄酒等饮品，没有开场白，大家随意用餐，以至分不清哪一位是主人。只是到最后，波立登公司的一位高管说了点道别的话。

因是周日，小镇上没有一家餐厅开业，Skelleftea也只有几个小餐厅营业。瑞典有一个习俗，节假日开业的餐厅在夜间营业时要在门口点上油灯或蜡烛，以提醒人们开业。另外，冬季一天24小时开车均开车灯，这是瑞典的规定。宾馆餐厅无人值守看房卡，我悟出来了，因用工成本高，所以不设值班员。即使有少数人蹭饭吃，饭费也少于员工成本。

2月5日，周一。早晨离开波立登招待所时，看见有两个老妇人在工作。我们乘车到波立登总部，出席一个小型学术报告会。主报告人是波立登公司副总兼矿山部总裁。他介绍了公司的情况之后忙于出差，和我们告别。第二名报告人是Andrees技术中心负责人，他报告了研发情况。第三名报告人是一个搞浮选的，介绍了一个具体研究项目。选矿厂厂长Bolin是Forshberg教授的第一个博士，其他两个也是他的学生。

接下来报告的是高明炜博士，他也是Forshberg的博士。他代表澳大利亚CSIRO，简要介绍了澳大利亚的选矿技术概况。再下一位是德国亚琛工业大学的Wotruba博士，报告内容是有关干式选矿的进展，他在伊斯坦布尔第23届国际矿物加工大会上报告过。

中午在餐厅用工作餐。Bolin博士告诉我们，用餐的员工都付费，大都自己带饭。关于餐厅他也说不出太多，估计平时他在这里用餐也不多。吃完饭，用餐者自觉地把餐盘分类放好，餐厅的服务人员主要在厨房内工作。

下午参观选矿厂，日处理量5000吨左右。工艺流程是铜铅混合浮选，混合精矿再磨后铜铅分离，分别精选得到铜精矿和铅精矿。铜铅混合浮选的尾矿选锌，锌粗精矿再磨后精选得到锌精矿。在原矿磨矿分级回路中，用尼尔森选矿机回收已解离的金。浮选尾矿中黄铁矿含金高，用氰化法浸金。另外，该厂还有炉渣处理系统。全厂设计、配置紧凑，感觉管理得挺好。

外面天气很冷。参观完毕时下午3点，尚有一线夕阳，仍由高明炜驾车，我、韩龙和王福良乘车，又经过两小时的行程到达吕勒奥市，住Elite Hotel。这是一个四星级酒店，我住439房间，韩龙住438房间，王福良住440房间。瑞典人也讲究人的身份。王福良时任北京矿冶研究总院副总工程师兼矿物工程所所长，他的房间最大。韩龙时任院外事处处长，其房间小一些。我当时已决定离任北京矿冶研究总院院长，但时任国资委干部二局副局长宋亚晨对我说："你出国还需要院长这一职务，暂不宣布。"因此，临行前尚未宣布。但是，矿冶总院向外报身份时只报我的身份是教授，没报院长。其实，报院长不报院长都有道理。由于不带"长"，我的房间最差。王、韩二人一看傻了眼，尤其是王福良，我是他的院长，又是他的博士导师，他哪肯住大房间！坚持要同我换房间。在他们二人的坚持下，我只好住大房间了。这是小事一桩。

当晚7:00，山德维克公司举行了一个招待晚宴。该公司市场部负责人是一个老先生，他详细介绍了该公司的情况，他们生产的圆锥破碎机在中国鞍山、德兴等企业广泛应用。除了中国的实例外，还介绍了该设备在澳大利亚、俄罗斯以及智利丘基卡玛塔大铜矿的应用情况。

晚宴后我们在外面散步，天气实在太冷，赶紧回宾馆。

2月6日，早晨，在外面看了吕勒奥市容，该市不大，冬季寒冷，但很有活力。上午在市政厅礼堂举行报告会，这是瑞典、芬兰、丹麦、荷兰和挪威几国的矿物加工学术会议，中国人大概是第一次参加。会议规模是120人，不算大。除三名中国人、两名澳大利亚人外，全是欧洲代表。国际矿物加工大会理事会原主席Forshberg先生开场讲话，他特别讲到2008年在中国北京由北京矿冶研究总院承办第24届国际矿物加工大会一事，也算为我们宣传了，其实我们这次参会既是加强交流，也是为办会做准备。我还是北京国际会议的执行主席。赫尔辛基大学卡尔教授（后来当选为国际矿物加工大会理事）在报告中对1985—2006年会议的学术论文做了一个很好的综述，他在报告的最后建议大家起立用掌声感谢北欧选矿学术会议的发起人Forshberg先生的贡献，并说明，这是他最后一次主持会议了。顿时气氛热烈。欧洲的矿业已近衰落，矿物加工有不少已转向废物处理，因此，关于资源循环方面的论文报告不少。

中午在一家宾馆用餐，午饭前在外面拍几张照片留念，无奈天太冷，手冻得无法拿相机，只能拍一张，拍第二张时手就冻得无法拍了。

下午5时，当天的学术会议结束，我们3人在夜色中游览这座小城。商业挺发达，人不多。我在一家体育用品商店看见一双CCM牌的冰球鞋，我知道这是国际品牌，尽管是中国产的，我还是买了一双，花费499克朗，不算贵。

欢迎晚宴是在一座大剧场式的多功能大厅举行的，非常漂亮。有一个挪威人向我打听中国SLon高梯度磁选机的事，对此，我很清楚，比较详细地向他介绍。Forshberg教授明白我的身份，又是老朋友，我自然被安排在主桌的要客位置，韩龙、王福良也在主桌，会议对我们中国专家礼遇了。席间Bolin先生领唱瑞典歌曲，还有人唱澳大利亚歌曲，有人向Forshberg先生敬酒或送纪念品，我们的纪念品中午已送他了。3道菜的晚宴，从晚上7:30到半夜11:50，实在太长了！晚宴终于结束，我们结伴在逼人的寒气中走回宾馆，好在路不长。

2月7日，周三。天气很晴，阳光很充足，但很冷。开会之前抓紧时间到市政厅会场周围看看。有教堂、学校，还有几座历史较悠久的建筑。城市不大，街面不宽，显得很清静。我想，在这样比较偏僻、冬季严寒的城市久居和工作很不容易。国际著名的Forshberg教授长期在吕勒奥大学执教，在各大洲都有其弟子工作，而他一直没离开这里，真令人佩服。

上午，学术会议继续进行。有几个学术报告人曾在国际矿物加工大会上见过，但不是很熟。按理说，北欧乃至整个欧洲矿业与二三十年前相比已经走下坡路，远比不上亚洲、非洲、南美洲、北美洲和澳大利亚，但矿物加工的学术氛围仍然很浓，只不过已经拓展到分离科学与技术了。想起1988年我在亚琛工业大学参观，在矿物加工实验室就看见垃圾分选的实验研究和设备。类似的工作在本次会议上也有报告，但在中国还未得到重视。上午会议快结束时，Forshberg教授送我一本英文版的专著《界面分选原理》，他告诉我，这部书是他与中国的卢寿慈教授合写的，而且大部分是卢寿慈教授的工作。我表示感谢。同时，我们向这位令人尊敬的学者致谢、告别，因为次日我们将回国。

当天下午，我们到著名的吕勒奥大学参观。这所大学是多科性大学，其矿冶学科很强，早在20世纪80年代我在金川有色金属公司出差时，就看见该校的专家在井下开展采矿和岩石力学的科研工作，敬业精神令人赞扬。我们参观了校园、实验室、图书馆和阅览室，设施装备相当好，各方管理很到位。在阅览室还设有小卖部卖文具、日用品和食品，方便学生，想得太周到了。另一方面，学生也遵守公德，保持安静，讲究卫生，显得很有素质。离校前打电话叫出租车，很快来了一个女士开车把我们送回宾馆。

晚上，几个朋友在一起小聚，大家很开心，相约2008年在北京第24届国际矿物加工大会上相见。

2月8日，我们圆满地完成了在瑞典的参观考察和参加北欧国际矿物加工学术会议的任务，乘机又经丹麦转机回国。

10.10 去俄罗斯诺里尔斯克镍业公司

这是我院长离任当年的工作。2007年9月末，在阿斯特拉罕大学参加完中俄双边学术会议之后，其他中俄双方代表都乘大巴车去伏尔加格勒参观，中方专家有王淀佐院士、左铁镛院士和夫人周老师、屠海令等，我与张京京坐飞机到莫斯科，然后与北京矿冶研究总院的马彦卿、王福良、王成彦会合去俄罗斯著名的诺里尔斯克镍业公司参观考察。

在莫斯科中转，恰好赶上中国的国庆节。我和张京京决定到红场去看看。这一天红场东侧有俄罗斯共产党员自发游行，游行队伍至少有几百人，他们打着横幅，手举红旗，路边墙上还贴了标语。警察在路边值勤，但对游行人员不干预。不参加游行的年龄大一点的人在路边摆地摊，卖书刊、报纸等印刷品，一看都是当年苏联的出版物。无论游行人员还是摆地摊的人员，对苏共和苏联都表示怀念之情。

我蹲在地摊上选了几份报纸和杂志，又买了《静静的顿河》上下册，付钱后卖书报的老人问我从哪里来，我说："中国。"他又问："你是中国共产党?"我回答："是。"顿时，老人眼里露出激动的目光，竖起大拇指连声说："好、好、好!"

中午，游行的队伍渐渐离散，红场又恢复了平静。我手捧着几本俄文书报，想着俄罗斯共产党员游行的情景和地摊老人的心态，感慨万千。

飞诺里尔斯克的航班照例是晚上。有一个俄镍业公司的人陪同。到机场后不久，通知航班延误，但没有通知时间长短，我们只好在莫斯科机场等，实际上在候机室里等了一夜，航空公司和陪同人员都没有安排宾馆休息，我们只好在沙发上靠了一夜。早上吃了一份免费误餐盒饭，等到快中午才登机起飞。

诺里尔斯克地处北极圈内，距叶尼塞河的入海口不远，是世界上最冷的城市之一，生活条件极端恶劣。该地区一年之中的平均温度为-10 ℃，最低温度可以达到-58 ℃。这里每年有280天寒冷期，其中有130天会遇到暴风雪。诺里尔斯克人口大约17万。当地的工作环境很艰苦，作为在恶劣环境中工作的补偿，当地每年的法定节假日为90天，45岁可以退休。据说这里是过去流放和关押劳改犯的地方。但另一方面，这里的铜镍资源十分丰富，已建成世界级的镍业公司，尽管如此，还是严格控制外人进入，该地1935年建市，2001年列为保密地区。因此，在飞机上保安人员又认真地检查旅客的护照。

诺里尔斯克还是保留原苏联的风貌。高楼几乎没有，城市的街道呈放射状，路旁基本上是两层或三层楼连成片，临街的楼外墙面有大幅宣传画，类似20世纪五六十年代的中国，都是工农兵的形象和大幅标语，这对于我们这些过来人来说有一种亲切感。诺里尔斯克的接待宾馆和餐厅相当考究。一方面俄罗斯的传统就是这样，地区的文化差异很小；另一方面，这里毕竟是国际大公司所在地。

有几个英国人也来这里参观。早餐后，我们一起乘大巴去镍冶炼厂。原定先看铜冶炼厂，但由于飞机晚点了一夜，参观铜冶炼厂只好取消了。我是矿物加工专业，由于我当科研处处长、科研副院长和院长时间长，对地、采、选、冶和与此相关的专业较熟悉，尤其对中国金川公司的铜镍冶炼和选矿较熟悉，再加上副所长王成彦博士是科班的有色冶金专家，因此，我们在镍冶炼厂对于技术问题问得很多、很细，镍冶炼厂厂长很开放，我们感觉他是没有保留地回答了，很感谢。

第二天按计划参观选矿厂遇到阻碍。俄方通知，参观选矿厂需要俄罗斯外交部批准，没有批准不能参观。我回答："（1）我们的参观访问计划早在上一年度就提出，你们为何不上报外交部？（2）我是北京矿冶研究总院（BGRIMM）院长，也是中国矿业联合会选矿委员会主任、中国有色金属学会选矿学术委员会主任，我的专业是矿物加工，来诺里尔斯克主要是参观选矿厂，你们不让我看选矿厂，我回去怎样向同行交代？（3）我们代表团在这里等着，什么时候外交部批准我们参观完了才离开这里。"

回到宾馆后王成彦分析，外交部批准是借口，主要原因是昨天我们在镍冶炼厂问得太细了，引起了俄方的警觉。我同意他的看法。因为要说保密，镍冶炼要比铜镍选矿密级高，可我们参观镍冶炼厂时没提过外交部批准一事。

没想到第二天俄方通知我们去选矿厂参观，理由是，考虑到诺里尔斯克镍业公司与中国BGRIMM的合作关系，破例请代表团进选矿厂参观，我表示感谢。我们在选矿厂认真看了一遍，平心而论，实在没有比中国更高明的东西，我做过金川公司的选矿科研，在金川选矿厂领导工业试验干了40天，对铜镍选矿较了解。不过，去了总得看看，俄方也是一片好意。我感觉到俄方对中国的铜镍选矿和冶炼水平不是很了解。那几个英国人搭了我们的车也进行了参观。

顺利地完成了诺里尔斯克的参观考察，机会难得，估计迄今为止去那里的中国人也不会很多。回程是坐飞机诺里尔斯克—莫斯科—北京。

10.11　我心目中的米哈诺布尔和它的院长们

我任北京矿冶研究总院副院长、院长，乃至院长离任后任矿物加工科学与技术国家重点实验室主任期间，从1986年到2021年11月，我与米哈诺布尔及其主要领导人交往长达35年。米哈诺布尔与北京矿冶研究总院是铁哥们儿，也是我一生中最贴近的国外研究设计机构。我有必要把对米哈诺布尔及院长B. A. 阿尔辛季耶夫的合作和感受写出来，以便增进同行的了解。

谈起米哈诺布尔，20世纪五六十代从事选矿专业的师生和工程技术人员几乎无人不知晓。该院建立于1918年，是一个举世闻名的专门从事选矿和烧结团矿专业的大型专门设计与研究机构，与中国的关系密切。20世纪80年代以前，中国选矿厂普遍采用的A型浮选机（1A—7A）是该院研制的；50年代中国的一些大型选矿厂是该院设计的；至今浮选领域广泛应用的加温浮选分离白钨矿与含钙矿物的著名的彼得罗夫法以及用硫化钠解吸脱药分离硫化矿混合精矿的高涅夫法，都是该院学者20世纪50年代初的发明；矿石采样时普遍采用的切乔特公式，是该院学者更早些时候提出的。更重要的一点是，1956年米哈诺布尔帮助中国建立了北京矿冶研究总院，并派专家在院指导工作多年，此后我院也派多名科技人员去该院学习和工作。由此，以前苏联人甚至称北京矿冶研究总院是中国的米哈诺布尔，尽管我院的专业已比其拓宽了许多。

20世纪60年代中期，我在东北工学院选矿专业读本科时，在教科书和老师的教学中，米哈诺布尔可谓如雷贯耳。我在新疆可可托海选矿厂用的几种型号的浮选机，全是仿制米哈诺布尔的A型浮选机。在北京矿冶研究总院读研究生乃至毕业后的几十年，更深知两院兄弟般的友谊及合作关系。

1956年，我们正是参照了米哈诺布尔的模式在中国建院。当年在中苏国家间科技合作第四届会议上，确定了我院与米哈诺布尔是直接联系单位。我院最初的建院设计也由米哈诺布尔承担，陈健院长曾率一个技术组到该院参与讨论和修改设计方案。但遗憾的是，由于当时国家压缩基本建设项目，该设计方案没有用于施工建设，我院只得从北京有色冶金设计院的院内搬迁到有色金属管理局的办公楼，即原院总部文兴街1号。从建院初期直到1960年，米哈诺布尔派出了H. B. 查希金等多名专家常驻我院，指导了10多个重大设计项目和部分科研项目。与此同时，我院也派出张卯钧、李永蔚、吕永信、东乃良、苏仲平等多名工程技术人员到该院学习，这些同志后来都成为矿冶总院的领导或技术领军专家。

此后，由于众所周知的中苏国家间关系的原因，两院中断联系达20多年。

1986年，由一批苏联科研设计院院长组成的苏联有色冶金工业部科技代表团访问中国。时任米哈诺布尔院长的苏联科学院通讯院士B. И. 列夫尼夫采夫先生随团来到北京矿冶研究总院，之后他离开代表团，单独对我院进行了一周的访问和考察。因为他知道两院的渊源，也许是计划内的。他仔细到连我院出版的期刊都看。回国前B. И. 列夫尼夫采夫院长留下这样一段话："20年前我们帮助过你们，20年过去了，你们院有了很大的发展，现在我们可以坐在同一条椅子上平等地商谈合作。"当时我院院长何伯泉正出访匈牙利，由主持工作的邱定蕃副院长负责接待，我来协助。有一个半天时间，该院长与我院机械专家周二星和赵鸿才（两名早期留苏生）深入讨论惯性圆锥破碎机的技术问题，由我主持。由于我在东北工学院读书时曾在一本俄文期刊上见到关于这一设备的介绍，还留有印象，因此我始终有兴趣地听他们讨论。客观地说，这是后来我坚持引进惯性圆锥破碎机乃至建立中俄合资企业凯特破碎机有限公司的缘起。B. И. 列夫尼夫采夫是来我院访问的米哈诺布尔第一位院长，一个慈祥又谦虚的长者，因此他留给我的印象极深，我院也做了周密的安排。

B. И. 列夫尼夫采夫院长回国之后，他根据对我院实力的考察，向苏联政府提交了一份专门报告，由此申请到一笔不少的专项资金（可能是100万美元），购置了一批大型仪器设备，提高了该院的装备水平。这是后来我去该院时，苏（俄）方的同行多次对我讲的。如今B. И. 列夫尼夫采夫院长已故去多年，但他为恢复两院合作所做的开拓性的贡献，以及他留给米哈诺布尔的宝贵财富将永远载入两院的史册。

米哈诺布尔的接任院长B. A. 阿尔辛季耶夫，1947年生，1968年毕业于列宁格勒矿业学院，1973—1977年任该校助教，1976年到加拿大不列颠哥伦比亚大学（UBC）学习。1977—1980年任米哈诺布尔实验室主任，1980—1989年任苏联黑色冶金米哈诺布尔（从米哈诺布尔分出的黑色冶金研究和设计院）副院长，1990年继В. И. 列夫尼夫采夫之后任米哈诺布尔院长。

早在20世纪50年代，他的父亲作为苏联专家曾在北京矿业学院任教，他随父母来北京住在友谊宾馆。因此，童年时代的他，在脑子里刻下了对北京、对中国难忘的印记。以至20世纪90年代初当他重新踏上中国的土地、第一次来矿冶总院访问时，还专程到友谊宾馆看看他当年与父母居住过的楼房，这勾起了他许多美好的回忆。

我于1988年任北京矿冶研究总院院长，从而得以在1990年作为中国有色金属科技代表团成员第一次访问苏联，也去过米哈诺布尔。此后，我多次到俄罗斯，到米哈诺布尔考察并商谈合作。我目睹了苏联解体前后社会的变化，俄罗斯经济从滑坡，到低谷，再复苏回升的过程。我在莫斯科买过1美元一个的冰球杆，也在圣彼得堡买过1美元一头的大蒜。我看见了米哈诺布尔从兴旺到衰退，再到重新发展的马鞍形轨迹。В. А. 阿尔辛季耶夫刚接任院长后不久，就亲身经历了这个国家和这个院一系列令人瞠目结舌的变化。20世纪90年代中期是米哈诺布尔处境最艰难的时期，时任副院长的И. Щ. 萨达耶夫先生曾对我说："我们现在是困难时期，需要你们帮助，希望你们像我们当年帮助你们一样地帮助我们。"我院没有辜负老朋友的希望，在政策允许、力所能及、双方互利的前提下，给该院提供了不少帮助。

我明显地体会到В. А. 阿尔辛季耶夫院长在那段时间的困惑和惆怅。有一次他对我表示，不想当院长了，想来中国工作。我劝他，无论如何不能这样。后来他还是挺过来了，他结合俄罗斯国情抓住了机遇进行全院改制，使米哈诺布尔从一个专业研究设计院变成一个集团公司。1998年12月，当我又一次到米哈诺布尔时，他用了1个多小时的时间朋友般地、详细地、毫无保留地仅向我个人介绍了该院改制和股权置换的全过程。简言之就是："苏联解体—全员持股—卢布贬值—向美国贷款—用美元收购员工股权—股权集中于少数高管—用科研设计还贷。"他们的策略成功了！但对此也有非议，在莫斯科有色金属研究院，一位院长对我说："米哈诺布尔现在已经不是国家级的大研究设计院了，它已经变成私营企业了。"

1998年夏季，该院举行建院80周年庆典，我作为矿冶总院院长带团出席米哈诺布尔的庆典活动。临行前我很用心地写好发言稿，请张京京处长为我译好俄文。到达圣彼得堡后，我请В. А. 阿尔辛季耶夫为我的俄文稿润色，他仅做了极少的改动，可见张京京翻译水平之高。作为重要的国外机构与合作者代表，我在隆重的庆典会上用俄语发言17分钟。据我团的丹东冶金机械厂厂长刘仁继讲，我刚一张口时，会场有一番议论，但很快就平静下来细心听我讲。可能是我真情地讲述北京矿冶研究总院与米哈诺布尔兄弟般的关系感染了参会的俄罗斯人，当代人大都不了解这一层关系。此后的几年，我每一次去都感受到该院发展的氛围。

我与B. A. 阿尔辛季耶夫作为双方院长间的合作有17个年头，这在国际交往中是少有的。他在加拿大留过学，又生活和学习在欧洲，对西方文化的接受和理解自然比较容易。但他在推进米哈诺布尔与西方发达国家合作的同时，也十分注重与中国的合作，吸取中国的经验，特别是很关注北京矿冶研究总院的改革与发展。他不止一次来中国，来矿冶总院。有一年，他来到我院新建的矿冶三部，深有感触地说："每次来，都看到你们院的发展和规模在扩大，而米哈诺布尔却相反，连科拉半岛的工业试验厂也卖了。"此时正是他们院最困难的时期，我曾见到他们院内的楼房有不少都出租了，院子里停了不少小汽车，但都是房客的，他们自己连公务车都不易解决，请客吃饭就不必说了。但他是讲情谊的，1994年的一天，他开着自己的车拉着我和郑宝臣、夏晓鸥、胡立行去他家吃饭做客。在两院及两院院长的共同努力下，中断了20多年联系之后，北京矿冶研究总院与米哈诺布尔恢复了交往，并建立了长期战略合作伙伴关系。双方在一系列学术和科技交流的基础上进入实质性合作，该院以其技术在我院建立起中俄合资企业凯特破碎机有限公司和中俄合作企业新纳密公司。B. A. 阿尔辛季耶夫派两名副院长来北京参加了在我院组建凯特破碎机有限公司的签字仪式，而且作为公司的董事，长期支持和关注该公司的发展。凯特破碎机有限公司是生产惯性圆锥破碎机的专业公司，刚组建的几年，由于俄方提供的技术有缺陷，加之中国市场对该设备认知不足，我方对这项技术装备有一个认识过程，经营状况不好。于是B. A. 阿尔辛季耶夫和瓦依斯别尔戈联名写信给我，希望我分出些精力关注合资企业的发展，显示出他们的焦虑。其实，我始终致力于凯特破碎机有限公司的发展。在郑宝臣、夏晓鸥两位董事长和经理层的努力下，凯特破碎机有限公司的发展势头越来越好，双方的收益也逐年增加。

B. A. 阿尔辛季耶夫性格内向，从不大声说话，更不张扬。他彬彬有礼，很谦和。他在庆祝我院建院40周年的贺信中称北京矿冶研究总院是米哈诺布尔改革和学习的榜样，这一观点直至2007年他在给我的信中还重申。我认为他这样说不完全是出于客气，实际上，两院各有优势。该院工程设计的实力、水平和业绩在国际上闻名，我院在短时期内赶不上人家。对于工艺技术的研发，该院近年进展不如我院，但在俄国内外某些难度大的研发项目上还是显露出坚实的功底。设备研发与我院相比各有特点，在振动或惯性破碎机系列化开发以及其他粉碎和筛分设备及工艺实践方面比我院有优势，而在其他方面我院优势明显。此外，该院在选矿厂过程控制及仪表方面，由于与芬兰奥托昆普长期合作，其水平和实力也不低。至于科技体制改革方面，我院比该院起步早、收效大，目前整体实力和规模要比该院大得多。另外，我院关于科研、工程设计、科技产业三位一体的发展战略，实际上正是借鉴了米哈诺布尔科研、工程设计和机械设备研发与制造的优势以及当时联邦德国卡哈德公司和鲁奇公司的模式，并结合中国国情、院情，于20世纪80年代后期我明确提出的。20多年的实践表明，这样做比较符合现阶段矿冶总院的实际。

B. A. 阿尔辛季耶夫又是很认真和有责任感的人。大事无须多说，小事也很在意。有一年，夏晓鸥副院长去米哈诺布尔开凯特公司董事会，我因指导博士生和撰写专著的需要，请夏院长给B. A. 阿尔辛季耶夫带个口信，请他帮助找点关于矿物晶体化学的书籍。这类书原本在哪个国家都难寻，但B. A. 阿尔辛季耶夫还是费了不少心思找了几本内容相近的俄文专著请夏院长带给我，可见他作风之严谨。

2007年9月末，我院派出一个专业代表团（成员有孙传尧、王福良、张京京、马彦卿、王成彦）去位于北极圈内的俄罗斯诺里尔斯克镍业公司进行技术考察。回程途经圣彼得堡时，按计划访问了米哈诺布尔。对此，B. A. 阿尔辛季耶夫院长做了周密的安排，并亲自热情接待。我们详细听了他的介

图10.14　2007年北京矿冶研究总院科技考察团去诺里尔斯克镍业公司回程在圣彼得堡米哈诺布尔受到老朋友B. A. 阿尔辛季耶夫院长的热情接待，并送我院俄文版科技书60多本

绍，参观了展厅和部分实验室，感觉收获很大。双方讨论时，我对该院学者新编著的几本专业书表示了浓厚的兴趣，B. A. 阿尔辛季耶夫立刻让秘书取来几本送给我们。因是老朋友了，我也不必客气，又向他表示，目前中国国内俄文版的矿物加工类科技书很难见到，在俄罗斯书店也买不到，希望他能再找几本。B. A. 阿尔辛季耶夫满口答应。在代表团部分成员去参观实验室时，我和张京京随他来到办公室。他从书柜里取出一大堆书让我挑，并说："你喜欢哪本就拿哪本。"我当时可真挑花眼了，哪一本都不想放下，顺口说："都喜欢。""那你就全拿走。"他爽朗地说，并进一步解释，这几年他主要搞破碎设备和工艺，关于矿物分选理论和工艺技术的科研工作不多，如果一定需要，可到院图书馆去借。时间已是中午，餐厅再三催促用餐，选书也只好中止。

下午我们离院时，他已安排下属把书整整齐齐地分装了4个箱子。我和代表团成员对B. A. 阿尔辛季耶夫院长再三表示感谢。我们深知这批书的情谊和价值，一路上小心翼翼地把这4箱书提回矿冶总院。

回院后，我大致查阅了一遍。这批赠书总计有60多本，有20世纪60至90年代出版的，也有21世纪的新书，内容很丰富，包括浮选理论、药剂、工艺和设备，铁矿石选矿和铁精矿球团、造块，锰矿选矿，稀有金属选矿，磷矿选矿，砂岩矿选矿，矿石的粉碎理论、工艺和设备，胶体化学，界面化学，普通化学和地质矿物等。更难得的是，2004年出版的俄罗斯著名学者A. A. 阿布拉莫夫教授的《固体矿产选矿加工和综合利用》和《有色金属矿石选矿和加工工艺》等4部权威性的新书也在其中。（为了方便读者，我把书名译成中文，其中有几本书名我没有按字面直译，而是参考了书中的实际内容译出。因此，个别书名从字面上看中俄文不完全一致。）

我注意到，在这批赠书中，有B. A. 阿尔辛季耶夫本人所著的，也有几本是书作者签名后赠送给他的，有的书显然他仔细阅读过了。作为一名学者，把自己正在使用的，而且有保存价值的专业图书无条件地、成批地赠送给中国北京矿冶研究总院，这是一般人做不到的。整个选书和赠书时间不超过1小时，但实际上隐含着米哈诺布尔与矿冶总院长达50年的合作历程，也饱含了B. A. 阿尔辛季耶夫院长对矿冶总院十几年的情结，使我们领略了他的人格魅力和大将风范。由于B. A. 阿尔辛季耶夫慷慨地赠书，我院图书馆成为国内矿物加工领域馆藏俄文版专业书目最全的图书馆。这对于提高我院乃至国内同行科技人员的学术和专业技术水平，以及对学习专业俄语的读者会有很大的帮助。这些书在国内外任何一个书店里都买不到。

第二年，B. A. 阿尔辛季耶夫来中国应邀来我院。当他在文兴街总部的图书馆参观，看到标有他赠书的图书角时，露出了满意的笑容。

B. A. 阿尔辛季耶夫现任米哈诺布尔集团公司副总经理，主管科技研发工作，这是该集团的核心主业，也是他的优势。他正密切关注并致力于发展米哈诺布尔与北京矿冶研究总院之间的长期合作。

2018年，在米哈诺布尔百年院庆之际，凯特破碎机合资公司在米哈诺布尔召开董事会，双方老院长——我和B. A. 阿尔辛季耶夫应邀参会。又是几年不见了，凯特公司又有新发展，两位老院长相见紧紧拥抱，释放我们的感情。在会上我们俩满怀深情地回忆两院的合作历程和凯特公司的创办与发展，使双方新一代企业高管深受教育。

当天晚上，在涅瓦大街的一家古香古色的餐厅，合资公司举办宴会，我与B. A. 阿尔辛季耶夫坐在一起。我们俩有说不完的话，我详细打听米哈诺布尔的不少老朋友，他都记得很清楚，遗憾的是几乎全部退休了，有的已经故去了，我表示了深切的怀念。我俩还谈了许多，包括莫斯科和圣彼得堡的冰球队在俄罗斯总是位居冠亚军。从他的谈话中得知，在当今的俄罗斯，有矿物加工专业的高校居然还有30多所，仅次于中国。

宴会结束了，我和这位满头白发的老朋友双手紧握，依依惜别。不知何时还能相见。

在米哈诺布尔，除了与B. A. 阿尔辛季耶夫院长长期交往外，还有几个铁杆的老朋友我不能忘记。

И. Щ. 萨达耶夫，长期任米哈诺布尔科研副院长，由于他主管的业务是科研，在两院科技交流中我们两人交往合作更多些。其实我们俩最早在北京相见于1987年，他是米哈诺布尔院领导中与我相识最早和时间最长的。那一年，何伯泉院长接待苏联有色冶金工业部一个代表团，包括南方一个锌冶炼企业的总工程师（现在看来是哈萨克锌业公司）、莫斯科有色金属研究院副院长索科洛夫、米哈诺布尔副院长И. Щ. 萨达耶夫等。中午在同和居饭庄宴请，何院长在主桌陪同俄有色冶金工业部的官员和团长，邱定蕃副院长在副桌作陪，同桌的有索科洛夫、萨达耶夫及另外两个年轻人。我和郑宝臣副院长也在副桌。大家频频举杯，气氛热烈。由于我们桌大都是选矿专业的领导和专家，每次祝酒都提议为选矿干杯。几轮过去，锌冶炼厂的总工程师有意见了，他说："为什么总为选矿干杯？要为冶炼干杯！"大家一致赞同并举杯。席间郑院长悄悄对我说，旁边这两个年轻人不是技术专家，也不像政府官员，我看他俩是"克格勃"。我回答有可能。郑院长的眼力果然很毒，20多年后我与萨达耶夫提起这件事，他居然还记得，承认其中有一人的确是“克格勃”。

以后的若干年，我们两人在北京和圣彼得堡多次接触，但也有时阴差阳错失去见面机会。除了双方技术交流外，在我们两人的共同努力下组建了新纳密和美仙娜两个合资企业。其中，新纳密公司运行良好，靠它开拓了蒙古国额尔登特铜业公司选矿工艺技术、设备和药剂的市场。新纳密公司合作期满后，根据我方的意见没有再继续延长合同。该公司对于我院开辟电化学控制浮选这一新技术领域以及开拓蒙古国额尔登特选矿科研市场发挥了重要作用，因为最初的合同是额尔登特公司与新纳密公司签的。

美仙娜生产化妆品，由于俄方市场的变化，该公司的产品没有进入俄方市场。

那几年，我院发展快，但恰逢苏联解体，俄罗斯的经济很糟糕，米哈诺布尔的发展也处于历史上的最低点。前面说过，萨达耶夫对我说：“我们现在是困难时期，需要你们帮助，希望你们像我们当年帮助你们一样地帮助我们。”这话说得多铁！无论是个人还是两院的关系上，在以后的年代里，在政策法规容许的原则下，我院力所能及地给予了米哈诺布尔不少帮助。

在世纪之交的几年，萨达耶夫在蒙俄合资企业蒙古国额尔登特铜业公司工作，任总选矿师。我多次去那里出差，两人在异国相见，情谊之深自不必说。北京矿冶研究总院在额尔登特的选矿科研项目立项、实施和工业转产都得到萨达耶夫最坚定的支持。我夫人周秀英女士在额尔登特工作过一段时间，与萨达耶夫夫妇关系处得也很好。在一个假日，中、蒙、俄三国的同行在郊区的树林里野餐和联欢，我与萨达耶夫、蒙方矿长干加尔嘎三人用俄语合唱《祖国进行曲》，人们对这三国人用同一种语言唱同一首歌曲感到惊讶并大为喝彩。有一次，我对萨达耶夫说：“我有一个愿望，找个机会从俄罗斯远东北部的雅库茨克出发，向西旅行直到圣彼得堡。”他立马回答：“我陪你。”这是一条偏僻的探险之路。

萨达耶夫比我大，他的性格外向、豪爽，直言不讳，从他的眼神中可以看到他的内心。我们的交往亲如兄弟，没有一点拘束的感觉。

2018年，我院院长夏晓鸥任团长的北京矿冶研究总院代表团在圣彼得堡参加米哈诺布尔建院100周年庆典，我有机会见到几位老朋友。看见萨达耶夫独自坐在一排座席的中间，我快步走到他身边，呼唤他，他没听见，听力不如以前了。待靠近他招呼时，他转身颤颤巍巍地站起来，很激动地和我握手拥抱，向我问好。我没想到在会上能见到他，因为他已退休多年，而且年事已高，见到他我心里一阵酸楚，我想他也是如此。张京京处长（兼俄语翻译，俄文名莉莉娅）说见到萨达耶夫时激动得要落泪，这两人工作上合作多年，情如父女。

会前匆匆一见，吃中饭时没见到萨达耶夫，我感到十分遗憾！老朋友多年没见面，没有机会多谈，也没有送他一份礼物。我想起他曾许诺要陪我在俄罗斯远东的雅库茨克往西到圣彼得堡旅行，现在看来这机会不会出现了。萨达耶夫年过八十，身体大不如前，我也年纪大了，更主要的是，全球的新冠肺炎疫情使人们无法出国旅行。再说，没有萨达耶夫与我同行，也失去了旅行的乐趣。以后还有机会见到我可亲可敬的兄长般的老朋友萨达耶夫吗?

另外一位副院长捷尼索夫是一个英俊儒雅的美男子，经常面带微笑，也是我和矿冶研究总院不能忘却的朋友。虽然论交往的时间和友情不如B. A. 阿尔辛季耶夫和萨达耶夫，但是关于惯性圆锥破碎机的引进和合资企业的建立，他起到关键性作用，功不可没。他与我院设备室专家赵鸿才是20世纪50年代后期列宁格勒矿业学院机械系的同学。他时任副院长，也是米哈诺布尔惯性圆锥破碎机团队的领军人物。

1990年，我作为中国有色金属科技代表团的成员在米哈诺布尔合作交流时，是有备而来，直接与捷尼索夫副院长谈到要把惯性圆锥破碎机引进中国，在中国建合资企业，产品向国内外市场销售。我这一问题太大，他根本没有思想准备，也没有权力回答这一问题。鉴于当时正处于苏联解体的前夕(谁也未料到苏联解体)，苏联和米哈诺布尔的经济状况十分糟糕，我这一建议他还是听进去了，他表示：“我个人可以考虑，但得研究。”我请他到北京矿冶研究总院进一步商谈这一问题，他欣然答应。

按照约定，这一年下半年他带着助手来北京，随身手提一个最小型号的ϕ60 mm惯性圆锥破碎机来到矿冶研究总院。一连几天双方进行了深入的交流，他用这台小设备进行演示，收到良好的效果。

临走时我建议他把这台小设备留下，作价约1万元人民币，我一口答应，但捷尼索夫不要现金，他说苏联商品缺乏，让我明年去时给他们带一些生活用品。这是他第一次访问北京矿冶研究总院，获得成功。

1991年5月，我带一个7人的矿冶总院代表团乘国际列车耗时一周到达莫斯科再去圣彼得堡，对此，我在《足迹与情怀》一书中《1991年访苏散记》一文有详细的描述。当把带去的一箱箱东西铺满一地犹如小百货商店时，捷尼索夫和他的同伴高兴极了，因为这些生活用品在当时的苏联是极短缺的物品。我说这还不够1万元，以后再带，他忙说：“不要再带了，足够了，足够了！”

在米哈诺布尔的工作，双方很满意，捷尼索夫副院长做了大量的工作，收效超过了预期。在双边正式会谈中，院长B. A. 阿尔辛季耶夫与我对等谈判，达成了两院在北京建立中俄合资企业凯特破碎机有限公司的决议。以后捷尼索夫副院长和克鲁巴副院长在北京参加了合资企业的签字仪式。该企业目前运行良好。此前，在捷尼索夫副院长的支持下，在矿冶总院还建立了惯性圆锥破碎机示范站，站内ϕ300 mm的原装设备就是俄方送的。最初几年，我每次去米哈诺布尔都是捷尼索夫副院长接待的，一切工作他都安排得十分周到。

1998年，我在米哈诺布尔，当B. A. 阿尔辛季耶夫院长把Г. A. 捷尼索夫不幸逝世的消息告诉我时，我顿时沉默不语，心情十分沉痛。矿冶总院又失去了一位好朋友、一位忠实的合作者。我与他近10年的交往一幕幕地浮现在我的眼前。

组建中俄合资企业凯特破碎机有限公司，俄方的关键人物是捷尼索夫副院长，决策者是B. A. 阿尔辛季耶夫院长；另一个中俄合资企业新纳密公司，俄方的关键人物是萨达耶夫副院长，决策者也是B. A. 阿尔辛季耶夫院长。我是全部过程的当事者和见证人，我这一观点是尊重历史、客观公正的，可以载入两院的史册。

还有些米哈诺布尔的老朋友，目前大都退休，有的已故去。可是我心中还有他们。

副总工程师基斯略夫，我俩同年，但他生日大，我们以兄弟相称。20世纪80年代末，他随苏联代表团来北京矿冶研究总院时我们第一次相识。我向代表团介绍院史时，提及米哈诺布尔为我院完成了新的建院设计。他听后告诉我，他的父亲参与了这项设计。我立刻派人去档案室把设计图纸取来，当基斯略夫看见那一张张图纸上确有他父亲的签名时，他的眼圈红了。从此以后，他对我们矿冶总院有一种特殊的感情。

米哈诺布尔的三大主业是科研、工程设计和机械制造，在以后的交往中两院以科技学术交流、建立新纳密公司和凯特破碎机有限公司为主，与基斯略夫分管的设计业务相关不多，彼此交流也少，只是见面时打打招呼或在一起吃饭，但每次都相谈甚欢。2018年，在庆祝米哈诺布尔建院100周年的晚宴上，正当我和别人聊天时，张京京处长指着她身后的人对我说：“这位先生让我问您，你还认识他吗？”我转身一眼就看见一个熟悉的面孔，大声惊呼：“基斯略夫！”声音未落，两人就紧紧拥抱在一起。我们两人大约有15年没见面了，这次见面他已经74岁了，但不显老，略胖一点，看起来他的身体和精神都很好，并且以往的事情他记得很清楚，就连看图纸一事的细节他都细说了。他讲了很多双方友谊与合作的事，并对将来寄予更大的希望。我很感谢他对中国、对矿冶总院的情结。他离开我们时，恋恋不舍。

也是在这次庆典活动中，我还见到著名的浮选专家马克西莫夫，这也是我在20世纪90年代就认识的专家，在米哈诺布尔的浮选研究领域属他最权威。他现任米哈诺布尔分管技术的副院长，2014年我们在智利召开的国际选矿会议上见了面，还合了影。当我在手机里找到这张照片时，他很高兴地对身边的巴丘林说，这是在智利的合影。

第二天分会场上他是会议主席。还没走近我就向我呼喊："孙院长！"奇怪，俄罗斯人用俄语称呼我都是喊"院长-孙"。只有马克西莫夫用中式的称呼，可见他对中国的了解和与我们的关系不寻常。

还有几位老朋友很难见面了。

依卓依特卡，女，著名的地质矿物学家，博士，乌克兰人，她来北京矿冶总院和我去米哈诺布尔时我们都有良好的交流与合作。她待人十分热情，那一次她在自己的大办公室专门为我院7人代表团举办了一次冷餐会，精美的各式点心全是她自己做的，临走时还给我们带上一大包。她送给我两本专著：《钨矿石工艺矿物学》《矿床学》。很可惜，这样一位慈祥的学者过早地离开了我们。

瓦依斯别尔格，米哈诺布尔技术公司总经理，该院改制后的第一把手，犹太人。该人十分精明，也是中俄合资企业的强力支持者，多次来我院。在2018年米哈诺布尔建院100周年庆典上他还做了长篇的报告，讲述了米哈诺布尔的发展历程。由此我得知，在苏联卫国战争期间，米哈诺布尔临时搬迁到后方的斯维尔德洛夫斯克（叶卡捷琳堡），在那里由苏联最著名的选矿学家普拉克辛任院长。十分遗憾，得知他在新冠肺炎疫情期间去世的消息，我和夏晓鸥董事长发去了唁电。

依为娜·卡丽娜，1964年列宁格勒矿业学院选矿专业毕业的女工程师，他的丈夫是列宁格勒矿业学院的教授，援外时在古巴遭遇不测。她很坚强，以工作为重，我们每次去俄罗斯都是她负责接待，包括全程陪同乘火车去阿拉木图和在哈萨克米哈诺布尔的活动，为两院的合作做出了很大的贡献。

马赛夫斯基，浮选过程控制专家，他长期在中国与我院合作在西林铅锌矿选矿厂、金川铜镍选矿厂等开展电化学控制浮选研究，为我院在这一领域达到国内外先进水平做出了重要贡献，由此获得中国政府颁发的友谊奖。

还有波列赫曼、维勒赫曼、扎尔嘎茨基、巴丘林、别拉采拉阔夫斯基、图鲁波鲁尼阔夫、卡夫洛夫、博塔、高高林、斯维塔等，都给我留下深刻的印象。

由于我任北京矿冶研究总院院长时间长，去米哈诺布尔的次数也多，该院一些员工都认识我。有一次，我院一个处长参团去米哈诺布尔，在参观实验大厅时，一个老者从兜里掏出一张皱皱巴巴的我的名片，问这个处长认不认识这人，这个处长说这是我们矿冶研究总院的院长孙传尧，老先生听后满意地点点头。

这个女处长回院后把这件事告诉我，我十分感动。我回忆起这是1990年我第一次在米哈诺布尔参观实验大厅时，给老工人留下的名片，多少年过去了，这个老工人还惦记着我。

矿冶总院与米哈诺布尔几十年的合作离不开俄文翻译辛勤的工作与贡献。其中贡献大的有史明心、胡立行、付维义、丁亦敏、张京京，此外还有王拥军、丁晖等。

矿冶科技集团与米哈诺布尔的合作到2021年已满65年。由双方几代领导和同行共同建立的两院之间兄弟般的友谊与合作，正在一代又一代地传承。从两大研究设计院到两个集团公司，双方不谋而合地奔向同一个大目标，合作的形式也有相应变化。我深信，双方合作的潜力还远未充分挖掘出来，矿冶科技集团至本世纪中叶在矿冶科技领域达到世界领先水平的征途中，还有更多的机遇同米哈诺布尔合作，双方更多的收益还在未来。

我想，如同一个人、一个家庭一样，一个企业总要有几个铁杆的朋友。对于矿冶科技集团公司而言，在俄罗斯，米哈诺布尔应当算一个；在哈萨克斯坦，哈萨克米哈诺布尔也应当算一个。

10.12 在喀山参加中俄双边新材料新工艺研讨会

中俄双边新材料新工艺研讨会，自1992年首次在俄罗斯发起，以后每两年一次，分别在俄中两国举办。到2019年已举办了15届。此前分别在俄罗斯黑海边的阿过依、贝加尔斯克、阿特拉斯特汗、索契和喀山，以及中国的北京、广州、昆明、嘉兴和三亚举办过。每次我院组团参会大都是我带队。以下我仅以2015年9月参加在俄罗斯喀山举办的第十三届会议的情况做一介绍。

一

2015年9月19日23点左右，我到达首都机场T2航站楼，与我的老搭档、老朋友、我院原党委书记兼副院长邱定蕃院士会合，经长时间的排队出境、安检，在公务舱休息室简单用点夜宵，目的是飞机起飞后不再用餐，抓紧时间睡觉。

9月20日凌晨2:30，俄航班基本上正点起飞，飞机是A330-300，是空客系列中很好的机型。俄罗斯空姐年轻漂亮、笑容可掬，身着紫红色的西装裙，头戴一顶类似苏联女红军的军帽，用英语或俄语在机舱门口笑迎旅客。起飞后空姐不再戴帽子，热情服务，不久，便给乘客送餐，我什么也不吃，调好座椅就躺下睡觉。但睡前空姐还是给我一个菜单，我告诉她夜餐不用了。她问我早餐用哪种，国外的菜单我大多看不懂，于是看也不看就回答："类似中国餐吧。"空姐说没有中国餐。我说就用俄餐吧。空姐又问用什么饮料和酒水，我回答："苹果汁和葡萄酒。"问："是红葡萄酒还是白葡萄酒？"答："要红葡萄酒。"又问："要法国的还是西班牙的？"我回答："要西班牙红葡萄酒。"空姐这才满意地离去，我佩服俄航班的空姐服务如此周到、精细。

飞行了8小时左右，我睡了5～6个小时，虽然不太实，但觉得还好。醒来后空姐送早餐，果然是睡前订好的餐饮。我感慨俄航的服务水平之高。用完早餐，我到邱院士的旁边坐下聊天，尽管我们两人的办公室相邻，但都忙各自的事且都出差多，很少在一起交谈，这一次我们有机会谈了很多。

莫斯科时间早晨五六点钟，飞机平稳地降落在谢列梅捷沃机场，我体验到俄机长着陆技术的高超。这是莫斯科最主要的国际机场，我到过多次了，但这次感觉不同：入境及通关速度快，手续简化，不用填入境卡；候机楼焕然一新，并且做了不小的改造。明显不足的是，转到国内候机楼的通道太长，没有传送带，也没有摆渡车，我们拉着行李箱步行15～20分钟才到达飞往喀山的候机楼。这座俄罗斯国内航站楼不大，设施简单，人显得拥挤，商店也少。一个女士的店铺卖衣帽及纪念品，我们这些中国人给她增添了不少生意。现在卢布贬值，以前1美元只能换30卢布左右，现在能兑换64卢布，1元人民币换10卢布，意味着商品减价一半。有一件全狐狸皮制的圆形地毯，质量好，很漂亮，价格相当于人民币8800元，可优惠到8500元。我犹豫之后没买，主要原因是家里没地方放，又不好打理。

登上莫斯科飞往喀山的飞机，同样感觉很好。其一，是波音的飞机，而不是从前苏俄国内航班的图-154或图-134了。其二，俄罗斯国内航班的空姐气质同样好，餐饮酒水供应好，服务也好。记得20世纪90年代我从莫斯科飞阿拉木图的航班上，铁桶装的苹果汁根本打不开，无法喝，也没有酒。本航班用早餐时我照旧喝了西班牙红葡萄酒，很开心。正吃着，邱院长告诉我，酸奶味道不对，过期了，别喝！我回答：已经喝完了。边回答边看生产日期是“14，09，15”的字样，便确认邱院长的判断是对的。于是，我呼唤空姐，告诉她，这是一个很严肃的问题：酸奶的生产日期是2014年9月15日，已过期了。空姐年龄稍大，有工作经验，耐心地向我解释，没过期，日期的标注与中国不一样。由于老邱的话先入为主，我还是不相信。这时北京航空材料研究院的王书记告诉我们，是保质期内，生产日期的标注如同欧美。我恍然大悟，是呀，人家的日期标注是“日、月、年”，和中国的“年、月、日”恰好相反。也就是2015年9月14日生产的。酸奶盒上的“15”如果写成“2015”就没有这场误会了。于是，我向空姐道歉，空姐用笑容回答。在飞机上翻阅《共青团真理报》偶见一则消息，在一篇文章里作者建议学习第二外语时要注意小语种，例如汉语、韩语等，显见俄罗斯人也注重学中文了。

飞行1小时40分左右，飞机降落到喀山机场，迎接我们的是莫斯科俄罗斯科学院巴依科夫研究院的西马科夫和他的女助手娜达莎，我们的老朋友。我们相拥、握手问候，并首先祝贺西马科夫荣升副院长了，他连声道谢。乘同一航班到达的中国代表多达50多人，他没有预料到。一辆汽车坐不下，又急调另一辆车，很快到达目的地喀山宾馆。我住815房间，拉开窗帘一看，外面很漂亮，欧式的建筑，往远看是很大的湖面，再往远看能看见伏尔加河。当地时间也是莫斯科时间，下午2:30，我们吃中饭。黄瓜、西红柿和大青椒味道极好，这可能与俄罗斯的绿色食品有关，很少用化肥。

中方组委会主席是北京有色金属研究总院的老院长屠海令院士，这次他因体检不能到俄参会，委托我代理中方主席。于是，午餐时我与有色金属学会秘书长杨焕文、周景琦、贾厚生、刘希政等几位老人商议。我提出建议：中方参会人员多达75人，相互不太熟悉，并且基本上是分散来的，必须立即把大家组织起来，形成一个和谐有序的整体。鉴于中方组委会的成员绝大多数没参会，形同虚设，有必要成立现场中方组委会及工作班子，加强中俄双方的协调与领导，以便圆满完成学术会议预定任务。我强调：“我不负责便罢，既然我负责了就要正规化管理。”我的意见得到大家一致赞同，当场确定，孙传尧任中方组委会主席，副主席由邱定蕃院士、周克崧院士、黄松涛副院长以及几位高校和研究院的领导担任，委员包括刘希政、刘光勋、贾厚生等，秘书长是杨焕文，还明确了秘书处的成员。这样一来工作有序，并且名正言顺。午餐变成了午餐会。

晚餐前全体中方代表在餐厅先开个简短的会议，我以现场中方组委会主席的名义讲话，大致内容是：中俄双边新材料新工艺学术会议的背景和历程；本次会议75名中国专家来自不同的地区和单位，但出国参会就是一个整体，是代表中国的；大家要珍惜参会机会，向俄方专家学习，交朋友，建立以后的合作关系；中方代表也要展示自己的学术水平并相互建立联系；遵守俄罗斯和喀山当地的法律法规，尊重当地的民俗以及确保人身安全，等等。此后，由杨焕文宣布了中方现场组委会的组织机构，餐前会开得很成功。

晚餐后，我和东北大学的老同学周景琦在外面步行街上散步，从大学谈到毕业后各自的工作。周景琦原任青铜峡铝厂厂长，我任北京矿冶研究总院院长时去过该厂，深知他的业绩和付出的艰辛。步行街上有大靠背椅，坐上去很舒服。空气清新，气温合适，有几个男女青年在聊天和唱歌。等我们走近时一个高个子的小伙子迎上来有礼貌地邀我们去唱歌，我们谢绝了。

来到喀山的第一天，很忙，很充实，也奠定了会议成功的基础。

二

9月21日，学术会议的第一天，上午10点才开会。早餐后，我离开宾馆独自往南步行，一是熟悉环境，浏览市容；二是想看看伏尔加河。

半路上巧遇周景琦和甘肃省金属学会托秘书长，于是三人结伴同行。走了一会儿打听伏尔加河还有多远，路人回答："不远，还有5公里。"往前走一段路再问路，回答说："一直走，然后往右拐，大约5公里。"两人回答一样。我们确认时间来不及，只好原路返回，在湖边照了几张相。

上午10点整，第十三届俄中双边新材料新工艺学术会议在喀山宾馆二楼会议大厅开幕。由组委会秘书长西马科夫主持，俄方主席松采夫院士致辞，之后是中方主席我致辞，还有一位俄方院士讲话。简短的开幕式结束后是茶歇，因外面找不到有台阶的地方，只好在会议厅合影，其效果自然不好了。

1992年中俄双边新材料新工艺会议开始时并没有北京矿冶研究总院参加，时任院长的我于1995年带领我院专家参会，并在2001年在北京郊区峡谷宾馆举办了第六届学术会议，受到好评。由于中国人绝大多数不会讲俄语，俄罗斯人不会讲汉语，也极少能讲英语，因此，会议语言是中、俄双语，中方提供翻译。论文集用俄英两种文字出版。如今参会人和报告人的结构已发生很大变化，中方以年轻人为主，大都懂英语，俄方以中年人居多，有部分讲英语，因此，会议的语言也发生很大变化，报告人有讲英语、俄语和汉语的，PPT是英文和俄文。参会人员至少得懂英语、俄语两种语言。

茶歇后的学术交流由我和松采夫两位院士主持。我主持了邱定蕃和周克崧两位院士的报告，他们两人都用英语讲；松采夫主持了两位俄罗斯院士的报告，均用俄语讲。

在以后的学术报告中，中方代表基本上讲英语，但有的不是很熟练。俄方代表有的讲俄语，有的讲英语。讲英语的人大都讲得好，研究内容也好，估计是从西方留学回来的。

下午报告结束后，俄方主席松采夫院士宴请双方组委会成员各10人吃晚饭。其他参会人员乘船游览伏尔加河。由于夜里没有灯，周围漆黑一片，再加上天冷，大家普遍感觉不好。

晚宴很正规，很丰盛，长条形餐桌上摆满了餐食，照例是俄式风格。主客双方轮番讲话敬酒，时间拖得很晚。大家对已故的梁基诺夫、马福康等双方专家表达了缅怀尊敬之情，肯定了他们对学术会议的贡献。

晚宴上不知何原因，松采夫用很长时间谈了他年轻时在西伯利亚北部雅库茨克一带工作的情况。那里冬季异常严寒，至今没有大规模开发，充满了神秘感。我虽然没到过此地，但我对那里还有些了解，那里有矿产资源方面的研究所。

晚宴结束前，双方互赠纪念品，俄方送我们喀山风格的陶瓷工艺品花盘，我方回赠了领带、丝巾之类的礼品，也有很重的陶瓷制品送松采夫。他第二天可能出差，与我们礼貌地告别了。

9月22日，学术会议的第二天，仍是10点开会。早餐后，我沿着宾馆外面的步行街一直往北走，观景并锻炼身体。路上人很少，还未到上班的时间，商店和商亭都没开门。沿路没有高楼，有不少保护的古建筑或名人故居。路上遇见有色金属学会的崔雅秋和高焕芝两位女士，她俩已折返回宾馆。我继续前行，走到克里姆林宫建筑群观光，实则是一群教堂。没想到回程出了差错，原来是我过马路经地铁站上来时走错了方向，朝东南方向走去。我知道走错了，但觉得市区不大，大方向对就行。可是，由于差一个角度，越走越觉得不对，无奈只好问路。先问一个在马路边站着观望的中年人，他含糊地说出了喀山宾馆的大概方位，给我的感觉他不是当地人。往前走，问一个街边的女环卫工人，她说，这个城市她不熟悉。想必是外地来打工的。又见到几个小伙子在聊天，肯定是当地人，我问路，他们都说不清。这时一个年轻人掏出手机给我查找，指出了喀山宾馆的大致位置，是一群热情的孩子。最后问一个走路上班的姑娘，她停下来细说了方位。这时我才明白，离开原来的步行街已经很远，而且要一路下坡走。喀山地形南北沿伏尔加河方向是平地，由西向东离河越远上坡越大。经过一番周折，总算到达宾馆，看时间还早，抓紧时间洗澡换衣服。虽然是9月末的季节，但天不冷，白天有不少人穿短衣。

第二天的学术交流会继续进行。坦波夫大学一名教授的报告很好。他英语讲得流利、纯正，内容也新颖，在中国涉及该领域的不多。我对他说，我曾在莫斯科去往阿拉木图的火车上经过坦波夫，那里也有伏尔加河。他很高兴，连连点头称是。我对坦波夫的另一个记忆是，当年北京有色金属研究院老院长马福康先生曾联系他留苏时的老同学、坦波夫大学的校长，让我的外甥到该校留学。本来已说好了，但他一直没去，错过了机会，也辜负了马院长的一片心意。

下午4点，主办方专门包了一艘游船邀中方组委会的10人游伏尔加河，因头天晚上有宴会，我们没有上船。除中国人外还有参会的4名俄罗斯人。到达伏尔加河边首先看见两艘很漂亮的大游船，我心想前几年周秀英带女儿远帆及外孙女乐周和冉冉的伏尔加河之旅，乘的大游船可能就是这一种游轮。

我们的游船当然不大，但很舒适，就我们十几个人。游船离开了码头，水面平稳、清澈，河面很宽，夕阳的光辉在河面上映出一片金黄。远处河岸的树林、房舍和时隐时现的小岛不时地映入我的眼帘。平心而论，若讲河两岸之美比不上长江、珠江和松花江，但伏尔加河是俄罗斯的母亲河，河水中荡漾着博大精深的俄罗斯文化。这里又有一种自然的、没有人工雕琢的原生态的美，再加上清新的空气，使我们心旷神怡，纷纷拿出相机把美景记录下来。遥望着伏尔加河的风光，我油然而想起了一首俄罗斯老歌，中文称《祖国进行曲》，俄文直译应当是《歌唱祖国》，第一段歌词是：

> 我们祖国多么辽阔广大，它有无数田野和森林。我们没有见过别的国家，可以这样自由呼吸。我们没有见过别的国家，可以这样自由呼吸。
>
> 打从莫斯科走到遥远的边地，打从南俄走到北冰洋。人们可以自由走来走去，就是自己祖国的主人。这儿生活都很广阔自由，像那伏尔加直泄奔流。这儿青年都有远大前程，这儿老人到处受尊敬。

这首歌曲是苏联著名作曲家杜纳耶夫斯基创作的，他曾获斯大林奖金，俄罗斯中年以上的人都会唱，类似于中国的《歌唱祖国》。我小学四年级时学会了这首歌，高中学俄语时学会了用俄语唱，而且唱得很纯正，如今几十年过去了始终不忘。想到这里，我声情并茂地用俄语高声唱了起来。在伏尔加河上唱起这首歌，调动了同船人的情绪，尤其是几个俄罗斯人和我同声高歌，心情激荡，也许他们想起了难忘的苏联时代，这令他们向往和回忆。有一个身材高大、身体略胖的男士情感特别饱满，他是阿斯特拉罕大学的老师。阿斯特拉罕是里海边的一座城市，在那里开过一届俄中新材料新工艺学术会议，正是阿斯特拉罕大学承办的。他说，像他这个年龄以上的人都会唱这首歌，年轻人就不一定会唱了。我想，在中国，《歌唱祖国》这首歌连小学生都会唱。

上了岸已是晚上，我在路边的小摊上买了一本喀山旅游的书作为纪念，花费50卢布，约合人民币5元。

当天晚上是大型宴会和歌舞演出，原本的学术大厅已布置成宴会厅。宴会前先给优秀青年论文奖的作者发奖，由西马科夫主持，松采夫和我分别给获奖者颁发证书，还有纪念品，是一把雨伞，称不上奖品了。此后是松采夫和我发表祝酒词，宴会开始，气氛非常热烈。与此同时，喀山市一小型歌舞团演出具有鞑靼民族特色的歌舞，热情奔放，特别有青年的活力，有一个巴扬演奏员水平很高。所有演员全是鞑靼人。长条形的宴会桌摆得很挤，不方便人们走动，中国人的习惯相互祝酒就不方便了。也好，俄罗斯人请客，作为客人也不应走来走去。

后面的节目出现了新情况：巴依科夫研究院一个女学术秘书很活跃，据说很会唱歌。不知道是她主动上台还是别人请她上台，她站在台上说要找一名中国来宾上台与她同唱《莫斯科郊外的晚上》。台下中国代表起哄一致推我上台，我也没推辞，很大方地上台了。她三次起调都合不上音响伴奏，无法合唱。这时巴扬演奏员用巴扬起调伴奏，我们的合唱开始，从第一段一直唱完四段。要说前两段我能熟唱，三、四两段俄文歌词我自己记不全，但有她在，我也顺利地唱下来了。无疑地赢得了一片惊呼，大概人们不会以为我能唱俄语歌曲，而且唱了四段。歌唱时，东北大学王兆文教授急忙在手机上找到俄文歌词准备给我，见我唱得流利也就免了。其实，我高中时俄语学得特别好，高中毕业会考我获得全年级唯一的100分，教俄语的高云起老师说："一个字母都没错。"在东北大学上俄语课时老师提问，我对答如流。下课后有同学问我："怎么搞的，我们还没听懂问题你就回答完了？"俄语课外活动我也喜欢，而且会唱多首俄语歌。记得20世纪90年代苏联米哈诺布尔研究设计院的副院长捷尼索夫说过，我唱的俄语歌有的他都不会。

唱完一首后女士要唱第二首，是《祖国进行曲》，恰好是我在游船上唱的那首，我想肯定是刘光勋点的歌，他俄语好，能直接与女士交流。我本来就喜欢这首俄语歌曲，合唱开始，我唱得激情满怀，我观察台下的观众同样很激动。后面的歌词是以我为主唱的，可能她长时间不唱记不太清了。唱完这一首老歌，俄罗斯人和中国人全都欢腾起来。当年留苏的贾厚生老先生告诉我，当我唱这首歌时，他身后的几个年长的俄罗斯女士激动地跟着唱。可能她们很久没听到，也没唱这首当年著名的爱国抒情歌曲了！宴会后，不少人祝贺我的演唱，说我的压轴节目给中国专家真提了气！其实，这完全是计划外的“遭遇战”。

23日上午是最后一个时段的学术会议了，出席的人仍不少，尤其是中国人，只要是不离开喀山的基本都在会场。无论是会议执行主席还是报告人都非常认真。

全部会议两天半的时间，俄中两国专家各做了10个大会报告，分别介绍了近年来两国冶金材料界新工艺新材料的研究现状和最新进展。其中，中国工程院院士邱定蕃、周克崧分别做了“矿浆电解工艺技术”和“PS-PVD工艺和应用前景”的报告；俄罗斯院士V. M. 依夫勒夫和L. I. 莱昂特耶夫分别作了“铅基记忆合金——制备、构造、特性”和“俄罗斯科学院冶金技术研究最新进展”的报告。与会专家对大会报告的内容进行了深入探讨和交流。另外，会上通过墙报形式发表了153篇论文，其中中方28篇，这些论文内容涉及国民经济不可缺少的多种重要材料，如金属材料、核工业材料、化工材料、建筑材料等。与以往历届会议相比，本次学术会议有以下特点：论文水平高，尤其是中方年轻的博士、硕士和海归们参会的多，提交的论文水平也高；中俄双方报告人用英语的多，再过几届，会议的工作语言可定为英语了；俄罗斯科学院巴依科夫研究院加强了会务工作，有一个年轻小伙子表现了很高的组织能力；论文集编辑和出版印刷质量好；中方代表多，组织得好。此外，在喀山开会会议地点好。下一届轮到在中国开了，我们也应当把会议办好。

三

这一天半的时间会议安排在喀山市内和郊区观光。

喀山，俄语：Казань、英语：Kazan。俄罗斯联邦鞑靼斯坦共和国首府，是伏尔加河中游地区经济、交通、文化中心，是俄罗斯第八大城市。该市与莫斯科、圣彼得堡一同被列为俄罗斯A级历史文化城市，是俄罗斯重要的旅游城市之一，名胜古迹众多。人口105.7万（2015年），俄罗斯族和鞑靼族人口分别占总人口的48.6%和47.6%。面积425.3平方公里，语言为俄语、鞑靼语。

图10.15　伏尔加河

喀山位于欧洲最长的河流伏尔加河中游左岸，伏尔加河与喀山河交汇在喀山城东，城市被青山环抱。喀山是俄罗斯中部的文化名城，城中的克里姆林宫遗址群是一处华丽的建筑群遗址。在喀山，既有欧洲风格的教堂、亚洲风格的寺庙，也有清真寺。

喀山市是俄罗斯重要的铁路枢纽和大型河港口，是俄罗斯最大的工业和金融中心之一，银行资本总额在俄罗斯银行排名第三。伟人足迹有托尔斯泰和列宁，宗教信仰是东正教和伊斯兰教。

喀山的历史可以上溯到1000年前。大约在11世纪初，当时统治喀山河流域的伏尔加-保加尔公国为了抵御外敌入侵，在喀山河东岸的一个山坡上修建了一座木质的关隘，形成喀山的雏形。13世纪初，蒙古人灭亡了伏尔加-保加尔公国。1242年，一个西至多瑙河、东至额尔齐斯河的幅员辽阔的蒙古汗园——金帐汗国宣告成立，土耳其人、鞑靼人、西班牙人和俄罗斯人，都处于蒙古人的统治之下。13世纪下半叶，喀山开始建城。14世纪末15世纪初，金帐汗国开始没落，逐渐分裂成各个汗国。1438年，鞑靼贵族脱离金帐汗国，建立喀山汗国。

15—16世纪时，喀山成为喀山汗国的都城，为水陆交通要冲和战略要地。1556年，喀山被第一位俄罗斯沙皇——伊凡四世所统治的沙皇俄国占领，自此成为俄罗斯的一部分。苏俄时期，喀山成为莫斯科以东一个重要的工商业和文化中心。

喀山位于北纬55°~60°，东经48°~50°，处于俄罗斯的中部、鞑靼斯坦共和国的西北地区，西接楚瓦什共和国和马里埃尔共和国，距离莫斯科市797公里。喀山位于东欧平原东部，全境为低地平原，地势平坦。喀山河自北向南穿城而过，最终在喀山的城东与欧洲最长的河流——伏尔加河交汇。

喀山拥有湿润的温带大陆性气候，冬天时间长而寒冷（比莫斯科更冷），夏季经常是温暖而干燥。最温暖的月份是7月，日平均温度将近20.2 ℃；最冷的月份是1月，日平均温度-10.4 ℃左右。

喀山所在的鞑靼斯坦共和国，最丰富的资源是石油。伏尔加—乌拉尔油气带的一部分位于鞑靼斯坦共和国境内，众多石油矿都在这个地方，如罗马诗基斯克矿、诺沃—叶尔霍夫斯克矿、五一矿和邦杜斯克矿。除此之外，还蕴藏有褐煤层、可燃烧的页岩以及石灰岩、白云石、建筑用砂、石膏和黏土。喀山为俄罗斯重要的机械和化学工业中心之一，主要产品有航空发动机、空气压缩机、精密机械、机床、热工仪表、炼油、聚乙烯、合成橡胶、电机、日用化工品和皮革制品等；食品、麻纺织工业也较发达。

图10.16　喀山火车站

图10.17　喀山体育馆

图10.18　喀山市政府

图10.19　喀山国立大学

喀山最主要的大街——克里姆林大街上有俄罗斯最古老、最受推崇的大学之一——喀山国立大学，成立于1804年11月5日，当时沙皇亚历山大一世签署了成立喀山国立大学的批文。喀山国立大学是俄罗斯继莫斯科大学和圣彼得堡大学之后成立的第三所大学，是俄罗斯东部地区的最高等学府。喀山国立大学已经成为俄罗斯教育和科学文化中心，生活过两位具有世界影响的人物——列宁和列夫·托尔斯泰。该校在数学、化学、医学、语言学、地质学、地理植物学等方面在俄罗斯享有很高声誉。喀山国立大学共分为15个部门、7个科学研究中心和17个系。

在喀山，既有欧洲风格的教堂，也有亚洲风格的寺庙。在建筑群中，有斯拉夫式的拱门、罗马式的尖顶、蒙古包形的圆穹和中国式的雕梁画栋，还有16—18世纪的古塔和教堂等古迹。

图10.20　圣母领报大教堂

圣母领报大教堂是拜占庭式建筑，是喀山的标志与名片。圣母领报大教堂是1484—1489年由伊凡三世下令召集莫斯科和普斯科夫的能工巧匠建成的，是沙皇的个人礼拜堂。这座教堂与其他由意大利人设计的教堂相比带有强烈的纯俄罗斯色彩，1547年遭遇火灾后，由伊凡四世下令重建。

喀山克里姆林宫建立在一个年代久远的古遗址上，最初它是出现于喀山·可汗·金部落时期，伊凡四世将喀山列入俄罗斯版图之后，推倒了喀山城的木质城墙，在原来的位置修建了一座石头城堡喀山克林姆林宫，比同名的莫斯科克里姆林宫略小，是联合国教科文组织确定的世界文化遗产。

图10.21　喀山克里姆林宫

在俄语中，克里姆林是内城之意，即古代俄国城市的中心部分，四周筑有带塔楼的要塞城墙，包括防御建筑物、宫殿和宗教建筑群。内城建在高处，通常在河岸或湖岸上，是城市的核心，规定了城市的轮廓和布局。在俄罗斯，莫斯科、普斯科夫、罗斯托夫、下诺夫哥罗德、阿斯特拉罕、图拉、斯摩棱斯克等城市都建有克里姆林宫，它们作为历史文物保存至今。

鞑靼斯坦共和国地方志博物馆是游客了解喀山文化、了解鞑靼斯坦共和国文化的地方。博物馆首位馆长是被授予军衔的俄罗斯元帅蜀黎，地位可见一斑。

苏尤姆别卡塔楼在喀山整个遗址群中最为醒目，共计有7层，高58米，其造型从各个方向都清晰可见。这座塔楼实际上偏离轴心2米，以最后一位鞑靼族喀山汗国女王的名字命名。

库尔·沙里夫清真寺于2005年7月庆祝喀山建城1000年时竣工。这座清真寺是一个带有巨大穹顶的方中带圆形状的建筑物，四角竖立着高耸云霄的宣礼塔。整座建筑色彩是蓝白相间，墙面、门窗上的所有图案都带有浓厚的伊斯兰艺术特点，虽不如东正教堂那样华丽，却也能让人眼前一亮。据说，它是欧洲最大的清真寺，整个工程造价1000多万美元，绝大部分是民间捐款。每逢伊斯兰教重大节日，来自俄罗斯和世界其他地区的穆斯林会来此参拜。

23日下午，我们先游览一条历史小街。街面不长也不宽，有几座宗教历史建筑，教堂不大，还有几个富人住的庭院。有的房子是用原木修建的，类似新疆可可托海的木结构房子，我们也盖过那样的房子。此后又到了不少地方：克里姆林宫、喀山大学、国会大厦、博物馆等。直到晚上才回到宾馆。

24日全天乘车到喀山市郊区60多公里外的地方观光。这里原来是一座古城堡，现在已是教堂和修道院。进入女修道院，对男人没有要求，但女人必须穿裙子。为了方便游客，门口特为女士准备了一条裙布，女游客只要围在身上就可以进去。导游很认真、敬业，讲得很细，但我对这些兴趣不大，倒是湖光山色挺令人神往。

中午，在一个叫“田园”的餐厅用餐。房子不大，但餐饮很规范：饮料、面包、沙拉、主菜、茶点都齐全，特别是甜饼子大家一致称好。这实际上是固定的旅游餐，老套路了。

下午又到一个男修道院，园内的游客不少，风景尤其好。有人说，几个男人住这豪宅大院也太奢侈了。

晚上回到宾馆照样是自助餐。西红柿、黄瓜、青椒、酸奶、酸奶渣、土豆泥、少量的香肠、火腿及主食。俄餐里各式面包及甜点心种类多，但我一概不吃，水果只是西瓜，我几乎天天吃这几种饭菜。袋茶有红茶、绿茶，还有中国绿茶。客房里没有烧水壶，每日三餐后喝好茶，再带上一瓶茶就足够了。总之，喀山宾馆的餐饮比起中国星级宾馆的种类少很多，但质量好，清洁，服务好，纯正的俄式风味就足够了。开了几天会，没听说哪个中国人对餐饮不满的，一是因为大家素质高；二是因为到会的人大都多次出国，对国外的餐饮已习惯。

喀山宾馆连接一家很大的购物中心。最后一个晚上了，也有时间，我们几个熟人餐后去逛商场。地下层是大超市，和中国大超市相似，各种日用品、食品十分丰富，二、三层是日用百货，我看了不少，但没买任何东西，因为家里不缺。其他人大都买香肠、香水、服装，但服装和鞋很多是中国造的。在一个家用电器商店，我想买一个日产的多波段收音机，店主说全是中国产的，没有日本货。回到宾馆抓紧时间整理行装，准备次日启程。

四

9月25日，大家匆忙用完早餐，乘大巴车离开宾馆到喀山机场。再见了，喀山！时间只有几天，但这座城市给我们留下了美好的印象，第一次也许是最后一次到这里，离开时还真有些留恋。我们乘俄航班空客320飞机飞行1.5小时到达莫斯科，到城市最北部的苏联国民经济展览馆附近的宇航宾馆（Cosmos）住下。登记分配房间占用了很多时间，我到二楼兑换了些卢布用于购物，1美元换65卢布。偏下午时在宾馆的大餐厅用午餐，是成套西餐，质量虽不算上乘，但很规范。餐后乘大巴车游览莫斯科市容，有列宁山、莫斯科大学外景、石头桥上看克里姆林宫、莫斯科河、红场和国家百货商场等。在红场我没停下，因为我多次来过这里，便进入古姆（GUM）百货商场。到了几家表行，无论是瑞士表还是俄罗斯表价格都很贵，只是看看行情而已。

第二天早餐在大餐厅用餐，餐厅很大，餐饮种类十分丰富，很大气，很豪华。用餐后我一人到国民经济展览馆，听说里面有大自由市场。展览馆里面我以前已经看过了，展区很大。我问了几个人都不知道有自由市场，原来都是游客，分别来自乌兹别克斯坦、塔吉克斯坦，还有一个说的地名我不知道，难怪他们说不清。不得已，我又问了两个警察和两个工作人员，他们一致的回答是：很久以前有大市场，现在早已取消了。见此情形，我立即返回。路上，在地铁站附近的书摊上，买了一本关于苏联著名作家A.B.肖洛霍夫的书，100卢布，相当于人民币13元。文学巨著《静静的顿河》是他的名著之一。往前走又在商亭上买了4本俄文日历，里面有很多知识性介绍，每本相当于人民币3~5元。见到一个残疾姑娘在地铁站里，我当即送她50卢布。本来去时就见到她，心想回来再送她钱，可回程走到这里不见这残疾姑娘了，心里很懊悔。找来找去终于在地铁站里见到她，原来她在躲避太阳的暴晒。如果不送她点卢布，心里有愧。

回到宇航宾馆，我请刘希政帮忙在一女店主那买手表，因为我喜欢自动机械手表，而且前一天在红场旁边的GUM已看了行情，经过对比，酒店里的表是值得买的。女店主告诉我，她专门代理莫斯科飞行表厂制造的手表且都是瑞士机芯。我看了一块透底的自动表说，你这不是瑞士机芯，是日本的，我是手表专家。她无言以对。我挑了两块表：一块是圆形大表，下部有一圆形镂空，乍一看还像陀飞轮；另一块是方表。两块表都是金黄色，配有咖啡色皮表带，总统牌的，品相极好。两块表标价相当于人民币3700元，最后以3000元成交，我很满足，有一种成就感。就算不是瑞士机芯，是日本机芯，这个价位也合算。见我买，西安的一个老师也买了一块，立马戴上了，这就是我看出是日本机芯那块，品相同样好。

行李装上车，我们按计划乘船游莫斯科河。十几年前我游过一次，景色壮观。十几年后再游，两岸的景观没有太大变化，但仍然是一种享受。沿途看见了莫斯科国际商业中心、俄罗斯联邦政府大白楼、基辅火车站、乌克兰大酒店（我在里面吃过晚饭）、莫斯科大学、俄罗斯科学院和克里姆林宫等建筑。河的两岸建筑风格各异，风景瑰丽多彩，宏伟、大气，体现了俄罗斯的风格。以前在圣彼得堡也游过河，两岸的建筑没有这里高大，河道也没有莫斯科河宽，但曲曲弯弯，两岸的建筑很精美，景色迷人，另有一番情趣。下船后我们爬了很长一段坡路才到达停车处。

大约下午3点钟，到达巴依科夫研究院用午餐。大厅两侧墙上挂着肖像：一边是历任院长照片，另一边是院士照片，外面是巴依科夫院士的塑像。这是苏联各加盟共和国的传统，专家、学者有很高的地位。餐厅很大，成套西餐上来。本来是周日，餐厅的工作人员加班为我们服务。我站起来讲话："这是本次会议在莫斯科的最后一顿晚餐，我以中方组委会执行主席的名义讲几句话……"大家立刻静听。我不是做总结，但讲得很到位：感谢大家顾全大局，感谢以杨焕文秘书长为首的秘书处的工作，感谢俄方的热情接待和餐厅工作人员的周到服务等。杨焕文和有色金属研究院黄副院长也讲话，大家免不了对我赞扬和感谢。来自全国各地的75名代表临时组成了一个整体，顺利完成了学术会议的任务，需要一种感召力和凝聚力，我和秘书组都起了作用，也积累了些经验。大家情绪很高，临时的"晚餐会"气氛很好。

我们仍乘俄航，于莫斯科时间晚上9点多起飞。我原本和老邱坐在一起，起飞后看邻座的两个座位是空的，我很有礼貌地对空姐说："我可否坐到那边的空位去？我的邻座也方便些。"空姐看了邱院士后回答："当然可以。"于是我过去一觉睡熟，直到天亮，空姐把我叫醒用早餐。照样是苹果汁、西班牙红葡萄酒、沙拉、面包、主菜、茶，很丰盛。北京时间9月27日上午10点多到达首都机场2号航站楼。

为时一周的俄罗斯学术会议和旅行结束了，收获很大，感受也多。尽管此前我有近10次苏俄之行，但每次感觉和收获都不同。25年间，我见证了苏联解体前后社会的变化和兴衰，也看到了近年来俄罗斯的经济发展和社会进步。再见吧，俄罗斯！愿您作为中国的友好邻邦和战略协作伙伴长久地发展。

10.13 去圣彼得堡参加米哈诺布尔建院100周年活动

关于米哈诺布尔，在10.11节中已有详细的介绍，下面仅就我们去参加该院100周年庆典的情况做一简单介绍。

该院建院100周年庆典前夕，北京矿冶研究总院由院长夏晓鸥博士带队，派出代表团前去参加该院的庆祝活动，并召开凯特破碎机合资公司的董事会。我要在俄方的学术会议上做题为《基因矿物加工工程》的学术报告。

2016年9月26日，我方代表团8人乘国航CA909航班晚点于15时30分在首都机场起飞，成员有：夏晓鸥、孙传尧、梁殿印、罗秀建、吴卫国、陈邦、张京京、张丹。我与夏院长乘公务舱，但始终没有躺下休息，原因是：其一，不是夜航；其二，我要抓紧时间把张京京为我翻译的学术报告的PPT俄文稿再熟悉一些。20分钟的报告时间，尽管我已删去不少内容，但还是超时。再说，稿件中有不少俄文生词，特别是不少地质专业的生词。

经过7小时的飞行，于当地时间17:30到达莫斯科谢列梅捷沃国际机场，与北京时差为5小时。入境、通关非常顺利，不用填任何表格，只看护照。只是转俄罗斯国内航班的候机楼得走15～20分钟，没有摆渡车，旅客拉着行李箱很不方便。到那一看，很熟悉，因为2015年在喀山出席中俄新材料新工艺会议时就在那里转机。原本3小时的换乘时间，因为飞机延误、梁殿印的行李没运到，再加上转机路程远，搞得还很紧张。换完登机牌就登机。乘俄航班飞行了一个半小时左右到达圣彼得堡机场。我很喜欢飞机上的三明治快餐，味道好，包装也讲究，比国内经济舱的食品好。

接机的是老朋友巴丘林，多年未见已见老，头发也白了不少。我们乘俄方包租的中巴，来到涅瓦河北岸离米哈诺布尔不太远的马可波罗小宾馆。这家小宾馆是1874年建的沿街楼房，后改造成宾馆，门厅很小，只有一个姑娘在柜台值班。我住五楼，看房间墙壁上的照片，有建筑师的名字，这里还居住过一个有名的数学力学家。俄罗斯人就是这样，尊重历史，保护文化。房间温度适中，不需要开空调。我收拾完东西，洗澡，已过半夜，于是抓紧时间睡觉。

9月27日，早晨到一楼用自助早餐，餐厅很小，只摆下几张餐桌，用餐的人没有几个，有两个中国人旅游住在这里。早餐简单，只有一个服务员，是一个小姑娘，亚洲人面孔，只干活，不说话。我吃的早餐是煮鸡蛋、酸黄瓜、烙饼、面包、黄油、香肠、汤和少许蔬菜。来俄罗斯多次了，饭菜很习惯。

8:30，巴丘林带中巴来接我们，到达列宁格勒矿业大学的新楼，里面有新建的会议大厅。进会场前我遇到米哈诺布尔B. A. 阿尔辛季耶夫院长，两位老院长相见热烈拥抱。上一次是2007年国庆节期间，我去诺里尔斯克镍业公司出差，回程去米哈诺布尔访问见到他，他在该院的餐厅请我们吃饭，并送了60多本俄文版专业书，都存在我院的图书馆里，我还写了一篇《B. A. 阿尔辛季耶夫赠书和他的矿冶情》刊登在《矿冶通讯》上。转眼间9年没见面了，他的头发已全白，但并不显老。

会场里面有几百人，前面几排是来宾，有桌卡，后面的人是米哈诺布尔的员工和列宁格勒矿业大学的师生。入座前，蒙古国额尔登特选矿厂原厂长索科洛夫热情地和我打招呼，我竟瞬间未反应过来，因为他变化很大。直到他指给我亲密的老朋友、米哈诺布尔原副院长萨达耶夫时，我忽然想起他。我快步走到萨达耶夫身边，呼唤他，他没听见，听力不如以前了。待靠近他招呼时，他转身颤颤巍巍地站起来，很激动地和我握手拥抱，向我问好。我没想到在会上能见到他，因为他已退休多年，而且年事已高。见到他，我心里一阵酸楚，我想他也是如此。张京京说见到萨达耶夫时激动得要落泪，我与萨达耶夫从1987年相识，在长达30年的时间里，我们交往很多，合作非常有成效，他对北京矿冶研究总院的感情很深。

会议开幕，主题是纪念米哈诺布尔建院100周年暨纪念普拉克辛教授，由主席钱图利亚院士主持。上午，前半段是100周年庆典。米哈诺布尔技术公司董事长瓦依斯别尔格主报告，讲述了100年来米哈诺布尔的发展历程和在苏联卫国战争及国家建设中的贡献。列宁格勒矿业大学校长身穿校服，没有讲稿，滔滔不绝地讲，真是一个演说家。此后有政府官员、俄罗斯科学院代表、研究院代表等多人发言，每人发言后都送一件纪念品由瓦依斯别尔格代收。夏晓鸥院长代表北京矿冶研究总院发言，张京京的翻译很好，之后赠送了一件贵重的九龙壁纪念品，引起会场轰动。

后半段是3个学术报告。第一个是钱图利亚院士报告普拉克辛的生平和对选矿专业的贡献。我在东北工学院读本科时，就知道不少苏联学者的名字，也知道普拉克辛教授。后两人报告，有一人是女学者，内容涉及矿产资源和工艺矿物学领域。

下午的学术报告分几个会场进行。矿冶总院的几个报告在A1分会场。主持会议的是两位女士：一个是列宁格勒矿业大学的教授，她身着校服；另一个女士在第一个报告之后参与主持。我报告之前有罗秀建、夏晓鸥报告，张京京翻译。有几个俄罗斯人报告后居然又有提问，这样一来，20分钟的时间肯定超时。我是排在最后一个报告，之前有一女士走到矿业大学的主持人面前嘀咕了几句，我立刻明白是关于我的报告时间问题。果然，她走后，主持人就来到我和张京京的身边说，由于晚上有音乐晚宴，不能拖时，要把我的报告改到明天。我听后不容分说，立刻回答："明天不行，只在今天。"态度很坚定。我又指给她看日程表，我的报告是20分钟。因为有的报告只给10分钟。她看我态度坚决，就回到执行主席的位置宣布了我的报告，但时间是15

分钟。我在讲台前回答："是20分钟，按计划办。"于是我直接用俄文宣读我的《基因矿物加工工程》学术论文。两位女士可能对我拒绝执行她们的意图表示不满，也可能有其他事情，在我报告开始后不久就离席了，换了一个年纪稍大的男士主持。我报告中途有一声巨响，原来是墙壁上挂的一幅油画掉了下来，我毫不理会，没有中断报告。报告完毕获得了一片掌声，会议主席即席点评给予了很高的评价。吴卫国告诉我："恰好20分钟，没有超时。"巴丘林、索科洛夫分别向我祝贺。张丹对我说："您报告时，我问两个俄罗斯姑娘能否听懂，她们回答说：'正确。'"

上午用作大会场的多功能大厅，晚上改为自助宴会厅。庆祝宴会上餐饮种类相当丰富，令人眼花缭乱，场面也很大，这是俄罗斯的特点。舞台上乐队演奏多个曲目，有一个男高音不停地唱完一首又一首，是纯正的美声。参加宴会的人，大都是俄罗斯人，也有一部分外国人，都是同行或朋友，因此都不陌生。大家借机相见，端着酒杯在人群中穿梭，相互祝愿或交谈。时而有嘉宾在前面即兴讲话，庆祝气氛热烈。

北京矿冶研究总院的嘉宾围在边上的一个高脚圆桌前。随后，几个米哈诺布尔的朋友端着酒向我们靠拢。有院长B. A. 阿尔辛季耶夫、巴丘林、加里宁、切尔卡茨基、萨沙等。祝酒，喝茶，喝咖啡，吃点心、冷餐、水果，一轮又一轮。只是台上那个男高音，不知疲倦地唱，声音很大，台下人们聊天、交流就显得很困难。不过，人们一碰杯也就心知肚明了，再说，几个中国人大部分人不懂俄语，也不可能多说话。

我突然注意到前面讲话的女士很面熟，张京京也说是。我想起来了，她是哈萨克斯坦哈兹米哈诺布尔的选矿专家波罗多娃，曾和我们有良好的科技合作关系。于是，待她讲完话，我和张京京在人群中找到她。和她在一起的还有一个位女士，她认识我，但我记不起来了，估计是哈萨克斯坦科学院选冶研究所的，因为我到该所访问过几次，并做过报告。对于这不期而遇的会面，波罗多娃显得很激动，她立刻和我及张京京合影，并发给她正在欧洲旅游的同事、朋友。我和波罗多娃第一次见面是1990年。那一年，我作为北京矿冶研究总院的院长，也是中国有色金属科技代表团的成员，首次在阿拉木图访问哈兹米哈诺布尔，也正是从那时起，我开创了北京矿冶研究总院与哈萨克米哈诺布尔的合作。该院时任院长波波夫接待我们，贵金属研究室主任波罗多娃参加了接待。她是哈萨克斯坦著名的选矿专家，全国劳动模范，在黄金提取方面造诣尤深。以后随着两院的合作与交往，我们在阿拉木图和北京多次见面。一晃又十几年过去了，想必她也六七十岁了吧，因此，再次见面她显得老了，个子也显得矮了。从她的谈话中我得知，除了几年前我知道的院长克列兹去世外，近年间原副院长、书记卡斯姆哈别托夫，原副院长、已移居加拿大的达维多夫等也已去世，得知这些不好的消息我很难过，因为他们都是我的朋友与合作者。我也问了当年美圣合资公司的几个朋友，他们已退休，但健在，这就好。她在离开宴会厅时，还恋恋不舍地连连回头向我们致意，年龄都大了，以后见面也难。

9月28日，早餐时见到一大群中国的旅游团员等车去机场，他们从圣彼得堡直飞北京，通过简单交谈得知，他们对这次来俄旅游表示满意。深秋的圣彼得堡，天不冷，但连续两天下小雨，街上的市民都已穿冬装了。我们乘车来到米哈诺布尔这熟悉的院子，这一天的学术报告在该院进行。在技术公司的大楼里，我们继续参加学术报告会。我们所在的会场是浮选及表面化学，这是我的主要研究方向，也较熟悉。会议执行主席是马克西莫夫，他一看见我就叫“孙院长”，而不是俄语中常说的“院长孙”，也免去了“早上好”之类的寒暄。上午，梁殿印报告，张京京翻译，吴卫国报告，张丹翻译，几个俄罗斯专家的报告很好。看得出，俄罗斯人在矿物加工领域的基础研究方面做了不少工作，年轻的研究人员也很活跃。

中午用餐在米哈诺布尔员工食堂。大家排队，拿好托盘依次领取食物，饮料、沙拉、主菜、主食任选，餐后把餐具送到回收的架子上，有点像哈萨克斯坦尼古拉耶夫选矿厂食堂的用餐方式。午餐后，我们来到技术公司的学术厅，旁边是实验室选矿设备展厅，有多种破碎机、磁选机、电选机等。这个学术厅不大，是工艺矿物学组的分会场。我在茶点台上吃了几块饼干，再去倒一杯热茶，无奈放不出热水。这时一个俄罗斯人走过来同样放不出热水，他低头看了看热水壶上的商标，很轻蔑地说了一句：“乌克兰的！”一甩手走开了。后来女服务员告诉我应先解锁，再放水，果然热茶沏好了，其实国内很多热水壶也得先解锁。我心想，这俄罗斯人怎么这样看不起乌克兰！

下午，我们不再参加学术报告会，组委会大概知道我懂俄语，又是技术专家，送我一本会议论文集，其他中国人没有。回国后用些时间认真阅读。我院的人员来到一间小会议室，在这里召开中俄合资凯特破碎机有限公司董事会。会议由董事长夏晓鸥主持，我和B. A. 阿尔辛季耶夫两位老院长都列席了会议。总经理罗秀建做年度工作报告，会议始终在友好、务实、协商的氛围中进行。结束前，夏董事长请我讲话。我从两院关系的恢复与发展，谈到建立凯特合资公司，从公司初期的困难，谈到现在已形成良性循环，再着眼于未来。我是亲历者，又是凯特公司建立的主要决策人，这些情况参会人员大部分不知道详情。我特别说明，不能忘记对凯特公司的建立做出过贡献的中俄双方人员。大家对我的讲话报以热烈的掌声。

我在莫斯科与圣彼得堡之间往返多次，但都是半夜上车，睡一觉早晨到，从未看见路上的风景。这一次乘时速200公里的快乐号列车，经4小时直达终点。一路上都是森林、田园，风光美极了！而且空气极好，只是路基不好，火车颠簸得厉害，与中国的高铁相比差距还很大。

当晚，中国驻俄罗斯大使馆的科技参赞郑世民和二秘赵围在阳光中餐馆请我们吃饭。郑世民参赞很热情，我们有宾至如归的感觉。席间，郑参赞听我偶尔讲了句俄语，说我俄语功底好，问我在哪学的。我回答："仅在佳木斯二中高中学三年，在东北工学院又学了三年。"他听罢立刻站了起来向我敬酒，原来他是佳木斯一中毕业的，佳木斯俄语教学水平高有传统。远在异国他乡在晚餐间巧遇同乡，双方都很高兴，并相约回国后联系。郑参赞以前做过同声传译，水平定然很高。餐后回到假日酒店又很晚。

经过7小时的飞行，于国庆节的早晨到达首都机场，这一夜只睡了几个小时，是时差的原因。

10.14 申办2008年国际矿物加工大会（IMPC）

国际矿物加工大会（International Mineral Processing Congress，IMPC）是国际矿冶领域最重要的学术会议之一，每2~3年举办一次，自1951年至2018年已举办29届。会议交流的内容涉及所有固体矿产资源加工领域，包括矿石粉体、矿物分离、提取冶金、矿物材料、废弃物处理的工艺、技术、装备及节能、环保等。该会是矿物加工（选矿）领域最具权威性的国际学术会议，规模和影响很大。

20世纪80年代，中国就开始积极争取主办IMPC。北京矿冶研究总院联合有关单位曾于1997年和2000年两次书面提出主办IMPC的申请，皆因准备不充分等原因而未能成功。

2003年春季，SARS爆发。5月，在疫情何时过去还是未知数的情况下，我召集北京矿冶研究总院部分领导和骨干开会研究申办第24届IMPC，参加人有孙传尧、夏晓鸥、张立诚、张建良、韩龙等。在当时的背景下，不少人有异议也属正常，因为疫情的问题，中国申办能获批准吗？外国人能来中国参会吗？但是，我们还是决定不放过任何机会，积极申办。会上决定以张立诚和韩龙为主准备论证报告。会后我请示了王淀佐院长，请他领军，因为王院长在国内外矿物加工界影响最大，没有王院长领军申办不可能成功。王院长对我的表态非常明确：他出面可以，但是得有人干活，这是一项复杂的工程，没有人干活不行。我请王院长尽管放心，一切具体工作完全由北京矿冶研究总院承担。于是，成立了以王淀佐院长为主席、孙传尧为执行副主席，包括国内有色、黑色、煤炭、非金属选矿行业的著名专家学者和知名企业人士在内的第24届IMPC中国申办委员会，申办工作得到了国土资源部、中国科协以及国内有色、黑色等行业协会的支持。经过认真准备，中国代表团于当年9月去南非开普敦参加第22届IMPC，在此会议上，IMPC理事会要投票在4个申办国中确定第24届会议的承办国。

为了申办成功，以北京矿冶研究总院为主的工作班子进行了充分的准备，主要人员有院长孙传尧、外事主管副院长张立诚、外办主任韩龙。申办报告由张立诚和韩龙执笔，他们二人中、英文水准均很高。报告内容、编辑、出版印刷都非常精美，漂亮的封面是中国的万里长城。旅澳学者高明炜博士是代表澳大利亚的，但是他第一眼看到中国的申办报告就立马流出了眼泪。

开会前，借助于在莫斯科出差的机会，我拜访了俄罗斯著名的选矿学家钱图利亚，他是IMPC理事会成员，有投票权。他的桌面上摆着中国、日本、印度和澳大利亚的申请报告，他告诉我，中国的申请报告很好，他会支持的。

中国去南非开普敦参加第22届IMPC的代表并未统一组团，是分别去的，但是到达开普敦后自然就形成了以王淀佐院长为首的代表团，是一个团结的整体。

中国驻开普敦总领事馆对中国代表团参会和申办活动十分支持，专门组织了一次宴请活动，请南非工程院院士、IMPC理事会理事奥康纳先生参加，让王淀佐院长以及我、张立诚和韩龙同奥康纳先生接触，先增加了解。我们申办成功后借助于庆祝中华人民共和国国庆节招待会的机会，请IMPC理事会的理事们到领事馆参加活动，增进他们对中国的了解——当时大部分理事不太了解中国。

在正式开会前，日本办了一个小型展览会，请IMPC理事会的理事们和有关代表前去观看，也请中国代表团参会，于是王淀佐院长带领我们几人去看展览，这是一次日本展示和路演的活动。显见，各国的竞争在会前已紧锣密鼓地进行了。

澳大利亚代表团由Ralph Holmes出面宴请中国代表团，按照中国传统的说法是一场鸿门宴，其目的是请中国代表团把这次机会让给澳大利亚。晚宴上，中国首席王淀佐先生与澳方首席巴特哈姆先生友好、风趣且坦率地表明了各方的态度，当然，双方都没有让步。

在理事会正式会议上，4个申办国的代表先后论证。中方的代表张立诚论证发言，他流利的英语、充满激情的论证触动了评委。结果是日本和印度出局，剩下中国和澳大利亚两国，怎么办？理事们经讨论做出决定：把原来3年一次的IMPC改成两年一次，中国与澳大利亚同时中选，但要排出先后次序。经过再次较量，最终决定中国居先于2008年在北京承办，澳大利亚在后于2010年在布里斯班承办。这场竞争终于尘埃落定，中国代表团成员都很高兴，实现了多年的愿望，打破了IMPC一直在欧美国家召开的惯例。经过这次竞争，中澳两国建立了友好合作关系，在2008年北京会议上Ralph Holmes参加中方组委会，在2010年布里斯班会议上孙传尧参加澳方组委会。

当晚，在中方代表入住的宾馆举行了一个简洁的庆祝活动。团长王淀佐、孙传尧、张立诚、韩龙、胡跃华、李长根以及海外的华人代表十几人参加，大家对中国申办IMPC成功表示了发自内心的喜悦和祝贺，并表明一定积极支持和参加2008年北京会议。

开普敦会议之后，在土耳其召开了第23届IMPC。这一次由北京矿冶研究总院负责组团，有50多名中国代表参会。在本次会议上，中国代表的参会人数和发表论文数均居前列，初步展示了中国矿物加工大国的形象。

经过几年的准备，2008年北京奥运会之后，在北京国际会议中心成功地召开了第24届国际矿物加工大会（IMPC）。会前，时任国务院副总理李克强在人民大会堂专门会见了全体理事，并做了45分钟的谈话。会议的主会场和各分会场井然有序，我们还分别在北京饭店和太庙组织了两次大规模的宴会和演出活动，参会的各国代表公认这是举办最好的一次IMPC。我在2007年2月已院长离任，因此，我这个执行副主席实际上没有做太多的工作，具体工作在王淀佐主席的统领下由蒋开喜、夏晓鸥、战凯和张建良分担了，我向以上各位院领导表示感谢。

北京IMPC之后，又先后在澳大利亚、印度、智利、加拿大和俄罗斯举办了会议，在各届会议上，中国的参会人数和发表论文数仅次于主办国，进一步彰显了中国是矿物加工大国。2010年在澳大利亚布里斯班举办的IMPC上，王淀佐院士荣获了终身成就奖。

这些会议我都参加了，亲身感受到IMPC在世界矿业界的影响越来越大。每一个主办国都认真承办，因国情不同，会议各有特点，但都是相当成功的。近年因世界范围内新冠肺炎疫情的影响，已有两届IMPC未按时举办了，各国同行期盼着会议能顺利召开和延续下去。

10.15　去莫斯科参加第29届世界矿物加工大会（IMPC）

2018年9月16日上午11时，我到达首都机场T3航站楼，与已经到达的北京矿冶总院的同行人员会合，办好登机手续，经出境、安检例行程序，13点登机，刚入座，五矿矿业集团副总经理连民杰过来打招呼，并习惯地称我师叔，因他的博士生导师是我北科大研究生班的同学蔡美峰院士。同机的本院人员有：张京京、朱阳戈、沈政昌、何建成、杨义红、刘方明、叶小璐、吴桂叶、孙志健、孙传尧。先期到达的有韩龙院长、卢烁十、宋振国，还有机电公司的两人，总计15人参会。

飞机是国航A330-300宽体客机，我在公务舱，其他同行人员在经济舱。入座后，我习惯地去经济舱看望同事，这是我任院长时养成的习惯。飞机正点起飞。飞行一段时间后，我打开屏幕的航路图，看见飞机向西刚飞过贝加尔湖，对空姐说错过了观察的机会。空姐说："您真厉害，知道是贝加尔湖。"我说："这条航线我飞过多次，而且我还到过贝加尔湖。"

我邻座的乘客是国家能源集团的李总，原神华集团副总，与国电集团合并后任集团副总，负责煤炭板块的生产、安全、环保、技术等工作。他1977年进入阜新矿业学院地下采煤专业，煤炭行业的技术和管理工作很专业。煤炭行业不少我知道的人和事，他都知道，两人很谈得来。飞行7小时40分钟后，飞机降落到莫斯科谢列梅捷沃机场2号航站楼。下飞机前，关键过来与我打招呼，他在莫斯科留学长达8年，精通俄语，词汇量大，知识面广，是难得的人才。他从工程院调到神华集团，恰是李总的部下。我向他打听了他留学的同学王拥军的情况。

机场入境长达2小时，以前多次到该机场，从未遇到这种情况。只好耐心等，俄罗斯的国情就是这样，但省去了入境卡，这是一大进步。

司机已等了很久，但很客气。路上堵车严重，经过1小时的车程，到达了莫斯科河畔的皇冠大酒店，这里毗邻国际会展中心，距乌克兰大酒店很近，塔式高楼就在眼前。酒店相当豪华，门很多，司机绕了好一阵子才找到停车门，害得宋振国博士跟车跑了不少路。韩龙院长和先期到达的几人在门口迎接我们。我第一句话就问韩院长："选上了没有？"韩院长回答："选上了。"我就放心了。这指的是在当天IMPC理事会上，他当选为理事。这是中国矿物加工界的大事。两年前，在加拿大魁北克的会议上我已到期离任，今年王淀佐院士离任，韩龙当选，使中国这一矿物加工大国的理事具有连续性。

在大厅等候时中南大学原副校长邱冠周院士和夫人武老师来了，他提醒我院做中陕核科研项目时注意放射性防护。他说，中南已有3名老师早逝，包括冯其明教授。据他说都与放射性有关。我半信半疑，但感谢邱校长的提醒。

我住在7楼2072房间，是大套间。房间设施完备，奢华，完全不同于八九十年代小电梯、小床的苏联宾馆。莫斯科时间22点睡觉，相当于北京时间次日凌晨3点。

9月17日是第29届IMPC的第一天。因时差的原因起床早，我在室外散步。没想到这家酒店十分大，内部设计通道复杂，标志不明显，回来就转向了。我找不到早餐厅，问了几个人，俄罗斯人很热情，有的指点，有的带路，但都不是我用餐的早餐厅。后来另一楼餐厅的工作人员叫门卫一直把我送到早餐厅，我连声致谢。原来，我已走到另一座楼。

俄罗斯的早餐很简单，远不如中国酒店。热菜少，味道差。西红柿、青椒、黄瓜是仅有的3种生菜，我必吃。我多次来俄罗斯，对此也算习惯。

上午10点，开幕式。会议主席钱图利亚致辞，他用俄语讲，不知为何。按理说他的英语水平虽然不精通，但照稿念没问题。之后IMPC理事会主席奥康纳致辞。两位都是我的好朋友。再后是俄方官员发言，他们在主席台上，这与其他国家办会不同。茶歇时见到不少老朋友：中国的参会代表上百人，不少人和我打招呼，这些熟人在国内也常见面，还有国际理事会的成员、俄罗斯及其他国家的朋友。

尤其见到米哈诺布尔的院长B. A. 阿尔辛季耶夫，两人都十分高兴。我们两人相识及合作将近30年了，我年长他3岁。我任院长时把中断了20年的两院合作关系恢复起来，是我们两位院长把北京矿冶研究总院和米哈诺布尔选矿研究设计院的合作关系深度发展，并建立了合资企业北京凯特破碎机有限公司和新纳密公司。我清楚地记得，1992年9月30日临近午夜时分，在我院文兴街原主楼308会议室举行了签约仪式。合资企业组建初期，运营状况不理想，他与瓦依斯别尔格亲笔写信，希望我关注公司的发展。近十几年，凯特公司发展状态良好，双方均满意。

茶歇后的分会场第六会议室，第一个报告人是我院的韩龙院长，题目是：《基因矿物加工工程》，署名是：孙传尧、韩龙、周俊武、宋振国。这是近年我提出的研究方向，在中国国内已得到认可。2016年在圣彼得堡纪念米哈诺布尔建院100周年暨纪念普拉克辛教授学术会议上，我用俄语做了报告，反响不错。因我英语口语不好，这次由韩龙用英语做报告，听报告的人不少。

之后，我来到第二会场，主要听表面化学、浮选理论、浮选药剂和浮选工艺方面的报告，这是我的研究方向，历次IMPC我主要在这一领域听报告。我英语听力不好，但借助于英文PPT，我大致能了解报告的内容。

中午12:30，吃午饭，餐厅很挤，座位都难找，餐饮品种当然比不上中国。凉菜还好，热菜差些，西餐的热菜大都味道欠佳。餐后没有休息时间，下午2点开始我仍在第二会场听报告。

9月17日晚，组委会例行举办盛大的欢迎酒会。没有座席，没有仪式，没有讲话，与会代表喝酒水饮料、吃各种餐食，走动着交流。矿冶总院的人围着一个圆桌，很多国内外的朋友来祝酒。钱图利亚、B. A. 阿尔辛季耶夫、巴特哈姆及夫人、福斯伯格的夫人等都来祝酒，气氛热烈。我们邻桌有几个日本代表。我和韩龙前去询问若松贵英教授的情况，写中文日本人能看懂。他们说老先生88岁了，身体还好，回国后一定向他转达我们的问候。有3支演出队顺序表演专业民族歌舞，几个人拉巴扬十分专业，高潮时，与会代表与演员同台欢乐，景象感人。小食品制作得相当精致，种类繁多，但大部分没有人吃，我不知道这些食品如何处理，浪费可惜！

9月18日，一天的学术交流照例进行。开始前，我和老朋友阿尔辛基耶夫坐在一起。我向他询问不少老专家和老朋友的情况，他大部分都知道，但遗憾的是，多数人都已故去，使我很伤感。倒也是，又是十几年过去了，老人基本退休甚至离世，这是自然规律，但这样的消息总会使人很不快活。还有的人他想不起来了，有少数的人已调离米哈诺布尔。有的人名我还记得，他反倒不记得了。

上午10时，在会展中心的6号门外，中国及华裔的代表100多人合影留念，继智利圣地亚哥、加拿大魁北克之后，这是第三次大合影，我以中国矿业联合会选矿委员会主任的名义讲了三点：（1）中国和华裔代表在IMPC合影作为传统，以后要继续下去；（2）韩龙院长当选为IMPC理事会理事，大家表示祝贺；（3）由朱阳戈负责把照片发送给大家。但这次合影不理想，因台阶太低，有好几个人被挡住了。

18日晚，会议没有安排晚餐，代表自理。在皇冠大酒店对面的一个俄餐馆里，北京矿冶总院的参会人员与广西大学陈建华及陈晔、赵、李三个女性老师聚餐。陈建华老师与我院的关系很好，两年前在魁北克IMPC我们就在一起，他现在的研究方向是“矿物浮选的配位场理论”。我认为，这在国内外是独家，是浮选理论的前沿。他对我充分信任，很谦虚，说他的研究是在我“矿物浮选的晶体化学原理”的启发下进行的，我们原计划要合写一本书，他在构思的过程中延伸到配位场理论。

9月19日，我仍在第二会场听表面化学和浮选理论及工艺的学术报告。因是主办国，俄罗斯的报告不少，虽然报告人英语水平不高，但内容是货真价实的。

晚上，全体参会人员乘大巴到一个珠宝会展中心出席正式宴会。路上我再次领略了莫斯科的堵车，不亚于北京，用了1个小时。晚宴是IMPC的惯例。2008年，我院承办第24届IMPC时，我是执行主席，晚宴是在北京太庙里进行的。在这次宴会上，按传统的程序，宣布终身服务贡献奖——美国哥伦比亚大学教授福斯特瑙，终身成就奖——美国犹他大学教授米勒，我猜想该是他了，再评不上就不公平了。遗憾的是这两位获奖人都没到会。之后是优秀青年论文奖及对赞助商的致谢。矿冶总院赞助10万元人民币，主办方在俄罗斯制作的双肩背包，质量不好，我都不好意思用。宴会上文艺演出很火热，只是有个女演员不停地高声唱，大都是流行歌曲，我感觉是满场噪声，连说话都听不清，很反感。中国代表轮流到我所在的餐桌敬酒，组委会的主要人员也来祝酒。餐食特别丰盛，但一半都剩下了，又是一大浪费！席间不少代表跳舞，没有正规的舞曲，也没有正规地跳，使我这学跳国际标准舞的没有兴趣上场。在女歌手声嘶力竭的噪声中，我们实在不能忍受，时间已是晚10点，于是退场，乘大巴回酒店。

9月20日，最后一天学术报告，会场上人不多，已显冷清。不过，中国参会人员大都认真听会，特别是矿冶总院的代表一个也不缺，这也与我及韩龙院长认真参会有关。我们把钱图利亚请到一个圆桌，向他祝贺IMPC办得成功，并送他有北京矿冶研究总院标志的领带和我准备的一盒明前春茶，他很高兴。我与他交往有近30年了，他也当过院长，在界面化学和浮选理论领域是俄罗斯一号、世界著名的大师。我读研究生的时候，在北京图书馆借了一本他写的俄文版《浮选表面化学》，作为我学位论文重要的参考书，当时我并不认识他。我当院长后几次请他来院讲学和交流，关系密切。

原计划，会议期间我们要去莫斯科有色金属研究院和设计院，但对方一直不同意我们去院，很费解。我和韩龙决定不再理会。对方又坚持来会场会面，很有诚意，在此情况下我们同意了。上午10:30，俄方来了4人，有院长、总工、外办主任、科研处处长。其气质和穿戴远不像原来的院领导。由韩院长主持见面会。双方相互介绍之后，我先回顾了矿冶总院在20世纪80年代以来双方的交往，特别谈到我院与俄有色金属研究院曾建立合资企业巴比达公司，俄时任院长塔拉索夫在送我的自传式书里记载了这一活动。俄现任院长现在管两院，他说，不知道这一情况，否则应让塔拉索夫参会。我感觉这位院长以前不是这两院的人，因为他对我讲的近30年的合作史一无所知，而且事先没有认真做作业，他可能是上级科技集团外派的人。

我讲完后，韩院长讲话，并播放BGRIMM的视频，再后就是合作交流。双方决定签署建立战略合作伙伴关系的协议并合影。这次会谈也是IMPC期间的一个成果。他们不让我们去院的原因是：两院统归科技集团管，得报批，已来不及。这样封闭的体制能发展吗？

下午的报告继续进行，但听报告的人更少。我院沈政昌、杨义红、叶小璐的报告排在最后。

闭幕式的人还不少，由奥康纳主持，本届主办方主席钱图利亚讲话，下一届主办方南非开普敦大学代表讲话并播放宣传视频。统计数据表明，本届IMPC参会人数和发表论文数中国均排第二，主办国俄罗斯排第一。这显示了中国作为矿物加工大国的实力。闭幕式后，会议安排了冷餐，便于各国代表进一步交流。

我基本上是在A2报告厅参会，得出一些体会：

俄罗斯和中国的报告人多，英、美、加等英语国家的报告人少，显示报告人的英语水平不如往届；

论文水平下降，可能与两年举办一次间隔太短有关；

传统的矿业强国美国、加拿大以及欧洲的参会人员少，大师级的学者参会少，可能与年龄大了有关；

展览厅与主会场相距远，不少人无法去看展览；

个别报告内容与场次不符。

但总体上看是一次好会。钱图利亚和他的研究院做出了重大贡献。

闭幕的当天晚上，我们到一家韩国餐馆用晚餐。这家饭菜风格接近中餐，点了不少饭菜大家共享，被认为是会议期间吃得最好的一餐，价格不贵，十几个人总计2000多元人民币。

因21日晚11:30乘CA882航班回北京，所以我们有机会白天观光和购物。早饭后退房、寄存行李，这是为了节省房费。我们乘地铁到最大的自由市场“一只蚂蚁”（音）。这个大市场我以前去过，相当繁华，人气兴旺。但这次去很冷清，不清楚是否与非双休日有关。我买了两块俄罗斯表：一块是卫星牌，苏联产，手上弦，1000元人民币；另一块是自动表，1500元人民币。我买这两块表的原因是看上了两只皮表带，至于俄罗斯表，以前我接触多，牌子不硬，走时不准，价格也不贵。我还买了一架大型的单筒望远镜，带三脚架的，还价后600元成交。这里人民币可通用，一元人民币兑10卢布。我还买了一个木头勺子和一个捣蒜用的木碗。其他人买套娃的多。

回来在一家麦当劳店吃快餐，餐后在附近的一家超市购物，副食品价格低，我买了几个粗面大面包，其他人买巧克力的多。下午3:30—6:00，乘船游莫斯科河。游轮很大，我们都坐在船头的甲板上观光。两岸的风光尽收眼底，阳光明媚的莫斯科秋日，景色怡人，十分惬意。船票只要90元。我想到，不大的莫斯科河来往游船不断，每一个码头都有游船停靠，这条河为俄罗斯创造了多少财富？中国呢？佳木斯城内原本好好的一条杏林河是松花江的水系，居然改造成一条杏林路，有远见吗？

6:30回到皇冠大酒店，整理好行李，7:20乘车到达机场。我与沈政昌在公务候机室用晚餐。这里的餐饮很差，填肚子吧！晚点1小时，半夜1时乘CA882航班起飞，国航的空姐服务好。我问一空姐：“飞机为何从东向西飞慢，从西向东飞快；从北向南飞慢，从南向北飞快?”空姐认可有这一现象。但她说与风速及航线有关，我不认可她的回答。距北京还有两小时航程时，我急忙打开屏幕的航路图，贝加尔湖清楚显现，但又是刚飞过，望窗外，没见到，第二次遗憾。

飞行7小时，于北京时间13时降落在首都机场T3航站楼。结束了近一周的莫斯科国际会议之行。收获很大。

10.16 2014年3月去南非出差

我们此行到南非的目的是参加北京矿冶研究总院与南非开普敦大学及林波波大学国际科技合作的年会。飞行了13个小时，于当地时间3月23日早7点左右飞机降落在约翰内斯堡机场。由于是几个航班同时到达，人很多，入境检查排了很长的队。40分钟后入境，我们和蒋开喜院长及何发钰总工程师会合，他俩飞北京—新加坡—约翰内斯堡的航线。团组过海关，一切顺利。我与蒋开喜院长、韩龙副院长三人乘出租车前往目的地，何发钰、朱阳戈和张行荣三人要等Connor一行从开普敦到达后同行。

我们的目的地是南非北部Limpopo省Polokwane市的Glenshiel Hotel。一路上风光很好，高速路上车很少，黑人司机开车很稳，路两旁一马平川，植被很好，但没有高大的乔木，与草原不同的是灌木不少，按季节快到旱季了，偶见的路段像墨西哥的景观。后一段路程进入山区，其实就是丘陵地貌，但森林很多，高大的乔木茂盛，气候也显得湿润些。行车近4个小时，到达了宾馆，这是一个幽静的庭院，三面是客房，只有15间，另一面是大堂、会客厅、餐厅和酒吧等，后面一排平房是会议厅，旁边还有一个小游泳池，整个布局典雅、紧凑。宾馆四周是茂密的树林，偶尔能见到小猴子在房顶上或草坪上走。大餐厅和每个客房都有壁炉，备好了木材供客人用。这微型宾馆还是四星级，典型的英式风格。宾馆的服务员是清一色黑人，看他们动作慢条斯理，但井井有条，效率挺高。宴会、自助餐，样样都很规范，很精细。

到达的当天晚上开了1个小时的预备会议，由O'Connor主持，他是国际矿物加工理事会主席，我是理事会成员，我们同岁，交往已11年。两人分别担任本国的科技合作项目负责人。他工作有激情，认真负责是一贯的。

3月24日，上午乘车1小时到达林波波大学（University of Limpopo）参观和交流。该校原来是北方大学，专为发展黑人高等教育而建立的，教师、学生几乎全部是黑人。1994年，曼德拉掌权后，为发展黑人教育，将几所大学合并构成了现在的Limpopo大学。该校设有医学、农业、健康、材料、地质和部分理科专业。我们的合作者Phuti教授是理论物理专业出身，数理功底相当强，他的材料模型中心只有26个人，承担了不少国家研究项目，其中利用第一性原理和密度泛函理论对矿物表面和药剂作用的量子化学计算研究具有很高的水平。他是得过南非国家科学奖的科学家。

校长在会议室接待了中、南科技合作人员，之后双方在一个阶梯教室式的学术报告厅里进行了交流。午饭就在大学的餐厅用餐，个人点饭菜，服务员一一盛好饭菜，大家边吃边聊很好。

下午，我们到一个小镇购物，本意是大家买些东西帮助当地欠富裕的居民。在一个小店里，我见到一个旧的座钟，是英格兰生产的，没有钥匙上弦，也不知道还能不能走，500南非兰特，相当于300元人民币，不贵，我当时没买。26日会议结束后，谌江、何发钰陪我去买下了。回国后请我的大师级的钟表师朋友修好，打点时声音犹如钢琴声十分悦耳，直到现在还正常地走。另有一个店是卖服装的，一个店是旧书店，书很多，没有时间挑选，这里人不多，这些旧书卖给谁呢？

晚上，在小宾馆里有一个晚餐会。无疑，O'Connor是主角，因为本次学术会议他们是主办方。西餐照样依次是汤或冷菜、主菜、甜点心、冰激凌、茶或咖啡。十几个人用餐，各点各的，小餐厅居然能满足需求，菜做得很精致，量也很大，只是时间花得很长，宴会西餐都这样，无论哪个国家。

3月25日，双方正式交流，包括3个研究方向：（1）磨矿过程的物理化学因素对浮选的影响；（2）浮选捕收剂与硫化矿表面作用的量子化学分析；（3）硫化矿浮选电化学。每个研究方向都由中国和南非各一名专家报告，并有提问和讨论，其中Limpopo大学Phuti教授的报告显示了其卓越的功底。

晚上是Limpopo大学请客。乘车1小时到达Polokwane市。因是晚上，城市面貌看不清楚，觉得挺大。宴请是在该市最大的五星级饭店。大厅很阔气，大长茶几和大长椅子都是用整根树木做的，带有一种原生态的粗犷和野性的风格。照样是每人分别点菜，从晚上7:30一直到10:30，很困乏，回到宾馆已近半夜。

26日，当天的活动是研讨矿冶总院和南非方面合作方式及下一阶段新的合作课题。关于合作方式，中方韩龙副院长提出了建立合作研究中心的方案，但没有实际的架构和运行机制。南非科技部的官员认为时机不到，先从具体课题合作开始。很意外，中国驻南非大使馆科技参赞黄伟特意赶来参会，我和他10年前就认识，见面格外亲近。关于下一个合作项目的具体内容，原则上南非方面要做的我方也做。涉及硫化矿浮选电化学课题，我系统地表述了我的学术观点及工程化的难点和今后的主攻方向，O’Connor教授完全同意，达成共识。

由于两次西餐晚宴吃得很疲劳，经我提议，会议最后的晚宴采取自助餐的形式。O’Connor照旧一一敬酒，很兴奋，话也很多。大家兴致也高，气氛热烈。晚餐后，收拾行装，近午夜睡觉。

3月27日，早7:00用早餐，7:30乘车离开宾馆去约翰内斯堡。我与韩龙、何发钰同乘一辆车，驾车人是开普敦大学矿物加工中心办公室主任，一个很谦和的女士。我们直奔机场，他们把租车交还后抓紧赶飞开普敦的航班，中方人员乘出租车和湛江公司的车到达Garden Court宾馆，2011年和2012年我两次住在该宾馆，最难忘的一件事是，2012年，我、韩龙、何发钰和魏明安等人，晚上吃饭竟意外见到几个高档表店，经讨价还价后，在一表店买了块积家表，全钢自动，折合人民币2.8万元，而北京卖5万多元。在另一店买了劳力士，只有2.7万元，比北京便宜2万元左右。其原因是：（1）南非手表原本就比中国便宜；（2）可砍价打折，最低打到7.5折；（2）还可享受14%的退税。

我住酒店121房间，实际上是二楼。中午，在曼德拉广场购物中心，先在一中餐快餐店吃饭，也就是在周围店铺买了饭集中到中心的大餐厅用餐。我吃了一份什锦炒饭外加一小碗汤，相当于人民币32元，1南非兰特只折合

0.8元人民币，饭比中国香港她还便宜。午饭后，蒋院长和韩龙副院长与一公司代表接触，我们几人就购物。逛遍了购物中心的表店，没买到合适的手表，原因是瑞士手表普遍涨价。另外，2012年两表店的熟人都不在，无法砍价。见到一款Rotary，是瑞士老牌子，但用日本机芯，价格只折合人民币1000多元，想了想，没买。走到一个商店，见有意大利的品牌，南非水牛皮的女用手包很好，我和何发钰各买了3个，单价合人民币2000元左右，含退税。晚上我吃了些自带的点心和水果，不再出去用餐，感觉很好。我正在收拾行李，谌江来看我，很高兴。我们聊了很久，也包括河北钢铁集团收购的含铜铁矿山的项目。他还送来两瓶南非的红酒，很感谢。

3月28日，早餐后到机场，谌江送我们。蒋院长和何发钰在机场附近一宾馆的大厅与河北钢铁集团南非项目韩总会面，我和韩龙随后赶到，双方充分交流。韩总拟委托北京矿冶研究总院承接研究和矿山技术改造，冶炼厂似乎不想大动。蒋院长答应4月将派一团组去现场考察。与韩总告别后，我们抓紧办完安检和登机手续，与来时一样，我们经中国香港，蒋院长和何发钰两人经新加坡。进入候机大厅后分头购物，在一表行有北京籍的葛先生在卖表。他其实不太懂表，连机芯的型号都不太关注，但对北京市场的行情很熟悉。我真没想到约翰内斯堡机场的手表很便宜，天梭力洛克系列的全钢皮表带男表国内统一价格是4050元，但这里只卖2700元，我建议张行荣买了男女各一块，不会有比这更便宜的地方了。在香港陈先生表行胡爱斌替别人买的那块万国192小时动力储备、18K玫瑰金的高档表，北京要15.4万元人民币，香港打折后只需9万多元人民币，买主高兴极了。但葛先生查了记录，说该店卖了一块同一款式的手表合人民币8万多元，是仅有的一块。可见，南非机场手表价位确实低！

登上了CX948航班，是国泰航空公司的回程航班，同样在楼上的公务舱，历经12个多小时的飞行，到达香港机场，航行中我用5个多小时的时间审书稿，时间算是充分利用了。在香港机场采购了些食品，登上CA108航班，因下雨风大延误了1小时，空中有几次剧烈的颠簸，于北京时间3月29日下午3时到达首都机场。历时10天，此行顺利完成。但一下飞机立马体会到了北京雾霾的天气和堵车的烦恼。再见了，南非的蓝天白云和流畅的交通，尽管不如北京繁华！

10.17　去韩国出差

1995年12月18—28日，我带领北京矿冶研究总院一个团组去韩国资源所进行回访。因为前一年该所的所长姜必钟带领团组来我院技术交流，其实主要是来我院学习大洋多金属结核的选冶加工技术。我院的团组成员有：吴玉今，选矿高级工程师，1962年东北工学院毕业，朝鲜族，精通韩语；尹才桥，冶金高级工程师，1965年衡阳矿冶工程学院毕业；李士伦，处长，北京科技大学毕业，选矿；赵英淑，有色总公司外事局韩语翻译。

除了对韩国资源所回访之外，还参观考察了海洋所、现代汽车公司、浦项钢铁厂和蔚山铅锌冶炼厂、船舶重工企业及高等学校。

出访的第一站是韩国资源所，是这次出差的重点，因为要商谈关于大洋锰结核加工的科技合作项目。

在资源所受到所长姜必钟先生的热情接待。参与接待的有副所长、各事业部的部长及资源、选矿、冶金、材料、检测及情报室的负责人，主要合作者朴博士也参加接待。接待规格高、阵容强大，显示了该所的合作诚意及实力。资源所是典型的现代院所管理体制。高管层上面是董事会、监事会，实行所长负责制，姜必钟所长全面主持日常的管理。该所有450人左右，一线的研究人员有310人，另有辅助科技人员（包括测试、信息情报等）80人。此外，还有临时外聘的10多名研究人员。员工中博士、硕士居多。

姜所长详细介绍了该所的情况，我们观看了视频介绍，参观了地质博物馆及有关研究室，看得出该所的装备水平很高。我用了30多分钟时间介绍了北京矿冶研究总院的情况。资源所搞科研但不搞产业，该所的技术成果由企业工程转化。怪不得前一年姜必钟所长在北京矿冶研究总院二部参观时对我说："你这里是工厂啊！"

北京矿冶研究总院关于大洋锰结核和钴结壳的选冶技术开展得早，技术水平高。韩国资源所在此领域刚起步，双方合作实际上是韩方向中方学习。此前我院已征得中国大洋协会的同意才商谈中韩间的合作。进入技术和商务会谈时出现了障碍，是韩方支付给中方经费出现了分歧。有众多人员参加的会场顿时出现了僵持。面对这一情况，我对精通韩语的朝鲜族高级工程师吴玉今女士说："我讲话，你翻译，要照我的语气翻译。"随后，我很郑重地说："我这次率北京矿冶研究总院代表团来资源所是对姜必钟所长去年访问我院的回访，是为了增进友谊与合作的。各位知道，关于大洋锰结核的选冶科研BGRIMM（矿冶总院）已经有成套的技术，所谓合作实际上是我们帮助你们。我不是来谈钱的，谈钱用不着我出面，由我们李士伦处长与你们谈已足够，我身为BGRIMM院长为了这点经费与你们争论，我感到很不好意思。我方的经费我完全做主，贵方的经费姜所长能做主吗？”我讲话之后，会场顿时鸦雀无声。

姜所长接着讲话，他表达了与BGRIMM合作的诚意，他说资源所与BGRIMM不一样，经费不是他一个人说了算，要经董事会批准。

我充分理解姜所长的讲话，最后双方达成共识，中方尹才桥与韩方朴博士互为技术合作首席。

姜所长安排几辆专车组成一个车队，由朴博士陪同我们去参观考察并观光。我乘坐的是一辆黑色的现代索纳轿车，这在当时的韩国是很高档的车了。那个时代韩国街上没有一辆进口车，街上看不见有英文标志的广告牌和牌匾，民族自尊心很强。司机很客气，每次我上车后他为我关好后门才上车，停车时他先下车为我开车门，素质极高。

现代汽车公司员工可优惠价买车，一辆车不到1万美元。几乎每个员工都有本公司的汽车。但我见到早上不少员工骑山地车上班，原因是骑山地车不会堵车。开车堵车，上班迟到要罚款。

在现代汽车厂的总装车间，一辆辆现代轿车排队开下生产线，情景十分壮观。其实，当时国内的轿车生产线也一样，只是我没看到。

在蔚山参观铅锌冶炼厂，是引进德国鲁奇公司的QSL法炼铅的技术并成功投产，而中国白银有色金属公司的西北铅锌冶炼厂引进同样的技术却始终没有投产。一开始该企业不接待我团，理由是中国人一批批地来参观，是想买技术，还是来看技术？我们解释这个团不是搞铅锌冶炼的，只是参观。随后又送了些礼物，工厂还是接待了。在铅冶炼车间，我们亲眼看见QSL炉正常生产，估计炉内还是把氧化与还原两个过程分开了，但外面看不出来。锌冶炼没有特色，与中国相近。

现代重工是一家造船企业，接待人员是一个年轻人，他指着充满繁体汉字的展板说，不用我讲，看这些汉字你们大致能了解企业的情况。这家企业规模大，生产自动化水平高，装备先进。

在韩国有几点不习惯：除了在高档酒店吃桌餐外，每次吃饭时在地桌上摆满了饭菜，我们盘腿不习惯，很累。看似一桌子饭菜，根本没有“硬菜”，泡菜、酱汤、小咸鱼、各种小菜摆满一大桌子，每顿都是米饭，几天下来团员肚子空空的。怪不得姜必钟所长在北京时我请他吃牛肉，大过了一把瘾。

他说："你们到韩国我可没有牛肉招待你们。"这句话应验了。有一天晚上住在一个叫"莊"的小旅馆，进门就是一铺低矮的火炕，没有桌椅，于是我就坐在窗台上写工作笔记，

在板门店参观，看见一个火车头朝向韩国，陪同人员告诉我："韩国人很怕与朝鲜打仗，因为朝鲜穷，不怕打，韩国人富，怕打仗。"我觉得他说出了心里话。

韩国的清酒不好喝，韩国人自己也不喜欢喝。我带了10瓶孔府家酒，每天晚上陪同的韩国人和司机都惦记喝我的孔府家酒，基本上每天晚上喝一瓶，大家都很开心。

途中也参观了类似中国庙宇的名胜，我素来对此不感兴趣，跟着走一趟而已。

在东海岸看见一处自由市场，都是海鲜之类，价格贵，国内也不缺，谁也不买。

韩国的地貌多山丘，不像中国的平原那样开阔。反过来，韩国人看不见山还不习惯。乘汽车在韩国几乎沿海边走了一圈，当时没有多少高速公路，路上车也不多，行程几天没有遇到堵车的现象。这一趟使我对韩国有了初步的了解。

回到汉城后我们住在一个公寓里，自己做饭，像一大家人。中国有色金属工业总公司驻韩国代表陈祥勇和夫人王宗莹原来都是我院的专家，还有沈海军代表，热情接待我们，请我们出去吃特色韩国烧烤，总算过了把瘾。

在韩国出差10天，感受到韩国工业发达，公民素质也高。以后我们与韩国资源所的合作顺利进行，达到了预期效果。但是访韩回程却遇到麻烦，原因是我的大旅行箱丢失了。

那天我们团组在首尔机场托运行李时，值机台没有标志，在前一个航班托运后，紧接着办北京航班的托运，这是任何机场都不应该发生的事，不知为何发生在较为发达的韩国首都。我的行李是第一个托运，当时我就提出，这样行李会丢的！但韩方人员不予理会。看见我的行李箱已经上了传送带，我大声说："那个箱子会丢失的，拿下来吧！"但值机人员说不会。待全部行李托运完毕要安检登机时，我对大韩航空公司的值机人员说："我的行李肯定会丢失，你得给我写个证明，如果丢失，我到北京后带着你的证明去国航索赔，因为我买的是国航的机票。如果你不出证明，我们不登机，航班延误你们负责！"那人看我态度强硬，就写了一份证明。他会讲中文，但证明是用韩

文写的，我请翻译阅后翻译说没有问题。到了登机口，国航代表问怎么回事，我说明了事情的原委，国航代表对旁边的韩国人说："你们大韩航空总出乱子!"

看得出飞机在等我们。待我们5人登机入座后，飞机关舱门、推出、滑行、起飞升空。经过1个多小时的飞行，飞机降落在首都机场。我下飞机后以最快的速度奔向行李传送带。我担心的事情终于发生了，找不到我的行李箱。机场人员说："你明后天再来看看，也许行李晚到。"

过了两天，我再去机场找行李，工作人员态度很认真，他领着我到无人领取行李的大库房查看，好大，好多！就像仓储式大超市一样。各类箱包不计其数，无人认领，真开了眼界！我查了两遍没有，向人家致谢后离开了机场。

以后几天没有任何消息，我给国航时任总裁殷文龙写了一封信反映情况，总裁肯定是收到了，因为有人给我打电话说领导很重视。又过了两天，通知我去机场取赔偿金，恰好我院夏晓鸥副院长去机场，我请他代领。

一共赔偿400美元，这是无保价情况下的最高赔偿了。我的一套红都服装公司量身定做的高档面料的新西装、一件德国买的单件西装上衣、一台相机、沿途谈判和考察的工作笔记本、韩国朋友送的纪念品，仅这些物品的价值就早已超过400美元了，并且这损失不是钱能补偿的。只能认倒霉了!

10.18　两次去俄罗斯远东出差

第一次去俄罗斯远东出差是2009年，中俄双边新材料新工艺研讨会在贝加尔湖畔的小城贝加尔斯克召开，那里的软硬件设施不足，不具备举办大型国际会议的条件，因此，参会代表意见很大。但是，会议主办方俄罗斯科学院西伯利亚分院托木斯克强度物理与材料科学研究所还是尽了最大的努力。

图10.22　国际会议之后离开贝加尔湖（1999年）

会后分三路考察：西路去莫斯科与圣彼得堡，中路去伊尔库茨克和新西伯利亚，东路哈巴罗夫斯克（伯力）和共青城。我和北京有色金属研究总院院长马福康去东路，这一支队伍人数最少，只有十几人，基本上是北京航空材料研究院的科技人员，目的是到共青城考察飞机制造厂。

我们先乘汽车到达伊尔库茨克，在一所大学的招待所里将就了一晚上，次日再转机飞到哈巴罗夫斯克（伯力）。这座城市在黑龙江和乌苏里江的交汇处，距离中国的抚远很近，只有38公里。我在江边问了几个俄国人，没想到他们的地理知识很缺乏，居然不知道与其相邻的中国城市。哈巴罗夫斯克（伯力）与中国水运通航的中等城市佳木斯市相比不大，也不繁华，但该市级别高，至少与哈尔滨是同级别。该城市整洁清静，是俄远东第一大城、俄罗斯第六大城。

我们在该市参观了两所理工科大学，听了一场关于材料方面的学术报告会，参观了两个材料研究所，见到了所长、我们的朋友维勒哈努拉夫。之后，我们乘船沿着黑龙江（俄称阿穆尔河）顺流而下到达共青城，上岸后感到十分冷清，只看见几个人。接我们的大巴是沈飞牌的，可见这里的飞机制造厂与沈阳飞机公司有合作关系。

进入厂区后，看见一片停机坪上停了许多苏-27战机，但是看不见厂房车间在何处。当天晚上，因厂长在莫斯科参加与中国的商务谈判，由副厂长举行盛大宴会欢迎中国专家，俄方除了飞机厂的人员外，还有几所高校和研究所的领导。双方频频祝酒，伏特加像水一样喝。轮到我发表祝酒词了，我端起酒杯站起来直接用俄语说：“我出生在中国东北乌苏里江畔的饶河县，生长在松花江边的佳木斯市，乌苏里江和松花江都汇入黑龙江（阿穆尔河）。1968年我从东北工学院毕业后，在中国西北新疆的额尔齐斯河畔可可托海矿山工作了10年。额尔齐斯河汇入俄罗斯的鄂毕河，我在两地喝着中俄共饮的河水长达30多年，除了我，在中国再无别人，世界上还有无别人我不知道。因此，我这杯酒祝中俄友谊如河水长流不断！”我的讲话获得了一片掌声，副厂长很激动，急忙走过来向我敬酒，两人碰杯后一饮而尽。

图10.23　1999年在俄罗斯共青城黑龙江边

席间从莫斯科传来好消息：中俄关于×××型战机

的谈判达成协议，全场一片欢腾，中方代表高兴的是引进了一种比苏-27更好的新型战机，而且该机型增加了对地攻击能力。苏方最高兴的是苏-27飞机厂的人，因为他们拿到一笔订单，可以赚大钱，而高校和研究所的人高兴的是可以为飞机厂提供技术服务，赚一笔小钱，这在当时的俄罗斯是很难得的机遇。自然地，宴会祝酒又掀起一个高潮。

时间很晚了，因第二天还要举办学术会议，这是贝加尔斯克学术会议的继续，中方代表告辞，先回去休息。

第二天，按计划中方代表准时来到学术礼堂参加双边学术会议，但俄方代表迟迟不来会场，原因是前一天晚上我们离开后，俄国人又继续欢呼喝酒，醉了一大片，早上起不来床。对此，中国代表团表示强烈的不满，学术论坛只好取消。

接下来是安排参观。令俄方没想到的是，中方代表中只有我一人持公务护照，可以参观现场，其他人连因公普通护照都不是，全是因私护照，按规定不可以进场参观。在此情况下我决定与大家一样不去现场参观了，十分遗憾，于是改为参观博物馆。

到底是大国企的博物馆，场面宏大，内容很多。有飞机公司的发展史，有对国家的贡献、主要产品，甚至还有飞机实物。不过最开始展出的飞机厂建厂前的一些照片引起了我们的注意：有不少东方人在打猎，他们坐在马爬犁上在雪地和树林中穿行。讲解员说："那时候这地方的人是那样的。"我们心里明白：那不都是中国东北山里的居民吗？这地方原本是中国的领土！

共青城附近有一个太阳城采选公司，这座矿山是远东很大的钨锡多金属矿，我早就想去考察，也联系过。既然到附近了，我再次联系参观，但对方回答：苏联解体后，矿山被韩国接管，不让外国人参观。

回程从哈巴罗夫斯克（伯力）乘飞机到达哈尔滨机场，又出了问题。中国代表团出境是坐火车经满洲里出关的，回来不经满洲里被哈尔滨海关扣住，因我持公务护照只放我一个人入境，其他人包括旅行社的人员一概不准入境，我等不及就先走了，其他人怎样入境的我不清楚。

这趟共青城之行没有达到预期目的，颇有遗憾！

第二次远东之行是1998年夏季，我带北京矿冶研究总院代表团在圣彼得堡参加米哈诺布尔建院80周年庆典，并在庆典上用俄语发表17分钟的讲话。

图10.24　1998年在米哈诺布尔建院80周年庆典上讲话

会后，我们直接从圣彼得堡乘飞机到海参崴（俄称符拉迪沃斯托克），飞行一夜，图-154机型也不好，大家都很累。成员有孙传尧、夏晓鸥、张京京、沈政昌、罗秀建、刘仁继、刘永振、刘桂芝。这次远东考察的任务是在雅罗斯拉夫斯克铅锌矿考察莫斯科有色金属研究院副院长切尔内赫研制的浮选柱工业应用情况，是莫斯科有色金属研究院介绍去考察的，沈政昌团队要开发研制浮选柱，充气装置借鉴切尔内赫的研究成果。另外，回程从哈巴罗夫斯克（伯力）乘飞机到达哈尔滨，机票还不贵。

在海参崴休息一天后，我们乘火车在乌苏里斯克（双城子）下车，矿方来车接我们。一路上风光如画，这一带原本也都是中国的领土。

中午矿领导设宴招待中方专家，下午参观露天矿。矿里有个幼儿园，夏院长建议把一整箱康师傅方便面送给幼儿园，让俄罗斯边疆的小朋友尝尝中国味道好极了的方便面，大家一致同意。傍晚，幼儿园的老师让小朋友们有秩序地坐好，老师用一个大锅把方便面煮好，放好调料盛在碗里让小朋友们吃，我们看到这些俄国孩子吃得那样香感到很欣慰。那时候俄国边疆区还没见过中国康师傅方便面，算是稀贵礼品。

晚上招待所里只有中国人入住，我们在房间里开了一个非正式的小型联欢会。我在莫斯科“一只蚂蚁”大旧货市场买了一架德国手风琴，虽然不专业，但用这架手风琴为歌者伴奏感觉挺好，丹东冶金机械厂厂长刘仁继高兴地拿起一个碗敲打，犹如打击乐，用他的话说：“多少年没这么高兴了！”

次日，我们参观硫化锌矿选矿厂，锌浮选之后浮选回收萤石。该厂工艺流程和整体装备与中国相比不算先进，但是浮选柱还是看清楚了，达到预期的目的。

图10.25　1998年北京矿冶研究总院代表团在俄罗斯远东雅罗斯拉夫斯克矿山进行技术考察

我方代表团在哈巴罗夫斯克（伯力）机场登机时，又遇到麻烦。我买的手风琴不让带出境，理由是要有这架手风琴不是俄罗斯艺术家用过的证明才行。这手风琴是在莫斯科买的，登机前到哪开证明？这不是强人所难吗？刘永振买的几本画册也被扣下。已经没有时间与他们争论了，我们把手风琴和画册存在中国北方航空公司哈巴罗夫斯克办事处。20多年过去了，我们再没去过哈巴罗夫斯克（伯力），也不知道手风琴和画册的下落。那时候俄罗斯还不太开放，边境的小海关尤其严格，好多人的东西被扣住，现在可能好些了吧？至少莫斯科很开放。

10.19　处理赞比亚炸药厂爆炸事故

2001年，在国家援外基金贷款的支持下，我院与中色非洲矿业公司合资（股份60:40）成立了BGRIMM（赞比亚）炸药有限责任公司（BEZL）。该公司采用我院汪旭光院士及其团队研究成功的乳化炸药成套技术，在国内已有多家工程转化建厂生产，在积累了丰富生产经验的基础上，由副院长汪旭光院士领衔，我院承担设计，负责建设并组织生产，并且中方全部管理人员均由我院派出。

BEZL炸药公司地处赞比亚首都卢萨卡以北400公里铜带省的基特韦市。项目总投资753万美元，其中固定资产投资503万美元，另有250万美元流动资金。由于在中色非洲矿业公司中，赞比亚铜业投资公司占15%的股份，因此BEZL实际上是中赞合资企业，赞方占6%的股份。

2003年5月18日，炸药公司一次投产试车成功，进入试生产阶段。当年10月9日正式投产。投产时，我作为院长与中国驻赞比亚大使及赞比亚矿业部部长班达三人共同剪彩。

BEZL炸药公司是中色非洲矿业公司铜矿的配套建设项目，年产炸药6000吨。

北京矿冶研究总院为炸药厂提供成套的技术、成套的设计、成套的装备。炸药厂投产以来生产经营正常，进入2005年以来平均每月盈利8万美元左右，已跻身南部非洲主要炸药生产和供应商之列，尤其在赞比亚境内已成为一个有较大影响的炸药公司。但是，不幸的是，正当炸药公司运行良好时却发生了爆炸事故。

事故发生前，我与副院长蒋开喜、总工程师王瑜及选矿所副所长程新朝、吴熙群等经过长途跋涉到达新疆最西北部的阿舍勒铜矿，目的是帮助企业解决投产后遇到的一些技术问题。4月20日晚上，董宣副总经理请矿冶总院一行吃晚饭。晚饭兴致正浓，突然接到院办主任敖宁打来的电话，他告诉我，赞比亚炸药厂出事了！我大吃一惊，大声喊道："出什么事了？是不是炸药厂爆炸了？"敖宁主任说可能是，具体情况不明。我连忙给主管外事工作的张立诚副院长打电话，张院长告诉我是发生了爆炸，已抬出十几具尸体，中国有色集团非洲公司总经理陶星虎在指挥抢救。

这晚饭没法吃了！回到驻地立即连夜开紧急会议。我当时心情很复杂，很沉重。炸药厂投产后一直正常，效益正好的时候发生了这样大的爆炸事故，死伤多少人还不清楚，我觉得必须立即赶赴事故现场。另一方面，经过漫长的旅途刚到达阿舍勒铜矿，还没有正式开展工作就得离开，实在感到遗憾。会上蒋开喜副院长、王瑜总工程师、陈佳洪总经理以及程新朝、吴熙群建议我天亮后立即返回，并让我放心这里的工作，一定做好。大家看法一致，我决定天亮后立即返回，接着又讨论了一些技术问题，直到深夜。

4月21日清早，我乘陈佳洪总经理的专车回乌鲁木齐，路上多处在修路，性能极好的越野车根本跑不快。我归心似箭，生怕到乌鲁木齐机场赶不上飞北京的航班。蒋院长不断打电话与我联系，询问路上的情况。我在颠簸的路上写了一份草稿，打电话口述给院办副主任晨阳，让他打印好立即发传真给陶星虎总经理，感谢他在前方指挥抢险救灾，并对遇难者表示哀悼。历经十几个小时的奔波，终于在当夜到达乌鲁木齐机场，我向司机深表谢意后匆忙赶到柜台，抢到了一张南航的机票，于后半夜飞到北京。

没睡几个小时觉，一早赶到外交部开紧急会议，戴秉国副部长主持。首先问："北京矿冶研究总院院长到了吗?"我应声起立报到。再问："中国有色矿业集团总经理到了吗?"党委书记邹乔说，张健总经理在机场候机出差，由他代理参会。戴秉国副部长当即发火："现在是什么时候了还出差? 让他回来!"于是，张健接令后匆忙从机场赶回外交部。戴部长传达了胡锦涛总书记、温家宝总理和国务委员华建敏关于赞比亚炸药厂爆炸事故的重要批示，宣布两天后乘包机直飞赞比亚处理事故，政府代表团由两位副部级领导带队：商务部党组成员部长助理陈健、国务院国资委副主任吴晓华。我是代表团成员之一。我庆幸及时赶回来了，感谢蒋院长、陈总经理的劝告和支持。

事故发生当晚，在京主持工作的夏晓鸥副院长及党委书记王玉田连夜召开紧急党政领导班子会议，启动了应急预案，立即开展国内外公关，尽量减少对矿冶总院的负面影响。采取应急措施直到深夜。院领导当天将爆炸事故及时上报国资委、外交部、商务部和国家安全生产监督管理总局，并且立即决定派出包括孙传尧院长、张立诚副院长和炸药专家汪旭光院士在内的六人紧急事故处理小组，尽快赶赴赞比亚现场。

两天后，飞赞比亚的包机在首都机场楼起飞，国航总裁亲自在舷梯上为代表团送行。波音大型客机几百人的座席只坐了30多个人。副部级领导助理陈健、国务院国资委副主任吴晓华和国资委及商务部的几位司长坐头等舱，我与汪旭光副院长、张立诚副院长和韩龙处长等坐在经济舱，两位副部级领导几次派人叫我去前舱坐，都被我谢绝了，因为经济舱人少，很宽松；另外，我们院是事故主体，作为院长我有一种负罪感，不想与两位副部级领导和政府官员们坐在一起。

我在经济舱大部分时间在看书，时而与国航的乘务员聊天，他们是头一次飞赞比亚，因为没有一家中国的航班直飞赞比亚首都卢萨卡。而我去过赞比亚多次，他们向我打听那里的情况，包括回程机组要备餐，向我打听卢萨卡有无合适的中国餐馆，我都一一做了介绍。

飞机飞越喀喇昆仑山国境垭口时，乘务员让我向窗外看，地面的群山积雪一片白。乘务员告诉我，有一年杨尚昆主席乘专机出访时经过这里，杨主席特意向边境的解放军哨兵问候。我听后对杨主席充满了敬意。估计他们之中有杨主席专机的乘务员。

我们的飞机在巴基斯坦的一个港口机场降落，不知是原计划还是临时降落，我国驻巴基斯坦的官员在机场欢迎两位部长及随行人员，大家又吃了些点心、水果，喝好茶，休息一下很必要。

飞机到达赞比亚首都卢萨卡时已是晚上，大使馆为代表团准备了丰富的晚餐。但是，由于长途旅行大家都很疲倦，心情也不好，没有胃口吃饭。

爆炸事故牵动了胡锦涛总书记和温家宝总理的心，两位国家领导人迅速批示处理好善后工作，国务委员华建敏就派出政府代表团事宜做出了具体指示。国资委李融荣主任、吴晓华副主任关于事故的善后处理工作也做出了明确的指示。

4月23日，中国政府代表团乘包机离京赴赞比亚，北京矿冶研究总院的紧急事故处理小组也随机前往。其反应之快、决策之果断令赞比亚各界和国际社会惊叹。到达基特韦的人分两部分：一部分是中国政府代表团，主要包括两位副部级领导和商务部、国资委的司长、处长们，我是唯一的非政府官员；另一部分是北京矿冶研究总院处理事故的人，有汪旭光、张立诚两位副院长，韩龙处长及炸药所的技术人员，我是双重身份。

代表团在团长、商务部党组成员、部长助理陈健和副团长、国资委副主任吴晓华的带领下，深入调查事故现场，慰问遇难者家属、看望伤员，与赞比亚总统及相关部长反复沟通协商，召开新闻发布会，参加葬礼等，做了大量细致艰苦的工作，对平息社会风波起了重要作用。尤其是国资委吴晓华副

图10.26　国资委副主任吴晓华等领导在赞比亚查看炸药厂爆炸后现场（2005年4月）

主任及李寿生局长详细听取我们的汇报，就善后处理工作做出了明确的指示，为我们具体处理事故善后工作的专门工作小组及现场的工作人员开展复杂的工作奠定了良好的基础。在此期间，中国驻赞比亚大使馆经商处、武官处也从各方面进行了指导和支持。

经调查，炸药公司有管理人员7人，其中中方6人，包括总经理、副总经理、总经理助理、市场部经理、会计和出纳员；赞方1人是安全官。生产工人全部是赞比亚人。平时经常在生产线上巡查和工作的主要是副总经理及总经理助理二人，他们平均每人每天在生产车间工作5小时左右。

2005年4月20日，炸药生产车间的员工早8点上班后做好生产准备，8:30开始投料生产。此时主管生产和安全的副总经理及总经理助理照例到车间巡查，当一切正常后各自回到办公室处理业务。此时总经理正在办公室与叉车司机续签劳务合同。总经理助理在办公室查阅一些资料后很快返回车间。大约10点钟，副总经理到炸药生产车间进行第二次巡查，仍没有发现异常，此后又回到办公室。10:35左右，总经理助理回到办公室喝水，上厕所，在厕所时，10:50左右，生产车间突然爆炸。

爆炸事故造成46人死亡、1人受重伤住院，另有2人（含一领班）有事离开车间，幸免于难。生产车间和化验室、控制室被炸成平地，主要生产设备混拌罐被炸成碎片飞散，水泥地面被炸成一个大爆坑和两个小爆坑。但生产车间的油、水相存贮罐，乳化器和螺杆泵等主要生产设备基本上没被炸毁，包装机已损坏并平移了几米。其他的构筑物，如车库、配电室、锅炉房、库房、办公室、浴室等，也有不同程度的损坏。从现场看，爆炸相当惨烈。

事故发生后，中色非洲矿业公司董事长张健立即做出指示，总经理陶星虎、党委书记王小卫紧急率救援队进行救助。

加拿大KCGM公司及Mopani公司也派出矿山救护队紧急救援，大约用一天的时间将爆炸现场清理完毕。

在BEZL炸药厂爆炸事故前一周，在首都卢萨卡附近曾发生一起车祸，造成45名学生遇难。一波未平，几天后在BEZL爆炸事故中又有46名赞方员工丧生，使赞方媒体及社会反响强烈。反对党和教会及工会中的反政府势力抓住这一起生产事故大做文章，将事故政治化、社会化。事故发生后的几天内，赞方媒体片面报道，而且多处歪曲事实，对我方造成负面影响。在4月25日上午举行的有赞比亚总统参加的葬礼中，媒体的负面导向和社会的波动达到高潮，以致葬礼几乎处于失控的状态。

在总统参加的葬礼上，反对党兴风作浪，呼口号、冲击会场，甚至使总统的悼词几乎中断。会场外聚集大批人员准备闹事，在此情况下，葬礼匆忙结束后，武官王志勇大校护送中方人员迅速撤离，我们的汽车刚开，后面的石头就飞来。

葬礼之后社会趋于平静，炸药厂也恢复了后续工作。此后中国政府代表团和大使馆又做了大量的工作，赞比亚政府也做了很大努力，终于在半个月之后使爆炸事故不再是舆论的焦点，不再出现在《时报》的头版，也不是每天都有报道，并且不再提事故的中国背景，也较少提BGRIMM，多称为“谦比希爆炸事故”，气氛已较平静、正常。

我们在基特韦基地半个多月，除非有活动乘汽车出去，绝不出院门，在特定的时期是为了确保安全。

在陈健和吴晓华两位部长级领导回国的前一天吃晚饭时，吴晓华副主任叮嘱中国驻赞比亚大使馆的临时代办和武官，一定确保孙传尧和汪旭光两位院士安全顺利回国，不能被扣住。我感谢两位领导的关照，考虑得这么周到。

在现场决定，张立诚副院长和韩龙处长等几个矿冶总院的人继续留在谦比希处理事故后续的工作，我和汪旭光院士先回国。回国那天，大使馆的临时代办和武官开车送我们到飞机前，一直把我们送到飞机上。我们十分感谢。在突发事故发生后，从胡锦涛总书记、温家宝总理和国务委员华建敏，到商务部和国资委的部长，再到许多政府官员、中色非洲公司的领导，为处理这场事故操碎了心。我们在赞比亚度过了难熬的半个多月，怀着十分复杂的心情起飞了。

经过中方事故调查小组专家的反复现场勘查、取证，并得到赞比亚矿业部矿山生产安全局专家和官员的高度认同，初步认为爆炸事故产生的原因是：将乳化好的乳胶基质经冷却后在一定温度的范围送入混拌罐内，在此依次加入化学药剂，在混拌机内机械搅拌混合，这是一个“敏化”过程。这一过程完成后装成药卷，再经一定时间发泡完成为成品乳化炸药。事故发生的直接原因是混拌罐内突然混有坚硬异物，由搅拌桨夹带坚硬异物与罐壁产生强烈摩擦，摩擦产生的局部升温导致混拌罐内的220 kg炸药爆炸。爆炸产生的高温火球和冲击波迅速殉爆了堆存的乳化炸药和铵油炸药，使爆炸破坏力加大，损失严重。

至于混拌罐内突然有坚硬异物的原因目前尚未得出最终结论。一种可能是操作不慎有异物混入，另一种可能是不排除人为蓄意作乱的可能性。

关于赔偿问题。根据中国政府代表团陈健团长关于“赔偿应从高从快”的指示原则，BEZL炸药公司已组成由投资双方组成的赔偿小组，聘请了律师，并进行了多次沟通、协商。但律师感到困惑不解的是："当了几十年律师，打了几十年官司，别的企业要求尽可能少赔，而你们愿意多赔；别的企业要求尽量晚赔，而你们却要求尽早赔。"

BEZL按法定最高限进行民事赔偿，计算出遇难者的赔偿金。全部赔偿金按死亡46人计，总计约58万美元（不包括中国政府的慰问金）。BEZL炸药公司已将全部赔偿金兑现到位。

关于炸药厂重建复产问题。"4·20"爆炸事故发生后，赞方政府经过理智的思考，已通过不同渠道表达了希望中方重建炸药厂恢复生产的愿望，其原因之一是，如果不建炸药厂，运炸药的车每天要经过首都卢萨卡，万一发生爆炸，卢萨卡会遭难。中国驻赞比亚大使馆也明确表示希望复产。中国商务部部长助理陈健也提出尽快重建复产，并且在费用上还可以再支持。

从中赞友谊、外交及政治上考虑，BEZL炸药厂重建复产是必要的。我郑重地问过汪旭光院士："世界上有无炸药厂发生两次爆炸的？"汪院士肯定地回答："没有！重建时要采用更加有效的安全措施。"为此，投资双方决定联合组成重建复产项目的预可研工作小组，重点是对赞比亚法律、政府态度、民意和投资环境重新做调研和评估，并且做深入的可行性研究，包括技术、经济、安全等。但是，"一朝被蛇咬，十年怕井绳。"该项目在国内无论哪一个政府主管部门都不敢批，他们考虑的是风险和责任。因此炸药厂重建复产问题再无法提出，也无人受理了。

我从赞比亚回国后，5月18日下午，时任国资委主任李荣融在百忙之中亲自听我汇报45分钟，李寿生局长在场。外面还有5位企业老总在排队汇报。李主任说："爆炸事故发生后，一时间国资委也不知道该如何处理。国家安全生产法不适用于国外企业。胡锦涛、温家宝和华建敏等党和国家领导人都做了批示，我们认真照办。你的企业刚投产，……，我派吴晓华副主任去现场，是考虑他是学机械的，对现场情况能摸清楚。"李主任当场并没有对我批评，他体会安全生产天天讲，实际上突发事件也有发生，让我们吸取教训，把工作做好，将来怎样处理听中央的。

我十分感谢李荣融主任的关心，更无比感谢胡锦涛、温家宝等党和国家领导人对我们的关怀。赞比亚炸药厂是我院控股的国外子公司。该厂爆炸是我任院长期间发生的恶性事故，死亡了46名赞比亚员工，有几个我很熟悉的员工也遇难了，我每每想起就心里难过，我对不起他们和他们的家属。好在炸药厂对遇难者的赔偿金还不少，中国政府也发给家属慰问金，这使我略感安慰。这次事故给北京矿冶研究总院、中国有色集团及其中色非洲公司带来不小的损失，但是对中国的政治、外交的负面影响更大，给国家最高领导人和国资委及商务部添了麻烦，我深感内疚。虽然国资委对我本人很宽容，没有给我任何处理，但不待扬鞭自奋蹄，我只能把工作干得更好。

10.20 去联邦德国参加中德科技合作项目考察

当年两德尚未统一。中国与联邦德国（西德）冶金、矿山类国家间的科技合作项目，分别由中国科技部、联邦德国研技部立项实施，并组成共同委员会分年度对两国项目的实施情况进行检查。

1988年9月，中德共同委员会在联邦德国考察项目的实施情况，此前德方专家也在中国进行了类似的考察。本次中方专家由冶金工业部7人、中国有色金属工业总公司5人联合组团。团长是冶金工业部科技司司长于力和中国有色金属工业总公司科技部副主任刘雅庭联合担任。团员有钢铁研究总院院长吕其春、有色金属研究总院院长马福康、北京矿冶研究总院院长孙传尧。除了在京三大院院长之外，还有冶金工业部和中国有色金属工业总公司科技司、外事司的司、处长及各自的德语翻译，还有攀枝花钢铁公司的一位副总工程师，共12人，可谓阵容强大。

同机到达法兰克福后，冶金和有色的团组分别考察各自的合作项目。我们有色组在刘雅庭主任的带领下，参观考察了汉诺威的矿产地质研究院，伯恩的KHD总部和研发实验室，鲁齐公司的实验室，克劳斯塔尔工业大学、亚琛工业大学、卡尔斯鲁厄大学等高校核研究中心，电冶金公司、包克拉公司等企业。

在克劳斯塔尔工业大学重点听取了北京矿冶研究总院陈子鸣研究员与该校巴尔教授关于浮选数学模型项目的汇报。陈子鸣及助手在该校工作多年，在该项目上取得了很好的成果。汇报时，由巴尔教授先做工作报告，陈子鸣做技术报告。中方代表团及德方项目组成员、巴尔教授的几名博士生都参加了汇报会。

在亚琛工业大学，是德国乃至国际著名的选矿学家赫博格教授接待我们，他也是我院副院长郑宝臣在德国留学的导师。老先生很风趣，十分热情。待项目交流并参观实验室后，中午他在煤矿附近的一家餐厅请中方专家吃饭。午餐结束时，他还为我们每人送一盒点心。

在几年后我参加的国际矿物加工大会联欢宴会上，老先生领着他的弟子们登台合唱《阿亨之歌》，给国际同行留下了极深刻的印象。

图10.27　1988年在德国克劳斯塔尔工业大学检查中德合作项目

还是在亚琛工业大学，我们参观了著名冶金学家格瑞戈的实验室。很巧，他后来是我院蒋开喜的博士生导师。格瑞戈教授访问过我们院。他很风趣，说火法冶金这些设备都落后了，待他退休时，要全部扔掉，边说边做个踢脚动作。

在卡尔斯鲁厄大学和包克拉公司重点考察加压过滤机。包克拉公司的经理很在意该设备在中国应用。以后加压过滤机在酒泉钢铁公司完成了工业试验，并工业应用，在其他冶金和有色金属企业并未推广，反倒在选煤厂推广应用较多，我在双鸭山选煤厂和鹤岗选煤厂见过应用，该设备由中国引进后已国产化。

在核研究中心，我们在信息部参观时，一个女士讲解全球信息检索系统。这样的技术现在中国已应用十分普遍，但在1988年我们还感到很新鲜。那个女士说："你可以输入英文标题或作者姓名，就可以打出论文全文。"刘雅庭主任让我输入姓名试试。我把孙传尧的英文名字输入该系统后，果然打印出了我的论文。这一结果我们十分信服。

我们还到巴德格隆德铅锌矿考察了井下地下充填，特别是充填前水泥与充填料的混合方法和地点，这是技术关键，但德国人对我们很开放，毫不保留。

一座报废的地下矿山改造为旅游景观，给我们留下极深刻的印象。这是一座关闭停产的地下金矿，旅游者乘电机车进入平巷，一路上有声光电合成的各种景物：有小酒馆和喝酒的矿工，有杀鸡宰羊的，有采矿推矿车的矿工，有唱戏的舞台，有开小商店的，甚至还有站街女拉客的，应有尽有，展现了旧时德国矿山真实的生活。地下报废矿井如何再利用，现在不少国家已开始重视，我国已经开展研究并实际应用，但德国提前了20多年。

联邦德国研技部派出一个年轻的女士全程陪同我们有色团组，但她不会讲中文，她曾来中国参与考察项目，她说坐火车卧铺时认出了“上”“下”两字，她还看过京剧，问她什么戏，她不记得了，估计她也看不懂，只记得是偷酒杯的戏。我说可能是《杨香武三盗九龙杯》。因为我少时父亲带我看过这出戏。

整个项目考察历时半个月，德国人对中国代表团很友好，我在多座城市没看见一次吵架的。有一天我们在一个小吃店里用午餐，听见外面有人大声喊叫，心想这回看见吵架的了。出门一看原来是两个警察在擒拿一个犯罪嫌疑人，这让我终于服气了！

这是我第一次去德国，接触到的科技界同行和政府官员都非常友好谦和，给我留下了深刻的印象。

10.21　去德国学习和考察

20世纪90年代，中国政府派出多批国企领导人到美国、加拿大和欧洲几个国家学习和培训。1998年3—4月，科技部组织20位科技部科研院所院所长组成代表团去统一后的德国学习，团内还有几名地方科委副主任及科技部的处长。科技部体改司闫金处长负责组团，他让我任团长，自任副团长。学习

图10.28　1998年科技部科研院所院所长代表团在德国柏林

的地点是柏林郊区的一座培训中心，吃、住和上课条件良好，校外是森林和一条小河，生态环境极佳。我每天早上做户外运动，课程排得很满，时而乘汽车去柏林城内参观。课程安排和任课老师都由培训中心负责，内容很丰富。学校请了一名德语翻译——储巍一，来自复旦大学，不知道他是在德国上学还是已经工作了，没有深谈。上课时教师不用PPT，直接板书，储巍一翻译，每次下课前我都代表学员对老师表示感谢，再送上一份礼物。学员都是中国科研院所的领导，素质高，求知欲望强，听课极认真，老师讲课也很卖力。

主要报告、讲座和研讨题目如下：

德国的国民经济发展概况
德国联邦教育、经济、研究、技术部的任务与德国经济和科研的地位
德国公共事业机构的工资体系
研究项目的管理和研究成果转让与专利保护
德国科研院所的工资体系
德国科研项目资助与管理
德国的高等教育概况
联邦德国材料研究与检测研究所的国内外合作
两德统一后的科学研究
东柏林的经济转型问题
科学研究在德国的传播
改造后的原东德科研院所的状况和发展

任课的老师有政府官员，大学和研究所的教授、研究员，他们讲课很开放，很客观。例如，讲德国的经济时既讲了发展成绩，也讲了几个失误，令人信服。

在学习期间，还参观高校、研究所和政府下属的事业机构，也有市容参观，但都限于柏林市。

有一天，在柏林市内参观，我与教师走在一起，我从他讲课时流露出的观点判断他原来可能是民主德国（东德）人。民主德国人都懂俄语，我试探着用俄语问他几句话，没想到他很高兴，到底是有点“社会主义国家的情结”，他立刻用俄语同我交流起来。科技部闫金处长很吃惊：“怎么这么几天你就学会德语了？”“我们用俄语交谈。”我回答。他恍然大悟。

培训结束后，按计划乘大巴到周边国家考察，有法国、卢森堡、比利

时、荷兰、奥地利、摩纳哥等国，考察对象有企业、学校、政府机构、社会团体等，穿插一些旅游观光。德国造的奔驰大巴质量很好，司机驾车技术高超，穿越国境线不必下车，简直是一种享受。在教室里上了一个月的课，出来转转格外轻松。有几名学员在车后部打牌，我则聚精会神地观察沿途的风光。

一天早上，在德国伯恩市的一家宾馆，我走进早餐厅，看见中国人集中在边角落的桌子上用早餐。我问为何坐在这里，团员说是服务员安排的。我听后让德文翻译叫来餐厅经理，告诉储巍一按我的原话、原口气翻译。这是一个青年女性。我说："我的团员都是中国有影响的科研院所院所长，有的本身就是科学家。我们到过世界上不少国家，就你们德国我也来过多次，你这家宾馆以前我也住过，从来没有见到刻意安排中国人在餐厅边角落用餐的，你这是对中国人的歧视，请告诉我你的姓名、工号，我要投诉你！明天早上你还这样对待中国客人，我绝不客气！"她听了我的训斥后急忙解释说："我想中国人爱喝茶，把他们集中到一起便于送茶。"岂有此理，送茶还得送到边角落吗？

第二天早上我又到餐厅巡视一番，看到中国代表团成员很自由地随意用餐，也见到那个女经理很客气地向我问候，我也就罢了。

原计划没有在奥地利参观考察，在奥地利维也纳机场，团员们要求进城看看金色大厅，说来一趟不容易。征得科技部处长同意后，我让团员把全部行李集中起来，我一人看管，其他成员进城。两个小时后，团员陆续回来，一个个非常满足，大家还送我在金色大厅买的礼物，感谢我的理解并为大家提供方便。迄今，我只有那一次路过奥地利，今后也难有机会去维也纳了。

在荷兰首都阿姆斯特丹，我们有机会乘游船在内河观光，看到两岸古老的建筑保存得那样好，无不为之感叹！晚上入住郊区的一家度假村，浙江的一个团员大讲他到过许多国家，什么情景都见过，找几个院长同他去洗桑拿，大家说累了不想去。他只好一个人去了。没过多久，他气喘吁吁地跑了回来，众人问为何这样快，他惊魂未定地说，一进门看见一个女人赤身裸体躺在木凳上，吓得他转身就跑。众人大笑："你不是见多识广吗？怎么一个女人就把你吓跑了！"

在德国KHD总部参观，没想到这样一个举世闻名的大公司的总部大楼并不起眼，但是该公司的研发和中试基地设施先进，接地气，这与中国一些企业总部讲排场不同，怪不得出了诸多研究成果。

为时一周的多国考察结束了，其实也是走马观花，但长了很多见识。例如，有一天早饭后等了许久不开车，原来德国有规定，汽车驾驶员过夜的停车时间不得少于8小时，以确保司机充分休息和行车安全，昨天夜里晚到了，第二天就得晚走，这是规定。

10.22　去美国和加拿大为工程中心建设项目技术考察

国家发改委批准我院利用世界银行贷款建立无污染有色金属提取及节能技术国家工程中心。为建设世界一流，发改委要求我院分别派团去欧洲、南美洲，以及澳大利亚、美国和加拿大进行技术考察。我带的团是去美国和加拿大，时间是1998年12月，其他团员有：冶金所所长李瑞星、选矿所所长甘经超、科研处处长朱旺喜和财务处处长。

考察团从北京乘飞机先到旧金山。在美国先后参观考察加利福尼亚大学伯克利分校、犹他大学、弗吉尼亚理工大学、哥伦比亚大学，以及盐湖城的肯尼科特露天矿和铜冶炼厂等，在加拿大考察麦吉尔大学、不列颠哥伦比亚大学（UBC），以及国际镍业公司、诺兰达地下矿山和铅锌冶炼厂。

在旧金山，我们乘汽车行驶几十公里来到世界闻名的加利福尼亚大学伯克利分校。加利福尼亚大学伯克利分校（University of California，Berkeley），简称伯克利，坐落在美国旧金山湾区的伯克利市，是世界顶尖的公立研究型大学。

作为世界上最重要的研究及教学中心之一，该校在物理、化学、计算机科学、工程技术、经济学、法学等诸多领域位列世界前十，与旧金山南湾的斯坦福大学构成美国西部的学术中心。

数学家陈省身、美国原子弹之父奥本海默以及知名华人张爱玲、赵元任、孙科等均曾在此学习或工作。

在矿物加工系，美籍印度裔教授萨斯切接待我们。他的主要研究方向是矿石粉体工程及数学模型。浮选药剂Z-200的发明人海瑞斯教授也在伯克利工作，他曾来我院讲学，是我接待的。至于矿物分离理论及工艺技术已不是主流。建筑、计算机、数理化等学科优势明显。

我们在盐湖城住在距犹他大学不远的酒店，是我的大女儿在华盛顿为我们预定的。早饭后退房，总台的服务员在电脑上算了好半天才把几间房费用算清，不知道她的数学是怎么学的。因路途不远，我们沿着小山坡步行到学校。

犹他大学始建于1850年，坐落在盐湖城的沃萨奇岭山脉脚下。作为美国西部最著名且最古老的公立大学之一，该校共有5位诺贝尔奖、8位麦克阿瑟奖、3位图灵奖获得者，17位美国科学院与工程院院士、2名宇航员，被卡内基教育基金会归为特高研究型大学（Top-tier Research University），美国所有3632所大学中，只有107所大学获此殊荣。

犹他大学所在的盐湖城是美国最安全的城市之一，校园依靠落基山脉，风景旖旎，拥有109个国家的3.5万多名学生，学校设有72个专业，90个以上研究学科，其医学院、药学院、音乐学院、计算机科学等院系均处于全美顶尖地位。该校芭蕾舞系是美国第一个芭蕾舞系，每年于该校举办的歌剧演出是全美最大的歌剧系列演出之一。

接待我们的是湿法冶金专家Song教授，他原籍韩国，在冶金界很有名气。他带领我们参观了湿法冶金和矿物加工实验室，在那里见到了来自北京矿冶研究总院的一名女工程师，她已在那里工作，李瑞星认识她。遗憾的是没有见到著名选矿教授米勒先生，他是多名中国学者的导师，不巧那天他没在学校。选冶实验室与中国的研究方向以及装备水平相差不大，检测仪器比中国好。犹他大学在中国矿业界名声很大，该校培养了不少中国留学生。

弗吉尼亚理工大学（英语官方缩写为Virginia Tech），是一所以工科为主的综合性公立大学。创建于1872年，是弗吉尼亚州全职学生数量最多的研究性大学，主校区位于弗吉尼亚州蒙哥马利县的黑堡。该校的矿物加工专业在国际上很有名气，这与其学术领军人物美籍韩裔教授Yoon的影响有关，他后来在国际矿物加工大会上荣获终生荣誉奖，这是国际矿物加工界的最高奖。中国矿业大学、东北大学等多名老师曾在该校学习。

Yoon教授指导过多名中国同行专家。他的一名来自中国台湾的博士生为我们详细讲解并演示了煤炭干式摩擦电选，分选效果不错，但工业上能否应用？处理能力大吗？这些都是疑问。

晚上Yoon教授亲自开车接我们去他家里做客。他开了一辆面包车，说家里有轿车，人多时就开这辆车。走进他家，受到教授夫人的热情接待，夫人为我们准备好茶点，我们送夫人一份礼物，她很高兴。Yoon教授带我们走进一间琴房，里面有一架大型的施坦威三角钢琴。教授说："我们全家最值钱的就是这架钢琴了，原来为孩子买的，现在孩子已到外地工作，这钢琴也没人弹了。"

以后多次国际矿物加工大会上我和Yoon教授都曾见面，也算是老朋友了。

在这次访问考察中，我有机会与该校的一位副校长会面，我直率地问他一个问题："美国的矿产资源很丰富，为何不开发本国的资源而去国外开矿？"他很坦率地回答："一是保护美国的矿产；二是保护美国的环境。"回答得淋漓尽致。

从弗吉尼亚到纽约我们乘出租车，也是我的大女儿在华盛顿帮我们预定好的。一路上风光极好，开车的先生文质彬彬，服务非常周到。我们在纽约参观了哥伦比亚大学。

哥伦比亚大学（Columbia University），简称"哥大"，是一所位于美国纽约曼哈顿的世界顶级私立研究型大学，为美国大学协会的14所创始院校之一。

哥伦比亚大学建于1754年，是美国历史最悠久的5所大学之一，也是培养诺贝尔奖获得者最多的大学之一。哥伦比亚大学校园里还走出5位美国开国元勋，奥巴马、罗斯福等4位美国总统，34位各国元首和政府首脑。哥伦比亚大学拥有世界一流的法学院、商学院、医学院、新闻学院、国际关系学院、工程学院等。哥伦比亚大学的建筑特色鲜明，几乎清一色的红砖清水墙楼房，十分漂亮。

在矿业工程学院，著名学者桑姆山德拉教授很热情地接待了我们，带我们参观了他的实验室。他是美籍印度人，是D. W. 福尔斯坦瑙教授的博士生，在浮选理论和浮选界面化学领域造诣极佳，几次来中国访问和讲学。

我院徐群就是他的博士生，徐群也参与了接待。实际上，我们参观考察的美国几所大学在矿物加工领域只做了一些基础理论方面的研究，工艺技术方面的研究很少，远不如中国。

晚上徐群博士私人请我们吃饭，气氛热烈。徐群问我："矿冶研究总院到美国和加拿大留学的有多少？"我边吃饭边思索着回答："在50人以上。"我逐一讲出留学生的姓名，在座的几位都信服了。

图10.29 我在北京接待桑姆山德拉教授

到达加拿大阿尔伯塔省省会埃德蒙顿时，已是傍晚。该地十分寒冷，地面上全是冰雪。因行李没到，我们先去一家自助餐厅吃晚饭。接待我们的是周公国博士，他是我在东北工学院读本科时的同学，毕业后同在新疆可可托海工作10年，1978年同时考取研究生，他考取的是中南矿冶学院，导师是电选专家刘永之教授。因他在大学学的是英语，有机会参加出国留学考试，后来在阿尔伯塔大学读完博士后在加拿大定居。

第二天考察阿尔伯塔大学。该校位于阿尔伯塔省省会埃德蒙顿，成立于1908年。阿尔伯塔大学多年来与多伦多大学、麦吉尔大学、不列颠哥伦比亚大学一起稳居加拿大研究型大学前五，世界排名前一百。阿尔伯塔大学是全加拿大5所最大的以科研为主的综合性大学之一，其科研水平居加拿大大学前列。

我们在该校重点参观考察了油砂选矿，这是该省和该大学的特色。

阿尔伯塔大学为中国培养了不少博士。在该校任教的徐政和教授是优秀的博士生导师代表。

加拿大麦吉尔大学（McGill University），始建于1821年，坐落于加拿大魁北克省蒙特利尔，是一所蜚声全球的世界顶尖学府。百年来在国际上声誉卓著，研究水平享誉世界，被视为“北方哈佛”或者“加拿大哈佛”。

该校矿物加工专业的学术带头人是芬奇教授，具有国际影响。他的学生黄利明博士来自北京矿冶研究总院，现在还在芬奇的团队工作。由于有这一方便条件，我们的交流和考察就更深入些。我们参观了该校实验室，黄利明详细介绍了该校的科研情况和学术水平以及他们从事的研究项目。我感觉到差距最大的还是基础研究和装备。

我们考察了著名的诺兰达矿冶公司，这是国际著名的矿冶企业。炼铜行业中著名的诺兰达熔炼炉被中国大冶有色金属公司引进，运行状态良好。但是我们在该公司没有看铜冶炼，而是参观锌冶炼厂。整个锌冶炼过程与中国相差不大，装备水平略高些。带领我们参观的是一个高个子的加拿大工程师，他步子很大，我们得紧跟快走。

在诺兰达意外遇见了中国学者郭先健，他原在北京有色金属研究院工作，后来在加拿大诺兰达工作。

在加拿大东部的小城萨德伯里，我们参观了世界著名的国际镍业公司(INCO)。我们有机会参观了地下矿山、井下无轨采矿技术及精良的装备。在冶炼厂据李瑞星所长讲，镍冶炼技术与国内比相差不大。

在INCO，遇见了一对中国夫妇在这里工作。我问他们：“加拿大城市不少，为何在小城萨德伯里工作和生活?”他们的回答是，这里人文环境好，他们喜欢，其实年薪相差无几。在萨德伯里还巧遇了中南矿冶学院的毕业生许满秋，他来这里出差。

最后一站是不列颠哥伦比亚大学（UBC）。UBC坐落于加拿大西海岸一座美丽的城市温哥华，是一所全球排名前50位的顶级大学，其强劲的学术水平和广泛的专业设置成为众多学子向往的大学。UBC成立于1877年，距今已有100多年历史，在加拿大大学中排名前5名。UBC和美国最好的大学麻省理工学院、斯坦福大学等齐名。在这100多年的时间里，UBC为世界各国培养了大量顶尖人才，它的声誉广为流传。

UBC共设有23所学院：文、理、应用科学（工）、商、农、法、医、药、音乐、新闻、图书、体育、教育、社工、建筑、环境等学科齐全。该校矿物加工的学术带头人是拉茨括夫斯基，波兰裔，在国际上有很大影响，在2008年北京召开的国际矿物加工大会上荣获终身荣誉奖。在UBC，拉茨括夫斯基的学生接待了我们，照样是学术交流、参观实验室。

应当说，按原计划的考察方案，代表世界矿冶先进技术水平的美国和加拿大典型高校、研究机构和企业都去过了，收效很大。交通工具一般是飞机，也有汽车，例如，从弗吉尼亚到纽约就是租的汽车。一切都很顺利，唯有最后一站在加拿大温哥华遇到了麻烦。

那天早上我们在加拿大温哥华刚下飞机，每人推一辆行李车等待宾馆来车接我们。我们的注意力全集中在来车方向，此时周围已经几乎没有人。眼见着宾馆的汽车到了，5个人的目光全集中到汽车上，停车后我们开始装行李，我突然发现行李车上面的手提箱不见了，只有大行李箱。别人帮忙找，我说不用找了，肯定是被盗了，因为前几分钟还在我的行李车上。我看了周围的地形，我的车在最边上，事先没发现在后面有一条小路很隐蔽，那贼肯定是先踩好点儿，就在我们精力和目光集中在汽车的一瞬间，他抓起手提箱转身顺着这条小路逃跑了，这一定是作案老手了。

关键是护照在箱子里，没有护照寸步难行。朱旺喜很机灵，他马上领我到航站楼的二楼，在一名自动照相机处投了两美元的硬币，啪、啪几声就自动给我照了几张两寸照片，我们赶紧打车去中国驻温哥华总领事馆。领事知道我是院长就亲自接待我，听了情况后，他说："温哥华是贼城，这里拉丁美洲的流动人员很多，有不少是偷渡的，经常发生偷护照的现象，尤其爱偷中国人的护照。幸好你们在这是最后一站，我给您开个旅行证当临时护照用，明天离境、到北京入境都管用。"

我怪自己太粗心大意了，国外发达国家社会同样不安定。回国后，夏院长批评他们几人，说好几个人都没看住孙院长的手提箱！我说不怪他们，是我自己没看住。

10.23　与澳大利亚的合作

我第一次去澳大利亚是1986年5月在新加坡参加英联邦矿冶学会第13届学术会议后，按会议安排到澳大利亚进行技术考察和参观，关于那一次活动我在10.1节中已详述。以下讲述的是我任院长期间和院长离任后持续的工作，长达15年间我院与澳大利亚合作的情况。

早在2003年9月底至10月初，在南非开普敦举行第22届国际矿物加工大会（IMPC大会）期间，通过高明炜博士的介绍，中澳双方代表团见面并共进晚餐，我与澳大利亚CSIRO矿冶所（CSIRO Mineral）的Ralph Holmes先生共同表达了建立双边合作关系的意愿，并商定首先通过互访进行相互了解。

2004年3月，以Ralph Holmes为团长的CSIRO矿冶所10人代表团首先访问北京矿冶研究总院（BGRIMM），在院内进行了广泛的学术交流。代表团成员有：

Ralph Holmes，博士，矿物加工研究部/铁矿加工研究部，主任，代表团团长

John Clout博士，矿物加工研究部/铁矿加工研究部，副主任

高明炜博士，矿物加工研究部/铁矿加工研究部，首席选矿工程师

Martin Houchin博士，湿法冶金研究部，主任

Sharif Jahanshahi博士，火法冶金研究部，主任

孙守义博士，火法冶金研究部，研究员

John Farrow博士，氧化铝加工研究部，主任

Peter Smith博士，氧化铝加工研究部，研究员

许炳安博士，氧化铝加工研究部，项目科学家

Paul Gottlieb先生，Intellection公司（前CSIRO QEMSCAN科研组），技术经理

这次会面与谈判交流，双方第一次全面接触，加深了了解，使合作意向更加明朗。尤其是使澳方知道，中国北京矿冶研究总院在选冶技术领域有很高的水平。但是对我而言却受到刺激：坐在谈判桌一侧的澳方，全是博士，我方人员在谈判桌的另一侧，除了蒋开喜副院长是德国的博士外，其他人员

哪国的博士都不是。我深深感到中外双方研究人员的学历学位严重不对等。此后，矿冶研究总院就加大了引进和培养博士的力度。

为了表达合作诚意，我出面组织了高规格的接待，在国谊宾馆顶层宴会厅宴请澳方人员。此后，张立诚、蒋开喜两位副院长和李晔处长分别陪同澳方代表团成员赴德兴铜矿、金川有色金属公司和山西铝厂参观访问。2004年3月19日，双方签署合作备忘录，同时确定了双方开展合作的一些研究领域。自此双方正式确定了合作伙伴关系。

2004年5月和9月，CSIRO的李汉生博士和成楚勇博士分别来我院进行学术交流，内容为耐磨刀具材料的研究和湿法冶炼中协同萃取工艺的研究。

经过前期准备，2004年10—11月，我作为团长率8人代表团正式回访CSIRO，分别访问了CSIRO在布里斯班、悉尼、墨尔本和珀斯的四个分部。北京矿冶研究总院代表团组成为：团长孙传尧（院长），成员：邱定蕃（副院长）、张立诚（副院长）、韩龙、梁殿印、王云、周俊武、程新朝。中方代表团涵盖选矿、火法和湿法冶金、机械工程、自动化各主要专业。

访澳期间，在Holmes先生的陪同下，我方代表团还访问了超达技术公司（Xstrata technology），Intellection公司、芒特艾萨矿、汤斯维尔铜冶炼厂、NorthParke铜矿、KCGM金矿、卡尔古里冶炼厂、西澳矿业学院等单位。代表团在访问期间受到CSIRO各分部的高规格接待，对CSIRO的科研实力有了全面了解。临行前双方商定今后将继续探讨可能开展合作的领域，争取开展一些实质性的科研合作。以下是这次访澳的具体日程。

10月24日，代表团一行8人抵达布里斯班，入住Ibis酒店。

10月25日，参观访问CSIRO在布里斯班分部的实验室（铁矿选矿、地勘、采矿、信息与通信技术）。晚上CSIRO在布里斯班河边的Oxleys on the River餐厅宴请中方代表团。

关于铁矿石选矿，澳方专家明确说："在铁矿石选矿领域，澳大利亚远比不上中国。中国的铁矿石品位低，种类多又难选，因此你们研究得很精细，技术水平很高。澳大利亚铁矿石大都品位高，开采出来经破碎筛分后就分类装船运走了。"

澳方专家的观点很客观，他们说的是一般情况，也有难处理的，例如中国鞍山钢铁公司和中信公司在澳大利亚买的铁矿就很难选。只是澳方专家没怎么干过。

一次晚上聚餐时，昆士兰大学的一外教授坐在我身边，他说："中国现在来澳大利亚买矿山开矿和买铁矿石，使我想起这很像60年代日本来澳大利亚的做法，那时容易，但现在比60年代难多了。”

10月26日，上午访问超达技术公司，听取对方关于于艾萨熔炼、艾萨电解、艾萨细磨合、詹姆森浮选机等技术的介绍。下午访问Intellection公司，听取对方关于全自动扫描电镜（QEMSCAN）的介绍。

10月27日，前往黄金海岸参观。

10月28日，离开布里斯班飞往芒特艾萨，入住Mercure Inn酒店。下午参观选矿厂。晚上对方在红灯笼餐厅宴请代表团。

10月29日，上午参观冶炼厂。下午邱院长在公司做了一个关于中国铜工业发展状况的专题报告。晚上代表团乘飞机离开芒特艾萨飞抵汤斯维尔，入住海鸥酒店。

10月30日，31日，周末，自由活动。

11月1日，参观超达铜冶炼厂，考察其艾萨电解技术及装备。下午乘飞机经布里斯班转机抵达悉尼，入住Pensione Hotel酒店。

11月2日，上午由澳矿联Rod Elvish先生陪同在市内参观（奥运会场馆等），下午与澳矿联中国兴趣小组进行业务交流并共进晚餐。

11月3日，参观CSIRO悉尼分部，重点就在线分析仪器等业务进行交流。

11月4日，驱车前往NorthParke矿参观访问。Ralph Holmes先生亲自开车，当天抵达，入住Country Comfort Parkes旅馆。

11月5日，上午参观NorthParke选矿厂，重点了解了磨机负荷监测系统和电化学控制浮选技术的应用。下午乘车返回悉尼，回程路上还访问了澳大利亚一座天文观察站，参观了澳洲最大的射电望远镜。回到悉尼后仍入住Pensione Hotel酒店。都说澳大利亚苍蝇多，在NorthParke铜选矿厂参观真是领教了，苍蝇多得出奇，用手不停地轰也轰不走。

对于我而言，参观NorthParke铜选矿厂是重点，因为我是带着问题来的。

问题一，澳大利亚的詹姆森浮选槽到底有无中矿返回。

其二，电位调控浮选是美国人最先提出的，后来澳大利亚伍兹教授做了大量的工作。在中国，王淀佐院士领导的中南大学团队做了很多开创性的工作。北京矿冶研究总院实验室研究和工业实践的情况表明，实验室小型试验效果明显，但工业上问题很多，有成功的，有半成功的，也有失败的案例。有些规律还没查清。因此，我想在参观NorthParke铜选矿厂时了解工业应用的情况。

问题一的目的达到了，詹姆森浮选槽中矿返回管可有可无，视具体情况而定。但对于问题二，却完全没达到目的，因为该选矿厂设计安装时电位调控系统已安装好，如何调整，现场人员根本不懂，也不会调，实际上该系统也不起作用。平心而论，他们还不如我们清楚。很扫兴，但也算了解真实情况了。

11月6日，与澳华黄金（Sino Gold）的Ross Jenkins先生见面洽谈业务。

11月7日，上午自由活动，下午乘飞机前往墨尔本，当晚抵达，入住Atlantis酒店。

11月8日，上午访问AMIRA（澳大利亚矿业研发协会，多年以后我院正式加入了该组织，成为其第一个中国会员单位）。下午访问CSIRO墨尔本分部，重点交流了火法冶炼技术和CFD仿真技术。晚上CSIRO的新总裁Rod Hill等在Bacash Restaurant餐厅宴请BGRIMM代表团。

11月9日，上午乘飞机前往Perth，抵达后入住Aarons All Suites Perth酒店。下午前往巴里克黄金公司进行访问。

11月10日，早上乘飞机前往卡尔古利，抵达后先后参观了KCGM黄金公司的露天采场和选冶厂、Gidji焙烧冶炼厂、西澳矿业学院（Lily校长接待）。晚上乘飞机返回Perth。

11月11日，访问CSIRO Perth分部，与John Fellow先生及徐炳安博士见面，就浓密机仿真技术、湿法冶金技术等进行交流。晚上，中国代表团在Perth一家中餐馆回请澳方人员。

11月12日，乘机离开Perth返回中国。

2004年12月，Interllection公司CEO凯文先生及总经理布莱尔先生来我院访问，就有关QEMSCAN技术的应用问题与我院矿产资源所贾木欣等专家进行了较深入的交流，并对今后的合作方式进行了探讨。

2005年3月7—8日，在高明炜博士的陪同下，Ralph Holmes先生和夫人再次来我院访问，旨在推动双方开展具体项目合作。我出面对Ralph Holmes先生和夫人给予了热情接待并参与谈判。双方商定在一些重点领域开展具体项目合作。这些领域包括：新型干法分级设备的研制、CFD技术在浮选机设计中的应用等。

2005年3，4月，BGRIMM与CSIRO选定了两个项目共同申报2005年中澳特别合作基金项目（双边资助）和重点国际科技合作项目（中方单边资助），分别是“新型干法分级设备的研制”和“CFD技术在浮选机设计中的应用研究”。

2005年8月22日，以CSIRO矿冶所所长Bart Follink为首的代表团再次访问BGRIMM，Ralph Holmes先生和高明炜博士随团来访。我主持接待工作，双方回顾了正在推进的合作进展情况并确定了下一步重点合作的项目，同意积极开展专家互访。其间对方还参观了我院的试验室及半工业试验线。

2006年2月，双方签订了一项人员交流合作协议。

2006年4月，我院派遣贾木欣研究员赴澳进行QEMSCAN扫描电镜领域的学习和工作。

2005年7月—2007年6月，双方合作完成中澳国际科技合作计划项目“CFD在BGRIMM浮选机建模中的应用研究”。项目实施期间，沈政昌、周俊武赴澳大利亚墨尔本CSIRO研究中心参加浮选机CFD建模仿真技术的合作研究。此外，双方还就一种振动斜板式分级设备的产品化开展了合作研究。我院派出罗秀建和吴建民两名专家前往布里斯班CSIRO分部开展研究，并去位于黄金海岸的实验工厂工作了两周，回国后做出了一台产品样机。

2009年10月，我和韩龙赴澳大利亚布里斯班参加IMPC理事会会议。我是IMPC理事会理事，韩龙代表王淀佐理事参会，还顺便帮我做英文翻译。在此期间与CSIRO的Ralph Holmes、高明炜博士，以及JKMRC的顾鹰博士等进行了学术交流，共同参加了CSIRO主办的一个学术研讨会，会上遇到中南大学王毓华教授。理事会之后还前往布里斯班附近的一个小岛，参观访问一家锆英石矿山。

2010年，第25届IMPC（国际矿物加工大会）在澳大利亚的布里斯班举行，我以澳方组委会成员和中方代表双重身份参会。会议办得很好，只是澳大利亚主办方没有像我院那样筹集到足够的经费，因此会议开得俭朴。这样也好，只要保证学术气氛就好。

以下工作属于中澳合作项目，但我没有参与。

2012年1月—2013年8月，北京矿冶研究总院与东北大学联合培养的博士宋涛赴墨尔本CSIRO CFD Group开展浸出槽气液两相流建模仿真研究。

2015年9月，依托矿冶过程自动控制技术国家重点实验室，CSIRO高级研究员冯玉卿教授受聘为实验室学术委员会委员。冯玉卿教授获得国家重点实验室首批开放基金支持，CSIRO与北京矿冶研究总院合作开展“磨矿分级过程多尺度计算模型的开发与应用”课题的研究工作，目前课题已顺利结题，部分成果已实现工业转化。

2018年3月—2019年11月，CSIRO著名流体力学专家Phil Schwarz博士4次来到矿冶集团开展学术交流活动。Phil Schwarz博士在华期间，与集团自动化所优化控制团队一起推动了矿物加工流程建模仿真技术的发展，与机电公司浮选机建模仿真团队一起推动了大型浮选机CFD建模技术的发展，并与矿冶集团科研人员一道赴东北大学、北京科技大学等地开展学术交流活动。

总之，我任院长期间，我院与澳大利亚合作比较紧密，也收到较好的实效。

10.24 与哈萨克斯坦铜业公司（哈铜）的合作

10.24.1 合作概况

我最早到哈萨克斯坦是1990年，当时苏联还未解体。我作为院长参加中国有色金属科技代表团在阿拉木图参观哈萨克米哈诺布尔后去巴尔哈什铜业公司考察瓦尼科夫炼铜法。1991年，我带领北京矿冶研究总院的7人团组从莫斯科乘火车又去阿拉木图，建立了北京矿冶研究总院与哈萨克米哈诺布尔的合作关系，我在《1991年访苏散记》一文中有详细的记载，该文收入我的《足迹与情怀》一书中。此后的交往大多是研究院所间的互访，最重要的要算北京矿冶研究总院与哈铜为时5年的科技与商务合作。

哈萨克斯坦铜业公司，由苏联时代十分重要的两个国有骨干企业杰兹卡兹甘铜业公司和巴尔哈什铜业公司合并而成，当时技术力量雄厚，装备精良。苏联解体后，该公司曾被韩国三星公司控股5年，合同期满后归哈萨克斯坦所有。北京矿冶研究总院与哈铜的合作项目多、周期长，涉及科研、工程设计与工程承包、现场服务、设备和原材料供货等，是我院当时最重要的国外科技与商务合作项目。院长孙传尧、副院长张立诚、战凯、夏晓鸥、蒋开喜、汪旭光、总工程师王瑜以及不少处长和研究所的所长、工程技术人员多次甚至长期在哈铜工作。张立诚副院长主管商务，战凯副院长是哈铜科研和设计项目的主管副院长，有一年春节他和部分工程技术人员是在哈铜度过的，可见矿冶总院的领导与工程技术人员对合作项目的高度责任感与敬业精神。我院定期召开哈铜项目调度协调会议，只要没有特殊情况我都参会。战凯副院长主持，张立诚副院长、蒋开喜副院长、王瑜总工程师一般都参会。

以下是我和参加哈铜合作项目的主要领导及工程技术人员共同的回忆，因为任何一人都没有历经哈铜全部合作项目的全过程。作为院长和项目总负责人，宏观的情况我清楚，但涉及具体的项目执行过程我并不完全了解，在哈铜现场工作的同志比我更清楚。

必须指出，我院与哈铜的合作不能不感谢孙正军先生。孙正军大学本科毕业于桂林冶金地质学院，后在中南矿冶学院研究生毕业，师从地球物理学家何继善先生。他学习努力，工作能力强，尤其善于开拓。毕业后个人经营技术公司，在乌鲁木齐和阿拉木图都有办事机构，主要业务是进出口贸易，也做些技术咨询服务。他与哈铜交往密切，与该公司高层和中层领导都有来往。孙正军在读本科时学过第二外语——俄语，他通过与哈萨克期坦人多年接触，俄语练得很好，达到与哈萨克期坦人独立交往的能力（哈萨克斯坦的官方语言是俄语、哈萨克语），相当不简单。

我院与哈铜的合作正是孙正军先生引荐的。因为他进入哈铜早，经历一段商贸合作后，认识到老企业哈铜需要技术改造，但该企业的技术力量不足，他的公司又无能力承担科研与工程领域的业务。他对国内相关大型研究设计院考察后，选中我院作为合作伙伴。

他最初的打算是哈铜所有项目由他总包，再分包给我院。在我院与哈铜直接接触后，哈铜了解到我院的雄厚实力，认为所有项目应与我院直接签约，不必经过孙正军，我院表示赞同，但对于孙正军我们不能过河拆桥，于是付给他一定的中介费。总体上，三方合作还很友好愉快。

综合我、战凯副院长、张立诚副院长、副总工程师、商贸处处长李生光、院工程公司经理王建文、原院副总工程师、选矿研究所所长王福良、副所长魏明安、矿山所所长董卫军以及张京京副处长等多人的记载，基本上还原了北京矿冶研究总院与哈萨克斯坦铜业公司合作的真实过程。

图10.30　2003年11月矿冶总院专家组在哈铜巴尔哈什技术交流一

图10.31　2003年11月矿冶总院专家组在哈铜巴尔哈什技术交流二

图10.32　2003年11月矿冶总院专家组在哈铜巴尔哈什技术交流三

10.24.2　首次访问与交流

2003年11月1日至2003年11月19日。

我方参加人员：孙传尧、汪旭光、王瑜、王福良、李生光、沈政昌、刘永振、董卫军、王建文、张京京、王拥军。

新疆鑫岩公司：孙正军。

代表团分两批到达。在上述人员中，孙传尧、汪旭光、张京京三人后出发，其他人员先由北京飞乌鲁木齐，再转机于2003年11月1日到达阿拉木图。我与汪旭光院士、张京京处长于11月2日从北京直飞阿拉木图。以下是我关于这段航程的记录。

2003年11月2日，我与原副院长汪旭光院士、外事处副处长张京京，乘哈萨克斯坦阿斯塔纳航空公司的4L888航班于午夜0:30在北京首都机场起飞，历经5小时的飞行，于北京时间凌晨5:30（当地时间3:30）到达阿拉木图机场。合作方新疆鑫岩公司总经理孙正军和塔利波夫·达达让先生，我院总工程师王瑜、外经贸处处长李生光到机场迎接。

汽车在夜色中奔驰，看不清街道两旁的建筑，行驶到阿拉木图宾馆，看见对面是歌舞剧院，我才恢复了10年前的记忆。1990，1991，1994年我出差时都住在这座宾馆。

塔利波夫·达达让，早年曾在中国留学，精通中文。我与他简单地交流了近日的行程，到达宾馆后凌晨6:00，抓紧时间睡下。我住812房间，很宽大，一觉醒来已是8:45，匆忙到二楼餐厅用早餐。早餐很丰盛，但我只吃了点青菜和水果，在飞机上吃了顿夜餐很不舒服。

早饭后，我向一个看起来是俄罗斯人的女服务员打听28勇士纪念公园的位置，我10年前去看过，很感动，这次还要去看。库沙依柯夫教授主动要带我们去，我们很高兴。我们在歌舞剧院对面的路上往前走，再往右拐，向前过了几个路口就到了28勇士纪念公园，我来阿拉木图只要有机会都来这里看看。

公园里有28勇士的塑像群雕纪念碑，有长明的火炬，还有令人震撼的碑文表达了当年28勇士的誓言，译成中文是：

广阔的俄罗斯，但我们没有退路，后面就是莫斯科！

陪同我们的哈萨克斯坦朋友介绍了28勇士战斗和牺牲的真实背景。

潘菲洛夫28勇士纪念公园坐落在果戈里大街，为纪念在莫斯科保卫战中壮烈牺牲的苏军316潘菲洛夫近卫步兵师1075团的28位勇士而命名。

1941年，德军逼近莫斯科。莫斯科保卫战打响后，316师接到命令，从遥远的哈萨克斯坦迅速奔赴莫斯科，不顾长途劳累，立即投入战斗。同年11月16日，德军坦克群疯狂攻击杜博谢科沃车站，316师所属反坦克歼击组的28名勇士奉命在车站附近阻击德军坦克。面对德军强大的装甲力量，28勇士面无惧色，沉着应战，当他们的反坦克炮弹全部打完时，依旧宁死不退，无一人退出战场。最后，活着的勇士抱着汽油燃烧瓶或者集束手榴弹与德军坦克同归于尽，28名勇士全部壮烈殉国。在28名勇士中，有10名是哈萨克族人。

面对烈士们的雕塑和长明的火炬，我们的心灵受到强烈震撼，沉默了很久。

回来后，我送第一批矿冶总院的专家离开阿拉木图飞往杰兹卡兹甘铜业公司。下午5点钟，中国驻哈萨克斯坦大使馆的一秘刘先生来宾馆看我们。他是哈尔滨人，俄语很好。我们交流了情况，刘先生介绍了哈萨克斯坦和阿拉木图的经济发展和社会情况，他表示，一定尽力支持北京矿冶研究总院在哈萨克斯坦开展科技和商贸活动。

晚上7点钟，合作方孙正军总经理在一家中餐馆宴请我、王旭光院士和张京京处长，塔塔让和哈萨克斯坦铜业公司的努利亚女士陪同，气氛很好。回到宾馆，看到对面剧场的芭蕾舞剧散场。

11月3日，我与汪旭光院士、张京京、孙正军等飞赴杰兹卡兹甘。

11月4日，双方在哈铜总部正式会谈。哈铜董事长鲁斯兰·永及供应处处长米哈诺维奇、选矿专家热汉、设备专家托克等多位领导和专家参加会谈。我们从介绍中得知：哈铜1995年成立，前身是苏联时代的两家老企业杰兹卡兹甘铜业公司和巴尔哈什铜业公司。巴尔哈什铜业公司我在1990年出差去过。哈铜1995年转让给韩国三星控股，合同期5年；2003年合同到期，归哈萨克斯坦国家管理。当时年采选原矿4300万吨，产铜43万吨（杰兹卡兹甘25万吨、巴尔哈什18万吨）、银600吨，员工6.8万人，业务包含地质、采矿、选矿、冶炼、贸易等，拥有6个采选联合企业。

我介绍了北京矿冶研究总院的情况。

此后参观杰兹卡兹甘露天矿、选矿厂、冶炼厂及哈铜设计院。在选矿厂意外地看见米哈诺布尔生产的直径2.2 m的惯性圆锥破碎机，这是最大型号的也是唯一的一台，但已停止使用。

11月7日，我团乘汽车耗时一天到巴尔哈什铜业公司，还住在我当年住过的宾馆。以后几天，在该公司参观露天矿、选矿厂和铜冶炼厂，还有一个收获是参观了年产10万吨电解锌的加压浸出湿法炼锌厂。这个工厂使用的是全套加拿大科明科公司的加压浸出技术和加拿大的装备，我们参观时已安装完毕，正在单体试车。

在巴尔哈什铜业公司与总经理进行了会谈，进行技术交流和学术报告。

11月11日下午，巴尔哈什铜业公司精心选派出两辆旅行车和司机：一路由汪旭光院士领队，去奇姆肯特；另一路由我领队，去卡拉干达，成员有孙传尧、刘永振、李生光、王建文、王拥军。

北行去卡拉干达的路很难走，沿途全是冰雪路，几乎没有别的汽车，有时汽车就在冰面上行走，很危险，但司机似乎已习惯了在冰雪路上开车，车速并不太慢。

我们挤在面包车里，尽管空间不大，路况不好，但我们一路上畅谈说笑，不知不觉天已黑，找一个餐馆吃完晚饭，继续行车，到达目的地时已是深夜。司机坚持当晚返回去，我们叮嘱他路上要注意安全，并送他一些当地货币表示感谢。

我们参观了这家钢铁公司。该公司设备工艺陈旧，已被印度米塔尔集团并购。苏联卫国战争时期，这家公司对支援前线发挥了重要作用。我们的意图是在哈萨克斯坦钢铁企业打开磁选机的市场，因为该钢铁公司兼并了两个铁矿山，需要磁选机，但此行没有达到预期目的，主要原因是企业没有决定权，权力集中在印度米塔尔总部，听说总部已选用了别家的磁选机。

卡拉干达钢铁公司距城里火车站有一段很远的路程，李生光几次到火车站，终于买到去土耳其斯坦（也可能是阿拉木图，几个人的笔记不一样）的火车票。我们用了30多个小时，一路上饱览了哈萨克斯坦冬季草原的风光。

由于矿冶研究总院此行派出综合性的专家团组与哈铜上下进行了广泛的交流，增加了双方互信，打下了坚实的基础，因此，在以后几年，签订了多项合同并实施，获得了满意的结果。

10.24.3 部分科研项目的执行情况

我院外事处副处长张京京兼俄语翻译，从项目的谈判、签约到实施，很多环节都参加了。她写了一篇文章回顾了2003—2004年的工作，发表在《矿冶通讯》2005年第1期上。文章如下：

2003年11月，孙传尧院长率团第一次访问哈萨克斯坦铜业公司，双方建立了联系。之后，我院努力创造与其合作的机会，也使哈铜在较短的时间内了解到北京矿冶研究总院先进的科研水平和综合实力，双方于2004年3月签署了第一个合同。

此后，矿物工程所（选矿研究所）严格按照合同规定的进度在北京完成了实验室的研究工作，并取得了较好的技术指标。哈方对矿冶总院提交的工艺研究报告，从内容到研究成果都给予了很高的评价。

由于我院出色地完成了第一个合同，哈铜又与我院签订了4个选矿工艺研究合同。至此，全部合同总额达到74.1万美元。

根据合同要求，我院矿物工程所的专家在所长王福良的带领下于2004年10月20日起在哈铜所属的东哈选矿厂的实验室进行尼古拉耶夫矿的实验室试验和阿尔杰姆耶夫矿的实验室验证试验。大家克服生活和工作中的困难，在艰苦的条件下取得了满意的试验结果。我院专家高超的技术水平和敬业精神赢得了哈方同行的尊重。哈铜发行的*Podrobnosti*报曾专门报道我院专家的研究工作。

2004年11月29日，张立诚副院长和王瑜总工程师亲赴东哈现场，与现场中方专家一道，连续奋战几个昼夜，在对方要求的时间内按时提交了阿尔杰姆矿实验室验证试验报告和工艺初步设计方案。

在共同工作的时间里，中、哈两国专家和技术人员建立了深厚的友谊。在第一批专家起程回国之际，大家依依不舍。现场配合工作的哈方人员以诗相赠每位中国专家，并期待着下一次的重逢。

北京矿冶研究总院与哈铜的合作已打开了良好的开局。尼古拉矿和阿尔杰姆矿的工业试验也拟在明年初展开。今后，我们还将努力扩大与哈铜的合作。

关于项目的执行过程，看看选矿研究所副所长魏明安的回忆：

2004年2—6月，在北京进行了哈铜所属的阿尔杰姆耶夫矿（简称阿矿）3个矿样的选矿试验，同时为哈铜的一个铜锌矿样进行了免费试验研究工作，试验结果得到了哈方的肯定。为9月签订试验合同奠定了基础。

2004年9月20—29日，以王瑜为团长，率领王福良、魏明安、邵广全、张京京一行5人，对哈萨克斯坦铜业公司及其选矿厂进行了为期10天的考察访问。

其间，在哈铜总部所在地与哈铜公司董事长鲁斯兰·永及技术专家进行了两次友好会谈，就铜锌矿试验合同和铁矿试验合同进行了多次友好协商，最终签署价值41万多美元的合同；并就另外3个铜钼矿山的选矿试验合同达成一致意见，签署了选矿试验任务书和时间表，试验合同正在签署之中，试验经费共23万美元。另外，对哈铜公司第三选矿厂进行了现场考察，以便后续进行选铁现场改造、试验设计等。对位于东哈的尼古拉耶夫选矿厂进行了实地考察，并与有关人员进行了会谈，准备本月底到现场实验室进行选矿试验。

2004年10月21日，以中国北京矿冶研究总院矿物工程研究所所长王福良为团长的中国选矿专家代表团一行5人到达哈萨克斯坦铜业公司所属的尼古拉耶夫选矿厂，根据9月26日签订的工作计划开始执行双方于2004年9月签署的选矿试验合同。

合同主要内容是利用现场的含有大量黄药和有害离子的回水进行阿矿的验证试验和尼矿的选矿工艺试验，为进一步的工业试验提供依据。实验人员：王福良、魏明安、王荣生、周兵仔、张京京。

试验矿样包括：阿矿6种矿样；尼矿1种矿样。

在现场提交了4份文件草案。

2004年11月28日—12月9日，以中国北京矿冶研究总院副院长张立诚为团长的中国选矿专家第二个代表团到达现场，进行阿矿工艺规程的制定工作。

2005年3月25日—5月23日，在阿拉木图哈兹米哈诺布尔研究院进行哈萨克斯坦铜业公司阿矿银多金属矿选矿扩大试验。试验参加人员有王福良、魏明安、王荣生、曹松腾、丁晖。

试验结果：哈萨克斯坦铜业公司接受扩大试验中的Cu，Zn指标，Pb的指标由于原矿品位低，也表示认可。

2005年9月22日—29日，王福良、张京京、李成必赴哈萨克斯坦对卡翁拉德斑岩铜矿硫化矿工业试验准备情况进行考察，签署了工作纪要。

2005年11月22日，签署“哈铜公司东部有色生产联合体尼古拉选矿厂达到250万吨/年的处理量的改造设计”合同。哈萨克斯坦铜业公司与北京矿冶研究总院签订了整体改造EPC合同，包括：整体设计、浮选机等设备供应、后期调试等。

2005年10月19日—12月2日，工业试验小组一行5人到达阿拉木图，当晚直接乘坐汽车奔赴巴尔哈什，20日早晨7：30左右到达。执行卡翁拉德斑岩铜矿硫化矿工业试验合同。共进行卡翁拉德、萨雅克和沙德尔库利3种矿石及3种矿石的混合矿实验室试验、工业试验。

先后有王福良、程新朝、魏明安、李成必、谭欣、杨仕勇到现场进行实验室试验和工业试验，翻译丁晖、肖伟芹。

其间研究所非常重视，先后派出3位所长亲临现场。王福良副总工程师更是身先士卒，责无旁贷，勇挑重担；程新朝副所长为了混匀矿浆取样，挽起袖子直接用手搅拌，感动了现场的技术人员；魏明安副所长签证到期后无法延期，只能买票回国。但由于临近哈萨克斯坦大选，许多中国人都要回国，造成机票极其紧张，无法买到机票。后来，哈铜高层出面协调，购买了从乌兹别克斯坦的塔什干转机回国的机票，晚上18：00下班后就坐哈铜派的汽车回阿拉木图乘机，一路上克服了语言不通的困难，终于在签证到期前几个小时坐上了离开阿拉木图的飞机。

2008年12月24日—2009年2月13日，根据哈萨克斯坦铜业公司与北京矿冶研究总院签订的合同（合同号19-905/1942），以魏明安为团长的中国选矿专家代表团一行6人，到哈铜所属的东哈铜化学公司尼古拉选矿厂，与哈铜共同进行了阿尔杰姆铜锌矿石、阿尔杰姆多金属矿石、尼古拉铜锌矿石和尤比利铜锌矿石的实验室验证试验以及阿尔杰姆铜锌矿石、阿尔杰姆多金属堆存矿石、尼古拉铜锌矿工业调试。本次堆存样的工业调试共进行了9天。针对工业调试遇到的问题，双方商定，在完成现场流程局部改造和完善后，再采用阿尔杰姆多金属新鲜矿样进行第二阶段的工业调试。

试验参加人员先后有王福良、魏明安、王荣生、周兵仔、罗科华、邵福国、陈经华，翻译张京京、郭景丰、李宁。

10.24.4　两个大设计项目及选矿厂技术改造工程

上文主要涉及了多个选矿科研项目及执行情况，下面主要谈几个大设计项目及工程改造项目，这是我主谈和特别关注的大事。

（1）半个月内两次去哈铜出差。

2005年11月2日，我与张立诚副院长在北京乘飞机经乌鲁木齐中转到达阿拉木图。当时正赶上哈萨克斯坦大选，街上有不少人散发传单，我接到一份传单上写道："我们为什么支持纳扎尔巴耶夫？"时任总统纳扎尔巴耶夫人气很旺。

11月3日，我俩乘哈铜的包机到达杰兹卡兹甘铜业公司。

11月4日，哈铜董事长鲁斯兰·永召开会议，听取我院的汇报。经几番讨论，最后决定250万吨/年尼古拉耶夫选矿厂改造设计和5000万吨/年阿克托嘎依选矿厂设计由北京矿冶研究总院承担，还决定双方各自在对方国家建立联络站。这是我预期的最好结果。

由于谈判结果良好，当晚哈铜董事长鲁斯兰·永在一湖边的木屋餐厅举行正式宴会，长条形的大餐桌上摆满了十分丰富的酒菜，桌的两侧摆满了桌签。鲁斯兰·永并没有坐在桌端的首席，而是在一侧居中而坐，我自然坐在他对面，我院全体专家、鑫岩公司总经理孙正军，以及中信重工的董事长任沁新、该企业研究院副院长姬建钢都出席——中信重工打算提供新建选矿厂的大型装备。晚宴气氛异常热烈，大家兴致很高，都喝了很多酒。

宴会后，在我们住的湖边商务宾馆的二楼大厅，我、张京京、王瑜、李生光等与哈铜总选矿师热汗先生谈工作。我与热汗属于同时代的人，他比我大不了多少，我俩又是选矿专业的同行，自然很亲近。还有一个原因，他在苏联时代读大学时，读过的选矿专业教科书的书名和作者我都知道，也记得。原本我上高中时就向往着将来去苏联留学，也做了些准备，因中苏两国关系破裂，我留苏的梦想成了泡影。但上大学后我仍然关注苏联的教材与专著。我的俄语学得很好，在大三上学期我就把苏联菲斯曼教授写的俄文版《选矿原理》全书和《有用矿物工艺学》选矿专业部分学完。因此，热汗觉得在中国找到了知音，和我有共同语言。尽管我们各为其主，免不了发生一些争论，但那是对工作而言，个人关系一直很好。

工作谈得很融洽，渐渐地我发现王瑜的思维变得不敏捷了，说话也开始打岔，想到晚宴时他与对面哈铜和中信重工的朋友频频举杯，肯定是喝高了，我让他回房间休息。待送走热汗后，我与李生光去看王瑜，他并没有睡，显得很正常，我们又聊了一会儿，见他没有任何问题就放心地各自休息。次日早晨我问王瑜昨晚谈话的情况，他回忆不起来，看来是真喝断片儿了！

11月8日凌晨，我乘飞机回到乌鲁木齐，张立诚副院长一行继续在哈铜工作。

11月8日，我参加新疆有色集团的科技创新大会，做了题为《中国金属矿产资源概况及综合利用现状》的专题报告。

11月9日，到孙正军的鑫岩公司参观，并为其员工做1小时的报告。

11月12—16日，在三亚参加中国有色金属系统科技奖评审活动。15日晚，我与夏晓鸥副院长参加晚上的文娱活动，收到张立诚副院长来自哈铜的短信，我和夏院长坐在一起，没有参与任何文娱活动，一直关注、研究和回复张立诚的短信大约有1小时之久。总的情况是，虽然哈铜董事长鲁斯兰·永已决定250万吨/年尼古拉耶夫选矿厂改造设计和5000万吨/年阿克托嘎依选矿厂设计由北京矿冶研究总院承担，但具体谈合同条款时还是出现很大分歧，张立诚希望我尽快再去哈铜进行合同谈判。

11月16日，我晚点3小时飞回北京。17日在院内工作一天，历时4小时给共青团员做矿业形势和我院任务的报告。当日半夜1时，我急乘哈萨克斯坦阿斯塔纳航空公司的4L888航班，于当地时间18日凌晨4点到达阿拉木图。当日上午与中国驻哈萨克斯坦大使馆商务处吴宁琳女士联系见到赵参赞。是先期到达阿拉木图的王福良和李晔与我一起去的。

18日中午，乘雅克-40飞机，下午到达杰兹卡兹甘，张立诚副院长和哈铜的总选矿师热汗到机场接我，仍住在商务宾馆。

我在哈铜又紧张工作一周时间，与在哈铜的我院专家多次商议，主要与哈铜财务总监伊布拉耶娃女士谈判。虽然谈判很艰难，但终于达成共识，签订了几个大合同。

11月25日早上，我与王瑜、李生光、张京京、李成必乘雅克-40离开哈铜，中午到达阿拉木图，住机场前的简易宾馆。张立诚和战凯两位副院长是中午从巴尔哈什乘汽车晚上赶到阿拉木图的。

当日我们去商务处向赵参赞汇报合同签订情况：

尼古拉耶夫选矿厂技术改造设计91万美元；

阿克托嘎依5000万吨/年选矿厂设计250万美元；

2.5万吨/年炸药厂设计10万美元；

阿克托嘎依北京选矿连选扩大实验13万美元；

采矿方案设计13万美元；

另有4台陶瓷过滤机100万美元待定。

赵参赞十分高兴，祝贺我院取得了如此丰硕的成果，希望我们认真执行合同，商务处一定全力支持。

11月26日晚，我乘4L887航班直飞北京，张立诚、战凯等6人经乌鲁木齐中转，于27日回到北京。

当时程新朝、谭欣、杨士勇、丁晖在巴尔哈什做实验不太顺利，我建议他们打现场矿浆在实验室做小型实验。王福良所长于11月28日再到巴尔哈什指导并参加实验。

（2）阿克托嘎依大型选矿厂设计。

该选矿厂项目所在地位于东哈萨克斯坦州阿亚古兹地区。

拟处理斑岩铜矿石，含铜品位低，日处理原矿量高达16万吨，要求生产出合格的铜、钼、铁精矿。选矿厂的土建设计由哈铜设计院承担，我院承担的设计任务是：

选矿工艺设计部分除去矿石准备和尾矿浓密后的全部设计，即：浮选、磁选，再磨，精矿的浓密、过滤，干燥，装运以及尾矿至浓密机的输送；

工业卫生部分设计；

厂房内除哈铜负责外部分的电气设计（含强弱电设计）；

厂房内除主体设计外的土建部分（设备基础、操作平台设计）；

整个选矿厂的自动化设计；

采暖、通风、给排水设计；

辅助设施（包括：控制室、药剂制备和添加设施，地质样品和采选样品化验室，选矿实验室）。

中国没有如此大规模的选矿厂，世界上也少见。此前我院选矿研究所完成了系统的实验研究，为设计提供了依据。因选矿厂规模巨大，投资高，因此哈铜很慎重，谈判也很艰苦。经过几轮谈判，终于达成协议，签署了我院承担阿克托嘎依5000万吨/年选矿厂的设计合同，这对矿冶研究总院也是一个严峻的挑战。

我院组成专业配套、精干的设计力量承担该项设计。项目总负责人是王瑜总工程师以及叶平先，单就选矿工艺设计而言，设计师是张淑珍、张世海，工艺设计检审是王瑜和朱国民。王瑜原在甲级大院长沙有色冶金设计院时已是选矿设计室副主任，是名副其实的选矿设计专家。叶平先毕业于名校华中工学院，是建筑结构设计专家。张淑珍1985年毕业于中南大学选矿专业，有较丰富的设计经验。朱国民1964年毕业于中南大学，在北京有色冶金设计总院干过几十年的设计，经验相当丰富。张世海毕业于东北工学院，曾在中冶北方干过多年的选矿厂设计，同样经验丰富。初步设计阶段，在院内组织几次审查讨论，我都参加了。

铜钼浮选之后回收铁，我感觉工艺流程有些简单，怕选矿厂投产后达不到设计指标。为了慎重起见，我特别邀请国内5位顶级的铁矿选矿专家——设计权威中冶北方张光烈总师、太钢峨口选矿厂原厂长武豪杰、本钢铁矿选矿专家段其福副总师、马鞍山矿山研究院选矿专家樊绍良、鞍钢矿山研究所选矿专家李维兵——来矿冶研究总院研讨、把关。那天会议开到晚上仍没有结果，我说："你们不必客气，就凭你们几位铁矿选矿厂设计、科研和生产的丰富经验，现编也能编制出铁矿选矿工艺流程。"我讲完后，段其福老总打头炮，几位专家也放开发言，终于制定出一个完善的选铁工艺流程。我认为铜、钼、铁选矿全流程可以代表矿冶总院甲级院的设计水平，我也放心了。

但是十分遗憾，我院完成初步设计后，没有继续后面的施工设计，原因是，哈铜在伦敦的上市公司总部认为哈铜董事长鲁斯兰·永没有经过总部批准，独自越权上如此大规模的项目，严重超预算，将该项目叫停，董事长鲁斯兰·永也被问责。

此项目我院没有再跟踪，更没有再参与，应当感到遗憾。后来得知在我院长离任后，哈铜把项目规模缩小一半，改为年处理原矿2500万吨选矿厂，外加一个氧化铜矿石500万吨的堆浸场。对于选矿厂项目采用EPC工程总承包的方式进行国际招标，土耳其一家公司中标，中国中色股份公司排在第二位。土耳其的公司把全部设计委托给澳大利亚Ausencu公司，该公司已完成了95%以上的施工图设计。后来土耳其的公司与哈铜合作不融洽，被哈铜终止工程总包。于是，中国中色股份公司替补，仍按澳大利亚的设计进行工程建设。中色股份公司原本是在中国有色对外工程公司的基础上发展起来的，施工建设及设备安装组织管理有经验，实力较雄厚。中国民营的北京东方燕京工程技术公司承担施工服务，该公司董事长兼总经理李宏，1983年于东北工学院选矿专业毕业后在北京有色冶金设计总院工作较长时间，曾任金川公司6000吨/日选矿厂的总设计师，在国内选矿厂设计领域有一定影响力。据李宏讲，阿克托嘎依选矿厂在2018—2019年间一次投产成功，他去过现场，感觉选矿厂运行良好。李宏认为，澳大利亚Ausencu公司的设计水平要比中国高。

（3）尼古拉耶夫250万吨选矿厂改造项目。

艰难的谈判

该项目谈判相当艰难。它不同于阿克托嘎依选矿厂单一的设计，因为在有色多金属选矿领域250万吨/年的规模算比较大了，该项目涉及工程设计、设备成套、原材料供应、施工服务及工业转产等一整套环节，内容复杂，此外更重要的是项目总经费双方预期差距大。哈铜谈判首席是财务总监依布拉耶娃，该女士水平高，谦和、知书达理，但原则问题不含糊，她主要是关心经费，守住预算额度不松口。我是中方首席，报价高于哈方预期，双方不让步，谈判陷入僵局。

在距哈铜总部不远处有一家餐厅，一天我方专家在二楼吃饭，我召开午餐会，也是现场院长办公会。会议认为机会难得，必须拿下此合同，我们可适当降低报价。再次会谈时，我郑重地告诉依布拉耶娃："为了表示诚意和慎重态度，并考虑到哈铜的预算权限，我专门召开了现场院长办公会议，我方决定降低报价；但相应地，哈方也应当增加项目经费。"依布拉耶娃毕竟经历过苏联的社会主义体制，理解中国国家研究设计院院长办公会议决议的含义，于是，她对中方的举动表示感谢。经过郑重的讨论，最终于2005年11月22日、2006年3月3日分别签订了合同总金额为911.5万美元的"尼古拉耶夫250万吨/年选矿厂改造方案和施工图设计合同"和"尼古拉耶夫选矿厂设备成套合同"（设备成套合同谈判是后来战凯副院长领导完成的）。

从2005年底开始，历经艰难的合同谈判、紧张的设计、设备购置、困难的设备运输、艰辛的现场服务等所有的阶段，截止到2007年底，总计完成合同额862万美元，其中设计费88余万美元已全部到账，设备成套合同到款774

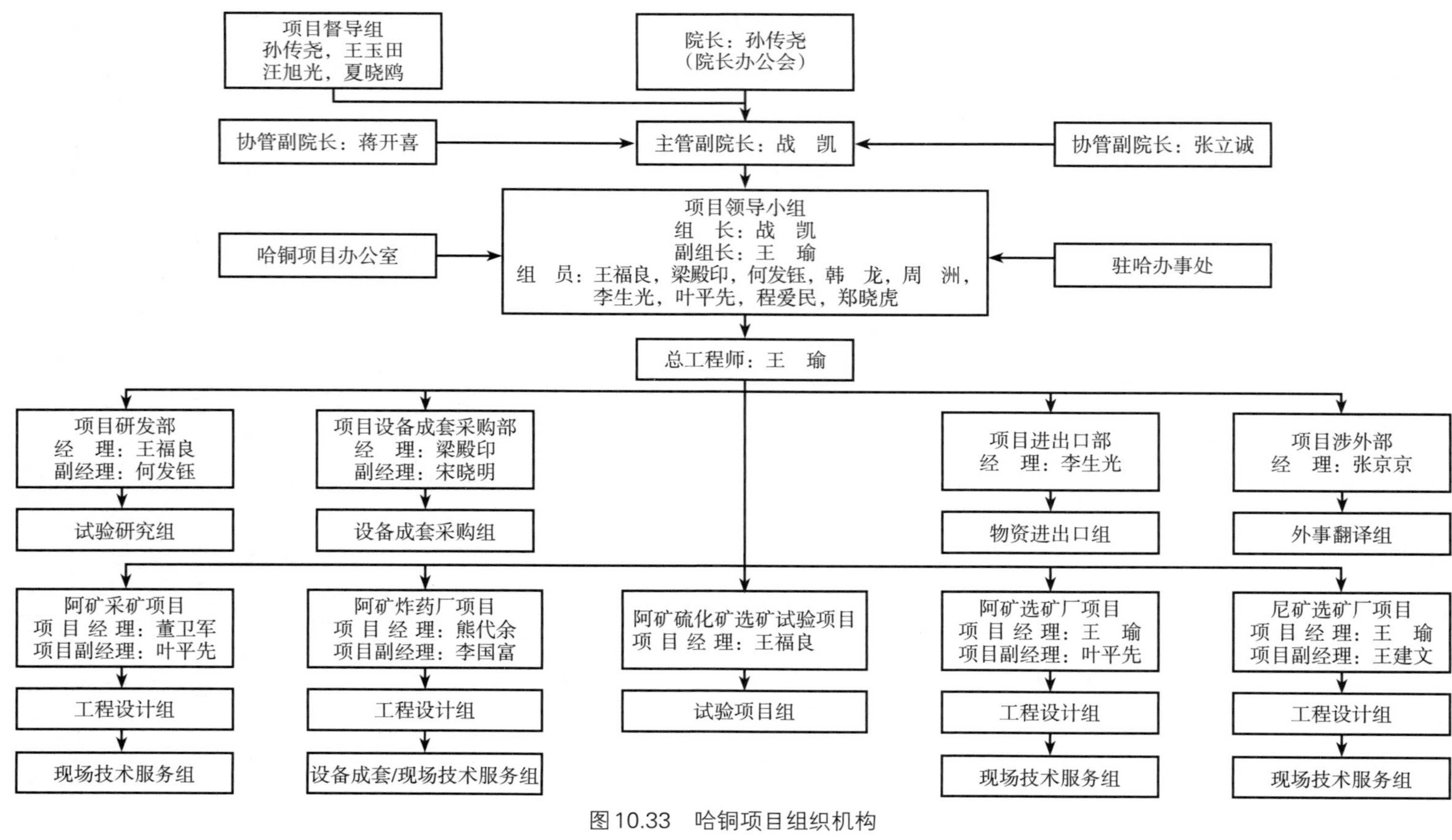

图 10.33 哈铜项目组织机构

万元，剩余5%尾款待确认完成安装、调试工作后支付。

成立项目组，建立组织机构和相关管理制度

尼矿合同内容涵盖了从设计、设备成套出口到安装调试服务各个阶段，涉及我院选矿、机械、设计、自动化、进出口贸易等多个部门，是一个需发挥全院综合优势才能完成的大项目。合同签订后，由矿冶总院设计院、选矿所、机械所、自动化所、进出口部先后派出各自的精兵强将组成了尼矿项目设计组和设备成套组，各项目组在哈铜项目领导小组的领导下工作。

领导小组针对尼矿项目质量要求高、进度紧、涉及专业部门多、跨越时间长、管理复杂且协调量大的特点，建立了周报制度、周例会制度，解决项目执行中出现的沟通、协调问题。同时，将设计组人员集中在文兴街主楼东厅统一管理、办公，以提高工作效率。项目负责人是院总工程师王瑜和院工程设计院院长王建文。组织机构如图10.33所示。

紧张的设计、设备购置和运输

此阶段贯穿了整个2006年。从年初开始、项目组人员就超负荷地工作，很多人的周末和节假日都是在主楼东厅度过的。

2006年3月31日，设计组终于按期提交了第一批包括总图、设备配置图、设备基础图在内的设计图纸电子版。2006年5月28日，又按合同要求提供了剩余的第二批施工图电子版，蓝图则由赴尼矿进行技术服务的人员带到现场，共完成图纸500多张。

2006年9月，项目组先后派土建和工艺设计人员赴哈铜，按哈萨克斯坦的深度要求和制图标准对图纸进行了为期2个多月的图纸转化工作。

表10.1 设计组参加人员

<table>
<tr><th>专业</th><th>专业负责人</th><th>检审</th><th>设计</th></tr>
<tr><td>选矿</td><td rowspan="2">阎作华、张世海</td><td>王瑜</td><td>闫作华、张世海</td></tr>
<tr><td>尾矿</td><td>张振亭</td><td>张世海</td></tr>
<tr><td>电气</td><td>柳志钢</td><td>黎黎</td><td>柳志钢</td></tr>
<tr><td>自动化</td><td>宋晓明</td><td>宋晓明</td><td>范红卫</td></tr>
<tr><td>土建</td><td>郭盛义</td><td>叶平先</td><td>郭盛义</td></tr>
<tr><td>给排水</td><td>盛勉桥</td><td>刘奇伟</td><td>盛勉桥</td></tr>
<tr><td>通风</td><td>刘奇伟</td><td>刘奇伟</td><td>刘啸</td></tr>
<tr><td>工程经济</td><td>刘洪波</td><td>张锦瑜</td><td>刘洪波</td></tr>
<tr><td>项目经理</td><td colspan="3">王瑜、王建文</td></tr>
</table>

随着设计的进展，设备购置工作迅速展开。2006年6—10月，设备组先后分5批次对尼矿成套设备进行了运输、报关工作。为了赶进度，采取了公路、铁路、航空等各种运输方式，并派专人进行设备监制、运输协调工作。

艰辛的现场技术服务

为保证尼矿改造工作顺利进行，自2006年6月中旬以来，派出多批现场服务人员赴尼矿现场常驻，每批人员均在现场服务3个月的时间。这些同志在现场克服饮食习惯不同、文化寂寞、语言障碍等难题，以自己丰富的专业知识圆满解决了施工中遇到的各类问题。

在这两年中，尼矿项目组共组织召开项目例会、协调会61次，收集整理项目周报256期，其中现场周报98期。

现场经理及服务人员见表10.2。

表10.2　现场经理及服务人员

序号	日期	现场经理	服务人员	备注
1	2006年6月1日—6月15日	张世海	文建新、柳志刚、王庆凯、李媛媛	进行首批过滤机安装和调试
2	2006年6月15日—7月20日	王建文	文建新、柳志刚、闫作华、宋晓明、盛勉桥、李志国、李媛媛	施工图交底和现场施工服务； 6月14日，王建文到达现场； 6月22日，张世海、盛勉桥离开
3	2006年7月20日—8月19日	阎作华	文建新、李媛媛	7月17日，王建文、柳志刚、王庆凯回国
4	2006年8月20日—10月16日	王建文	程秀绵、郭景丰、李金志、肖伟芹、史帅星、张之杰、	8月17日，王建文、程秀绵到达现场； 8月19日，阎作华等6人回国； 8月27，28日，机械所人员到达现场； 9月19日，顾洪枢等回国
5	2006年10月17日—11月18日	程秀绵	10月18—19日，张建良、饶绮麟副院长到达慰问； 郭景丰、程秀绵、李金志、肖伟芹、柳志刚、王庆凯、武连孝、刘海清	10月17日，王建文回国； 10月28日，史帅星、张之杰、曹春苗回国

表10.2（续）

序号	日期	现场经理	服务人员	备注
6	2006年11月9日—11月15日	王建文、程秀绵	11月9日，孙传尧、张立成、王瑜、王福良、梁殿应、熊代余、张京京、李生光、王建文到达现场； 程秀绵、李金志、肖伟芹、柳志刚、王庆凯、武连孝、刘海清	11月15日，王建文、王庆凯、刘海清、武连孝、肖伟芹回国
7	2006年11月16日—11月24日	程秀绵	程秀绵、李金志、柳志刚、王庆凯、马应兴、陈东、郭景丰	11月24日，程秀绵、李金志、柳志刚回国
8	2006年11月24日—2007年2月12日	宋晓明、张世海	宋晓明、张世海、文建新、周俊武、马应兴、陈东、李媛媛、李志国	11月22日，宋晓明、张世海、周俊武、于洪亮到达； 2007年1月13日，文建新、李媛媛回国； 1月5日，夏晓鸥、王瑜、沈政昌到达现场； 1月6日，夏晓鸥、陈东离开； 1月19日，王瑜、沈政昌离开
9	2007年6月21日—8月20日	程秀绵	王庆凯、马应兴、刘海清、康成	现场带矿试车

进入2007年，尼矿项目的工作重点是执行指导安装的技术服务和工业调试工作，并对设计欠款、设备欠款进行追缴。

2007年，共组织15个团组的专业技术人员赴尼矿进行现场技术服务，涉及设计、机械、机电、工艺、自动化、翻译各相关专业人员共计30余人次。他们克服现场种种困难，努力工作，直到12月17日才陆续返院。

2007年初，设备组进行了最后一批（即第六批）的射线浓度计从美国转口贸易，至此完成了全部设备的成套出口，先后共收到欠款61.63万美元。

2007年9月19日，哈铜签署了“尼古拉选矿厂250万吨/年处理量的改造项目工程竣工验收报告”。至此，选矿厂已完成铜、铅、锌系统以及精矿脱水系统的大土建施工及相关机电设备的安装与调试工作。除自动化专业小部分设备未安装完外，其余已经安装的全部设备都已验收。截至12月17日，自动化专业也完成了大部分仪表和设备的安装调试工作，并且验收了已安装调试完毕的仪表和设备。至此，尼矿项目安装调试工作基本结束。

2007年12月15日，哈铜财经副总裁签署了“尼矿改造设计交接报告”，将所欠设计合同余款32.2869万美元进行了支付。至此，尼矿改造设计费已经全部催缴完毕。最终结算金额为88.0279万美元。尼矿设备成套合同到款774万元，到款95%，剩余5%待确认完成安装、调试工作后支付。

由于尼矿现场的施工安装力量不足、尼矿改造工作计划延后等原因，尼矿项目工程进度拖延，在2008年完成工业调试。

10.24.5　战凯副院长对哈铜项目的总结及带领专家团队在哈铜过春节

以下是战凯副院长写的一份文稿，我全文引用。

> 关于哈铜项目情况，我组织王建文、袁红、张京京等写了一个材料，张京京24号发了邮件，内容包括：哈铜项目组织管理机制和资金分配管理、进出口、设备成套、哈铜办事处等一系列管理办法，当时仅尼矿项目就组织召开项目例会、协调会共计61次，收集整理项目周报256期，其中现场周报98期；完成的主要设计工作：阿克托嘎依5000万吨/年露天采矿方案设计、阿克托嘎依25000吨/年炸药厂初步设计和施工图设计、阿克托嘎依5000万吨/年选矿厂初步设计和施工图设计、尼古拉耶夫250万吨/年选矿厂改造方案设计和施工图设计等；签订了7个选矿试验合同、阿克托嘎依扩大连选试验、尼古拉耶夫选矿厂设备成套项目等。
>
> 以孙院长为首的多位院领导和各相关部门负责人多次赴哈铜公司进行长时间、艰难的合同谈判，最终于2005年11月22日、2006年3月3日分别签订了合同总金额为911.5万美元的“尼古拉耶夫250万吨/年选矿厂改造方案和施工图设计合同”和“尼古拉耶夫选矿厂设备成套合同”。
>
> 2006年1月11日，受孙院长委派，我和王瑜、梁殿印、李生光、徐宁、王青芬、张世海、李智国等8位同志从新疆乌鲁木齐入境哈萨克斯坦阿拉木图市，到哈铜总部谈尼古拉耶夫选矿厂设备成套合同相关事宜。尼古拉耶夫选矿厂设备成套项目涉及设备共计107种，714台套，包括系列浮选机、高效浓密机、陶瓷过滤机、加药机、皮带输送机、旋流器及各种控制装置、仪器和控制系统等。尼古拉耶夫选矿厂设备成套项

目合同谈判非常艰难，涉及选矿、机械、设计、电气、自动化、进出口贸易等多专业、多部门，双方围绕总体设备配套、各技术节点、各种设备、供货时间、价格、设备安装、后期技术服务等关键环节进行充分沟通、研讨、商务谈判等，经过20多天的艰苦高效的谈判，双方终于达成合作共识，尼古拉耶夫选矿厂设备成套签订合同额共计814.7万美元。

2006年春节是1月29日，代表团8位成员2006年春节都是在哈铜度过的。1月28日是除夕，至此，尼古拉耶夫选矿厂设备成套项目合同谈判已经基本完成，双方下一步工作就是履行各自的审批程序了，代表团成员终于能松一口气了，两年多来院里多个部门70多人付出的汗水没有白流，代表团全体成员都非常激动和兴奋。哈铜公司是伦敦交易所上市的国际知名公司，哈铜公司把这么重要的项目交给我们，说明哈铜公司对中国的信任，对BGRIMM（矿冶总院）的信任。整个谈判过程中，哈铜公司的领导和专家表现出很高的综合素养、敬业精神、专业能力、对中国人民的友好和热情等，给代表团成员留下了深刻的印象，很多都值得我们学习。

为了庆祝合同的签订，为了感谢哈铜公司的领导和专家对我院的信任和支持，为了代表团成员能愉快地度过远离祖国不能与家人团聚的除夕夜，我们组织了除夕联欢晚会。除了我、王瑜、梁殿印、李生光、徐宁、王青芬、张世海、李智国等8位代表团成员外，我们邀请哈铜项目谈判哈铜公司首席代表托克先生、哈铜公司选矿总工热汗先生、哈铜公司办公室总经理巴乌让先生和夫人参加了我们的联欢晚会。为了给哈铜公司国际友人留下难忘的一个最能体现中国文化的除夕夜，代表团成员进行了精心的准备，除了丰盛的饭菜、酒水、水果以外，我和王瑜下午特意去超市寻找饺子（宾馆条件有限，无法自己包饺子），找了几个超市终于买到饺子。没想到，除夕夜新年钟声响起后大家吃到的是土豆泥馅的饺子，外面是中国饺子的样子，实际是哈萨克斯坦饺子，我们代表团成员都笑死了，哈铜公司专家不知道我们笑什么，翻译李智国给他们翻译后，他们也大笑起来，他们深深地感受到中国文化的博大精深，也让我们感受到国与国之间文化、风土人情的差异。代表团成员多少年后回忆起来也经常说起，我们在哈萨克斯坦吃过土豆泥馅的饺子。联欢晚会从除夕17:00开始，一直持续到大年初一凌晨3:00多结束，气氛非常热烈、友好、欢腾。

第一阶段双方领导代表双方单位致辞，然后每个参加晚会人员新年致辞，谈到了设备成套合同谈判过程中遇到的问题、困难，双方是如何共同面对、互相理解、共同解决的，取得的合作成果来之不易，下一步如何执行合同、如何组织实施好，使尼古拉耶夫选矿厂改造真正取得实效，提高选矿厂的机械化、自动化、信息化水平，以及后续阿矿项目的合作等，大家开诚布公，畅所欲言。气氛比谈判桌上好多了，什么都不是问题了。

谈完正事后就进入第二阶段——庆祝合作成功和欢度除夕夜喝酒阶段，每个人敬酒时都要致表达敬意和美好祝愿的祝酒词，李智国给双方人员翻译，大家都放松、开心、快乐地分享成果和喜悦，都喝了很多酒，可能是由于开心快乐，每人都酒量大增，但没有一个喝多的。

不知不觉就进入第三阶段才艺表演。先是双方团队表演节目，然后是个人表演节目，刚开始李智国还要翻译，后来由于气氛过于热烈，都来不及翻译了，李智国“失业”了。我们真正体会到艺术、美、知识和科学是无国界的。联欢会上，《莫斯科郊外的晚上》《喀秋莎》《山楂树》《三套车》《红莓花儿开》《小路》《伏尔加河船夫曲》《纺织姑娘》《田野静悄悄》《我们举杯》《幸福鸟》《共青团员之歌》《春天里的花园花儿美丽》等歌曲再次唱起，这些熟悉的旋律和歌词都非常优美，抒情性极强，曾代表了一个时代的梦想和激情，听了让人久久难以忘怀。这些歌曲就像很多人说的那样：纵然如今满头白发，只要熟悉的旋律一响起，年轻时候的很多事夹杂着时代的气息就萦绕在脑海里了。还有托克、热汗、巴乌让和巴乌让夫人唱的一些我们没有听过的歌曲，旋律也非常美，很好听，虽然不知道是什么歌，但我们也能听出歌曲中要表达的含义。

最后一个阶段是自由交流阶段。整个联欢晚会持续了10个多小时，通过本次交流，进一步加强了双方的了解和信任，交流了感情，营造了欣喜、欢乐、喜庆的氛围，度过了一个难忘的除夕夜。谈判代表团于2006年2月5日顺利地回到了祖国，胜利地完成了本次出差任务。

看了战凯副院长如此生动的描述，就不需要我再写什么了。战院长的这篇文章实际上也是对我院哈铜项目的总结。

图10.34　战院长带领项目组在哈铜欢度春节一

图10.35　战院长带领项目组在哈铜欢度春节二

关于我院与哈铜合作的初期，孙正军先生在上海的一次论坛报告中说到：

近两年，哈萨克斯坦铜业公司与欧美国家一些大公司在一些项目合作过程中不尽如人意，哈铜高层已认识到与中国同行们合作的重要性，目前广泛合作的时机已经到来。

通过一年多的工作，北京矿冶研究总院已在实验室内成功地解决了哈铜所遇到的重大选矿技术难题，个别项目现已进行到工业实验阶段，一旦成功应用到工业生产中，将给哈萨克斯坦铜业公司带来巨大的经济效益，这让哈铜的专家看到了与中国同行之间的差距，使他们彻底改变了原来对中国的技术水平的认识，也促使他们改变原来完全依赖俄罗斯、欧美等国家的技术，转向从中国寻求合作伙伴和技术上的支持。

孙总以上的讲话只是最初一年工作的感受，更多的业绩还在后面。

10.25 与哈萨克斯坦锌业公司及其他企业的交往

下面介绍的是我院与哈萨克斯坦锌业公司（简称哈锌，Kazzinc）及肯达乌铅锌矿的交往，但均未达成实质性的合作。

10.25.1 去哈锌考察

在哈萨克斯坦的东北部，靠近中国和俄罗斯边境地区有3个很早就出名的铜铅锌多金属企业，分别是乌斯季卡缅诺戈尔斯克铅锌冶炼厂、列宁诺戈尔斯克和捷良诺夫斯克两座大矿山。这矿山与中国新疆北部阿尔泰地区的阿舍勒铜锌矿处在同一个古亚洲成矿带上。苏联时期这3个多金属企业分别独立国有，如今都属于哈萨克斯坦锌业公司。以下是北京矿冶研究总院副总工程师兼机械研究所所长梁殿印的考察记录。

2006年11月5—18日，由孙传尧率领的BGRIMM代表团对哈萨克斯坦锌业公司进行了访问。该团成员还有张立诚、蒋开喜、王瑜、王福良、熊代余、李生光、梁殿印、张京京。

2006年11月5日凌晨3:30，由北京飞往阿拉木图，飞行约6个小时。11时转机由阿拉木图飞往东哈萨克斯坦州首府乌斯季卡缅诺戈尔斯克（现厄斯克门），住Shanyriver宾馆（太阳城宾馆，靠近额尔齐斯河——笔者注）。

11月6日上午8—11时，在哈锌与总裁波波维奇（南斯拉夫人，冶金专家、剑桥大学经济学博士）、主管生产的副总裁古谢耶夫以及总工程师、总选矿师会面，双方进行了交流。

哈锌公司于1997年组建，共有22000人。主要由乌斯季卡缅诺戈尔斯克铅锌冶炼厂、原列宁诺戈尔斯克的采选冶联合公司、捷良诺夫斯克铅锌公司和一个电站组成，由瑞士嘉能可控股。

6日上午11—13时，乘车行驶120公里从乌斯季卡缅诺戈尔斯克到达列宁诺戈尔斯克，中饭后简单交流，开始参观选矿厂。

选矿厂由一选、二选和三选厂组成。该矿于1784年由英国人发现，十月革命前由英国人开采，1928年由苏联恢复生产，并建锌冶炼厂，1997年并入哈锌公司。

晚上住列宁诺戈尔斯克采选公司疗养院。

7日上午，分两组分别参观采矿和冶炼厂。梁殿印和熊代余参观了地下矿山。

7日下午14—16时，行驶120公里从列宁诺戈尔斯克返回乌斯季卡缅诺戈尔斯克，再行驶180公里，约晚上20时到达捷良诺夫斯克采选公司。

8日上午，参观捷良诺夫斯克采选公司选矿厂。

8日下午14—18时，行驶180公里返回乌斯季卡缅诺戈尔斯克，入住Shanyriver宾馆。晚上拜访东部有色矿冶研究院。

9日上午8—10时，在哈锌公司与总裁波波维奇交流合作项目和互访。10—12时，行驶130公里由乌斯季卡缅诺戈尔斯克到达乌斯基达落夫卡。

我团每到一处都受到热情的接待。哈锌下属的几个企业都是苏联时代的老企业，对中国代表团自然有社会主义的情结，十分友好。每一个选矿厂都允许详细参观，对我们很开放，没有保留。由于是有色多金属矿，选矿流程大都很复杂。此前我在《苏联有色金属选矿厂》一书中也看过相关资料，这次实地考察感觉技术水平果然不低。这次到哈锌及下属企业参观考察达到了交流的目的，没有深谈，也没有签订技术与商务合同。

其中，11月8日在乌斯季卡缅诺戈尔斯克参观的研究院原名是全苏矿冶科学研究院，是苏联唯一与中国北京矿冶研究总院采选冶专业配套研究方向相近的大型国有研究院。该院在苏联时代很辉煌，发明了著名的直接炼铅法——基夫赛特法和基夫赛特炉。1994年，我与郑宝臣副院长、夏晓鸥所长和胡立行老师在阿拉木图出差时，曾联系到该院参观访问，因为我早就知道这家研究院，但该院院长乌沙可夫当时正准备接待一个意大利代表团，没有同意我们去，为此我一直耿耿于怀。

当天晚上去该院参观时，与副院长等4名专家会谈，之后对方设晚宴招待。2006年12月23日，该院院长乌沙可夫带领副院长斯特拉涅茨等5人代表团对我院正式回访，双方交流情况。当时该院有200人，年收入1200万元人民币，情况不是很好，远不如当年。会谈后，我在紫玉饭店烤鸭店宴请乌沙可夫院长一行。

10.25.2 去肯达乌铅锌矿考察

2003年11月15日，北京矿冶研究总院科技代表团完成了对哈铜和卡拉干达钢铁厂的考察后到达齐姆肯特，参观了肯达乌铅锌矿。

该铅锌矿是地下矿山，是苏联时代建的老矿山，地质勘探、采矿设计、井建、选矿厂都很规范，体现了苏联采选企业的正规化。遗憾的是，我们参观考察时已全部停产。矿方业主接待十分热情，安排了正式会谈和宴请。但是企业无财力恢复生产，也不可能安排科研项目。我方并无投资考虑，因此我们到井下参观后就结束了这次考察。

回到阿拉木图后，肯达乌矿山的主管部门达乌肯公司的高管人员又同我们会谈，还是因为矿山复产及科研经费无着落，无法达成协议。

10.26 与哈萨克斯坦的科研院所合作

10.26.1 与哈萨克米哈诺布尔的合作

哈萨克米哈诺布尔位于阿拉木图，在苏联时期是列宁格勒米哈诺布尔的一个分院，另一个分院是斯维尔德洛夫斯克的黑色金属米哈诺布尔。以后两院各自独立。1991年，我带领北京矿冶研究总院的7人代表团，从莫斯科乘火车到达阿拉木图，与哈萨克米哈诺布尔正式建立了两院之间的科技与商务合作关系。详细过程在我的《1991年访苏散记》（收录在《足迹与情怀》一书中）一文中有详细的记述。

该院的主业与列宁格勒米哈诺布尔相近，选冶也与我院类似。只是近些年，生态保护与治理已成为其主业之一。我开始接触时的院长是波波夫，他在一家矿山企业工作过，是一位真诚、务实、可敬的专家。他退休后，原副院长克列茨接任，党委书记兼副院长是卡斯木哈别托夫，他的爷爷是斯大林时代党政领导的核心人物，我们继续发展了两院的合作，是铁哥们。

我院与该院的合作，科研和设计不是主流。我院和对方的科研与设计实力都很强，一般情况下不需要双方合作。但对方的水净化和过滤器技术独树一帜，在我的建议下，在北京建立中哈合资企业美圣公司，专业生产聚合物过滤器芯，这是该院发明的专利技术。大型过滤芯用于工业及民用大流量水处理，在一个时期市场开发情况较好；小型过滤芯用于家庭水过滤器，北京许多人用过后，直接的感觉是自来水中的漂白粉味消失，因此效果很好。美圣公司的董事长是我院副院长饶绮麟，总经理是成巧云，副经理是杨晓松。哈萨克米哈诺布尔的专家定期来我院工作，主要工作是聚合过滤芯的合成，双方合作很融洽。

后来，中国家用净水器发展迅速，在很短的时间内各种牌号的净水器进入市场。美圣公司的净水器没有专门进行产品设计，失去竞争力，以后两院决定撤销合资企业美圣公司。

与美圣公司对应地在阿拉木图建立哈中合资企业天海公司，但哈方一直没有经营好，最后该公司被撤销。

2005年3月25日—5月23日，我院选矿研究所所长王福良、副所长魏明安一个团组在哈萨克米哈诺布尔研究院进行哈萨克斯坦铜业公司阿矿银多金属矿选矿扩大试验，取得了满意的指标。该项工作在阿拉木图得到该院兄弟般的支持，免去了大量矿样运到北京进行连选扩大试验的困难。

该院贵金属研究室主任波罗多娃是一位先进工作者，多次来我院交流。她发明了树脂提金技术，后经我推荐用于新疆阿西金矿。

2006年11月18日，我带领北京矿冶研究总院代表团最后一次访哈，完成了对哈锌、哈铜的全部工作后访问哈萨克米哈诺布尔，与院长克列茨、党委书记兼副院长卡斯木哈别托夫会面。这次会面主要是与他们告别，告诉他们我即将离任，希望我们两院把良好的合作继续下去。克列茨院长一班人对此深表遗憾，感谢我对双方合作做出的贡献，并表示不久以后到北京回访。

2006年12月22日，院长克列茨和夫人斯维塔以及党委书记兼副院长卡斯木哈别托夫没有食言，专程来北京矿冶研究总院与我会面。我们讨论了两个合资公司停业后的遗留问题，也讨论如何进一步发展两院的合作问题。在晚餐的祝酒中惜别。

2018年，在俄罗斯召开的学术会议上，我和波罗多娃意外相见，双方都很高兴。她尤其激动，赶忙把与我见面的消息发给在欧洲旅行的朋友。我打听了不少哈方同行，她一一告诉我，但十分遗憾，我亲密的合作伙伴院长克列茨和党委书记兼副院长卡斯木哈别托夫，以及原副院长后旅居加拿大的达维多夫均已故去。我很怀念这些朋友和两院以往合作的美好时光。盼望两院的合作还能继续！

10.26.2　与哈萨克科学院选冶研究所的交流

我于1990年和1991年两次访问该所，当时苏联还没有解体，它还是苏联科学院哈萨克选冶研究所。该所的基础研究力量较强，有3名院士，但工艺技术开发及工程化研究不如哈萨克米哈诺布尔研究院，两院恰好形成互补关系。2003年，北京矿冶研究总院的代表团再次访问该所，我做了一个学术报告，比较详细地介绍了我院专业设置、学科发展及科研成果。该所的1名院士听后发表感言："你们原来是苏联的体系，改革开放以来你们扩大了与北美、欧洲和日本的合作，加上你们自己的研究创新，现在你们的风格是苏联、欧美和中国三方合一了！"这名院士分析得很深刻。

两科研单位之间主要是互访和学术交流，没有具体的合作项目，因为他们的整体实力和水平不如我院。

10.27　在阿拉木图机场

我多次出入阿拉木图机场。第一次是1990年，那时机场很小，候机楼也很小。后来的机场是新建的，由土耳其设计，上机场二楼一跺脚，感觉楼板在颤动。不必与中国省会城市的机场相比，就是大的地级市的机场也比阿拉木图机场好。

机场附近有一座规模不大的宾馆，我们称为航空宾馆。宾馆很简易，带卫生间的标准间都没有几间，很难住得上。最糟糕的是公用卫生间马桶上面没有马桶圈和盖，中国人无法用，"解大手"时只好去航站楼，但每次去都得安检。因此，安检成为我们上卫生间的"行话"。尽管如此，因距离航站楼近，我们转机都住在那里。

宾馆门口有一个小卖店，店主是一个上了年纪的大妈，里面卖一些文具、小百货、二手图书、期刊、报纸等，大妈笑容可掬，我每次进出宾馆都要进去看看。有一天我在店里买了一套上下册的俄文版小说，我看标价240坚戈，仅相当于人民币14块钱，付完480坚戈我就离开宾馆。

过了两天我再进宾馆，大妈气喘吁吁地追上我说："先生、同志！我可找到您了，那天您买的两本书我钱收错了。上下册两本是240坚戈，我按一册240坚戈收了，我把钱退还您，很对不起！我以为您离开这里了，这几天我一直在找您，今天我找到您了，很高兴！"我接过大妈退回的钱，眼望着这个慈祥的老人，感动得不知说什么才好。我马上回房间取了一件小紫砂壶送她留作纪念，她十分高兴地离去，我心里才得到一点安慰。以后我再没去过阿拉木图，也再没见过这个慈祥的哈萨克老人。2018年2月我写了一首诗歌《想起一位哈萨克斯坦的老人》，表达我对这个老人的怀念，收入到我的《足迹与情怀》一书。

也是在2005年，我在哈铜总部杰兹卡兹甘的一个名为“和平”的旧书店买了不少俄文小说。那一次我一个人回国，在阿拉木图机场出境过海关时，一个工作人员问我包里是什么，我回答是书。那人让我去房间里接受检查。

房间里面坐着几个漂亮的姑娘，态度很友善。其中一个用俄语问我：“包里装的什么？”我回答：“书。”她又问：“什么书？”我回答：“《钢铁是怎样炼成的》等。”包里有二十几本书，我不可能全部说出书名，只说了一本。“你是共产党？”这句话她改用英语问，我也用英语回答：“是的。”此时她就不再问了，也不看我的包，直接手一挥：“请!”

在飞往乌鲁木齐的航班上，我又想起这件事，那个海关的漂亮姑娘看长相肯定是俄罗斯人，怎么我一说书名《钢铁是怎样炼成的》，她就知道我是共产党员呢？难道现在俄罗斯和哈萨克斯坦人都不读以前这些革命的红书了吗？还好，那姑娘对我这个共产党员的友好态度表明她没有忘记过去。

10.28　与蒙古国额尔登特铜业公司的合作

蒙古国额尔登特铜矿与中国江西德兴铜矿和巴布亚新几内亚铜矿是亚澳三大铜矿。早期是蒙苏合资企业，露天采场和选矿厂都是苏联设计的，其选矿厂是米哈诺布尔设计的，布局奇特，主厂房的立面是铜业公司的办公楼，厂房内工艺流程和设备配置紧凑，使人想象不到日处理量高达几万吨矿石。

苏联解体后，该企业自然就改为蒙俄合资企业，主要管理者蒙俄都有。行政高管以蒙古国人居多，但也都是苏联留学回来的，技术高管及中层工程技术人员以俄罗斯人居多。例如，米哈诺布尔研究院原副院长、我的铁杆朋友萨达耶夫在此长期任总选矿师，选矿厂厂长索克洛夫曾在哈萨克斯坦一家选矿厂工作多年。

10.28.1　为蒙方建炸药厂及交接仪式

北京矿冶研究总院与蒙古国额尔登特铜业公司的合作起始于1991年：炸药专家汪旭光副院长领军对该公司进行乳化炸药技术转让并为其建设乳化炸药厂，为该企业提供成套的技术、成套的设计、成套的装备并负责交钥匙工程。炸药厂的建设由中国有色对外工程公司负责，汪院长是工程总负责人。此外，1993年8月20日—10月11日，汪旭光副院长在北京矿冶研究总院为蒙方炸药厂培训了一批技术骨干。培训结束后，我为10名毕业生颁发了结业证书，这些骨干保证了炸药厂一直安全生产至今。

炸药厂于1993年竣工投产时，在额尔登特举行了一个正式的交接仪式。

那天，我们三位领导在北京乘飞机到达乌兰巴托。蒙方为了表示庄重和礼仪，专门租一架俄制直升机停在乌兰巴托机场迎接三位贵宾：孙传尧，北京矿冶研究总院院长；汪旭光，北京矿冶研究总院副院长、项目首席科学家、工程总负责人；王宝林，中国有色金属对外工程公司总经理、建设方负责人。

直升机起飞后，飞行不到50分钟，降落在额尔登特的一个草坪上，各方的领导在地面迎接。这架直升机配置简单，噪声也大，性能与后来我在三亚飞985钻井平台坐的直升机差距很大，但安全性好，而且甲方表示很高规格的礼仪，我们很感谢。听说额尔登特铜业公司的老总有一架直升机专机，别人不能坐，这个企业在蒙古国国民经济中的地位是举足轻重的，其领导人在国家中的地位也高。

交接仪式很隆重，额尔登特的总经理、副总经理，以及我方友好的合作者矿长干加尔嘎等领导和炸药厂的厂长出席。蒙中双方领导讲话，额尔登特的领导对中方炸药厂的技术和建设给予高度评价。交接仪式后按惯例是宴会，气氛相当热烈。

图10.36　在蒙古国额尔登特铜业公司出席乳化炸药厂交接仪式

交接仪式后，双方举行了下一阶段的合作会谈，包括向蒙方炸药厂提供乳化剂及其他原料，还涉及其他合作项目。

过了几天，在一个周六的晚上，我代表中方举行正式的答谢宴会。参加宴会的有额尔登特公司的领导、职能部门的处长们、矿长和炸药厂的厂长。中方除了专程参加交接仪式的三位领导外，还有已在额尔登特工作的我院多名专家。在这次宴会上，我意外地喝醉了，这是在国外唯一一次醉酒，但没有失态。

图10.37　孙传尧冬天在蒙古国额尔登特大型露天矿出差

我们喝的是俄罗斯的伏特加。这种酒只有40度，用容量为30 mL的高脚杯，喝起来没有多少感觉。我以前在新疆工作过，习惯喝大口酒，端起酒杯就是一口干，没有两次、三次之说。再加上向我敬酒的人很多，已记不清喝多少酒了。宴会结束前，选矿厂一群俄罗斯员工周末舞会刚散，就赶来喝酒，于是宴会又掀起新高潮，与俄罗斯人又喝了不少酒。晚宴结束时，我清楚地记得我即席作了一个答谢讲话，内容不需要准备，讲话是很到位的，头脑也十分清楚，博得了一片掌声。

外面是严冬，温度大约零下20多摄氏度，并且有风。我提议距离宾馆很近就走路回去吧！大家兴致很高，一致同意。可是第二天早晨我回忆前一天晚宴后怎样走回宾馆、爬楼梯上二楼进房间的，一概没有记忆。按北京话讲是喝断片儿了！幸好在宴会上没有任何人感觉我喝醉。

通过这一次喝酒，我对伏特加算是有了认识。2018年在米哈诺布尔与几个俄国朋友聊天时，我在一个坐标图上画出两曲线对他们讲："横坐标是饮酒量，纵坐标是头脑清晰度。中国白酒的曲线是缓慢倾斜往右走，而俄罗斯的伏特加是往右走很平一段直线后突然断崖式地下跌，大脑突然失忆了！"俄罗斯每年冬季外面都冻死不少醉酒的人，原因就在于喝伏特加不像喝中国白酒时头脑缓慢增加感觉，所以中国冬季外面很少冻死喝酒的人。

我虽然是半开玩笑地聊天，但俄国朋友对我的观点十分认同。我告诉他们，这是我在蒙古国醉酒的现身说法，他们更相信了。

以后，凡有人喝伏特加时，我就提醒他们这酒的后劲是突然失忆。

10.28.2 科研合作

我院与额尔登特公司的科技合作是以我院与米哈诺布尔成立的合资企业新纳密公司与其签约的，原因是该公司是米哈诺布尔的副院长萨达耶夫力主建立的，后来他任额尔登特公司的总选矿师，希望新纳密公司有所贡献。

1997年，孙传尧、李凤楼、马塞夫斯基和付维义等在额尔登特签署了电化学控制浮选合同，由新纳密公司提供技术服务（实际上是我院电化学控制浮选研究室执行）。马塞夫斯基是米哈诺布尔的浮选控制专家，算是新纳密公司的员工；李凤楼是电化学控制浮选研究室主任，新纳密公司经理；付维义老师是资深的俄文翻译专家。当时我们没有住宾馆，而是住在一处公寓式的招待所。那天晚上，我和李凤楼两人先讨论好要点，然后我口述合同条款，付维义老师直接写成俄文，再由马塞夫斯基校对，四人流水作业，一直工作到后半夜，马塞夫斯基没有回驻地，就在招待所的沙发上将就一夜。执行该合同时，在院里开展了一系列实验室试验，用BK301作为捕收剂提高铜回收率，但在电化学控制方面遇到困难。

1998年，王福良、师建忠、张京京为落实该合同去额尔登特谈判。萨达耶夫认为，根据电化学控制浮选合同提高回收率的条款，同意进一步开展实验室验证试验和工业试验。随后派出自动控制、浮选联合实验组到现场落实实验室验证试验和工业控制。人员有王福良、师建忠、沃国经、周秀英、唐顺华、高新章、王拥军。浮选验证试验良好。同年，准备了一车皮BK301捕收剂（命名为BK901），由王福良、师建忠、张京京到现场，工业调试成功。在网上又签署了大约百吨级BK901代替美国药剂。

1999年夏天，孙传尧、王福良、熊代余、李生光、师建忠、王拥军到额尔登特，敲定了BGRIMM与额尔登特公司的深度合作，包括BK901、AP、MIBC浮选药剂、乳化剂、复合蜡，以后还有装药车、地面站及备件供货等。回国后，针对BK301对钼回收率较差，周秀英在实验室复配了松醇油，命名为BK901B，持续出口，由此也带动了铁岭选矿药剂厂产品出口。我在院里主持过与铁岭选矿药剂厂商务谈判，但进出口部和选矿所在铁岭厂报价的基础上增加了1000元/吨，要求质量稳定和及时供货，加价一事我一直不知道。后来铁岭选矿药剂厂以资产划拨的形式主动并入我院成为一家人。

以后，我和科技人员多次去额尔登特公司，了解现场工艺技术等，带动了沈正昌项目组研制的KYF50立方米浮选机和自动化所的控制技术及仪表出口。

10.28.3 去额尔登特出席合作10周年纪念活动、去色楞格度假村

到2002年，我院与额尔登特科技与商务合作已达10年，双方合作成果甚佳。蒙方提议在额尔登特举办一次合作10周年的纪念活动，我方欣然答应。当年7月17—29日，我带领一个规模较大的代表团去蒙古国参加纪念活动，代表团成员都是参与双方合作的骨干人员。

纪念活动的内容丰富，自然少不了开纪念会、宴会、喝酒等。蒙古国人和俄罗斯人性格浪漫，很喜欢户外活动。公司安排多辆越野车外出旅行，主要是对蒙古国的草原风光一饱眼福。在一个帐篷度假村，每两人住一个帐篷，很干净。但在我的帐篷根脚处居然看见一条小蛇，我也没打扰它。天很热，洗澡是轮流去公共浴室。吃饭在一个大帐篷餐厅，少不了各式牛羊肉、牛奶、奶茶，酒也没少喝，风味独特。

晚上在一个大亭子里大家自发地聚在一起唱歌，中国人、蒙古国人、俄罗斯人欢乐地在一起，没有国家与民族的界限了。

在一处风景区参观了庆宁寺，这是清政府修的，显然这里以前是中国的领土。在途中，我们还在路边铺开地布，摆上各种食品、饮料野餐。

回程我与张立诚副院长坐一辆车，因是草原路，车不多，有上下坡，雨后有的地段泥泞，张院长开了一段车，我不会开车，但会识别路况，于是我坐在他的右侧导航。

回到公司后开了研讨会。会前午餐时又是喝酒。蒋开喜那时即将提任副院长，萨达耶夫劝他喝酒，但蒋开喜不胜酒量以水代酒，萨达耶夫戏称他水博士，他只喝了一小口酒，下午开会时只好躺在窗边休息。没想到会上有一个蒙古国人用流利的英语提出一连串问题，语气还挺牛，估计他是从美国或加拿大留学回来的，提的问题大都与技术有关。这时蒋开喜马上坐起来同样用流利的英语回答这个先生的问题，博得了一片赞扬。蒋开喜是德国亚琛工业大学的冶金学博士，讲德语自然不成问题，没想到英语也说得这样好。

2012年，我院也举办了一次双方合作20周年的纪念活动。那年我已院长离任5年，汪旭光副院长已离任14年，张立诚副院长也调离多年了，换届后的领导班子能把这一合作延续下来很不简单。老朋友、老矿长干加尔嘎在北京见到我十分激动，向我讲了以前的合作感受令人难忘，临分手时又加重一句：“这就是历史，历史是不可以改的！”

在额尔登特，我们还去过该公司的色楞格度假村。

蒙古国的地貌南北差异很大。南部从中国出境后往北一路看见的是荒漠草原，与我们的内蒙古相似。这里气候干燥，多为牧业。过了乌兰巴托再往北直到蒙俄边界一路看见的是河流、森林，有些类似西伯利亚的风光。

色楞格河是蒙古国的母亲河，它发源于蒙古高原，在蒙古国境内流经600公里后流入俄罗斯，最后注入贝加尔湖。

图10.38　色楞格河

额尔登特公司是蒙古国特大型的国有企业，在国家中的地位十分重要，因此它的色楞格度假村很大、很气派，不奢华但民族特色鲜明。度假村里树木花草茂盛，房屋很多，大都是用木头垒起来的，与我年轻时在新疆可可托海野外四矿的木头房子很像。客房、俱乐部、会议楼、剧场、医务室、大小餐厅应有尽有。周边是原始森林和小河，望不见尽头。时不时见到松鼠之类的野生动物与人和谐相处。这是一块旅游胜地，但没见到对外开放，主要是供本企业的干部和员工休假疗养用，从干燥荒漠的额尔登特矿区来到这水草丰满、林木茂盛的宝地真是进入仙境了！

冬天我们去过那里，一片雪白的世界，与中国黑龙江山区的景观相似。夏天也去过，那里鲜花满坡，鸟语花香，高大成片的乔木与低矮的灌木丛遥相呼应，还有那潺潺流水，真是一个神奇的世界。

我们的合作者喜欢在树林里烧烤娱乐，有时是专门为我们组织的活动。但我的心思在科研与合作任务上，没有心气参加。有几次我还是参加了，但不喜欢多去。有一次在林中我与萨达耶夫、矿长干加尔嘎三人用俄语合唱苏联著名歌曲《祖国进行曲》（有点类似中国的《歌唱祖国》），三国人用同一种语言唱同一首歌曲，打动了在场的所有人。

10.28.4　在乌兰巴托至额尔登特的火车上

我记不清去额尔登特出差多少次了，通常的行程是北京与乌兰巴托之间乘飞机、乌兰巴托与额尔登特之间乘火车。蒙古国与俄罗斯一样，火车上四人包间通常没有卧具，得花钱现租。钱倒不多，只是看起来不干净，有的被子是黑色的，干净与否更看不出来。后来专门挂一节额尔登特公司的专车，卧具齐全，环境也干净。有两次乘车我不能忘记。

有一次，我一人去额尔登特，在乌兰巴托下飞机后有一个谢苗诺夫先生接我。在机场至办事处的路上问对方：

“我以前没见过您，您何时来这工作的?”

“我以前是蒙古国地矿部的副部长，离任后在额尔登特驻乌兰巴托办事处工作，刚来不久。”

“您原来是副部长?”

“是，部长、副部长都换了。”他平静地回答。

我又问司机：“他说他当过副部长?”

“是。”司机肯定地回答。

原来，蒙古国的副部长离任后在一个办事处干接待工作。

晚饭后谢苗诺夫送我上火车，我十分感谢，便开始了独自的旅行。火车很干净，我一人睡在四人包间里的下铺，半夜进来两个蒙古国人，分别在我对面的上下铺。他们躺下后并没有睡觉，而是又起来喝啤酒，并且喊我起来同他们一起喝啤酒。蒙古国人一般都懂俄语，他俩用俄语与我交谈，所以我可以交流。我问他们在哪里工作，他们回答在额尔登特机械厂。于是我心里有底了，他们是工人，不是无业游民。我告诉他俩，我来自中国，是去额尔登特出差。他们很客气，不再拉我喝酒了。早晨醒来我看见一个睡在上铺，一个睡在地板上，并没有睡在下铺，不知道是从铺上掉下来了还是酒喝多了嫌热故意睡在地板上。他们起床时动作很轻，我故意不睁眼睛，他们也没与我打招呼，走出包间后没再回来。火车并未到站，不知道他们到哪里休息了。

过了一个多小时，有两个蒙古国女人走进我的房间：一个大妈；另一个很年轻，是大学教师。是母女俩吗？我没问。她们两人似乎已知道夜里我房间发生的事，用俄语问我睡得好吗，那两个男人对我打扰了吗，像是关心。我回答一切都正常，并表示感谢。过了一会儿，大妈用蒙古语对那个年轻女性说了几句话就先出去了，可能是让我们两人多谈一会儿。年轻的女教师又与我闲聊了一段时间，她的俄语讲得很标准，是纯正的俄罗斯女性的口音。我忘记问她是在俄罗斯还是在蒙古国上的大学，也没问她在哪里任教、教什么。

另一次是参加完双方合作10周年纪念活动后，我方代表团在额尔登特乘火车回乌兰巴托。在火车站蒙方按惯例为我们送行，按蒙古国风俗习惯喝“上马酒”，并且带了不少啤酒供我们在火车上喝。火车开了好一段时间后，两个蒙古国警察来找麻烦，理由是火车上不能喝啤酒，要罚款。我们和警察争论起来，蒙古国人送我们啤酒让我们在车上喝，难道他们不知道车上的规矩？我们坚决不给钱！其中李生光态度最为坚决。在乌兰巴托下火车后，我们直接去中国驻蒙古国大使馆讲述这一情况，同时打电话给额尔登特接待方，双方都很重视。以后证实这两个警察被解雇了。

10.28.5 蒙古国额尔登特—达尔汗—乌兰巴托

涉及炸药厂的项目，我与副院长汪旭光出差后从额尔登特乘汽车去达尔汗，原计划在达尔汗中转接力，由另一辆汽车从达尔汗接我们到乌兰巴托，次日乘飞机回国。可是，不知何原因，接力的车没到，打电话又联系不上，这下子把我们难住了。于是我们与送我们的司机、一个俄罗斯小伙子商量，请他继续把我们送到乌兰巴托。司机面带难色，他表示，领导下达的任务是从额尔登特到达尔汗，这段任务已完成了，没有继续到乌兰巴托的指令，他不敢做主。我们说出现了特殊情况，责任在总部，我们向总部领导解释。经我们要求，又没有别的办法，俄罗斯司机只好答应了。他不顾疲劳，又开车四五个小时终于把我们送到乌兰巴托。

晚上，我和汪院长请他与我们同吃晚饭，没想到他再三谢绝。他说有规定，司机不能与客人和领导同桌吃饭。我们明白了，俄罗斯的习惯已沿用到蒙俄合资企业了！令人佩服。感谢这个小伙子能顺应新的情况，多跑了一倍的里程送我们到目的地。多少年过去了，这个俄罗斯小伙子的形象一直刻在我的脑海里。

我当院长的日子里

（下册）

孙传尧◎著

东北大学出版社

·沈 阳·

目　录

下　册

11 基础设施建设

11.1 概况

截止到2006年，我院规模已迅速扩大，全院占地总面积为108.5万 m^2。院属在京单位的占地面积为26.76万 m^2，建筑面积为26.1万 m^2。院本部占地面积23003 m^2，已建成综合科研楼、试验楼、商贸楼、宾馆、宿舍楼等十几座建筑，总建筑面积46006 m^2。院部所属宿舍区占地面积31320 m^2，建筑面积79168 m^2。

北京矿冶研究总院二部占地面积68983 m^2，其中生产区占地面积52907 m^2，其余为宿舍区占地。经过1996年建设职工宿舍6号楼，1998年完成自来水工程、改建职工之家和修建员工宿舍，1999年完成职工宿舍燃气通气工程，二部生活区的基础设施和条件得到了较大改善，形成了我院又一处较大的职工住宅区。2002年完成了厂区“控规”调整，将二部西部的工业用地改为居住用地，规划建筑高度由18 m提高到60 m，容积率由0.5提高到2.5，2005年开始进行建设二部新住宅区的规划报批工作，2006年进入规划设计申报阶段，现已全部完工交付使用。

北京矿冶研究总院三部建于1995年，位于大兴区西红门镇兴北路（原金西路），京开高速公路东侧450 m，占地面积约57813 m^2。院自筹资金投入累计超过6000万元，在三部已建成数座中试车间、动力综合楼、变电室、锅炉房、仓库等，建筑面积共计13199 m^2。全院有6个研究所、公司在三部进行生产和科研试验。当时二部北矿磁材公司的生产线已陆续迁入三部，磁材综合楼和粘结磁中试车间也计划迁往三部，已取得规划立项批准，正在进行建设工程规划许可证报批，但后来这项工作停止。三部具有较为完善的生产科研支持系统，能够保障产业基地正常有序地运行，是我院在北京最大的中试和产业基地。

北京矿冶研究总院四部成立于1997年12月，所在区域是原北京市有色金属工业总公司下属的北京钨钼材料厂所属区域。1997年，我院兼并北京钨钼材料厂后，在其原址上成立了矿冶四部。四部位于北京市昌平区沙河镇，离沙河镇中心2.5 km，距北京市区约35 km。北面与首钢线材厂相邻，西南与北京科技职业学院相邻。厂外有沙阳路通过，距八达岭高速路约2.5 km，交通方便。矿冶四部总占地面积81839 m^2（含生活区占地），其中科研生产占地66676 m^2，生活设施占地15163 m^2。总建筑面积51053 m^2，其中用于生产科研26419 m^2，用于办公6835 m^2，用于生活设施17799 m^2。主厂区绿化面积占总面积的30%，曾被北京市政府命名为“花园式工厂”。四部基础设施齐全，有完备独立的供水、排水、供暖、供电和供气系统，能够满足生产、科研、生活和办公的需要，是我院的金属材料产业基地。四部生产用气依靠自产，生产用气品种主要为北京钨钼材料厂生产所用氢气。北京钨钼材料厂建有氢气站一座，装有4台总产气能力148 m^3/h的电解槽，2个350 m^3的储气罐，2台分解氨机组。208 m^3/h的制氢装备能够满足当时四部生产用氢气。有液化气站一个，使用外供瓶装液化石油气向生产机组供气。材料所真空雾化中试生产线和北矿锌业公司各有一套制氮气机组供应本部门用气。

北京矿冶研究总院永清产业基地位于永清县城东北，是北京北矿冶金材料科技有限责任公司的生产基地，距廊坊市区28 km，距天津港99 km，距北京80 km，交通便捷。永清基地占地面积26468 m^2，有厂房12000 m^2，其他辅助设施建筑3000 m^2。

北矿磁材科技股份有限公司固安生产基地位于河北省固安县固安镇西坨村，是2002年7月由北矿磁材科技股份有限公司出资380万元收购原河北省长城工程机械厂的资产而建成的生产基地。收购的资产包括46669 m^2土地和7000 m^2厂房等。通过一期建设，已建成生产所需的设施和条件，其中包括容量8000 kVA变电站一座，新建锅炉房524 m^2，卫浴室256 m^2，变电站185 m^2，地磅房23 m^2，主厂房偏跨1263 m^2，循环水房42 m^2，办公用房289 m^2，食堂450 m^2，出水量为60 m^3/h和30 m^3/h的水井各1口（年采水量为75万t），外排水池318 m^3，日处理量400 t的污水处理站一座，外排水管道1100 m，改扩建厂房7500 m^2，改建道路1000 m^2及新建给排水系统等。在进行基础设施建设的同时，完成了年产15000 t的各类磁粉生产线3条和年产300吨信息材料的工程建设。2004年底，增购土地42669 m^2，用于北矿锌业公司固安锌粉建设项目，设计年产锌粉5000 t。从2005年底开始，已建成主体厂房、煤气站、仓库、办公楼、浴室、500 kVA箱变、给排水系统及辅助设施等，总建筑面积

6380 m²。固安基地一期建设已投资近4000万元。

北矿磁材科技股份有限公司2005年5月在丰台科技园总部基地购置办公楼一幢，总面积为1249 m²。

丹东冶金机械厂位于丹东市西南17 km处的鸭绿江畔，东隔鸭绿江与朝鲜民主主义人民共和国相望，南距丹东大东港20 km，西离丹东机场4 km，北邻丹东浪头港3 km。厂内有专用铁路运输线与丹东火车站接轨，水、陆、空交通十分便利。全厂占地总面积53.6万m²。1997年12月8日并入北京矿冶研究总院交接仪式以后，丹东冶金机械厂进行了一系列的基础设施改造，使全厂的基础设施得到改善。

铁岭选矿药剂厂位于铁岭市银州区西北角的工业园区，南为繁荣西路，与龙山橡胶制品厂相邻，北与植物油厂相接，西为辽河大堤，东临柴河灌渠。全厂总占地面积14.6万m²，其中生产区占地11.4万m²，生活区占地3.2万m²。有铁路专用线直通厂区，交通运输便利。厂区内供水、供电、供热等公用设施齐全，能够满足工厂生产需要。在沈阳北有一仓库（李官仓库），占地面积1.9万m²（1.9公顷），沈阳厂区（已搬迁）生产期间，主要用于存放丁醇、异丁醇、异丙醇等生产原料。铁岭选矿药剂厂是我院的药剂生产基地。

北京矿冶研究总院泉州设计分院在福建省石狮市有办公室300 m²，为产权房。

11.2 北京地区基本建设项目

建院以来，在不同的发展阶段，全院进行的基本建设规模和速度不尽相同，至2006年，我院北京地区共建成科研用房42870 m²，生产用房34160 m²，非生产用房29400 m²，住宅154332 m²。1995年后历年基建项目如表11.1所示。

表11.1 1996—2006年基本建设项目表

建设时间	建设项目	开、竣工时间	投资/万元		建筑面积/m²	备注
			预算内	自筹		
“九五”时期	二部6号住宅楼	1996—1997年		704	5529	
	三部动力综合楼	1996年		51	680	
“十五”时期	矿冶文化宫	1999年		90	1390	
	院部热力供暖工程	2001年	375	24		
	白堆子6号住宅楼	2002—2004年		8000	32097	
	四部沙阳花园1号楼、2号楼	2002—2003年		2180	12852	

表11.1（续）

建设时间	建设项目	开、竣工时间	投资/万元		建筑面积/m^2	备注
			预算内	自筹		
"十五"时期	白堆子3号楼接建楼门	2004—2005年		360	1255	
	甘家口宿舍区供暖	2004年	235			煤改气工程
	真武庙宿舍楼供暖	2004年	192			煤改气工程
"十一五"时期	四部特种材料研发中心工程	2005—2006年		2600	4760.8	

注：河北固安、永清，北京通州生产基地建设项目已在其他章节中描述，本表未列入。

11.3　北京以外地区基本建设项目

11.3.1　铁岭选矿药剂厂新建设项目

铁岭选矿药剂厂划归北京矿冶研究总院后，进行了多项基本建设项目，提高了企业的生产能力。基本建设项目如下：

（1）黑药车间（960 m^2），改建于2005年，生产能力2500 t/a，土建费用约25万元。

（2）松醇油车间（480 m^2），改建于2005年，生产能力2000 t/a，土建费用约15万元。

（3）新建黄药车间（2902 m^2），2006年开始建设，生产粒状干燥黄药的能力为8000 t/a，合成黄药2000 t/a。

11.3.2　丹东冶金机械厂

自1997年北京矿冶研究总院兼并丹东冶金机械厂以来，在总院的支持下，该厂进行了多项基本建设项目，提高了企业的生产能力。基本建设项目如表11.2所示。

表11.2　1997—2005年丹东冶金机械厂的基本建设项目

建设时间	建设项目	单位	投资/元
1997年	5×3 m闷火窑	热工段	128202.11
	500 m^3蓄水池		140000.00
2004年	消失模白区厂房100 m^2	铸钢车间	55000.00
2005年	3.2×4×2.37热处理窑	热工段	256410.25
	配电室	热工段	9294.80

11.4 仪器设备

截至2005年12月31日，全院共有仪器设备6594台（套），总金额25045.10万元。其中，10万元及以上的大型仪器设备价值15701.00万元。

从1996年1月1日至2005年12月31日，全院共购进仪器设备4082台（套），总金额15197.50万元。其中，10万元及以上的大型仪器设备价值12103.50万元。

截至2005年12月31日，全院科研用10万元及以上台（套）、生产用20万元及以上台（套）的主要仪器设备如表11.3所示。

表11.3 主要仪器设备

序号	设备仪器名称	规格型号	制造国别	原值/10万元	进院时间
1	BOD/COD测定仪	KC吨-1型	中国	10.1	2000年8月8日
2	毒性特性浸出仪	MILLIPORE型	美国	11.5	1995年9月1日
3	红外经纬仪	吨C-1610型	美国	17.9	1994年7月1日
4	自动伏安分析仪	746/747VA	瑞士	18.0	1995年6月1日
5	自动伏安分析仪	746VA型	瑞士	18.9	2001年2月2日
6	红外碳硫分析仪	CS344型	美国	20.4	1983年12月1日
7	微波样品处理仪	MLS1200型	意大利	25.2	2001年2月2日
8	流动注射分析仪	Q-8000型	美国	26.4	2001年2月2日
9	图像分析仪	SEM-2PS	德国	28.5	1986年1月1日
10	旋转流变仪	RS75L型	德国	40.7	1998年12月1日
11	碳氢氮测定仪	LECOCHN-100型	美国	40.7	1995年12月1日
12	硫碳测定仪	LECO432DR型	美国	45.5	1995年12月1日
13	高速动作分析仪	SP200型	德国	49.6	1986年11月1日
14	流变仪	RS-75型	德国	50.4	1995年6月1日
15	电化学综合测试仪	1287A型	英国	54.1	1999年9月9日
16	高效液相色谱仪	WA吨ERS510+432型	美国	59.6	1994年6月1日
17	色质联用仪	LRANCE-2000型	美国	69.5	2000年8月8日
18	傅立叶红外光谱仪	EQUINOX55型	英国	134.1	2002年10月10日
19	ICP质谱仪	GC-MS型	英国	137.5	2000年12月2日
20	X荧光分析仪	xme吨-840型	芬兰	14.8	1988年4月1日
21	X射线衍射仪	RAX-10JAPAN型	日本	22.9	1981年11月1日

表11.3（续）

序号	设备仪器名称	规格型号	制造国别	原值/10万元	进院时间
22	X荧光光谱仪	SRS-300型	德国	124.4	1986年12月1日
23	原子吸收光谱仪	PES5100型	美国	114.0	1995年5月1日
24	原子吸收光谱仪	WFX-120型	中国	11.1	2004年8月
25	原子吸收光谱仪	ZL-4100(PE)型	美国	65.3	1995年7月1日
26	原子吸收分光光度计	PE-1100B型	美国	10.9	1989年11月1日
27	原子吸收分光光度计	5100型	美国	22.8	1996年3月1日
28	原子吸收系统	WFX-120型	中国	10.02	2005年9月15日
29	感应耦合等离子光谱仪	PLASMA3000型	美国	96.2	1994年5月1日
30	测磁仪	2-400WB	意大利	14.0	2003年3月31日
31	三维坐标测量仪	EOS5.4.4	意大利	57.9	2003年3月31日
32	粒度测试仪	HEL0SIR0DS	德国	42.3	2003年11月28日
33	粒度分析仪	LS230	美国	40.5	2002年5月
34	比表面及孔隙度分析仪	SA3100	美国	34.6	2002年5月
35	指数仪	F-F01	中国	14.7	2005年
36	扫描电镜	S-3500N型	日本	172.2	2000年12月12日
37	原子力显微镜	M2000型	美国	44.2	2000年5月5日
38	微波样品处理系统	MLS-1200型	意大利	24.1	1998年11月1日
39	二氧化硫回收系统	非标	中国	35.0	2000年10月1日
40	离子交换系统	非标	中国	37.1	2000年10月1日
41	废弃处理系统	非标	中国	38.4	2000年10月1日
42	溶剂萃取系统	非标	中国	100.5	2000年10月1日
43	高速摄影机	E-10型	德国	57.7	1985年5月1日
44	特种电收尘器	非标	中国	16.6	2000年6月6日
45	自动切片器	VC-50型	美国	22.7	2000年5月5日
46	微波灰化炉	MS7000型	美国	12,9	1995年4月1日
47	氢还原炉	DK7740B	中国	21.0	2000年2月2日
48	真空感应电炉	2GJL0.025-100	中国	25.6	2000年6月6日
49	电弧炉	自制非标	中国	28.0	2002年11月1日
50	真空热处理炉	M7675	中国	103.7	2002年10月1日
51	熔炼炉	ZG25	中国	20.0	2004年11月
52	熔化炉	自制非标	中国	31.5	2005年7月29日

表11.3（续）

序号	设备仪器名称	规格型号	制造国别	原值/10万元	进院时间
53	熔化炉	自制非标	中国	31.5	2005年7月29日
54	熔化炉	自制非标	中国	31.5	2005年7月29日
55	熔化炉	自制非标	中国	31.5	2005年7月29日
56	真空烧结炉	RVS-75G	中国	39.5	2000年2月1日
57	十一管还原炉	自制	中国	20.9	2001年4月9日
58	干燥机和油炉	SY-80	中国	22.5	2002年5月
59	窑炉	L吨B-340×2/23	中国	51.2	2005年12月
60	窑炉	L吨B-340×2/23	中国	51.2	2005年12月
61	5#窑炉(23M)	L吨B-340×2×24型	中国	61.0	2004年4月
62	4#窑炉(23M)	L吨B-340×2×24型	中国	61.0	2004年4月
63	煤气炉	CG2.0专业型	中国	43.3	2005年12月31日
64	电弧炉	HX-1.5B	中国	26.7	2002年12月31日
65	特种回转窑	自制非标	中国	37.8	2000年6月6日
66	1#回转窑	ϕ1.2×14	中国	47.6	1986年1月8日
67	2#回转窑	ϕ1.75×16.5	中国	63.6	1986年1月8日
68	3#回转窑	ϕ1.75×18	中国	260.0	1990年1月22日
69	4#回转窑	ϕ1.75×18	中国	77.4	1994年12月8日
70	8#回转窑	ϕ1.75×18	中国	284.0	2004年9月28日
71	回转窑	ϕ1.8×17	中国	299.9	1995年11月30日
72	9#回转窑	ϕ1.75×18	中国	284.0	2005年
73	回火窑	1#	中国	53.6	1994年3月15日
74	回火窑	2#	中国	229.1	1995年10月8日
75	回火窑	3#	中国	105.3	2003年6月6日
76	自动辊道双推板窑	S吨-5	中国	96.9	1997年12月2日
77	汽车永磁用-双推板永磁烧结窑	3#	中国	158.1	2004年
78	2#21M全自动双推板隧道电阻窑	吨ZL-111/21×0.09×0.022	中国	59.3	2002年6月
79	1#隧道电阻窑	吨ZL-111/21×0.09×0.022	中国	67.6	2001年10月
80	3#21M全自动双推板隧道电阻窑	L吨B-340×2/20	中国	75.8	2004年6月
81	胡麻胶中试生产线		中国	31.5	1999年12月

表11.3（续）

序号	设备仪器名称	规格型号	制造国别	原值/10万元	进院时间
82	10#窑生产线	φ1.75×18M	中国	188.8	1998年12月1日
83	磁粉线		中国	219.9	2001年8月31日
84	振磨生产线		中国	30.1	2001年8月31日
85	磁记录粉生产线		中国	80.5	2002年5月10日
86	橡Ⅱ磁粉生产线		中国	49.5	2002年8月20日
87	干压生产线	Y40	中国	99.3	2004年
88	汽车永磁电机-铁红湿混生产线		中国	79.9	2004年
89	固安磁粉生产线	2#	中国	1263.7	2005年
90	氧化钴生产线辅机	K2000L	中国	35.7	2004年6月
91	制粒机	S吨SH-40	中国	42.1	1998年
92	老合成混捏机	1400L	中国	66.3	1986年
93	新工艺混捏机	1400L	中国	72.0	1996年
94	混捏机	C45100-2型	中国	54.2	1994年
95	2#链蓖机	0.68×9M	中国	22.0	1986年1月8日
96	3#链蓖机	0.68×9M	中国	22.0	1989年1月8日
97	4#链篦机	0.68×9M	中国	22.0	1994年12月8日
98	气流磨	SLM-Ⅳ	中国	171.9	2002年12月1日
99	气流磨	QLM-Ⅱ	中国	26.3	2005年12月
100	双螺杆挤出机	S吨SH-40	中国	29.0	2001年12月10日
101	油压机	C45725	中国	22.9	2003年1月23日
102	油压机	C45725	中国	22.9	2003年1月23日
103	全自动压机	C45100	中国	96.8	2003年3月31日
104	9#全自动压机	C45100-2	中国	34.2	1996年1月1日
105	5#磁性材料湿式压机	C45100-2型	中国	34.2	1997年5月30日
106	6#磁性材料湿式压机	C45100-2型	中国	34.2	1997年5月30日
107	锥磨机		中国	25.8	1997年10月2日
108	烧结模具		中国	20.2	2002年3月31日
109	标准型自动切割机	吨N1-603	中国	35.9	1996年12月2日
110	橡塑磁切割机	NS-600	中国	92.8	2003年3月31日
111	全自动电烧结磁w	30M	中国	132.6	2003年3月31日
112	密炼机		中国	28.2	2003年12月1日

表11.3（续）

序号	设备仪器名称	规格型号	制造国别	原值/10万元	进院时间
113	干燥机	ϕ1.8 × 14M	中国	33.1	2001年12月28日
114	过滤干燥机	F1.5	中国	20.0	2000年11月11日
115	干燥机	SXG-6480AC-ME	中国	54.0	2004年5月
116	记录磁粉生产线干燥机	ϕ1.5 × 12.5M	中国	26.9	2004年
117	耙式干燥机	2000L	中国	64.2	1998年
118	老双锥干燥机	S吨-5	中国	87.3	1994年
119	新双锥干燥机	RVS-75G	中国	144.0	1996年
120	锤熔机	S吨9814SS	中国	24.6	2003年3月8日
121	锤熔机	S吨9814SS	中国	24.6	2003年3月9日
122	3#破碎机	AD-110	中国	21.3	2004年6月
123	惯性圆锥破碎机	KID-450	中国	24.6	1995年4月
124	惯性圆锥破碎机	YND05-100B	中国	65.7	2000年2月2日
125	惯性圆锥破碎机	YND05-100B	中国	65.7	2000年2月2日
126	惯性圆锥破碎机	ϕ300	中国	26.2	1999年4月4日
127	液压材料试验机	CW61631C	中国	21.6	日期不详
128	反应器	500L	中国	12.2	1993年4月
129	纯水器	XL型	中国	38.7	2002年5月
130	纯水器	NBJ-DP3000	中国	66.0	2004年5月
131	脱硫除尘器	吨L-I吨	中国	37.0	2004年9月27日
132	除尘设备	ϕ1m × 4.5m	中国	35.3	2005年
133	控制系统	KGHS-3000A/0-36V	中国	21.5	2005年4月
134	电解槽	DY-24	中国	31.5	2003年6月1日
135	溶液储槽	C45100-2	中国	101.6	2004年7月
136	P204萃取箱	ϕ200	中国	51.0	2004年7月
137	P507萃取箱	自制非标	中国	36.6	2004年7月
138	压滤机	XAZ/100/1250U	中国	25.6	2005年8月
139	萃取除油装置	自制非标	中国	23.3	2005年10月
140	气流分级机	YND05C-100B	中国	20.3	2005年7月29日
141	新工艺真空泵	W5-1	中国	24.0	1996年
142	冷冻机组	8AS-10	中国	34.9	1986年
143	空压机	LW-22/7	中国	21.7	2005年12月
144	消火模设备	砂处理冷却系统	中国	20.7	2005年2月16日

表11.3（续）

序号	设备仪器名称	规格型号	制造国别	原值/10万元	进院时间
145	消火模设备	发泡成型系列	中国	26.0	2005年12月31日
146	数控电火花切割机	DK7750	中国	27.7	1997年12月3日
147	对焊机	ZH-G56	中国	35.0	2004年2月1日
148	立车015－4	双柱CQ5240A4m	中国	44.7	1977年1月8日
149	车床	CW61125B/300	中国	24.5	2004年8月21日
150	单柱立式车床	CA5116EX10/5	中国	43.6	2004年8月31日
151	立式车床	双柱2.3m	俄罗斯	47.3	2004年9月30日
152	立式普通车床	YND05-100B	中国	44.6	1999年12月12日
153	镗床	吨6112ϕ125	中国	34.7	1986年1月1日
154	滚齿机	Y3180m8×800	中国	59.6	1989年1月1日
155	镗床	吨X6113A/1	中国	65.5	2001年12月31日
156	摇臂钻床	Z30100/31ϕ100	中国	31.5	2005年6月30日
157	人字铣床	5m×2m	中国	26.5	2005年12月31日
158	2#双端面磨床	M7675	中国	27.6	1995年8月16日
159	电梯	10吨	中国	22.7	1994年10月29日
160	北楼电梯	0.68×9M	中国	33.0	2000年8月
161	挖掘机	EC210型	韩国	87.9	2002年1月6日
162	挖掘机	EC240型	韩国	87.9	2002年1月6日
163	装载机	C45100-2型	中国	33.5	2001年
164	起重机	10吨	中国	24.9	1993年12月
165	双梁起重机	3.2吨	中国	21.1	1995年11月30日
166	双梁起重机	B1-400W	中国	23.0	1998年
167	双梁桥式天车	10吨	中国	21.0	1995年7月8日
168	吊车	20/5吨	中国	28.0	1993年1月1日
169	桥式吊车	H型10吨	中国	35.3	1986年1月2日
170	双梁吊车	H型/10吨	中国	35.3	1993年10月5日
171	双梁吊车	5吨	中国	27.9	1993年10月5日
172	二十吨龙门吊车	20/5吨	中国	28.8	2003年12月31日
173	低压配电柜	非标	中国	40.2	1995年11月30日
174	变电站	ZBW500(kVA)	中国	50.7	2004年7月22日
175	高压容器	ϕ400	中国	35.7	1980年8月1日
176	开闭站电器设备	10kV	中国	47.3	1989年8月1日

表11.3（续）

序号	设备仪器名称	规格型号	制造国别	原值/10万元	进院时间
177	配电柜及附属设施(配电室)	2000 kVA	中国	31.6	1997年12月1日
178	锅炉	4吨	中国	23.4	1995年10月
179	锅炉	4吨	中国	23.4	1995年10月
180	锅炉	6吨	中国	41.7	1997年
181	锅炉	D2L2.8-1/95/70-A2	中国	29.6	2004年8月17日
182	锅炉	DZL4-1.25-AⅡ拱型	中国	45.2	2004年6月
183	锅炉	SHS10-13	中国	35.9	1982年
184	锅炉	SHS10-13	中国	41.9	1987年
185	锅炉	DILA-1.25-A	中国	35.0	1996年
186	锅炉	SZL6-1.25-AⅡ	中国	82.2	2005年
187	锅炉	CDZW2.8-95/70-AⅡ4吨	中国	22.6	1999年12月1日

11.5 生活设施

11.5.1 北京地区住房

自1995年以来，我院北京地区新建职工住宅5幢，购买住宅楼4处，新增建筑面积87389 m²，如表11.4所示。

表11.4 我院北京地区新增职工住宅

序号	名称	建筑面积/m²	时间
1	二部6号楼	5529	1997年
2	白堆子6号楼	32097	2004年
3	四部沙阳花园1号楼	12852	2003年
4	四部沙阳花园2号楼		
5	白堆子3号楼接建楼门	1255	2005年
6	首科花园C区2号楼	20635	2003年
7	首科花园C区7号楼	2860	2007年
8	首科花园C区8号楼	8481	2006年
9	首科花园D区4号楼	3680	2008年

注：首科花园C区7号楼、D区4号楼两栋楼已竣工。

1998年、2000年进行了成本价售房，2003年进行了住房分配货币化改革。

11.5.2 北京地区生活设施

随着后勤改革的不断深入，我院有计划、有步骤地对后勤资源进行了有序盘整，对不具备社会化条件的生活设施继续发展，对已具备充分社会化条件的生活设施退出后勤领域。如表11.5所示。

表11.5 北京地区生活设施

序号	名称	建筑面积/m²	备注
1	院部食堂	1198	
2	院部浴室	238	
3	二部食堂	2029	
4	二部职工之家		
5	二部浴室	339	
6	三部食堂	200	
7	三部浴室	300	
8	四部食堂	983	
9	四部浴室	200	
10	院部幼儿园	—	1993年9月停办
11	二部幼儿园	443	1996年9月停办
12	院部医务室	—	2002年6月撤销
13	二部医务室	—	2002年6月撤销
14	专家楼	750	
15	甘家口招待所	570	67个床位
16	白堆子招待所	450	44个床位

注：河北固安、永清，北京通州生产基地建设项目已在其他章节中描述，本表未列入。

12　人力资源管理

12.1　制定了系列文件

在我任院长期间，人事处的领导先后有肖九如、王玉田（后任院党委副书记、书记）、张晓春（后任院党委副书记、纪委书记）、倪嘉墨、周洲（现任矿冶科技集团总经理）和乔宗科。此外，副处级的干部还有人才流动办公室主任饶伯芝、离退休办公室主任崔爱华。作为院长，我主管人事管理方面的工作，人事处的领导和全处人员的努力，为院长的决策提供了依据。此期间，院里出台了一系列关于人事、劳资的文件，现将主要文件列表如下：

表12.1　1988—2006年人事管理的相关文件

序号	文号	文件名称	档案编号/发文时间
1	〔88〕矿冶人字第9号	北京矿冶研究总院工资浮动实施办法	99-干-46-1
2	〔90〕矿冶人字第100号	北京矿冶研究总院第三级浮动工资实施办法	99-干-40-5
3	〔91〕矿冶人字第33号	专业技术人员考核办法	89-干-5-18
4	〔91〕矿冶人字第62号	职工体系暂行规定	99-干-39-4
5		关于92年开展从工人中聘任专业技术人员工作的实施意见	93-干-6-19（1992年6月25日）
6	矿冶人字〔93〕63号	关于实行岗位浮动工资的规定及说明	99-干-31-3
7	矿冶人字〔93〕第115号	关于在北京矿冶研究总院实施技术经济承包和工资总额包干的请示报告	99-干-31-5
8	矿冶人字〔94〕第20-24号	我院人事劳动工资三项制度改革文件汇编	99-干-33-2

表12.1（续）

序号	文号	文件名称	档案编号/发文时间
9	矿冶人字〔98〕61号	北京矿冶研究总院关于建立工人技师聘任制度的实施细则	89-干-4（93-干-4-8）
10	〔98〕矿冶人字第16号	1997年调整工资标准及职工晋升工资、离退休人员增加离退休费实施细则	99-干-10-1
11	〔99〕矿冶人字43号	北京矿冶研究总院人才交流的补充规定	99-干-06-8
12	院-20012-41	关于规范工资发放办法的通知	2001年5月28日
13	院-20012-81	北京矿冶研究总院参加北京市基本养老保险的实施办法	2001年9月30日
14	院-20012-97	关于增加我院离退休人员离退休费的暂行办法	2001年12月12日
15	院-20012-103	北京矿冶研究总院工资分配制度改革方案	2001年12月24日
16	院-20012-148	北京矿冶研究总院支持在读研究生科研工作的院科研基金管理办法	2001年9月18日
17	院-20022-24	职能部门返聘人员管理办法	2002年3月7日
18	院-20022-46	北京矿冶研究总院加入北京市基本医疗保险实施办法	2002年5月14日
19	院-20022-57	北京矿冶研究总院补充医疗保险暂行办法	2002年6月26日
20	院-20022-77	关于印发《北京矿冶研究总院目标考核办法》的通知	2002年9月18日
21	院-20022-79	关于印发《北京矿冶研究总院职能部门考核办法》的通知	2002年9月25日
22	院-20022-81	关于印发《北京矿冶研究总院在职人员攻读博士、硕士学位管理办法》的通知	2002年9月25日
23	院-20022-82	关于印发《北京矿冶研究总院增加离退休人员生活补贴实施办法》的通知	2002年9月25日
24	院-20022-88	关于印发“北京矿冶研究总院科研、设计、产业类单位负责人工资实施办法”的通知	2002年10月8日
25	院-20022-98	关于颁发《北京矿冶研究总院专业技术职务任职资格评审办法》的通知	2002年12月5日
26	院-20032-43	关于院级在职领导人员上交兼职收入的奖惩办法	2003年6月9日
27	院-20042-05	北京矿冶研究总院增加离退休人员生活补贴实施办法	2004年1月13日
28	院-20042-57	关于印发《北京矿冶研究总院研究生培养基金管理办法》的通知	2004年7月30日
29	院-20042-90	关于印发《2004年增加离退休人员生活补贴的实施办法》的通知	2004年11月25日

表12.1（续）

序号	文号	文件名称	档案编号/发文时间
30	院-20042-91	关于印发《2004年职工工资调整办法》的通知	2004年11月25日
31	院-20042-92	关于印发《调整职能和服务岗位绩效工资的实施办法》的通知	2004年11月25日
32	院-20052-49	关于印发《北京矿冶研究总院加入北京市企业职工生育保险的实施办法》的通知	2005年7月11日
33	院-20062-20	关于调整退休人员院内补充医疗保险有关办法的通知	2006年3月2日
34	院-20062-117	关于印发《北京矿冶研究总院职工年休假及奖励假暂行办法》的通知	2006年12月22日

图12.1 北京矿冶研究总院第一批技师71人发证仪式

其中人事、劳动和工资制度改革是最重要的一项工作，对此项工作贡献最大的是王玉田（处长、党委副书记）。相应的文件汇编如下：

北京矿冶研究总院
人事、劳动、工资三项制度改革总体方案

〔94〕矿冶人字第20号

我院从一九八四年开始进行科技体制改革，对外实行有偿合同，对内实行定比承包。一九八八年开始实行院长任期目标责任制，对有色总公司签订了以“四保一挂”（保经济效益、科研水平和成果、科研后劲和事业发展、精神文明建设，将完成“四保”指标情况与全院工资总额挂

钩）为内容的院长任期目标承包合同书，内部二级单位由定比承包改为定额承包。一九九一年开始实行新一轮承包。改革开放以来，国家事业费逐步减拨，于一九九〇年减拨到位。

通过科技体制改革，大大发挥了广大职工的积极性，提高了科研工作效率，取得了不少成果，为国家和企业创造了较高的经济效益，同时本院的自我发展能力有较大提高，职工的经济收入也有较大增加，生活有所改善。改革的成效是显著的。

抓住机遇，深化改革，扩大开放，促进发展，保持稳定，是全党和全国工作的大局，我院的各项工作都要服从这个大局。目前我院的运行机制还不适应改革开放和建立社会主义市场经济体制的需要，制约着科技事业的发展和科技人员积极性的发挥，而人事、劳动、工资制度的改革则是转变运行机制的关键，故进一步改革这三项制度已势在必行。

经院长办公会和党委会反复研究，为认真贯彻党的十四大精神，加速改革，按照有色总公司关于三项制度综合配套改革总体方案的要求，决定在我院进行人事、劳动、工资三项制度的深化改革。总体方案如下：

一、指导思想

1. 加速人事、劳动、工资三项制度的配套改革，加大改革力度，以适应深化科技体制改革的需要，适应社会主义市场经济体制的新形势。

2. 贯彻以按劳分配为主体、多种分配方式并存的制度，体现效率优先、兼顾公平的原则。个人劳动报酬要引入竞争机制，打破平均主义，实行多劳多得、少劳少得、不劳不得，合理拉开差距，以调动广大职工的积极性，促进我院出成果、出效益、出人才。

3. 实行动态管理，个人的行政职务、专业技术职务、工资、奖励等各种个人待遇都不是终身的，要随着个人的岗位、水平、工作态度和贡献的变化而变化。

4. 人事管理科学化、制度化、规范化，个人应尽职责和应享受的待遇均制定相应的规章制度或以合同方式体现。

5. 赋予基层领导一定的人事使用权和利益的分配权，同时保障个人的合法权益。

6. 坚持物质文明和精神文明两手抓，两手都要硬的原则，维护社会安定，维护职业道德，维护党纪国法，弘扬矿冶精神，提倡敬业。

二、采取几项改革措施

1. 实行定员管理。对全院总员、干部职数、非承包部门人数，以及一线非生产人员实行严格的定员控制，精简非承包、非生产人员，提高全员生产率。

2. 实行全员考核双向择优选用。干部分为正任、试任、低任、免职（正式任命、试用性任命、降低职务任命、免去现任职务，下同）等四档，职工实行聘任制，分为正聘、试聘、低聘、待聘（正式聘任、试用性聘任、降低职务聘任、解聘或不聘后等待聘任，下同）等四档；被任干部签订阶段任务合同书，被聘职工签订聘任协议书，并按档享受不同待遇。改变过去那种专业技术职务、技师评聘一致的做法，改变过去那种职务、职业终身制的做法，使职工树立竞争意识，增强责任感和紧迫感。

3. 建立健全人才交流制度，院成立人才交流中心。各单位需要交流的人员和上交的待聘人员与原单位脱钩，全院集中管理并协调安置，用以推动全院人才合理流动，改变以往那种人才流动难的状况。

4. 工资制度改革，根据国家对事业单位工资制度改革的规定，结合我院实际情况制定我院的实施方案。工资制度改革后，个人工资分为职务等级工资、职务津贴两个部分，充分发挥两部分的不同职能，分别与每个干部、职工所任职务、聘任档次以及工作效率挂钩，体现效率优先、兼顾公平的原则。

三、实施步骤

1. 四月一日前，院考察处、科两级领导干部，并确定任用档次；

2. 四月十日前，由各处级单位考核确定职工聘任档次，确定职务津贴档次；

3. 四月二十日前，进行工资套改，实施工资改革方案；

4. 九四年五月开始全面进入正常运行。

四、人事、劳动、工资三项制度配套改革是一项政策性很强的工作，涉及我院今后的发展和职工的切身利益，必须予以高度重视。既要解放思想大胆改革，又要实事求是，要积极慎重创造条件逐步到位。

五、三项制度改革中的问题由人事处负责解释。如有与上级规定相悖则按上级规定执行。

关于定员管理的原则意见

〔94〕矿冶人字第21号

为了进一步深化科技体制改革，提高全员劳动生产率，现决定进一步压缩非承包部门的机构和人员，对各职能管理、科研辅助、生活后勤，以及科研、设计、生产单位的非生产人员，都要进行严格的定员管理，削减非生产人员。具体规定如下：

一、一九九七年底以前，全院在册人数控制在一千六百人以下。

二、情报资料室、编译室、行政处、二部后勤处、二部综合处、供销处等六个单位在一九九七年底以前，人员减而不增，即离退休、调离等减员后，在不减任务的前提下，不再增补人员。此期间如实行了经济承包，变为经济实体面向社会，并建立了自我约束机制，定员管理放开。

三、其他职能部门，在未严格定编定员之前不增加人员。

四、处级、科级干部职数

处级干部职数根据工作需要由院确定；科级干部职数由处级单位提出意见，由院决定。

五、文秘（含统计员、核算员等，下同）职数：

磁性材料研究所七至九人；

设备研究所三至四人；

八十人及以上经济承包单位可以设两名专职文秘；

三十人及以上经济承包单位可以设一名专职文秘；

二十九人以下经济承包单位可以设一名兼职文秘；

各承包单位要在编制内设定专（兼）职文秘，并在人事处备案。

非承包单位不设专职文秘。

六、经济承包单位的非生产人员限额

非生产人员包括科处级干部、一般管理人员、专职文秘（兼职者计0.5人）、辅助人员等，即非直接从事科研、设计、生产销售、维修的所有人员，其限额如下：

磁性材料研究所20%；

设备研究所12%；

八十人以上单位7%；

五十人及以上单位8%；

三十人及以上单位9%；

七、关于到达离退休年龄职工延返聘的规定

1. 执行国家的离退休制度。

2. 对少数人实行延聘或返聘，但必须同时具备如下两个条件：

（1）工作需要，即承担着重要任务，暂时无人接替，离休、退休会给工作造成较大损失。

（2）本人身体健康，能坚持正常工作并胜任延聘、返聘岗位工作要求。

3. 按规定审批。延聘及非承包单位的返聘，由单位提出意见，院长审批，延聘报总公司审批；承包单位返聘由本单位自定。

八、说明：院将在本年度内进一步制定定编定员管理细则。

关于实行全员考核择优选用的规定

〔94〕矿冶人字第22号

为了实施人事、劳动、工资三项制度配套改革，引入竞争、激励机制，使工作人员的报酬与其实际贡献紧密结合起来，克服平均主义，从而激发和调动全院职工的积极性，促进全院各项工作的发展。现决定实行全员考核双向择优选用的制度。具体规定如下：

一、处级、科级干部的考核与选用

1. 任命考核

（1）提名：各处级单位（含行政、党群部门）的正职（含代理，下同）由院领导提名或由人事处、组织部推荐，副职由正职提名，科长、副科长由所在处级单位正职提名。

（2）考核内容：德、能、勤、绩。

（3）考核办法：由人事处、组织部组成考察小组，向拟选任干部的单位普遍摸底，全面了解情况，对重点人选进行历史的全面的考察，广泛听取群众意见，对人数少的单位听取意见范围不少于三分之二，中等单位不少于三分之一，百人以上单位不少于五分之一，必要时还要进行民意测验。

（4）任命：由考察小组向党政主要领导作全面汇报，行政干部由院长办公会议讨论决定，院长任命；党群干部由党委会议决定或选举产生。

（5）签约：被任用的处级干部分别与院长和党委签订阶段任务书，

科级干部与所在处级单位领导签订阶段任务书。

2. 现职处、科级干部考核

（1）由人事处、组织部对干部进行日常的不定期考核以及结合年度总结和承包期总结进行定期考核，并在一定范围内，多层次的民意测评（民意测评表附后）；

（2）通过考核对干部的德、能、勤、绩做出综合评价，并向院长办公会提出正任、试任、低任、免职等四个档次的任用建议；

（3）根据院长办公会议的研究结果由院长决定行政干部的任用档次，党委会决定党群干部的任用档次，所任用的干部享受相应的待遇。

正任：对德、能、勤、绩各方面表现好或较好的，胜任或基本胜任本职务的，继续正式任用。

试任：对两年内不能完成本职务工作或上级领导交办的任务，本人能接受批评指导愿意做进一步努力者，可以予以试用；对犯有一定错误，有一定改过表现者，可以予以试用，试用期满仍无转变者予以低任或免职。

低任：对虽不胜任现任职务但还可以胜任低一级职务者或因工作需要，可以按较低职务正任（不属于处分）；对犯有严重错误者，可以给予降职处分，在任用档次上按低任对待。

免职：对德、能、勤、绩不具备干部条件者或因机构撤销、工作调动或本人不再适宜担任现职领导等原因予以免职（不属于处分）。

干部的正任、试任、低任、免职，根据实际情况随时进行，并相应变更待遇。

二、职工的考核与聘任

1. 各系列专业技术职务、技师均采取评聘分开，各单位对全体工作人员根据岗位需要，双向选择，择优聘任的原则，在评审通过的范围内聘任。聘任分为正聘、试聘、低聘、待聘四档，正聘、试聘、低聘者需签订聘任协议书，并享受相应的待遇；待聘者不签，待聘者只保留相应资格，不与待遇挂钩，可以交人才交流中心集中管理，也可以留在原单位按院规定管理。

2. 聘任协议书均应包括聘任职务、聘任档次、聘任的具体岗位、任务内容及指标、精神文明、职业道德、聘期等内容（各类人员协议书附后）。合同期正聘为一至四年，试聘为半年至两年。

3. 聘任层次：处级干部聘任班组长或指导科级干部聘任下属班组长，班组长在二级单位领导指导下聘任下属工作人员。专业技术职务的聘任必须在已获任职资格的人员中进行。处级单位所属的各类专业技术人员由所在处级单位的领导与被聘人员签订聘任合同，由院长签发聘书；处级领导干部的专业技术职务由院长聘任。

4. 有下列情况之一者，可以试聘：

（1）有岗位、有任务，但工作态度不好，与他人合作困难，通过帮助教育本人表示愿意改正者；

（2）对所承担的任务完成得不好，但本人愿意努力去干者；

（3）水平较低不胜任聘任岗位，改换到新的聘任岗位者；

（4）主聘人或被聘人认为完成任务没有把握者；

（5）因身体等原因，需进一步考核考察者；

（6）犯严重错误需进一步察看者，或处分决定予以试聘者。

5. 虽不适合按原职务聘任，但是可以按降低职务聘任者，以低聘，低聘者享受低聘职务的正聘待遇。

6. 有下列情况之一者，可以不聘或解聘（均为待聘）

（1）没有岗位或没有任务者；

（2）连续两年不能按要求完成任务者；

（3）工作态度不好，或与他人合作困难，经教育无效者；

（4）没被需要的岗位聘任，自己又不能找到任务，找到任务却不能自保个人全部支出者；

（5）严重违反职业道德，侵害国家或集体利益者；

（6）试聘不合格者；

（7）违犯党纪国法、院规或犯其他错误，处分决定不聘或解聘者；

（8）个人业务水平、政治思想素质不适合继续在原岗位工作者；

（9）本人拒聘者；

（10）经院批准调离、自费出国者。

7. 考核及结果处理

（1）按聘任关系自上而下以合同为依据考核；

（2）考核分为合同期末考核和合同期内考核，合同期末考核分为合格、基本合格和不合格三类，依此确定下一轮聘任档次，合同期内考核不合格或犯严重错误，可以中途解聘、低聘或由正聘改为试聘。

干部测评表

请用“√”注明您是测评对象的　上级　同级　下级

测评要素		品德（30分）	勤绩（40分）	能力（30分）	任职状况			
序号	测评要素内容 / 被测评者姓名	① 马列主义理论与政策水平 ② 原则性 ③ 廉洁性 ④ 民主作风 ⑤ 群众观念	① 工作实绩 ② 实干精神 ③ 对待本职业的事业心与责任心 ④ 团结协作精神 ⑤ 工作效率	① 开拓创新能力 ② 本职业务能力 ③ 科学管理能力 ④ 调查研究能力 ⑤ 综合分析能力 ⑥ 指挥决策能力 ⑦ 组织管理与知人用人能力	优秀	胜任	基本胜任	不胜任
1								
2								
3								
4								
5								
6								

注：对任职状况用“√”填上您的评定结果。

北京矿冶研究总院
干部正任（试任）阶段任务书

矿冶任（　）字第（　）号

兹任命________同志为________。本阶段任务起止日期为________。经双方商议，签订任务如下：

任职人保证做到下列各项规定：

（1）认真履行与院方签订的各种承包责任制协议。

（2）努力完成院领导布置的各项工作任务。

（3）做好本部门职工的技术储备、人才培训与职工教育工作，不断提高本部门人员业务素质。

（4）切实抓好全局质量管理工作，加强计划管理、认真执行工作进度指标，严格检查任务指标完成状况。

（5）认真开展本部门马克思主义基本理论和党的基本路线的教育。围绕建设《四有》职工队伍，多层次、多形式地开展思想政治工作，提高本部门职工政治思想素质。

（6）其他：

任职人签字：
院长签字：
年　　月　　日

北京矿冶研究总院
专业技术人员技术职务正聘（试聘）协议书

矿冶聘（　）字第（　）号

聘任______同志为技术职务，任职岗位为______，聘起日期为______。

双方签订协议如下：

一、受聘人职责

1. 遵守《北京矿冶研究总院专业技术人员守则》。

2. 履行《北京矿冶研究总院专业技术人员岗位职责》中岗位技术职务规定的职责。

3. 其他：

二、聘任单位职责

1. 提供执行任务的必要条件。

2. 受聘人工资待遇与受聘职务挂钩，享受相应的职务工资，聘期内工资晋升按国家有关规定处理。有关福利待遇按本院规定执行。

3. 提供受聘人一定的业务培训时间（含国内外考察）。

4. 对受聘人的工作、学习、表现进行考核。

三、其他未尽事宜按有关规定执行或另行商定。

受聘人签字：
聘任单位负责人签字：
年　　月　　日

北京矿冶研究总院
行政干部正聘（试聘）协议书

矿冶聘（　）字第（　）号

聘任_______同志为_______岗位工作人员，聘任起止日期为_______。双方签订协议如下：

一、受聘人职责

1. 遵守《北京矿冶研究总院职工守则》。

2. 掌握本岗位必备的理论知识和工作技能，并使之不断提高。

3. 遵守该岗位的工作纪律和职业道德。

4. 聘期内职责：

二、聘任单位职责

1. 提供执行任务的必要条件。

2. 受聘人工资待遇与受聘职务挂钩，享受相应的职务工资，聘期内工资晋升按国家有关规定办理。有关福利待遇按本院规定执行。

3. 提供受聘人一定的业务培训时间（含国内外考察）。

4. 对受聘人的工作、学习、表现进行考核。

三、其他未尽事宜按有关规定执行或另行商定。

受聘人签字：

聘任单位负责人签字：

年　　月　　日

北京矿冶研究总院
工人技师正聘（试聘）协议书

矿冶聘（　）字第（　）号

聘任______同志为技师，聘任岗位为______，聘任起止日期为______。双方签订协议如下：

一、受聘人职责

1. 遵守《北京矿冶研究总院职工守则》。

2. 掌握技师的专业基础知识和操作技能，并使之不断提高。

3. 遵守该岗位工作纪律和职业道德。

4. 聘期职责:

二、聘任单位职责

1. 提供执行任务的必要条件。

2. 受聘人工资待遇与受聘职务挂钩，享受相应的职务工资，聘期内工资晋升按国家有关规定办理。有关福利待遇按本院规定执行。

3. 提供受聘人一定的业务培训时间（含国内外考察）。

4. 对受聘人的工作、学习、表现进行考核。

三、其他未尽事宜按有关规定执行或另行商定。

受聘人签字:

聘任单位负责人签字:

年　　月　　日

北京矿冶研究总院
工人岗位正聘（试聘）协议书

矿冶聘（　）字第（　）号

聘任________同志为________岗位，聘任起止日期为________。

双方签订协议如下:

一、受聘人职责

1. 遵守《北京矿冶研究总院职工守则》。

2. 具备该岗位技工应具备的专业知识和操作技能，并不断提高。

3. 遵守该岗位的工作纪律和职业道德。

4. 聘期职责:

二、聘任单位职责

1. 提供执行任务的必要条件。

2. 受聘人工资待遇与受聘岗位挂钩，享受相应的职务工资，聘期内工资晋升按国家有关规定办理。有关福利待遇按本院规定执行。

3. 提供受聘人一定的业务培训时间（含国内外考察）。

4. 对受聘人的工作、学习、表现进行考核。

三、其他未尽事宜按有关规定执行或另行商定。

受聘人签字：

聘任单位负责人签字：

年　月　日

关于人才交流的规定

〔94〕矿冶人字第23号

为了保障各单位用人自主权，保护职工的合法权益，促进人才合理流动，现决定建立健全我院人才流动制度，成立人才交流中心，对院内流动的人员实行集中管理，推动人才合理流动，具体规定如下：

一、下列人员可以转入人才交流中心

1. 各二级单位未被聘任者（有关聘任的规定见《关于实行全员考核择优选用的规定》）；

2. 本人主动要求解除原聘任岗位，参加院内外流动，经单位领导同意者；

3. 经院批准自费留学、调离等，在办理手续等待离院者。

各单位对有下列情况之一者不得作为流动的对象，可以由单位适当调整工作。

1. 妇女在孕期、产期和哺乳期内者（特殊情况经领导批准可以休长假，有关规定另行制定）；

2. 享受休假待遇人员在休假期内者；

3. 因公致残丧失劳动能力者；

4. 患绝症、精神病及本专业职业病者；

5. 符合国家规定其他条件者。

有下列情况之一者，本人不得提出辞聘、辞职和调离：

1. 重点科研项目的主要负责人和业务骨干，其辞聘、辞职、调离会对工作造成损失者；

2. 从事特殊专业、特殊工种者；

3. 从事机密工作，掌握尖端技术机密者；

4. 经司法或行政机关决定或批准，正在接受审查，尚未结案者；

5. 法律、法规、规章、合同、协议规定的其他情况。

二、各单位流动人员要经过如下审批程序方可转到人才交流中心

1. 单位行政领导征求同级党组织意见并提出书面报告，说明流动的理由；

2. 人事处核查后，向院长提出建议；

3. 院长审批。

三、人才交流中心管理办法

1. 流动人员一经批准就与原单位脱钩，从批准的下月起工资关系转到人才交流中心，并由原单位按每人每月三百元标准向院交管理费，到离开交流中心为止。

2. 由专职干部负责人才交流中心工作，隶属人事处领导。该中心对流动人员集中管理，其主要管理内容是：

（1）对流动人员考勤，并依据考勤和有关规定计发工资；

（2）组织流动人员学习业务及有关内容；

（3）协调流动人员按第四条规定的方向流动；

（4）组织临时劳务活动，相关的工资、奖金、管理费等一切费用均由用人单位支付。

四、流动人员的流动去向

1. 鼓励流动人员经与原单位协商双向选择，回原单位受聘或试聘，试聘可以不转工资关系，但所发生的一切费用均由试聘单位支付；

2. 经与其他用人单位协商，双向选择到院内新单位受聘或试聘；（试聘有关事宜同上）

3. 单独或集体承担、承包院内外临时劳务，通过协商以合同方式确定劳务关系和内部利益分配办法；

4. 满六个月者参照有色总公司规定，经审核批准办理提前离退休手续（男55岁，女干部50岁，女工人45岁）；

5. 根据有关规定批准辞职；

6. 调离本院；

7. 根据国家人事部人调发〔1992〕18号文的规定予以辞退；

8. 根据有关规定予以除名；

9. 流动人员自己组织起来办产业，经过论证和审批进行承包与人才交流中心脱钩，必要时院给予适当扶持和优惠。

五、流动人员的待遇及纪律

1. 自院长批准之日起，流动人员原有岗位的聘任予以解除，原有专业技术职务予以解聘，只保留其专业技术职务的任职资格。不能参加晋级和专业技术职务资格评审，不享受改善住房等大福利，停发保留性福利性津贴、保健费、餐补以外的一切福利。一年内累计流动超过6个月者，当年不计分房分数。

2. 单位上交的流动人员从批准之日的下月起，只发职务等级工资（按流动前职级工资计发，下同）和保留福利性津贴及保健费、餐补（按非承包单位的标准和院有关规定计发，下同）；从第四个月起发百分之七十职务等级工资和保留福利性津贴及保健费、餐补；从第七个月起发120元生活费及保健费、餐补。

3. 本人申请流动或拒聘的人员，从批准之日的下月起，只发职务等级工资和保健费、餐补；从第四个月起发百分之七十职务等级工资和保健费、餐补；从第七个月起发80元生活费和保健费、餐补；从第十三个月起停发一切，保留公职，满两年后仍无岗位者，按自动离职办理。

4. 流动人员不服从人事部门工作安排或私自对外进行有收入活动者，则立即停发全部工资及上述一切有关福利待遇，累计满一年者按自动离职办理。

5. 流动人员提前离退休者，离退休费以流动前工资状况为基数，按国家规定计发。

6. 流动人员承担临时工作连续满一个月后，发给百分之百职务等级工资，并参照相应岗位试聘人员的标准发给职务津贴、保留福利性津贴、保健费、餐补，恢复有关生活福利；满三个月后计发奖金；满六个月后计发岗位浮动工资。连续工作不满一年再次流动者，前后流动时间合并计算。

7. 流动人员被正聘或试聘，则恢复相应人员的待遇。

8. 流动人员受处分、辞退、除名等，其待遇按有关规定或决定执行；离退休后的部分事务工作由原单位协助离退休办公室办理。

9. 流动人员的政治待遇与其他职工相同。

10. 流动人员实行坐班制，离院须向中心领导请假，获准后方可离开，否则按旷工论处。

11. 流动人员利用上班时间或以单位名义对外从事一般经济、技术活动或承担、承包其他任务，需经中心领导批准并签订劳务合同。从事科研等专业性活动必须有挂靠单位，挂靠单位为其专业活动负责并负责各种费用支出，否则按违纪论处，出现不良后果要追究责任。

12. 流动人员必须遵守国家政策法令，遵守院各项规章制度，遵守精神文明和职业道德，不得无理取闹、纠缠领导、扰乱工作秩序和有报复行为，违者予以纪律处分。

六、现有流动人员由原单位按本规定进行复议，确定是否上交；若仍不能回原单位工作，则流动时间累计计算。其他事项按本规定办理。

七、建立健全人才交流制度，促进人才合理流动，是一项积极而严肃的工作。各单位领导和职工应积极支持，严格执行本规定。

北京矿冶研究总院工资改革实施方案

〔94〕矿冶人字第24号

根据党的十四大关于事业单位要逐步建立符合自身特点的工资制度的要求，国务院已发布了《事业单位工作人员工资制度改革方案》(简称《方案》)，国务院办公厅具体制定了《事业单位工作人员工资制度改革方案实施办法》(简称《办法》)。为了进一步调动全院职工的劳动积极性，促进各项工作的发展，现结合我院实际情况，特制定院内的实施意见。

一、这次事业单位工资制度改革方案的实施范围，限于一九九三年九月三十日在册的正式职工。从一九九三年十月一日起实施。一九九三年九月三十日前的离退休人员按国家文件规定相应增加离退休费，待上级机关做出进一步规定后实施。

二、工资改革后我院职工的工资构成分为两部分：

1. 职务等级工资。是工资构成中的固定部分和体现按劳分配的主要内容，《方案》和《办法》对各类人员的工资标准、套改及正常升降办法均做了规定。（见附件一“职务等级工资实施细则”）

2. 津贴。共包括两种津贴：

（1）职务津贴。即与职务等级工资额度对应的工资，是工资构成中活的部分，与职工工作数量和质量挂钩，多劳多得、少劳少得、不劳不得。国家对津贴按工资总额的百分之四十进行总额控制，并制定了指导性意见，我院按照国家的指导性意见，根据本院的实际情况，在规定的总额内，享有分配自主权。（见附件二“职务津贴实施细则”）

（2）保留福利性津贴。将现行国家和地方规定发放的物价、福利性补贴及自行设立的津贴中的六十四元纳入工资，剩余部分暂时继续保留，全院统一标准和发放办法，随工资一起发放。

三、工资改革后我院的奖励制度

1. 制定承包方案，在全院继续实行承包奖励办法。

2. 对有突出贡献的专家、学者和技术人员，继续实行政府特殊津贴，具体办法按国家现行的有关规定执行。

3. 其他特别的专项奖励由院里另定。

四、工资改革后的正常增资办法

1. 正常升级

在严格考核的基础上实行正常升级制度，考核结果分为优秀、合格、不合格三种。凡连续两年考核为合格以上的人员，一般可晋升为一个工资档次。考核不合格的，不晋升工资，对个别考核优秀并做出突出贡献的专业技术人员，经院长批准，可提前晋升或越级晋升，比例一般控制在全院总人数的3%以内。考核升级增加的工资，一般从下一年度的一月起发给。凡未按国家规定组织考核的，一律不得升级。

2. 晋升职务（技术等级）增加工资

专业技术人员和管理人员在职务晋升时，按晋升的专业技术职务或行政职务相应增加工资。原职务工资高于新任职务工资标准最低档的，进入新任职务工资标准最低档；原职务工资已在新任职务工资标准以内的，就近就高进入新任职务工资档次。

技术工人凡按国家有关规定，进行技术等级或技术职务考核并晋升技术等级或技术职务的，可按晋升后的技术等级或技术职务相应增加工资。其中，原技术等级或技术职务工资低于新技术等级或技术职务工资标准最低档的，进入新技术等级或技术职务工资标准最低档；原技术等级或技术职务工资已在新技术等级或技术职务工资标准以内的，就近就高进入新技术等级或技术职务的工资档次。

职工晋升职务（技术等级）提高工资时，其增资额超过新任职务（技术等级）工资标准半个档差以上的，正常升级的考核年限从职务（技术等级）变动的当年起重新计算；不足半个档差（含半个档差）的，考核年限可与职务（技术等级）变动前的考核年限累加计算。

3. 定期调整工资标准

国家根据经济发展情况、企业相当人员工资水平状况和城镇居民生活费用的增长幅度，参照机关工作人员工资标准的调整幅度，适当调整事业单位工作人员的工资标准，自一九九三年十月一日起，每满两年调整一次。工资标准调整后，津贴水平相应提高。工资标准的调整，由国家统一部署。届时我院将根据国家的统一部署调整职工工资标准。

五、这次工资制度改革后离退休的人员，其离退休费的计算办法，在事业单位新的养老保险制度建立前暂作如下规定：

1. 离休人员的离休费，按本人职务等级工资与职务津贴之和全额计发。退休人员的退休费，按本人职务（技术等级）工资与职务津贴之和的一定比例计发。其中，退休时工作满三十五年的，退休费按90%计发；工作满三十年不满三十五年的，按85%计发；工作满二十年不满三十年的，按80%计发。

同时继续执行有色总公司〔88〕中色人字第0612号文中关于酌情提高部分职工的退休费标准的规定，即：

国家统一颁发的各种奖（如自然科学奖、发明奖等）的一、二等奖的获得者；国家统一颁发的一、二等集体奖的主要研究设计、发明者；全国劳动模范、劳动英雄、先进工作者等，且在退休时仍保持其荣誉的职工，可提高退休费比例15%。

国家统一颁发的各种奖的三、四等奖的获得者；国家统一颁发的三、四等集体奖的主要研究设计、发明者；省、部级颁发的一、二等奖的获得者和省、部级颁发的一、二等集体奖的主要研究设计、发明者；省、部级授予的劳动模范、劳动英雄、先进工作者等，且在退休时仍保持其荣誉的职工，可提高退休费比例10%。

一贯积极努力、勤勤恳恳在有色行业或从事本专业、本职工作三十年以上，工作取得明显成绩的职工，可提高退休费比例5%。

以上提高的比例就高执行，不得重复。

按以上各项退休工资标准、办法计发后，其实得退休费不得超过本人退休前工资的100%。

离退休费的计发基数为本人离退休当月的职务（技术等级）工资和工资构成比例所规定的津贴两项之和（退休费按规定相应打折扣）。

工作人员原享受的政府特殊津贴、教龄津贴和护龄津贴，在离退休时均按100%发给。

2. 建国前参加工作并按原劳动人事部《关于建国前参加工作的老工人退休待遇的通知》（劳人险〔1983〕3号）规定享受本人原工资100%退休费的退休工人，退休费按本人技术等级工资（等级工资）和津贴的全额计发。

3. 在职人员调整工资标准时，离退休人员相应增加离退休费。

六、职务等级工资正常发放的有关说明：

1. 继续执行我院九二年六月公布的〔92〕矿冶人字60号文《关于印发〈职工劳动纪律的规定〉的通知》中关于旷工、缺勤等扣发工资的规定。

2. 流动人员扣发工资按流动人员的待遇及纪律中的规定执行。

3. 低聘人员的工资按低聘的职务工资标准重新核定，核定后的工资额比核定前要低一至三个档次，津贴按规定相应降低。

4. 各种违法、违纪、违章按处理决定扣发。

附件一

职务等级工资实施细则

职务等级工资是新工资制度中工资构成的固定部分和体现按劳分配的主要内容，《方案》和《办法》对各类人员的工资标准、套改办法作了规定，现结合我院的实际情况，制定实施细则如下：

一、专业技术人员和职员

1. 各系列专业技术职务和职员职务等级工资标准见表一至表九；

表一　高教、科研人员专业技术职务等级工资标准表

职务等级	职务工资标准									
	一	二	三	四	五	六	七	八	九	十
教授 研究员	390	430	470	520	570	620	670			
副教授 副研究员	275	305	335	365	395	435	475	515	535	
讲师 助理研究员	205	225	245	265	285	315	345	375	405	435
助教 研究实习员	165	179	193	213	233	253				

注：差额拨款单位，津贴部分按在工资构成中占40%计算。

表二　工程技术人员专业技术职务等级工资标准表

职务等级	职务工资标准											
	一	二	三	四	五	六	七	八	九	十	十一	十二
高级工程师	275	305	335	365	395	430	470	510	550	590	630	670
工程师	205	225	245	265	285	315	345	375	405	435		
助理工程师	165	179	193	213	233	253	273	293	313			
技术员	150	162	174	192	210	228	246	264				

注：差额拨款单位，津贴部分按在工资构成中占40%计算。

表三　经济、会计、统计专业人员专业技术职务等级工资标准表

职务等级	职务工资标准											
	一	二	三	四	五	六	七	八	九	十	十一	十二
高级经济、会计、统计师	275	305	335	365	395	430	470	510	550	590	630	670
经济、会计、统计师	205	225	245	265	285	315	345	375	405	435		
助理经济、会计、统计师	165	179	193	213	233	253	273	293	313			
经济、会计、统计员	150	162	174	192	210	228	246	264				

注：差额拨款单位，津贴部分按在工资构成中占40%计算。

表四　翻译专业人员专业技术职务等级工资标准表

职务等级	职务工资标准									
	一	二	三	四	五	六	七	八	九	十
译审	390	430	470	520	570	620	670			
副译审	275	305	335	365	395	435	475	515	535	
翻译	205	225	245	265	285	315	345	375	405	435
助理翻译	165	179	193	213	233	253				

注：差额拨款单位，津贴部分按在工资构成中占40%计算。

表五　卫生技术人员专业技术职务等级工资标准表

职务等级	职务工资标准									
	一	二	三	四	五	六	七	八	九	十
主任医护、药、技师	390	430	470	520	570	620	670			
副主任医护、药、技师	275	305	335	365	395	435	475	515	535	
主治医师（主管护、药、技师）	205	225	245	265	285	315	345	375	405	435
医护、药、技师	165	179	193	213	233	253	273	293	313	333
医护、药、技士	150	162	174	192	210	228	246	264		

注：差额拨款单位，津贴部分按在工资构成中占40%计算。

表六　图书、文物、博物专业人员专业技术职务等级工资标准表

职务等级	职务工资标准									
	一	二	三	四	五	六	七	八	九	十
研究馆员	390	430	470	520	570	620	670			
副研究馆员	275	305	335	365	395	435	475	515	535	
馆员	205	225	245	265	285	315	345	375	405	435
助理馆员	165	179	193	213	233	253	273	293	313	333
管理员	150	162	174	192	210	228	246	264		

注：差额拨款单位，津贴部分按在工资构成中占40%计算。

表七　新闻、出版、广播电视专业人员专业技术职务等级工资标准表

职务等级	职务工资标准									
	一	二	三	四	五	六	七	八	九	十
高级记者（编辑）、编审、播音指导	390	430	470	520	570	620	670			
主任记者（编辑）、副编审、主任播音员	275	305	335	365	395	435	475	515	535	
记者（编辑）、一级播音员	205	225	245	265	285	315	345	375	405	435
助理记者（编辑）、二级播音员	165	179	193	213	233	253	273	293	313	333
三级播音员	150	162	174	192	210	228	246	264		

注：差额拨款单位，津贴部分按在工资构成中占40%计算。

表八　中小学教师专业技术职务等级工资标准表

职务等级	职务工资标准									
	一	二	三	四	五	六	七	八	九	十
中学高级教师	275	305	335	365	395	430	470	510	550	590
中学一级教师、小学高级教师	205	225	245	265	285	315	345	375	405	435
中学二级教师、小学一级教师	165	179	193	213	233	253	273	293	313	
中学三级教师、小学二级教师	150	162	174	192	210	228	246	264		
小学三级教师	145	156	167	183	199	215	231			

注：差额拨款单位，津贴部分按在工资构成中占40%计算。

表九　职员职务等级工资标准表

职务等级	职务工资标准									
	一	二	三	四	五	六	七	八	九	十
一级职员	480	520	560	605	650	695				
二级职员	335	370	405	440	480	520	560			
三级职员	235	260	285	310	340	370	400	430		
四级职员	180	198	216	234	252	276	300	324	348	372
五级职员	160	174	188	202	216	233	250	267		
六级职员	145	157	169	181	193	207	221	235		

注：差额拨款单位，津贴部分按在工资构成中占40%计算。

2. 专业技术职务工资、职员职务工资的套改

专业技术职务工资和职员职务工资，是专业技术人员和管理人员新工资构成中的固定部分。在套改时，按照专业技术职务或职员职务，将本人的现行基础工资、职务工资、工龄津贴合并，加上此次纳入工资的现行按国家和地方规定发放的物价、福利性补贴及自行建立的津贴六十四元，就近就高套入本职务新工资标准，根据专业技术人员、管理人员的工作业绩、任职（聘任）年限、工作年限和学历综合考虑，确定相应的工资档次（见表十、表十一）。

工作业绩：是指工作人员在实际工作中所做出的成绩。

任职（聘任）年限：管理人员，是指按管理权限，由任免机关正式任命其现任职务当年起计算的年限；专业技术人员，是指从正式聘任本专业技术职务当年起计算的年限。只评了资格而未正式聘任专业技术职务的人员，其资格不计算为任职年限。一九八六年以前已获得专业技术职称的人员，实施聘任制后，仍聘为与本人所获职称相应职务的，其所获专业技术职称年限视为任职年限。

工作年限：是指职工工龄计算办法中所规定的工作年限。

学历：是指按国家有关规定所确定的学历。在这次工资套改中，要适当考虑学历因素。对大学专科及以上的毕业生，凡在校学习时间不计算为工龄的，其在校学习时间可与工作年限合并进行套改（只适用于这次工资制度改革，不涉及工龄计算问题）。

1）专业技术职务工资的套改

① 专业技术人员，按照上述四个条件和国家规定的套改办法套入相应的工资档次，具体套改办法见表十。

表十　专业技术人员工资套改表

职务	任职年限＼工作年限	17年以下	18～27年	28～37年	38～47年	48年以上
教授	4年以下		1	2	3	4
	5～8年	1	2	3	4	5
	9年以上	2	3	4	5	6
副教授	4年以下		1	2	3	4
	5～8年	1	2	3	4	5
	9年以上	2	3	4	5	6

表十（续）

职务 \ 任职年限 \ 工作年限		17年以下	18～27年	28～37年	38～47年	48年以上
讲师	4年以下	1	2	3	4	
	5～8年	2	3	4	5	
	9年以上	3	4	5	6	
助教	4年以下	1	2	3	4	
	5年以上	2	3	4	5	
技术员	4年以下	1	2	3	4	
	5年以上	2	3	4	5	

注：表中各职务均含相当职务。

② 专业技术人员在国家下达的聘任职数限额内，按照实际聘任的专业技术职务进行套改。只有资格而没有聘任职务的，其资格不与工资挂钩。

③ 根据原中央职称改革工作领导小组、国务院原工资制度改革小组《关于试行提高部分高级工程师职务工资的通知》（职改字〔1986〕165号）的规定，经批准提高职务工资的高级工程师，在这次工资套改时，仍按该《通知》确定的原则办理，即按表一高教、科研人员专业技术职务等级工资标准套改。

④ 中小学教师在这次工资制度改革时，按统一的工资标准进行套改，不含原工资标准提高10%的部分。套改后，在新的专业技术职务工资标准的基础上提高10%。

⑤ 我院内评的专业技术职务，此次也按统一的标准套改，在获得总公司任职资格前，高出部分不计为档案工资。

⑥ 一九八五年工资制度改革以来，根据国家规定授予奖励升级和做出突出贡献的少数专业技术人员，其职务等级工资可以高套一级，其现行奖励性的补偿取消。高套人员由人事处提名，院长办公会决定。

2）职员职务工资的套改

管理人员暂按以下办法进行套改：正、副部级职务，执行一级职员职务工资标准；正、副局级职务，执行二级职员职务工资标准；正、副处级职务，执行三级职员职务工资标准；正、副科级职务，执行四级职员职务工资标准；科员，执行五级职员职务工资标准；办事员，执行六级职员职务工资标准。具体套改办法见表十一。

表十一　管理人员工资套改表

职务	任职年限	工作年限	3年以下	4~7年	8~17年	18~27年	28~37年	38~47年	48年以上
一级职员	正部	5年以下					2	3	4
		6~10年				2	3	4	5
		11年以上				3	4	5	6
	副部	5年以下						1	2
		6~10年					1	2	3
		11年以上					2	3	4
二级职员	正局	5年以下				2	3	4	
		6~10年				3	4	5	
		11年以上				4	5	6	
	副局	5年以下					1	2	
		6~10年				1	2	3	
		11年以上				2	3	4	
三级职员	正处	5年以下				2	3	4	
		6~10年			2	3	4	5	
		11年以上			3	4	5	6	
	副处	5年以下				1	2	3	
		6~10年			1	2	3	4	
		11年以上			2	3	4	5	
四级职员	正科	5年以下			2	3	4	5	
		6~10年			3	4	5	6	
		11年以上			4	5	6	7	
	副科	5年以下				1	2	3	
		6~10年			1	2	3	4	
		11年以上			2	3	4	5	
五级职员	科员			1	2	3	4	5	
六级职员	办事员		1	2	3	4	5	6	

管理人员中评聘了专业技术职务并兑现工资的，这次工资制度改革时，可按本人的专业技术职务进行套改。

3）专业技术人员和管理人员中，如按下一级职务套改，其工资额高于按现任职务套改的，可先按下一级职务套改，再按套改后的工资额就近就高套入本人现任职务工资标准（现任职务和下一级职务必须是同一类职务）。

4）兼有专业技术干部和行政职务者，可按专业技术职务套改，也可按行政职务套改。

二、工人

1. 工人技术等级工资标准见表十二。

表十二　技术工人工资标准表

技术职务 技术等级	技术等级工资标准									
	一	二	三	四	五	六	七	八	九	十
高级技师	245	267	289	315	341	367	393	419		
技师	205	223	241	259	283	307	331	355	379	
高级工	180	196	212	228	248	268	288	308	328	348
中级工	160	174	188	202	220	238	256	274	292	310
初级工	145	157	169	181	197	213	229	245	261	277

注：1. 差额拨款单位，津贴部分按在工资构成中占40%计算；

2. 技师、高级技师工资标准，只限在国家规定的考评工种范围内使用。

2. 工人技术等级工资套改

我院工人全部实行技术工人技术等级工资标准。根据有色总公司为在京事业单位工人技术等级划分的原则意见，我院技术工人现等级标准为：现月基职工资在一百零五元及以上者为高级工，七十六元至九十七元为中级工，七十元及以下为初级工。技师、高级工、中级工和初级工分别按本人的工作年限，按表十三规定套入相应档次。

表十三　事业单位技术工人工资套改表

套入档次 / 工作年限 / 技术等级	10年以下	11～15年	16～20年	21～25年	26～30年	31～35年	36～40年	41年以上
高级技师		1	2	3	4	5	6	7
技师		1	2	3	4	5	6	7
高级工	1	2	3	4	5	6	7	8
中级工	1	2	3	4	5	6	7	8
初级工	1	2	3	4	5	6	7	8

3. 技师套入技术等级工资标准和技术工人套入技术等级工资标准后，现行技师职务津贴即取消。

4. 工人聘为干部的按现聘职务套改，本人也可以作一次性选择，套何种工资享受何种待遇，且不得随意变更。

5. 原院部幼儿园工人聘为教师职务的现已脱离了聘任岗位者，按本人现行工资套入工人相应档次。

三、各类人员有下列情况之一者低套一级

1. 受记过及以上行政处分至九三年九月三十日未满一年者；

2. 九二年以来流动时间累计满半年者。

因受处分只发生活费者，按本规定低套一级只记为档案工资，处分期间继续执行原规定。

四、九三年九月三十日前，已办理离退休的返聘人员，返聘期间，按同类人员的增资额补偿，返聘期间不计算工龄，不计算任职年限。

五、经院批准借到外单位工作的停薪人员，按在职人员套改，记为档案工资，本人继续按规定停薪；出国留学停薪留职人员的工资套改待本人回国后另定。

六、新参加工作人员的工资待遇

1. 新参加工作的大学本科（含获得双学士学位的大学本科毕业生、研究生班毕业和未获得硕士学位的研究生）及以下毕业生均实行一年的见习期，发给见习期工资；获得博士和硕士学位的研究生不实行见习期，在确定职务前执行初期工资。见习期工资和初期工资的标准如下：

初中毕业生为一百七十元（含见习津贴四十元，下同）；中专、高中毕业生为一百八十元；大学专科毕业生为一百九十五元；大学本科毕业生为二百零五元；获得双学士学位的大学本科毕业生（含学制为六年以上的大学本科毕业生，下同）、研究生班毕业和未获得硕士学位的研究生为二百二十元；获得硕士学位的研究生为二百四十元；获得博士学位的研究生为二百七十元。

见习期或初期工资执行期满后，专业技术人员按确定的专业技术职务领取相应的职务工资：中专、高中毕业生按技术员工资标准第一档确定；大学专科毕业生按技术员工资标准第二档确定；大学本科毕业生按助教工资标准第二档确定；获得双学士学位的大学本科毕业生、研究生班毕业和未获得硕士学位的研究生按助教工资标准第三档确定；获得硕士学位的研究生按助教工资标准第四档确定：获得博士学位的研究生按讲师工资标准第三档确定。

管理人员按确定的职员职务领取相应的职务工资：初中毕业生和中专、

高中毕业生按六级职员工资标准第一档确定；大学专科毕业生按六级职员工资标准第二档确定；大学本科毕业生按五级职员工资标准第二档确定；获得双学士学位的大学本科毕业生、研究生班毕业和未获得硕士学位的研究生按五级职员工资标准第三档确定；获得硕士学位的研究生按五级职员工资标准第四档确定；获得博士学位的研究生按四级职员工资标准第四档确定。

2. 新参加工作的工人实行学徒期、熟练期制度。学徒期、熟练期的工资待遇和学徒期、熟练期满后的定级工资待遇，参照北京市人民政府的规定办理。

附件二

职务津贴实施细则

职务津贴（以下称津贴）是新工资制度中工资构成中活的部分，我院是差额拨款单位，国家按工资总额的百分之四十进行总量控制，并制定了指导性意见，我院可以在总量内，依国家的指导性意见自行制定分配法，与职工工作数量、质量、责任等挂钩，体现多劳多得、少劳少得、不劳不得、效率优先、兼顾公平的原则，现结合我院的实际情况制定实施细则如下：

非承包单位实行统一的标准和发放方法。

一、津贴标准：正聘或低聘发所聘职务的个人职务等级工资的三分之二；试聘为试聘职务个人职务等级工资的三分之一；待聘不享受津贴。

二、发放办法：

1. 旷工一天扣发半月津贴，旷工两天扣发全月津贴；工作时间从事与本院工作无关的事宜，如干私活及各种娱乐活动（全院继续执行取消工间休息的规定，院领导批准的特殊活动除外），扣发当月津贴；月累计迟到、早退满四次，扣发半月津贴，满八次者扣发全月津贴。

违犯国家法令、严重违犯院规，除给予适当行政处分外，按处理决定扣发半年或半年以上津贴。

2. 除奖励假、休假和工伤（不含事故的责任者）以外的各种缺勤，月累计七至十五天扣发半月津贴，十六天及以上扣发全月津贴，跨月缺勤累计十天及以上扣发半月津贴，跨月缺勤累计十五天及以上扣发一个月津贴。

3. 玩忽职守、违章作业造成责任事故，直接经济损失满500元者，扣发半月津贴；损失满1000元者，扣发全月津贴，造成重大事故，损失严重者，按处理决定扣发津贴。

4. 无正当理由不服从组织分配，拒绝上岗者，自通知上岗日起三天以内按日扣发津贴，超过三天扣发当月津贴。

5. 待聘、无岗等流动期间不发津贴。

6. 没有完成组织交给的工作任务者不享受津贴。

7. 职务等级工资或聘任档次变更，津贴相应变更。

8. 流动人员承担临时工作连续满一个月后，按相应岗位试聘人员标准发给职务津贴。

9. 个人津贴的核定、变更均由二级单位的领导提出意见，人事处审核，按月随工资下发。

承包单位由院核定津贴总额并制定发放原则，由二级单位自定细则，自主发放。

一、院为各承包单位核定津贴总额，核定办法是：每年年初由人事处按各承包单位职务等级工资总额的三分之二核定，每年核定一次，按月拨发到各承包单位。

二、各承包单位根据以下基本原则制定本单位津贴种类、标准和发放方法。

1. 贯彻以按劳分配为主体、多种分配方式并存的制度，体现效率优先兼顾公平的原则，津贴的发放，要在考核的基础上，合理拉开差距，打破平均主义，多劳多得，少劳少得，不劳不得。个人创收不足以支付个人全部支出或没完成组织交给的工作任务者减发或不发津贴，对业绩突出者要给予鼓励。

2. 违犯国家法令，严重违犯院规应减发或停发。

3. 玩忽职守，造成责任事故者应根据事故损失和影响减发或停发。

4. 无正当理由不服从组织工作安排者应减发或停发。

5. 劳动纪律松懈、迟到、早退、出勤不出力、不顾集体利益损公肥私者应减发或停发。工作时间从事与本院无关的事宜，如干私活及各种娱乐活动（院领导特殊批准的除外），视情节减发或停发。

6. 津贴应与精神文明、职业道德挂钩。

7. 津贴应与个人承担的责任、所做的贡献挂钩。

12.2 转制后的第一次工资制度改革

这是张晓春副书记和周洲处长主办的工作。

2002年的工资制度改革是我院转制后的第一次工资制度改革。转制后的科研院所可以不实行原来的事业单位工资标准，自行设计工资结构。转制初期，国家人事部也没有对院所工资总额有硬性的规定，想增加工资总额，一份申请报告就能获批。经研究达成几个共识：

过去，我们的分配制度改革受限于事业体制，都是以增量调整为主要内容，实行的是院里请客、二级承包单位买单的统一标准模式，这次要打破过去的模式。

现在的背景特殊，有几家央企已经大幅度调整工资了，没转制的事业单位一年内两次大幅度调整了工资标准，随着外企私企高收入的冲击，职工的心理工资也在上涨。

希望改革后的工资制度要平稳衔接、分配好增量，向骨干员工倾斜，还要建立工资能增能减机制。

我们当时工资发放的结构不合理。每个月在存折上见到的工资不多，年底一次发放的奖金每年都有很大涨幅，一年只欢喜一次不行，要让大家月月高兴，要提高月工资的显现度。我们对工资改革的期望很高，希望能成为全院改革的突破口。

2002年从人事处提交工资改革可行性报告、测算到批准实施方案至少开过5次院长办公会。

工资改革的过程是平稳的。先是成立了改革小组，院长孙传尧任组长，王玉田书记任副组长，人事和财务处长是成员。小组的职责是：分配工资总额、确定非职能单位正职的岗位绩效工资、组织职能部门岗位测评。新的工资结构由职务等级工资、保健津贴、附加工资、岗位绩效工资组成，其中职务等级工资为固定部分，是对原事业单位档案工资60%部分的保留，其作用是保障职工的基本生活，体现公平；附加工资与任职年限挂钩，体现新老差别；岗位绩效工资占了很大比重，是改革的重点，也是分配的难点。改革方案分类制定，分步实施。

2002年的工资改革首次突破了全院统一工资标准，按职能部门、科研设计产业单位、后勤服务分类，分别制定岗位绩效工资实施办法。首先对职能部门定岗定员定职责，将职能部门按正职、副职、岗位员工分类测评。测评由院测评小组完成。当时的测评小组由孙传尧、王玉田和职能部门的正职组成，测评小组对职能部门的正职和副职根据岗位说明书按岗位四要素分别打分，计分的四要素由专业知识的要求、工作负荷、改革压力、带队伍能力组成。测评小组在2002年12月的一天在矿冶四部会议室，专心致志工作了一整天。统计数据后，工资改革小组按分数结果归级，出现了主要职能部门副职岗位绩效工资高于其他职能部门正职的结果。当时也只有这种测评方式确定的绩效工资能被绝大多数干部理性地接受。那次改革，院里对非职能单位只确定主要负责人的工资标准和单位工资总额，发放权力下放给二级单位工资改革小组。

工资分配制度没有放之企业皆准的标准，但那次改革选择了以岗位绩效工资为主体结构的结果是比较成功的。既体现了岗位差别，骨干员工也得到了应有的回报，同时促进了考核制度的建立，为后来的全员劳动合同制打下了良好的基础。

12.3 我院的养老保险制度改革

我院1999年7月转制为科技型企业。作为企业就要建立社会保障制度，如何由事业过渡为企业，当时12个部委联合下发了文件，对退休人员实行按转制前退休、转制五年过渡期退休和过渡期结束后退休分类管理。以下是张晓春对此项工作的回顾。

> 2001年备受关注的地方养老保险政策终于出台了。院领导认为，加入养老保险对企业和职工都是好事，企业可以摆脱对离退休人员养老的无限责任，离退休人员养老金不再与企业生死存亡联系在一起，得到了社会保障。在职职工建立个人账户，解除了流动后的后顾之忧。

转制当年，我院已有600多名离退休人员加入养老保险。我院是受益户，也就是说，社保部门为我院下发的离退休费用远大于单位为在职职工上缴的保险费。虽然北京市企业早已实行了养老保险，各项政策也很成熟，但对转制的科研院所很难一步到位，因此，北京市劳动与社会保障部门专门制定了转制院所的政策。文件中除了对加入养老保险的时间、职工与企业缴费比例、养老保险项目等作了硬性的规定外，对企业加入养老保险的清算方式和是否补交个人账户需要单位做出选择。而且明文规定选择后与单位签订合同，一经签订，不得更改。在以往的有关人事劳资工作中，上级下达文件，无论是关系到单位的利益，还是关系到职工的利益，从未有过选择政策的先例，也就是说，上级怎么说我们就怎么做，只要按照政策办，就不会承担任何责任。对转制院所加入养老保险给了参保单位政策选择权，实际上也是给了研究院很大的责任和压力。这项工作对所有转制单位都是全新的内容，我们是第一批转制的单位，没有同类单位经验可借鉴，政策选择的结果，关系到单位的利益和离退休人员的利益及在职职工的利益，而且任何一方的利益都不能为另一方的利益做代价，这真的给研究院出了很大的难题。

当时几家研究院有两种做法：有几个院所是想等等看，不着急，看别人怎么做他们就怎么做；还有几家比较积极，我院是最积极的。院领导的表态很明确，人事处马上开展工作，做调研，做测算，向院长办公会汇报。请张晓春处长在汇报工作前，先对院领导做一次政策的交底，同时要做一次有关社会保障制度的培训，一定要讲清楚社会保障和商业保险有什么区别。在那次培训会上我明确表示，这项工作要早启动，早完成，早清算。早一个月清算就意味着几百万元的清算款可以入我院账户。特别是在年终岁尾就更有意义。我多次要求人事处对政策要吃透，要多与其他院所沟通，取得大多数院所的一致性。由于转制以来，张晓春一直在关注养老保险政策，院人事部门提前到社保部门进行咨询，并通过多种渠道获得了信息，所以在出台政策前，就掌握了北京市养老保险政策的基本内容政策走向以及操作中应该注意的问题，对执行政策有了比较充分的准备。院里很快完成了全员加入养老保险和离退休人员养老统筹内退休费的核算工作。当时我院找出政策中利益的边界，执行政策中保证利益的最大空间的做法为其他院所做了很好的示范。

当年西城区有24个转制院所和10家中央直属科技企业，在这34家中，我们院是最先完成养老保险的。在京各区的10家中央直属企业转制院所中，我院是走在前面的第一家院所。在执行政策中，我们使单位职工和离退休人员都获得了较大的利益。加入社保的当年，院里就成了受益户，减少了300多万元的养老费用支出。

加入养老保险后，院里多次拿出自有资金，出台了几个文件，为转制前、转制五年过渡期退休人员发放补贴，减少不同时期同类人员退休费差别，有效地解决了当期的稳定问题。

养老保险制度的建立，为其他各项保险打下了良好的基础，2002年顺利完成了全院的社会医疗保险，至此，企业和职工的各项保险全部完成。

我应当说明，张晓春作为人事处处长及后来的院党委副书记，对养老保险及社会医疗保险等政策做了深入的研究和社会调查，转制的院所都来向其请教和咨询，这不仅使我院受益，也使其他院所受益。

13　我院长任期内经历的几次较大的政治事件

13.1　1989年的政治风波

由于国际上反共反社会主义的敌对热力的支持和煽动，国际大气候和国内小气候导致1989年春夏之交我国发生严重政治风波，这是我任北京矿冶研究总院院长仅一年的时间发生的，我和别人一样都始料不及，对我也是一次严峻的考验。

在70多天的时间里，作为院长，我与院党委书记周峰同志及领导班子全体成员，团结合作，坚守岗位，克服重重困难，坚决贯彻中国有色金属工业总公司党组的决定，和党中央保持一致，维护了全院正常的工作秩序，保证了全年科研、设计和科技产业各项任务全面完成，对维护北京市和全国的社会稳定做出了努力。与此同时，我在政治上、思想上和领导能力上也得到全面的提高。

13.2　关于“三讲”教育

13.2.1　“三讲”学习教育活动动员及概况

2001年前后，党中央在全国范围内开展了一场以讲学习、讲政治和讲正气为主要内容的“三讲”学习教育活动。经中央企业工委（当时我院的主管上级，后来改为国务院国资委）批准，我院从2001年8月1日起，开展为期一个月的“三讲”学习教育活动。为搞好“三讲”学习教育，中央企业工委派出了以陈松金为组长，高景学、朱洪光为成员的“三讲”学习教育活动指导检查组。院里还成立了“三讲”学习教育工作领导小组，组长是时任院党委书记兼副院长邱定蕃院士；副组长是院长孙传尧、党委副书记王玉田，“三讲”教育办公室主任王玉田、副主任胡福成；成员有韩秀华、胡福成、张晓春、韦淑霞、周洲、何树华、晨阳、董书革。

此前，邱定蕃、孙传尧、王玉田于7月24—29日参加了中央企业工委组织的第三批“三讲”学习教育活动企业干部培训班。

8月1日下午，我院召开“三讲”学习教育活动动员大会。中央企业工委“三讲”学习教育活动指导检查组组长陈松金，成员高景学、朱洪光和院领导班子全体成员及院中层干部、工会代表、共青团代表、职工代表、离退休人员代表共95人参加了会议。我主持会议并宣读了中央企业工委关于批准北京矿冶研究总院开展“三讲”学习教育活动的批示。院“三讲”教育领导小组副组长、“三讲”教育办公室主任、党委副书记王玉田宣读了中办发〔2001〕8号文件。院“三讲”学习教育工作领导小组组长、党委书记兼副院长邱定蕃作了北京矿冶研究总院领导班子及成员“三讲”学习教育活动动员报告。邱定蕃在动员报告中阐明了这次“三讲”学习教育活动的重要意义、指导思想、目标要求、对象范围和方法步骤，初步查找和分析了领导班子及成员在思想上和工作上存在的影响企业改革和发展的四个方面突出问题，表明了院领导班子及成员对搞好“三讲”学习教育活动的决心和态度。

中央企业工委“三讲”学习教育活动指导检查组组长陈松金就搞好这次“三讲”学习教育活动讲了六点意见。主要内容是：

（1）消除疑虑，端正态度，充分认识开展“三讲”学习教育活动的重要性和必要性。

（2）学好理论、掌握武器，为搞好“三讲”学习教育活动打下坚实的基础。

（3）依靠群众，找准问题，开展积极的思想斗争。

（4）抓住机遇，认真整改，切实解决影响企业改革发展的突出问题。

（5）科学安排，精心组织，做到“两手抓、两不误、双促进”。

（6）贯彻落实中央的要求，以良好的精神状态，积极投入到“三讲”学习教育中来。

陈松金在讲话中指出，这次“三讲”学习教育活动将采取“自己找，群众提，互相帮”的方法，认真总结查找领导班子及其成员自觉的十五大以来自身存在的影响企业改革与发展的突出问题。要从企业的特点和实际出发，联系贯彻党的路线方针政策的情况，查找认识上、工作上的差距和问题；从领导班子和个人的思想、作风状况中查找存在的不足；从企业发生的重大事件中总结教训，找出领导班子需要解决的重点问题；从分管的部门或下属单位存在的问题中查找领导上应负的责任。什么问题突出就查找什么问题，不能回避矛盾。但是又要严格按政策办事，不搞人人过关。对于在深化企业改革过程中遇到的新情况、新问题，对于领导班子成员在严格管理中产生的群众意见，检查组将和干部职工一起客观分析，公正评价，既要保护好领导班子及成员大胆改革、敢于管理的积极性，又要保护好广大职工关心企业、关心领导班子建设的积极性。

陈松金组长在讲话中还指出，“三讲”教育走没走过场，归根到底在整改，归根到底看整改。因此，一定要针对领导班子查找出来的问题，针对群众的意见和建议，不失时机地创造条件，抓好整改，让职工群众实实在在地感受到“三讲”教育带来的新变化。

在“三讲”学习教育的第一阶段，主要是发动干部群众通过书面和座谈会的形式揭摆院党政领导班子及成员的问题。时任院长的我和党委书记邱定蕃是大家提意见的重点目标，给我提的意见大约有180条，大都是善意的批评和建议，也有少数意见属于对情况不了解或误解把握不准的，但主观意图是好的。个别干部反响强烈，对我的工作强烈不满，提出：“不换思想就换人。”院领导成员学习了大家提的意见并在深入学习的基础上各自写出《“三讲”学习教育个人总结材料》，分别在会议上报告。

“三讲”期间，有一天驻院监事会白主席（时任某大银行副行长）找我谈话，告诉我：“全院的工作要扎扎实实、稳扎稳打、步步为营，千万不能决策失误。”我对白主席说：“‘三讲’期间大家提了很多意见，其中很多意见都认为我决策慢，前几年改革发展步子快，后几年步子慢了，保守了。”白主席又说：“我见得多了，发展图快企业垮的多的是！”白主席善意的提醒，我深深地记在脑子里。

13.2.2 孙传尧的个人总结

“三讲”学习教育个人总结材料

孙传尧

在“三讲”学习教育的第一环节中，干部群众通过书面和座谈会的形式对院领导班子和我个人提出了很多批评和建议。大家的批评意见十分中肯、准确，表现了干部职工对领导班子和我个人的关切以及对我院改革与发展强烈的责任感和主人翁精神，我本人深受教育和鼓励。在此基础上，院领导又进一步查摆领导班子存在的主要问题和原因。由于我是在院长的领导岗位上，全院在改革、发展与经营中出现的问题，无疑地应由我负主要责任。我感谢同志们的批评和帮助。现在结合大家的批评建议和我本人的反思，将我个人存在的主要问题和原因及初步整改的措施汇报如下，请同志们进一步批评指正。

一、存在的主要问题

1. 思想不够解放，观念转变滞后，不适应国有大型科技企业转制和发展的需要。

具体表现为：

（1）对大型科技企业的定位和发展策略认识不足，没有跳出研究院所式的思维和管理模式

科技企业本质上是企业，这一点我思想是明确的。但对研究院所转制成的企业如何快速改革与发展，目前国家没有明确的说法，我自己也没有准确的把握。国内外大企业中的研发机构和创新机制有不少是成功的，主要是为本企业自身的发展服务。由某一个具体项目或一个专业成长为有竞争力的企业也有先例，但对于我们面向全国、全行业的多专业大型综合性科研与设计机构转变成的企业，科研与产业如何定位、如何运作以及管理体系如何建立等关键问题不是很清楚，这一困惑直接影响了我的思维方式和行为准则。这些原因使我对科研与创新的管理模式，对科研、设计、产业类机构的考核办法（即所谓承包制），职能部门的架构，财务管理以及劳动、人事、工资制度的管理等方面还未真正转移到企业的定位上。

（2）现代企业制度的建立、产权多元化的改革、混合所有制的经济体制在我院进展缓慢

电子材料发展中心的转制问题，两年前就提出来，院领导研究几次，决策缓慢。北矿磁材上市问题早在1997年就提出来，并且派出了调研组外出学习调研。由于当时我对上市的重要性认识不足，没有紧迫感，没有及时做出上市的决策。如果当时积极采取措施，预计北矿磁材上市可提前一年左右，其他诸如丹东冶金机械厂、北京钨钼材料厂的发展问题，我也未从传统的国有独资工业企业的改革模式中摆脱出来。现在看来，如果能在产权多元化和混合所有制经济上作为切入点，这两个厂的发展可能更快一些。

（3）资本运作起步晚，资本市场的进入、开拓落后于商品市场，资产盘活力度不大

我院前些年事业发展速度快，特别是投入了较大量的自有资金发展科技产业是必要的，但是相应地造成资金短缺，使磁性材料和器件、植物胶、电子材料、金属材料和锌粉等产业的发展受到制约。此外，院技术创新需要大量投资，改善职工宿舍和院的基础设施也需要大量资金。因此，资金短缺是近几年束缚我院快速发展的瓶颈。在这种形势下，我本人的观念转变慢，一是认为难得的几个盈利项目，最好是肥水不外流；二是认为产业不上市，不从社会上募集资金，仅仅吸纳法人投资组建有限责任公司解决不了产业发展的根本问题；三是认为我院资金短缺是暂时的，3~5年的时间可以缓解。因此，没有广开思路积极吸引国内外资金。由于没有富余资金，也不可能寻找时机进行战略性投资。此外，我个人牢固的观念是“不能吃了祖宗的饭，卖了子孙的粮”，因此，在资产变现、盘活问题上，我持慎重的态度。

2. 重大问题决策慢，改革力度小

（1）对涉及全院改革与发展的重大问题，调研、论证不够充分，决策实施慢

转制前后，结合我院改革与发展的重大问题，我院先后拟定了36个课题和24个课题，并由院领导分工负责组织专题组调研。这些课题几乎涵盖了当前我院企业化转制和发展的所有重要问题。但是由于调研人员多为院领导和处长，大家兼职调研进度较慢，有的虽已提交报告，但尚未研究定论。对某些议项，由于预先准备工作不充分或会上意见分散，所以有时院长办公会议效率不高。

（2）机构改革力度小，属改良性质的，不适应企业发展的需要

2000年，我院将原有的研究机构和专业方向进行了整合，构成12个专业研究所；将部分较成熟的产业从研究所中分离出来单独建制；将职能处室也进行了改革，但总体上讲没有实质性的变化：一是科技创新的机制陈旧；二是产业机构的设置企业化程度低；三是职能部门的改革只撤销一个处和部分科级建制。以上改革的效果明显，但力度小，体制创新和制度创新不够，尤其不是企业的管理经营模式。

（3）对科研后劲不足、科研与产业化的关系界定不准、科技成果转化慢、产业化程度低等问题未采取行之有效的措施

近些年来，我院科研实力下降、后劲不足，原来优势专业和研究方

向竞争力下降的问题明显存在，但院领导班子采取的措施不得力。科研与产业界定不准，关系理不顺，成熟的值得产业化的科研成果寥寥无几，仅有的几个科技成果产业化程度低，成果转化慢。有的产业机构不具备技术开发能力，造成了科研不像科研、产业不像产业的局面。除北矿磁材外，多数未形成科研与产业的良性循环。

（4）尚未建立完善的激励机制和约束机制

表现为工资制度改革尚未到位，期股、期权制还未开始研究，生活福利方面的激励力度不够，对员工的培养、任用与提拔尚未建立规范的制度，对院级干部、中层干部的考核也未形成制度，对科技人员的考核方法不健全，在全院范围内尚未形成完善的奖惩制度。

（5）院中长期发展目标不明确

转制后，已确定我院的定位和主业，但中长期规划，特别是中期规划目标不明确，一年推着一年干。这使得二级机构也难以在全院发展的总体目标下确定各自的发展目标。

（6）管理过分集中，适度分权不够

科技体制改革以来，我院在投资决策和财务管理上高度集中是必要的，这有利于在全院财力不足的情况下，集中力量办些大事，并且有利于减少决策失误。但是形势发展到今天，事无巨细过分集中管理会造成办事与决策效率低下，副院长的作用得不到充分发挥，职能处室和专业研究、设计与产业机构负责人的权、责不明，管理不科学，并且我本人也消耗很多不必要耗费的精力。这一问题的根本解决要从我院的运行机制和法人治理结构方面改革突破。

（7）对科研、设计和产业类的机构考核办法没有创新

从1984年科技体制改革开始，院对二级研究机构总计实行五轮承包与考核。在科技体制改革初期实行承包制已起到积极的效果，这实际上是一种分配制度和内部激励制度的改革。但负面效应也很明显，主要是一线的干部和科技人员负担重、压力大、整年忙于奔命，无精力顾及技术创新和长远发展；院综合实力难以发挥，团队精神难以形成以及承接重大科技项目的能力削弱等。对此，基层的干部和科研、工程技术人员早有反响，但苦于经济实力不强和没有新方法，一直没能从根本上改变。

（8）职工宿舍建设滞后

由于历史的原因，与兄弟院所相比，我院职工住房条件差：人均面积小、户型差、房屋质量低，特别是一批中青年骨干，他们的工作和家

庭负担重，正处于需要较宽松住房的年龄段。但恰恰相反，这些同志的住房最为紧张。前几年，我院克服了不少困难自筹资金新建、改建和外购了一批宿舍，在一定程度上缓解了一些住房的矛盾。但水涨船高，随着社会的发展，人们对住房的需求标准在提高，北京市的标准也在提高，实际上我院的住房水平与国家机关和条件好的企业相比是拉大了差距。

3. 思想方法、工作方法和工作作风方面存在的不足

（1）深入开展调查研究不够

除了出差之外，平时我大部分工作时间是在办公室和会议室度过的，到科研、设计和产业第一线的机会不多。通过与主管院领导交谈、与有关二级机构负责人谈工作，固然能知道一些情况，但缺乏第一线的深刻体会，没有直接听到群众的意见与呼声，再加上个别干部报喜不报忧，使我不能准确地了解科研、设计、生产第一线的真实情况。我去基层机会少，一是由于院内现行的运行机制有弊端，造成我本人的事务工作繁忙；二是我自认为矿冶院不大，人也不多，自己在院领导岗位上工作多年，情况熟悉；三是认为有主管院领导分别把关，我不一定非去不可；四是觉得到车间、班组或专题组会影响别人的工作。这是多年的老毛病，并非难题，主要是思想上重视不够，对必要性的认识不足。

（2）请职工民主参与改革和管理不够

工作中，我和院领导班子成员尽可能做到在院重大事务的处理上实现民主决策和科学决策。但是在决策前广泛征求职工意见不够，没有充分利用职代会和工会等基本的形式创造机会，让广大职工积极参与院的民主决策、民主管理和民主监督。对职工反映某些干部自身及工作中存在的问题，我没有及时调查研究及处理。院内没有形成一种使广大职工能经常性地通过多种渠道向院领导反映意见及干部、职工经常沟通的氛围。

（3）对群众关心不够

平心而论，我从整体上讲心中是装有群众的，我在工作岗位上也力求做到对国家、对上级负责和对职工群众负责的一致性。但对于一些细节问题，我很多是不了解情况。因此，对职工的工作、身体、住房及家庭生活过问得少，关心得少，更谈不上和干部职工交朋友了。

（4）与国家机关的联系不够紧密

我多年养成了与上级领导仅保持工作关系的习惯，找上级领导只是

汇报工作，谈具体项目，工作之外很少主动接触。一是觉得领导忙，不便于打扰；二是与身份高的领导过去交往不深、不很熟，况且就我院的专业特点和行业现状而言，一般的项目也够不到高层领导；三是院领导班子成员与国家机关领导联系的责任不清，分工不明，都怕越位，有时反倒出现空位，这影响了我院某些项目申报和论证的成功率。

二、缺点和问题产生的原因

1. 对国企改革的大环境认识不够深刻

科技体制改革和国企改革都已进入攻坚阶段，面对国内大环境的变化和错综复杂的矛盾，我本人有一个认识过程。

我国科技体制改革和国企改革的特点是中国独有的。改革初期，由于深层次的矛盾尚未充分暴露，我们摸着石头过河风险小，步子还挺快。但是近几年，科技体制改革和国企改革深层次问题和错综复杂的矛盾相继出现，真正是到了攻坚阶段。国际市场国内化、国内市场国际化，使本来已相当激烈的竞争更加白炽化。这使我们的身边时时会出现一个个的急流险滩，风险与效率并存。这些问题是带有共性的，需要在政治理论、经济理论和改革实践上有重大突破才能发展。党的十五大、十五届四中全会和江泽民同志的“三个代表”重要思想及“七一”讲话，就是在党建、政治和经济理论中创造性地发展了马克思主义。应当说，党的十五大以后，国家在经济体制改革中的理论与政策上已有重大的突破，只是在具体实施运作过程中，各部委配套性的措施还在完善，而且各地区的改革力度和经济发展速度差异较大。就科技体制改革而言，国家的重点先是“放开一片”，以后重点又转入“稳住一头”，国家科委抓一批包括我院在内的骨干院所搞国家队稳住一头的试点，但没过多久，国家要求242个科研院所全部转制为企业。由于我院十几年来已经走了一条大型科研院所企业化之路，在当时科技界思想较活跃的情况下，我院的观念转变还算快，紧跟上了国务院的部署，而且经过艰苦的努力终于进入中央直属的12家大型科技企业的行列。

但是科研院所转为企业后如何发展？特别是中央直属的12家科技企业如何定位发展？政府部门和社会各界没有一个明确的说法。此外，某些政策还在研究制定过程中，例如养老保险制度、工资制度等。对这些重大问题，12个骨干院所长们经常在一起分析形势，反映意见，沟通改革的情况，但总的讲，都不是很明确。在这种情况下，我本人要想突破某些认识的局限感到很难。

2. 本人对矿冶总院转为企业后的改革与发展策略把握不准

发自内心地讲，我不承认随着个人年龄的增长，我的工作魄力在减小，我也不承认我的观念变得保守。我在院长的岗位上已工作14个年头，对于个人的发展我历来无所追求，只是不希望在我离任之前使矿冶总院改革与发展的轨迹进入一个拐点。因此，无论从我的责任感或我的个性而言，我没有丝毫的理由对院里的工作马马虎虎。从1997年以后，我先后在中组部理论研究班、国家行政学院国有重要骨干企业领导人员培训班、中央党校国有重要骨干企业领导干部培训班以及国家科委组织的德国柏林企业管理培训班学习过，而且每次我都是很用心地学习。应当说，一些现代管理和国际化经营的理念已有很大转变，但是涉及我院的改革时，确有某些具体问题我把握不准，或难以下决心。

至今我仍然认为，从一个多科性的大型综合性研究与设计机构演变成为一个具有国际品牌的科技先导型的产业集团公司是完全可能的，但是需要一个过程。科研、工程设计和产业三位一体，面向国内外经营，为国内外厂商提供成套的技术、成套的设计、成套或配套的设备与材料，建立完整的服务体系，这种模式并非过时，但类似以下的问题难以把握和处理：

（1）国家注重高新技术及产业，但我院的高新技术产业基础很差。反过来，我院的优势技术及产业却不是国家支持与发展的重点，这造成了我院与政府间的相互依存度很低。

（2）以利润最大化为目标的企业管理，与我院作为行业技术开发基地的目标有矛盾。国家科委、计委、经贸委当前更看重我院的是在行业技术开发中的位置而并非看重我院的产业利润水平。这就使得我院在产业发展与科技创新之间的关系难处理。由于科研与产业的发展有其各自的内在规律，而且不应该混在一个体系中，因此科研的体系和管理模式不敢完全打破。事实上绝大多数国家都掌握一定数量的国家级工业技术开发机构，美国矿山局虽已解散，在原有12个研究中心中有9个关闭，但还保留了3个并由国家管。我担心有一天国家选几个大型科技企业作为国家技术开发机构时，由于我们完整科研体系的丧失，而失去我院在国家中的地位。如果是一个小院所则既无可能，也无担心的必要。

（3）我院的长远发展与职工的当期利益有矛盾，虽经广大干部、职工的不懈努力，我们每前进一步仍然是很艰难的。由于我院的行业技术特点和专业的局限性，高附加值的产品和技术很少，很难将蛋糕做大，切出来用于企业再发展和用于职工分配及福利的两块蛋糕都不大。为了保持企业可持续性发展所必需的投入和满足职工日益增长的货币及福利方面的利益需求，形成了矛盾。

3. 我院的家底薄，经济实力不强，制约了发展速度

有位领导说："矿冶院是大院，但不是强院。"我认为这句话说得很准确。我理解所谓不强，一是因为矿冶院的经济基础弱；二是传统专业多，技术创新能力差；三是国内外的核心竞争力不高。为了迅速改变我院的面貌，从1984年起，历经十七年的科技体制改革，我院走过了一条快速发展之路。但实际上我院是在不完全具备条件下，尤其是不完全具备经济基础的条件下，硬是创造条件超常规地发展，这使干部和职工的体能已大为透支。国家要求科研机构转为企业，但没有投入经营性资本和必要的生产流动资金。我院的基本建设资金、技术改造资金和生产流动资金几乎全靠自筹或贷款，这使我们走过了一条步履维艰的道路。如今总算是奠定了今后发展的基础，但资金短缺、净现金流量不佳是突出的矛盾，预计根本性地好转还需2~3年的时间。这当然是改革与发展中遇到的困难，反过来，这些困难又制约了发展。任何一项改革都是需要支付成本的，而且大部分都需要资金的投入。对于我院这种发展中的企业而言，对改革成本的承受能力不高，因此很难运作力度较大的项目。

4. 国家有色金属工业管理体制的变化给我院带来始料不及的冲击

在原中国有色金属工业总公司党组的指示下，我院于1997年自愿兼并了丹东冶金机械厂，兼并的条件是七年之内给我院补贴2100万元用于为丹东厂偿还债务。不到半年形势突变，国务院于1998年4月解散了中国有色金属工业总公司，这使原定给我院补贴2100万元的决定落空。从当年4月至11月长达8个月的时间，我找遍了国家有色金属工业局党组的所有领导，总计达20多次。11月，张吾乐局长主持局务会议，正式听取了我代表院领导关于丹东厂问题的汇报。会上张局长做出决议，国家有色金属工业局承认并继续解决这一遗留问题，使这一悬而未决的难题总算衔接下来。但好景不长，2000年国家有色金属工业局又被撤销，使这一问题又挂了起来。国务院机构改革是正确无疑的，只是这一遗留问题落在我院就带来很大压力，它加重了经济负担，也消耗了我本人及其他院领导的大量精力，影响了全院的工作。

5. 大型科研院所企业化管理的成功模式转制后却带来了负面效应

在事业单位企业化管理问题上，我院在科研院所中起步是较早的，有些企业管理措施和理念甚至有超前意识，这在十几年的改革中已被证明是成功的做法。但另一方面，在转制过程中由于我院顺其自然，没有造成波动，在我的思想中对以往我院企业化管理的模式就没有及时提出怀疑、反思和冲击，造成了观念转变滞后，对新型企业的经营模式考虑不及时，影响了改革的进程。

6. 法人治理结构无突破，事无巨细，无精力系统考虑改革与发展的重大问题

多年来，我院实行的是一套集中管理决策的模式。转入企业后，在法人治理结构方面除了建立北矿磁材科技股份有限公司外，没有作更大调整与变革，权责不明、管理不科学的现象仍然存在。我作为法人代表实际上承担无限的责任，二级机构负责人的权、责又都不够明确，这使我事务工作繁忙，不可能分出足够的精力去思考并与干部职工研讨改革的重大问题。

7. 对某些问题决策的难度加大

这几年遇到的问题，特别是院长办公会议研究的议题，决策难度越来越大，确实存在院长办公会议效率不高的现象。对此，原因是多方面的：对某些问题的决策大都需要资金投入，改革十七年来，我院决策的投资力度，从十万元级到百万元级再到千万元级。现时，我院能经得起几百万元的投资失误，但经不起几千万元的投资失误。因此，遇到机会成本太高、边际收益不明显大于边际成本、投资收益率不占优势的项目，院领导班子讨论时十分慎重。例如，磁器件的项目就正式研究过2次，但最终没有决策上马。还有的是国家政策不明确或政策法规变化多，院领导的思路跟不上，吃不准。近几年，国家对国有企业加强监管，特别是我院归中央企业工委领导后，接受监管的力度增大，这使原本就刻意追求科学决策、避免失误的院领导就更加慎重。有时对某一个议项赞成者或不赞成者各占一半，加上我本人对项目的判断也大体上是对半，这两个对半必然造成决策难。有些问题也不全是会前准备不充分的原因，即使是背景非常清晰的问题，因参与决策者的看法、判断差异甚大，也难统一。这是改革发展到今天必然会出现的正常现象。

三、今后努力的方向及主要措施

以上对问题的查摆和对原因的分析是初步的，更深刻的认识还需得

到大家的帮助和自身的努力。

由于我长期在院长的岗位上，所出现的问题主要由我本人负责，主管院领导都是尽了力的，他们工作中的不足多半是由于我本人的不当所造成的。下一阶段整改，我要同班子成员一道在江泽民同志“三个代表”重要思想指引下认真实施，争取给大家一个较满意的答复。

当前急需的是对于查摆出的问题，能立即解决的就马上解决，对暂时不能解决的问题，按下一阶段整改计划认真抓落实。

我本人要进一步加强理论学习和对国家政策的学习理解并与本院的工作密切结合。对国企改革大环境乃至局部的变化，要及时作出快速反应。我一个人的能力有限，但依靠班子成员整体的智慧和决心，再加上广大职工的民主参与，一些改革中遇到的难题，总可以设法解决。我将加强与广大干部、群众的联系，集中精力思考研究涉及全院改革与发展中的重大问题。对国家负责、对矿冶院的现状和发展负责和对职工个人负责的一致性是我本人工作的行为准则。关于对我院今后改革的主要措施框架，在领导班子集体总结的材料中已说明，这里不再重复。欢迎同志们多提批评意见，以便有利于整改和今后的工作。

13.2.3 矿冶总院领导班子集体总结

“三讲”学习教育院领导班子集体总结材料

为了深入贯彻落实江泽民同志“三个代表”重要思想及“七一”讲话精神，根据党中央的部署，我院在领导班子及成员中开展以“讲学习、讲政治、讲正气”为主要内容的“三讲”学习教育活动。通过前一阶段的深入学习和广大干部职工的积极参与，院领导在思想上已有很大提高。干部职工围绕着我院改革与发展的主要问题对院领导班子及成员提出了大量的批评意见，这些意见大都很中肯、负责，击中要害，表现了广大职工对全院改革与发展的强烈事业心和责任感。院领导成员诚恳地接受群众的批评，进一步认真反思和查摆了我院领导班子和成员存在的主要问题，在此基础上写出个人和班子的总结材料。

回顾在过去的几年间，院领导班子团结广大干部群众，认真贯彻执行党的十五大以来的各项方针政策和江泽民同志“三个代表”重要思想，以改革为动力，全院总产值从1997年取得的3亿元增加到4.6亿元，三年之内向国家上缴税金总计超过3500万元，年平均利润在1000万元以上。院内职工人均收入（不含丹东冶金机械厂和北京钨钼材料厂）从

1997年的2.75万元增长到2000年的4.16万元，实现了五年内院职工人均收入翻一番的奋斗目标。几年来，我院自筹资金2000万元新增加职工住房面积1.6万平方米，已完成报批面积3.8万平方米，投资830万元用于解决宿舍区的自来水、煤气工程、电力增容、社区绿化等福利设施。1997年11月，我院兼并了丹东冶金机械厂和北京钨钼材料厂，实现了一次大力度的资产运作，2000年两厂已实现扭亏为盈。矿冶三部磁材二期工程顺利竣工投产，已投资1219万元。三年内完成了大批科研项目和工程设计项目，相当一部分成果已转化生产力，其中有12项获国家级奖励。鉴于我院的综合实力、运行绩效和在行业技术开发中的地位，经过努力，我院被选拔进入中央直属的12家大型科技企业行列，与此相适应的已明确了我院发展的企业定位和核心主业。为加快改革进程，2000年9月，我院作为主发起人，联合兄弟企业共同发起组建北矿磁材科技股份有限公司并准备A股上市，为在我院建立现代企业制度和产权制度改革及大力度的资本运营闯出了一条道路。

党的十五大以来，尽管我院在各方面取得了不少成就，但是全院在发展进程中还存在不少问题，特别是在领导班子中还存在一些问题影响了全院的改革与发展，务必下大决心认真查摆及整改。以下就我院领导班子集体存在的影响全院改革与发展的主要问题及产生的原因作总结汇报，欢迎同志们批评指正。

一、院领导班子中存在的影响我院改革与发展的主要问题

1. 领导班子及成员解放思想不够，观念转变滞后，影响了全院的改革与发展

（1）思维方法和经营管理尚未跳出研究院式的传统模式

我院的科技体制改革起步早，领导和职工观念转变快，加上我院较好地抓住了发展机遇，因此，在1984年以后的十七年中，我院逐步走出了一条大型科研院所企业化之路。但实际上，我院是参考当时国内市场经济不发育、现代企业制度不完善条件下的工厂制式的国有企业管理方法。对于国际上有竞争力的大型跨国公司的管理模式很缺乏了解。因此，我院企业化管理参照的标准本身就已落伍。242个科研院所转制时，由于我院已超前推行了一定程度的企业管理模式，在科技界思想较活跃的情况下，我院领导班子相对转变较快，全院没有造成大的波动。但这种现象又造成了一定的负面效应，院领导对我院原有的经营管理模式没

有大胆地怀疑和冲击，以致没有迅速向现代企业法人治理结构上转变。科研、产业、设计、后勤保障及职能管理体系大体上是研究院式的，这就注定了企业化程度不高的弱点。

（2）资本运作起步晚，上市公司组建滞后，资产盘活力度不大

十几年来，我院已将原本少量的资金投入全院的发展中，主要是产业基地的建设、科研基础设施完善和职工宿舍建设等。如今这些投入已相继开花结果。由于产业快速发展造成流动资金短缺，这就产生了一个商品市场开拓力度大与资本市场进入晚、开拓力度小的矛盾，这使磁性材料及器件、植物胶、电子材料、锌粉、金属材料等成长性较好的产业在市场形势最好的时期所需的资金供不应求，制约了发展速度。对此，院领导也曾进行多次研究，终因观念转变滞后，没能从多种渠道募集和吸引资金。关于组建上市公司问题，院领导班子是“醒得早，但起得晚”。北矿磁材的上市问题早在1997年院领导就提出构思，后经考察论证得出磁性材料及器件不上市为好的结论。应当说，这既与院领导成员当时的观念更新慢、思路不开阔有关，也与院里当时的实际情况有关，应当历史地看问题。从今天的观点看，如果各方面条件到位，北矿磁材的组建及上市可提前一年左右，这将对我院产生积极的影响。

此外，我院在已有资产盘活变现问题上一直持慎重态度。对于资产整合运作，我们把精力只放在并购与扩张上，而适度分拆出售考虑得少，以至于没有发挥部分资产的增值扩资作用。“留得青山在，不怕没柴烧”，这是部分院领导的想法。

（3）产权多元化，混合所有制经济体制改革在我院进展慢，长时间无根本性突破

多年来，我院始终没有从国有独资企业的框架中摆脱出来。电子材料发展中心转制问题也是两年前就提出论证，院领导班子研究几次，方案多次变更，进展缓慢。对于科技人员以科研成果作为股份创办产业问题，在我院更是难以突破，对于丹东厂和钨钼材料厂的扭亏增盈及发展定位，院领导下了不少功夫，但主要还是在调整产品结构、加强技术改造、开拓市场及加强管理上兜圈子，如果从产权多元化或混合所有制经济改革方面作为切入点，可能现状就大不一样。

（4）机构改革力度不大，不适应企业发展的需要

为适应转制的需要，2000年经过调研和院领导详细论证后，将原有的研究机构和专业方向进行整合，构成12个专业研究所；又将几个较成

熟的产业项目从研究机构中分离出来单组建制，目的是加快发展；将职能机构也进行了部分改革。总体上讲产生了积极的作用，但还是研究院办企业的模式，体制创新和机制创新程度低，而且少数研究机构整合后仍有两张皮的现象。

（5）中长期的发展目标和策略不清

我院的发展定位和核心主业已经确定，但具体发展策略和实施计划没有出台，特别是3~5年的中期计划目标不明确，一年推着一年干，干部和职工心中无愿景，二级机构也无法根据院里的整体目标来确定各自的发展目标和策略。北京矿冶研究总院5~10年之后或更长远一些到底发展成什么样的模式，集团公司总部与子公司、分公司之间如何管理，科研与产业部门如何定位，采用怎样的架构等这些重大问题尚未来得及研究。

（6）人本管理的理念不强，激励机制和约束机制尚不完善

人本管理是企业管理的核心，这已为当今国内外的管理专家和企业家所认同。我院领导班子及成员在理论上接受了这一观点，而且在一定程度上也付诸行动。但是大多数情况下人本管理的理念不牢固，或者认为远水解不了近渴。因此，在工作实践中我们常常自觉不自觉地以科研、设计和产业项目管理，以市场营销管理、成本管理或财务管理为本。由于这一原因，我院没有花费很大精力和成本用于建立完善的内部激励机制和约束机制，表现为分配制度几年一贯制，新的分配制度尚未出台，期股、期权制尚未提到日程上来，对干部和技术人员及业务骨干员工的培养、选拔、任用、考核、监管、奖惩没有一套完整的制度，没有引入竞争机制，而且事实上存在干部终身制的现象。这使企业缺乏活力，使有实力、有潜力的年轻骨干不能及时挑重担，而且造成人才外流。尽管这是中国国企中当前普遍存在的现象，但如果处理得好，可以改善我院内部的人文环境。

（7）管理过分集中，适度分权不够，重大问题决策慢

对已安排的前36个、后24个涉及改革的重要课题抓得松，有些已提交调研报告但迟迟未能上会研究，有些处室及研究、设计和产业机构对某些项目或提案提交后也迟迟得不到答复。

上述现象除了院长办公会议论证决策前的准备工作不充分，造成会议决策效率低等原因外，一个重要的因素是与我院现行的法人治理结构不合理、不适应市场的快速变化有关。

历史上，我院在投资决策和财务管理等方面向来是高度集中的，这有利于我院在财力不足的情况下集中力量办全院的大事，还可以减少决策的失误。对此，财政部和原国家科委给予充分肯定，曾作为典型经验收入文集并在大会上交流。但是在国内外经营活动高度市场化的今天和我院的规模已较大、业务种类繁多的形势下，原有的法人治理结构已很难适应。高度集中管理虽然有不少好处，但必然会产生效率低、决策慢的现象，法人代表实际上承担了无限责任和二级机构权责不明、活力不足的弊端，实际上影响了全院的发展速度。

(8) 对科研、设计和产业机构的干部及科技人员考核无创新

我院从1984年起到目前已实行了五轮承包或目标考核制，这基本上是借鉴了工厂企业的承包制，而且也是各科研机构普遍采用的办法，这实际上是分配制度和激励机制的改革，对我院的改革与发展起到重要作用。但相应地也有一定的负面影响，主要是一线干部和科技人员负担过重、压力大、整年忙于奔命，科技人员不能把主要精力用于技术创新上，全院综合实力难以发挥，干部职工注重当期业绩，短期行为明显，团队精神难以形成等。多年来，广大科技人员一直反响强烈，院领导也清楚，但一直找不出更科学的方法。

(9) 职工宿舍建设欠账多

由于历史的原因，与兄弟院所相比，我院职工的住房条件差，很多中青年骨干上有老、下有小，工作和家庭负担重，在他们最需要宽松居住条件的时候，恰恰相反，住房最为紧张。一批老同志为国家效力几十年，有的已离退休离开工作岗位，本来应安心欢度晚年却时时在操心自己的房子。实际上，这些年来我院自筹资金投入建房、购房用款已大大超过某些兄弟院所，缓解了一些住房矛盾，但随着北京市住房标准的提高和职工对住房需求标准的提高，我院与国家机关和条件好的企业相比反差很大。对此，职工、群众反响强烈，院领导也很不安，但说到底还是与院领导思想放不开有关，怕院里吃亏，怕失掉部分产权，不能多渠道合作建房。

2. 全院的管理体制与运行机制尚未完全转移到现代企业的管理轨道上来

(1) 没有真正按企业的方式经营运作

企业是以实现利润最大化为目的，但实际上我院现阶段做不到这一点。这固然与国企的历史和现状有关，也与我院科研体制和专业结构有

关，同时也与大多数干部、职工的观念转变滞后有关。无论就全院而言或就二级机构而言，在干部、职工中有关企业的利润、市场、成本、财务、人力资源配置及全面质量管理等企业经营管理的基本要素还没有形成规范的行为，更没有变为员工自觉的行动。管理的漏洞很多，远远达不到精心运作的水平。从另一个角度看，潜力也很大，这是我院必须尽早尽快整改的问题。

（2）科研与产业的关系界定不准，科技成果转化慢，产业化程度低

我院成熟的、值得产业化的科研成果寥寥无几，仅有的几个科研成果产业化程度较低、成果转化慢、没有形成强有力的市场竞争能力。有的产业如同作坊式的，成长性不好。

对于我院如何兼顾行业技术开发、处理好科研与行业的关系以及与本院产业的关系，科研与产业间如何界定等重大问题，至今尚未得出统一的、令人信服的结论。

3. 在科研、设计、产业领域创新不够，专业及产业结构调整效果不明显

（1）院内三个层次的科技资源没有完全配置起来，科研后劲不足

前几年我院已决定，将全院的科技资源按三个层次配置：

院技术创新中心，着眼于行业共性难点技术和我院产业发展急需的技术，属于院内“稳住一头”的。

专业研究所，立足于有色行业和国有及非国有企业，以开拓国内外技术市场为主，承接国家和企业委托的科研课题，是我院科研和技术创新的主力军，也是我院与企业联系的纽带，是“放开一片”的。

产业机构内的科研力量，主要为本产业机构的产品升级更新换代和技术提升服务。

从前几年情况看，对院技术创新组建模式各方面意见不一致，影响了组建进度，创新工程尚未启动。此外，大多数科技产业机构内部还没有形成技术开发队伍，这不仅使科研后劲不足，而且产业后劲更不足，这种形势很令人不安。

（2）全院的综合科技开发优势未充分发挥

按讲，我院的专业配置在国内外都算是齐全的，但承担重大课题的能力不强，原因就是院内、所内的科技力量分散，而且有“窝里斗”的现象。矿冶总院整体水平高，但就某一个课题或项目的水平不一定反映我院的真正水平，原因就是承担课题和项目的专业人员配置不合理，有

的项目负责人水平不高，导致项目负责人的水平代表不了我院的真实水平，其结果很不利于外部竞争。这一现象除了与现行的承包体制有关外，也与部分干部、职工大局观念不强有关。今后除了加强宏观调控和行政干预外，还应加强对干部、职工全局观念的教育。

（3）部分科研与产业项目进展缓慢

科研与产业之间尚未形成良性循环。我院化学化工和自动化类的科研和产业，十年前就列入我院发展的重点，但至今进展缓慢，已有的产业多年来长不大，甚至有萎缩的迹象。对矿山类和检测类的专业，由于行业及专业特点，多年来发展缓慢，职工收入低。对这些情况院领导早就清楚，但一直没有得力的措施。

4. 没有创造条件使广大职工积极参与管理

我院职代会成立较晚，使得在很长的一个时期院内的民主决策、民主管理和民主监督不规范，而且没有形成制度。

院领导在重大问题上，例如对于关系职工群众切身利益的重大问题、领导干部党风廉政建设问题、企业改革中的重点难点问题和经营管理中的重大问题等，在决策前没有通过职代会和工会等常设的规范渠道广泛听取群众的意见，致使透明度不高，院务公开程度低。

5. 与政府部门和企业联系不够紧密

我院的专业和行业特点决定了为国民经济主战场服务的宗旨，与企业有天然的联系。企业是我院生存与发展的空间，离开企业就自取灭亡。近两年，有色金属工业企业下放地方后，我院没有及时调整战略部署和经营策略，强化与企业的联系。特别是领导班子成员并没有分工协调有计划地带领科技人员深入企业与高层领导接触，帮助企业规划，挖掘课题及开展技术与商务合作。有些企业这两年已是空白，无人问津。大家很清楚地看到，近几年企业领导人员来院的少了，合作的范围和渠道已减少许多。

前几年我们没有经常向国家科委、计委、经贸委和财政部政府部门的主要领导汇报沟通情况。特别是国家机关机构改革后人员机构变化很大，我们衔接得不及时，加上我院属中央企业后有些业务渠道不畅通，信息不灵，致使部分科技与产业化项目未及时申报或论证不成功。

今年上半年，院领导已分省区、分政府部门较详细地制定了与政府部门和企业联系的办法，并已落实到院领导个人，院领导大都已开始行动，但尚未完全到位。

6. 党建和思想政治工作存在不足

（1）结合我院改革与发展的中心工作开展思想政治工作不够

如今干部职工群众中的政治问题不是主要的，大多数属思想认识问题。随着国企改革的深入，职工群众的人生观、价值观、利益观乃至权力地位观与十几年前相比已有很大不同，这些问题不同程度地会在全院的改革、科研与经营管理中反映出来，有时处理不当或不及时会造成职工群众情绪上波动，甚至激化矛盾，影响职工个人的利益和全院的发展。

面对这些新情况，院领导班子没有经常性地把握住人本管理的准则，结合本院实际工作开展思想教育工作少，对于职工群众中已明显产生的情绪有时未能及时去疏导。

（2）思想政治工作创新不够、不适应市场经济的大环境和职工观念的变化

这不仅是本院存在的而且也是社会上普遍存在的现象。我们做干部和职工的工作，多半还停留在上传下达、文件学习、会上发言报告及谈话沟通等方式，而且对当今敏感的社会现象和矛盾说不清、道不明，没有说服力，职工内心并不服，而且不解决根本问题。这是一个难题，但总要找到有创新性的机制和方法才行。

（3）企业文化氛围不浓，职工的凝聚力下降

十多年前，院领导班子就提出要继承和发扬我院的传统风格，树立起我院的矿冶精神。近几年，又提出建立与我院改革与发展相适应的矿冶文化，这是一种拓展。但是我院领导班子多半停留在一般性的号召上，没有深入策划、研究如何建立具有本院特色的矿冶文化氛围，以便使职工为本院的发展和个人价值的实现能舒心地工作。这个问题涉及的因素很多较复杂，需要认真研究。

7. 没有经常性地深入基层，和群众及基层干部联系、沟通不够

这是院领导班子成员普遍存在的问题。除了出差时有机会与基层干部、职工接触外，平时院领导与群众的接触以及调查研究大多数是在办公室和会议室以听汇报、谈话和讨论会等形式进行的。这样做不能真正了解第一线群众的呼声和疾苦，遇到个别干部报喜不报忧和不如实地汇报，还导致院领导对真实情况了解不准、判断失误，这既有害于工作，也失去了院领导与职工群众的血肉联系。

二、问题存在的主要原因

1. 对国有企业和科技体制改革的深刻理解不够，对政策的变化未能做出快速反应

国企改革已到了攻坚阶段，深层次的矛盾已暴露出来，人们的观念已发生了很大变化，社会矛盾又十分复杂，在这种情况下，国内外的各种理念和思潮不可避免地会冲击我院，应当说改革遇到了前所未有的难度，这与其深刻的社会背景有关。党的十五大以后特别是江泽民同志关于“三个代表”重要思想的论述，使我国在政治理论和经济体制改革方面已突破了原有的禁区，产权改革、多种所有制共同发展，期权、期股的出现与实施，已使我国的经济结构出现多元化。在这种情况下，作为受传统教育和长期在国有独资经营体制中工作的院领导，认真学习钻研国家关于经济体制改革的理论和政策不够、不及时，与我院的改革实践结合得也不够紧密，以至于对这些重大的变化一时理解不透，不能快速适应，出现了观望或等政策出台的现象。这就使院领导班子不能主动地扬弃传统的观念并对固有的管理体系及行为方式提出怀疑和挑战。

另外，我国科技体制改革的总体思路也发生了很大的变化。从一开始抓“放开一片”到后来抓“稳住一头”，1998年至1999年又将242个院所整建制地改为企业。科研院所转为企业后如何定位与发展？政府各主管部门还来不及进行综合平衡并提出一个明确的说法，这也使院领导对于形势的发展不能快速地做出准确的判断。

2. 对本院转制为企业的发展模式和策略把握不准

为了应对各种复杂的矛盾和适应改革的需要，院领导班子成员尽可能做到认真学习、加快观念的转变。这几年，在现职的8名院领导成员之中，有5人在国家行政学院国有重要骨干企业领导人员培训班结业，有1人还参加了中央党校和中组部的培训，有1人在清华大学取得了MBA学位，有2人在中国工程院经常听国家领导人的报告和高层专家的论坛。这些培训的内容包括现代经营管理理念、策略，国际上著名跨国公司成功或失败的案例以及我国经济体制改革和应对WTO的政策等。应当说，基础理论知识对领导班子成员而言是基本具备的，但涉及我院具体改革与发展的定位和策略等重大问题却把握不准，主要顾虑是：我院科研方向、专业结构要不要大调整；行业特色如何保留；院内科研和技术创新如何定位并采用何种架构；如何兼顾大型企业的发展和行业技术开

发基地的双重需要；科研与产业有各自的内在规律，它们的运行应当是两种不同的体系，对二者采用何种机制并如何接轨才能两不误，而且相互促进向良性循环发展。如果这些问题不解决，我院就有可能办成既不是研究院又不是企业的模式，这些困惑影响了班子成员的改革思路。

3. 我院的经济实力不足制约了改革力度和发展速度

我院在历史上就家底薄、经济基础弱，加上传统专业多、技术创新能力差、高新技术产业少，使我院在市场经济的环境中步履维艰。从企业赚不到大钱，也很难从国家获得大的科研和产业项目。为了迅速改变我院的面貌，从1984年起历经十七年的科技体制改革，我们实际上是在不完全具备条件，尤其是在不完全具备经济条件和透支我们最宝贵的人力资源的情况下，硬是创造条件实现了超常规发展。国家要求科研机构转为企业，但没投入经营性资本金和必要的生产流动资金。对于成长中的企业，发展越快，资金就越短缺，这是改革与发展中遇到的困难，但反过来这些困难又制约了发展。任何一项改革都是要支付成本的，而且大部分需要有资金的投入，由于我院的历史和现状，对改革成本的承受能力不高，难以运作大力度的项目。

此外，我院的长远发展与职工的当期利益有矛盾。由于我院现有的行业特点和专业的局限性，高附加值的产品和技术很少，就很难将蛋糕做大，切出来用于企业再发展和用于职工分配及福利的这两块蛋糕都不可能大。为了使我院可持续发展需要资金投入，为了满足职工日益增长的货币及福利方面的利益也需投入。解决这一矛盾需要有一定的时间和空间，但形势逼人。等得起的已经退了，没有退的人很多已等不起、陪不起。

4. 院现行的法人治理结构不合理

对这一问题，前面已作了部分分析，转入企业后，除了建立北矿磁材科技股份有限公司之外，全院在法人治理结构方面没有作更大的变革，致使院领导、职能机构及二级经营机构的负责人权责不明、管理不科学，影响了效率，限制了发展速度。

5. 领导班子成员社会兼职多，院外工作繁忙，分散了精力

院领导班子成员大都是国内和行业有影响力的技术专家，社会兼职较多，社会上公务活动也较多。有时如果不参加会影响兄弟单位的工作，有时面子上不好推脱，也有的与本院的业务相关，参与院外的工

作，实际上也有利于院内的工作。这些活动分散了不少精力，使院领导很难静下心来，认真思考及研讨本院改革与发展的深层次问题。

6. 归根到底是对“三个代表”重要思想的学习和实践不够

能够做到代表中国先进生产力的发展要求、代表中国先进文化的前进方向、代表中国最广大人民的根本利益，这是我们搞好各项工作的根本。上述问题和产生问题的原因，归结起来，还是我们对江泽民同志“三个代表”重要思想理解不深，实践不得力所致，今后的整改也要抓住这一主线。

三、今后努力的方向和措施

以上谈到的问题和产生的原因，仅仅是初步的，但大体上反映了影响全院改革与发展的主要问题。这些问题及产生的原因有些是社会上普遍存在的，也有的是本院特有的。其中有客观因素，更有主观因素。院领导班子及成员必须正视现实，正视班子中存在的缺点和不足，以对党、对国家高度负责的精神和对矿冶总院的发展及对职工群众的高度责任感，改正无论何种原因产生的不利于改革与发展的缺点和错误，认真学习贯彻江泽民同志“三个代表”重要思想，以对社会主义事业及对国企改革必胜的信心和不懈的拼搏努力，更加勤政廉政，团结广大干部职工坚定不移又脚踏实地地推动全院的改革与发展。当前最主要的是对于查摆出的问题，结合本院的实际情况，端正态度，积极整改并认真实施，使“三讲”学习教育活动见到实效，也给广大干部职工一个满意的答卷。

院领导班子及成员要进一步深入学习领会我国经济体制改革和社会主义建设的基本理论，并适度了解和借鉴西方经济学理论和现代管理理论，紧紧盯住国家政策的变化并及时做出快速反应，以指导我院的改革与发展。院领导要从繁杂的事务性工作中解脱出来，集中力量研究有关全院改革与发展的重大问题。要搞好“十五”规划，依靠职工参与民主管理，搞好院务公开，进一步做到科学决策、民主决策，要坚持以人为本，建立完善院内的激励机制与约束机制；在科研、设计与产业中要加强技术创新、体制创新和机制创新，要通过多种渠道，尽快建立一批职工宿舍，解除职工群众的后顾之忧，要建立和形成一种有利于本院发展的矿冶文化氛围，使干部、员工舒心地在本院工作，并使个人的发展同本院的发展联结起来。

要从我院的实际情况出发，积极稳妥地推动产权多元化的改革和混合所有制经济的发展，抓紧现代企业制度的建立，改革现有的法人治理结构。要把北京矿冶研究总院这艘无救生艇的大船，改变为以北矿集团公司为母舰，以大小不同的舰船通过资产为纽带分布在母舰周围并与母舰成为利益共同体的组合舰队。编队航行既可破大风大浪，又可化解风险。

总之，院领导班子及成员有决心集中大家的智慧更加勤政、廉政地努力奋斗，以使北矿的组合舰队乘风破浪，勇往直前。详细的措施在下一阶段整改中还要研究，欢迎大家批评指正。

在“三讲”学习教育活动后期，院领导班子成员经过认真查摆和研究后，由我执笔写出《北京矿冶研究总院“三讲”学习教育活动整改方案》(9月5日)。

13.2.4 北京矿冶研究总院“三讲”学习教育活动整改方案

在“三讲”学习教育活动中，院广大职工积极参与、热烈响应，针对影响我院改革与发展的突出问题，对领导班子及成员提出了中肯的批评意见。院领导班子进行了认真的查摆和总结，又进一步在成员中开展了谈心活动并开好了民主生活会。在此基础上，针对院领导班子及成员中存在的影响全院改革与发展的突出问题，经过较深入的研究后提出了整改方案，现报告如下。

一、院领导班子及成员应加强学习，转变观念，加强领导班子的自身建设

1. 坚持和完善院领导中心学习小组的学习制度

院领导要坚持每两个月一次的集体学习制度，并结合我院的实际情况有针对性地开展专题讨论，务求实效。主要学习内容及活动包括：

（1）学习政治理论、方针政策与法规

认真学习马克思列宁主义、毛泽东思想、邓小平理论和江泽民同志“三个代表”重要思想及“七一”讲话，还要学习国家关于国企改革和科技体制改革的政策、法律、法规，不断提高院领导班子及成员的政治素质、理论水平、政策水平和法治观念。要努力转变观念，增强事业心和责任感，适应国家经济环境的变化和我院事业发展的需要。

(2) 学习经济理论及管理科学知识

努力学习和掌握现代经济理论和管理科学的基本知识，熟悉和了解国内外成长性好、竞争力强的企业和集团公司的管理模式和经营理念，以适应我院的企业定位、发展目标和策略的需要。

(3) 结合全院的工作实践认真研讨

在院领导集体学习的基础上，针对国企改革形势的发展和我院在改革与发展中遇到的难点问题，每半年进行一次专题研讨。研讨会之前作好准备，研讨会上争取出现创新的观念和思路，并尽可能在会后把新的观念和思路转变为行动。

(4) 每半年向干部和职工代表报告一次学习体会

在学习报告会上，院领导班子集体或个人要将学习和研讨的体会和成果认真向干部和职工代表汇报，这既是对班子及成员学习效果的检查与督促，也是对中层干部和职工培训的一种形式，在适当的时候还要开展院领导和干部职工的共同研讨活动。

2. 发扬批评与自我批评的优良传统，坚持在院领导班子成员中开展相互谈心活动，开好民主生活会

(1) 班子成员每半年至少开展一次相互沟通和谈心活动；

(2) 每年开好一次民主生活会，会前收集群众意见和开展谈心活动，会上开展批评与自我批评，会后党委书记和院长负责检查提醒（包括二人相互检查和提醒）。

责任人：邱定蕃，党委书记兼副院长

责任部门：党办、院办、组织部

执行人：韩秀华、何树华、胡福成

时间：2001年9月制订学习计划并开始实施

二、加大改革力度，促进全院快速发展

1. 制定全院中长期发展目标和策略，重点是制定今后五年的发展规划

为适应我院建立国际品牌的大型科技企业集团及国家与行业技术开发基地总体定位的需要，本着捍卫和发展我院的核心主业，实施有限多元化发展的原则，着眼于长远发展的需要，研究制定出我院近期和中长期的发展目标和策略，重点是制定全院今后五年的发展规划并落实，主要内容包括：

（1）集团公司的新型管理架构和运行机制、规范的法人治理结构（孙传尧负责）

（2）经济发展规划（孙传尧负责）

（3）科技发展规划（邱定蕃负责）

（4）产业发展规划（夏晓鸥负责）

（5）设计发展规划（饶绮麟负责）

（6）国际化经营发展规划（张立诚负责）

（7）人力资源开发规划（孙传尧负责）

（8）物业发展规划（夏晓鸥负责）

（9）职工货币收入及福利发展规划（孙传尧负责）

（10）资本运作规划（张建良负责）

（11）学术发展规划（汪旭光负责）

（12）矿冶文化、人文环境及精神文明建设规划（王玉田负责）

责任人：孙传尧，院长；各主管院领导协助，分工同上

责任部门：院办、党办、科研管理处、科技产业处、工程设计院、人事处、外事处、进出口部、物业管理处、工会、保卫处等

执行人：何树华、战凯、张晓春、王瑜、徐瑞勇、胡跃武、李生光、韩秀华、韦淑霞等

时间：2002年第三季度完成

2. 实现产权多元化改革，完善法人治理结构，改革院内的运行机制

（1）完成电子材料发展中心改制工作

吸收院外企业投资首先建立有限责任公司，再进一步组建股份有限公司并尽快实现A股上市发行，我院作为投资主体实行控股，公司的高管人员及主要骨干持股。

责任人：汪旭光，副院长

责任部门：人事处、科技产业处、电子材料发展中心

执行人：白厚善、李士伦、张晓春

时间：2001年第四季度完成有限责任公司组建、注册

（2）完成植物胶产业的公司制改制

在北京天然植物胶发展中心的基础上由我院控股，吸收国内外企业法人参股，该产业的高管人员和主要骨干参股，进行公司制改制。

责任人：夏晓鸥，副院长

责任部门：科技产业处、人事处、北京天然植物胶发展中心

执行人：潘英民、李士伦、张晓春

时间：2002年第二季度完成有限责任公司组建、注册

（3）锌粉产业的改制

以现有的锌粉产业为基础，我院作为出资人控股，并由国内外企业法人参股，再由高管人员和主要骨干参股，进行公司制改制。

责任人：夏晓鸥，副院长

责任部门：科技产业处、锌粉公司（筹）、人事处

执行人：刘葵、李士伦、张晓春

时间：2002年第三季度完成有限责任公司组建、注册

（4）组建北京北矿冶金技术有限公司

以本院作为主发起人控股，吸收院外的企事业单位参股，公司高管人员及主要骨干持股，组建冶金技术有限公司。该公司具有冶金中试基地和科技产业的双重功能，近期以镍钴技术开发和产业开发为主。

责任人：邱定蕃，党委书记兼副院长、院士

责任部门：冶金研究所、科技产业处、工程中心办公室、人事处

执行人：蒋开喜等

时间：2002年第三季度完成有限责任公司组建、上市

（5）组建北矿炸药与爆破技术开发公司（暂定名）

充分利用我院工业炸药技术开发与工程转化的国内外品牌，以我院作为主发起人控股，适当选择国内外的企业投资参股，并有高管人员和主要骨干持股，组建产权多元化的炸药与爆破技术有限责任公司，创造条件实施股票上市。

责任人：汪旭光，副院长、院士

责任单位：炸药与爆破研究所、科技产业处、人事处

执行人：章士逊、熊代余等

时间：2002年第三季度完成有限责任公司组建、注册

（6）对丹东冶金机械厂和北京钨钼材料厂进行公司制改制的调研和论证

这两个企业经过几年的努力，于2000年已实现扭亏为盈，2001年发展势头见好。为了促进两个企业的快速发展，除了继续加强企业管理、调整产品结构、加强技术创新等行之有效的措施之外，考虑进行公司制改革，实施产业多元化和混合所有制经济改革。首先要搞好调研论证，下一步工作视论证情况再定。

责任人：夏晓鸥、郑宝臣

责任部门：丹东冶金机械厂、北京钨钼材料厂等

执行人：刘仁继、王爱德等

时间：2002年第一季度完成调研和论证

（7）运行机制的转变

适度分权，使院长和主管院领导以及二级机构负责人权责明确，管理科学化，提高全院的决策和运行效率。

责任人：孙传尧，院长

责任部门：院办、党办等

执行人：何树华、韩秀华等

3. 加强资本运作，盘活资产

首先要加强北矿磁材上市前的各项准备工作，确保本年度的利润指标和其他各项业绩指标，待时机成熟时尽快使A股上市发行成功。其次是搞好策划，经过论证再选择合适的产业组建股份有限公司实现股票上市。此外，选择机会，控制风险，根据本院的财力状况适度进行战略性投资。要进一步加强资产运营并要盘活现有资产，当前工作重点如下：

（1）抓紧铁岭选矿药剂厂的并入工作；

（2）完成二部非工业区的改性规划，研究开发方案；

（3）尽快实施院部西区的合作开发方案；

（4）研究丹东冶金机械厂部分闲置工地的开发问题。

责任人：孙传尧（总负责）；张建良，副院长（北矿磁材上市及资本运营）；夏晓鸥，副院长（资产盘活）；张立诚，副院长（铁岭选矿药剂厂并入）

责任部门：财务处、北矿磁材科技股份有限公司、科技产业处、物业管理处

执行人：刘显清、于一公、李士伦、胡跃武、刘仁继

时间：2001年9月准备及实施，2002年第三季度前完成。

北矿磁材2002年一季度前上市。

2002年二季度内完成二部改性规划。

院部西区开发在2001年四季度签合同。

丹东冶金机械厂部分土地开发2001年9月开始调研，2002年二季度提出方案。

4. 加强技术创新、对全院科技资源合理配置

（1）院技术创新中心应尽快建立合适的运行机制，本年度内启动技术创新项目。

（2）主要产业机构要做好技术创新规划，尽快建立研发机构，配置专职的研发人员，提出技术开发课题。

（3）进一步研究本院专业结构和研究方向的合理布局问题。

（4）调研并提出充分发挥本院综合科技优势的论证方案。

责任人：邱定蕃，党委书记兼副院长

责任部门：科研处、科技产业处

执行人：战凯、李士伦

时间：2001年9月开始，在第四季度内启动技术创新项目，2002年三季度完成

5. 加快工程设计业务的发展

要对已实施的项目经理负责制进行评估和完善，建立有市场竞争力的、能促进我院工程设计业务快速发展的新型运行机制和管理体制，设计资质尽快晋升甲级。

责任人：饶绮麟，副院长

责任部门：工程设计院

执行人：王瑜

时间：2002年内晋升甲级，其他工作2001年第四季度完成

6. 研究与完善对科研、设计、产业类二级机构的考核办法以及对院职能机构的考核办法。

至本年底，我院即将完成1998—2001年度的目标考核任务。院领导将总结1984—2001年五轮承包与目标考核方案，结合我院转为大型科技企业的实际情况，研究提出新的考核办法，以便在今后几年内实施。

责任人：孙传尧

责任部门：院办、财务处、科研处、人事处、科技产业处、党办等

执行人：何树华、刘显清、战凯、张晓春、李士伦、韩秀华

时间：2002年第一季度完成

7. 对现有的职能部门和管理系统进一步评估

现有的职能部门是2000年机构改革设置的，根据运行状况及企业发展的需要应当进行评估和完善，必要时进行适度整合，特别要加强涉及战略发展、综合规划和宏观调控的职能，确定承担这些业务的职能部门。

责任人：孙传尧

责任部门：人事处、院办

执行人：张晓春、何树华

时间：2002年一季度完成

8. 尽快建立和完善院内的激励机制和约束机制

当前重点抓紧分配制度的改革，提出分配方案并实施。此外，要研究吸引和稳定人才的有效策略和措施，包括对干部和骨干员工的培训、选拔、任用和奖励机制，研究期股、期权的有关问题以及员工科研成果权益分享问题等。

对干部和科技人员要加强考核，建立能上能下制度，对不称职的或群众反响大的干部要及时撤换调整，对不能胜任工作的工程技术人员要解聘或低聘，创造一种有活力的、促使年轻骨干员工快速成长并富有竞争机制的氛围。

责任人：孙传尧

责任部门：人事处、科研处

执行人：张晓春、战凯

时间：分配制度改革方案2001年第四季度出台，本年度内实施；新型激励机制和约束机制的建立2002年第二季度提出

9. 加大国际化经营的力度

工作的立足点是适应我院建立国际品牌的大型科技企业集团（公司）的需要，应转变观念，促进体制与机制创新，提出加强国际化经营的目标和策略，重点是吸引外资，吸引外国技术和人才，加大我院产品出口的力度，特别是技术出口，办好赞比亚炸药厂。提出在其他国家创办合资企业的可研报告。

责任人：张立诚，副院长

责任部门：外事处、进出口部、赞比亚项目办公室

执行人：徐瑞勇、李生光、王国立等

时间：赞比亚炸药厂2002年第三季度投产，加快国际化经营的可研论证报告于2001年第四季度提出

10. 下决心、花大力，建好一批宿舍，缓解职工住房矛盾

住房难是职工群众反响最为强烈的问题，院领导已采取各种措施努力解决一些问题，争取2~3年内基本改善职工的住房条件。

（1）白堆子甲乙丙宿舍改造工程本年度内开工；

（2）白堆子3号楼改造工程（新建增加一个单元）2002年一季度开工；

（3）参与首科花园2万平方米公寓的建设；

（4）综合四处及钨钼材料厂宿舍工程于2002年二季度开工；

（5）二部房地产开发2002年完成规划、变更及提出开发方案。

责任人：夏晓鸥，副院长

责任部门：物业管理处

执行人：胡跃武

时间：同上

11. 加强与政府部门和企业的联系

关于加强我院与政府部门和企业的联系问题，上半年已提出初步工作方案，并部分实施。今后的工作重点是进一步修改并完善工作方案，尚未落实联系人的应尽快确定人选，要全方位地开展工作，力求出一批成果。

责任人：饶绮麟、邱定蕃

责任机构：科研处、院办、科技产业处等

执行人：战凯、何树华、李士伦等

时间：2001年第四季度开展一次全面检查和督办

三、改进工作作风，增强群众观念，密切与群众的联系，创造条件使职工参与民主管理

1. 充分发挥职代会和工会的作用，搞好院务公开

除非是国家法律和法规规定的保密事项以及涉及我院的机密事项不宜公开外，凡属关系到职工群众切身利益的重大问题、领导干部的党风廉政建设问题、企业改革中的重点难点问题和经营管理中的重大问题等，在决策前都要根据职代会条例和工作程序听取职工代表的意见，并且要借助于职代会和工会这最基本的民主形式搞好院务公开，创造条件请职工群众参与民主管理、民主决策、民主监督。

2. 院领导深入基层制度化

（1）坚持领导班子成员定期参加所在党支部的活动。

（2）每位院领导每月至少有半天时间去基层调研并有书面的工作纪要，以备检查并方便今后的工作。

（3）每月安排2次院领导值班，公开接待职工群众的来访活动，做

好记录、转达、处理、实施及答复工作，使工作规范化、制度化。

(4) 分工明确，使每个院领导定点联系几个二级机构（全资或参股），每季度会商一次，沟通情况，及时研究和处理所出现的问题。

责任人：王玉田，党委副书记兼纪委书记

责任部门：工会等

执行人：韦淑霞、韩秀华、胡福成

时间：2001年第四季度制定出工作细则、院领导2001年9月开始实施

四、加强党组织建设，改进思想政治工作

要结合我院的中心工作，有针对性地开展深入细致的思想教育工作，加强企业文化建设，创造一种适合广大干部、职工舒心工作的人文环境，增强职工的凝聚力和企业发展的动力，重点加强：

1. 院党委每季度召开一次专门会议分析研究干部、党员和职工中的思想倾向，对先进的典型要及时总结，对于存在的问题要及时分析原因，提出解决问题的办法，对实施情况要检查。

2. 院党委主要领导及成员结合定点联系的二级机构，要关心指导基层党支部的工作，注意对党员开展经常性的教育，使广大党员起模范带头作用。

3. 采用参观、考查、报告、研讨等多种形式，充分利用院内外的典型实例开展思想教育工作。

4. 举办不同规模和形式的联谊活动，加强干部与职工间的沟通、理解。

5. 加强党委对共青团工作的领导，发挥团组织作用，做好团员和青年工作。

责任人：王玉田，党委副书记兼纪委书记

责任机构：党办、宣传部、工会、共青团

执行人：韩秀华、韦淑霞、李岚等

时间：9月开始实施，2001年第四季度制定并完善工作方案及细则

五、勤政廉政、严格自律，严防腐败

按照中国共产党党员领导干部廉洁从政若干准则的要求，加大反腐倡廉的力度。

1. 院领导班子成员要严格遵守“五不准”的规定，重大事项向党委报告制度和礼品登记制度。

2. 根据上级下发的文件并结合我院的实际情况和外部环境的变化，制定出院领导班子廉洁自律的有关规定并监督执行。

责任人：王玉田，党委副书记兼纪委书记

责任机构：纪检监察室

执行人：胡福成、周洲

时间：9月全面学习有关文件并结合我院实际制定规定

以上整改方案是“三讲”学习教育的初步成果，是在中央企业工委驻北京矿冶研究总院“三讲”学习教育指导检查组的指导下和在广大职工群众的鼓励与鞭策下完成的。院领导班子及成员感谢广大干部和职工的积极参与并提出了诸多宝贵意见；这使院领导找到了差距、坚定了信心，也明确了努力方向和工作目标。各责任人将认真负责，在规定的时间内抓紧制定实施细则。在此期间，对于已查摆出的问题和整改方案中提出要解决的问题，院领导将及时办；对于整改方案中暂时不能解决或需要延期解决的问题，将创造条件办并向干部、职工做出解释。

矿冶总院在今后改革与发展的道路上还将不断遇到新情况、新问题，我们的整改方案也将及时修正，使其趋于完善。院领导班子及成员在中央企业工委的直接领导下将巩固与发展“三讲”学习教育获得的成果，带领并团结全院广大党员、干部和职工更加勤奋努力地工作，为使北京矿冶研究总院保持可持续发展，实现宏伟的发展目标而奋斗。

个人总结、领导班子总结和整改方案三个重要文件都是我认真学习总结后执笔完成的，经过领导成员讨论后定稿，经指导检查组审阅后再交干部职工审定。我没有让办公室的人员执笔，一则是我长期的工作习惯，在我任院长期间，院里的重要文稿都是我亲自执笔，不让别人代写；其二，我能更准确地把握住文件的格调、定位，观点、尺度，不必再花很大的精力修改。

我院的“三讲”学习教育活动结束后，中央企业工委召开了总结大会和下一批企业的动员大会。机械科学研究总院院长海锦涛是我多年的好朋友，他们院下一批开展“三讲”。他向我打听主要文件的写法，当他得知三份主要文件都是我亲自执笔后，让我介绍经验。我对海院长说：“对老朋友讲实话，我写的领导班子和我个人的总结每份约1万字，远看是缺点，近看是优点。既要有深度，符合要求，又不能写得一团糟、一片漆黑，文件都要存档。”随后，我把有关文稿送给海院长。

“三讲”学习教育活动结束后，又搞了一个“回头看”活动。我和领导班子成员受教育很深，收获很大，对以后的工作和个人的提高起了十分关键的作用。

13.3 关于先进性教育活动

先进性教育活动与“三讲”学习教育活动不同：“三讲”学习教育活动是在中央企业工委领导下进行的，院党委书记兼副院长是邱定蕃院士，院党委副书记兼纪委书记是王玉田；而先进性教育活动是在国务院国资委领导下进行的，院党委书记是王玉田，院党委副书记兼纪委书记是张晓春。此外，督导组的成员与指导检查组不同，内容与“三讲”学习教育活动也不同。

按照党中央的部署和国资委党委的指示，我院保持共产党员先进性教育活动经过认真准备后，于2005年7月19日召开全院动员大会，全面启动。先进性教育活动完全是按照国资委的要求，在驻院督导组的指导下按计划有序进行的。

8月5日下午，按照《北京矿冶研究总院保持共产党员先进性教育活动实施方案》的工作计划安排，院领导班子中心组进行了第一阶段的学习交流。

国资委党员先进性教育活动督导二组成员尹凌青、赵军出席交流会并一起交流学习体会。会上，领导班子成员分别进行了有准备的发言，交流的学习体会内容很丰富。这些体会和认识的共同点在于：

（1）学习培训过程，是一个不断提高对先进性教育活动认识的过程。院领导班子成员通过认真学习《保持共产党员先进性教育读本》，深刻领会《中共中央关于在全党开展以实践“三个代表”重要思想为主要内容的保持共产党员先进性教育活动的意见》，并观看中央党校制作的专题纪录片《世界执政党兴衰史鉴》、专题报告录像片《加强党的先进性建设，永葆党的先进性》，边学习边思考，不断加深对这次先进性教育活动的意义和目的的认识。

（2）搞好先进性教育活动对加强党的执政能力建设是至关重要的。领导班子成员在学习中感受较深的一个问题是，对于任何一个执政党来讲，其执政地位绝不是与生俱来的。中国共产党的执政地位，是历史的选择，是经受了长期考验的，这一点不容置疑。但是，建党80多年来，中国已经发展成为世界上一个具有重要政治地位的、经济上高速发展的国家，同时也面临着一些执政党在执政和发展过程中必须解决的共性问题和一些具体国情问题。党中央经过5年时间的准备和调研，决定在全党开展保持共产党员先进性教育活动，从党员的自我教育抓起，促进基层党组织建设，增强党的执政基础，进而提高党的执政能力建设，具有十分重要的现实意义。

（3）坚定信心，搞好今后的工作。通过领导和组织开展党员先进性教育活动，给党员讲好党课，做好形势报告以及抓好先进性教育活动联系点工作，院领导班子成员对实施我院党员先进性教育活动的计划方案表示高度重视，身体力行，起到了领导带头作用。大家表示，在以后的几个阶段中，一定认真办，讲究实效。

8月17日，我院召开了保持共产党员先进性教育活动转入第二阶段动员大会。在京院党委委员、国资委企业督导二组全体成员出席大会。王玉田书记在会上作第一阶段总结暨第二阶段动员报告；国资委企业督导二组组长张青林在会上讲话。大会由院党委副书记兼纪委书记张晓春主持。党员、入党积极分子和职代会代表共500余人出席大会。

王玉田书记在报告中总结回顾了先进性教育活动第一阶段的工作。指出，按照党中央和国资委党委的统一部署，我院在京党委于7月19日开始进入先进性教育活动的第一阶段。在京党委共有2个直属党总支33个直属党支部的党员参加了教育活动。京外丹东冶金机械厂党委和铁岭选矿药剂厂党委按地方党委的要求，相继开始了先进性教育活动第一阶段的工作。总体上看，全院各党总支、党支部能够按照党中央和国资委党委的要求，在国资委企业指导二组、国资委企业督导二组的直接指导下，全面、有序、稳步地开展学习动员阶段的工作，做到了领导带头，全员参与，周密计划，扎实推进，力求实效。在第一阶段开展的主要工作有：提升认识水平，全面做好准备工作；广泛动员，深入发动；领导带头、做出表率：努力使学习深入扎实；结合实际，努力创新；注重质量，严查细看；提高了认识，促进了工作。

先进性教育活动第二阶段分为五个环节：开展谈心活动及广泛征求意见、撰写党性分析材料、开好专题组织生活会和民主生活会、提出和反馈评议意见、通报评议情况。

对如何做好第二阶段的分析评议工作，王玉田书记代表院党委讲了五点意见。

国资委企业督导二组组长张青林在会上宣读了督导组《关于北京矿冶研究总院“先进性教育活动转段请示”的批复》（以下简称《批复》）并讲话。《批复》肯定了我院的先进性教育活动在院党委的领导下，较好地完成了学习动员阶段的各项工作任务，实现了学习动员阶段的各项目标要求，开局良好，进展顺利，初见成效。《批复》指出，分析评议阶段是承前启后的关键阶段，要增强信心，深入推进。《批复》希望我院认真贯彻国资委《关于做好中央企业第二批先进性教育活动分析评议阶段工作的通知》精神，进一步加强组织领导，重点抓好“五个环节”工作，把先进性教育活动不断引向深入，认真完成好分析评议阶段的各项工作任务。

从8月17日至9月19日，历时34天时间，我院保持共产党员先进性教育活动完成了分析评议阶段“五个环节”的工作，于9月20日转入整改提高阶段。

对于如何做好整改提高阶段“三个重点环节”的工作，院党委提出了七点意见：一是进一步统一思想，充分认识搞好整改提高阶段工作的重要性；二是认真负责，制订切实可行的整改方案；三是建立工作制度，进行整改；四是公布整改措施和情况；五是认真进行“回头看”；六是认真做好群众满意度测评工作；七是继续加强领导，高质量地完成整改提高阶段的工作。

整改提高阶段是确保先进性教育活动取得成果的决定性阶段，是先进性教育活动的着眼点和落脚点，也是确保整个活动不走过场和取信于民的关键环节。院党委要求全体共产党员要高度重视，加倍努力，确保整改提高阶段任务顺利完成，推动全院各项工作再上新台阶。整改提高阶段于10月底结束。

此前，在7月21日上午，院党委书记王玉田以《遵从党的行动指南，永葆共产党人的先进性》为题，结合企业实际，为全院党员上了一次党课。党课内容包括三个部分：一是马克思主义的一脉相承和与时俱进；二是深刻理解“三个代表”重要思想科学体系；三是践行“三个代表”重要思想，展示共产党员先进性的时代风貌。全院500多名党员听了党课报告，国资委第二督导组副组长何履梅和梁伟也到会参加了党课学习并给予指导。

在第一阶段的学习培训中，我给全体党员、入党积极分子和职工代表做了一场报告，题目为《中国金属矿产资源现状、综合利用概况和矿冶总院的使命》。我在报告结尾时特别强调：我院正处在一个良好的发展机遇期，同时也肩负着神圣的历史使命。打造一支矿冶铁军队伍，为我国新型工业化和实现国家中长期发展规划建功立业，是党和国家对我们矿冶人的期望。全院干部、共产党员和广大职工一定要有高度的事业心和责任感，奋力开拓，自主创新，强院报国，成就员工，为实现我院的奋斗目标，并为国家不断做出新贡献而努力奋斗。

整个先进性教育活动主要是在院党委书记王玉田领导下进行的，与“三讲”学习教育活动相比，我的工作量不大，但是，我受到的教育和得到的收获仍然很大。

14　加强学习，提高政治思想水平和管理水平

14.1　参加有色金属工业系统科研院所长培训班

1993年，中国有色金属工业总公司在燕郊有色金属管理干部学院举办21个科研院所的院长和党委书记培训班，我和院党委书记周峰参加了培训。培训的内容包括：① 授课：由有色金属管理干部学院的专职教师、金融专家、国家发改委体改司司长和中国有色金属工业总公司科技局局长等讲课，内容涉及学习中共十四大的相关文件、邓小平南方谈话、经济体制改革、科技体制改革、国企改革等，很丰富。② 研讨：针对当时国家科技体制改革主要是拨款制度改革，减拨事业费问题，学员们讨论交流思想。有的所长发言很尖锐，说国家减拨事业费是"断奶"，中国有色金属工业总公司是"断气"，科研院所很难生存。学员们交流了各自院所的情况，谈了一些体会，相互启发不小。③ 参观：到北京矿冶研究总院二部（草桥）参观科技产业和中试基地，我们院当时在院所中科技产业发展是比较好的，国家科委也很重视。

这一次脱产集中培训收获很大，学习了一些理论知识，特别是银行家讲解的有关金融方面的知识对我们帮助很大，以往我们对此了解很少，但对于院长们的经营管理是必需的知识。院所长们普遍增强了科技体制改革的紧迫感、危机感和使命感，认为倒退和停滞是没有出路的。

14.2　参加中组部第八期党员专家邓小平理论研究班

1997年10月，我在金川选矿厂参加电化学控制浮选，工业试验遇到困难。在现场工作到第38天，接到北京矿冶研究总院的通知，让我回北京参加中组部理论研究班。接到通知后，我心情很复杂，中组部理论研究班是点名

让我参加的，不能不去，但工业试验正在困难时期，此时我离开现场犹如战士离开战火纷飞的前线，我实在是难舍难分，只好服从命令了。

到中组部招待所报到，得知这个班的学员很特殊，四位院士分别来自中科院岩溶地质研究所、中国电力科学研究院、中科院高能物理研究所和中国人民解放军军事医学科学院。其余26人全是大研究院所的院所长，是名副其实的党员专家理论研究班。后来从这个班里先后走出六位院士：唐启东、邬贺铨、干勇、张耀明、孙传尧、赵文智。研究班的班主任是中组部姚雪副局长，工作人员有桑竹梅处长、罗梅建处长。

在研究班给学员讲课的都是一些大专家、学者，有中组部副部长、中央党校副校长及党内的理论家、经济学家等，内容涉及邓小平理论，中国改革开放问题，国企改革、科技体制改革等课题。授课人也有中组部理论研究班已结业的学员，例如年轻的经济学家江小娟。由于学员少，属于小班课，因此课堂氛围宽松，老师讲课也放得开。每节课我都认真记笔记，如饥似渴地学习，课后复习笔记回顾讲课内容收获很大。

安排的多次讨论课也很活跃，大家畅所欲言。因为学员都是科研院所的院长和院士，共同语言多，感受大同小异，气氛宽松。有一位学员詹纯新，是长沙建设机械研究院的院长，他发言时系统地谈了院所改制、混合所有制和股票上市问题。看得出他对这些重要问题已经思考得很深，大家感到观点新颖，但太超前。于是有人接着说："詹院长，你这些想法等到党的十六大以后再干吧！"在2000年全国劳模大会上，我和詹纯新不期而遇，显然他成功了。他所创办的中联重科股份有限公司如今已声名大噪，部分产品已打入国外市场。

研究班安排的现场参观也是精心选择的——保定乐凯胶片厂和北京的中国电子科技集团有限公司在经营管理中都很有特色。

1997年10月6日是令人难忘的一天，理论研究班的全体学员集中到中组部小礼堂，胡锦涛同志接见全体学员，发表了重要讲话，并与大家合影留念，张全景部长组织这一活动，并和几位副部长陪同接见。这张照片我一直珍藏着，长期激励着自己。

前几年，我在北京飞往长沙的飞机上意外地与中组部老部长张全景坐在一起，十分高兴。我向张部长讲述了当年他亲自组织学员在中组部受到胡锦涛同志亲切接见和照相的事。张部长说："你一登机，我看你就挺面熟。"老部长对20多年前的事记得很清楚，他还说胡锦涛同志当时还发表了重要讲话。这两小时的航程，张部长给我讲了不少鲜为人知的事，对我的教育很大，我觉得有幸上了一堂课。

研究班为时一个月，学员普遍感觉收获很大。结业后不少学员间长期保持联系。例如，时任中日医院副院长的左焕琮先生，是左宗棠直系第五代孙，他1968年从北医毕业后在甘肃山丹军马场工作八年，我从东北工学院毕业后在新疆可可托海矿区工作十年，1978年我们同期考上研究生。相似的经历使我俩有很多共同的语言，结业后我们一直保持联系。我的专业对他没有任何帮助，可他是著名的神经外科专家，对我院不少生病的员工及家属给予了及时的救治乃至起死回生。他后来任清华大学医学院院长，有一天白天做了五台手术，因过度劳累，夜间不幸逝世。我得知这一噩耗悲痛万分。

我很珍惜在研究班学习的机会，也很努力。但是我的心还惦记着金川选矿厂工业试验的事，每天晚上我都通过电话询问工业试验的进展，提出一些指导性的意见。

14.3　在国家行政学院参加国有重点企业领导人员培训班

1999年10月31日至11月27日，我在国家行政学院参加国有重点企业领导人员培训班。该班的主办单位是中组部、人事部、国家经贸委、国家行政学院，协办单位是外国专家局、安达信公司。这个培训班，国家极为重视，学员100余人均是国有重点骨干企业的主要领导人，此前国家行政学院还没办过这么高层次的培训班，业内戏称是“中国国企的黄埔一期”。

11月2日，国务院总理朱镕基接见培训班的全体学员和部分教师并发表重要讲话。朱镕基总理说：

> 十五届四中全会为国有企业改革和发展创造了良好的外部环境，现在的关键在于企业内部，在于企业领导人员的素质和水平。企业一把手对于企业的发展具有关键性的作用。要切实在领导人员的培训、选拔、培养、考核和监督等方面下功夫，使他们的思想政治素质、经营管理能力得到进一步提高。希望学员们刻苦用功地学习，为国家学习，为国有企业学习，为中国的发展学习，不断总结经验，提高领导水平。

这段话是在报纸发表的，其实朱镕基总理在接见我们时还讲了“一人兴邦、一人丧邦”这句话，以此强调国企一把手的重要性。

朱镕基总理的接见、讲话和与学员合影对我们鼓励很大。大家转变身份，无论职位高低，一律是学员。具体课程安排和教员的选拔先由安达信公司的方黄吉雯女士提出方案，最后由朱镕基总理亲自审定。教员都是国内外在经济、管理、金融、法律等领域有造诣的专家、学者。每次讲课前，教员把课件发给学员，上课时留有一定的时间让学员提问，我也经常问问题。教员再针对性地回答讲解，课堂氛围严肃开放。晚上，学员大都在各自的宿舍里自学，也有的到专用教室里讨论，方黄吉雯老师都陪同学员学习讨论。

每名学员的座位固定，并且都有桌签，哪一名学员没上课，座位空着，一眼就看得出来。中央企业工委和中组部的干部在后面观察，实际上是对学员考察。

在国家行政学院学习时，每天早上我都滑旱冰，围着大广场滑上几圈再吃饭。因我年轻时是速滑运动员，北京矿冶研究总院党委书记王玉田在设计矿冶文化宫时专门建了一个旱冰场，我就开始滑旱冰，并且比较专业。当年在国家行政学院学习的学员多少年后见到我时还问："你现在还滑旱冰吗？"几天前，我打电话给多年不联系的老学员葛铁铭，他刚接电话愣了一下，但马上就反应过来："你就是当年滑旱冰的老孙吧？"可见我滑旱冰留给学员的印象挺深。

培训班结业后，我向党委书记兼副院长邱定蕃详细报告了学习情况和体会。邱书记很敏感，他看我带去的资料堆起来有一尺高，建议我给中层干部讲讲，让大家都受益，按现在时髦的说法是共享，我欣然同意。由于我听课认真，课后认真复习思考，对全部课程掌握得还比较好，因此不需要花很大精力备课。院里在主楼东厅脱产办了三天培训班，全体院领导和中层干部参加。我把一个月的学习内容压缩为三天的时间讲完还是下了一番功夫，大家听得很认真，因为内容很新颖，又结合实际，对现代管理非常有用。后来党办主任韩秀华等人把我的全部课件整理成一本文集，发给全院干部，我觉得这项工作很有意义。

14.4 参加中央党校国有重要骨干企业领导干部进修班

该班的办学时间是2001年6月12日—7月13日。6月12日举办开班式，中央党校、中纪委、国家经贸委、中央企业工委和中组部的高层领导郑必坚、郑斯林、赵洪祝、张柏林、蒋黔贵等出席，并与全体学员合影留念。

图14.1　中央党校国有重要骨干企业领导干部进修班（第一期）开班式合影

2022年夏季，当年的中国航天科工集团副总经理马兴瑞已是新疆维吾尔自治区党委书记，他在乌鲁木齐亲自召开矿产资源论坛，我有幸参会并与马书记21年后重逢。

在开班式上，党校培训部孙主任在讲话中强调，学员首先要完成身份的转变，无论你的身份和职位如何，在党校一律平等，都是学员。这个班的学员层次很高，都是国有骨干企业的老总，有的本身就是中管干部（副部级），也有不少后来担任了省部级高层领导。有多名学员是党和国家领导干部，有的还是有名气的经济学家，但是在班上没有任何人显摆自己。学员80余人，分两个党支部，每个党支部分三个组，每个支部都设党支部书记、副书记兼组织委员、副书记兼学习委员、生活委员、文体委员。

图14.2　我与马书记合影

课程设置有党校传统的“马基本”，即马克思列宁主义；“毛基本”，即毛泽东思想；还有当代军事、当代外交、管理科学、经济体制改革、经济学、关于中国加入WTO问题等，内容很丰富。给我留下很深印象的是王京东老师的经济学课，他很年轻，虽然课时不多，但他深入浅出地把经济学原理讲得很清楚，还有党校李兴山老师把当代西方管理理论讲得也很清楚，这些知识我们过去接触得很少。

我上课非常认真，详细记笔记而且保留下来，直到现在我不时还会翻开笔记看看。在我厚厚的笔记本里记载着讲课内容：

三个代表是新世纪党建的伟大纲领——建党八十周年江泽民讲话辅导报告，郑必坚常务副校长

马克思列宁主义基本理论概论，党校赵翟教授

WTO与法制，国务院法制办公室主任

毛泽东思想基本问题，金春明

如何认识当代资本主义的新变化，严书翰

社会主义市场经济基本理论与当前我国经济体制改革，藏志风

邓小平理论与社会主义的历史命运，杨春贵

促进稳定发展的政策取向，吴敬琏

时代发展与中国共产党的三个代表，郑必坚常务副校长

新世纪之初的中国对外开放若干问题，张伯里

技术创新与知识经济，朱丽兰

新资本协议对我国金融的挑战，刘明康

资本市场今后发展与公司治理的互动，梁定邦

刘少奇对中国社会主义建设道路的探索（晚上选修课），党校王海光

加入WTO对中国经济贸易的影响和对策，对外经贸大学张汉林

现代经济学的主要理论，党校王京东

关于进一步深化国企改革的几个问题，陈清泰

现代企业法律制度的若干问题，清华大学王保树

建立现代企业制度和加强管理，经贸委蒋黔贵

当代西方管理理论，党校经济学主任李兴山

联合图强、发展精品，提升国际竞争力，宝钢董事长徐大铨

中国石油的重组改制与上市，中石油总经理黄总

中国电子商务与企业，邢炜

文攻武备，国防大学吴秀通

上下午都上课，讨论的时间不多，在后期有一个大会交流，每个党支部选几名学员向全体学员和教师报告心得体会，实际上是报告论文。

党校宿舍的地下一层有条件很好的健身房，我经常在下面滑旱冰，有时也在外面滑。

结业前，每名学员都要写一份学习总结，实际上是结业论文。我写的题目是《关于国有企业人才策略和激励与约束机制的思考》。这篇文章我以前错记为第十二期党员专家理论研究班的论文，并收入我的《足迹与情怀》一书中。经我再三核实，是本期中央党校的结业论文，故收入本书。

本期结业颁发了中央党校校长胡锦涛签发的结业证书。党校的学习机会十分难得，收获很大，只是觉得时间短了些，没学够。

关于国有企业人才策略和激励与约束机制的思考

江泽民总书记在“七一”讲话中说：“时代在前进，事业在发展，党和国家对各方面人才的需求必然越来越大。要抓紧做好培养、吸引和用好各方面人才的工作。进一步在全党全社会形成尊重知识、尊重人才，促进优秀人才脱颖而出的良好风气。领导干部要有识才的慧眼、用才的气魄、爱才的感情、聚才的方法，知人善任，广纳群贤。要用崇高的理想、高尚的精神引导和激励各种人才为国家为人民建功立业，同时要关心和信任他们，尽力为他们创造良好的工作条件。加快建立有利于留住人才和人尽其才的收入分配机制，从制度上保证各类人才得到与他们的劳动和贡献相适应的报酬。通过各项工作，努力开创人才辈出的局面。”这一段话何等精辟地论述了党和国家的人才策略。以下结合自己在工作和学习中的体会谈几点认识。

一、建立与企业的发展目标相适应的人才策略和激励与约束机制是国企改革的重要举措

1. 关于现阶段国有骨干企业的定位

国有重要骨干企业是我国国企的排头兵，是国家经济命脉和安全的核心保障。国有企业改革是我国建设有中国特色的社会主义事业的关键。对此，政界、经济界的人士及国有企业的领导者已达成共识。

企业原本是以追求利润最大化为目的的经济实体。但是，我国的经济正处于转型时期以及我国社会主义制度的特点，决定了我国的国有企业（特别是国有骨干企业）在今后的一个历史时期，实际上为国家承担着政治责任、社会责任、经济责任，对某些科技型的企业而言，还承担着技术责任。与非国有企业相比，在市场经济的竞争中显然具有不对称

性。可见，完全自由放任的市场竞争是不妥当的，它既不符合本国国情，也为西方发达国家历史上惨痛的教训所证实。因此，在经济活动中既要有看不见的手——市场和价格的导向，也还应当有看得见的手——政府的干预和宏观调控。实际上国家也一直在这样做，但有时政府对经济的干预和宏观调控尚未完全到位，特别是如何支持国有骨干企业的改革与发展，提高企业的核心竞争力，还应当有针对性更强的措施。

从发展看，无论是国企还是非国企，都应当在相同的外部环境下竞争与发展，这就迫使国有企业要加大改革的力度，相应地，政府也要制定一些配套的政策。

2. 以人为本，人力资源的竞争是企业核心竞争力的关键

企业生存与发展的关键是提高企业的核心竞争力。在市场经济条件下的优胜劣汰使人才、资金、市场、品牌迅速向一批优势企业集中，而相应地会有一批企业陷入困境，这一现象是企业竞争的大环境所决定的。由于我国长期计划经济遗留的一些问题，加上行业背景不同、企业产品结构不同及地区的人文、自然和经济环境的差异，无论是国有企业还是非国有企业，优胜劣汰、生死存亡是绝对的。特别是中国加入WTO之后，我们将面临国际化的更严峻的竞争，因此提高企业的核心竞争力是关键。

企业的核心竞争力，应当是企业自身拥有的，能创造独特价值的，而且其他企业在短时间内不易模仿的综合技能的集合，包括技术与产品的研发能力、市场的培育与开拓能力、经营者的管理能力以及对人力资源的竞争能力等。在以上各因素中，人力资源的竞争是企业竞争力的关键。当今国内外有识之士一致认为，企业之间的竞争，归根到底是人力的竞争，而人力的竞争是人才经营模式的竞争和宏观与微观生存环境的竞争。而且加入WTO之后，外国企业对中国研发和管理人才的竞争必然是争夺的焦点。因此，人本管理是企业管理的核心。

这里的人才指以CEO为代表的企业高层管理人员，中层干部、部门经理，以及从事研发、市场营销、生产制造的骨干员工。现在，大多数国有企业都面临着一个共同困惑，就是优秀的人才进不来、留不住，特别是年轻的骨干人才在国有企业中很难留得住。这是国企当前和今后相当长一个时期生存与发展所面临的严峻形势。对此，一方面政府部门要制定行之有效的政策，另一方面企业也应制定相应的内部激励机制和约束机制。国内外企业管理的正反两方面的经验和教训表明，企业人本管

理的核心是建立一套行之有效的激励机制和约束机制。

二、制定人才策略和相应的激励机制

1. 不同的企业应着眼于企业的实际情况建立相应的内部激励机制

目前，国有企业由于行业和所处地域的不同以及企业规模、主业等方面的差异，可以说是千差万别。在这种情况下，不能期望国家出台统一的规定明确企业内部的激励机制，最多也只能制定原则性的条例。这就要求企业的领导者要根据企业自身的实际情况，制定出一些合理的内部激励机制，原则上包括物质鼓励同精神鼓励相结合。邓小平同志在《解放思想，实事求是，团结一致向前看》一文中指出："不讲多劳多得，不重视物质利益，对少数先进分子可以，对广大群众不行，一段时间可以，长期不行。革命精神是非常宝贵的，没有革命精神就没有革命行动。但是，革命是在物质利益的基础上产生的，如果只讲牺牲精神，不讲物质利益，那就是唯心论。"邓小平同志在1978年的这段讲话是何等精彩！他告诫全党要解放思想，在注重精神鼓励的同时，更要看到物质利益的重要性。现在企业的领导人已认识到物质激励很重要，但关键在于如何把蛋糕尽可能做大，使切出来分配给员工的一块也尽可能大，这是对员工激励的物质基础；否则，对于困难的企业激励的力度就不可能大。经济学原理告诉我们，效率和公平有时是矛盾的，要想提高效率，就不能单纯顾及公平，追求公平就会影响效率。党的十五大告诉我们，当前企业分配制度的原则是效率优先，兼顾公平。党的十五届四中全会又指出，按劳分配和按生产要素分配相结合。江泽民总书记明确提出，要从制度上保证各类人才得到与他们的劳动和贡献相适应的报酬，这就要求企业内部首先要建立和完善一套合理的分配制度。

2. 企业吸引和稳定人才的几个因素

国外管理学者马斯洛提出了人对需求的五个层次论，即生存需求、安全需求、社交需求、受尊重需求和自我实现需求。他认为这五种需求是后一个在前一个满足的基础上依次产生的。但对当今的社会人却不一定按此顺序追求，这与人的个性有关。但不管怎样，这五种需求对大多数人是存在的。因此，企业的激励机制可以参考以上五个层次的需求。与此相关的，本人考虑企业吸引人才和稳定人才的主要因素大体上有四点：

员工个人的发展与企业的发展目标及策略相关；

员工对岗位的兴趣和对事业的追求；

企业文化，人文环境；

企业对员工贡献的回报。

以下作具体说明。

人才既然进入市场，必然有人才的价值取向。在大多数情况下，当一个人欲向一个企业求职或对于已在该企业供职的员工而言，他们最关心的，一是该企业的现状和前景，二是个人的岗位和个人发展的可能性。反过来，企业关心的是求职人员和员工的能力、对企业的忠诚度和对企业的贡献。不能想象一个濒临破产的企业能吸引人们去求职，除非是一个职业的企业家能使企业起死回生，向世人展示他的创造力和非凡的管理才能。

当一个企业的定位及近期、中期和远期发展目标与策略清晰地界定之后，企业才能有生机，才能长期保持兴旺不衰的发展势头，企业对近、中、远期三个层面的人力资源才能合理配置。这样，求职者和员工对企业才能有信心，对个人的岗位和前途才能有稳定感，而且可针对企业不同的发展阶段来设计个人的定位及个人的发展计划。因此，现代的优秀企业与员工之间已建立起新型的战略合作伙伴关系。

对于一个有志向、有能力的员工而言，寻求个人的发展实属正常。当今在大多数情况下，不大可能让员工“绝对服从组织决定”去长期从事自己不情愿的工作。员工的发展必须有载体和媒介，载体和媒介就是岗位和所从事的事业。

是什么因素能够使骨干的员工留在企业？纽约市哈尼根咨询公司的创始人莫里·哈尼根说：“人们往往以为是金钱，其实并非如此。雇员在一段时间内会关注薪水，但如果对工作失去兴趣，单单靠钱是不可能留住他们的。”我身边有不少年轻的骨干放弃出国留学的机会，或放弃国外优厚的待遇，甘愿在国内甚至是清苦的岗位上执着地追求，这是因为强烈的事业心和责任感驱动着他们更加热爱自己的岗位。

企业吸引人才是一方面，能否留住人才是另一方面。如果录用的人才过多地流失，不但造成直接的经济损失，而且使雇员已掌握的技能、销售渠道乃至知识产权流失，其损失就更大。可见，人才流失导致交易成本增加，流动风险增加。哈尼根说：“如果雇员桌上一台价值2000美元的电脑不见了，我敢肯定对此事会开展调查，引起一片混乱。但是如果一位掌握着各种客户关系、年薪10万美元的经理被竞争对手挖走，就不会进行调查，没有人会为此被叫去问话。”

现实的情况是，素质越高、越稀缺的人才，择业的机会就越多，所获的薪酬也越高，而且某些员工的流动意愿很强，他们往往考虑的是如何忠诚自己的职业而不是忠诚企业。因此，人才流动是大趋势，企业领导人应当正视现实，控制好人才的流量、流速。为了吸引人才并且提高员工对企业的忠诚度，对员工信任并适时委以重任有时比薪酬更有效。这里说适时很重要，对该重用的员工不用或迟用，其结果会导致优秀员工流失或者即使任用后员工早已失去昔日的激情，这方面的教训不在少数。归结起来就是要做到“三个合适”：在合适的时机，要把合适的人，选派到合适的岗位上去。

现时，越来越多的员工认识到一个企业的人文环境对自己求职和发展的重要性，特别是对于有一定经济基础和受教育层次较高的人来说，这几乎是首要因素。在企业的人文环境中，最重要的是要形成一个有特色的企业文化和企业精神，它能使企业营造一种尊重人才、爱护人才、使用人才，使员工忠诚企业，舒心为企业奋斗的氛围，并使员工个人的能力与良好的团队精神相融合，这样的企业必然对员工有很强的凝聚力，企业的生命力是无疑的。

企业应当对员工，特别是对有潜力的员工有一整套管理与培训计划。高层管理人员和业务主管应当与员工坦诚地交流与沟通，对员工良好的建议应当充分肯定并尽可能实施，这会使员工在精神上有一个支撑点，使他们感受到自己在企业中的位置和价值。企业与员工应当以劳动契约和心理契约形成以物质纽带和文化纽带为双重纽带的长期合作的利益共同体关系。

员工加大对企业的贡献，企业加大对员工贡献的回报，这必将促进员工个人的发展与企业的发展实现良性循环。对员工的回报有多种方式，除培训、信任、委以重任以及住房、汽车等方面给予员工福利和奖励外，薪酬制度改革是当前最关键的热点问题。

目前，我国国企的分配制度存在两个明显弊端：一是与国外企业或非国企相比，国企员工薪酬太低（绝对量低）；二是分配不公（相对量不公）。普通员工（或简单劳动者）的劳动力价格往往高于人才市场，而高管人员和从事复杂劳动的员工的劳动力价格却低于人才市场，更低于国际人才市场，造成人才价值与价格的背离。当今各国为了保护本国利益可以设置很多壁垒，但唯有人才和知识在国际范围内的流通是无法阻挡的。如果说国企前几年在分配制度上的改革有一定进展的话，那么面对国外企业、国内三资企业、外国独资企业以及非国有企业，这种低力度的改革就显得苍白无力。因此，加大分配制度的改革势在必行。其方向是：首先，在力所能及的条件下，尽量提高员工薪酬的绝对收入，并建立合理的、有激励作用的薪酬结构；其次，要调节相对量的不公正，这是广大群众和员工往往心态最不平的。因此，一方面要拉大差距，另一方面要解决不合理的贫富不均问题。管理学界有一种观点，认为一个企业中约20%的骨干员工创造了企业80%的价值，因此，对这20%的中坚人员，特别是不可替代人员要加大激励力度，使企业中一流的人才作出一流的贡献，享受一流的待遇。

3. 对企业经营者的激励问题

中国企业的经营管理人员与国外同类人员相比，其能力和智商并不低，但他们所面临的困难、承受的压力以及他们所承担的责任却比国外同行大得多，而他们所得到的薪酬却相对少得可怜。

对于四五十岁及以上的人员而言，由于他们的经历和所受教育的背景以及时代的特点，面对奉献、付出与回报的错位，他们或者毫无怨言，甚至终生无悔，或者无可奈何。但是对年轻一代的企业经营者，就不应当如此苛求他们。

企业高管人员的薪酬不应当由自己来决定，而应当由出资者、董事会和薪酬委员会通过规范的程序制定。但目前国有独资企业尚未建立起规范的现代企业制度和法人治理结构，出资人不到位，董事会和薪酬委员会不健全，在这样的条件下，企业高管人员，包括CEO的薪酬如何定，还有待于政府尽快研究出个方案。

党的十五届四中全会已明确，少数企业可试行经理（厂长）年薪制、持有股权等分配方式。应当提及的是，股票期权作为一种激励机制，其好处是显而易见的。它可以使企业经营者的薪酬与企业的长期利益联系起来，鼓励他们更多地关注公司的长远发展，而不是仅仅将注意力集中在短期财务指标上。有学者认为，劳动、知识、管理和资本共同创造了企业的价值。如果按这一理论观点，在企业产权制度的改革，股权、期权的运作中，能否与对国企的经营者和骨干员工的激励机制联系起来，特别是企业净资产的增量部分可否切出一块与企业的经营者和骨干员工的利益通过规范的方式联系起来？这是一个有争议的问题，但希望能有所突破。

在建立激励机制的同时，还应注意要把预期激励和当期激励结合起来。对经营者的预期激励是指将经营者的利益与企业的长远发展相联系，这是对经营者的长期贡献回报的激励方式，是给经营者戴上一个金手铐。经营者持股是实现预期激励的有益探索。对经营者的当期激励是指将经营者的利益与企业的当期效益相联系，是对经营者的当期贡献给予回报的方式，主要包括年薪、奖金及各种形式的短期奖励，这是给经营者一个金饭碗。一般来说，预期激励有利于经营者的长期行为和企业的长远发展；当期激励有利于激励经营者较快提高经营绩效，但容易导致短期行为。因此，应将经营者预期激励与当期激励有机结合起来，建立有效的激励机制。产权作为预期激励手段的作用优于一般薪酬的激励作用。期权期股激励作为一种重要的产权激励手段，将企业经营者的收入与企业长期绩效很好地结合起来，在现代市场经济中起着越来越重要的作用。经营者通过行使期权而拥有股权，将以企业所有者的身份致力于企业的发展，能有效防止损害出资者利益的各种短期行为。

企业如使多数员工持股，可减少经营者和员工的矛盾，有利于开发员工的潜能和创造力，有利于增强企业凝聚力和企业的稳定，形成员工和企业利益共同体。因此，在实现经营者持股的同时，要积极稳步地推进员工持股，对企业的技术和业务骨干及普通员工根据其对企业的贡献可通过期权期股方式持有企业股份。

当前对于国企而言，推行预期激励有较大难度，主要是在理论上尚未突破，没有可操作的法律依据。此外，如处理不当，可能出现国有资产流失或腐败现象。但这是与国际市场经济接轨的大趋势，应创造条件推行这项改革。江泽民总书记在“七一”讲话中指出：“现在，我们发展社会主义市场经济，与马克思主义创始人当时所面对和研究的情况有很大不同。我们应当结合新的实际，深化对社会主义社会劳动和劳动价值理论的研究和认识。”我们相信，理论界和法律界通过社会主义劳动和劳动价值理论的研究和认识的不断深化，这一难题有望得到解决。

三、关于企业的约束机制

企业的激励与约束是相关的同一问题的两个不同方面，只有激励没有约束，有可能导致经营者的短期行为和企业内部少数人说了算以及违纪违规等问题。

1. 建立规范的企业法人治理结构

国有企业约束机制的重点是“行政一把手”，要防止其个人盲目决策甚至错误决策。建立规范的企业法人治理结构的作用在于，明确股东会（出资者）、董事会、监事会、经理层和一般职工的职责，形成各负其责、协调运转、有效制衡的关系。

强化资产所有者对公司的控制与监督，使之体现在对公司运作的“事前监督、事中监督和事后监督”的全过程中。

2. 建立规范的决策与运作程序

北京矿冶研究总院长期以来遵循四句话工作法，笔者认为是行之有效的：

（1）立项调研充分。要实事求是，不能搞假了，不能看领导的眼色和意图行事。

（2）论证科学民主。论证讨论要充分发表意见，尤其是反对意见，绝不搞一言堂。

（3）决策定论果断。不能久议不决，主要领导要善于分析、判断总结，提高决策能力和水平，无论干与不干要果断决策。

（4）实施运作坚决。一旦形成决议坚决执行，谁挡道就搬开谁。遇到不可抗拒的因素，重新上会再议。

几十年的实践证明，坚持这四句话原则，使我院在重大决策中无明显失误。

3. 改善董事会结构，提高董事会质量

董事长必须与总经理分设，以此形成制衡作用，保证董事会的独立性。应适当增加董事会中外部董事、独立董事的比例。独立董事最好由三类人员担任：法律专家、财务专家、与企业主业相近的专业技术专家。要在公司的经营管理中明确董事会与高层经理人员之间的授权关系，包括程序授权与特殊授权。

4. 提高监事会的独立性，强化监事会稳定监督力度

监事会对出资人负责，负责监督董事会和经营者。监事会成员的业绩评价和收入，应由出资人决定，以保证其公正性。要提高监事会的工作效率和权威性。

5. 发挥党委会和纪委的作用

特别要参与决策、过程监督，但党委不能包办行政事务。

6. 发挥职代会的作用，搞好厂务公开

要尊重职工代表和广大职工民主参与的权利，并以职代会这种最基本的形式推行厂务公开。对于关系职工群众切身利益的重大问题、领导

干部党风廉政建设问题、企业改革中的重点难点问题和经营管理中的重大问题，都要以适当方式向职代会报告，增加透明度，使职工参与民主决策、民主管理、民主监督。

7. 从根本上消除国企经营者以权谋私

谈到企业的约束机制，自然就涉及国企的经营者是否以权谋私的问题。我认为要想完善企业的约束机制，使企业的经营者避免以权谋私和避免腐败，应当努力做到“四个不”：

一是全面提高企业经营者的素质，增强其社会责任感和事业心，增强其公仆意识，使他们不忍心以权谋私和腐败。

二是企业有严格规范的规章制度和议事决策程序，无空子、无漏洞可钻，使他们无法下手，不可能以权谋私和腐败。

三是有严格的奖惩制度，对出问题的人严加处理，使他们不敢以权谋私和腐败。

四是企业的经营者有较丰厚的薪酬及合理的职务消费，他们的贡献与得到的回报相符合，他们工作敬业，生活宽厚，心态平稳，使他们不值得以权谋私和腐败。

什么时候这“四个不”都具备了，对绝大多数国企的经营者而言，以权谋私和腐败现象有可能不再发生或极少发生。

江泽民同志关于“三个代表”重要思想的论述指明了方向，增强了国企改革的信心，我们将沿着有中国特色社会主义道路坚定不移地走下去，为中华民族的伟大复兴努力奋斗。

14.5　参加第十二期党员专家理论研究班

这一期理论研究班是国务院副总理李岚清亲自倡导并主抓，由中组部和科技部联合办的，地点在北京西山的国务院杏林山庄招待所。该理论研究班为期一个月，学员分8个组，每组17人，两名组长。我和航天八院（即上海航天技术研究院）的副院长袁洁担任第八组组长。这130多名学员都是国家大型研究设计院所的院所长，也有部分省属科学院的院长，其中国防军工口的学员很多，学员都是科技界双肩挑的精英，学历和知识层次很高，海归也不少，有些人后来成为省部级领导或当选院士。

报到的第一时间，中组部栾成杰局长在大厅迎接学员，我们领到一大摞书——《经济学原理》《组织行为学》《管理学教程》《麦肯锡高层管理》等十来本。栾局长说：“你们都是骨干，脱产学习机会难得，要学就学好，多发些书，也供大家平时学。”我很高兴，因为我平时就喜欢这类书。

2001年11月10日，举行开班式，中组部张柏林副部长、科技部李学勇副部长出席并讲话。

这个班人很多，平时就是上课，课程包括：

江泽民“七一”讲话和六中全会精神辅导，党校杨春贵副校长
高科技产业化的四道关口，联想柳传志
入世后的科技竞争：新平台、新规则、新市场，段瑞春
现代管理理论，人大杨杜（此课我的笔记本记了37页）
人力资源管理，人大彭剑锋（此课我的笔记本记了24页）
我国入世后的知识产权司法保护机制，最高法蒋志培
经济全球化背景下的企业改革，陈清泰
当前我国经济形势与宏观调控，国务院发展中心李德水
组织行为管理，浙大王重铭
科技体制改革与科技发展战略，徐冠华
市场营销战略与竞争优势的建立，惠普中国高建华
基础研究机构的管理与挑战，微亚研究院张宏江
追随智慧、吸引人才，海尔杜光林
高级财务管理，对外经贸大学张建平（此课我的笔记本记了40页）
战略新思维，复旦苗明杰（此课我的笔记本记了48页）
现代企业经营理念和文化建设，海尔张瑞敏

从以上课程安排看得出培训班以讲课为主，内容相当丰富，课堂笔记很有保存价值，平时也经常看看，对工作极有帮助。此外也安排分组讨论活动，其他没有什么娱乐活动了。有一天下午没有课，我作为东道主又是组长，把全组学员请到北京矿冶研究总院的矿冶文化宫活动，包括歌舞厅、旱冰、棋牌、健身器材和器乐等，晚上共进晚餐，大家很尽兴，更加深了了解。

结业式在人民大会堂小礼堂举行，学员们很郑重，穿戴整齐。军事医学科学院院长赵达生平时只穿一件普通的夹克衫，那天穿上将军服，佩戴少将肩章，显得很威武。李岚清副总理亲自给学员颁发结业证书，每位组长上台从李岚清副总理手中接过全组的证书。我是第八组的组长，当我从李岚清副总理手中接过学员的结业证书时，喜悦的心情可想而知。

发完证书后，是一个座谈会，实际上是李岚清副总理一人的重要讲话。

他首先祝贺大家认真学习，完美地完成了规定的学业，打下一个学习的基础，平时还要坚持学习。此后他讲的重点是关于科技体制改革中院所转制问题，这是大家十分关心的话题。李岚清副总理说："今天在学员内部我放开来讲，国务院机构改革十来个部委撤销了，镕基总理问我，各部委下属的研究院所怎么办？你考虑。我考虑后决定都转制为企业。"

科研院所转企的背景，李岚清副总理讲得很清楚，也很实在。尽管社会上对此看法不一，但是既然国务院已做出决议，那么只能义无反顾地走下去。

参加以上几个大型培训班使我系统地学习了管理学、经济学、当代马克思列宁主义、毛泽东思想和邓小平理论，也接触了不少成功企业的案例，对我在工作上的帮助极大。1998年3月，我作为团长还在德国参加科技部组织的为期一个月的科研院所长培训班，收获同样很大。那里的情况我在《足迹与情怀》一书中已做了介绍。

15　思想政治工作

15.1　提出“矿冶精神”

1968年我从东北工学院毕业后被分配到新疆可可托海矿务局。1970年我从四矿调到8859选矿厂工作后，北京矿冶研究总院吕永信工程师和他的团队在可可托海搞科研的动人事迹可以说是如雷贯耳。从此，北京矿冶研究总院就刻在我的头脑中了。1978年我有幸考取北京矿冶研究总院的研究生，师从我敬仰已久的导师吕永信先生，毕业后在导师和院领导的关怀下留院工作，我耳闻目睹了身边发生的事件，感觉到北京矿冶研究总院有一种无形的力量使员工凝聚起来奋发向上。在经历了选矿研究室工程师，科研处副处长、处长，副院长直到院长的历程，我更加体会到这种力量的神奇，经过百思终于得到其解，我读懂了，这神奇是一种无形的精神支柱。

1989年1月，在院文兴街总部大食堂召开的1988年全院总结表彰大会上，我任院长近一年后第一次做全院工作总结报告。我清楚地记得这报告稿是我手写的，当时连打印都来不及，在报告的最后一部分，我提出了“继承和发扬我院的传统风格，树立起我们的‘矿冶精神’”。这不是我一个人的意愿，而是与党委书记周峰等党政一班人经认真讨论后正式提出的，并且把矿冶精神凝练为“团结、求实、开拓、奉献”八个字。对于“矿冶精神”，我在总结报告中是这样写的：

> 继承和发扬我院的传统风格，树立起我们的“矿冶精神”
>
> 矿冶研究总院几易院名，已走过了三十多年的光辉历程。每当我们回顾这部由几代人共同努力写下的历史篇章时，常常很自然地联想到，由于同志们往日艰苦的努力，如今已在经济建设中结出丰硕的成果而令人欣慰和陶醉的情景。另一方面，假如我们再深思一下就会发现，伴随

着一批批科研成果的出现，还出现了另一种不被常人注意的珍贵成果，这就是我们矿冶人经过几十年的辛勤耕耘而逐渐形成的传统风格，也就是我们所说的“矿冶精神”。

“矿冶事业”原本就是在国民经济建设中开拓创业的艰难与铺路基石般的奉献融为一体的特殊行业。我们的矿冶人正是在自身为矿冶行业的奋斗中陶冶出了“团结、求实、开拓、奉献”的矿冶精神。只要我们略加思索，就可以举出许多映射出我们矿冶精神的生动实例：

设备室有一位主任，年近六十，去年年底只身一人乘火车，一天卧铺没睡上，硬是坐着走了五个省，东奔西跑去催还欠款。有的同志出差在火车上吃不上，也坐不下，一站就是七八个小时。

设备室一个专题组为研制具有国际水平的离心跳汰机而苦于没有试验场地，当他们因争得东楼的男厕所改造成实验室而感到荣幸时，换来的却是自动化室、药剂室、环保室的男同志每去一次厕所要多跑几百米的路。这些同志怀着克制和理解的心情，从不找院领导吵闹抱怨，难怪上级领导参观这厕所式的实验室后，发出了感叹：“矿冶院创造了奇迹!”

选矿室一个铅锌专题组三年三大步，科研大成果接踵而来，用他们自己的话说，一不缺钱，二不缺成果。但是，当有色总公司紧急召唤的时候，他们毅然背上氧气罐去海拔3200米的不毛之地青海锡铁山矿务局，和分析室、物质组成室的同志合作，一拼就是四十多天，元旦也没回京。直到一年后的今天，有的同志血压还未恢复正常。

还是为了这个锡铁山，我院的科研处原处长王乃勤同志，放弃首都优越的生活和工作条件，主动要求调去工作，打算在退休前再拼上几个回合。

自动化室一个专题组在足以冻死人的新疆哈图金矿苦战三个多月，当胜利完成任务准备返京时，得知选冶厂要停车检修，高度的责任心促使他们留下来，等检修完毕，他们对自己研究的自动化系统再次确认无误后才离开矿区。人还未到京，感谢信、表扬信已先寄到矿冶院。

技术开发研究所的一位高级工程师，多次谢绝了外单位的重金聘任，维护矿冶院的成果权益，为矿冶院兴旺发达效力的决心始终不动摇。

出国考察，人们都说是件好事，但多年来从未出过国的采矿室一位副主任与院领导据理力争，硬是把自己出国的机会让给专题组的同志。

争当高级工程师本来也符合人间情理，但够资格的一位研究室主任硬是把高级工程师的指标让给别人。

专题组为了达到试验指标，反复试验数遍、数十遍，直到通宵达旦，他们宁可不吃不睡，也不能修改一个分析数据。在商品经济的今天，作风严谨、信誉至上，是矿冶人的座右铭。

离开繁华的京城，一头扎到偏僻的山区在现场搞工业试验，年复一年，一去就是几个月。“只要出去，不获成功不回矿冶院”，这几乎是无人规定但科技人员自觉遵守的信条。今天有现场补贴是如此，过去没有现场补贴时也是如此。即使是遇到亲属重病或子女升学考试的紧要时刻，我们的矿冶人也是提起背包，一咬牙走出家门。

也见到这样的情景：在一个会议上，不约而同地从四面八方汇集了矿冶院的代表，有不同专业、不同研究室的，也有同一专业、同一研究室的，尽管在院内曾有不同的争论，但是在外面却自发地迅速组成一个整体，在众多的竞争对手面前，形成我们联合的优势。

很多人从国外出差回来想带点洋货，可我们设备室的一位老专家在回国的箱子里却装满了图纸，为了多带几本资料而不超重，他宁肯把自己的皮鞋和衣服扔在国外。

采矿室的一位劳动模范，有病住院手术，出院后一心惦记工作，不等病好就拄着拐杖去现场出差。

再看一看我院科技人员在技术思想上的胆略和魄力：

一位研究室主任在各家竞争的广西大厂矿务局课题论证会上说：“如果我们矿冶院的设备不好用，我们背回北京去。”

一份选矿工业试验投标书印上如下的铅字：如果工业试验失败，矿冶研究总院愿承担现场流程改造的全部经济损失。

再看一看另外一位现场的厂长是如何评价我院的科技人员的：

“我们矿里的选矿试验不知道有多少个研究所和大学做完小型试验了，可是也只有你们矿冶院敢来工业生产中比量比量。”

几年过去了，在广西大厂，我们的设备不但没背回来，反而越打越响。在凡口铅锌矿，我们不但没有赔偿流程改造的经济损失，倒使现场每年经济效益多收入几百万元，获得了部级科技进步奖一等奖①。

① 后来获国家科技进步奖二等奖。

还有更生动的例子，举不胜举。当然就我们院来说，也还是有阴暗消极的东西。比如说，也确有个别人热衷于在外面赚私钱，拉都拉不回来。但是，矿冶精神却是我们的正气，是我院风格的主流。

“企业精神，是管理的灵魂，是企业生存与发展的支柱。”这几乎成了现代管理的首要信条。有的人说，“二战”以后，日本经济之所以能高速发展，其秘诀不在于日本企业内部有严格的规章制度，也不完全靠科技进步，而在于日本企业在实行科学管理的同时，建立了一种适合本企业特点的优秀企业精神。

社会主义的企业管理，经过了几个阶段，直到企业精神的提出，才开始了管理史上的新时期：改变了产品经济条件下无论什么都是一个口号、一个榜样、一个模式的状况，使主人翁精神与企业精神相统一，使职工的主人翁地位从共有性、理论性变为个体性、实在性。

在社会主义初级阶段的今天，要让所有的人都按共产主义精神要求自己还需要有一个努力过程。但是，我们更不能让个人主义作为一种精神来左右我们的灵魂。如今商品经济的大环境，决定了企业精神才是国家、集体和个人三者间最佳结合的纽带。今天我们所提倡和树立的“矿冶精神”正是一种企业精神。如果我院的职工齐心合力为继承、发扬矿冶精神而奋斗，必然带来技术经济效益的提高，使国家、集体、个人三者共受益，这就形成了一个经济支撑点。而如果我院职工的个人价值在贯彻矿冶精神中得以体现，并得到社会的承认，这就形成了精神支撑点。这经济上和精神上支撑点的结合，便产生了矿冶人对矿冶院的信任感。

只有当我们的职工真正为了以上两个支撑点的结合而产生的信任感更加努力工作时，才会形成对矿冶院真正的向心力、凝聚力和原动力。

出一流的人才、创一流的管理、创一流的服务、创一流的成果、创一流的效益，是我院的奋斗目标。

用我们院的综合优势为有色金属工业的主战场服务，为我国的社会主义建设服务是我院的中心任务。让我们以“矿冶精神”激励着我们矿冶人，为实现我院的奋斗目标，为完成矿冶院的中心任务而不息地拼搏。

如今30多年过去了，那场面我记忆犹新。当我的报告讲到“矿冶精神”时，我很激动，满会场的职工自带椅子无人走动，鸦雀无声地听讲，待我讲完最后一句话后爆发出的掌声令我感动，给我这年轻的新院长以极大的鼓励。

“矿冶精神”是一种企业精神，当年在科研院所里提出企业精神，矿冶总院是超前的。“矿冶精神”的提出在我院的员工中引起强烈的反响，特别是在科技人员中引起共鸣，大家觉得讲到他们心里了。“矿冶精神”在院内已深入人心，并且已传承下来。如今我们的各级领导和员工已完成代际转移，但“矿冶精神”在继续弘扬。

之后在“矿冶精神”的基础上，我与党委书记王玉田等党政一班人又凝练出办院宗旨：“强院报国、成就员工”。这是全院员工的座右铭。

15.2　对入院的毕业生进行培训

以前从何时开始我不清楚，从1988年我任院长开始坚持对入院的毕业生进行入院培训，直到2006年我参加最后一次。起初每年两次，春季主要是毕业的硕士研究生和博士研究生，秋季主要是本科生。后来合并成一次，每年八九月份进行。再往后，接受培训的还有刚调入我院的新员工。

每次培训活动时间3天。第一天上午，全体院领导与毕业生见面，每名毕业生简单做自我介绍，这使大家对毕业生有基本的了解，也观察其语言表达能力和个人的风格。

之后，是每位院领导简短寄语，党委书记要讲得多一些。最后作为院长的我做主报告。

我报告的时间长，有2.5～3小时，每次讲的内容有区别，但以下内容必讲：北京矿冶研究总院的历史、发展沿革、现状；什么是中国的科技体制改革，我院科技体制改革的历程；了解国情，看中国不能光看北京和深圳，也不能光看电视剧中的楼堂馆所，要知道中国还有相当一部分人没有摆脱贫困；我们有些同学就来自贫困地区，如今父母和父老乡亲还生活在贫困之中，我们有责任为家乡的父老乡亲脱贫致富尽力；了解院情，北京矿冶研究总院在行业和国家的地位、责任；青年人入院后要摆正位置，谦虚、谨慎，认真学习，爱岗敬业，从基础做起，前五年很关键；要知道，一个人的成功，智商和情商同样重要，尤其要注意提高情商；尽快融入北京矿冶研究总院的群体，热爱祖国，忠于祖国，为祖国的矿冶事业尽力。

第一天下午是职能部门领导讲解有关规定，包括人事处、科研处、财务处、保卫处、行政处等。第二天是全院参观，分别在院总部、二部、三部和四部参观科研、设计和产业状况，这需要一天的时间。第三天由人事处安排观光和联谊活动，借此机会，新员工可以增加相互了解。

入院培训非常重要，也收到良好的效果，使新员工了解北京矿冶研究总院的文化，为今后做一名合格的矿冶人奠定了基础。培训之后，新员工进入各自的工作岗位，有的研究所再进一步介绍本单位的情况，任务紧急时就直接派往企业现场参加工业试验。20世纪90年代，有一年来院的毕业生中，凡是分配到职能部门（机关）工作的，无论是什么专业，一律到湖南柿竹园有色金属有限责任公司参加国家科技攻关项目的选矿扩大连选实验，三班倒。这样做一方面补充了人力，另一方面也让这些刚出校门的毕业生在企业里接受锻炼，不过也就是这一次。

15.3 如何赚钱？说实话，不说假话、空话、大话

有一年，上市公司北矿磁材科技股份有限公司召开近三年入职的年轻员工座谈会。我是院长，又是上市公司的董事长，于是我决定参会听听年轻人的想法。

座谈会由副院长、北矿磁材科技股份有限公司总经理张建良主持。大家发言很热烈，一个共同的声音是对北矿磁材科技股份有限公司寄予很大期望，也想在公司里努力干一番事业。但是大家也提了不少意见，主要是工作条件差、收入不高、不被重用等。共同的特点是急躁，有的在发言中多少带点消极的情绪，但正能量是主流。

座谈会结束前，张建良总经理让我这董事长讲讲。我首先感谢大家来矿冶总院工作并为北矿磁材的发展效力和建言献策，大家讲真话、讲实话，我也得讲点实在的。

> 在当今的中国，对于年轻人来说，“前途”和“图钱”是绕不开的四个字。大家普遍觉得收入低，这是事实，公司领导为提高员工收入在想些办法。我今天和大家探讨一下，当今在中国如何赚钱？抛开投机、钻营或偶然发财的机会，例如买彩票中奖，规范的赚钱方法我总结有以下几种：
>
> 1. 靠资本赚钱。资本越雄厚赚钱越多，投资、参股、搞资本运营都可以赚大钱。我们青年人刚毕业几年，还谈不上资本的积累，因此这种办法对大家不适用。
>
> 2. 靠管理赚钱。一名优秀的企业家年薪很高，职业管理专家无论在

哪一个行业，凭个人的管理才能都可以得到丰厚的回报。在座的年轻人目前显然不具备很强的管理能力，也没到重要的管理岗位上工作，因此，靠管理赚钱不具备条件。

3. 靠技术赚钱。一名工程技术专家，其科研成果或专利商品化后，收入很高。但是，我们这些年轻人暂时还是普通的工程技术人员，或为技术骨干当助手，短期内还不会有重要的技术贡献，也不会有高收入。

4. 靠技能赚钱。酒店里的大厨、水电维修技师、高级的钟表师在技术上都有各自的绝活，这样的人才很稀缺，每年的收入不少。可是我们在座的本硕博士们，你们能干这种活吗？会干吗？

5. 靠简单劳动赚钱。建筑工地的小工、环卫工人、宾馆和酒店里的服务员，不需要很高学历，只要肯干，经过培训后都可以上岗。但是，他们赚的是辛苦钱，而且也赚不了多少钱。我们从大学里走出来的人，一般不会从事这类工作。

以上五种赚钱的方式是我总结出来的，没有哪本书这样写。大家想一想，我们靠什么赚钱？大家不能心急，更不能浮躁，打好基础将来成为技术骨干或管理骨干，薪酬自然就上去了。

还有，在座的本硕博士们，你们都毕业于名牌大学：中南、东大、北科大、天大，学的专业大都是材料、机械、自动化、磁学之类的，这些专业难考、难学。以前这些专业很吃香，有“学好数理化，走遍天下都不怕”的说法。可现在呢？当今在社会上吃香的专业是金融、法律、新闻、艺术、经济等，收入也高。这类专业在20世纪五六十年代有实力的考生都不报考，而是考你们那些理工专业，我们要面对现实，理解和适应社会的变化。但是有一点是肯定的，无论个人收入多少，国家的科技创新永远离不开理工科的毕业生。

我讲完后就散会吃午饭。我原想我这番讲话给新毕业的年轻人打了一闷棍子，他们可能接受不了，甚至反感。没想到反馈回来的信息是大家听进去了，反响不错，表示要重新思考自己的职业生涯。

我这五种赚钱法不知道怎么传到北京科技大学了，时任校党委书记罗卫东专门邀请我到北京科技大学给校领导和中层干部讲一次，大家觉得很有道理，以前没想过这些。

15.4 优秀共产党员和优秀党务工作者去井冈山和瑞金接受革命传统教育

为了进一步提高优秀共产党员的觉悟水平，更好地发挥党员的先锋模范作用，我与院党委书记王玉田等领导研究决定，组织全院优秀共产党员和优秀党务工作者去井冈山和瑞金进行革命传统教育。党委这项决定明确是一项思想政治教育活动，是我们计划安排的，并且之前适度宣传，不要等人议论院长和书记带领优秀党员去游山玩水后再做解释。

院工会主席韦淑霞与铁路旅行社联系好，参观学习的人员往返全乘火车硬卧，主要是省钱，也避免奢华。大家大都没去过井冈山和瑞金，受教育极大。

到达井冈山的一天晚上，科技部挂职井冈山市的一位副市长请院领导吃饭。其间，这位副市长问我们这次活动的安排，我回答是来接受革命传统教育的，对于我来说还有一项与众不同的任务，我是来井冈山汇报的。因为早在1966年12月，我就和大学的同学徒步从南昌走到井冈山，面对井冈山烈士纪念塔我发过誓，大学毕业后，我永远跟党走，做一名合格的革命接班人。如今30多年过去了，从新疆可可托海的10年艰苦奋斗，到北京矿冶研究总院工作的20年，回想起来百感交集，但一句话：我没有食言，我向井冈山的英烈们汇报，我承诺的事办到了。

在瑞金，我们同样受到深刻的教育。这是我第一次来瑞金，因此看得、听得十分用心。瑞金城市修建得很好，但人气不旺。接待我们的一位副市长告诉我们："与井冈山相比，瑞金的景点少，也比较集中。如今交通发达了，人们讲究快节奏，客人从赣州来瑞金参观，加上往返车程，一天的时间已足够了，因此参观的团组几乎都住赣州，瑞金留不住人，人气就不旺，旅游收入也少，现在还想不出好办法。"

我听后觉得这是个问题。可再一想，其他地方也有类似的现象。多年前我在浙江嘉兴学院出差，一位校领导告诉我："高速公路和杭州湾跨海大桥通了以后，外地客人在嘉兴的停留时间发生根本的变化：从住一晚上到吃顿饭，再到撒泡尿。"这一问题如何解决真不是简单的事。

以后，国家明确提倡红色旅游活动。我想，北京矿冶研究总院组织的优秀共产党员和优秀党务工作者去井冈山和瑞金接受革命传统教育，在国内可能是开创了红色旅游的先河。

图 15.1　北京矿冶研究总院优秀共产党员和优秀党务工作者在井冈山接受革命传统教育（一）

图 15.2　北京矿冶研究总院优秀共产党员和优秀党务工作者在井冈山接受革命传统教育（二）

图15.3 北京矿冶研究总院优秀共产党员和优秀党务工作者在瑞金接受革命传统教育

15.5 举办青年干部培训班

我院很注重对青年干部的培养和考察。其中有两次脱产培训。

1994年8月11日，举办过小范围的培训，参加人员只有11人，都是各研究室的骨干。除了学习座谈外，还请学员对院里的工作提出批评与建议，另外还顺便考察学员语言表达水平和逻辑思维能力。院领导都认真参会。

这11名学员，以后都担任了处以上干部，还有的担任了院领导。后来的院党委书记、院长夏晓鸥，党委副书记张晓春，副院长熊代余等都参加了这个培训班。

1996年9月26日，我院在文兴街总部的新大楼礼堂召开了建院40周年庆典，李鹏等多位国家领导人题词祝贺与勉励，很多领导和嘉宾参会祝贺，全院呈现一派喜庆的氛围。按计划，庆典之后，于10月3—4日，我院在主楼东厅召开了一次规模较大的青年干部培训班，学员都是新中国成立以后出生的干部。培训班的中心议题是：如何看待矿冶总院40年的发展？如何看待本次院庆？全院的工作还存在哪些主要的问题？如何进一步发展？如何当好干部？怎样当好正职，怎样当好副职？适逢院庆时节，大家情绪高涨，发言讨论很热烈，院领导全部参加。

培训班结束那天下午，由周峰书记主持，我做了一个总结报告，除了青年培训班的学员以外，还请全体处级干部参会。那天报告我讲了两个多小时，大家很认真地听，院党委组织部部长王曼玲对我的报告全程录音。如今20多年过去了，我听了一遍录音，感觉讲得挺好，也符合当今的潮流，我甚至感觉，如果我现在讲还讲不到那个程度。我将录音整理成文稿，因文字太长，把它放在书后的附录里。

原计划第二天全体学员和处级干部利用国庆假日到郊外联谊活动，那天下大雨，没敢远行，只在怀柔水库旁搞了点娱乐活动，又在一个简单的餐厅里大家喝酒聚餐，庆祝国庆节，也祝贺培训班圆满结束，气氛十分热烈。这是我任院长期间唯一的一次与本院的干部在一起聚餐。

那次青年培训班产生了良好的效果，给我留下极深刻的印象。

16 关于行政后勤工作

有关科研、产业等基础设施的建设在第11章已列举了总体情况。这一章的行政后勤工作侧重于讲职工宿舍的建设和分房情况以及相关的背景。

北京矿冶研究总院建院时就先天不足，因此，与其他研究设计院所相比，我们的基础薄弱，建设难度大。这些艰难的工作主要是主管副院长领导完成的，我十分感谢韩荣元、罗忠义、郑宝臣、夏晓鸥、谢怀复诸位院领导的贡献，在他们的领导下，郭卫丰、胡跃武、石荣、曹祝龄、袁泽、张璞、金宝惠、薛长一、杜登明、刘仁继、王爱德、刘金健等多位处长付出了艰辛的努力才得以改变我院的面貌。

16.1 文兴街院总部主楼的立项和建设

如前所述，我院建院时委托苏联米哈诺布尔选矿研究设计院完成建院设计，地点在北郊。因当时基建项目没列上，不得已从北京有色冶金设计研究总院内搬迁到文兴街一号国家有色金属工业管理总局的办公楼落户。院子小、建筑构筑物少，这是先天不足。30年后在方毅副总理的亲自批示下，我院的综合办公和试验主楼终于获得立项。这项工程，我院贡献最大的是时任院长何伯泉。在他的亲自领导和努力下，经中国有色金属工业总公司的大力支持，终于在国家计委立项。我清楚地记得，1986年，我和韩荣元两名副院长到中国有色金属工业总公司请相关的领导来院，搞了一个简单的开工活动，其实就是请国家计委和中国有色金属工业总公司的司局长和处长们在院里吃顿饭，表示感谢。

文兴街总部面积本来就很小，经三通一平后于1986年开挖地基。经过一年的施工，地基开挖完成，形成了一个长方形的巨大深坑，几乎占据了院内的绝大部分面积。

1987年底，何伯泉院长晋升为中国有色金属工业总公司副总经理，此时地基已施工，开始下钢筋。1988年2月我接任院长，大楼的建设便是我的重点工作。起初负责主楼建设的是韩荣元副院长，后来韩院长出差到湖南郴州负责讲师团的工作，便由郑宝臣副院长负责直到竣工，基建处处长石荣、副处长曹祝龄以及后来的副处长袁泽都做出了重要贡献。主楼的一、二段设计单位是轻工业部第一设计所，三段有图书馆和学术礼堂（报告厅），容纳800多人，由北京有色冶金设计研究总院设计。

主楼建设历尽艰辛，一是经费不够。当时，中国有色金属工业总公司每年把科研院所的基建费用几乎全部投到北京矿冶研究总院和北京有色金属研究总院两个主楼建设上，其他近20个院所几乎分不到基建费用，尽管如此，费用缺口还相当大。没办法，多次向国家计委和中国有色金属工业总公司求援。二是建筑材料不足，钢材、水泥等都是计划内的，计划外的得求物资部相关处长帮助解决。有一次，我请中国有色金属工业总公司主管基建的副总经理张健来院查看建设进度，张健副总经理现场办公，帮助解决了部分困难，他还提议把新建主楼与原东楼用空中走廊连接起来，楼面再贴同样的瓷砖，这样东楼就相当于主楼的配楼，既美观又大气，通行还方便。到底是基建专家，他的建议很好，我们立即采纳了。

经过6年的建设，主楼主体工程已基本竣工，尤其是学术礼堂和图书馆先期竣工，目的是用于召开大型国际学术会议。大礼堂用作开幕式和主旨报告，东西厅用作分会场；图书馆面积大，临时用作大餐厅。一切都是新建的，都很实用，受到国内外代表的一致赞扬，北京首届现代矿物工程学和工艺矿物学国际会议按期在我院顺利召开，提高了矿冶总院在国内外的影响力。

到1994年，部分办公室和实验室陆续搬进主楼。1996年，主楼建设的第10个年头，要举办矿冶总院建院40周年庆典，此时北面临街的围墙还没建好，显得很乱，我几乎天天去工地查看督战，告诉食堂每天给工人炖肉吃。领班工长和工人很受感动，干劲大增，终于提前全部竣工，保证了庆典活动的顺利进行。开会那天彩旗招展，人们欢声笑语，崭新的主楼屹立在天文馆南边，十分醒目，成为当地标志性建筑。

文兴街总部主楼的竣工和投入运营，极大地改善了矿冶总院的科研、设计和办公条件，提高了我院在国内外的形象。10多年后院总部搬迁到南四环西路的总部基地，但是，文兴街总部和主楼永远刻在矿冶人的心里，它的业绩已载入史册。

16.2 增光路16号院宿舍楼建设与分配

该项工程位于甘家口商场西侧增光路16号院临街，对面是建设部大院南门。这里原来是冶金工业部地质研究所的办公楼，地研所先与我院合并，后来冶金工业部和国家计委批准其从我院分离出去重建。该所把甘家口增光路16号的办公楼、44号院的白堆子宿舍楼乃至院部会议室的沙发都留给了我院。之后，该办公楼长期是矿冶总院一个筒子楼宿舍，内住单身职工，也有部分家属，都在楼道里做饭，卫生条件差，防火方面也不安全。20世纪80年代初，我研究生毕业后，还在这筒子楼里住了两年多。

同样是在何伯泉院长领导下立项成功，接着进入工程建设。施工单位是北京二建，这是名牌队伍。我院主管领导还是韩荣元副院长及郑宝臣副院长，石荣、曹祝龄、袁泽三位处长负责建设。该项工程工期短，1989年竣工。

楼房改好了，分房却成了一大难题。因为这座宿舍楼地理位置好，位于甘家口商场附近的繁华区，交通便利，距离单位很近，走路上班最多15分钟就到，业余时间来院加班很方便。另外，在当时户型算是最好的，有大三间、中三间、大两间和一间一套的，因此职工高度关注，特别是够分房资格的人更是睁大眼睛盯住。

为了公平合理地分好这栋楼，也为将来的分房打下基础，院领导决定进行分房改革，具体做法是按科研成果贡献和经济效益贡献以及管理贡献打分。我领导院领导班子全体成员，集中在南红楼308会议室闭门紧张工作一周，对建院以来所有的科研成果进行梳理、登记，按照国家奖的等级与排名、省部级奖的等级与排名、我院内部排名排队打分。一周后，一个大名单终于搞完，长长的一大片铺在地面上，像高考分段录取一样，按分数高低分得不同的户型。我记得王显荣、林毅、于一公三位在技术开发所（二部的前身）管理、科研和产业有贡献，决定不按分数排队，是特殊分房。李凤楼、于建中等科研成果显著，分得大三间。崔宝滨虽然不全是项目负责人，但她参与的科研项目多，得分很高，仍分得好的户型。也有的貌似科技骨干，但很少完整地干完项目，分数不高，没有排上。一切准备就绪后，院里专门召开一次中层干部会，由我把分房改革、打分排队等情况详细向全体干部报告，尽管如此，还不敢轻举妄动，怕引起院里波动。郑宝臣副院长迅速把这一新建的宿舍楼分完，没有引起大的波动。

也有一点反响。主管分房的一个副处长，利用工作之便与一个教授级高级工程师调换了户型，住上了原本他不够资格分得的大两间。当时正是党员重新登记的运动中，不少党员把意见提到党委，党委书记委托我处理这件事。实话讲这个副处长工作是很好的，能力也很强。他按其房屋结构已经新做好了家具并安装到位，家中布置得井井有条，让他搬出来确有困难，很难接受。我再三做工作，指出院内党员意见很大，作为处级干部和共产党员，应当认识到问题的严重性，最后这个副处长还是服从组织决定，与原房主调回各自的房间。

我还是给了这个副处长一个出路。中国有色金属工业总公司办公厅主任高洪桥想从我院调一干部，主管中国有色金属工业总公司大楼的物业，我向高主任推荐这位副处长，说明其本人工作能力很强，胜任工作没有问题。高主任很理解，没过多久，把这位干部调到中国有色金属工业总公司机关工作。

16.3　增光路44号院白堆子宿舍新楼建设

1996年，借世界妇女大会在北京召开的契机，在甘家口街道办事处的支持下，对增光路44号院西部多产权居住区及居住区中存在的大量私建地震棚进行了全面清理。当时甲、乙、丙三栋20世纪50年代建设的三层宿舍楼，只有部分原来冶金工业部地质研究所的住宅后来归矿冶总院，其他的产权属于外文局、外文印刷厂、核工业部、海淀房管局等，住户也都分散。因这些散户不交供热费，郑宝臣副院长下令对这些住户停止供热。这些住户派代表找我交涉，要求恢复供热，我记得有个代表还是当年留苏生，国家重大装备办的主任，平时还算认识。他们又告到北京市政府，北京市政府又找到中国有色金属工业总公司总经理费子文，费子文总经理亲自打电话让我恢复供热，我当然照办。

事后我与胡跃武商量，让他到核工业部等产权单位协商把这三栋楼的产权全交给矿冶总院，也解决了维修和供热的问题。但是，这一方案遭到部分院领导的反对，主要理由是加重了矿冶总院的负担，从这一点看也有道理。但我坚持让胡跃武办，把产权收到矿冶总院。没想到事情办得还算顺利，因为很多住户已不是原单位的职工了，房屋维修的杂事还得找产权单位，因此都同意移交产权给矿冶总院。这些工作（包括签合同）都是胡跃武经办的。

产权收来后，我院对这些房产就有了处置权。我又让胡跃武去规划局报批拆迁立项建新楼。其实胡跃武早已明白我的用意，他费尽周折用了两年的时间，终于获得北京市规划委员会批准立项。这些工作都是胡跃武不显山不露水一步一个脚印去做的，外单位都不知道。

项目批准后，经过基建招标，冠德房地产公司中标，负责工程总包。该项工程由夏晓鸥副院长总管，胡跃武处长具体实施。我院与冠德房地产公司合作很好，工程进展顺利。该项工程总面积30392平方米，于2001年竣工。此后夏晓鸥与胡跃武又完成了售房工作，大大缓解了我院职工的住房困难。

该宿舍楼是高层，竣工后，原产权单位才回过味来，要求分一部分房产，但胡跃武把合同给他们看，他们也就无语了。这项工作胡跃武功不可没。

16.4 首科花园的建设与购房

北京市关心科技界，为了给在京的科研院所解决一部分住房问题，在西站南路与太平桥路之间的一块城乡接合部立项建设经济适用房，分首科花园C区和D区。时任北京市副市长林文漪亲自参加开工典礼并破土动工。

这项工程开工后，各院所反响不一。有的院领导对职工说，项目的开发商经济实力不够，何时能建成不好说，因此院里不统一购房，职工如需要，个人去买。还有一个原因是这里是城乡接合部，外部环境差，距离院所本部远，兴趣不大。矿冶总院却不同，虽然白堆子新楼建好后，缓解了职工住房困难，但雪中送炭和锦上添花都还需要。因为我院原本家底就薄，院内又没有宿舍区，职工全住在院外，与其他院所截然不同。胡跃武处长在北京市有些关系，他打听到项目开发商有实力，背景也不错，可以信赖。他报告给主管院长夏晓鸥，夏院长又报告给我，我决定上院长办公会定。经院长办公会研究，院领导一致认为不能错失机会，要积极参与。

我院与开发商紧密沟通，在开发商资金链要断的紧急时刻，我院打过去800万元，保证了项目建设不停。对此，开发商对矿冶总院高度感激与信任，工程竣工后，优先让矿冶总院挑选。2号楼是一栋塔楼，原来全部出售给矿冶总院，考虑东北角和西北角的户型不好卖，就把这些朝向的房屋退回去了，现在看来很可惜。除了2号楼外，我院在C区8号楼、7号楼和D区的板楼又团购了大量的房屋给职工。钢铁研究总院的主管领导王臣副院长盯准了胡跃武，看我院买楼，在夏晓鸥副院长的建议下他们也在首科花园C区买了一栋4号楼，为员工办了件好事。现在首科花园小区内外环境十分好，住户很满意。

买首科花园的房子不交旧房，这使得矿冶总院住首科花园的职工一般都有两套住房。每平方米平均售价只有4500元，并且有产权证。我院职工享受到极大的优惠。

首科花园的宿舍连同白堆子新楼的建设，使北京矿冶研究总院的职工宿舍从在京院所中最差的一跃成为最宽松的之一。我可以实事求是地说，这些工作，院党政领导班子决策是关键，但胡跃武、夏晓鸥、孙传尧这三人的作用不可低估。此三人中只要有一人摇头，事就办不成，其中胡跃武做了很多基础工作，为最后的决策提供了依据。大多数人不了解这些背景。

因收产权尝到甜头了，我就想起几十年前我院在小汤山有一个农场，尽管那时我不在北京矿冶研究总院，但现在作为院长，我有必要把历史遗留的问题查清楚，如果我们能把产权收回，那么将为矿冶总院增加宝贵的资产。于是我又让胡跃武办小汤山的事，因为他有这方面的能力。但是，很遗憾，经详细的查证得知，当年北京矿冶研究院革委会的陈福昌已代表我院在协议书上签字，此农场无偿交给北京市。这事也不能怪陈福昌，绝不是他一人定的，再说谁也不知道今天土地这样值钱，当时也可能认为甩包袱是件好事。

16.5 矿冶二部宿舍建设

草桥矿冶二部原有两栋宿舍，我任期内又增加了4，5，6号楼宿舍。其中4，5号两栋宿舍是郑宝臣副院长负责，二部基建科刘春生主办、胡跃武处长协助完成的。此两栋楼由我院设计院聂建鑫设计，但报批时规划局给修改了图纸，将朝南的平面修改为阶梯形的，目的是美观。但是由此阳面的大房间面积变小，住户有意见。对此，设计师聂建鑫十分不满，他说，这楼不是他设计的。

6号楼也是我院设计，由罗忠义副院长负责，胡跃武实施。建筑面积5600平方米。这是我任职期间在矿冶二部建成的最后一栋宿舍。

16.6 草桥土地变性及宿舍建设获批

2003年，院长办公会议决定，在夏院长和胡跃武处长的努力下，将矿冶二部草桥产业区原来的南部工业用地转变为居住用地。在此基础上，2005年草桥职工住宅区规划方案获得北京市规划委员会批准，由我院完成设计。2007年开工建设草桥职工住宅楼，建设面积为13.8万平方米。这批宿舍的建设与竣工不是我任期内完成的，是蒋开喜院长和夏晓鸥书记任期内完成的，我只负责完成立项。这一大批宿舍的建成，从根本上解决了我院职工特别是年轻骨干的住房问题。

16.7 矿冶四部沙阳小区宿舍

此为北京钨钼材料厂的土地，在厂区外面。矿冶总院兼并该厂后改为矿冶四部，由院统一调配资源。为了盘活这块土地，由我院设计、昌平规划局批准建成两栋宿舍，总面积1.5万平方米。其中一栋卖给北京钨钼材料厂的职工，另一栋卖给院总部的职工。房屋户型好，售价仅为每平方米1800元，太便宜了！为解决院里职工，特别是北京钨钼材料厂的职工住房问题发挥了重要作用。

16.8 购置大兴福苑小区住宅楼

20世纪90年代中期是我院职工住房最紧张的时期，也是全院经济上的困难时期。那时全院每年的净利润只有500万元左右，刚好能盖一栋6层的宿舍楼。1995年，原计划盖一栋宿舍，但没有合适的地方，就没有盖成。此时得知福建石狮兴达公司在北京大兴开发房地产，我与好朋友——该公司董事长许景期谈定，以优惠的价格买他一栋宿舍楼，建筑面积6240平方米，楼房户型与真武庙十二栋一样，价格仅1650元/平方米，相当优惠了！

该栋宿舍买好后，有一个处级干部说风凉话："院长承诺今年盖一栋宿舍楼，没盖起来，到年底在大兴这么远的地方买一栋楼堵我们的嘴。"党委副书记张晓春却对我说："这么便宜的价格应当再买一栋。"我回答："买一栋还有人说风凉话呢！"

这栋楼确实位置太偏，难怪有人说风凉话，因为城里人不可能来这里住。倒是不少大兴籍的职工得到实惠，因为他们终于在自家门口分到房子了。另外，随着在矿冶三部购地、建科研与产业基地，不少在三部工作的青年职工在大兴福苑小区安家，从这里到矿冶三部上下班十分方便。这栋楼是买对了！

16.9 完成了从福利分配到住房分配货币化的历史性转变

1993年，根据国家及北京市的住房制度改革方案，出台了《关于北京矿冶研究总院住房制度改革方案实施细则（试行）》《北京矿冶研究总院职工购买公有住宅楼房试行办法》《北京矿冶研究总院职工住房公积金制度试行办法》《北京矿冶研究总院职工住房基金管理试行办法》等住房制度改革的系列文件，正式启动我院住房制度改革工作。1997年，根据国家及北京市的房改政策，进一步实行成本价售房。2002年，根据国家及北京市的住房制度改革货币化方案，制定了我院住房分配货币化方案，实现了住房从福利分配向货币化的历史性转变。

2002年起，经过12家大院大所的共同努力，院所房改争取到了国家给予的职工住房补贴、提租补贴两个专项资金支持。

16.10　其他事项

1994—1996年完成了真武庙、甘家口、白堆子、草桥28号、右安门外西庄、双榆树、知春里等居住区的房地确权或办证，结束了住户长期居住但始终未办理产权手续的状况。

1998年与北京工商大学协商，将两家居住区墙界调直，在原北京工商大学用地上完成了白堆子3号住宅楼续建工程，增加一个单元。户型好，为部分离休老干部和老专家改善了住房条件。与此相应地，给北京工商大学也补偿了部分房屋。

2004年，我院争取到了国家“煤改气”专项资金支持，完成了科研、办公、职工住宅区的全部锅炉房“煤改气”工程。

16.11　给职工发放福利品

20多年前，不像现在物质丰富，职工收入也高。那时市场上有些东西买不到，职工收入也低，不少人出差舍不得买卧铺，坐硬座赚点补贴给孩子买点吃的，回到家让孩子翻包时不扫兴。我曾经对办公室的同事讲：“你们不要省吃俭用存钱了，你们存的钱以后还不够给儿女买个汽车轱辘。”那时谁也不相信这话，家里能有汽车吗？那个时代，工资奖金很少，一个单位给职工发福利用品是增加员工凝聚力和显示自身品牌实力的重要措施。因此，各单位都设法给职工发放些生活福利品。我院给职工发放了不少福利商品，但是也有一个过程。

20世纪80年代初期，我院给每个职工发几斤红薯，我当时是单身，也分了几斤，每天洗好红薯，放到公共大蒸锅里蒸好慢慢吃。

一次，在南主楼304会议室开干部会，我是选矿室工会小组长，也列席会议。设备室的工会组长杨钟秀在会上有一段经典的发言："咱们矿冶院是抓革命促生产还是破坏生产？我看是破坏生产。每个职工发四个鸡蛋，出差的不能领，我还得给他们往家送，坐公共汽车不小心打坏了，我还得赔。我这一天还能干科研吗？这不是破坏生产吗？"这一发言客观地表述了当时我院的状况。杨钟秀后来调到中国有色进出口公司工作。如今近40年过去了，他这段经典的发言仍刻在我的脑子里。我与杨钟秀同住在首科花园小区，有时遛弯时能见到他们老两口，他已九十高龄了，但身体很好。有两次我问他这段发言，他说记不清了。

有一次给职工分鱼。地面上一堆堆地分发，不用过秤。

有一次给职工分苹果，按筐分，也不用过秤。

此外，还给职工分过植物油，给职工量身做衣服，等等，还有不少，记不清了。

那些年几乎年年给职工分东西，无论多少，大家都很高兴。

我接任院长后，无疑得继承这一优良传统。

从福建漳州买芦柑发给职工。我院是北京市第一家吃到福建漳州芦柑的（记不清了，也可能在何院长时就开始了）。郭卫丰处长是中国科学技术大学1968届的毕业生，那年头能考上中国科学技术大学也属学霸类的高中毕业生了！只是毕业后没干专业干行政，确实可惜。行政处处长郭卫丰与漳州建立了联系，买到了正宗的漳州芦柑。

给职工发黑龙江的东北大米和抚远的大马哈鱼。我从小在黑龙江省长大，深知黑龙江的东北大米和抚远的大马哈鱼是名贵特产，尤其是大马哈鱼，矿冶总院的人大都没见过。于是我要求我的亲属想方设法给院职工买些东北大米和乌苏里江抚远的大马哈鱼，并且要他们赔本也得办。事情办得很辛苦，但是很成功，职工很满意。如今商店里到处都是东北大米，但抚远的大马哈鱼在北京却始终没见到。

发餐盒。行政处处长郭卫丰想改革食堂用餐方式，搞盒饭供应职工，于是买了几百个质量很好的塑料餐盒。但是职工传统的买饭方式已经定型，餐盒饭不被接受。几百个餐盒积压了半年多，占据了很多空间，春节前想送给大家，但有人提出异议：你给大家发空饭盒不自找挨骂吗？没办法，每个餐盒里装满熟食：香肠、卤肉、小肚、五香豆皮等，餐盒作为包装盒送出去了。

院服务公司想给大家办点好事，每个职工发一筐橘子，没想到从湖南买的橘子核大，职工怨声载道："谁买的橘子这么差，收了多少回扣？"服务公司经理刘永惠暗中叫苦，对副经理王玉辉说："咱们钱花了就算了，可别说咱服务公司送给大家的，反正也不知道是咱买的。"花钱给大家送礼也不落好，还得"隐姓埋名"。

这里我想起以往北京有色金属研究总院老院长马福康对我说过的一段话："老孙，院长这活真不是好干的，我费了好大劲盖了一栋高层宿舍楼，有一天停电，一住户从一楼爬楼梯，爬一层骂一句马福康，一直骂到14楼。"

如今职工的收入已大幅增加，市场繁荣，购物个性化，网购盛行，各单位也没有必要统一为职工购物分发，我院一般不再为职工分发物品。

关于行政后勤的事很多，也很复杂。以上只针对建房、分房和员工福利等问题讲了几件主要事件的经过和背景。至于科研、中试和产业设施的建设，例如：矿冶二部的湿法中试车间，3号回转窑；矿冶三部7，8，9号回转窑，稀土烧结永磁和黏结永磁生产线，植物胶生产线；矿冶四部的新材料研发大楼、固安磁材生产基地、固安机加工基地、永清冶金中试基地、丹东冶金机械厂机加工新车间、石狮设计分院的资产购置等，本章就不提了。

16.12 抗击"非典"（SARS）

2003年3月，一场突如其来的SARS先在广东后在北京迅速传播，病死率极高，非常恐怖。北京有一救护车司机帮助抬病人的担架，就被感染，救治无效病亡。一个女士去医院病房送饭，就被感染，其丈夫还是医生，但也束手无策，眼见着她死亡。这是当时朝阳医院的院长、后来的中国工程院院士王辰在电视里说的。我有一个朋友曾任北京有色金属研究总院副院长，因家人从广东回京，带来SARS病毒，传给他使其感染，没有救治过来而病故，他的家人反倒活着。在北京，经常听说这样恐怖的消息，就连《北京晚报》也天天报道死亡的人数。当时矿冶总院的院部在文兴街一号，平时我走路上班经过郝家湾的进出口大院，那阵子几乎天天听说大院里有病死人的消息，我再也不敢从那里走了。那时没提倡戴口罩，街上行人本来就稀少，如果有人向你迎面走来，很远处你就得判断他从你左边过还是右边过，你得先憋一口气等人过去后再呼出。当时北京紧张、恐怖的场面现在回想起来都不寒而栗。

在疫情最紧张的日子里，有一天晚上在家里分析疫情时，我对老伴周秀英说："反正你已经退休了，不然你就去外地躲一躲，我是院长，我死活都得在院里守着，咱俩能留下一个也好。"老伴说："我跟你在一起。"

卫生部部长张文康被免职，北京市副市长孟学农辞职，王岐山受命于危难之间从海南省急调北京主持工作。国务院和北京市又采取了一系列措施，包括在小汤山快速建立医院。

面对这突发的紧急情况，矿冶总院怎么办？我可以负责任地说，在认真分析疫情后，我院先走一步，紧急动员，早于北京市两天果断采取措施，全面抗击SARS，获得主动权。全院成立防SARS领导小组，我任组长；战凯副院长任常务副组长，主抓日常工作；成员有相关的处长，医务室陈云裳大夫是主力。院里接连下发几个防SARS的文件，在全院范围内执行。我院地域分布广，在北京地区有文兴街总部、草桥矿冶二部、大兴矿冶三部、沙河矿冶四部、永清冶金公司以及当升中试基地；京外有铁岭选矿药剂厂、丹东冶金机械厂、石狮设计分院。此外，我院职工住地分散，在北京集中的小区有甘家口增光路16号院、白堆子增光路44号院、草桥二部、矿冶四部、双榆树、真武庙、百万庄等；散居户也很多，有很多人上下班必须乘公交车和地铁，可见防疫的难度有多大！

全院把抗击SARS作为一场战斗，战时无小事，当时有一名研究所所长没向院领导报告，擅自离岗去外地，经查清后于下午4:30紧急召开院长办公会议，4:45做出决议，免去其研究所所长职务，因为他违反了干部必须坚守岗位的决定。其实，我很看重他的工作激情，他有博士学位，专业水平也不错，但忍痛割爱，为了严明纪律，必须这样做。

在不少单位放假的情况下，我院坚持正常上班：一是维系科研、设计和产业的正常工作秩序，尽量减少损失；二是怕职工散到社会上更增加感染的风险。

经过全院职工和家属为时3个月的不懈努力，终于取得了北京矿冶研究总院京内外员工和家属无一人感染SARS的战果。这一胜仗可记入史册。

16.13 为职工一年办一件好事

与全国一样，20世纪90年代，是我院及我院职工最困难的时期：职工工作负担重、收入低、住房困难、孩子小、市场供应差、家务事繁重，每周工作六天，星期天比平时上班还累。与此同时，我院基础薄弱，正处于爬坡阶段，经济实力严重不足，但到处都得花钱。我不会忘记，时任院副总会计师兼财务处处长徐静云两度在院长办公会上落泪，因为项目要上，钱又不够，真难为徐处长了！以后我也曾对接任的财务处处长、副处长发过火：“你们搞财务会计的就知道扒拉算盘子算账，你们懂得什么是改革与发展？你们看看大企业的老总，有几个是学会计出身的?”我这院长当时急得真有点不讲理了。有限的资金必须用在科研、设计和产业上，否则全院就无法发展，此外还得花些钱改善职工的生活。有关发放食品的情况，前面已谈到了，以下要谈的是那几年院领导承诺的每年给职工至少办一件好事。

（1）安装防盗门。1989年10月，我院田福纯教授被害，几个月过去了，一直没有破案，搞得职工家属人心惶惶，孩子们晚上都不敢出门。在此情况下，院长办公会议决定，给每户职工（包括散居户）安装防盗门。直到现在，仍有不少家庭还在用当年院里安装的深绿色防盗门。

（2）安装燃气热水器。无论是宿舍区的住户还是散居户，家家都安装热水器，解决了职工家属不能在自家洗澡的问题，这在当时可真是令人神往。

（3）家中安装电话。宿舍区的住户集中安装，散居户自己安装，院里给报销安装费。不安装的，院里补助5000元。

（4）安装排风扇，与前三件事相比，这一项目工程较小。

从以上四件事看，院领导承诺的每年给职工办一件好事兑现了，家家户户都高兴。尽管现在看来不是什么了不起的事，但这几件事当年在北京的国企或科研院所里还是很超前的，尤其是在院里经济不富裕的情况下，搞这些项目还需要克服很多困难。

17 双肩挑干部的艰难与担当

这里说的双肩挑干部就是行政管理工作和科学研究工作兼有的干部。我这院长就是典型的双肩挑干部，如何做呢？我谈点体会。

17.1 当好院长的基本原则、基本理念和我的一贯做法

我这人只想干点具体的事，从来不想当干部，但干部的责任却总挂在我身上。高中时因我学习好，班主任老师让我当学习班长。上大学又当班长，大学的班长可不比中学，因为没有班主任，全系整个年级四个专业只有一个辅导员，班里的事全部要求班长处理，还得保证自己学习好。大学毕业被分到新疆可可托海搞稀有金属锂铍钽铌选矿，经过劳动锻炼、实习生和技术员阶段，我32岁时当上新建的8766选矿厂副厂长，分管生产技术和安全。1978年考取北京矿冶研究院的研究生，毕业被分配到北京矿冶研究总院，做了几年选矿工程师的科研工作。1985年我连升三级：科研处副处长、处长，科研主管副院长。1988年2月提任院长，直到2007年2月离任。离任后也没当上真正的老百姓，还挂了几个领导头衔。

我的特点就是认真。无论我喜欢的还是不喜欢的工作，只要领导分配我干了，我就认真干好。我是追求完美的人，我曾经不止一次说过：“掏粪工时传祥是劳动模范，如果让我去掏粪，我就是时传祥第二。”有人可能认为我说大话，认为我没掏粪才这样说。可是他也没有理由说我一定不干或者干不好，我相信我能做到。

尽管事先我没有料到，中国有色金属工业总公司党组还是让我接任院长，我明白这与院长何伯泉、党委书记李永蔚的信任和提携有关，也与以费子文总经理为首的党组信任有关。院长工作怎么干？我只身一人来到北京矿冶研究总院，在导师吕永信先生和院领导的关怀下，我留院工作。院里人才

济济，有人说，北京矿冶总院的干部队伍是老兵、中将、少帅。老兵是指20世纪50年代毕业的科技人员，中将是指20世纪60年代前期毕业的中层干部，少帅必定指我了，我当时刚满43岁，工龄不占优势，院龄更是少得可怜。我经过一段时间的实践和认真思考，认为要做好一个复合型的院长，要学好四种人：当好公仆，学习孔繁森；当好科技帅才，学习沈阳自动化所的所长蒋新松；当好科技专家，学习长春光机所的蒋筑英；当好国企企业家，学习河北省保定棉纺厂的厂长马恩华。心里装着这四种人，认真学、认真干，才有可能当好院长。

首先要有足够的事业心和责任感，要充满激情。都说爱院如家，我坦率地说，我是爱院胜家。如果问问我老伴和孩子们，就会相信这是真的。建院50周年时，我写的一篇长诗《矿冶情》就是我爱矿冶院、矿冶人和矿冶事业的真情抒发。与其说是用笔写的，不如说是用心和情写的。

要培养自己统管全局的能力，以改革促发展。把握好企业的定位、制定全院的发展战略十分重要。对此，前面已有大量表述。

讲政治。立足矿冶总院，想着国家。对上时刻与党中央保持一致，服从中国有色金属工业总公司和国资委的领导，“下级服从上级，全党服从中央”是我党的基本准则。对下为全体员工服务，以人为本，最大限度地激发全体干部员工的创造性和工作激情。提高员工的经济收入，搞好生活福利，为员工创造良好的发展空间。我和党委领导提出的“强院报国、成就员工”的宗旨就在于此。

任何时候都要遵纪守法，牢固树立法治意识，按党的方针政策办事。举个例子：有一次，我把副总会计师和财务处处长请到我的办公室，很严肃地告诉他们：“朱镕基总理告诫我们不做假账，我们绝不可以做假账。想想看，我们是共产党人，为共产党干事，违反了共产党的党纪国法，被共产党关进监狱，连国民党都拍手称快，这不是世界上第一大傻吗?”

与院党政领导班子成员的精诚合作是关键。在我之前的老领导，与我同期的院领导和我之后的院领导有20多位先后与我共事，我们都和睦相处，舒心地工作。在院长负责制的领导体制下，院长与党委书记之间也会有矛盾，我始终认为矛盾的主要方面在院长，这一点有些院长并不明白。因此，一些重要的事在决策前我都主动与院党委书记沟通，知道书记的想法，如果是党委书记明确反对的事，我绝不上院长办公会。在我任院长近20年间，先后与周峰、邱定蕃和王玉田三位党委书记合作共事，我们合作得很愉快，更无个人恩怨。

图17.1 建院50周年时北京矿冶研究总院全体领导班子成员

党委书记周峰在一次会上说："我们参加院长办公会发表的意见供参考，最后以你院长决策为准。"

王玉田任党委书记时，有一次，院领导对一项决议意见分歧很大。王玉田书记在会上说："大家意见不统一没关系，只要你院长看准了你就决策，这才叫决策水平。如果班子成员都同意你再决策，那叫什么决策水平？"看看党委书记的水平多高！院长与这样的好书记能不好合作吗？

院领导分工界定清楚，各负其责。对院领导分管的工作，我充分信任，绝不干预，甚至不过问，除非他主动与我谈事。当有业务交叉时，明确一位院领导主管，另一位院领导协管，这样做使院领导既不越位又不推诿。我每次出差都指定一位副院长主持工作，而且说明，没有极特殊情况不必打电话找我，自主决策。

花精力研究改革，每三年调整一次分配方案。原则是"效率优先、兼顾公平"。我的理念是：赚钱是本事，分钱也是本事。钱分得好就能赚钱，钱分不好就赚不了钱。这里的分钱就是指院内的分配方案。

对处级及以下干部充分信任。在一定的职权范围内使其放手工作，疑人不用，用人不疑。

对广大员工尽可能地关照。心系员工是最主要的，办事、决策自然有利于员工，形成一种自然的文化。

遵循矿冶总院四句话的办事原则：立项调研充分，论证讨论民主，决策定论果断，实施运作坚决。我们一直按这四句话办事，因此效率高又没有明显的失误。

具体来讲，做一件事之前派调查组认真调研，不让他们看领导的意图行事，事先不带任何倾向，不能搞假了，要科学、实事求是。

论证会上，让调研组把情况和结论讲透，无论身份高低，让各方面的人充分发表意见、讲真话，绝不搞一言堂。当意见分歧很大时，不急于定论。

不可久议不决。院长应当有基本的判断和决策能力，听取大家意见之后看准了就下结论，这结论大多数情况下与院长本人的观点一致，否则就不具备决断能力，或者说不配当院长。但有时别人的意见更好，就按别人的观点定论，敢于否定自已。

决策后迅速组织实施。明确责任人，限定完成时间，但要创造实施的条件。谁挡道就搬开谁，如有特殊情况不宜实施，要上会重议。

以上就是矿冶总院办事决策的四步骤程序，长期坚持，形成规矩。

举一个小例子：一次，在院二级部门发生一起两个中年女性在工作岗位动手打架的事件，这是矿冶总院历史上从未发生的事。院长办公会议决定对两个当事人给予处分，并委托郑宝臣副院长去宣布。过了一段时间不见宣布，我问原因何在？郑院长向我解释：“两人都已认错并且做了检查，如宣布会引起负面反响，故一直不好宣布。”我决定上院长办公会议重议，决定对两个当事人做出撤销处分的决定，这件事才算了结。

与国务院各部委建立经常性的、广泛的联系。院长、副院长、主管处长分工，重点是科技部、发改委、经贸委、工信部、国土资源部、财政部、环保总局、国防科工局等，做好重大项目的申报。

与地方政府和企业建立广泛的、真诚的、长久的合作关系。牢固树立企业对我们的信任和需求是我院生存与发展基础的理念。

对内、对外，对上、对下，对前、对后，对左、对右，永远保持低调、谦虚和真诚。我牢记“主要领导者的风格影响企业风格”的信条。与院领导班子成员共同努力，使矿冶总院成为各界的朋友。

钻研技术，成为科技专家。院长注重技术，从基层上来的干部一定是技术型的，能保持全院有严谨的学风，否则上来的干部都是吃喝玩乐、迎来送往的，科研院所的风格就毁了。

自己不但成为科技专家，还要当科技帅才，具备领导团队进行重大项目攻关、解决重大科技难题的组织管理能力。

科研院所转制为企业，要学会当好科技型的企业家。这一转型很难，还在学习和实践中。

任何时候都要公私分明，廉洁奉公，不谋私利，这些对我而言只能算是最基本的要求，我不必多写。我多次对别人讲："把我吊在空中当靶子打，打下来了说明我有问题该死，打不下来说明我还有点正气。"我离任审计时在文兴街办公区主楼一楼大厅里放了一个检举投诉箱，几个月后打开，里面一张纸都没有。这是院党委和纪委的同志告诉我的。

作为院长，无论是大会还是小会，报告讲话都要很讲究。一方面，平时要提高个人演讲表达的能力；另一方面，讲话之前一定要做好准备，没有稿子也要构思好。讲话要讲政治，还必须接地气，不能讲大话、空话、套话，要有感染力，令人信服。

以上是我当院长的基本想法，有的做到了，有的还在学做的过程中。具体做法方面，在本书前一部分以及我的另一本书《足迹与情怀》中讲了些切身的体会。

17.2 如何对待员工

企业的管理是人本管理，以人为本是关键。对于员工整体而言，我和领导班子全体成员心系员工，为员工办实事，最大限度地激发员工的工作激情，使大家爱岗敬业，舒心地为国家效力。对此不必多说。以下我讲几个人和事的个案。

20世纪90年代，有一次工艺矿物学专家吴锋教授在江西出差，那年江西奇热，有确切的消息称已经热死人了。吴锋打电话对我说："江西今年都热死人了，我出差多日，回北京买不到火车票，坐飞机回去可以吗?"

当时我院为节省开支，鼓励外出坐火车，我作为院长带头，一般的员工坐飞机要院领导批。

我在电话里说："老吴，江西都热死人了，你只要活着回来，别说坐飞机，就是坐火箭都报销。"

坐火箭是不可能的，这样说无非是对科技骨干的一种安慰。

冶金室一个科技人员要独自一人到俄罗斯参加国际会议，外事主管院长拿不定主意，征求我的意见。我考虑他没出过国，这次去俄罗斯参加与他专业相关的学术会议无可非议，但我担心他俄语不过关，出去有困难，于是我决定考察一下。我从书架上随机地抽出一本《铅锌矿石的地下浸出》俄文版专业书，就前面的内容提要一页请他口头给我讲一讲，不要求准确地翻译，这对他冶金专业的人还算专业对口，没难为他。他讲完后，我对他说："你三分之一译对了，三分之一译错了，三分之一漏译了，你单独出国有困难，先回去吧。"

我与外事主管院长商议，他出一次国不容易，但他俄语不过关，出去有困难，后来决定，让冶金室原乌拉尔工学院的留苏生付政陪他去俄罗斯参加国际会议，付政的费用由院里出。这一决定让两人皆大欢喜。

选矿情报网的负责人、老专家赵涌泉有一次坐火车出差途中得了急性腹泻，没办法，中途在河北沧州下车。当陈子鸣打电话告诉我这一消息后，我立即派赵永亮开车去沧州把赵涌泉接回北京救治。此后，这位留苏的老专家说："从那时起，孙院长让我干啥，我就干啥。"

分新建的甘家口宿舍时，分析室杨滨湖的夫人两次到我家说明杨滨湖身体有病，每天弯着腰走路，往返白堆子宿舍与院之间上下班很艰难，希望照顾他们搬到甘家口宿舍。按分房条件，杨滨湖不够，但他有病是事实，几十年来一直是分析室的技术骨干，而且病情趋于加重，院里的人都看得见。对这样的科技人员，院领导要不要特殊考虑？经院长办公会议研究决定，同意杨滨湖一家搬到甘家口宿舍。

可是个别不通情达理的人站出来了。有一天，一个中年人找我，要求把甘家口的房子分给他。我给他做工作，他听不进去，反而情绪急躁，有些不讲理了。以下对话是真实的：

"你不具备分房条件。"

"那杨滨湖也不具备分房条件。"

"他是经院长办公会议特批的。"

"我也要求上院长办公会议批。"

"不用上会，你只要学着杨滨湖那样天天弯着腰走路上下班，坚持两个月，我院长一人就批准你了，这对你是特殊照顾了吧！想好了明天就开始弯腰走!"

对这种不通情达理的人，我就拿出在新疆可可托海选矿厂当副厂长时的做法，对不讲理的人必要时跟他玩儿浑的了。

他看我这人油盐不进，院长也会玩儿浑的，索性不再找我了。

我作为院长说到就做到。可是他能天天学别人弯腰走两个月吗？就算咬着牙走完了，住上新房子，还不成为一生的笑料！人活得要有尊严，这一点他还明白，我佩服他。

院服务公司有一个小伙子，贪玩不好好上班，旷工多日被除名。为此我亲自与街道办事处主任通电话说明，这小伙子本质不坏，但因旷工多日，不得已，我院把他除名，希望街道办事处关注他，免得他散落到社会上学坏。事后被除名的小伙子特意到我办公室对我表示感谢。

冶金室一名职工，其夫人是一个小有名气的独唱演员，大概他平时为夫人服务多了，没正常上班，也是旷工多日，院里准备将他除名。得知这一消息后，他与夫人来我办公室说理，我估计是夫人拉他来的。这名职工知道院里的规矩，没有多说话，可他的夫人却无理搅三分。她因情绪激动说了不少离谱的话，但我还是耐心听。她甚至说，她见过中央领导。

等她说完，我说："你见过中央领导我相信。我与李鹏总理面对面地开座谈会，朱镕基总理接见我们与我们照相，李岚清副总理亲手给我发结业证书。还有其他多位领导，我就不必说了。你说你见过中央领导，这与我们今天的事有关系吗？你丈夫旷工多日，按院规得开除，现在退一步要除名，如果他同意，可以再放他一马，他可以自己主动辞职。这样做完全是为他好，辞职不记入档案，离院后他找工作、就业不受影响。再说，现在科研项目少，就是科技人员的任务也不饱满，他是非科技人员，在院里活少、收入少，有什么好处？还不如出去自主择业。另外，你们住院里的房子不收回来，可以继续住。"

我说完这番话，这个女独唱演员算是听进去了，态度明显转变，临走时紧握住我的手再三说"谢谢"，并且说："以后院里有庆祝活动我来独唱，我也找别的演员来。"

对于这样的人，只要他离开院里就行了，没有必要跟他过不去，放他一条路自己走吧。

我有休息日到办公室看书学习的习惯。我住白堆子宿舍时，一个周日，我反常不走百万庄，而是经过西苑饭店南门向二里沟方向走去。我看见不远处有院里我熟悉的职工推辆手推车朝我走来，两侧各装有两根很长的方木，估计是自家做家具或装修用。当时院里正盖大楼，他推的正是基建用的木料。他没想到在这条路上会突然遇到我，一时尴尬得无话可说。我对他说："公家的木料不能私用，你把这4根长木料推回院里，保证以后不再犯这样的错误，我不再批评你，也不会对别人说。"他点头致礼，推着车子回院了。

通过以上几个实例，可以看出我对不同员工的不同态度。我从不整人，而是以理服人，总体上我是宽容的。另外，客观地说，20多年间也没有人找我犯浑，我也绝不容许任何人对我犯浑！我父母是山东人，我从小在佳木斯长大，大学毕业后又在新疆干了10年。山东的种、东北虎、西北狼，这三条我全占了，我的性格能那么温柔吗？有人说我眼睛里容不得沙子，大多数情况下是这样。

17.3 提高学术水平，钻研技术，当科技骨干和科研领军人物

我学的是工程技术，也是干工程技术出身的，我对自己从事的矿物加工专业很热爱，也为之付出很大努力。因此，任何时候，只要有机会，我总是要介入矿物加工及相关专业。

17.3.1 学习，学习，再学习

我在大学已学了不少本科的课程，研究生阶段又学了不少新课程，例如，矿物晶体化学、晶体学原理、硅酸盐矿物是在中国科大北京研究生院学的，结构化学和量子力学是在北京大学上的，其他课在北京科技大学上完。按讲，课程学了不少，仅化学类的课程就学了八门，但是在科研工作中，特别是在指导博士生工作中，仍感到知识掌握得不深、不宽。所以我利用可能的机会学习，学习，再学习。

我利用业余时间学习专门知识和文献，在国内外学术会议上，没有极特殊情况，我都坚持把学术报告听完，很怕漏掉一人。当然因专业所限和英语水平的局限，也不能全听懂，但是我尽量听和学已养成习惯了，这是同行们都看得见的。

17.3.2 领导和参与重要科研项目

当院长后，在实验室课题组做小型试验的机会没有了，这是一个缺失。但我经常听课题组的汇报，并谈自己的技术和学术观点。重要项目从立项论证、小型试验、扩大连选试验、工业试验乃至工业转产全过程我都参加，有的担任项目负责人。例如，凡口铅锌矿的异步混选、金川的电化学控制浮选、柿竹园钨铋钼多金属矿物分离的柿竹园法、云南会泽铅锌矿硫化-氧铅锌混合矿的浮选、西林铅锌矿电化学控制浮选等。上述项目大都成功了，获国家级奖或省部级奖。但也有个别项目失败了，例如，金川的电化学控制浮选，我与项目组的同事在金川有色金属公司选矿厂同甘苦共患难40天，仍没有完全实现预期目标。

在广东凡口铅锌矿选矿科研中，我提出的异步浮选技术方案获得成功，1989年获国家科技进步二等奖，现已在业内普遍应用。

我力主在黑龙江西林铅锌矿实施的电化学控制浮选工业试验及工业应用获得成功，1994年获国家科技进步二等奖。

在湖南柿竹园钨铋钼复杂多金属矿选矿国家科技攻关项目中，作为项目负责人，与团队历经10年奋斗，我提出的主干全浮流程、用螯合捕收剂为主混合浮选黑白钨矿物的柿竹园法获得成功，这是世界钨矿选矿技术的重大突破，2001年获国家科技进步二等奖。

1991年，我和甘经超、汤集刚、郑九龄历尽艰辛，到达位于新疆北疆哈巴河县的阿舍勒地质四大队取岩心样，回院后立即开展选矿试验研究，经过两个研究室的小型试验和扩大连选试验，推荐了选矿厂建设流程，为阿舍勒选矿厂的建设投产做出了贡献。

图17.2 历尽艰辛到达新疆地质四大队阿舍勒地质队取矿样进行选矿研究（1991年）

由于我曾在新疆可可托海搞锂铍钽铌选矿10年，并担任过选矿厂生产厂长，积累了较丰富的工程实践经验，因此我负责或领导的选矿科研项目工业生产成功的可能性较大，也很顺手。

由于我在工程技术领域做出一些成绩，获多项国家科技进步奖和省部级科技奖，为企业的技术进步做出一些贡献，2000年我当选全国劳动模范，2003年我当选中国工程院院士，2006年我荣获光华工程科技奖和北京矿冶研究总院的最高荣誉奖矿冶勋章。我明白这是团队共同努力的结果，也是社会各界支持的结果。

图 17.3　首届矿冶勋章获得者颁发仪式

图 17.4　荣获第六届光华工程科技奖

图 17.5　我任院长时的全家合影（仅有的几张全家福之一）

图 17.6　2000 年我当选全国劳动模范时雨中在天安门城楼上

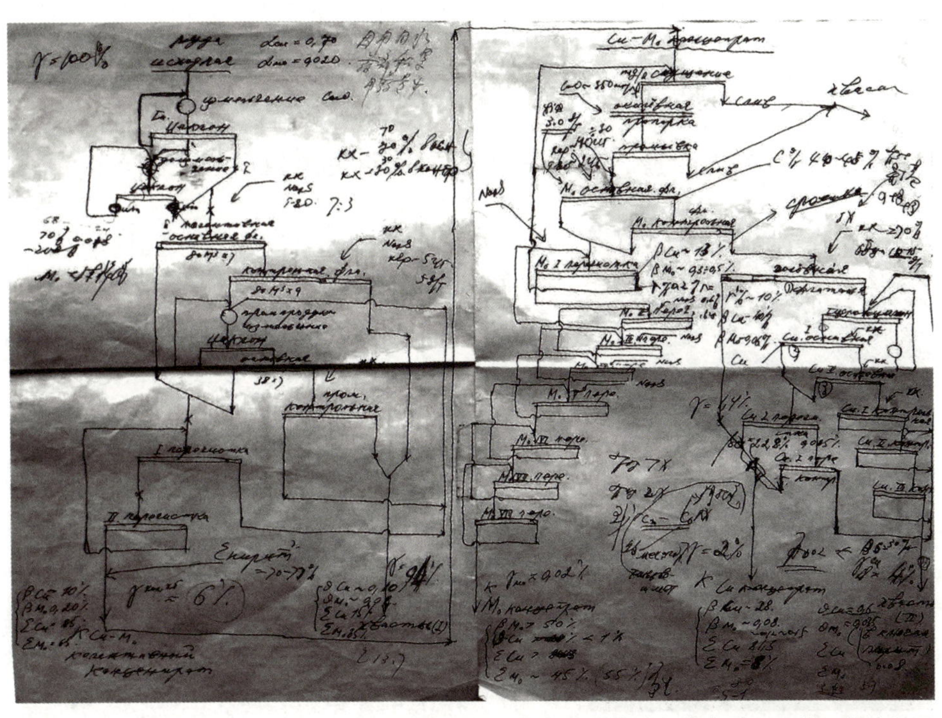

图 17.7　我在国外选矿厂考察时记录的工艺流程图

17.3.3　不是自己干的项目不能署名

我接触的科研项目很多，起的作用也不一样，但是我历来尊重科技人员的知识产权和贡献，只有我亲自负责的项目，或者是负责人之一，作为主要技术贡献者，项目鉴定或获奖时我才署名，而且不一定是第一完成人。我任院长期间获三项国家奖：钨钼铋复杂多金属矿选矿新技术—柿竹园法获国家科技进步奖二等奖，署名排第一；西林电化学控制浮选获国家科技进步奖二等奖，署名排第二；凡口铅锌矿铅锌异步混选新技术获国家科技进步奖二等奖，署名排第四。省部级奖也是如此。

17.3.4　拓宽知识面

通过多年的科研实践我体会到，矿物加工涉及的知识面很广，在东北工学院读本科时，选矿专业教学计划安排30多门课。经过几十年的实践我体会到，与矿物加工专业联系最密切的学科是地质和矿物学，这一点不是很多人能认识到的。其次是冶金学、采矿学以及机械工程等。因此我花了不少精力补学这些知识。我从院长位置离任后于2015年正式提出“基因矿物加工工程”的学术思想，作为项目负责人，我已领导完成中国工程院的咨询项目、国家自然科学基金的应急项目，又经过几年矿冶总院投资预研究，已获良好的结果。这与我长期关注地质、矿物学和长期从事选矿科研及生产有关。

17.3.5　深入企业，在工程实践中不断提高自己

图17.8　在江西宜春钽铌矿选矿厂

由于我在新疆可可托海企业干了10年，对企业和企业的员工及干部有很深的感情，也培养了自己很容易深入企业和与企业干部员工融合的能力。因此，无论是在国内还是在国外，只要有机会，我一定去企业。

我去企业大致可分为以下几种情况：

一是一般性地去企业参观考察。前面讲到我院与企业建立合作关系中谈到的企业，我大都去过。有些企业在签订科研合同前必须到企业详细考察。

二是承担专题调查任务。例如，我承担中国钨矿采选技术研究的课题，在两年内去

了十几个钨矿山，参观考察了20多个钨矿选矿厂。

三是我院的科研项目组在现场搞科研，我作为院长去企业关心、指导项目组，或与企业领导及工程技术人员沟通。这类有代表性的企业有：锡铁山矿务局、南京银茂铅锌矿、德兴铜矿、白银有色金属公司、大厂矿务局、山东铝厂、青铜峡铝厂、乌拉嘎金矿、石人沟铁矿、哈铜尼古拉耶夫选矿厂等。

图17.9 在智利参加国际矿物加工大会期间考察大型选矿厂

图17.10 1991年5月北京矿冶研究总院科技代表团访问哈萨克米哈诺布尔后回国在新疆可可托海露天矿考察

四是我作为项目负责人或主要技术骨干，在现场参与科研工作。这些大都是在现场参加工业试验或工业转产，有的是多次参加。这类企业有：凡口铅锌矿、浑江铅锌矿、西林铅锌矿、柿竹园有色金属公司、金川有色金属公司等。

通过大量的现场实践，密切了与企业的联系，加深了与我院科技人员的情谊，拓宽了知识面，提高了专业技术水平。我到选矿厂一般不要工艺流程图，而是看完后自己画出流程图，或者技术人员讲解时我画出流程图，我要求我的学生也这样做。

17.3.6 为高校、科研院所、企业和学术会议做学术报告

应多所高校、科研院所、企业和学术会议的邀请，我常去讲学和做学术报告。一方面，这是自我提高的过程，因为每次讲学都要把个人和团队的科研工作情况，以及对国内外同行科研创新学习的体会进行梳理加工。另一方面，这是与高校师生的一次学术交流，对某些高校的研究生还是一次记学分的课程教学；对科研院所和企业的同行也是一次交流互补的机会。因此，每次讲学我都十分认真，尽管有的内容我讲过多次，但在讲课之前我还是认真备课，尽量把新内容补充进去。每次讲课少则2～3小时，多达5～6小时，并且我都是站在讲台上讲。由于我讲课的内容多来自本人长期生产实践和科研工作的体会，这些知识对毕业生以后在企业、研究院所和高校的工作很有帮助，因而普遍受到欢迎。一次，在武汉理工大学讲课，因阶梯大教室座位不够，有的人竟坐在地板上听课；还有一次，在昆明理工大学，也是因座位不够，有些人竟坐在窗台上和楼道里听课。

我去讲学的高校有：东北大学、中南大学、北京科技大学、昆明理工大学、武汉科技大学、武汉理工大学、武汉工程大学、江西理工大学、中国矿业大学、河南理工大学、辽宁科技大学、内蒙古科技大学、福州大学、海南大学、贵州大学、清华大学（矿业班）、北京大学（矿业班）等。

研究院所有：北京矿冶研究总院、北京有色金属研究总院、马鞍山矿山研究院、长沙矿冶研究院、鞍钢集团矿山研究设计院、广州有色金属研究院、西北矿冶研究院、哈萨克斯坦科学院选冶研究所等。

企业有：江西铜业公司、驰宏锌锗公司、云南磷化集团、大冶有色金属公司、铜陵有色金属公司、紫金矿业、新疆有色集团、可可托海稀有矿、华西集团、云南澜沧铅锌矿等。

至于在学术会议上的报告就无法统计了。

图17.11　我在清华大学矿业班任教

我讲课的内容都是我本人干过并且熟悉的，包括：《中国矿产资源概况及综合利用现状》、《硅酸盐矿物浮选原理》、《中国钨矿资源及选矿技术》、《中国铅锌矿产资源及选矿技术》、《锂铍钽铌矿产资源及选矿技术》、《石墨矿产资源及选矿技术》、《选矿设备》、《和谐选矿及精细选矿技术》，以及近年的《中国战略性矿产资源及选冶技术》、《基因矿物加工工程》和《智能选矿》等。上述题目的课件大都是我自己编写的，也有的是与团队合作完成的。

对于我没干过或干得不多的项目，即使很熟悉我也不讲，因为还有比我更专业的人。例如《铁矿石选矿》《煤炭洗选》《黄金选矿》《铜矿石选矿》等。

17.4　当好研究生导师

我1993年开始带硕士和博士研究生。硕士研究生毕业5人后，我集中精力带博士研究生。我带的博士研究生分别由东北大学和北京科技大学招生并授予博士学位。我作为院长带硕士和博士研究生与高校的导师不同，因为我的主业是院长的工作及科研项目，主要利用业余时间指导学生，这自然很辛苦，但我坚持保证质量，任何环节都不能漏。例如博士研究生的选课、定研究方向、审阅开题报告、开题论证、审阅中期评估报告、中期评估、毕业论文多次审阅、学位论文预答辩、正式答辩。其中还要指导和审阅几篇阶段性的小论文，有的还必须收入SCI，平时还不定期地与博士研究生多次进行课题讨论。

博士研究生的选题有自选的，也有我选的。我选题视博士研究生的情况，如果博士研究生能力强，有发展潜力，我就选难度大的课题，使其更多地受磨炼，将来挑重担。

例如，印万忠本科、硕士研究生毕业于东北大学，我招他为博士研究生后发现他基础好，学习能力强，能吃苦、肯钻研，会做学问，就让他在北京矿冶研究总院我身边做实验和写博士论文，经常性地指导。我对他说："你毕业后不要留在北京，回东北大学将来做浮选领域的学术带头人。"我给他选的题目偏难，他沉下来做了2000多个试验，博士论文内容很充实，创新性很强，涉及硅酸盐矿物浮选的晶体化学原理，成为该领域的经典博士论文。毕业后我们二人又合作完成了专著《硅酸盐矿物浮选原理》，在业内影响很大。鞍钢弓长岭铁矿的一位选矿厂厂长获国家科技进步二等奖，他对我说："你那本书我认真学了3遍，搞科研时有不少地方是按你书里讲的方法做的。"

平时工作忙，我经常利用周日的时间在办公室与印万忠讨论——那时还不实行双休。周日中午，院食堂不开饭，早上我顺路买四个烧饼，再带两个

图17.12　我东北大学的博士研究生印万忠顺利通过学位论文答辩（1996年）

咸鸭蛋，就是我俩的中午饭，虽然生活艰苦，但是一讨论就是一天。是金子总是要发光的，印万忠博士研究生毕业回东北大学后30多岁就当上教授，也是30多岁就当上博导，在学术界已是小有名气的人物。

贾木欣也是我在东北大学带的博士研究生。他本科毕业于北京大学地球化学专业，硕士毕业于北京大学矿床学专业，可见他的基础有多坚实！正因如此，尽管他对我相当尊重，但他却是我最难带的博士研究生，因为他化学、地质学和矿物学根基很牢，思维活跃，经常能想出一些点子，在他的博士论文里提出不少创新性的学术观点。怎么办？我还是利用周日的时间，无人打扰，中午带点吃的，一讨论就是一天。我的桌面上摆着一大堆参考书，我的参考书很全，有的院图书馆都没有，足够我们俩用了。如果保留他的观点，我自己得搞懂，必要时引经据典，当场翻书查证，我认可才行。如果取消他的观点，我得以理服人，查书取证，让他服才行。这样一页一页地讨论，直到双方达成共识。导师与博士生虽然是师生关系，但是在学术问题上，两人是平等地坐在一起研讨的。

贾木欣从东北大学博士研究生毕业后，又在北京师范大学读量子化学计算的博士后。由于他的学术水平高，严谨，知识面广，矿冶总院不少在读的博士生和硕士生都以他为师，找他请教问题。以后他任矿产资源所副所长，与副总工程师周俊武博士合作，成功开发矿物解离度分析仪器并将其市场化。

对于博士研究生自选的课题，他可能已有硕士阶段的基础，但对于我可能是陌生的方向，是一种挑战。我充分尊重他的选题，首先要尽快学习相关的基础理论和专业知识，迅速进入课题，跟上他的思路，然后才有资格指导，最后都取得了很好的结果。

厦门大学量子化学方向硕士研究生毕业的曹飞，考上北京科技大学我的博士研究生，他的博士论文选题是《浮选捕收剂硫胺酯分子设计合成的密度泛函分析》。这一领域是超前的，我原本并不熟悉，但是我尽快学习和进入，在与他多次讨论的过程中，我摸清了他的思路，履行了导师的职责，进行了相关的指导，答辩时受到答辩委员会的高度评价。大家一致认为，这真正是经过理论研究进行药剂构效分析后再进行分子设计的选矿药剂，再经合成、结构测定、浮选实验验证等系列研究工作，实属理论研究指导下研制成功的一种新型浮选捕收剂，是指哪打哪而不是打哪指哪。曹飞博士研究生毕业后在九江学院一人担当了“结构化学”和“物理化学”两门难度较大的课程教学，足见他坚实的功底。

北京科技大学我的博士研究生王文梅的选题是关于磁流体分选的，过去我仅看过文献，没下过功夫，因为这不是我的研究方向。她选题后，我阅读了大量的文献，深入到她的课题并进行指导，使她的论文在北京科技大学答辩时获得好评。

我在东北大学带的博士研究生申士富，利用美国盐湖城研究中心提供的大洋钴结壳样品，仅用两年半的时间就高质量地完成了博士论文，受到答辩委员会的好评。他是我指导的博士研究生中效率最高的。现在，他是矿冶总院石墨选矿和固体废弃物资源化的学术带头人。

这里我有必要特别提起沈政昌博士。沈政昌于2007年北京科技大学博士生毕业后获工学博士学位。他虽然是我指导的博士生，但我从来都认为，他考上博士生的时候已具有高级技术职称，在浮选机的理论研究和工程实践中已造诣很深。当然，在他读博士期间，我还是认真进行指导。获得博士学位以后，他更加勤奋努力，尤其在大型浮选机的研究领域居国际前沿水平。2021年，他凭实力当选为中国工程院院士。他1982年本科毕业，也是恢复高考后北京科技大学毕业的本科生中第一位当选院士的。他当选院士是几十年艰苦奋斗的结果，与我的作用没有太大的相关性。

我对博士研究生要求很严，但是很关心他们，我从来不让他们为我打工，压住不毕业；反之，对于在职超期的博士生，我是创造条件让他们早毕业。我明白，科研可以失败，但博士生的课题和论文不可以失败，因为他要拿到博士研究生毕业证书和博士学位证书。对于从边远地区考上的博士生，我给他的选题难度适中，以便按期毕业，早点就业和安家落户，但质量不会降低。

我要求博士研究生学风必须严谨，博士论文不可以似是而非地推测，必须有理论或实验测试的支撑，必须立论充分，宁可不写，不可错写。博士研究生都明白我的要求，他们入学后我就明确提出：我带的博士研究生必须达到东北大学和北京科技大学博士研究生的中上等水平，这一点他们都做到了。

我院长离任至今已16年，近些年博士研究生的学术思想更加活跃，测试手段也先进，提出不少创新点。说实话，有不少观点和方法，我自己也把握不准，于是我就让博士研究生来矿冶总院，请来我院的化学、化工、冶金、机械、地质、矿物、矿物加工等多专业的博士，共同听博士研究生的汇报，我进行点评，大家也充分讨论、提出意见。有一次，对两名博士研究生的观点，我们从上午9:00讨论到半夜11:00。这一办法很好，一方面帮助我把关，确保博士论文的质量；另一方面也是一次小型学术活动，参会人员也有收获。

至今，我带的博士研究生已有36人毕业获博士学位，其中有20人是我当院长期间指导的，有的是我院长离任后毕业的，目前还有13名博士研究生在读。5名硕士研究生全部是我任院长期间指导毕业的。我指导的博士研究生分别在东北大学、北京科技大学、昆明理工大学、江西理工大学、内蒙古科技大学、沈阳理工大学、贵州大学和九江学院任教，大都是骨干教师。其他大部分在北京矿冶研究总院、中国科学院过程工程研究所和相关的企业工作，还有的在国外大学任职。

17.5　总结提炼学术思想

在凡口铅锌矿做混合精矿浮选时，李凤楼教授是我们的组长。在现场，我发现方铅矿和闪锌矿在同一条件下有不同的可浮性，在不同的条件下却有相同的可浮性。因此，回到北京后，我在实验室经过试验，提出异步浮选的技术思想。经过充分的试验验证，在工业试验投标书上我敢下赌注："如果工业试验失败，北京矿冶研究总院赔偿现场流程改造的全部损失。"（此时我已任矿冶总院副院长，管科研）为何有这胆量？因为我们的技术准备已万无一失。其结果是我们中标了，上工业试验后一举成功，并很快转入生产。除了正常的科研经费外，凡口铅锌矿还给我院提成200万元。现在异步选矿的技术思路已被业内普遍接受并应用。

图17.13　1996年春节，在严冬中我院完成了国家选矿科技攻关项目，创立了柿竹园法

在湖南柿竹园矿做钨铋钼多金属矿物分离时，我依据在新疆可可托海搞锂铍钽铌选矿的经验，提出两个技术措施：不用重-浮流程，应立足于主干全浮选流程；不用脂肪酸类捕收剂，而用螯合捕收剂浮选黑白钨矿物。由此确保了科技攻关的成功，诞生了柿竹园法。

一次，在380选矿厂（这是柿竹园法的诞生地），我沿着全流程上下看了两个小时。之后我来到厂长朱山鸣的办公室，向他要了一张纸，把主厂房的选矿工艺流程图默画出来，其结果与实际工艺流程相差无几（药剂制度是后加上的），惊呆了朱厂长。

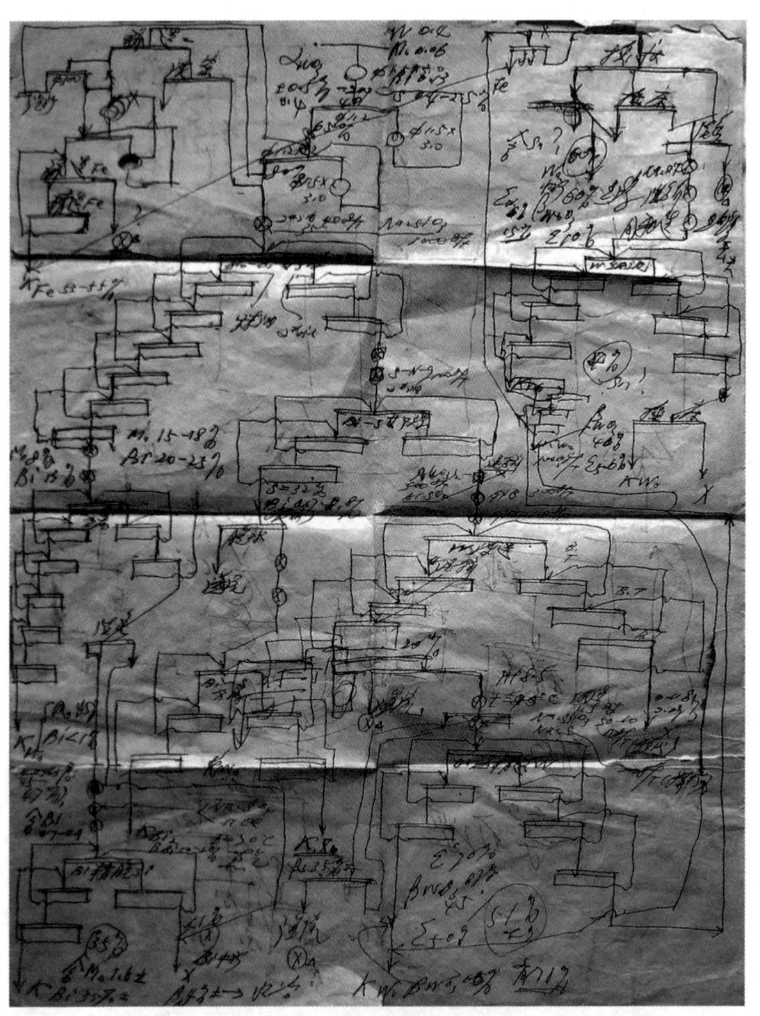

图17.14　凭记忆画出柿竹园380选矿厂工艺流程图

对于云南会泽铅锌矿硫化-氧化混合矿的浮选，考虑黄铁矿的可浮性介于

图17.15　中国工程院副院长王淀佐院士在北京矿冶研究总院视察云南会泽铅锌矿难选矿石的扩大连选试验现场（2002年12月）

方铅矿和闪锌矿之间而不同于其他铅锌矿的特点，制定了以黄铁矿为分离线，等可浮异步选铅—锌硫混选—铅锌黄铁矿分离—氧化铅硫化浮选—氧化锌不脱泥浮选的全工艺流程，获得成功。

基于长期的科研和生产实践，经过认真的思考，我总结出“和谐选矿”的学术思想，其核心是尊重矿物的可选性，与矿物和平共处，不与矿物斗气，不搞重压重拉，在平和的氛围中实现矿物分离。根据矿物的可浮性和浮游速度不同，分流分速浮选。这些学术思想也为同行所接受。

我基于长期思考，特别关注地质、矿物与选矿的关系，近年来提出“基因矿物加工工程（基因选矿）”的学术思想。尽管是我院长离任后于2015年正式提出的，却是经过长期构思和科研实践形成的技术和学术理念。

17.6　我的多元兴趣爱好与无奈

我有不少兴趣爱好，但大学毕业后因从事专业技术花费精力多、院长工作繁忙以及家务事的需要，不少业余爱好难以实现，感到很无奈，这也许是工程技术专家和双肩挑干部的“通病”。我几乎把全部精力都投入科学技术工作和院长工作，舍不得花时间做其他的事。

17.6.1　买书与读书

我酷爱读书。从青年时期到现在的几十年中，我买了许多书，包括矿物加工及相关地质、矿物、冶金、采矿专业的科技书，俄文和英文类图书，国内外经典的文学名著、诗歌，经济学、管理学、社会学、音乐美术类的图书等，种类繁多。家中所有的书柜和书架子上全装满了，还不包括办公室的。说得离谱一点，有时感到连放一本书的地方都难找。

可是，我有多少时间阅读呢？专业科技书是必看的，这是我的主业，是工作的需要。其他书就很少涉及了。以前我设想等退休之后再补看这些书，很遗憾，又十几年过去了，始终没有实现这一愿望。

我常常站在书柜前，面对琳琅满目的图书，顺手拿出几本翻一翻，也能得到些安慰。

17.6.2　篮球、裁判与教练

年轻时我有两项喜欢的体育项目：篮球和速度滑冰。

在东北工学院读本科时，我最爱上的体育课就是篮球课，学生都是全校同一年级各系的篮球爱好者，也具有一定水平。上了几年的篮球课使我从个人技能到战术训练都练就了基本功。当时我是有色冶金系的男篮队员（那时不设二级学院），只是不是主力。在新疆企业工作时，我是主力中锋，每年都参加联赛并获冠军或亚军。

有一年，我与刘永振、刘林、刘惠林去新疆哈巴河参加阿舍勒铜矿浮选机和压滤机投标，中标后住乌鲁木齐友好大厦中转等航班。一天早餐时，一个中年人看了我一会儿问："你是可可托海的9号吧？30年没见到你了，今天可见到了，当年你的篮球打得那么好！"昔日的孩子现在已是新疆有色集团工会的干部了，我谢谢他还记得我。主要是那个年代矿区文体活动很少，灯光球场上的篮球赛是观众关注的热点，晚上里三层外三层地看，给他留下很深的印象而已。其实我的球打得不见得有多好，要说有点特点是抢篮板球，站内中锋时篮下投篮，站外中锋时转身投篮，还有与两前锋的配合也不错。

来到北京矿冶研究总院后，年龄大了，工作忙了，基本不再打球。但是篮球裁判和教练我还可以胜任。那些年在文兴街总部时，我的办公室窗外就是篮球场，我经常往外看有无可栽培的球员。院里几乎每年都举办篮球赛，工会主席韦淑霞有工作激情，院领导也支持。起初组委会不知道我能否当得了裁判，半决赛先让我试吹一下，一看我还挺专业，于是每逢决赛场次都让我担任主裁判，和我搭档的有袁泽、顾洪枢、曾健等。

由于我在大学受过篮球的基本训练，我担任了矿冶总院男篮的总教练，战凯球打得好，是助理教练兼队长。每次训练课我都认真准备，我按照体育师范大学篮球专业的教材上课，课件上用红蓝铅笔把攻守双方队员的位置及活动方向画好，犹如正规指导一样。上课时战凯先带领球员列队进行体能训练，之后我进行战术教学，很正规。有一节课，我教进攻时破人盯人战术，王玉田书记在场外看见场上10名队员的跑动说，还真像专业队！

这教练后来我不干了。原因是球员的基本功不好，大都是野路子出身，少有经过科班训练的主力，没有技术全面、身材高大的中锋，更主要的是投篮命中率极低。每周少有的训练课，我总不能把时间花在训练球员个人技术，例如运球、传接球和投篮上吧！我说："我每次进行战术训练，攻防再好，你们投篮不进有什么用？总不能踩着梯子把球送进篮筐吧！"

听说现在院篮球队的水平很高，也有几名在大学里当过校、院队员的高大球员。

17.6.3　速度滑冰与滑旱冰

我在中学时就是滑冰迷。冬天如果第二天体育课上两节滑冰课，头一天晚上我一人在学校的体育教研室把全班40多名同学的冰鞋全部磨好，得干到晚上9点，因为我自己就有上冰前必磨冰刀的习惯。我们中学南边有一个佳木斯铁路灯光冰场，晚场散场后约几个同学把冰场上400米跑道给扫干净，可以免费滑冰一小时。可见那时我的速滑瘾多大！连租冰鞋的钱都没有，又多可怜！后来我成为学校的速滑运动员，发了冰鞋，也参加比赛，但是没取得过好成绩。原因是赶上困难时期，吃不饱饭，身体素质差，短距离我爆发力不强，长距离我耐力又不足，又没有时间进行系统训练。上大学后也因终日吃不饱饭饿肚子，腰腿无力，就不再训练了。

在新疆工作时冬季天太冷，在额尔齐斯河冰面上滑过几次。北京的滑冰条件好得多，每年12月和1月是户外湖面上的滑冰季节，但那两个月也正是全院工作最忙的时候，无法去滑冰。等我忙完了已到春节，冰面开化，就不能滑冰了。有一次春节期间，我去紫竹院湖面上滑冰，见到不少人在一块狭小的冰面上滑行，没看见有滑得好的，我就躲开他们在大湖面冰上滑跑。此时冰面上化得都是冰疙瘩，但快滑就无大碍，这好像和在搓板路上开快车感觉不颠簸是一样的道理。那些人看我滑跑自如，也都过来滑，但接二连三地摔跤。

我在首都体育馆的花样滑冰小场地上滑过几次，每小时才20元，但那里没有我的位置。里面滑圈的是短道速滑俱乐部的准专业运动员，我是滑大道的，跟不上他们；外圈都是不太会滑的，速度起不来，还可能撞倒别人，我就不再去首体的小场地滑冰了。

有一个冬日，我在玉渊潭公园的湖面上看见一个青年人滑跑很专业，在北京很难见到滑野冰有这样高水平的。待他休息时，我对他说："我估计你500米的速度是50秒。"他看着我瞪大眼睛说："您太专业了！是50.5秒。"我问他在哪工作、在哪训练的，他告诉我在科技部情报所，他认识国家速滑队的人，他们训练时有时也混进去在后面跟滑。怪不得呢，没经过专业训练达不到这水平。

会滑冰的人，滑旱冰没大问题。院党委书记王玉田亲自设计，把新建主楼闲置的地下二层改造成矿冶文化宫，有旱冰场，实则是多功能厅，可用作大舞厅、联欢晚会及冷餐会厅、会议厅，还有健身房、器乐室、小歌舞厅、棋牌室等，深受院内外的欢迎。旱冰场刚开放那天，滑四轮旱冰的人很多，我看了好一会儿没敢下场，因为我从未滑过旱冰。过了几天，我穿单排四轮旱冰鞋上去试滑，感觉很好，此后一发不可收，经常下班后去滑旱冰，对身体大有好处，以至回家走路只想跑。

我也教会了别人。有一个女孩，一点也不会滑，我教了她一个小时她就能自主滑行了。我在福建石狮出差时，一天晚上在我院设计的政府公务大楼的广场上看见一队人在周边绕圈滑旱冰，待他们休息时我走过去问：

"你们在训练吗？"

"不，我们在办培训班，像您这年龄也可以参加培训，收费不多。"教练回答。

"我在路边看你们滑半小时了，你们的动作不对，技术和速度提不上去。"

那教练看我出言不逊，说："先生，您说怎么滑？"

我耐心地讲："先背手，腰弯下去，目视前方。侧蹬，收腿时大腿带动小腿，脚在后面画弧向前收，绝不可以侧面收腿。在一脚落地之前的瞬间，另一脚迅速蹬出去。身体只能左右平移，头不可以左右摇摆。蹬地时身体要向斜前方冲出去，要将身体的冲量转变成动量，而不能单靠脚蹬地的力量，这一点初学的人做不到，达到一定水平时自然就会了。"那教练说，今天总算遇到专业行家了！他按我的说法带队训练，虽然还不太熟练，但立竿见影，比以前好得多了，队员们连声向我致谢。

院里的旱冰场我感觉有些小，直道蹬两下，弯道蹬三下，滑一圈蹬十下，我觉得不过瘾，于是找机会在外面滑。在国家行政学院学习的一个月，早晨我沿着大操场的外跑道滑上几圈，几乎天天如此，这成了学员的一道景观。几年后，还有人问我："你还滑旱冰吗?"后来我在中央党校学习也滑旱冰。现在年龄大了，有十几年没滑了。

17.6.4 音乐、舞蹈

我和老伴儿都喜欢音乐。那些年央视举办"青歌赛"，我们俩场场不落。对于美声和民族唱法，我们的评分与评委的打分相差无几；但对于通俗唱法，我们的评分相差甚远，都不沾边。

我没当院长时，年龄在40岁以前，尽可能到剧场听音乐会。胡晓平和温燕青获国际大奖后在红塔礼堂举办的汇报独唱音乐会、李双江在展览馆剧场的独唱音乐会、俄罗斯红旗歌舞团的专场音乐会、在首都体育馆的新星音乐会、小泽征尔指挥的专场交响乐等，还有不少歌唱家（如马梅、殷秀梅、刘维维等）在剧场的演出，我都去看过。那时，自己的业余时间多一些，票价也不高。

当院长后的20多年，专业和行政工作大量增加，没有时间了，再说票价也涨到600～1000元，我就极少再去音乐会的现场。不过，每年元旦晚6:00的维也纳新年音乐会，我必看。

我喜欢唱歌，也抽空参加过几期声乐班学习，提高不少，老师说我条件好，基本功也不错。我也学过器乐，师从过著名手风琴大师刘林老师，上过十几节课，也上过几节钢琴课，最后都因为课后没有时间练习而荒废了，我感到特别惋惜。声乐课只要你基础好、上课跟上老师就行，不必花太多业余时间。但器乐课不行，大量的练习在课后，不下功夫跟不上老师的进度，以后的课就无法上了。我哪里有那么多时间练?只好望洋兴叹了!

院工会主席韦淑霞主办了多场国际标准舞蹈培训班，我都积极参加。老师是李达敏和张庆玲夫妇。1986年中国引进国际标准舞，二位曾在北京舞蹈学院跟外国专家学国际标准舞四年，后任舞蹈学院教师。两位老师搭手在国标舞大赛中得过一次全国金牌、北京市金牌无数，水平之高不必评说。课堂就在文兴街总部的矿冶文化宫，搬到总部基地后舞蹈班停办。我们学过的国际标准舞有10多种：华尔兹、维也纳华尔兹、吉特巴、平四、蹦四、布鲁斯、探戈、恰恰恰、伦巴、狐步等，每一种还有不同的舞步，很正规。遗憾的是，长久不练，复杂的舞步记不住了，而且我只在院舞蹈班练舞，从不去外面舞厅也是一个原因。

我认为理工科的毕业生除了专注本专业的工作外，还应当有自己的业余爱好，要懂得一些文娱、体育、文学艺术并适度参加，这没有坏处。

从以上我的体会中可以看出，双肩挑的院长很艰难，比单纯的科技人员和单纯的行政干部要付出更多的努力、做出更大的牺牲。现今科研院所的院长已不是几十年前由老革命担当，而是在优秀的工程技术人员中选拔。你当院长的前提，首先你得是优秀的科技人员，否则轮不到你。你如果不学无术，科技人员能服你吗？你不钻研技术，你懂得科技人员的疾苦、创新吗？你与科技人员有共同语言吗？一个人干三五年双肩挑，咬牙挺过去了，但干10年、20年呢？你本人、你的配偶和子女的牺牲能坚持下来吗？

18 不离开矿冶研究总院

我对矿冶事业、矿冶人和矿冶总院的情结，在我的一首长诗《矿冶情》中已表达出来，这里我重点谈谈我不愿离开矿冶总院。

1978年恢复高考，我从新疆考上北京矿冶研究院的研究生，师从著名选矿专家吕永信。毕业时经导师和院领导的共同努力，又经中央首长批准，我才得以被分配到北京矿冶研究总院工作（当时的分配原则是陕甘宁青新西北五省的考生毕业后哪来回哪去）。因此，我始终怀有一颗感恩的心。以何伯泉、李永蔚为首的院领导和中国有色金属工业总公司费子文总经理信任我、提携我，我41岁被提拔为副院长，43岁被提拔为院长，我知足了！打定主意为矿冶总院工作一生。

18.1 没去八大企业任职

1990年的一天，时任中国有色金属工业总公司总经理费子文找我去他办公室谈话。他建议我到中国有色金属工业总公司下属八大企业当一把手，实在不愿意，当副职也行，但费总并没说任职时间和意图。倒是人事部副主任孔令新对我说："传尧，为啥不去？三年干好了，回来可能不在有色了！"这八大企业是：江西铜业公司、铜陵公司、中条山公司、金川公司、白银公司、贵州铝厂，还有两个我记不清了。费总进一步建议："中条山公司诺兰达炼铜法已建成投产，矿块崩落法也已成功，采矿和冶炼两头有保证了，选矿你也懂，你去中条山公司更稳妥。"费总以前在中条山公司工作过，十分了解那里的情况，对我太关照了！但我没有同意。

我对费总表示："我不怕去企业，我在新疆可可托海已工作10年，没有比那里更艰苦的企业了。我不愿当亮相的干部，在企业当一把手，干好了别人说是您保我的；干不好，还不如在矿冶总院当院长。"

费总说："你在可可托海只在基层当领导，没当过高层领导，到大企业工作，受锻炼更大。”

我回答：“您任命我在矿冶总院当院长才两年多，好多工作刚刚开始，规划中的目标还没开始实施，实在是舍不得离开矿冶总院。”

费总思考了一下说：“我再考虑考虑，你也是从工作上着想。”

过了一段时间，费总对我说：“你就在矿冶总院工作吧，这里也需要你，有时间常去企业走走。”我连连感谢并对费总说：“我常去企业出差。”

1994年，因年龄的原因，费总离任，由吴建常副总经理接任中国有色金属工业总公司总经理和党组书记。

18.2 没去北京有色金属研究总院任院长

王淀佐院士在中南大学任职几十年并当了几年校长，他对中南大学的重大贡献大家熟知。但对长沙的气候始终不适应，不得已北移到北京有色金属研究总院任院长。他任院长后，有色金属研究总院的改革与发展加快了速度，几年内业绩显著。但王院长有头疼的毛病，时不时地犯头疼病。为了在年迈时保持良好的身体状态（他对我讲的），他决定辞去院长职务。那么，谁去接任有色金属研究总院的院长？吴建常和王淀佐深思后想到我。

一天，中国有色金属工业总公司人事部副主任藏玉安打电话约定来我办公室谈工作。放下电话，我感到很蹊跷，中国有色金属工业总公司人事部不要说主任级，就是处长谈工作，大都让约谈者去总公司机关谈，藏主任来矿冶总院找我谈事，肯定不寻常。

果然，藏主任在我办公室坐定后，很快就进入主题：拟调我去有色金属研究总院接任王淀佐院长的工作。他说的就是前面谈的王淀佐院长身体的原因。对此，我毫无思想准备，但我定了定神，很快就回复藏主任：本人不想去。我的基本考虑是：我不想离开矿冶总院，当年费总让我去八大企业任正职，我也没去；有色金属研究总院主体专业是材料，我外行，我这选矿专业在该院不是主流；我在矿冶总院时间长，情况都了解，当院长上手快，到有色金属研究总院没有我调研的时间，人生地不熟，遇事让我马上表态，我做不到，人们会很失望；有色金属研究总院比矿冶总院大，能人多，“通天”的人也多，工作比矿冶总院复杂。总之，我不想去有色金属研究总院当院长。

过了几天，在北方工业大学召开博士、硕士点评审会，我和王淀佐院长都参会了。他找我谈心，建议我接任他的工作，而且很贴心地劝我：“你得罪了建常有什么好处?”我说建常老总宽容、大度，不会在意我不去。

这事还没完，又过几天，我在宜昌开会，人事部的一位副主任打电话通知我，让我做好思想准备，去有色金属研究总院任院长要强行上报中组部。我一听就急了，在电话里气说："请转告党组，如果一定让我去有色金属研究总院当院长，我现在就辞去矿冶总院院长职务！"决心是表了，可这话说得过头了，也失了身份，对上级党组不应当是这种态度。按讲，党组完全可以对我就地免职，但建常老总还是很宽容，没这样做。此时，我的老院长、建常的副职何伯泉替我说话了："对他这级别的人要听他本人的意见，如果强行让他去有色金属研究总院当院长，干不好，是他本人的原因，还是我们组织上派遣的原因？"这事到此为止了。上级把屠海令副院长紧急从美国召回来接任院长的工作。

18.3　吴建常总经理的新想法

又过了几年，建常老总还是打我的主意，想把我调往中国有色金属工业总公司工作，先任司局长，但没直接与我谈，我是听两位副总经理间接对我讲的。

有一天，老院长何伯泉副总经理来到我的办公室，对我说：

"建常让我找你再谈一次，你孙传尧如果想搞管理，就到总公司工作，先当司局长，以后再说；如果不想去总公司，就在矿冶总院干，将来奔院士，这两种人，有色总公司都需要。"

我问何总："如果换成您呢？""那当然在矿冶总院干好。""这不就得啦！""可是建常委托我找你谈，我还是正式听你的意见。"何伯泉副总经理把我的意见带给了建常老总。

我十分感谢中国有色金属工业总公司吴建常总经理接二连三地想着我，关照我、培养我，不难为我。我也感谢何伯泉副总经理在关键时刻替我说话，使我得以在矿冶总院继续工作。

1997年，建常老总调冶金工业部任副部长。2003年，我当选中国工程院院士，没有辜负建常老总的期望，我走通了建常老总指给我的第二条路。

我当选院士后，母校东北大学、准母校北京科技大学，以及与我没有渊源关系的中国矿业大学、河南理工大学都要双聘我去学校任教，待遇也很优厚。但是我都谢绝了，我不离开矿冶总院，就是院长离任后也是如此，这是我的信条。

19　关于廉洁奉公

勤政廉政，廉洁奉公，我真正是做到了，我与腐败绝缘，我很有底气地说这句话。无论是有规定还是无规定都是如此，无论我当不当院长都是如此，因为我从骨子里就十分厌恶、看不起损人利己、以权谋私的败类。我要求矿冶总院的干部做到，我自己首先必须做到。

关于爱岗勤政我不必多说，第17章在如何当院长一节我已说得很具体。

当院长期间甚至到现在，不该收的钱，我一分钱都没收过，甚至该收的钱，有不少情况我也没收，例如讲课费、咨询费等。

我夫人周秀英与我在东北工学院同专业、同年毕业后在新疆可可托海干了16年。1984年调来矿冶总院后直到退休，始终是一名普通的选矿科研人员。我公正地说，她干的科研项目比我多，她的科研经验比我丰富，她在科研实践中吃的苦比我多。可是她从来没向我诉过苦，我也没给她找过任何一个项目，哪怕是1万块钱的项目都没有。有几年正是科研项目很难找，一线

图19.1　我任院长时与夫人周秀英女士（选矿教授级高级工程师）合影

图19.2 我院长离任后北京矿冶研究总院总部搬迁到北京市南四环西路总部基地，本人与夫人周秀英女士在主楼前合影留念

的科研经费短缺的时期。有一天，我高中的同班同学、好朋友赵正学——他从天津大学发电专业毕业后，在烟台合成革厂当热电厂的厂长——来我院出差，要把他厂里粉煤灰里的玻璃微珠分离开。作为选矿技术人员，他知道用浮选法容易分离，他与矿冶总院签订科研合同，而且口头指定让我夫人周秀英做。后来科研处将此项目下达选矿室，选矿室主任并不知道这一背景，把项目分给别人做了，对此我没说一句话，周秀英也不说此项目是专门给她的。

我向来公私分明。以用车为例，我任副院长和院长的20多年间，我从不公车私用，我的孩子从美国回国我去机场接送、我的亲属来京我去机场或车站接送，我都交车费。到机场只收单程费98元左右，这实际上对我已经优惠了，因为当时奥迪车去机场都收往返费用，研究所嫌贵都不用。有一次我清理东西时无意间发现一些车费收据，每张98元左右，是院财务处开的，有车队长罗卫的签字，总计有十几张。有时在北京市内办事，路途不远，我就骑自行车，目的是省钱。

出差基本上坐火车，就连我两次带团去莫斯科—圣彼得堡—阿拉木图出差，往返都坐火车，目的还是省钱。当年北京—莫斯科一张单程火车票只花外汇券1000元，比坐飞机便宜得多。

前面说过，我只身一人到江西德兴铜矿出差，发高烧39 ℃，回到贵溪后因机会难得，我坚持请王泽凯工程师陪我全程参观了贵溪冶炼厂。到达鹰潭时，我实在坚持不住了，踉跄走到火车站对面的一个小旅馆，为了给院里省钱，在有几张上下床的房间里我花1元4角钱躺下，我再三告诉服务员，到时千万喊我，可别误了上火车。类似的实例还可以列举不少。

2000年我当选为全国劳动模范。远在昆明理工大学读本科的儿子得知这一消息后给我写了一封信，信中有这么一段话："得知爸当选为全国劳模的消息后，我没有高兴起来，心里反而有些不是滋味。多少年来你付出那么多艰苦的努力，做了多少贡献，甚至连家都不顾。你对自己严格要求，对我们几个孩子严加管教，如今你只得了个全国劳模的称号，我觉得对你有点亏。"

孩子的观点不一定对，但是他对我是了解的。

20　做点慈善的事

我是国企的员工，靠工资生活，经济收入不高，我比不上有钱的慈善家出手大气，但尽我微薄的力量还是做了点慈善的事。

20.1　为灾区捐赠

每逢国内出现大的灾情，中国有色金属工业总公司机关党委，我院所在的西城区、丰台区都会组织各单位为灾区捐款、捐物。这些工作不需要我操心，院工会等职能部门自然会认真组织，我个人只需积极参与并适当引导即可。

1991年秋季，安徽遭遇特大水灾，中国有色金属工业总公司组织在京单位为灾区捐衣物，我院积极响应。9月24日，我院支援安徽救灾，派出7辆卡车装满捐赠的服装于早6:00到左安门集结，7:00随中国有色金属工业总公司车队浩浩荡荡向安徽宿县进发。我与副院长罗忠义、谢怀复等十几人为车队送行，院办主任祁晓林带队。据祁主任讲，全程交通管制、沿途交警和群众敬礼致意表达谢意，车队顺利到达，为灾区群众送去了温暖。

9月28日，车队回院，我与党委书记周峰，副院长郑宝臣、谢怀复及十几名干部去迎接。9月30日，在矿冶二部召开总结表彰大会，院领导请去灾区执行任务的司机同志们吃午餐。

以后，还有山西阳高等地发生地震的捐赠活动。

2008年5月12日，四川发生了震惊世界的汶川大地震，温家宝总理冒险去灾区视察指导救灾，全国人民甚至海外华人都心系灾区。那些日子我心情很沉重，每天晚上就盯住电视机看救灾的情况，想着为灾区该做点什么。院里组织捐款，我已离任一年多了，但还以正职院领导的最高标准捐款。之后，我的心还难以平静，觉得还应找个地方再捐一些。于是我与老伴儿周秀英找到中华慈善总会，再捐款1万元人民币。

现在看来捐1万元实在是不多，我甚至都不好意思给捐款证书拍照。但是，当年我工资收入不高，又刚买了首科花园的房子，钱不够，还是大女儿从美国汇来5万美元，在我经济拮据的情况下，能再捐出1万元也算尽心尽力了，总算得到一点安慰。

类似的捐赠后来还有，并且数额更大。

20.2 资助贫困学生

我家境贫寒，上高中二年级时父亲病重，我的班主任王仲树老师家访时得知我家中困难，特意为我在佳木斯二中申请了每月9元的助学金，这恰好是住校生一个月的伙食费，直到我高中毕业。这在中学里是极难得的，我终身感恩不忘。我理解家境困难学生的苦衷，因此我虽然工资不高，仍坚持到新街口附近的北京市青少年基金会为困难的学生捐款。当院长那些年，我个人每年资助学生1.5万元左右。此外，我老伴儿周秀英、我儿子孙希文都坚持个人单独捐款。

我资助的有小学生、初中生和高中生。他们有的考上大学告诉我并表示感谢，如佳木斯二中一毕业生考上海南琼海学院、黑龙江绥滨县一女生考上哈尔滨一所大学。还有一女孩从小学一年级我就开始资助，直到12年后高中毕业考上北京工商大学，她还给我发信息说没考好，表示歉意。这孩子在中小学阶段几乎每年都向我报告她的考试成绩。

还有一些学生，我估计大都考上大学了，因为他们就读的高中都是北京郊区的重点中学，只是没有告诉我而已。

我资助的几十名学生中，没有一个我见过面，我不求任何回报。

有一天中午，我来到捐助地点，工作人员马上停止吃午饭，很热情地为我在电脑数据库里挑选资助对象。已经选定十几名学生了，为了多资助一名学生，我翻遍了身上所有的现金（那时我没有银行卡），仅留下10元钱，其余全部上交。我坐公交车来到北京矿冶研究总院路北一个出租汽车司机专用的廉价小餐馆，用这仅有的10元钱中的6元买了一碗鸡蛋面条狼吞虎咽地吃完，此时已是下午2:30了。在一起吃饭的司机们只看我不像开出租车的，但他们根本想不到我是马路对面高楼大院里正厅局级的矿冶研究总院院长，因为兜里只有10元钱来这里吃碗便宜面条。

20.3 资助一个困难家庭

2001年，我正在中央党校学习，中午看见中央电视台播出关于我的报道：科研院所长的领头雁孙传尧。报道的内容都是事实，但我不知道记者是怎样采访和编排的。

过了几天，我收到素不相识的人的一封信，是辽宁省昌图县一个村镇上的一妇女寄的。她说她看见电视台的报道后，认为我是个好人，也肯帮助别人。她家里很困难，她没有工作又患乳腺癌，她丈夫有病，丧失劳动能力，唯一的儿子因生活困难要失学了，实在没办法想让我帮助。我通过别的渠道打听到，她家里的困难情况属实。

我忙了一年，直到大年三十的中午，终于有时间坐在办公室里喘口气，但我心里惦记着有一件事还没办，于是我对院办的工作人员薛晓光说："小薛，麻烦你到西外邮局按着这个地址和姓名给她电汇2000元，这钱不寄出去，我这年过不好。"小薛照办不误把钱寄出了，我心里才踏实些。

过了很长一段时间，我收到这个妇女的来信。她告诉我，钱收到了，很感谢。用这钱，她丈夫治了病，已能到街上干零活赚钱了；她的病情经治疗已好转；儿子初中毕业考上一家烹饪学校，家里有了生机。她用朴素的方式对我表示感谢——给我寄来了几双她自己编织的拖鞋，并且告诉我，只要她不死，就给我寄拖鞋。得知这一好消息，我感到很欣慰，我经济条件有限，寄2000元只表表心意，没想到还真帮了点忙。想想2001年人民币很实，2000元虽不多，但还能办些事。第二年春节前，我又请薛晓光给她家寄了600元拜个年。

这个家庭现在已有很大的变化：儿子从烹饪学校毕业后，到朝阳市的一家宾馆当大厨，收入不错，后来他自己开了个餐馆，结婚买房子了又把父母接到朝阳，全家在朝阳安居乐业。

这个妇女逢年过节必给我发信息致谢问候，她和儿子多次邀请我们全家去朝阳做客，但我不去打扰人家。以下我摘录几段她的短信：

"哥，麻烦您加下我的微信行吗？或者让嫂子加我的微信也行，要不然把您的银行卡号发给我，我想给你寄点钱提前过生日，因为我不知道你啥时过生日，只能给你提前过了。"

"哥哥、嫂子，我十月一去看您去，您到高铁站我看你们一眼就放心了，我就坐下午的高铁回来了。"这是几天前刚发来的。

“我就是想，我现在生活好了，您在我最无助的时候帮了我，所以，我就很想见恩人哥哥、嫂子一面。”

“哥哥、嫂子，到朝阳来旅游做客。”

这些朴实的文字，表达了这个妇女感恩的真情，她每次来信，我都回复表示感谢，还是那句话：我不打扰人家，不图任何回报。如今20多年过去了，我与她的家人一直没见过面。

21　我的几点理念、奇谈怪论

21.1　抓机遇、“占山头”、“抢地盘”

21.1.1　抓机遇

抓机遇指抓住国家科技体制改革的机遇，挤进重点院所试点的行列。在中国进入试点的单位一般不会吃亏，往后就很难说。因此，该抓的机遇我们都抓到了。

21.1.2　“占山头”

“占山头”指抢占国家级平台。当年国家科委（科技部）和国家计委（发改委）开始论证建设国家级工程技术研究中心时，不少研究院所和高校没太关注，迟迟不见行动。我院抢先论证成功并建成三个国家级工程技术研究中心：

国家磁性材料工程技术研究中心，国家科委（科技部）；

国家金属矿产资源综合利用工程技术研究中心，与长沙矿冶研究院联合申报、分别组建，国家科委（科技部）；

无污染有色金属提取及节能技术国家工程研究中心，国家计委（发改委）。

此外还有：

国家有色金属质量监督检验测试中心，国家质量监督局、国家标准局；

有色金属进出口商品检验实验室，国家外经贸部。

21.1.3　“抢地盘”

我院建院先天不足，面积小、建筑构筑物少，给全院的发展带来很大困难，为此：

在北京大兴界内购地100亩，租地20亩，建立矿冶三部，即原科研中试基地，现研发中心。

在北京沙河兼并北京钨钼材料厂，改造为矿冶四部，如今是新材料研发及产业基地。

在辽宁省兼并丹东冶金机械厂，占地面积近1000亩，是机械制造加工基地。

以资产划拨的形式接收铁岭选矿药剂厂进入矿冶总院。

在河北固安购地，建立磁性材料及机加工基地。

在河北永清购地，建立冶金公司。

在福建石狮购房，建立石狮设计分院。

21.2 政治责任、社会责任、经济责任、技术责任

矿冶总院为国家承担政治责任、经济责任和技术责任以前就提出过。汶川地震后，我院在国内首先提出承担社会责任。

21.3 遵循四句话的办事原则："立项调研充分，论证研讨民主，决策定论果断，实施运作坚决。"

我们一直按这四句话办事，因此效率高又没有明显的失误。

21.4 为企业的科研、设计和技术服务不讲成功率

这是我一贯要求做到的。我院长离任15年了，矿冶科技集团至今还遵循这一理念。我说过：作为一个外科医生，做了100台手术，成功了99例，无疑是很优秀的好医生。可是如果这唯一失败的手术落在某一病人头上，对病人和家属都是致命的打击。如果一个企业，尤其是困难的企业好不容易筹点资金，委托我院做科研、设计或技术服务，若给人家做垮了，不但使企业救命的资金泡了汤，更严重的是使企业的生存出现危机。我们如何面对企业的领导人和广大员工？因此，我要求矿冶总院的工程技术人员为企业的科研、设计或技术服务不能讲成功率，必须百分之百地完成。

21.5 赚钱是本事，分钱也是本事

我不止一次地对中层干部讲："赚钱是本事，分钱也是本事，分钱分得好就能赚钱，分钱分不好就赚不了钱。"本意是提醒中层干部在本单位员工的分配问题上下功夫，效率优先、兼顾公平。分配方案好可充分激发员工的积极性，为赚更多的钱而努力。

我任院长期间，花很大精力研究全院的分配问题，每三年就是一个周期，及时修改或制订新一轮的分配方案，使各研究所和一线的科技人员工作创新热情得以保持和发扬。

21.6 前途、图钱

在中国有色金属工业协会第一届专家委员会上，我作为专家委员会的副主任在讲话时说，当今在中国，"前途""图钱"这四个字是大多数年轻人绕不过去的。领导者必须关注这一问题。

21.7 "科研机构进入企业是改革，有实力的研究院所兼并企业也是改革。"

孙传尧向中国有色金属工业局张吾乐局长汇报时的表述。

21.8 矿冶精神

1989年1月，我在全院总结大会上做1988年工作总结报告时提出"矿冶精神"，此后与党政领导共同凝练出"矿冶精神"的核心："团结、开拓、求实、奉献"。以后又把办院宗旨定为："强院报国，成就员工"。

22　国家大型科研院所长的困惑
——我的一次发言

20世纪90年代末期，科研院所转制为企业后的一天，在钢铁研究总院召开了一次座谈会，中组部副部长赵洪祝、原冶金工业部副部长殷瑞钰及国资委的领导出席。参加座谈的有中央直属的十几所大型科研院所长，还有金融系统的多位专家。

座谈会开始后，多位参会人发言都很乐观，谈国有企业与金融机构的合作会显示出明显的优势。我只是听，没表态。待会议快结束时，我做了一个较长时间的发言。

我说："我们在座的都是国有科技型企业和国有金融机构的老总，看会标横幅就一目了然。可是在当今的社会上，很多人都认为我们国有企业是落后生产力的代表。多年来我作为矿冶总院的院长，脚踏社会主义的阵地，高举共产党的旗帜，与国内外的私有势力斗，斗得筋疲力尽，力不从心，我多年培养的技术骨干正流向外企或私营企业。

"就在前几天，我从东北大学要来的自动控制专业的技术骨干——一个女孩找我谈话。她说：'孙院长，我看您很正直诚恳就来向您告别，我马上要离开矿冶总院了，去到一家外企工作。这几年我想过，对我个人来说，国企不如私企、外企有优势，请您谅解，我感谢您对我的信任。'

"我说：'小周，你是我从东北大学名牌的自动控制专业专门要来的，对你寄予很大希望。这几年你遇到一些困难我也知道，你要走我也留不住，但矿冶总院的事总得有人干。我跟你说实话，搞资本主义私有化这一套我会干，而且也能干得不错。如果说我干资本主义能当上将，干社会主义可能只当少将。如今共产党和国家让我干社会主义，我就牺牲了上将当少将。你想走就走吧，等过几年，我把矿冶总院搞好了你再回来看看。'

"科研院所长是典型的双肩挑复合型人才，要学好四种人：作为人民公仆，要学习孔繁森；作为学术带头人、科技帅才，要学习中科院沈阳自动化所的所长蒋新松；作为优秀的科技专家，要学习长春光机所的蒋筑英；作为优秀的国企企业家，要学习河北省保定棉纺厂的厂长马恩华。这四种人都学好了才是一个称职的好院长。如今，我们与这四位模范人物最大的差别在哪？在哪？他们都去世了，我们都还活着！科研院所要为国家承担政治责任、社会责任、经济责任和技术责任，这是普通国企不能相比的。

“科研院所知识分子成堆，是高智商人群聚集的地方，人们有很强的民主和监督意识。院长们都把心思放在科研、学术和管理上，想着自己承担的责任，没有谁把钱看得很重，又都普遍受到党和国家几十年的培养教育，因此，院长们无心思腐败、不敢腐败、不能腐败、不值得腐败。想一想，近些年在党内外揪出来不少腐败分子，有副国级的、省部级的、厅局级的，也有企业的老总。可是，在院所长的群体里揪出来几个？

“企业可评出优秀的企业家，设计院是分等级的，唯有科研院所，没有级别，四不像。国家了解这批科研院所长吗？”

我的发言结束了，会场上好一会儿静默。赵洪祝部长先开口，他说：“今天总算听到院长说的心里话了，刚才孙院长讲话时，我的眼泪一直在眼圈里含着。过去我们对这个群体关注得太少了。我刚刚从中纪委调到中组部，确实没看到科研院所长腐败的案例。”

晚上吃饭时，赵洪祝部长让我与几位部长坐在一桌，以便于交流。院所长们纷纷来向我敬酒，他们说：“这么多年，我心里很郁闷，但说不清原因，总感觉心里堵得慌，今天孙院长的发言把问题说透了，我明白了，谢谢孙院长。”还有年轻的院长说：“我刚当院长，体会不深，孙院长的发言提前对我进行了指导。”

第二天，干勇院长见到我说：“昨天你的一番讲话发了一通牢骚，但讲真话，迅速传开了！”

23 我的遗憾

23.1 轻金属研究室没建起来

矿冶研究总院有色冶金学科的优势是重有色金属冶炼。稀有金属冶金干得不多，铝镁轻金属冶金及后续的材料几乎没干过，我觉得这是很大的缺陷。而且，当年中国有色金属工业总公司的发展策略是优先发展铝，主要是电解铝、氧化铝和铝合金加工，这在中国有色金属工业总公司的产品、产量中占了大部分，但我院在此领域的科研几乎是空白，北京地区也没有专业研究铝的科研机构。

针对这一情况，我与院领导和人事处处长研究后，决定请东北大学的邱竹贤教授和他的博士弟子们来院交流，目的是来一批东北大学轻金属冶金专业的博士，高起点建立轻金属研究室，迅速承担一批高端的研究项目，为有色金属主战场服务。我在东北大学读本科时在有色冶金系，邱竹贤教授是我的系主任，他的实力和他学生的水平以及东北大学的轻冶专业在中国的地位我很了解。

做了前期准备后，我院把邱竹贤教授和他已毕业的博士及在读的博士生10余人请到矿冶总院，吃、住、交通费全部由我院支付，另外还给每人发了咨询费。这在20世纪90年代已算是比较开放了。

研讨会开得很好。一方面对如何建立轻金属研究室提出好的建议，另一方面大家都表示愿意来矿冶总院工作。

但是，没想到这事没办成。因为邱竹贤教授的大弟子何铭鸿博士在他的师弟中威信高、影响大。当时他在中科院化冶所（今过程工程研究所）工作，因他太优秀，其所长谢裕生死活不放他。由于他没来矿冶总院，其师弟们也不想来了。最后只有朱旺喜博士一人来院。尽管朱旺喜博士很优秀，但他孤掌难鸣，支撑不起来一个研究室，只好让他到冶金室工作。室主任和副主任都不是搞轻冶的，也无法为他提供支持，他折腾一段时间很难发展，我请对铝行业比较熟悉的副院长谢怀复带着他到几个大铝厂走了一圈，找了几个小项目干。

我觉得这不是根本的办法，于是我与科研主管院长邱定蕃商议，把朱旺喜调到科研处当处长。他在科研处很敬业，工作干得很好。后来国家自然科学基金委员会（简称“自然科学基金委”）一位主任来院找我，要求把朱旺喜调往自然科学基金委工作，我很不愿意放他走，一是他科研处处长的工作干得挺好，二是他是全院唯一轻冶科班出身的博士。他在院，我院在轻冶领域还有话语权；他调走，我院轻冶的话语权就没有了。但是最后，他还是去了自然科学基金委。

直到我院长离任，轻金属研究室也没有建起来，对氧化铝、电解铝、镁冶炼和铝镁合金的研究还是空白。这是一大遗憾!

23.2 博士点没有申请下来

我院选矿学科的硕士点是1978年国务院学位委员会批准建立的，也是“文革”后中国的首批硕士点之一。主要导师有张卯均、吕永信、幸伟中、罗义昌、东乃良、周二星、陈鼎久、李凤楼、宣道中、刘文华等，都是国内有名的大专家。孙传尧、张文彬、李长根、夏晓鸥、张立诚、韩龙、谢建国、徐建民、王福良、李成必，还有一批留学国外的人，都是矿冶总院毕业的硕士。当年不知何原因，选矿博士点没办下来。

以后几年，我院又先后增设了采矿、有色冶金、机械设计、材料科学与工程几个硕士点。

我任院长后，几次申请博士点都没成功。首先想在最强的矿物加工学科有突破，再补其他学科，但终究没有突破。原因是，教育部的策略是博士点主要面向高校，科研院所原来有的保留，但不再新增；原来没有博士点的，要实现零的突破没有可能。中国工程院周济院士原来是教育部部长，后任中国工程院院长，我向他汇报过几次，并说明专家在博士点评审时，对矿冶研究总院的矿物加工学科打了80多分的高分，完全具备博士点条件。但是，周济院长说得很清楚：“不是分高分低的问题，而是博士点向高校倾斜的政策决定的。”后来，还是周济院长与教育部沟通，教育部正式下文件，批准北京矿冶研究总院与东北大学和北京科技大学联合招收和培养博士生，总算是进了一步。但博士毕业证书和学位证书仍然是东北大学和北京科技大学的，我院独立的博士点一直没批下来，这是我的又一大遗憾！

23.3 田福纯命案没有破案

田福纯，女，国内著名的工艺矿物学专家。曾长期任北京矿冶研究总院物质组成室（今矿产资源所前身）主任，已退休。

1989年10月9日傍晚，我正在家里做晚饭，罗忠义副书记紧急敲开我家的门，告诉我，楼下的田福纯摔倒在卫生间。我急忙下楼赶到田福纯家，看见她已倒在卫生间里。再细看，有一根细绳拴住她的两只手腕，不细看还真看不出来，人已经无生命体征了。我赶紧说："这不是摔倒，有案情，赶紧报案！"说完，我就打电话向甘家口派出所报案。

很快，北京市公安局刑侦处、海淀分局刑警队以及甘家口派出所三方警力迅速会聚在案发现场，行动之快令人佩服。牵头的是北京市公安局刑侦处处长，海淀分局刑警队队长，姓傅，人称铁队长，没有破不了的案子。

因发生了高级知识分子女教授的命案，弄得增光路44号院矿冶总院科技人员集中的小区人心惶惶，住户晚上不敢出门。北京市警方对此高度重视，下大精力进行侦破。

作为院长，我尽可能地与警方密切配合，为他们提供办案所必要的支持，做到有求必应，因为此案的侦破对矿冶总院来说太重要了！

对于案情的进展，我们不方便问，警方也不对外透漏，但看得出他们一直在紧锣密鼓地进行。

终于在案发两个月后的一天，市局刑侦处处长和海淀分局傅队长两人来到北京矿冶研究总院，对我和院党委书记周峰同志正式通报田福纯命案的侦查结果。处长讲了如下一段话："接到报案后，北京市局和海淀分局警方尽了最大努力，刑侦工作已有进展。可以很负责任地说，作案凶手（现在称嫌疑人）目标明确，如果捕，百分之百不会抓错。但是，从法律上讲，证据还不充分，不能抓捕。如果对一般人，我们可以上手段取证后抓捕。但对此人，不能上手段取证，因证据不充分就无法抓捕了。此案只能到此为止，我们尽力了，希望你们理解。"

没想到通报我们这样一个结果！警方对家属怎样说的，我们不清楚，家属也没对我们说。费了很大精力侦破，最后没有破案，这是十分遗憾的。

如今已过去33年，再无人提到此案。该命案没有破案，在矿冶总院的历史上留下一个遗憾，也是我的遗憾，我不能不留下记载。

23.4 失去了矿山机械专业的优势

我院的矿山机械研究方向最初在采矿室，1985年6月从采矿室分出来，单独组建矿山机械室（简称“矿机室”），主要研究方向是矿山机械、爆破器材和植物胶等。首任主任是汪光烈，饶绮麟、李家梅、潘英民、战凯都担任过矿机室的领导。当时的科技骨干不少：汪光烈、饶绮麟、李家梅、潘英民、战凯、林云亮、刘格平、陈士涛、闫鸿久、费梅英、魏西平、张宝成、杨富珍、石峰、刘凡菲、潘社卫、郎平振、顾洪枢、谌江、王小宝、咸建良等。我院的矿山机械和长沙矿山研究院的矿山机械是国内两大矿机研究机构。该研究室出了一批研究成果，获得过国家级和部级科技进步奖。据战凯副院长提供的资料（战凯曾任矿机室副主任、科研处处长、副院长，他了解情况），矿机室主要科研成果如下：

（1）地下铲运机：

① WJ-1型地下铲运机；

② WJ-1.5全液压铲运机；

③ CT6000变速箱；

④ CT6000驱动桥。

（2）地下自卸汽车：

① JZC8地下自卸汽车；

② JZC10地下自卸汽车；

③ ZSQ弹簧制动液压松闸制动器。

（3）地下辅助车辆：

① HPC-11型混凝土喷射车；

② HC-1.5型井下混凝土输送车；

③ JFC井下采场服务车；

④ CDC-10型顶板作业车；

⑤ JRY井下运人车；

⑥ 井下多功能服务车；

⑦ 三立方井下燃油加油车；

⑧ 多功能氧化铝粉末回收车。

（4）其他矿山设备：

① HD-24轻型手持式液压凿岩机；

② CJDY-1200型原矿带式运输机；

③ SJDY-1200型原矿绳架带式运输机；

④ DYP600×900低矮可拆式破碎机；

⑤ DYP750×1060低矮可拆式破碎机；

⑥ PEWA90120新型外动颚低矮破碎机；

⑦ PY80型劈岩机；

⑧ SYG-1型手持液压镐；

⑨ SPZ-6型湿式混凝土喷射机；

⑩ 铝电解气动打壳机；

⑪ ZSG1642高效节能振动筛分给料机；

⑫ YKS2045圆振动筛。

该室成果不少，但工程转化程度不高。

2000年3月，植物胶研究方向被从矿机室分出来，成立独立的研究中心，矿机专业的老同志大都退休，剩下的年轻科技人员少，经费、项目也不多，经院长办公会议研究决定：矿机室与设备所合并组建机械所，其目的在于整合我院机械专业的资源和研究项目，集中力量主打矿山机械和选矿设备。这个决定是经过论证的，初心也是好的。但是，后来的情况却事与愿违，矿山机械的研究几乎停止。

导致这一后果的原因，有客观因素，也有主观因素。分析起来有以下几点：

（1）矿山机械大都比较复杂。我国的矿山机械，尤其是井下矿山机械，与国外发达国家的产品差距很大，矿山企业只要有点可能，大都买国外产品，虽然价格高，但可靠性好、故障率低、使用寿命长。矿山企业对国产矿山装备普遍认可度低。

（2）基于以上原因，国内矿山机械厂家产品竞争力不强，对新技术、新产品的需求不旺，导致我院矿机室的新技术和产品与矿机企业合作的机会少，产业化程度低，经济效益不高。

（3）我院没有矿机产品的加工基地，生产不出品牌产品。

（4）两机构合并为机械所后，矿机的研究人员、经费和项目数与选矿设备研究方向相比差距很大，机械所在内部曾设法调整，向矿机方向倾斜，但效果不明显。

（5）华诺维公司成立后，在院内形成一定的同业竞争，机械所内的矿机专业人员大都流向华诺维，导致机械所的矿机研究几乎终止，华诺维后来也不景气。

对于这一状况，无人向院领导正式反映，院领导（至少我没有参加过）从未研究过矿机专业的稳定与发展问题，这也是我的一大遗憾。

23.5 金川电化学控制浮选工业试验失败

对于国内电位调控浮选的研究，当年中南大学王淀佐院士领导的团队做了大量的基础研究，也培养了多名博士生和硕士生。北京矿冶研究总院在基础研究方面开展得不多，而是主攻电化学控制浮选的工业应用。首先，在西林铅锌矿选矿厂，电化学控制浮选获得成功，实现了6种药剂的14个加药点的在线控制，1996年获国家科技进步二等奖，此后多家企业到西林铅锌矿参观。1997年，在黑龙江乌拉嘎金矿搞工业试验，虽然金回收率没有达到提高4个百分点的预期指标，但电化学控制浮选的作用还是得到了发挥。在四川会理铅锌矿搞电化学离线调控也效果明显。在此情况下，我院专门研究机构——电化学控制浮选研究室想在国内推广该项技术。

1997年，我在国家经贸委申请了一个专项，在金川公司选矿厂开展硫化铜镍矿石的电化学控制浮选工业试验。当时，该研究室的主力正在黑龙江省乌拉嘎金矿搞工业试验，在金川现场的小型试验投入不足，试验不充分。该室的人员没干过金川的选矿科研，对金川选矿的难度缺乏体会，尤其对电化学控制浮选工程转化的困难估计不足，对不同工业生产环境下的复杂性认识不清，对电化学控制浮选的理论研究也不充分，多因素的交叉最终导致工业试验失败。

1997年10月，我带着一名博士生和一名硕士生去金川有色金属公司短期出差，当时我院选矿专业大专家李凤楼主任从乌拉嘎金矿完成工业试验回来，已带领一支科研队伍在金川有色金属公司选矿厂进行电化学控制浮选工业试验的准备。作为院长，我去金川有色金属公司的目的有三个：其一，与金川公司的领导沟通关于工业试验的问题，请公司领导关注和支持；其二，看望我院在现场工作的科技人员；其三，讨论一些相关的技术问题。这几项工作是我传统的工作习惯，必须做。

工业试验前一天晚上开预备会，涉及浮选技术问题，与会者说不清楚，我当时很不高兴地说："明天工业试验在日处理量3000 t原矿的大系统里开车，可是如何提高铜镍混合精矿品位和降低氧化镁含量、如何提高铜镍回收率的技术措施准备不足，工业试验能成功吗？”第二天试验开车后，没过几天，果然陷入困境。在此情况下，我不得不临时改变计划，给在院主持工作的邱定蕃副院长写信（那时没有手机），说明工业试验遇到了困难，我必须留在现场和大家共渡难关，短期内不能回院，院里的一切由邱院长和周书记商定。

之后，我每天早上8:00上班，半夜12:00离开车间，每天上两个班，甚至没有在招待所吃一日三餐的机会，早上在街上吃一碗牛肉拉面，中午和晚上在选矿厂食堂吃饭。我主持完成了两次大的流程改造，精矿品位指标显著提升，但电化学浮选参数响应不好，达不到预期目的。在此期间，我让项目负责人李凤楼陪两位俄罗斯专家回北京休整，还让李凤楼按计划去加拿大出差，由我顶替他领导工业试验。有一天，我在磨浮车间最高点的水力旋流器处，见到中国有色金属工业总公司方英处长等人在球磨机的平台上向我招手，我赶忙下来迎接。方处长说：“知道你们在金川搞工业试验很辛苦，我们来看看，也怕你顶不下来。”后半句话是方处长的本意，我对方处长深表谢意。

我每天在车间上两个班，能采取的措施都用了，金川公司争论了两年没敢定的流程改造，我自主决定并两次领导实施改造。我东北大学的同学、金川公司科技部赵汝全对我说：“你胆子真大，这流程改造，我们讨论两年都定不下来，你说改就改了!”其结果是：精矿品位大幅度提高，但尾矿中镍含量还是降不下来。更大的问题是浮选的操作因素、电化学参数和浮选指标三者之间没有响应。从电化学控制浮选角度来说，没有获得实验室小型试验的规律和指标。

现场工作38天以后，中组部让我参加第八期邓小平理论研究班，我犹如从战火纷飞的战场上撤离的战士一样，难舍难分地离开金川去北京学习。尽管如此，我还在晚上打电话与远在金川的实验组讨论工业试验的问题。

通过这次工业试验，我得到了新认识，浮选尾矿中镍含量降不下来有技术原因，也有系统误差、试验系统的浮选机性能不好的原因，这里暂不谈这些原因。重要的是，电化学控制浮选或电位调控浮选，在实验室小型试验可获得良好的指标和规律性，在工业过程中影响因素十分复杂，远没有达到从必然王国到自由王国的境界，这条路还很艰难，工业过程不像想象中那样简单，还有很多问题要研究。

这是我从业几十年间，唯一遭遇的科研领域的失败，教训很深，终生遗憾，但也唤醒了我对电位调控浮选的新认识。光看博士、硕士论文和实验室小型试验简单体系的结果不行，不上工业，不知道电位调控浮选的复杂性。

23.6 赞比亚炸药厂爆炸，复建没被批准

对此事件，我向国资委主任李荣融做了专门汇报，这里不再详谈。

24 我院长离任

24.1 接任院长是如何产生的

24.1.1 我两次向国资委干部局领导主动提出辞职

1988年2月，我43岁，从副院长的职位上接任院长，原院长何伯泉此前已提任中国有色金属工业总公司副总经理。全院的干部职工没有因为我是资历浅、院龄短的“少帅”而对我另眼看待，我很知足了。到2007年2月9日宣布我离任，前后跨度20年，实际上干满19个年度。

2004年12月，我满60周岁，按常规，我在考虑离任和接替人选。但离任前的工作照常进行，也就是人们常说的：站好最后一班岗。我说过：“即使明天早上8:00我离任，今天下午5:00以前我照常召开院长办公会议，工作绝不含糊。”我做到了忠于职守。另一方面，我丝毫没有感觉到院内干部、职工因为我快离任了而显露出懈怠、厌烦、执行力下降和对我不尊重的现象。这使我发自内心地感动。

关于院长接替人选，早在邱定蕃院士任党委书记到王玉田同志接任党委书记的五六年间，院党政主要领导已确定是时任副院长夏晓鸥。实际上，我每次出差都指定夏晓鸥主持院长的工作，这不光是暗示，更使其早日进入角色。

2005年7月3日，在北京市委党校召开的一次会议之后，我向国资委干部二局局长汇报工作，主要谈了三个问题：

（1）本人已到退休年龄，希望早日院长离岗，让年轻的同志上。

（2）矿冶总院现在的班子很好，有事业心、责任感，团结协作好，有后备人选，希望从本单位产生院长，不从外面派。

（3）简单汇报赞比亚炸药厂爆炸的情况。

我汇报后，局长说：

（1）60岁是退休年龄，但国资委不搞一刀切，有能力、有影响力的可以延长。武汉邮电科学研究院的院长60岁就退休了；中冶集团的杨长恒60多岁了，还在干。

（2）班子结构合理，再增加一名总会计师后职数不减。

（3）赞比亚炸药厂一事主要是总结经验教训，以后还要重建。

2006年6月15日，我正式向院党委提交报告，提出本人不再担任院长职务，也不再兼任北矿磁材董事长职务。对这一要求，院党委没有同意，也没有上报国资委。

2006年6月29日，我去国资委干部二局向宋亚晨副局长汇报工作时专门谈了我离任的请求，我的几个观点如下：

（1）本年度院党委换届，我年龄已到，不再担任院长职务，接任者是夏晓鸥，5年前已培养确定。接着，我又谈了夏晓鸥的优势。

（2）党委书记希望王玉田留任，他工作出色、人品好、胜任，也不存在接替人选问题。

（3）如果一定找书记接替人选，我希望在领导班子内部确定，适合的人不止一两个。

（4）换届时间在2007年初为好，因2006年9月矿冶总院50周年院庆，10月参加国际选矿会议，11月召开全国选矿年评学术会议，时间太紧张。

（5）院班子如进一人，建议王瑜；如进两人，建议王瑜和于月光。

结尾时我还加了一句话："不知道我说清楚没有？"

宋亚晨副局长听完我的汇报后说："我全都听清楚了！"接着谈了几个要点：

（1）我根本没考虑班子换届。

（2）这几年院内工作不错，你院士的身份任院长合适，反正你也不退休，身体和精力也行，还不如在院长的岗位上多顶几年。

（3）夏晓鸥去长沙矿冶研究院当院长，一两年后，他把长沙矿冶研究院带进北京矿冶研究总院。两院专业相近，长沙矿冶研究院规模也不大，国资委没有必要管两个院。

关于第三条，还没征求夏晓鸥本人的意见，先不对外讲。

这次与宋亚晨副局长的谈话，我回院后过了几天，于7月3日上午对王玉田书记讲了。

24.1.2 我与国资委张亚南副局长的谈话

这事搁置了几个月后，2006年10月31日—11月3日，国资委干部二局张亚男副局长以及王礼、马素珍几位处长来院进行领导班子换届考核。考核组召开处级以上干部大会，另有一部分职工代表参加。会上发了五张票，让参会人员填写、投票。10月31日—11月2日，分别找处级干部及院领导谈话。

11月2日下午3:20—6:30，历时3个多小时，张亚南副局长在他的办公室找我谈话。谈话的主要内容如下：

张亚南：考核投票结果已经出来，院长的候选人夏晓鸥获得绝大多数票，但与夏晓鸥谈过话，他坚决不接任院长，怎么办？这也说明你推荐错了！

孙传尧：我推荐夏晓鸥当院长没有错。因为我个人的推荐、院领导成员的推荐和民意测验的投票结果是一致的，目标高度集中在夏晓鸥身上。实际上从5年前开始，我每次出差都指定夏晓鸥代理院长主持工作，他自己也明白。一次，在昆明理工大学招待有色金属系统专家的晚宴上，我带着夏晓鸥逐桌敬酒时，特别介绍夏晓鸥是院长接任者，他酒也喝了，全有色金属系统都知道。

张亚南：他不干怎么办？

孙传尧：你们做工作嘛！当院长难，累死人了！国资委可直接下命令，他是共产党员，应服从组织决定。

张亚南：他万一干不好，我们得负责任。

孙传尧：他不可能干不好。我相信他的觉悟、能力和水平，已观察、培养、考验他十几年了。

张亚南：你再推荐别的人选吧！

孙传尧：夏晓鸥获得绝大多数票，别说没有别的人选，就是有也没获几张票，没有得票基础，无法推荐。

沉默了好大一会儿，张局长的烟一根接一根地抽，烟灰盒里载满了烟头，真是大伤脑筋了！

张亚南：你想个具体办法吧，我们俩若想不出好办法，今天咱俩的谈话就不能完，国资委党委等我们汇报。

孙传尧：我说个办法，张局长看行不行？上一次你们来院考核不能说失败了，但没取得预期效果，就得第二次来院。如果夏院长坚持不干，你们也不想再做他工作，国资委又不强行任命，办法就是在全院范围内公开招聘竞选院长，报名人可以是现在院领导班子成员，也可以是处级干部。这样做也算是一种干部制度改革。第一次进院可解释为广泛摸底调研，对干部职工也好交代，大家能理解，还体现改革意识。

张局长思考了一会儿，一时也想不出别的办法，就说："行，就按你的方案上报。"

我说："不是我的方案，是你的方案，我只给您提建议。"

历时3个多小时的谈话，终于想出个没有办法的办法。

国资委党委最终采纳了我们在院内公开竞聘的方案。报名的院领导有张建良、蒋开喜，处级干部有于月光、白厚善。院领导中，夏院长说："都是我惹的事，我还报啥名？"战凯副院长明确表示不参与竞争，张晓春副书记说："想都没想过。"

24.1.3 在院内公开竞选及最后结论

2006年12月12日，在院矿冶文化宫举行院长竞聘演讲答辩会议，参会的人员有处级以上干部和部分职工代表上百人。国资委干部二局宋亚晨副局长亲自来院任主考官，孙传尧、王玉田、干勇、田会、王礼、王旭为考官。张建良、蒋开喜、于月光、白厚善分别进行演讲和回答问题，结果是张建良、蒋开喜出线，入围候选人。但问题又出来了：

张建良任副院长时间早四年，又担任北矿磁材上市公司总经理，管理实践和经验相对丰富，加之他又是从清华大学管理学院毕业的，是朱镕基总理当院长期间的学生，理论基础坚实。另外，考官提的问题恰恰偏重企业管理，因此他演讲报告和回答问题优势明显，考官打的分高。

蒋开喜演讲和回答问题不如张建良，但他的优势是年轻，是德国亚琛工业大学冶金学博士，学历、学位高，专业基础好，水平高，并且近几年科研管理业绩明显，因而在现场参会的干部中民意测验分数高。

竞聘的结果是两人各有优势。本着公正、科学的原则，对两人无法做出选择。

会议结束前，宋亚晨副局长讲话，他对参与竞聘的四位候选人和参会的干部职工表示感谢。他说，原来以为研究院院长的产生要比大企业集团的一把手简单，没想到还挺复杂，长沙矿冶研究院也是如此。本次竞聘无法做出结论，会后还要再来矿冶总院。

考核组第三次来院是找干部谈话，采用简单的办法，即针对张建良和蒋开喜两位候选人进行明确表态：你同意哪一个人？

驻院监事会主席翟立功部长找我谈话，问我同意哪一人，下午他要去国资委开会，把我的意见带上去。我明确对翟部长说："事到如今，我对两人不再发表明确意见，由国资委定。"

最后，经国资委党委综合研究，决定蒋开喜任北京矿冶研究总院院长，夏晓鸥任党委书记，张立诚副院长调离矿冶总院，但关系保留在院；院长孙传尧和党委书记王玉田离任。

关于这一决定，院内外有些议论，主要是夏晓鸥为何不当院长？我也问过夏晓鸥，他回答："我豪气有余，霸气不足，不适合当院长。"但更深层次的想法他没有说。实际上，当蒋开喜当院长九年离任后，夏晓鸥接任院长兼党委书记，他把矿冶总院治理得很好，干部员工也很拥护。

等到一切程序走完后，2007年1月27日上午8:30—9:00，宋亚晨副局长找我谈话。

同日9:00—9:45，国资委副主任王勇找我谈话。王勇在谈话中对我的工作大加肯定一番。我估计对离任的领导干部谈话都是这样定调。9:45—10:00，我本人表态。

1月29日上午，国资委干部二局王礼处长电话：干部任免在2月9日下午宣布，全院总结大会定在2月12日上午，留点时间给新班子讨论2007年的工作。

2007年2月1—8日，我与韩龙、王福良按计划去瑞典参加北欧国际选矿学术会议，我问国资委干部二局副局长宋亚晨："何时宣布？"宋局长告诉我："你这次出国还需要院长职务，另外也得上报国务院。"临行前我再次给宋局长打电话希望快点宣布。他在电话里说："你着什么急呀？还得报国务院备案。"于是，我不方便再催他了，而是忠于职守，站好最后一班岗。

24.2 国资委干部二局局长宣布干部任命决定及讲话

2007年2月9日下午3:00—5:00，在院矿冶文化宫召开全体干部大会，由我主持。国资委干部二局局长代表国资委来矿冶总院在干部大会上宣布任免决定：任命蒋开喜为北京矿冶研究总院院长、院党委副书记；任命夏晓鸥为北京矿冶研究总院党委书记；免去孙传尧北京矿冶研究总院院长、党委副书记职务；免去王玉田北京矿冶研究总院党委书记职务；免去张立诚北京矿冶研究总院副院长职务（因工作调动）。

局长宣布任免决定后做了重要讲话。

讲话内容如下：

北京矿冶研究总院是受国务院国资委监管的国有企业，取得了可喜的成绩。按照关于中央企业领导人任职的有关规定，院长、党委副书记孙传尧，党委书记王玉田都超过了60岁的任职年限，两位同志多次向国资委提出，为了有利于北京矿冶研究总院的改革发展稳定，希望尽早地从领导岗位上退下来，由年轻同志接替院领导职务。关于这样的一个个人请求，国资委曾做过研究，之所以选在这个时候进行调整，主要是因为国资委考虑，中央企业负责人第一个三年考核期结束，新的三年考核期开始，在这个时候选择企业主要领导人员退下来，由新的人员接替企业主要领导人职务，有利于院里的各项改革发展稳定工作。按此想法，2006年11月，国资委派出工作组到北京矿冶研究总院就领导班子主要领导调整听取大家意见。在北京矿冶研究总院考察的过程当中，我们大家首先进行了大会推荐。由于院里多年来一直非常重视后备干部的培养工作，在推荐过程中，也有合适的可以接替院长和书记职位的人选。特别是有的同志表现比较优秀，工作能力、业务能力比较突出，领导能力得到了大家的认可，但是，该同志从有利于矿冶研究总院的长期发展和矿冶研究总院当前面临的繁重的改革发展任务的角度，结合自身的特点，提出了许多有利于院领导班子建设的意见。根据这种情况，国资委、国资委党委研究决定，在北京矿冶研究总院进行院长接替人选的竞争上岗工作。在北京矿冶研究总院进行院长接替人选的竞争上岗工作当中，全院干部职工比较关心，听取了四位同志的现场答辩，国资委确定了两名人选进行考察。考察中大家认为，两名考察对象的业务水平、工作能力都符合接替院长职位人选的要求，但从院改革发展的长期性、连续性角度考虑认为，年轻同志更能保持院改革发展的长期、连续和稳定。根据这样一个过程和干部考察过程中出现的情况，国资委、国资委党委形成了上述调整决定。

北京矿冶研究总院是一个具有较长历史的科研院所，去年迎来了50年院庆。经过50年的改革发展，北京矿冶研究总院从弱到强、从小到大，逐步发展成为一个以矿产资源综合开发利用和材料科学与工程为主，集科研、工程设计和科技产业于一体，对我国的国民经济建设发挥了积极的作用，在国家矿产资源综合开发利用领域做出了较大贡献。根据总院的统计，从1996年到2005年的10年，总院的资产总额增加了6倍，共开展各项科研课题2194项，获国家专利技术75项。从科研成果应用的情况来看，到2006年底，院资产规模达到了15.9亿元，2006年主营业务收入11亿元，利润4200万元，取得了很大成绩。这些成绩的取得既离不开国家的支持，也离不开一代代矿冶人的努力和拼搏，包括历届院领导班子和在座各位干部的努力和拼搏，更离不开以孙传尧、王玉田为班长的本届领导班子的努力。在这届班子调整中，由于年龄的原因，孙传尧、王玉田不再担任领导职务。

传尧同志1968年东北工学院毕业参加工作，1981年北京矿冶研究总院研究生毕业，1985年担任副院长，1988年担任院长。在院长岗位上工作20个年头，对矿冶总院的改革发展、转制工作做出了很大的贡献。传尧同志政治思想素质高，能够坚决贯彻党的路线方针政策，政治上、思想上、行动上与党中央保持一致，并且在学术研究上有较高的造诣和水平，1993年享受国务院政府特殊津贴，1994年被评为国家有突出贡献的中青年专家，2003年当选为中国工程院院士。传尧同志有较强的组织协调管理能力，领导经验丰富，事业心责任心强，敢于管理，为人正直，作风正派，廉洁自律，严格要求自己。担任院长期间，经历了矿冶研究总院许多改革、发展、转制的重大发展阶段，为北京矿冶研究总院的发展付出了很大心血，也受到了矿冶总院广大干部职工的拥护和爱戴。

玉田同志1970年北京工业大学毕业，1973年到北京矿冶研究总院工作，在院里工作34年，历任人事处副处长、处长，党委副书记，纪委书记，党委书记职务。玉田同志政治思想素质高，能够贯彻党的路线方针政策，政治上、思想上、行动上与党中央保持一致，认真学习邓小平理论、“三个代表”重要思想，积极推动院里的各项改革发展工作，熟悉干部、人事管理政策和党的基本理论，有较强的管理、沟通、协调能力。在班子建设过程中，积极贯彻民主集中制，团结调动各方面的积极性，平易近人，关心干部群众，为人公道正直，作风正派，廉洁自律，要求自己比较严格。在担任党委书记期间，围绕院改革发展的中心工作，发挥了党组织的保证监督作用，坚持和加强了政治思想建设工作，保持了全院的稳定，为全院的改革发展工作做出很大贡献，也是受到大家尊敬的老领导、老同志。

由于年龄的原因和干部任职年限的规定，两位老领导要从院主要领导班子成员的位置上退下来。在此，我受国务院国资委、国务院国资委党委领导的委托提议，请大家以热烈的掌声对孙传尧、王玉田同志为北京矿冶研究总院的改革发展稳定事业做出的贡献表示衷心的感谢和崇高的敬意！两位老同志崇高的思想境界、宽阔的胸怀和为事业高度负责的责任心，让我们人事部门的干部很感动。他们主动找到我们，提出从领导岗位上退下来，让年轻同志接替工作，这种全心为工作着想的思想境界很值得我们广大干部学习。希望新的领导班子给予两位老领导和其他老领导更多的关心和照顾，也希望两位老领导继续关心院里的改革发展稳定工作，支持新领导班子的工作。

在这次班子调整中，由于工作需要，张立诚副院长将出任国际镍协会中国区专职总经理。为了有利于院事业的发展，有利于推动我国对外交流工作的发展，张立诚同志提出不再担任北京矿冶研究总院副院长职务。立诚同志在院工作期间，为全院的改革发展事业做出了积极贡献，希望他到新工作岗位后尽快适应新的工作，同时希望他也更多地继续关注和关心矿冶总院的改革发展事业，为推动我国经济的对外交往工作做出贡献。

新任院长的蒋开喜同志和新任党委书记的夏晓鸥同志，是我们院培养和成长起来的年轻领导干部。

开喜同志，1963年出生，1982年参加工作，1997年入党，博士研究生，2002年任副院长。考察中，大家认为，开喜同志政治思想水平高，对搞好国有企业特别是中央大型科技企业充满信心，思维敏捷，善于学习，专业理论功底扎实，曾赴德留学，获博士学位，受聘中国大洋矿产资源开发协会资源应用项目的首席科学家、国家“863”项目专家组成员，有较强的科研管理能力，思路清晰，敢于管理。担任副院长期间，积极组织、协调、推进全院的科研开发工作，事业心、责任感较强，推动工作，雷厉风行，通过两轮推荐，综合比较，是比较合适的院长接替人选。

晓鸥同志，1957年出生，1975年参加工作，硕士研究生。考察中，大家认为，晓鸥同志思想政治觉悟高，能够贯彻执行党的方针政策，思路清晰，具有较强的经营管理能力，特别是沟通协调能力强，善于与人沟通协调，做耐心细致的政治思想工作，重视企业党组织的政治核心和思想建设作用，能够妥善处理改革发展和企业稳定之间的关系。任副院长以来，在院的科技产业、结构调整、产业基地建设，包括与职工切身利益相关的住房状况改善方面，都做出了很大的成绩。晓鸥同志能够团结同志，作风平易近人，在群众中拥有比较高的威信，经考察，大家认为，晓鸥同志是比较合适的党委书记接替人选。

在这次院领导班子调整过程中，国资委进行了北京矿冶研究总院院长人选竞争上岗工作，这是国资委干部人事改革工作的一个新标志，也是一个扩大干部职工在干部调整工作中的参与权、了解权和知情权的过程。全院广大干部职工给予了积极的支持和配合。一是院内有5名同志报名，后有4名同志参加院长人选竞争上岗。这些同志都比较优秀，得到了全院干部群众的认可。参加院长人选竞争上岗，本身是对国资委干部制度改革的支持，同时也说明他们愿意为北京矿冶研究总院的改革发展献计献策，把自己的智慧、能力、水平贡献给矿冶研究总院，值得鼓励。二是全院干部和许多职工代表听取了院长人选竞争上岗演讲后认真、慎重地投出了自己的一票，在对两位院长人选的考察中，就全院的长期发展向我们提出了意见和建议，对我们的工作给予极大的支持和配合，我代表国资委企干二局向参与此项工作的矿冶研究总院的干部和职工代表表示感谢。

这次新的领导班子调整力度比较大，在新的领导班子工作一段时间后，我们将进行沟通，加强对领导班子的建设。为此，我受国资委领导的委托，代表国务院国资委、国务院国资委党委对新的领导班子提出几点希望和要求。

希望新领导班子以“三个代表”重要思想为指导，认真学习贯彻执行党的十六大及历次全会精神以及最近召开的中央企业负责人工作会议精神，进一步解放思想、开拓创新，推进加快矿冶研究总院改革发展的步伐。国有企业是国民经济建设的重要支柱，是党执政的重要基础，也是我党全面建设小康社会构建和谐社会的重要力量。在国有企业中，中央企业是骨干和中坚，在国民经济中发挥着主导作用。中央企业多数都处在关系到国家经济命脉安全的行业和领域，对于发展生产力，提高我国的综合国力，构建社会主义和谐社会，巩固我们党的执政地位，都有着不可替代的作用。

北京矿冶研究总院是归国资委直接监管的中央企业。50多年来改革发展取得了很大的成绩，为国民经济建设和行业发展做出了积极的贡献，有着辉煌的过去和业绩。但同时要看到，当前国有企业在国内、国外两个市场的竞争当中，面临着挑战，处于一个新的历史时期。

第一，国家的经济建设取得了很大成绩，综合国力得到了加强，经济总量、发展速度在国际上的影响凸显，给国有经济的发展带来了很好的内部环境和机遇。科技企业要利用自己多年来形成的科研、人才、成果等核心的竞争力发展自己。根据党中央、国务院对中央企业的要求，国资委对中央企业的改革发展进行了描述和规划，在最近召开的中央企业负责人会议上明确提出，组建30~50家具有国际竞争力的大企业、大集团，标志是进入世界500强。同时通过3~4年的时间，到2010年，将目前的159家中央企业重组调整为80~100家在国民经济的建设和行业的发展中具有影响、控制和带领作用的优势企业。在此背景下，目前矿冶研究总院在资产规模、竞争力和抗风险的能力上处于比较弱小的地位，这就对院的改革发展提出了更高的要求。新的领导班子要在这种形势下，这种情况下，把握中央、国务院和国资委对中央企业的定位和要求，增强使命感、责任感、紧迫感和危机感，大力推进矿冶研究总院的改革发展事业。这是新领导班子面临的突出而重大的战略问题。这就要求新领导班子统一思想，把思想统一到中央对中央企业的要求和定位上来，按照落实科学发展观的要求，按照科技企业的客观发展规律推动改革。要坚持科学发展观，探索科技型企业的改革发展道路，要积极学习和借鉴有关科技企业的改革发展经验，坚持创新，探索出符合科技企业客观规律的模式和方法，这对新班子提出了较高的要求。院领导班子，包括中层干部及职工代表，都要站在中央企业的利益高度，思考并适应科技企业改革发展的要求。

第二，新领导班子要按照加强党的执政能力的要求，努力加强院领导班子思想政治建设，努力创建“四好”领导班子。2004年，中央办公厅转发了《中央组织部、国务院国资委党委关于加强和改进中央企业党建工作的意见》。2004年，中组部和国资委党委召开了全国国有企业领导班子思想政治建设座谈会，会上明确提出了要求按政治素质好、工作业绩好、团结协作好、作风形象好开展“四好”领导班子建设。2006年12月，中央组织部、国资委党委联合召开全国国有企业创建“四好”领导班子先进集体表彰暨经验交流会议，其核心是加强党的建设，加强领导班子建设。按照“四好”要求，推进北京矿冶研究总院领导班子建设，是摆在新领导班子面前的一项重要工作任务。

前一届领导班子在党委的领导下，开展了“四好”领导班子建设，使领导班子的建设得到了进一步的加强，但是，“四好”领导班子创建工作只有更好，没有最好，只有起点，没有终点。领导班子的建设是永恒的工作。随着时间、环境、条件及各方面的变化，包括领导班子调整人员变动的变化，领导班子建设始终有新的要求，新的标准，要不断地加强领导班子的建设。“四好”领导班子的建设，绝不仅仅是针对院级领导班子的建设，也包括二级、三级和各级领导班子。各级领导班子都要按照“四好”的要求，对照检查，找出差距，制定措施，加强整改，要把各级领导班子建设成为推动改革发展事业的坚强核心。希望新的领导班子要把“四好”领导班子的建设放到重要议事日程中。

这次领导班子调整力度比较大，以后还要加强建设。因此，现在要特别强调领导班子的团结问题。全院广大干部职工和国资委期盼着新的领导班子成为全院各项工作坚强的领导核心。而要成为坚强的领导核心，团结是最为根本的保证。加强领导班子团结，领导班子成员要相互尊重，相互支持，相互配合。平时多谈心，多商量，多沟通。领导班子成员要做到“不利于团结的话不说，不利于团结的事不做”，要用实际行动维护领导班子的团结。领导班子和党的主要领导，要善于广泛听取大家的意见，充分发挥和调动副职的积极性，发挥每个领导班子成员的主观能动性。民主集中制原则是我们党的根本工作制度，是我们党的传统和优势。我们要按照集体领导、民主集中、个别酝酿、会议决定的原则，认真严格执行内部的工作规定和程序，形成靠制度管人，按程序办事的工作机制。

北京矿冶研究总院实行的是院长负责制。严格意义上讲，院长负责制不强调民主集中制。但是这与我党的民主集中制是不矛盾的。我们要善于全面地、准确地、深刻地理解民主集中制。院长负责制是一个最终的形式，民主集中制是一个具体的过程。比如说，遇到事情，在院长办公会上进行商议，这就是民主。在此基础上决定，就是负责制。凡是建立在广泛征询意见基础上，充分听取大家讨论意见的决策，就会是科学、正确的决策。这就是民主集中制的体现过程，也是院长负责制最终的体现形式。在班子建设中，只要有团结作保证，班子建设就会不断向前推进，就会真正形成有利于院改革发展事业的领导核心。

在领导班子建设中还要强调按照胡锦涛同志在中央纪委第七次全会上提出的八个方面的要求，树立正确的人生观、价值观，牢记全心全意为人民服务的宗旨，正确对待权力、地位和利益，要严格地要求自己，廉洁自律，在各方面做好全院干部职工的表率。

第三，新的领导班子要牢固树立落实科学的人才观，切实加强矿冶总院人才队伍的建设，大力实行人才强企战略。作为科技型企业，长期在科研、研发、攻关过程中，形成了两方面的优势。一个是形成了一批具有自主知识产权的科研成果，另一个是培养、锻炼了一支高素质的人才队伍。这是我们科技型企业最根本的核心的竞争力量。在资产、资源和设备等其他方面，科技型企业都没有优势，而这两方面却是科技型企业最突出最核心的竞争力。要保持和发展科技型企业，就要把人才队伍的建设问题放到最核心的战略地位加以解决。新领导班子和各级领导要重视人才队伍的建设。特别是在现在人才竞争激烈、人才流动加剧、人才资源多元化的情况下，要用事业、感情和待遇等综合措施进行人才队伍建设。在人才队伍的建设上，要站在战略的高度去考虑，要系统地去规划，包括人才数量规划、结构规划、专业规划、培养的措施和使用的机制等都要系统地进行规划。要敢于给年轻人压担子交任务，放到重要岗位去锻炼。在对骨干的激励措施上，也要善于创新，进一步激励骨干发挥作用。要拓宽视野，加强宣传，提高保障条件，吸引海外高素质的留学人员回国报效祖国，为矿冶研究总院的发展服务。作为科技型企业的矿冶研究总院，不仅仅要加强科技人才的培养，而且要加强经营管理型人才、市场开拓型人才及政治思想工作人才的建设，进行综合型的人才队伍建设。总院一定要建立一支数量足够、结构合理、素质优良的人才队伍，为全院改革发展提供强有力的人才保证。在人才队伍的建设上，北京矿冶研究总院有着自己的切身体会。赞比亚炸药厂由矿冶总院控股，就是因为矿冶总院有自己的专业技术人才。总院需要有能实施“走出去”战略的国际型人才。中国在资源市场上占有的市场空间越来越大。我们不仅要面对走向全国，还要面对走向国际的需要，要用国际化的眼光培养国际型的人才。

第四，要紧紧围绕改革发展的事业，加强全院党的建设、思想政治工作。刚才已经在领导班子建设中谈到加强党的建设、思想政治工作。领导班子建设只是党的建设工作的一部分。国有企业一个传统的优势是有党的组织，发挥政治核心作用和保证监督作用。基层党组织发挥战斗堡垒作用，共产党员发挥先锋模范作用。当我们遇到困难和矛盾的时候，只要党组织发挥作用，党员起到带头模范作用，我们就能冲得上去，拿得下来，克服困难。但是有时候容易侧重科研和经济建设工作。因此，新的领导班子一定要坚持“两手抓”“两手都要硬”的方针。既要抓经济、抓发展、抓改革，也要抓党的建设和思想政治工作，抓干部职工队伍的稳定。稳定是发展的前提。院领导班子作为一个党的组织的代表，院党委是一个组织的体现形式。党要求将工作的重点放到经济建设上来。党员干部、行政干部都要牢记共产党是执政党，国有企业和中央企业关系到党的执政基础，一定要加强党的建设，包括加强企业文化建设、精神文明建设、思想政治工作，还包括发挥职工代表大会作用，全心全意依靠工人阶级、职工代表和群众组织的桥梁和纽带作用，真正把党的建设工作融入到全院的科研、生产、管理工作当中。面对新情况、新形势和新要求，要积极探索开展党的建设工作、党组织发挥作用的途径和方法。要根据矿冶研究总院知识分子密集、知识层次高、掌握现代的高科技技术手段人员多，大家已经不满足于传统地进行学习、开会模式的党建工作方式的现状，把全院的党建工作融入到全院的改革发展的事业当中去。研究探索进行党建工作、发挥党组织作用的新方式和新方法，这是新领导班子当前所要面临和重视的工作。此外，目前院党委正在进行中央企业（在京）系统十七大代表的选举工作，这是一项重要工作，一定要做好。

同志们，国资委、国资委党委以及矿冶研究总院的广大干部职工对全院的改革发展稳定事业寄予厚望，也对新领导班子寄予厚望。我们相信，新领导班子一定能够团结带领全院广大职工，发扬“团结求实、勇于创新”精神，团结协作、锐意改革，开拓创新，不断推动北京矿冶研究总院改革发展稳定各项工作取得新的更大成绩。中国传统佳节——春节即将来临，在这里提前祝北京矿冶研究总院广大干部职工，在新的一年里，身体健康，工作顺利，家庭幸福。

此后，王玉田、蒋开喜、夏晓鸥、孙传尧分别表态讲话。到此，我算正式离任了！在会上，我真情地发表告别讲话，这是面对全院干部最后一次讲话。这篇讲话我已收录到《足迹与情怀》一书中，这里我再次引用这篇告别讲话，作为我院长离任的感言，也算是本书的结语。

24.3 孙传尧的离任讲话，代本书结语

尊敬的局长：

全体干部同志们，职工同志们：下午好！

我很荣幸能在今天这样一个非常庄重的场合，有机会讲点发自内心的话。

一、拥护。我坚决拥护局长代表国资委宣布的对我院干部任免的决定。坚决拥护国资委决定蒋开喜同志任北京矿冶研究总院院长、夏晓鸥

同志任党委书记。坚决拥护国资委免去我本人院长和党委副书记的决定。

刚才局长做了十分重要的讲话。我深信局长的讲话对院新领导班子的建设，对北京矿冶研究总院干部队伍的建设会有深刻的影响，将促进在院新党政领导班子的带领下全院的改革与发展。并且，局长的讲话对我本人离任后如何做一名合格的共产党员，以不同的方式继续为我院、为行业、为国家尽自己一点微薄的力量有很好的鼓励与启迪。希望院新领导班子成员和全体干部认真学习、领会和贯彻局长的讲话精神。

国资委干部二局坚决贯彻、执行国资委党委的决议，花费大量的人力、物力，进行了十分周密的安排，特别是局长和处长们亲自到院，开展了卓有成效的工作，为国资委党委做出正确的决定提供了依据。国资委干部二局的领导及主管三处的领导是功不可没的。

二、祝贺。祝贺蒋开喜同志任北京矿冶研究总院院长，祝贺夏晓鸥同志任院党委书记。这两位同志懂政治、讲政治、全面素质好，并且分别在国外和国内的重点大学受过良好的教育，获得较高的学历、学位。他们有坚实的技术背景，对全院的科研、设计和产业情况熟悉。他们大局观念强，有良好的群众基础，多年前已是院领导的后备干部。他们任副院长期间的能力和水平、勤勉敬业精神和工作业绩已为全院广大干部和职工所认同。蒋开喜同志任院长，夏晓鸥同志任党委书记是当之无愧的。我对他们二位表示衷心的祝贺，并相信他们会不负众望，把全院的工作搞得更好。

三、幸运。我1968年大学毕业后在新疆阿尔泰山从事稀有金属选矿10年。有邓小平同志的精明决策，有北京矿冶研究总院这样国内外闻名的科研设计机构，使我有机会考上我院的第一届研究生；我的恩师吕永信先生对我直接教育培养并和院领导共同努力，使我毕业后能留院工作。北京矿冶研究总院人才济济，群星闪烁，无论在老同志中还是在80年代毕业的一批新秀中，比我优秀的人才有很多，我从一名普通的工程师，先后任科研处副处长、处长，副院长到院长，并在院长的岗位上工作近20年，历经迄今为止国家科技体制改革的全过程，经历了一些风浪，还能在最后的几年间在国资委所属的中央企业老总的群体中见到我，是我的幸运。院长这一职务，原本别人也是可以胜任并且可以做得更好的，但组织上培养和信任我，院领导和广大职工选择我、支持我、理解我、宽容我，使我值得为北京矿冶研究总院和全院的干部员工以及有色金属工业效力、奔命并且义无反顾。

四、感谢。要感谢的人和事实在太多了！北京矿冶研究总院培养和教育了我，给了我一个能发挥个人作用并为大家办事的平台。老领导带出一支好队伍，一个好院风，造就了北京矿冶研究总院的好品牌，这些优良的资源是我当院长的基础。在我任职的20年间，中国有色金属工业总公司、国家有色金属工业局、中国有色金属工业协会、中央企业工委、国资委以及科技部、发改委、原国家经贸委、财政部等中央有关部委，以及地方政府中数不尽的处长、司局长、厅长和省部长对我本人和对北京矿冶研究总院给予了诸多关心、支持与帮助。每当我们在改革与发展中遇到困难时，这些政府机构的领导们都鼎力相助，他们之中有许多人并没有抽过北京矿冶研究总院的一支烟，没有喝过一杯水，甚至没有来过北京矿冶研究总院。他们这样做，完全是一种责任感或者是对北京矿冶研究总院的信任感。还有数不清的企事业单位与北京矿冶研究总院在多年的合作中建立了诚信的关系，我感谢社会各界的关爱。

我感谢院内老领导的支持和与我先后共事的20余位院领导班子成员的精诚合作，感谢两代中层干部的支持与合作，感谢全体员工和离退休职工的宽容、理解与支持，干部、员工不给我本人和院领导班子出难题，使我们有可能把较多的精力集中在全院的改革与发展上。2000年我当选为全国劳动模范，2002年荣获矿冶勋章，2003年我当选为中国工程院院士，2006年我荣获光华工程科技奖，我得到的荣誉太多，而我个人的努力和能力是有限的，是院内外众多同行及合作者们托起我，让我摘取了一枚枚光环。这些闪光的花环不仅仅是属于我个人的，更是属于北京矿冶研究总院的，属于院内外的同行和支持者的。没有北京矿冶研究总院、没有大家的帮助，就没有我个人的今天。

五、致歉。我做事认真、追求完美。过去在新疆工作时如此，在北京矿冶研究总院也是如此。从1985年10月任副院长，1988年2月任院长以来，无论是院领导工作，还是学术与工程技术工作，我自我感觉都尽力了，我视北京矿冶研究总院和我从事的工作是我人生中最重要的东西。

有些事想到了，也干成了；有些事想到了，但没有干成或没有干完，个别的甚至失败了；也有些事还没有想到。这与我能力和努力程度有关，也与客观环境和北京矿冶研究总院的承载力有关。在多年的工作中，我对某些干部、职工关心、理解和爱护不够，有些是力不从心。我在不适当的场合、不适当的时机，对有的干部、职工做了不适当的批评，伤害了干部职工的自尊心，每每想起，我都感到有愧。其实，有时完全可以换一种更好的方式与同志们沟通。有的干部、职工托办的事没有办成。这些都过去了，不可挽回，此时此刻，我只能向这些同志表示道歉。

六、希望。我个人对矿冶人、矿冶院和矿冶行业的情怀，在院庆50周年时我写的《矿冶情》一首诗歌中已有表达。我不擅长诗文，也没有精力和闲心去读和写，我那首《矿冶情》是用心和情写的，以此奉献给勤奋敬业的矿冶人，此刻我已不必说得更多。我个人觉得本次院领导班子的任免具有里程碑式的意义。这表明继职工队伍完成代际转移之后，院领导班子也完成了代际转移。我希望新领导班子精诚合作、不辜负国资委及全院广大干部、员工的期望，在继承我院传统风格的同时，更加注意改革与创新，使北京矿冶研究总院别开生面。也希望广大干部、员工坚决支持以蒋开喜院长和夏晓鸥书记为首的党政班子的工作，下大力气打造一支思想过硬、技术过硬、作风过硬，能打大仗、硬仗和恶仗的矿冶铁军队伍，为创建世界一流的科研院所而努力奋斗。北京矿冶研究总院有能力，也本应该为行业、为国家、为员工做出更大的贡献，因为北京矿冶研究总院是国家的，是人民的，是矿冶人的家园。50年的风雨铸成的辉煌，我们没有理由让党和人民失望，没有理由让矿冶界的同行失望，没有理由让广大的矿冶人失望。因为我们肩负着政治责任、社会责任、经济责任和技术责任。但是，大家要有耐心，要给院新领导班子一定的时间，因为任何改革与发展都是要支付成本的，新领导班子需要考虑院的支付能力和员工的承受力。然而不管我院在前进的道路上有多少障碍、有多大风浪，但我们有一支坚强的领导班子率领的一支英雄铁军，我们会在国内外的竞争中永不言败。

人各有各的活法。我个人追求的是：不白活一生，不白上大学，不白学专业，做到这些，我知足了。如果多数干部员工认为我没有白当一回院长，那我更知足了。

从现在起，我回归到普通的百姓队伍中，争取做一名合格的矿冶员工。

借此机会预祝大家春节愉快，合家快乐，一帆风顺。

孙传尧

2007年2月9日

此离任讲话是2007年2月9日下午在矿冶研究总院全体干部大会上，国资委局长宣布院长、书记任免决定后我的发言。也是20年间我最后一次面对全体干部的讲话。

院长离任后，某大设计院的离任院长、我的老学长好心劝告我："第一把手院长离任后，不能还待在院里，防止干扰新院长的工作。"于是，我对接任的蒋开喜院长说："我的任务，一是，坐在第一排给你们在台上唱戏的领导鼓掌，你们唱得字正腔圆我鼓掌，略微跑调我也鼓掌；二是，对院里的事我不管、不问、不打听，知道也装不知道；三是，我在台上唱戏时安装了多少灯光布景是我工作的需要，你们用不用，全拆了与我无关了。希望你们放手大胆工作，不要老按我那一套干，如果没有新思路、新举措让你们上来干吗？"我说到也做到了。

25　我任院长、副院长期间经历的主要事件

我任院长、副院长期间所经历的主要事件列举如下。（2021年春节后本人耗时一个月，查阅了125本笔记摘录而成。为慎重，2022年6月，我耗时20天，将125本笔记又查阅一遍，做了补充）

1985年

9月30日，院长何伯泉在文兴街总部南楼他的305办公室找孙传尧、周峰谈话，内容是："有色总公司党组已批准，孙传尧任北京矿冶研究总院副院长、周峰任党委副书记。不过，你们这次去金川开会还以处长和副处长的身份参会。必要时亮副院长和副书记身份。"何院长同时告诉我们，院节能室主任邱定蕃也被任命为副院长。

10月1日，孙传尧、周峰跟随林青副院长先去酒钢看望参加重晶石浮选工业试验的肖庆苏一行，之后去金川参加资源综合利用会议，何伯泉院长已先期到达。方毅副总理参会，甘肃省省长陈光毅参会。

10月22日，中国有色金属工业总公司副总经理吴建常来院宣布院新领导班子成员：院长何伯泉，副院长邱定蕃、孙传尧、韩荣元，总工程师东乃良。党委书记李永蔚，副书记周峰，纪委书记罗忠义。

12月，孙传尧、李树田、王乃勤、邓国智等到白银有色集团股份有限公司经反复协商谈判，签订了采矿、矿机科研合同57万元。白银有色集团股份有限公司党委书记吴运泰给予了充分信任和支持。

1986年

1月，孙传尧、甘经超去云锡公司参加老尾矿选矿成果鉴定会，项目负责人为刘少先、黄利明。陈子鸣、茹青和任力已先期在云锡公司出差，巧遇。

1月，孙传尧带队去大厂矿务局参加"七五"科技攻关项目论证。

1月26—30日，在平谷召开北京矿冶研究总院科研成果集中鉴定会，本院17个项目通过鉴定。杨友林处长主持。

2月，孙传尧带队再次去大厂矿务局参加"七五"科技攻关项目论证，黄

恩兆副主任主持，郑宝臣（代表有色总公司）、杜懋德、孙忠铭、饶绮麟、王乃勤、李旺昌、袁砚池等参加，孙传尧论证选矿部分。会议最终确定我院承担大厂“七五”科技攻关项目十几项。

4月，国家标准局、技术监督局张润霞司长、杨文成处长等来我院选点考察设立国家重有色金属质量监督检验中心。文兴街总部主楼四楼分析室全部进行改造，院投入40万元。

4月10日，芬兰科技合作代表团来院。团长：波尔瓦尔特宁。

5月，孙传尧带团代表中国有色金属学会去新加坡、澳大利亚参加英联邦矿冶学会第13届学术会议。成员：孙传尧、刘远友、李光溥、姜荣超、张悦煌。

6月9日，召开院科研工作会议，总结改革以来的科研工作。

6月，住广州南湖宾馆参加全国检测中心主任会议，国家标准局局长徐明主持，会议期间参观广州家电研究所。

6月27日—7月20日，去德兴铜矿、凡口铅锌矿出差。

8月，去白银市参加西北铅锌冶炼厂和白银铝厂开工仪式，方毅副总理出席。其间到小铁山井下看望邓国智、吕甦民等。

9月，孙传尧去西林铅锌矿参加选矿厂二系统技术改造及SF-JJF联合机组投产仪式（此项目后获国家科技进步三等奖）。李凤楼、张洪甲、谢百之、王宗莹、赵纯禄等技术骨干在现场。孙传尧、陆宝凯矿长、纪耀臣书记三人剪彩。同行者郑桢、王玉斌。在西林铅锌矿度中秋节。

9月，去云南牟定铜矿参加我院邹介斧等研制的KYF-16立方米浮选机鉴定会。此期间建议设备室主任郑宝臣研究磁浮联合选矿设备及仿生学类似羊消化器官的造球机。

12月，孙传尧带队去武山铜矿商谈科技合作项目，同行人王乃勤、杨佼庸、郭素云、鞠义武、邓国智等。签订了一批采矿、选矿、炸药等科研合同。

12月25日，院新主楼和甘家口宿舍两大工程正式开工。

1987年

2月26日—3月13日，孙传尧带队去新疆有色金属公司及下属企业哈图金矿、可可托海矿务局、喀拉通克铜镍矿出差。同行人王乃勤、李忠义、陈庚源、宣道中、邓国智等。订了一批28万元的科研合同。新疆有色金属公司总经理刘履中亲自接待和安排。

4月，在凡口铅锌矿参加铅锌混合精矿异步混选工业试验，开车后就达标。项目负责人李凤楼。成员有赵纯禄、白秀梅、丁松元等。

4月，孙传尧从凡口铅锌矿乘火车去德兴铜矿，了解38立方米浮选机的试验情况。现场试验组长杜懋德，成员有谢百之、刘振春、邹介斧、沈政昌。我院与北京有色冶金设计研究总院研制的浮选机平行对比竞争试验。因我院的试验指标已达到，孙传尧决定结束试验，并在德兴铜矿高调举办工业试验庆功宴会，请各方人士100多人出席，大造成功声势。

5月30日，中国有色金属工业总公司任命郑宝臣为北京矿冶研究总院副院长。

6月20日，周峰任院党委书记，李永蔚书记离任。

7月5日，凡口铅锌矿铅锌异步混合浮选工业试验成功结束。

8月23—31日，孙传尧带队去德兴铜矿参加38立方米浮选机鉴定会，我院浮选机获胜。卢荫芝、张竞成、郑宝臣及浮选机项目组成员参会。

9月15日，成立院工程设计处，恢复设计业务。

10月19日，孙传尧参加第一批国家质量检测中心发证仪式，该仪式在中国肉类食品研究院举行，朱镕基（时任国家经委副主任）出席并讲话。

11月23日—12月3日，孙传尧带队去青海锡铁山矿务局承接提高铅锌精矿品位工业试验任务，李凤楼、赵纯禄、白秀梅同去。

1988年

2月29日，中国有色金属工业总公司任命孙传尧为北京矿冶研究总院院长，何伯泉晋升中国有色金属工业总公司副总经理。

此后，在文兴街院部大食堂召开干部大会。中国有色金属工业总公司副总经理吴建常宣布孙传尧任北京矿冶研究总院院长，并讲话。

3月15日，中国有色金属工业总公司任命饶绮麟为北京矿冶研究总院副院长。

4月25日，决定在技术开发所（矿冶二部）建3号回转窑，年产8000 t磁性材料预烧料。

5月8日，孙传尧参考首钢的承包方式，经党政联席会议决定，在院内将原定比承包改为定额承包："包死基数，确保上缴，超收多留，欠收自补。"

5月8—13日，孙传尧去广州参加中国有色金属工业总公司工作会议，会后去深圳等地参观考察。

6月7日，全院广播大会，孙传尧传达广州会议精神及参观考察情况，首次向全院职工发表讲话，解放思想，树立改革意识，反响较好。

6月21日，东乃良总工程师谈院离退休人员想办回力加公司。

6月23日，在院内设立青年科研基金制度。

7—9月，白堆子宿舍区1号楼地下室住户几次因暴雨排水不畅被淹，孙传尧组织服务公司连夜排水，并去看望受灾住户。

8月15日，中国有色金属工业总公司昆明公司经理王宗璠来院。

8月22—25日，孙传尧带队去张家口金矿和宣化钢铁公司考察交流。

9月，孙传尧参加冶金工业部和中国有色金属工业总公司联合中德共同委员会成员，去联邦德国检查中德合作项目执行情况。

11月23日，中国有色金属工业总公司费子文总经理、何伯泉副总经理来院检查工作。

12月14日，丰台区税务局来技术开发所检查税收。

12月23日，朝鲜尾矿充填技术考察团来我院。

1989年

3月15日，在院部大食堂举行大型冷餐会，答谢离退休老同志，老领导戴涛院长、魏立华副书记出席。一次性解决多年未办理的老同志离退休问题。

4月，申请博士点没获批准。

4月，连续多日研讨我院如何发展磁性材料和器件，分歧大，核心问题是：要不要发展下游的磁器件？

5月27日，院党政联席会议，研究贯彻李鹏和杨尚昆讲话精神，提出5条决议并立即召开中层干部会议传达贯彻执行。

5月29日，去海淀铸钢厂考察可否兼并，因厂区太小放弃。

6月中旬，郑宝臣副院长负责抓紧把新竣工的甘家口宿舍楼（增光路16号）迅速结束分房（分房方案此前经一周的研究已定）。分房过程平稳。

7月19—22日，孙传尧去葫芦岛锌厂参加中国有色总公司中期工作会议。

中秋节，为单身职工在大食堂举办中秋联欢晚会，吃月饼、水果。

9月12日，同意徐乃娟借调捷克使馆。

9月15日，国家科委副主任李绪鄂和6位司长听汇报，中央直属16个大院大所的院长联名给李鹏总理的信，汇报科技体制改革中的问题。孙传尧参与此活动。

9月21日，在人大常委会招待所，孙传尧等8位院长参加座谈会。胡克实主持，林兰英、吴仲华、冯之俊等参会。

9月26日，澳大利亚舒尔曼到京，在本院谈离心跳汰机合作实验。

9月28日，离退休老同志聚会，欢庆国庆40周年。

10月9日傍晚，发现女专家、物质组成室主任田福纯在家中被害，孙传尧立即报案。此后两个多月，北京市公安局刑侦处及海淀公安分局联合侦查，犯罪嫌疑人目标明确，但因证据不充分，无法逮捕，无法破案。

10月23日，矿冶总院举行首批工人技师发证仪式。院长孙传尧为71名技师发证，开座谈会，院领导参加。

10月27日，苏联有色冶金部科技代表团来院访问。

11月2日，孙传尧提名谢怀复任北京矿冶研究总院副院长，上报中国有色金属工业总公司党组。

11月25日，中国有色金属工业总公司决定清理小金库。小金库被查出，钱全部没收；主动交代，钱留一半。

11月28日—12月8日，中国有色金属工业总公司科研院所长在广州开会，研究科技体制改革，会议安排去深圳考察，孙传尧和周峰书记参会。

12月，正式确定“团结、求实、开拓、奉献”作为矿冶精神。

1990年

1月17日，宣布谢怀复任北京矿冶研究总院副院长。

2月17日，保加利亚金属陶瓷研究院院长波波夫等三人来院谈合作，下午签字，晚上宴请，孙传尧接待。

3月5日，举办《有色金属》创刊40周年纪念会。

3月15—17日，西单武警总招待所，国家科委召开院长负责制座谈会，孙传尧参会。

3月，请副院长饶绮麟和党委副书记罗忠义带队去草桥技术开发所调研体制改革方案。

4月9日，院长办公会与党委会联席会议，决定撤销技术开发所建制，组建磁性材料所和设备所，技术开发所三车间归属设备所作为加工厂；组建矿冶二部党委，成立二部综合处、二部后勤处。任命干部。

4月2日，在北京装甲兵招待所召开选矿学术会议和选矿学术委员会会议。赵涌泉主持会议。

4月14—21日，孙传尧去山东铝厂参加全国铝业工作会议。

4月29日，矿冶二部大会，原技术开发所的全体干部、职工参会，院部去60人参会，总计300人。谢怀复副院长主持会议，院长孙传尧宣布4月9日院长办公会和党委会联席会议的决议并讲话，党委书记周峰同志讲话。决议撤销技术开发所，组建磁性材料研究所和设备所加工厂（原三车间），组建二部综合处、二部后勤处，组建矿冶二部党委。会上宣布了干部任命的决定。矿冶二部按新体制运行。

5月，孙传尧参加中国有色金属科技代表团并随团访问苏联。中国有色金属工业总公司副总经理沃廷枢任团长。

7月9日，苏联米哈诺布尔副院长捷尼索夫一行来院交流，随身带来直径60 mm惯性圆锥破碎机，本人要求他把设备留院，折合人民币约1万元，下一年度我们回访时带相当额度的民用商品给他们。

8月14日，人事处处长王玉田、副处长倪加墨谈北京金属文具厂的情况，该厂隶属北京市二轻局，498人大集体，退休人员290人。不倾向接管。

8月14日，中国有色金属工业总公司人事部来院通报对院领导班子考察情况。

8月15日，第23次院长办公会议，研究北京金属文具厂接收问题。领导班子意见分歧大，决定不接收该厂。

8月18日，14号宾馆，沃廷枢副总经理宴请苏联有色冶金部第一副部长乌斯季诺夫一行，孙传尧参加。

8月18—21日，河北宾馆，论证河北冀东钢铁大厂建设问题，冶金工业部、河北省及北京市多名省部级领导出席，本院孙传尧、王宗莹两位专家参会。

8月26—31日，在乌鲁木齐召开中国有色金属工业总公司科研院所长和书记会议，孙传尧、周峰参会。

9月7日，孙传尧去东北工学院参加矿物工程系建系40周年学术报告会。

9月，二部湿法车间改造工程开工。

9月，米哈诺布尔在矿冶二部建立惯性圆锥破碎机示范站，苏方赠送的直径300 mm惯性圆锥破碎机安装在示范站。

10月10日，国家标准局、国家技术监督局对我院重有色金属质量监督检测中心验收。

10月13日，送别冷成亮同志。

11月13—18日，在长沙矿山院开第四届院长书记研讨会。孙传尧、周峰参会。

12月19日，费子文总经理来院视察一整天，下午去二部。孙传尧向总经理汇报二部机构改革情况，费总经理说："就得这样。"

12月20日，我院邀请东北工学院著名轻金属冶金学家邱竹贤教授的博士生路贵民等10余人来院座谈，请他们来院工作，拟成立轻金属冶金研究室，邱竹贤教授也来院。最后只有朱旺喜博士一人来院，轻金属研究室无法成立。

12月27日，本院承建苏联东哈萨克斯坦铜化工公司乳化剂车间签字仪式在本院举行。

12月31日，孙传尧、周峰、罗忠义去北医三院看望老院长戴涛。

1991年

2月8日，谢院长、薛长一谈二部湿法车间改造。

2月9日，全院总结表彰大会在国谊宾馆礼堂举行，下午看电影。

2月15—24日，春节放假，二部春节假期不延长，有加班费。

3月6日，佳木斯日报社纪委书记顾云善带领下属及厂长汤原县木器厂厂长赵德富协商通过中农信公司贷款300万元，实际支出250万元。

3月9日，永平铜矿吴矿长、周铁夫总工程师等来院谈选矿问题。

3月14日，人事处处长肖九如带领院领导及相关人员去丰台区化工设备厂考察。该厂很大，已建好但没生产，我院拟并购，没成。

3月21日，北京市设计管理处唐处长一行来院进行设计审查。

3月27日，在化建总公司完成KYF浮选机中标项目签字仪式。

3月28日，收到苏联科学院塔吉克分院院士沙拉任基寄来的浮选药剂样品：二乙基二硫代氨基甲酸酯。

5月1—24日，孙传尧率七人代表团乘火车去苏联米哈诺布尔商谈建立合资企业，回程乘火车到阿拉木图，与哈萨克米哈诺布尔建立合作关系。回来后写出《1991年访苏散记》一文，近4万字，现已被收入《足迹与情怀》一书中。

5月8日，中国黄金总公司崔岚局长、康金双、施大贵、孙祥久、麻伯平，浑江金矿王文学等来院谈浑江金矿热压浸出科技攻关项目。

5月24日—6月6日，孙传尧等从阿拉木图回到新疆，先去可可托海矿务局，后去阿舍勒取岩芯样回院做实验。

7月6—8日，在门头沟龙凤宾馆参加北京科技协作中心会议。

7月16日，与北京有色设计总院董鸿镉院长通报，本院拟聘邓崇武为我院副总设计师。

8月2日，对蒋向阳谈关注汤原县木器厂中农信的贷款。

8月9日，以黎懋铭为组长的专家组来院考察磁性材料工程中心建设条件。

8月16日，中南工业大学胡熙庚教授乘公交车专程来院与本人道别，他即将去美国。本人在院内请胡先生吃饭并派车送行。

8月28日，全院中层干部会议，孙传尧报告1988—1990年定额承包执行情况，布置1991—1993年下一轮承包方案。

8月22日，院长办公会议决定，1991年高校来院毕业生分到职能部门工作的一律先到研究室锻炼半年。

9月7—15日，去金川参加1991年科技攻关会议，含“八五”科技攻关论证会。

9月20日，中国有色金属工业总公司党组任命汪旭光为北京矿冶研究总院总工程师。

9月24日，我院支援安徽水灾救灾，派出7辆卡车装满捐赠的服装，于早6:00到左安门集结，7:00随中国有色金属工业总公司车队向安徽宿县进发。孙传尧、罗忠义、谢怀复等十几人送行。院办主任祁晓林带队。沿途交通管制，顺利到达，为灾区群众送去温暖。

9月28日，车队回院，孙传尧、周峰、郑宝臣、谢怀复院领导欢迎。

9月30日，在矿冶二部召开总结表彰会，院领导与去灾区执行任务的同志共进午餐。

10月17日，科技部同意国家磁性材料工程技术研究中心论证。

10月21日，费子文总经理在其办公室与本人谈话，拟派我到有色系统八大企业金川、白银、中条山、江铜、山西铝、铜陵等任正职，实在不同意任副职也行。并建议首选中条山，因为矿块崩落法和诺兰达炉投产后，采矿和冶炼的两头解决了，管理难度会小。但没有说以后我干什么。我说了几条理由，并表示舍不得离开矿冶总院，当院长时间不长，规划的工作还没开始干。费总经理表示：“我再考虑考虑，你也是从工作上着想。”

10月24日，与哈萨克斯坦乌斯季卡缅诺戈尔斯克炸药厂合同签字仪式在本院举行，晚上在仿膳饭庄宴请送行。

11月2日，中俄合资凯特破碎机有限公司签字仪式在北京矿冶研究总院举行。当日白天谈判，晚餐在西苑饭店园中园进行。晚饭后继续谈判，23:00举行签字仪式。中方北京矿冶研究总院院长孙传尧、俄方米哈诺布尔副院长捷尼索夫代表双方签字。何伯泉副总经理见证签字，胡克智、潘文举、王柯参加仪式，俄方克鲁巴、捷尼索夫副院长及瓦伊斯别尔戈参加仪式。

11月5日，上午在怀仁堂听钱学森报告《科学技术与建设社会主义祖国的关系》。李瑞环、宋健出席。

11月23日，米哈诺布尔副院长萨达耶夫来院，完成合资企业新纳密公司签字仪式。

12月13日，孙传尧当选俄罗斯圣彼得堡工程科学院院士。

12月21日，院青年工作会议。

12月28日，回龙观，有色金属学会理事会会议。本人所写异步浮选的论文被评为优秀论文。

12月29日，孙传尧在新大都饭店做国家磁性材料工程中心论证，参加人林毅、罗家珂等。

1992年

1月13日，江铜刘志辉、宁仲华，南昌院苏善桐，凡口矿冯秋明，哈图金矿刘福成等领导分别来院谈工作。孙传尧、邱定蕃等接待。

1月15日，有色进出口公司副总经理王柯来院研究技术出口问题。

1月21日，费子文总经理来院视察工作。

1月29日，上午9:00首次在文兴街院部新大楼学术礼堂召开全院总结表彰大会。老领导陈建、茅林、戴涛、何伯泉、刘东、朱定军、张仁弟、王建、张卯均、李永蔚、东乃良出席。全院一派节日气氛。

2月4—14日，春节放假。生产单位自行安排。矿冶二部执行社会假日，给加班费。

3月5日，用一周时间学习邓小平南方谈话。

3月5日，铜陵刘玉恩、金川杨金义来院。孙传尧等接待。

3月16日，韩荣元副院长带团访问米哈诺布尔回来。成员有胡立行、陈云裳、付惠英、李星云。往返乘火车。

3月24—31日，在郴州参加柿竹园“八五”科技攻关协调会。孙传尧是攻关领导小组成员。

3月29日，采矿室主任杨焕文找院长孙传尧谈采矿室实验装备差问题：“矿冶院采矿室没有实验设备，采矿室的人两个肩膀头扛个脑袋满街跑，靠什么搞科研？我要是矿长也不找你们搞科研。”很精辟。

4月25—5月3日，北京市科委主任邹祖烨带队到海南出差。北京科技协作中心在海南成立国际咨询公司，我院投资5万元入股。

5月，创办《北京矿冶研究总院院报》。

5月17—24日，在广州天河宾馆参加中国大洋协会一届三次理事会，本人当选理事，其间到黄埔港为“海洋四号”考察船送行。

5月25日，送别王素娟。

6月29日，周峰、郑宝臣、张卯均、祁晓林乘火车去白银参加西北矿冶院20周年院庆。

7月6日，国家科委程振登司长一行来我院调研选典型。

7月13—18日，国谊宾馆，出席中国有色金属工业总公司直属10大院所领导科技体制改革座谈会。孙传尧、周峰出席。

7月22日，在主楼学术礼堂举行仪式，圣彼得堡工程科学院院长费德多夫给孙传尧发该院外籍院士证书。科技部、有色总公司有关领导及北京的几家院所领导出席。

7月28日，国家计委林依敏处长来院听取关于新大楼基建费用不足的汇报。孙传尧、郑宝臣、韩荣元参加。经努力，国家计委补贴了基建费用。

8月13—15日，国家科委李绪鄂副主任主持会议，15个大院大所长进行试点院所论证，本院院长孙传尧、副院长邱定蕃参加论证。

8月22日，全院干部会议，孙传尧报告向国家科委论证重点院所试点矿冶总院的整体框架。以“科研先导性的综合集团公司是北京矿冶研究总院深化改革的总体模式”上报中国有色金属工业总公司和国家科委。

9月5日，东北工学院蒋仲乐院长、杨佩桢副院长及魏向前主任来院。

9月9日，孙传尧当选北京金属学会副理事长。

9月21日，周峰去俄罗斯出差，孙传尧、邱定蕃、汪旭光去甘家口送行。

9月22—25日，首届现代工艺矿物学和矿物工程学国际会议在矿冶总院新大楼学术礼堂召开。21个国家360多名代表参会。

9月25—26日，参加钢铁研究总院建院40周年院庆。

10月1日，陆述贤病故。

10月7—14日，在有色金属管理干部学院，有色总公司系统院所长、党委书记学习班，会后学员参观我院。

10月17日，与谷增礼、蒋向阳谈催汤原木器厂还贷。

10月20日，孙传尧参加新疆镍精炼湿法冶金半工业试验第一次领导小组会议，会议在矿冶二部召开。组长邱定蕃，副组长谢怀复、曲庆林，总调度洪培基，技术组长黄振华。

10月31日上午，孙传尧、周峰、罗忠义定新大楼院领导办公室分配方案。

11月2—6日，院领导和有关处室领导集中研究院改革与发展问题。

11月4日，中俄新纳密和美仙娜合资公司签字仪式在院部317会议室举行，晚宴在四川饭店举行。

11月18日，本人院长办公室从南楼309房间搬至新主楼210房间。

11月20日，新疆阜康冶炼厂镍精炼流程半工业试验动员大会在矿冶二部召开。新疆阜康冶炼厂参会17人，本院30人。孙传尧、邱定蕃、谢怀复院领导参会。

11月23日，罗忠义副院长带团去朝鲜访问回京。

12月4日晚，孙传尧带团去墨西哥、玻利维亚，成员有：孙传尧、邱定蕃、张立诚、汤集刚、袁传盛。12月30日回国。

12月31日，去中国有色金属工业总公司听费子文总经理谈党组向朱镕基总理汇报工作的情况。

1993年

1月，院工程设计处更名为北京矿冶研究总院工程设计院。

1月19日，全院总结表彰大会在主楼学术礼堂举行。

1月21日，在航天部三院参加海南国际咨询公司董事会。

2月5—6日，处级干部会议，讨论全院深化改革问题。

2月9日，成立北京矿冶总公司。

2月22日，孙传尧去中南海第四会议室作为科技界的代表，参加讨论八届人大会议政府工作报告。李鹏总理主持，罗干、宋健国务委员，朱丽兰、邓楠、袁木出席。

2月23日—3月2日，孙传尧等去郴州南苑宾馆参加柿竹园“八五”科技攻关协调会。罗家珂、甘经超、肖庆苏、李瑞星同去。

3月1日，正式启用北京矿冶研究总院新院徽。

3月3日，我院推出“挑战计划”和“加快科研工作改革的决定”。邱定蕃副院长主管。

3月12日，在五洲大酒店出席获外贸权的科研院所发证仪式。我院被授予首批百家科研院所科技产品对外经营权。

3月20日，院公布科研“挑战计划”条例。

3月23日，玻利维亚矿业部部长和Lema先生到京。

3月26日，我院决定建设矿冶三部。

3月29日—4月2日，在香山疗养所参加柿竹园“八五”科技攻关选矿主干流程和药剂评审会。矿冶总院、广州有色院、中南工大、湖南有色所的工艺流程经专家评审确定：主选是重-浮流程，广州有色院为主、湖南有色所参加；备选是全浮流程，矿冶总院为主，中南工大参加。中南工大邱冠周副校长当场表态，全浮流程由矿冶总院一家干，中南工大不参加。专家组组长是李家庆。我院对备选流程不服气。

4月3日，带队去京西北安河的一栋新楼考察，拟购买。同行人韩荣元副院长，徐静云、石荣、王乃勤等处长。因太远、楼太小，没买。

4月3日，哈萨克斯坦9位专家来我院审查炸药厂设计。

4月13日，玻利维亚矿业部部长Rejes等5人来京。

4月17日，我院已做好接待Rejes的准备，因其前一天晚上的活动结束太晚，加上主接待单位地矿部外事司汪司长不配合，部长迟迟不来，经与有色总公司外事局商议，取消接待。

4月18日，玻利维亚驻华使馆多次打电话，要求孙传尧院长去机场在该部长起飞前与他签订合作协议。针对这一不礼貌、不规范并且前一天失约的外事行为，我院坚决回绝（其实我团以前去过玻利维亚，对该部长的意图完全了解，并且我方对其方案不感兴趣）。

4月18日，玻利维亚矿业部部长Rejes离京回国，本院无人送行，因一切安排由地矿部负责。

4月21日—5月7日，孙传尧随何伯泉副总经理去美国矿山局出差，随行人员：潘家柱、胡克智、孙传尧、黄业英、方宝定。

5月13日，中国有色金属工业总公司人事部臧玉安副主任亲自来孙传尧办公室谈话。拟调孙传尧去北京有色金属研究总院当院长，孙传尧没同意。

5月21日，在矿冶二部完成的新疆阜康冶炼厂金属化高冰镍湿法冶金精炼半工业试验成功，在北京一大餐厅举行总结大会暨庆功宴会，100多人参加。邱定蕃副院长是工程总负责人。孙传尧参会并讲话。

6月，我院工程设计院晋升为乙级设计单位。

6月29日，中国有色金属工业总公司第五届硕士点评审会在北方工业大学进行，矿冶总院矿物加工、采矿工程和冶金工程三个学科中选。

会议期间，王淀佐院长与孙传尧谈话，劝其去北京有色金属研究总院接任他的院长职务。

7月13日，韩秀华送来张卯均早期著作。

8月8日，人事部臧玉安主任转达党组意见，不再考虑孙传尧去北京有色金属研究总院任院长。矿冶总院罗忠义改任副院长、汪旭光改任副院长、王玉田提任党委副书记，已批准。

8月10日，北京市政府批准用大兴西红门6.647 hm^2土地建设北京矿冶研究总院中试基地（矿冶三部）。

8月23日，蒙古国炸药厂10人21天培训结束，孙传尧院长为他们发结业证书。

8月25日，15家中央直属大院、大所长在安徽歙县参加改革研讨会。孙传尧参加，院办胡跃武随行。

10月13日，北京市安全局两人来院与孙传尧谈合作表示，获取情报事情不保证百分之百成功，但保证百分之百安全。孙传尧谢绝。

10月20日，国家金属矿产资源综合利用工程技术研究中心论证会在本院主楼306会议室召开。孙传尧代表北京矿冶研究总院和长沙矿冶研究院联合论证。科技部黎懋铭、石定寰出席。长沙矿冶研究院院长张泾生出席。

10月21日，论证会专家组去长沙矿冶研究院考察。

10月26日，庆祝张卯均从事矿冶事业55周年学术会议在矿冶总院学术礼堂举行。冶金工业部徐大铨副部长出席。

11月18日，科技部在外国专家公寓召开第三批国家工程中心论证会。黎懋铭司长主持，邓楠副部长出席并讲话。张泾生院长代表北京矿冶研究总院和长沙矿冶研究院联合论证国家金属矿产资源综合利用工程技术研究中心。对专家提出的18个问题，孙传尧与张泾生分别圆满回答。

11月29日，邱定蕃副院长去新疆阜康冶炼厂领导工业调试半个月获得成功。

12月1日，中南大学校长何继善来矿冶总院出差并在主楼209会议室与中南校友座谈。中午，孙传尧请何校长吃饭，张建良等参加。

12月4日，去中国有色金属工业总公司向何伯泉副总经理汇报在大兴西红门买100亩地一事，何总完全赞同，并表示，从长远看，矿冶总院应再造一个二部。

12月16日，大兴土地局与北京矿冶研究总院100亩土地使用权转让50年合同签字仪式在本院主楼306会议室举行。大兴土地局局长张广增与北京矿冶研究总院院长孙传尧分别代表甲、乙方签字。大兴方出席仪式的有杨副县长、西红门衡经理；本院孙传尧、郑宝臣、王玉田、韩荣元、谢怀复出席。中午在我院专家楼酒家庆祝签字仪式成功。

12月22日，中国有色进出口驻莫斯科代表曲德发、藤美玲电话：杨友林、宋晓天、葛树高、林运亮、郎平振5人在斯维尔德洛夫斯克招待所被武装歹徒抢劫，杨友林、葛树高被枪击伤。我院立即向有色总公司汇报并设法营救。

12月23日，矿冶总院向中国驻苏大使馆、曲德发和代表团发三个传真表示求助、感谢和问候。

12月24日，代表团5人乘CA910航班上午到京，院领导等去机场迎接。

12月26日，王玉田书记出席人民大会堂纪念毛主席诞辰100周年大会，江泽民主席报告。

12月28日，孙传尧等去中日医院看望受伤的杨友林处长。

1994年

1月11日，原我院老职工、铜陵公司总经理刘玉恩5人来院，孙传尧、周峰、邱定蕃、郑宝臣等院领导接待。

1月14日，1993年财务决算及财务分析。

1月18日，与罗家珂去看兰坪连选扩大试验。

1月19日下午，在前门饭店进行国家计委工程中心论证，孙传尧做关于无污染有色金属提取及节能技术国家工程研究中心论证报告，用时25分钟，参加人员：邱定蕃、汪旭光、崔学仲、罗家珂、代宏文、李维祥、敖宁。中国有色金属工业总公司肖今声、宋伟，国家计委户国利、宁玉田出席。专家组组长吴定康，还有16名专家。

1月26日，中层干部会，布置新一轮承包方案及劳动、工资、人事三项制度改革。

2月3日，国家计委马德秀处长来院听计委工程中心汇报。孙传尧、邱定蕃汇报。

2月8日，除夕，中午郑院长、罗院长、王书记宴请院单身职工和警卫队员。除夕之夜，院领导向在岗位工作的职工拜年，送年货，形成传统。

2月9日，春节，孙传尧等院领导按惯例去部长们家拜年。

2月26日，专家楼酒家服务员集体出走。

3月1日，饶绮麟副院长荣获“巾帼模范”称号。

3月3日，“文革”期间驻矿冶总院军代表、来自总参的宋代表和潘代表来到院大门口，被职工认出，报告院领导，院领导和职工表示热烈欢迎。戴涛、李永蔚、张卯均、东乃良、孙传尧、周峰、韩荣元、郑宝臣、罗忠义、谢怀复、王玉田出面接待。中午在院专家楼酒家聚餐，下午参观二部、三部。宋代表等人十分感动。

3月5日，矿冶总院第一个双休日。

3月29日，费子文总经理要本院及有色设计院对加压过滤机做出评价并提交报告。

3月31日，费子文总经理、何伯泉副总经理来院检查工作，下午去矿冶二部、三部。

4月1日，周峰、赵国权、黄伯云去美国、加拿大看望留学生并欢迎他们回国工作。

4月7—14日，在湖南柿竹园参加“八五”科技攻关协调会和选矿全流程连选扩大试验方案评审，广州院重-浮流程和北京矿冶总院全浮流程中选。

4月15日，参加中南工业大学选矿专业博士生李云良、王会祥博士论文答辩。

4月16日，在中南工业大学参加矿物加工学科发展讨论会。

4月17—18日，在中南工业大学参加“211”工程评审会。

4月20日，中澳复垦项目启动会在矿冶总院举行。何伯泉副总经理出席。

4月25—30日，在海南出差，有色总公司与美国矿山局科技合作谈判与签字。中方：潘家柱、钮因健、孙传尧、方宝定。美方：矿山局副局长等。

5月，成立北京矿冶研究总院工程设计院石狮分院。

5月5—10日，孙传尧在西安出席大洋协会二届理事会一次会议。

5月14日，在人民大会堂参加何梁何利奖启动仪式。朱丽兰主持，宋健讲话。

5月20日，院长办公会议，研究全院承包问题。

5月26日，矿冶二部全院干部会议，上一轮承包总结及下一轮承包方案公布。

6月6日，接待中美矿业科技合作伙伴美国矿山局，与孙传尧对口官员是Kaplan，他是美方项目协调人。

6月，《北京矿冶研究总院院报》改刊为《矿冶》，向国内外公开发行。

6月14日，北京西郊射击场第九届选矿年评会及第三届选矿学术委员会换届会议。孙传尧任主任委员，敖宁任秘书长。

6月14日，歌唱演员龚七妹、杨志敏来孙传尧办公室谈杨志敏因旷工除名或辞职一事。

6月15—22日，广西北海有色评奖会。

7月，连日暴雨，白堆子1号楼地下室因排水不畅被淹，孙传尧组织10多人紧急安装水泵排水，从晚9:00至次日凌晨3:30，水退下。

7月15—19日，大连棒棰岛宾馆，北京科技协作中心会议，孙传尧参会，陆宇澄副市长出席。

7月25日—8月6日，孙传尧、周峰在延吉、图们参加有色科研院所长和书记会议。

8月9日，本院致电柿竹园有色金属公司，慰问因洪水受灾的员工。

8月11日，院召开青年干部座谈会，11名骨干参会。

8月29日，本院专家楼酒家正式挂牌营业。

9月5日，孙传尧、周峰去有色总公司参加司局长会议，中组部领导传达中央文件，吴建常任中国有色金属工业总公司党组书记、总经理，费子文总经理离任。

9月7日，接待福建石狮兴达集团许景期董事长。

9月12—20日，孙传尧去西林铅锌矿出差，做电化学控制浮选工业试验。米哈诺布尔马赛夫斯基和高高林参加。

9月28—10月24日，孙传尧、郑宝臣、夏晓鸥、胡立行去米哈诺布尔、哈萨克米哈诺布尔出差，往返乘火车。

11月11日，有色总公司机关党委范树柏书记来院进行党风检查，充分肯定矿冶总院党政班子和党风建设。

11月29日，有色总公司在昆明召开科研成果鉴定会。本院选矿设备4项通过鉴定。

12月20—27日，孙传尧、汪旭光和对外工程公司王宝明去蒙古国额尔登特公司参加炸药厂竣工接收仪式。其中，乌兰巴托至额尔登特旅程，蒙方用直升机专机接孙传尧等3人。

1995年

1月27日，在专家楼酒家举行院老领导春节团拜会，并祝贺张卯均先生八十大寿。

3月2日，本人硕士生林潮选题：磁团聚浮选及磁浮选矿设备研究。设备所的人参加讨论。

3月24日，上午送别崔宝宾，下午送别李德明。

4月4日，国家磁性材料工程中心在国谊宾馆通过验收，林毅汇报，4.64分，优秀。国家科委徐冠华副主任、石定寰司长、齐让司长、黎懋铭司长、郑国安司长出席。

4月18日，矿冶三部工程开工典礼。七建、陶然亭建、铁建八处3支施工队伍参加。

4月27日，澳大利亚使馆酒会，祝贺中澳复垦项目启动。院领导出席。

4月27日晚，传达陈希同下台。

4月28日，国家科委徐冠华副主任、石定寰司长、戴国强处长来院考察两个工程中心建设，去二部。

5月4日，莫斯科有色金属研究院副院长切尔内赫告诉孙传尧，有关浮选机的图纸和资料已寄给我院。

5月4日，国家科委体改司闫金处长电话，9月组织科研院所长去美国考察现代院所制度。希望孙传尧去，缴费5200美元，孙传尧没去。

5月5日，矿冶三部工程由七建总包。

5月9日，自动化室与仪器中心分设，宣布班子。

5月15日，中条山有色公司刘怀玉副总经理及中南工业大学潘长良教授找孙传尧商议自然崩落法获国家奖事宜。

5月20—22日，有色管理干部学院，第四期现代院所制度研讨班。

5月22日，全国科学大会在人民大会堂召开，郑宝臣副院长出席。

5月22日，哈萨克米哈诺布尔党委书记卡斯姆哈别达夫和副院长达维多夫来京开合资公司董事会。

5月31日，美圣公司开业典礼在主楼306会议室举行。

6月7日，肖庆苏谈CF药剂在北郊化工厂已生产300 kg，因高温天气不安全暂停生产，10月复产。

6月30日下午，全院干部大会，祝贺汪旭光副院长当选中国工程院院士。

7月7—30日，两次在美国出差：

去美国矿山局参加中美国家间矿冶合作协调会；

带团去亚利桑那州考察地下溶浸及其他企业。孙传尧完成第一项任务后没回国，在明尼苏达州等张立诚、曹连喜、张汝智、大姚铜矿丁建华等考察团团员。

8月15—18日，怀柔龙山宾馆，参加有色总公司科技工作会议。

8月19—21日，在怀柔宽沟招待所参加有色总公司科研院所领导会议，研究建立有色金属科学院问题，孙传尧、周峰出席。

8月25日，收到美国盐湖城研究中心赠送的大洋多金属结壳样品和英文信件。此样品供申士富完成了博士论文研究。

9月4日，去东北大学参加选矿专业建立45周年和李成春老师80岁生日纪念。本院孙传尧、刘文华、曲力参会。

9月17—28日，孙传尧作为国家科委专家组成员去塔里木、吐哈、彩南油田考察。奖励办郭学武司长，黄岗、刘凤霞同行。

9月26日，途经阜康时孙传尧离队，单独看望可可托海小区的老职工。

10月5日，韩国资源所姜必钟所长来院谈合作并参观全院。

10月11—13日，到涿州华北铝加工厂参加有色总公司人事干部会议。孙传尧、周峰出席。

10月26日，谢珉向有色总公司汇报铝土矿选矿，争取“九五”再继续干。

11月1日，玻利维亚原驻中国大使Lema来院谈合作。

11月7日，石狮市委书记何锦龙来院，对本院承担的政府公务大楼设计方案参加讨论，许景期陪同。

11月8—12日，接待有色金属科学院调研组成员：汪旭光、赵怀志、黄业英、卢忠效、肖今声、丁长兴、孟杰、王成。

11月9日，孙传尧、周峰去厦门和石狮出差，参观许景期的企业，与石狮市市长魏坚和书记何锦龙会面，在厦门南华公司，王德雍总经理和杨玉华接待。

11月16日，孙传尧去钢铁研究总院参加非晶微晶合金工程技术研究中心论证会。

11月17日，孙传尧上午给青年党员作报告。

12月12日，在北京国际会议中心，对已验收的25个国家工程技术中心举行发证仪式，邓楠副部长主持会议，宋健国务委员出席并讲话。孙传尧代表发证的工程中心讲话。下午，参加科委工业司所属工程中心会议。

12月18—28日，孙传尧带团去韩国资源所回访并商谈合作，对韩国进行考察。团员：马继伦、李士伦、吴玉今、赵英淑、尹才硚。

12月26—28日，有色科研院所科技体制改革会议在有色金属研究院燕郊二部举行。孙传尧、周峰参会。

12月29日，矿冶三部5，6，7号回转窑顺利投产。已产预烧料1500 t。实现了当年立项、当年开工、当年投产的预定目标，创造了矿冶速度。郑宝臣副院长是工程总负责人和总指挥，功不可没，在全院年终总结表彰大会上宣布奖励郑院长个人1万元、张建良及团队1万元，获得全场热烈掌声。

1996年

1月3日，访韩代表团总结，马继伦、赵英淑参加。

1月10日，石狮设计分院更名为北京矿冶研究总院石狮分院。

1月13—15日，孙传尧委托黑龙江一企业代购的优质东北大米到院。全院分大米。每名职工100斤，离退休职工50斤。

1月25日，孙传尧、周峰去有色研究院二部参会，讨论成立有色金属科学院和小所进大院问题，争议很大，该项工作搁浅。何伯泉、汪宗武、钮因键等出席。

2月7日，昆明理工大学校长张文彬等在全聚德烤鸭店招待王淀佐、孙传尧、邱定蕃三名兼职教授。

2月12日，中国工程院化工冶金学部常委会在本院召开。汪旭光院士任学部副主任承办会议。

2月15—17日，孙传尧在矿冶总院几次召集会议，研究布置柿竹园春节期间我院的主干全浮流程工业试验事宜。选矿室主任甘经超、科研处处长罗家珂、项目负责人肖庆苏，以及李长根、程新朝、康桂英等参加。因春节前某研究院承担的重-浮流程工业试验没有成功，有色总公司紧急令矿冶总院在春节期间到柿竹园搞全浮流程工业试验，否则国家“八五”选矿科技攻关任务无法完成。

2月22日，大年初四，孙传尧、邱定蕃、敖宁乘47次快车到柿竹园参加“八五”攻关我院主干全浮流程工业试验，项目组的肖庆苏等人春节前已到现场准备。

3月10日，工业试验结束并大获成功，完成了“八五”科技攻关任务。在此期间，郴州冬季十分寒冷，条件艰苦。郴州地委书记和专员专程到380试验现场慰问我院试验人员。

3月15日，在北京空军专家培训中心开会——柿竹园选矿“八五”科技攻关验收会。矿冶总院的主干全浮流程获高度评价。

3月26日，我院分析室工程师王颖声留美回来，表示回院工作。

3月28日，孙传尧、邱定蕃在院专家楼酒家设宴，为柿竹园选矿工业试验大获成功庆功。

4月1日，米哈诺布尔院长B. A. 阿尔辛季耶夫给孙传尧来信，表示不想当院长，想来中国工作。孙回复说绝对不可以有此打算。

4月11日，东北大学选矿系主任余仁焕电话通知，孙传尧已通过东北大学矿物加工专业博士生导师。

4月12—19日，孙传尧、李凤楼、付维义、沃国经去蒙古国额尔登特公司谈选矿研究项目并签合同。萨达耶夫主持。

在此期间，有色总公司钮因键局长抓沈阳矿冶研究所进入矿冶总院事宜，后此事不了了之。

4月21—27日，孙传尧去宜昌参加中国大洋协会理事会。

5月2日，西林铅锌矿电化学控制浮选项目获国家科技进步二等奖，吕永信的射流离心选矿机项目获国家发明三等奖，云锡选矿项目获国家科技进步三等奖。

5月16日，孙传尧第一个硕士生林潮提交论文《磁团聚浮选法及磁浮选矿设备研究》，7月30日通过答辩。

5月17日，东北大学文件正式通知，孙传尧被评为矿物加工学科博士生导师。这一批评出13位博士生导师。

5月27日，在我院专家楼酒家办了一次国内选矿老专家聚餐活动。参加人：王淀佐、张卯均、李毓康、余兴远、罗忠兴、苏仲平、东乃良、李永蔚、吕永信、姜二龙、孙传尧。这是唯一的一次中国选矿老专家的聚会。

6月2日—8日，厦门海军疗养院有色金属评奖会召开。

6月18日，有色总公司在矿冶总院召开电化学控制浮选在大型选矿厂的应用项目论证评审会。参加人：卢寿慈、李铭岩、谢长春、董拥庚、杨奉兰。

6月20日，吴建常总经理来院视察工作一天。

6月26日，新疆阿舍勒选矿项目动员启动会，孙传尧主持。

6月27日下午，在院学术礼堂召开庆祝中国共产党建党75周年宣誓、表彰大会。孙传尧主持，周峰书记总结讲话。

7月16日，怀柔宽沟招待所，有色科研院所长会议，何伯泉副总经理做报告。孙传尧、周峰参会。

7月30日，成立院兼并企业领导小组。由郑宝臣、饶绮麟负责，成员有：张建良、潘英民、夏晓鸥、张晓春等。

7月31日，在有色总公司，关于有色总公司领导班子考核。煤炭工业部卜部长和中组部胡某与孙传尧谈话，周峰书记在另一房间谈话。

8月8—10日，柿竹园“八五”科技攻关成果鉴定会，邱院长出席。

9月5日，孙传尧为《光明日报》写40周年院庆文章。

9月8日，孙传尧为《中国科学报》写40周年院庆文章。

9月15日，在首钢文馆出席北京金属学会代表大会，孙传尧当选副理事长。

9月15—26日，集中精力准备40周年院庆，包括请领导人题词、参会，本人院庆讲话及会务工作。

9月26日，上午，矿冶总院建院40周年庆典在新主楼学术礼堂举行，费子文、吴建常、何伯泉以及有关部委的领导光临，科研院所及高校的领导出席。嘉宾很多，高朋满座，氛围欢乐。周峰书记主持大会，院长孙传尧做主旨报告。中午，在国谊宾馆会餐。下午，京外来宾参观矿冶二部、三部，院内职工参加学术活动。晚上，京外来宾到首都剧场看话剧《篱笆》。

10月3—4日，矿冶总院举办青年干部培训班，这些干部都是新中国成立后出生的。孙传尧做总结报告，全体处级干部参加听会，有录音。

10月5日，青年干部培训班组织学员去怀柔观光联谊活动。

10月25日，与中国科技大学研究生院何铸文教授谈本人矿物晶体化学、表面特性与浮选关系这一研究方向。

10月29日，张亚辉博士论文在矿冶总院答辩，答辩委员会成员：邱冠周、冯其明、张国诚、邱定蕃、王淀佐（导师）、孙传尧（导师）、秘书朱旺喜。

11月11日，肖庆苏被评为“八五”科技攻关先进典型，在人民大会堂受江泽民总书记接见。

11月15日，为重组北京有色公司下属企业，孙传尧、邱定蕃、汪旭光、王玉田、饶绮麟、罗忠义6名院领导（周峰、郑宝臣出差）以及张建良、张晓春、方志刚等人去北京公司下属的自动化设备所、钨钼材料厂、机械厂考察。

11月18日，徐建民汇报，大港油田买我院浮选机已订38万元合同。浮选机由罗秀建负责制造。

11月19日，北京有色公司经理于霰夫、陈姗姗处长等5人来院考察并商量矿冶总院对北京有色下属企业资产重组问题。

11月20日，吉林镍业公司张经理一行来院谈科技合作。

11月21日，选矿室肖庆苏主任谈系列工作。

11月23日，青海省重工业厅周厅长及锡铁山矿务局领导来院，商谈本院与青海省的合作。

12月6日，黄振华获王丹萍科学技术奖，邱院长出席颁奖仪式。

12月10日，阿舍勒铜锌矿优先浮选流程连选扩大试验在东楼实验大厅进行，项目负责人周秀英。

12月，设备室负责的栾川白钨浮选尾矿再选项目不成功，赔偿4万元，已停产。阻燃剂项目已停，无销路。

1997年

1月7日，院党委书记周峰传达有色总公司口信，有色总公司考虑孙传尧本人意见，允许其不去总公司工作，继续在院里工作，在学术上有发展。

1月8日，徐静云等人报告，中农信安处长通知，中农信面临破产，本院贷款要设法回收。

1月13—14日，孙传尧在有色金属研究院二部参加中俄双边新材料、新工艺研讨会组委会，王淀佐主持，这是我院第一次介入此会。

1月15日，院中层干部集中工作汇报会，全体干部听会。

1月18日，下午去协和医院看望宋晓天，宋当晚22:00病故。

1月28—29日，孙传尧在皇苑大酒店参加国家科委部分科研院所长会议，讨论重点院所试点工作。29日下午，徐冠华、朱丽兰两位部长在会上讲话。

1月30日，全院总结表彰大会。吴建常总经理率一批司局长参会。

2月4日上午，院职能部门春节联欢会。

2月7—16日，院春节放假，但生产企业按常规放假，有加班费。

2月19日，中国改革开放的总设计师邓小平同志逝世。

2月20日，全院财务分析会。

2月25日上午，在人民大会堂举行邓小平同志追悼大会，李鹏总理主持，江泽民总书记致悼词。孙传尧参加。

3月18日，在本院召开新疆阿舍勒选矿工艺鉴定会。刘文华做铜锌混选方案报告，周秀英做铜锌优先浮选方案报告，吴锋做工艺矿物学报告。杨友林主持，陈登文、李金海、曲庆林等专家参会。

3月18日，中国有色金属工业总公司党组拟调邱定蕃副院长到总公司任科技局局长，此后罗涛与邱院长谈过此事，邱院长不想去，孙传尧也不主张去。虽然行政级别可提任正局级，但还是院里工作好。

4月1日，王玉田副书记等4人去中央音乐学院参观钢琴室，为本院建设矿冶文化宫做参考。

4月4—7日，孙传尧去苏州非金属工业设计院出差。

4月10日，孙传尧与新疆可可托海矿务局总工程师李金海及地测科唐洪勤联系，东北大学博士生印万忠因做博士论文需要，去可可托海3号脉取样。

4月20—24日，孙传尧去江铜银山和德兴两矿出差。

4月25—30日，孙传尧去金川出差。签订电化学控制浮选工业试验合同，讨论工业试验大纲，考察选矿厂。金川领导杨金义、刘同友、何焕华接待。

5月25日，下午3:00，孙传尧、李凤楼、周俊武、张亚辉乘K439次快车去西林铅锌矿和乌拉嘎金矿出差，准备电化学控制浮选工业试验。

5月28日，从西林到乌拉嘎金矿，准备工业试验。

6月2日，去黑龙江边的嘉荫县黄金公司并考察回京的水路交通。

6月25日，与石狮兴达集团许景期谈定购买其在大兴的房子，1880元/平方米。购一栋6个单元5500平方米，即现矿冶三部南面的福苑小区。

6月27日，矿冶总院学术礼堂，中国有色金属工业总公司庆祝香港回归合唱比赛，沃廷枢、陈胜年、汪宗武出席。矿冶总院获优胜奖。

7月4日，李凤楼、周俊武、周秀英等7人离京去乌拉嘎金矿做选矿工业试验。

7月5—12日，孙传尧等院多名专家去牡丹江参加有色总公司科技进步奖评审。

7月15日—8月3日，孙传尧跟随何伯泉副总经理去菲律宾、泰国、新加坡访问，回程时在香港停两天。成员有潘文举、钮因键、孙传尧、蔡荣升等。

同期，周峰书记去拉萨参加大洋协会理事会会议。

6月28日，院采矿室室友200多人聚会。安徽省副省长、原我院采矿室工程师张润霞出席。在主楼前合影。

8月9日，吕振勇律师提出解决汤原县木器厂欠贷款的14条意见。

8月11日，1997年毕业生入院培训。共30人，其中博士8人、硕士20人、学士2人，孙传尧做了2小时报告。

9月13日—10月23日，孙传尧带王福良、胡振峰去金川出差，原计划到金川看望现场参加电化学控制浮选试验的李凤楼、周俊武、师建忠、周秀英、唐顺华、张亚辉等人，并与公司领导接洽。发现工业试验遇到困难，临时改变计划，在现场参加试验，10月23日因参加中组部学习班离开现场。

10月26日—11月20日，孙传尧参加中组部第八期党员专家邓小平理论研究班，学员中有4名院士，其余全是院所长，后来有6人评上院士。

11月12日下午，根据邱定蕃书记的建议，孙传尧向全体处级干部及党支部书记报告在中组部理论研究班的学习内容及体会，涉及本院改革与发展问题。报告持续4个小时。

11月26日，去北京钨钼材料厂宣布干部任命及建立矿冶四部。

12月6—11日，北京矿冶研究总院对丹东冶金机械厂资产重组交接仪式在丹东举行。中国有色金属工业总公司杨光、厉衡隆、钮因健，丹东市副市长回育波、单志瀛，矿冶总院孙传尧、周峰、郑宝臣、饶绮麟、夏晓鸥、张建良、张晓春、李新才、韩秀华出席。沈阳有色冶金机械厂副厂长李连文出席。会后，丹东市歌舞团在厂俱乐部演出，全厂气氛如过年。

12月18日，对北京钨钼材料厂资产重组交接仪式在矿冶总院举行。北京市经委副主任、中国有色金属工业总公司邓志雄出席。矿冶总院及钨钼材料厂领导成员参加。晚餐后在矿冶文化宫有文娱活动。

1998年

1月5日，中国有色金属工业总公司人事部主任罗涛带队来院考察领导班子。

2月4日，送周峰书记到中日医院请左焕琮院长检查治疗。

2月9日，周日，上午，孙传尧在主楼210办公室与金银室副主任俞瑞谈工作，主要是关心他将来的发展。

2月10日，矿冶总院副院长朱定军逝世，孙传尧等领导去家中看望家属，并商议相关事宜。

2月14日，周六，磁性材料战略发展研讨会，孙传尧、郑宝臣、饶绮麟、张立诚、柴立民、于一公、林毅、吕宝顺、卜生伟、李生光出席。

2月19日，中国有色金属工业总公司干部考核组来院通报考核结果，在1994—1997年，整个院领导班子业绩良好。领导班子成员孙传尧测评结果如下：

参与测评127人，其中，

优秀：108人，占85.04%；

胜任：18人，占14.17%；

不胜任：1人，占0.79%；

弃权：0。

2月，经过大量调研，院党政联席会议确定我院跨世纪改革与发展应解决的36个重要课题，已落实到具体人负责分工研究。

3月，中国有色金属工业总公司罗涛带队来院，宣布任命张建良、张立诚、夏晓鸥为北京矿冶研究总院副院长。

3月22日，国务院决定解散中国有色金属工业总公司，成立国家有色金属工业局，我院隶属有色金属工业局。

3月23日—4月17日，国家科委体改司组织科研院所长去德国培训，孙传尧任团长、闫金处长任副团长、王淑琴任秘书长，总计16人。

4月18日上午，从德国回到北京的第二天，孙传尧到复兴医院看望重病住院的选矿专家、室主任李凤楼。

4月19日，李凤楼经抢救无效于6:09逝世。复兴医院席院长向孙传尧院长介绍李凤楼病情及救治过程。

4月24日，有色总公司626大会议室司局长干部会议，宣布解散中国有色金属工业总公司，成立国家有色金属工业局。

4月27日，上午10:00，在八宝山送别李凤楼主任。全国发来的唁电很多。

5月6日，昆明理工大学张文彬校长和王家驹书记来院，孙传尧、周峰、邱定蕃院领导接待。

5月7日，孙传尧去有色总公司大楼找何伯泉、康义，陈胜年副总经理、杨光总经理助理，谈原来答应矿冶总院兼并丹东冶金机械厂给矿冶总院还贷补贴2100万元一事，几位领导都承认，但因有色总公司撤销，领导职务被解除，已无能为力。

5月20日，美国哥伦比亚大学D.W.Fustannow和加利福尼亚大学伯克利分校Haris，来矿冶总院讲学。

6月9日，孙传尧与王淀佐院长联系，拟申办2008年第24届国际矿物加工大会（IMPC）。

7月7日，科技部召开有31位院长参加的会议，朱丽兰部长、徐冠华副部长及多位司长参会，讨论院所的归属问题。孙传尧参会。

7月21日，哈萨克米哈诺布尔副院长达维多夫传真：他将去加拿大定居，一切不动产转到克列茨院长名下。

7月27—31日，院长办公会议连续开5天，研究系列问题。

8月25日，有色金属工业局人事司司长罗涛找孙传尧谈话：中南大学副校长熊维平调到中国铜铅锌集团，从矿冶总院任副院长中转，解决户口，但不公开、不到位，不与矿冶总院发生任何关系。孙传尧同意，回院后向周峰书记谈此事。

8月25日下午，京西宾馆会议后，孙传尧向有色金属工业局局长张吾乐汇报总公司解散后，丹东冶金机械厂遗留的债务问题。张局长听汇报后认为是一个问题。

8月27日，孙传尧执笔完成报告《关于我院对丹东冶金机械厂的兼并工作及偿还债务存在困难的报告》。

9月7日，孙传尧给金川公司杨金义总经理打电话，财政部已给金川公司下拨300万元资源补偿费，其中有矿冶总院的贡献。

9月8日下午，高德柱副局长主持会议，听我院关于丹东冶金机械厂债务的汇报。本院孙传尧、邱定蕃、郑宝臣、张建良参加。

9月15日上午，去有色金属工业局向郭声琨副局长汇报丹东冶金机械厂的债务问题，郭局长表示同情和支持，应设法解决。

9月17日，有色金属工业局召开局务会议，专题研究北京矿冶研究总院兼并丹东冶金机械厂的债务补偿问题。张吾乐局长主持会议，黄春萼、高德柱、康义、郭声琨副局长及龚永才、王春生、丁海燕、龙潮生、赵胜勤司长出席，孙传尧汇报后，领导们发言，王春生司长的发言扭转了会议基调。张吾乐局长总结，让龚永才司长去财政部要钱，支持矿冶总院的改革。

9月17日晚，与邱定蕃书记，郑宝臣、夏晓鸥副院长紧急商议，决定单独找龚永才和刘昌贵，与龚永才司长同去财政部。

9月17日晚，康义副局长给孙传尧打电话，答应催龚永才去财政部。

9月18日，有可能解决一部分经费。

9月18日晚，司机赵永亮来家报告，戴涛老院长得肝癌。孙传尧连夜打电话安排救治，尽快去301医院或肿瘤医院。

9月18日晚，战凯来找孙传尧谈工作，北汽集团想要他，孙传尧劝其留院工作，可调科研处。

9月20日，在办公室工作，继续审读《黄金生产工艺技术》。

9月23日，上午，去北郊化工厂，肖庆苏正在领导合成CF捕收剂。晚上，乘火车去郑州参加国家科委的院所试点会议。

9月25—26日，尚勇司长在郑州主持召开院所试点会议。

9月26日，饶绮麟副院长去石狮参加建市10周年庆典和我院设计的政府公务大楼竣工仪式。

9月28日，去中科院化工冶金所参加40周年庆典。钢研总院院长干勇、矿冶总院院长孙传尧出席，其他院所长没见到。

9月30日，去301医院看望戴院长。

10月5日下午，去向郭声琨副局长汇报丹东冶金机械厂债务补贴问题。

10月6日，孙传尧去301医院与戴院长的主治大夫接触，并为戴院长肝穿刺签字。

10月6日，在公安部一所首都科技集团召开股东会，邹祖烨董事长做报告，钢研总院副院长刘怀文任总经理期间使集团亏损2000万元，已被解聘。

10月8日，屠海令院长、高兆祖书记带领有色金属研究院的领导来矿冶总院参观，包括二部、三部。晚上，在院专家楼酒家聚餐。

10月14日，核工业北京化工冶金研究院大批人员来矿冶总院学习，吴培生院长兼书记带队，孙传尧接待。

10月中旬，桂林矿产地质院刘东升、李杏林来院谈桂林院并入矿冶总院问题。

10月23日，孙传尧东北大学博士生印万忠交来全部博士论文初稿。

10月24日，俄罗斯著名学者钱杜里亚来院交流。

11月1日，梳理孙传尧出访美国和加拿大前的22项工作。

11月5日，戴院长逝世。孙传尧因出国考察，提前到医院向戴院长告别。

11月8—29日，孙传尧带队，李瑞星、甘经超、朱旺喜等五人团，按国家计委工程中心建设的要求，去美国、加拿大考察高校和企业。

12月14—25日，去俄罗斯托木斯克和莫斯科、圣彼得堡参加中俄双边新材料、新工艺研讨会组委会。马福康、孙传尧、邱显阳、田志凌、赵国鉴、刘希政参会。

12月28日，财政部已提供300万元，用于丹东冶金机械厂债务补贴。

1999年

1998年末至1999年初，本院及各大院所多次研究转制问题。

1月6日，国家科委尚勇司长、国家经贸委王建翔处长与孙传尧谈院所转制问题。

1月6日下午，青铜峡铝厂厂长周景琦一行来院，孙传尧接待。

1月7日，郭声琨副局长电话询问，补贴丹东冶金机械厂债务的300万元是否收到？谢谢郭局长的关心。

1月7日，院办主任李新才报告。我院1998年总收入3.3亿元，其中磁材所收入2.05亿元。

1月8日上午，有色金属工业局朱宜武司长来院宣布有色金属工业局机关服务中心副主任任职通知。

1月10日，机械院海院长召集，欧阳院长主办，六大院长聚会研究转制策略。孙传尧参加，国家科委尚勇司长、闫金处长参加。

1月13—15日，昆明贵金属所副所长张大为和广州有色院院长周克崧来我院了解转制动态和思路。

1月27—28日，院职能部门及科研设计产业部门处级干部集体汇报工作会，年年如此。

1月29日，原中国有色金属工业总公司副总经理黄寄春来院听工作汇报。

2月3日上午，陈子鸣在复兴医院病故。

2月3日下午，蒋兴坤病故。

2月25日，初十，《中国工程科学》期刊编委会在矿冶总院举行。国务委员宋健光临。

2月末，肖庆苏、李家梅查出肝癌。

3月2日，与邱院长谈工作，研究7项工作。

3月5日，国家科委齐让一行来院检查科技攻关项目，孙传尧、邱定蕃、饶绮麟接待。

3月8日上午，赵涌泉谈有色选矿学术委员会的工作。

3月8日下午，于一公谈磁性材料及器件科研和生产的13个问题。

3月22日，桂林矿产地质院院长许文渊来院。

4月5日，刘显清谈财务分析，涉及13个问题。

4月12日，张晓春谈人事劳资6项工作。

4月12日，孙传尧与周书记去宣武医院看望汪旭光副院长。

4月13日，与马福康、杨焕文同去有色金属研究院找王淀佐院长研究中俄会议。

4月21日，甘经超、李长根谈柿竹园380选矿厂补充工业试验获成功：原矿品位0.3%～0.4%，粗精矿品位30%～40%，尾矿品位0.04%～0.06%。以三氧化钨计。

4月28日，孙传尧去额尔登特公司出差

5月3日，张立诚副院长、柴立民谈在美国Arnold公司考察情况。

4月19日—5月14日，本院通过内外调查，破获在我院冒充刘亚楼将军儿子、某绿色环保公司董事长刘某的骗局，勒令其离开矿冶总院，并报告公安部门。

5月27日，铁道大厦242个院所转制座谈会。国家经贸委王建增司长主持，尚勇司长报告会议议程，张志刚、徐冠华部长做报告，上午大会交流，本人发言，中央台记者采访本人，并索取本人发言稿。人事部周泽民司长与12位中央直属大院长见面，本人参加。

5月27日下午，3:00—5:00，李岚清副总理报告。

5月28日，有色金属工业局科研院所转制座谈会，高德柱副局长主持，康义副局长讲话，各司局长、三大集团领导出席。

6月1日，有色金属工业局“三讲”第二阶段动员。

6月4日，肖庆苏在铁路总医院病故。

6月18日—7月4日，随高德柱副局长出访法国和俄罗斯。成员：陈胜年、孙传尧、李永军、边刚、旬皋、谢小兵（高副局长秘书）。

7月9日，在深圳与美国Arnold公司总裁Benekri谈判。

7月24日—8月8日，孙传尧带团在贝加尔斯克参加中俄双边新工艺新材料会议，会后去哈巴罗夫斯克（伯力）及共青城飞机厂参观。

8月19日，中央企业工委书记张德邻、副书记王瑞祥来院，孙传尧前一天写好汇报材料，当日详细汇报。邱定蕃书记主持汇报会。

8月20日，与邱院长、何发钰、李长根、孙晓凤研究柿竹园新建1000吨/日选矿厂达产达标事宜。

8月27日，呼振峰硕士论文答辩。

9月2日，与郑州大学李小江教授见面，谈院所科技体制改革，送她三份资料。

9月8日—10月初，周秀英带魏明安、呼振峰、李崇德在德兴泗洲选矿厂搞旋流器串联工业试验获得成功。以后，此项成果推广到城门山铜矿。

9月13日，1999届毕业生入院培训，孙传尧做报告。

9月20—23日，去丹东冶金机械厂出差，何伯泉副总经理及本院领导成员同去，与丹东市回育波副市长谈合作，市长陈明玉在丹东市招待所宴请。

9月22日，在丹东冶金机械厂召开现场院长办公会议。

9月27日，新疆有色集团原总经理、新疆维吾尔自治区政府秘书长刘履中来院，住专家楼酒家。

10月6—7日，中央直属院所长会议在怀来机械科学研究院基地召开。

10月25日，孙传尧主持《黄金生产工艺技术》一书定稿会。

10月31日—11月30日，孙传尧参加国家行政学院国有重点企业领导人员培训班。朱镕基总理出席开班仪式并讲话。结业后，经邱定蕃书记建议，孙传尧给院处以上干部讲课三天，几乎包含了全部学习内容。此后，韩秀华、胡福成把课件整理成一本讲义发给干部学习。

11月29日，张卯均被诊断为肺癌，孙传尧、杜丽文送张总去通县胸科医院，医生建议手术，但张总坚持不做。

12月18日，张晓春参加有色金属工业局组织的干部赴美国培训团结束回京。

2000年

1月5日下午，全院中层干部会议，祝贺邱定蕃书记兼副院长当选中国工程院院士。

1月17—23日，孙传尧参加科技部组织的院所长考察团去台湾省台北、台南、台中、新竹、高雄，参观考察8个机构。尚勇司长任团长。

1月25日上午，全院总结大会。邱定蕃书记主持，孙传尧做总结报告。康义副局长，国家科委尚勇、郑国安司长，财政部孟冬处长等出席。

3月14日下午，全体干部大会，孙传尧报告科研、设计、产业类机构改革及干部任命。邱定蕃书记讲话。

3月19日，国家科委国际合作司司长王绍其来院谈国际合作的相关问题。

3月23—24日，院长办公会议，研究职能部门机构改革。

3月27日，孙传尧起草文件，提名西北有色金属研究院院长周廉、副院长奚正平为北京矿冶研究总院副院长，报告定稿，报中央企业工委。

4月1日，徐群从美国打来电话，谈本院磁性材料的问题和建议，共7条。

4月1日，张立诚副院长汇报，本院直接办护照和签证外交部已批准。

4月11日，张立诚（团长）、林毅、柴立民、李生光、蒋向阳、杜登明去美国磁性材料企业考察，拟并购。但没有正式结论。

选矿设备专家周二星去世。

4月25日，院长办公会与党委会联席会议，同意桂林矿产地质院并入矿冶总院。

4月27日，与邱院长共同听柿竹园科技攻关汇报会。

4月27日，孙传尧当选为全国劳模，作为中央企业的代表在中原宾馆集合，参加全国劳模会。

4月29日上午，孙传尧冒雨登天安门。

4月29日下午，在人民大会堂参加劳模大会，朱镕基总理主持，江泽民总书记讲话。

4月30日，中央企业劳模座谈会。孙传尧是四位发言代表之一。王瑞祥副书记主持会议，郑斯林书记总结讲话。会后在保利大厦宴请全国劳模。

5月3—7日，在办公室撰写及审阅《硅酸盐矿物浮选原理》一书（与印万忠合写）。

5月11日下午，在矿冶总院三楼会议室，蒋开喜报告新疆阿舍勒铜锌混合精矿湿法冶金简报。新疆计委、业主中矿集团五单位十几人参会。

5月16—17日，第四届中国有色金属学会选矿学术委员会成立，孙传尧任主任委员。

5月23日，孙传尧从金川出差坐火车回京，在火车上写完参加米哈诺布尔80周年院庆的讲话稿。

6月3—15日，去俄罗斯出差。成员：孙传尧、夏晓鸥、张京京、罗秀建、刘永振、沈政昌、刘仁继、刘桂芝。

任务：① 参加米哈诺布尔80周年院庆，孙传尧讲话（俄文稿由张京京翻译）；② 去远东雅尔斯拉夫斯克铅锌矿考察浮选柱的应用情况（莫斯科有色金属研究院副院长切尔内赫介绍）。

6月25—26日，西郊宾馆，中矿联成立大会，孙传尧任常务理事。

6月28日，孙传尧向张吾乐局长汇报工作时，张局长告诉孙传尧，西北有色金属研究院下放陕西省管理，铜铅锌集团解散，所属的企业都下放地方。孙说："矿冶总院没解散，西北有色金属研究院归矿冶总院管，为何下放地方？"张局长说："是吴邦国副总理到陕西视察时，程安东省长提出并与吴邦国副总理定的。"

6月29日，院长办公会议，孙传尧传达三大集团解散及西北有色金属研究院下放陕西省。

7月10日，西北有色金属研究院周廉院长、奚正平副院长及党委书记来院谈国发〔2000〕17号文件。孙传尧、邱定蕃、张立诚接待。大家表示共同努力维系原体制，周廉院长已向徐冠华部长汇报，徐部长已向李岚清副总理汇报。实际上〔2000〕17号文件已无法改变。

7月12—13日，孙传尧、夏晓鸥、李生光、曾健去沈阳冶炼厂找厂长顾立民讨丹东冶金机械厂的债，200万元左右。该厂已破产。白去一趟。

7月21日，国二招宾馆谈判会：有色金属工业局副局长高德柱与广西壮族自治区副主席王汉民关于桂林矿产地质院并入北京矿冶研究总院一事，本人参加有色的团组。按经贸委主任盛华仁的意见，该院先下放地方，再进入矿冶总院。下放地方后，广西就不想放了，此事一直没办成。

7月26日，与美国Arnold总裁谈判。

7月27日，在设计院调研。

8月3日，马士光院长来院，谈本院与905厂合作国际钽铌开发问题。已请汤集刚帮助收集资料。

8月4日，张立诚副院长谈美国GM问题，在国外有无必要收购一个磁器件厂?

8月5日，周六，在办公室审阅李崇德的硕士论文。上午两次给林毅打电话，希望不退休，继续留院工作并出任北矿磁材上市公司的董事。林毅开家庭会议后回答：坚持退休，不再出任董事。此事与王玉田和张建良通报。

8月6日，周日，在办公室与张建良、杜登明、李新才、曲晓力讨论北矿磁材第一次股东大会文件，并准备会务。

8月7日，北矿磁材科技股份有限公司创立大会在矿冶总院总部召开。主发起人和参与发起人协商会。

8月12日，在佳木斯短期休假。

8月18日，邱院长谈国家自然科学基金评审情况，本人的项目已评上。

8月18日，在矿冶总院接待新疆黄金局副局长扎依提及宁豪才4人。

8月21日，张晓春谈工作，涉及17个问题。采矿室赵刚已离院，拟选派新干部。

8月21日，与设计院樊秀丽谈设计工作。樊秀丽谈了11点意见，对本院设计工作很有借鉴意义。

8月22日下午，方启学、王福良、程新朝谈CF药剂生产，北郊化工厂不具备安全生产条件，终止合同。要求立即与铁岭药剂厂谈合同。

8月23日，蒙古国额尔登特公司萨达耶夫4位俄罗斯员工发来传真，拟于

9月18日前来中国度假，有详细的安排，希望我院提供帮助。已回复，我院能提供帮助。

8月28日，李崇德硕士论文通过答辩。

8月30日，设计院刘俊希与本人谈设计工作的意见，共21条，很有见解。

9月1日，柴立民谈磁器件所的系列工作，共11个问题。

9月4日，院长办公会议，研究系列问题。

9月7日，罗马尼亚科技部部长来院。

9月15日，煤科总院主办，中央直属院所长乘汽车去北戴河煤炭工人疗养院开会。

9月20日，北矿磁材科技股份有限公司成立大会在本院举行。高德柱、马德秀、郑国安、陈传宏、马燕合、曹熤中、王建翔、邓志雄、赵家生出席。

9月21日，院长办公会与党委会联席会议，讨论关于人事、劳资和职工代表大会问题。

9月23日，中俄双边会议顾问在本院开会。

9月24日，林毅又提出退休，本人与林总多次谈话，挽留。

9月27—29日，中俄双边会议组委会在本院举行。

10月10日，孙传尧在昆明乘昆明至上海的K182次火车，在金城江至柳州区间发现烟贩子与餐车合谋走私香烟，孙传尧对列车长提出严厉批评，并告知铁道部鞠家星司长，拟回京后向傅志寰部长汇报。列车长认错态度诚恳，在上海发车回昆明时还给孙传尧打电话认错，孙传尧回北京后，没有向傅部长汇报。

10月31日，美国GM公司通知矿冶总院，该公司已决定关闭。

11月10—26日，孙传尧去柿竹园公司领导1000 t/d新建选矿厂达产达标工业试验获得成功。

联合试验组总负责人：孙传尧；

北京矿冶总院：程新朝、方启学、王中明、何发钰、杨久流；

广州有色院：张忠汉、张先华、周晓彤；

长沙有色设计院：何友仙。

11月25日，孙传尧离开柿竹园之前，提交了一份长达十几页的选矿厂改造建议书。

11月27日，罗家珂与孙传尧谈工作，关于粉体材料中试线问题，拟交矿物工程所管理。

11月29日—12月6日，去金川公司和青铜峡铝厂出差。赵纯禄三人在该厂已完成炭渣浮选工业试验。

10月31日，院召开中国人民志愿军抗美援朝纪念会。王玉田副书记主持，周峰、孙传尧和参加抗美援朝的部分老战士参会。

12月7日，与张晓春谈系列工作，共13个问题。

12月8日，与蒋开喜谈系列工作，共8个问题。

12月10—18日，在桂林召开全国选矿学术会议及中国矿联选矿委员会换届。孙传尧继续任主任，敖宁任秘书长。之后，孙传尧陪余永富院士去徐州参加中国矿业大学化工学院成立大会。

2001年

1月18日，《硅酸盐矿物浮选原理》一书交科学出版社，与郝铭臧主任签合同。

1月22日下午，全院春节联欢会。

2月25日，带队去河南卢氏官坡钽铌矿考察，成员：战凯、方启学、王瑜、杨军臣。

新疆有色集团李国许、李仁夫、韩国才也在现场。原打算承接实验研究和设计，因设计未达成协议，决定科研也不做。

3月29日，中国地质科学院院长张彦英带领70多名所长来院参观并学习转制和市场经济的经验，孙传尧在主楼东厅汇报1.5小时，邱书记致欢迎词。客人去二部、三部参观。

4月10日，株洲药剂厂厂长徐林坤来院谈MIBC合作。

4月13日，与台商冠德公司合作白堆子宿舍改造工程签约仪式在主楼306会议室举行。该项工程由夏晓鸥副院长主管、胡跃武主办。

4月17日，与蒋向阳谈工作：中农信贷款问题准备通过法律程序解决。

4月28—29日，孙传尧陪同崔越昭、陈清如院士去柿竹园现场考察，战凯、王忠明等同去。

5月9日，铁道大厦，参加国家奖评审答辩会，孙传尧关于柿竹园法选矿研究成果的答辩获得成功。45个项目中，18项获奖。其中，一等奖2项。柿竹园法获科技进步二等奖，27票全通过。

5月18日，美国工程院院士Brierley女士来院讲学，本院聘她为荣誉研究员。王淀佐院长出席。

5月22日，孙传尧分别与王福良和方启学谈话，要求两人搞好团结合作。

5月30日，莫斯科有色金属研究院院长塔拉索夫及夫人、外事处长克鲁森来院谈建立合资企业巴比达公司，6月4日回国。

6月2日，去中央党校学习，国企领导人一期培训班。

7月13日，党校毕业典礼。胡锦涛与学员合影。

7月13日，采矿室专家贯鸿林突然病故。

7月18日，西北矿冶研究院姚振巩来院，称想来院工作。

7月22日，锦绣大地第五期专家座谈会，由中组部、光明日报社主办。参加专家：吴文俊、谢光选、梁思礼、干勇、海锦涛、孙传尧、左焕琮。工作人员：桑竹梅、罗梅建。

7月24—25日，云湖度假村“三讲”动员会培训班。指导检查组：陈松金、高景学、朱洪光。

8月1日，“三讲”动员会在院召开，“三讲”活动开始。

8月20日，驻院监事会白主席找孙传尧及邱书记谈话，要求稳扎稳打，步步为营。

8月27日，崔晓梅父亲（原朱德秘书）打电话，要求崔晓梅回到近处工作，方便照顾老人。

9月8日，周日，辽宁省副省长来院，催办铁岭选矿药剂厂进入矿冶总院。

9月9—12日，院所长会议在烟台召开（关于进出口业务）。其间，美国发生“9·11”事件。

9月16日，查阅1990—2000年本人工作笔记50本，看本人参加柿竹园的科研工作。

9月21日，中央直属14家大型院所在海淀体育场开运动会。本院丹东冶金机械厂来11名运动员，得分占院总得分40%。矿冶总院排第七位。冠军钢铁研究总院，亚军有色金属研究总院，季军沈阳化工院。丹东冶金机械厂运动员到达北京当晚，请运动员在大阳坊吃涮羊肉、喝茅台酒。孙传尧说：“你们厂长来院从来没有这待遇。”当晚，孙传尧和王玉田副书记赶到云湖度假村开会。

9月21—23日，云湖度假村，“三讲”教育总结大会。

9月24日，余兴远先生逝世。

9月25日，中国工程院陆钟武、陈清如、顾真安三位院士来矿冶总院调查对孙传尧的投诉。没有与本人见面。邱定蕃书记接待。

9月25日，中央直属院所长在井冈山开会，闫金副厅长主办。

10月某日，原广州有色院叶志平、何国纬从广州来院，希望来矿冶总院工作。

10月22日，北京矿冶研究总院学位与研究生教育20周年纪念活动，首批研究生杨立、张文彬、李长根、徐建民、孙传尧出席。张晓春主办，去当年主管教育的彭昌茂先生家看望。

10月16—19日，中俄双边新工艺、新材料会议在怀柔峡谷宾馆举行，由矿冶总院承办。安排参观清华、621所和颐和园。代表们一致认为，这是举办最好的一次会议。

11月8日，我院原院长何伯泉副总经理离任后，被我院正式聘为高级顾问，有文件，发少量的酬金。中纪委认为违反了领导干部不能经商办企业的规定。孙传尧和邱定蕃书记在中纪委反复说明这不属于经商办企业，但官方不听解释，还要求何伯泉副总经理把以往领的酬金退回。

11月9日，何伯泉副总经理把几年的顾问金3.3万元交院财务处。刘显清经手。

11月7—28日，在杏林山庄，中组部和科技部联合举办第12期党员专家理论研究班（院所长班）。孙传尧参加，李岚清副总理亲自督办。130多名学员，共分8个组，孙传尧是第八组组长，张柏林、李学勇两部长负责。11月24日，李岚清副总理在人民大会堂接见全体学员并合影、发结业证书和讲话。这个班的学员后来出了多位省部级领导和院士。

11月16日，邱定蕃院士电话，2001年度中国工程院增选院士，孙传尧没选上。

11月15—17日，孙传尧在厦门主持第九届选矿年评会。

11月25日，作为东道主和组长，孙传尧请第八组学员19人来矿冶总院用餐，下午在矿冶文化宫活动。

12月5—9日，孙传尧任组长，去绵阳中国工程物理研究院参加烟气脱硫工程中心评审。科技部田宝国处长负责。

12月19日，院职工代表大会成立。

12月28日，贾木欣、周俊武博士论文在东北大学通过答辩。

2002年

1月2日，孙传尧去导师吕永信家看望。

1月20日，孙传尧、方启学、程新朝、李晔去柿竹园出差。

1月24日，徐匡迪院长来矿冶总院参观指导。去二部、三部之后在院部听孙传尧汇报，王淀佐院长陪同。

2月11日，大年三十，孙传尧委托院办薛晓光到邮局给昌图县吴淑芝寄

2000元。2001年7月1日，孙传尧的事迹在中央电视台报道，吴淑芝家中有困难，看见报道后向孙传尧求助。

2月21日，大年初十，孙传尧在北矿磁材参加高管会议研讨工作。

2月23日，饶绮麟副院长陪陈隆金和夫人来院。陈隆金从加拿大回国，拟回矿冶总院工作；3月10日他回加拿大前定工作方案。

3月8日，孙传尧与汤集刚、贾木欣讨论铁氧体一次料粉烧结问题。

3月7日下午，聘陈隆金为本院研究员并举行颁证仪式。孙传尧、汪旭光、周峰、饶绮麟、郑宝臣及职能部门代表出席。

3月27日，孙传尧乘K101次火车去马鞍山参加基金委的研讨会。

4月5日，院长办公会议决定，组织优秀矿冶人去井冈山或九寨沟休假。

4月15日，孙传尧、夏晓鸥、何发钰、梁殿印、沈政昌去德兴铜矿出差。

4月20日，孙传尧参加北京科技大学50周年校庆。

4月26日，院精细化工所所长公开招聘答辩会。栾和林、林江顺、彭钦华、周高云、杨光、陈定洲6人答辩。确定彭钦华任所长。

5月15日上午，在中央企业工委1109房间，监事会刘司长与孙传尧谈话，研究中农信的三笔贷款项目处理办法。

（1）汤原县吉祥木器厂248万元；

（2）丰南县政府97万元；

（3）永定路40万元。

5月16日上午，与蒋向阳再次谈三笔贷款催还。

5月20日，在钢研总院参加海锦涛、于常友、张玉卓、欧阳世翕4位院长离任欢送会，孙传尧赠文：

年年硕果满枝，今又鲜花盛开。
山楂树叶茂密，树下荫凉常在。

5月30日，矿冶总院硕士研究生学位课由中南大学改为在东北大学上。

6月20—24日，孙传尧带队去新疆哈巴河县参加阿舍勒铜矿浮选机和压滤机投标，刘永振、刘林、刘惠林同去。结果本院中标，总合同额503万元。

6月26日，在乌鲁木齐，孙传尧宴请原可可托海及新疆有色的老领导和朋友。巧遇哈萨克米哈诺布尔院长克列茨4人。

7月1—7日，孙传尧再去昆明出差，兰坪及会泽选矿投标，广州有色院中标。

7月9日，孙传尧去徐州中国矿业大学出差。陈清如院士从教50周年纪念会。21:00乘火车回京。

7月10—13日，中央企业工委组织部部长殷晓静一行来院对领导班子及成员考核，下达了书面通知。

7月11日下午，殷晓静部长与孙传尧谈话，万金梅处长参加。

7月12日下午，殷晓静部长找孙传尧和邱定蕃书记谈话，谈班子考核情况，给予充分肯定。

7月23日，孙传尧带队去蒙古国参加矿冶总院与额尔登特合作10周年的纪念活动。7月29日回国。

8月5日，去会泽矿出差。

8月21—24日，在乌鲁木齐组织召开全国选矿学术会议。会议主席孙传尧，秘书长敖宁。

8月24—28日，部分会议代表去可可托海矿区考察。8月30日，乘T70次火车回京。

9月9日，去山西朔州考察本院完成的煅烧高岭土工程。孙传尧、饶绮麟、王瑜等同去。

9月13日，去佳木斯休假。

9月15日，佳木斯二中50周年校庆在铁路分局体育馆举行。孙传尧代表3万名毕业生讲话。

9月24日，罗义昌及夫人从美国回院，谈其所在公司生产钢球情况。

9月28—30日，孙传尧去内蒙古东胜鄂尔多斯出差，论证工程中心。

10月9日，铁岭选矿药剂厂厂长富有忠来京与孙传尧谈工作。

10月15日，当升公司总经理白厚善与孙传尧谈系列工作。

10月16日，王瑜与孙传尧谈凡口铅锌矿的工作。

10月17日，一天的院长办公会，研究职能部门岗位工资、定编、定岗、定员、定级、定薪，研究所正职绩效工资。

10月21日，中层干部会，宣布蒋开喜、战凯为矿冶总院副院长，张晓春任党委副书记。

10月28日，院长办公会，研究是否无偿接收辽源矿冶机械厂问题。意见有分歧，该厂的矿机产品比丹东冶金机械厂大一号，装备水平也高，两家有同业竞争。为了全力扶持丹东冶金机械厂，决定不再接收辽源矿冶机械厂。孙传尧想接收，但尊重了大多数领导的意见，否定了自己的想法。

10月29日，孙传尧与程新朝谈柿竹园黑白钨异步浮选。

10月30日，孙传尧、于一公、敖宁乘机去昆明参加科技部国家工程中心工作会议，孙传尧发言。

11月，完成矿冶二部土地变性，将西部的工业用地改为居住用地，规划建筑高度由18 m提高到60 m，容积系数由0.5提高到2.5，为二部的建设开发打下基础。胡跃武做了大量工作。

11月21日，张建良电话：北矿磁材三室一20岁山东女工晚上在院外住处附近厕所被害致死。

11月28日，首钢文馆，上午孙传尧主持第三届冶金年会，殷瑞钰、干勇院士做报告。

12月2日，铁岭选矿药剂厂划归北京矿冶研究总院资产交接仪式在铁岭举行。王淀佐、高德柱两位部长出席，铁岭市党政领导出席。孙传尧在交接仪式上讲话。

12月2日下午，辽宁省省长在省政府会见王淀佐、高德柱一行，听取关于锦州市镁合金产业汽车轮毂项目的汇报，孙传尧在场。

12月3日下午，乘汽车离开铁岭去丹东冶金机械厂，孙传尧、夏晓鸥、王玉田、蒋开喜、战凯、张晓春、韩秀华同去。

12月4日，从丹东乘K28次火车回京。

12月12日，中国职工之家，锦州市委书记和常务副市长为镁合金项目宴请王淀佐、高德柱、马福康、孙传尧，魏礼玲是业主。

12月13日，矿冶四部，会泽铅锌混合矿连选扩大试验开始。

12月17日，孙传尧与汪院长、邱院长去柳州参加广西院士、专家行活动。孙传尧报告45分钟。

2003年

2月8日，正月初四，孙传尧邀方启学在专家楼酒家102房间吃午饭并谈话，主题是：方启学如果在矿冶总院工作，有何想法？方启学回答："当院长或当院士。"孙传尧回答："这两个要求院里都办不到。当院士得院士选举，当院长得国资委派人来考察。"

2月17日晚，在有色设计院晚餐时讨论有色研究院和矿冶总院的去向。高德柱、王淀佐、张健、康南京、张克利、熊维平、罗涛、孙传尧、屠海令、张兆祥参加。

中心议题是让北京两大院进入中铝集团。孙传尧的态度是：大院大所长已开了几次会，拟成立中国工程技术科学院，正在研究中，五矿集团想让矿冶总院进入该集团，本院没答应。因此是否进中铝，现在不能定。屠院长讲话比较含蓄。

2月26日，李岚清副总理离任前到科技部看望科技界的代表，并发表重要讲话。孙传尧在会上发言7分钟。发言稿前一天经徐冠华部长审阅。参会领导有徐匡迪、路涌祥、陈佳耳。发言的院长有：陈志、孙传尧、张人禾、李国杰、张彦英。

3月5日，孙传尧去广西华锡集团出差，到车河选厂、长坡选厂、高峰锡矿、巴里选厂。下午去铜坑。考察高峰残矿开采，92号贫矿选矿回收稀有稀散元素。

3月17日，孙传尧和蒋开喜去青岛参加中国大洋协会理事会会议10周年庆典，尹才硚被评为先进个人。19日晚住大洋1号，出近海，20日回青岛港。

3月24日下午，张建良、曲晓力谈北矿磁材董事会情况。

3月28日，成先红要求调往国电公司下属环保公司，孙传尧与王玉田书记商量后认为先借调一年。

3月31日，接待华锡集团董事长张友宝一行5人，谈科研项目。邱定蕃院士、副院长主谈。

4月3日，在科技部902会议室，徐冠华部长同12名院长座谈。徐部长说明，院所转制不会逆转，因国务院已做决定，科技部也有一个转变的过程，得尽快跟上中央的步伐。

4月22日，召集胡跃武等人布置抗击“非典”对策。下午党政联席会议，研究布置全院抗击“非典”的具体措施，出台相关规定。

4月22日，56中因“非典”停课。

4月22日，孙传尧给富有忠、刘仁继、王爱德三位厂长打电话，加强预防“非典”，并询问三厂的情况。

4月23日，院长办公会议，出台院防“非典”的文件。

当日孙忠铭谈高峰锡矿残矿开采复产问题。

4月26—27日，北京疫情严重，街上人稀少。

4月28日，院领导及部分干部临时会议，研究进一步严防“非典”。外出回院人员一律到专家楼酒家休息7天。当时不叫隔离。

4月29日，梁殿印谈“非典”影响机械所合同1000万元。

4月30日，杨军臣没请假擅自离岗去山东，违反战时各级领导干部必须坚守岗位的规定。战院长多次劝阻无效，下午召开第16次院长办公会议，免去其所长职务。

5月7日，“非典”期间，孙传尧主持会议，研究申办国际矿物加工大会。张立诚副院长、韩龙等参加。

5月12—13日，两天党政联席会议，讨论孙传尧执笔完成的院十年规划、五年计划。

5月中旬，系列会议，讨论四川嘎村采选设计项目。

5月24日，同意方启学调到五矿有色。

5月30日，北矿磁材通过中国证券会发审，张建良汇报。晚上在本院专家楼酒家宴请有功人员及合作者，王一楠董事长（国务委员王忠禹之子）专程从深圳赶来参加并策划发审。孙传尧、夏晓鸥、张建良、张晓春参加。

6月18日，方启学来院办理调动手续。

6月19日，院部南红楼整体装修由汪院士的工程爆破学会出资，以后几年免收房屋租金。

6月28—29日，周六、日，在办公室工作，修改、定稿院十年发展规划。

7月3日，在北矿磁材参加近三年入院工作的毕业生座谈会。张建良主持，董事长孙传尧在总结讲话中针对年轻人的心态，讲了当今赚钱的五种人，年轻人听进去了。

7月5—6日，继续编写、修改院十年发展规划。

7月7日，晚上去矿冶四部看德尔尼连选扩大试验。赵明林、魏明安、周秀英、唐顺华、高新章参加连选。

7月14日，孙传尧对院十年规划第三稿进行修改，定稿，由晨阳打印。

8月21日，院中层干部会议，讨论十年规划。

7月22—28日，成都出差，嘎村采选项目投标评审。本院没中标，兰州设计院中标。

孙传尧、战凯、王瑜等十几人参会。

8月23—27日，在山东铝厂参加铝土矿选矿工业试验，项目负责人程新朝。孙传尧对新建选矿厂的设计和装备提了不少改进意见。

8月26日，院职工代表大会讨论通过院十年发展规划。韦淑霞主持。

9月4—10日，院优秀共产党员和优秀党务工作者去井冈山、瑞金接受革命传统教育。工会主席韦淑霞联系铁路旅行社，往返乘火车。

9月10日，院单身员工中秋晚会在矿冶文化宫举行。董丽和丁老师表演国际标准舞。

9月12—23日，去俄罗斯参加中俄双边新工艺新材料学术会议。

9月23日，孙传尧写完本人领导和参加柿竹园科技攻关大事记，供院士候选人答辩用。

9月24日，接待罗马尼亚有色及稀有金属研究院代表团5人。

9月25日，去南非参加第22届IMPC大会并申办成功24届北京IMPC大会。王淀佐带队。本院孙传尧、张立诚、韩龙、李长根等10多人出席。

10月10日，去赞比亚炸药厂，10月16日回京。

11月2日0:30，孙传尧、汪旭光、张京京乘哈航飞机去阿拉木图，与前一天到达的成员在阿拉木图会合。这是矿冶总院代表团第一次去哈萨克斯坦开始与哈铜的合作，孙正军陪同。

11月19日回京，此期间在哈铜公司总部及巴尔哈什等地考察、谈判。成员有：孙传尧、汪旭光、王瑜、张京京、王拥军、李生光、王福良、董卫军、王建文、刘永振。

11月27日，71名技师通过评审。

11月28—29日，国宏宾馆，孙传尧参加国家工程中心评审会。

12月3日，京丰宾馆，中国工程院进入第二轮院士候选人答辩。孙传尧18分钟答辩，12分钟院士提问，回答3个问题。自我感觉良好。

12月5日上午10:30，得知孙传尧评上中国工程院院士。

12月5日，张立诚、曾克里、程新朝、卢士杰、王云从布加勒斯特给孙传尧发来贺电，祝贺当选中国工程院院士。

2004年

1月21日，大年三十，回佳木斯过春节期间，佳木斯市委书记郭晓华得知消息来家祝贺。

2月16日，美国氰特公司周洁勇等5人来院祝贺孙传尧当选中国工程院院士。

2月16日，因石狮设计分院派不去人，经院长办公会研究，请泉州邓荣州出任石狮分院院长。

2月24日，邓荣州来院接受考核。

3月3日，孙传尧给佳木斯市委书记郭晓华写的信寄出。

3月10日，孙传尧与邓荣州签订石狮分院责任考核书。

3月10日，与金川公司关于160立方米浮选机等协议在国际俱乐部举行签字仪式。孙传尧、李永军签字，杨省长、康义会长出席签字仪式。

3月11日，金川公司总经理李永军来院，为金川荣誉职工沈政昌发证书。

3月12日，云南沧源佤族自治县歌舞团来院学术礼堂演出。罗涛观看演出，孙传尧、王玉田、张晓春观看演出并宴请歌舞团成员。

3月19日，院发文，建立泉州设计分院，聘任邓荣州为院长。

3月20日，孙传尧在职工之家宴请凌源钢铁公司董事长高益荣（北矿磁材铁磷供货商）。

3月23日，孙传尧给郭晓华市委书记的信在《佳木斯日报》头版头条发表，并有编者按。

4月2日，孙传尧在北京科技大学为学校党政领导做科技体制改革的报告，用时3小时。罗卫东书记主持，徐金悟校长、陈世禄副书记等出席。本院王玉田、夏晓鸥、战凯、张晓春出席。

4月5日，院长办公会与党委会联席会议，研究铁岭选矿药剂厂沈阳厂区搬迁铁岭及铁岭厂改造问题。做出11条结论。

4月9日，接待哈萨克斯坦科技部副部长7人代表团来院。

4月14日，国宏宾馆，转制院长座谈会，建立符合转制院所的企业考核体系。九部联合召开，张景安副部长主持，孙传尧发言。

4月19日，下午北矿磁材全景路演，答辩。孙传尧董事长致辞。张建良、吕宝顺、黄国泰、栾岚等参加。

4月21日，孙传尧与吉林省珲春市国土局沟通在该地新发现白钨矿资源选矿问题。

4月24日，周六，矿冶文化宫东北大学北京校友会活动，王淀佐、罗树清、魏向前报告，孙传尧、张晓春等参加。

4月27日，孙传尧上午陪陈蕴博院士去通州区当升生产基地。

4月27日，北矿磁材在中俊酒家答谢巨田证券等合作商。本人致辞。

4月30日下午，郭声琨晋升职务，孙传尧打电话祝贺。

5月8日上午，张建良、蒋开喜、夏晓鸥、王玉田预研固安基地开发，下午院长办公会研究固安基地总体规划。

5月11日中午，本院大部分院领导飞上海，出席5月12日A股上市仪式。

5月11日晚，上海国际会议中心上市晚宴，张建良主持，董事长孙传尧致辞。

5月12日上午，上海证券交易所北矿磁材上市仪式。董事长孙传尧和康义会长敲锣。下午，参观第一次党代会会址。

5月17日，西苑饭店宴会厅，北矿磁材A股上市答谢宴会。总经理张建良主持，董事长孙传尧致辞。

费子文、康义、吴建常、翟立功、齐让、甘智和、张健、茅林、沃廷枢等领导出席，200名嘉宾出席答谢宴会。

5月25日，孙传尧再去山东铝厂参加铝土矿选矿工业试验。

6月8—9日，孙传尧、张建良、杜登明乘张键车去辽宁凌源钢铁公司见高益荣董事长，请该企业向北矿磁材供铁磷。已达成协议。

6月9日晚，孙传尧等乘火车去南昌参加17个中央大院与江西省科技对接活动。省委书记孟建柱接见院长们并参加对接活动。何发钰、王福良参加。科技厅副厅长闫金主持。此后去井冈山。

6月13日，去宜春钽铌矿谈合作项目。

6月19—21日，孙传尧去金川参加金川公司发展战略研讨会。

6月27日，加拿大尼尔森离心机发明人尼尔森先生和助手张博士来院学术交流。孙传尧接待。

6月30日，孙传尧与院办主任敖宁乘2517次火车去淄博参加山东铝厂50周年庆典。费子文、吴建常、高德柱、山东省副省长、淄博市市长出席。

7月10日，白堆子宿舍1号楼地下室因暴雨再次被淹，孙传尧、王玉田、战凯等到现场组织许志壮和修建工程处排水救灾。

7月13日，中南大学邱冠周副校长、胡岳华、冯其明5人来院与中南选矿1982届以后的毕业生聚会，张建良陪同，王福良主办。

7月20日，在中国职工之家参加内蒙古托克托电厂粉煤灰制铝-硅合金项目论证会。国家计委、内蒙古自治区多位省部级领导出席，孙传尧参会并发言。

8月2—3日，孙传尧到北矿磁材调研。

8月5日，孙传尧、王玉田、张建良等去固安基地，中午固安县毕书记和徐县长招待吃饭。

8月2—14日，孙传尧董事长到矿冶二部北矿磁材调研。中心议题是：北矿磁材上市后如何发展？总谈话时间70小时。谈话人：中层干部26人、普通员工10人、高管8人。

8月17日，孙传尧去宁夏参加东方钽业国家工程中心论证会。

8月22日，去酒钢选矿厂参加管控一体化自动化项目鉴定会。项目负责人为东北大学柴天佑院士。孙传尧任专家组组长，当晚回京。

8月26日，东北大学申士富博士论文通过答辩，获很高评价。

8月27日上午，孙传尧去沈阳选矿药剂分厂，与王茂宇厂长谈话。

8月27日中午，孙传尧在东北大学东荣宾馆请东北大学选矿专业老师聚餐。孙玉波、杨秀媛、姜广大、叶学龙、郭永文、薛问亚、张维庆、郑龙熙、王常任、松全元（特约）、陈炳辰、陈祖荫、魏德州、韩跃新、余仁焕出席。

8月27日下午，余仁焕老师陪同孙传尧看望身体不好的罗倩老师，在医院看望杨光芝老师时巧遇陆钟武院士。

9月1日，在汽车上，张建华副厂长报告，丹东冶金机械厂铸钢车间吊车钩子钢丝绳断，黄师傅身亡。孙传尧令厂领导处理好黄师傅后事，坚持“四不放过”的原则处理事故。

9月1日，孙传尧去迁安铁矿出差。

9月12日，吴建常副部长在丹东开冶金工业会议，住五龙高尔夫宾馆。次日，本院请吴部长住丹东中联大酒店，去丹东冶金机械厂视察，并题词。

吴部长到车间看望工人，听厂领导刘仁继厂长和杨文奎书记的工作汇报，在厂干部大会讲话，反响强烈。

9月23日，孙传尧去和平门急救中心看望脑出血的甘经超主任。陈云裳大夫和茅小红同去。

9月26日，孙传尧去通州胸科医院看望王仲树老师。

10月13—18日，孙传尧参加中科院知识创新工程验收。去沈阳金属所、自动化所、林土所，大连化物所，长春应化所、生态所。

10月下旬，去澳大利亚出差。

11月25—26日，嘎村项目已中标的兰州有色设计院选矿厂设计做不下去，全部退出，业主来院请我院出山，重新做选矿厂设计。

11月，评出技师71人。

12月1日，全国选矿学术会议在福州召开。孙传尧为会议主席，敖宁为秘书长。

12月2日，孙传尧、程新朝、郑桂兵、邓荣州去南平钽铌选矿厂参观。

2005年

1月2日，科研处马涛去世。

1月5日晚，曹祝龄处长去世。

2月2日上午，友谊宾馆，在京院所主要负责人座谈会，科技部李学勇副部长主持。孙传尧、王玉田出席。

2月8日，大年三十，徐建民与孙传尧谈工作，关于挤压磁系。

2月12日，大年初四，职能部门员工在矿冶文化宫联谊活动。自备晚饭。

2月13日，孙传尧上午在海富门餐厅宴请朱为为一家亲属。下午在办公室工作。

2月18日，初十，与沈政昌讨论其院士申报材料。

2月20日，与饶院长讨论其院士申报材料。

2月21日，孙传尧、王玉田、敖宁去电信科学院参加国资委召开的转制院所领导座谈会。孙传尧发言。

2月27日，有色金属工业局推荐院士候选人，饶绮麟、孙忠铭出线，沈政昌刚达半数，没出线。

2月27日，孙传尧下午乘火车去丹东、本溪出差。

德国AFX-100复式流化分级机工业实验评审会，孙传尧任组长。

3月5日，昆明翠湖酒店，昆明理工大学真空冶金工程中心论坛。

3月10日，米哈诺布尔院长B. A. 阿尔辛季耶夫来函，建议新纳米公司停办。

3月14日，国宏宾馆，24届矿物加工大会主办单位升级，领导聚会，王淀佐主持，张立诚汇报，孙传尧补充。

3月15日，高德柱会长建议北京矿产地质所并入矿冶总院。为此，孙传尧去该所与王京彬所长沟通，得知该所发展不错，王京彬所长没有积极性，此事不再提出。

3月20日，孙传尧、王玉田、于月光、敖宁在西北有色金属研究院参加40周年院庆。孙传尧让于月光所长写一份矿冶总院材料发展规划。

3月31日，华锡集团铜坑矿大爆破取得成功，孙忠铭任技术总监，在当地引起轰动。董卫军汇报，孙传尧发贺电。

4月5日，五矿集团副总裁宋玉方以及许峰、方启学来院表示欢迎矿冶总院进入五矿。孙传尧、王玉田、夏晓鸥、张立诚参加接待。此后五矿总裁周中枢请孙传尧及矿冶总院全体领导成员聚餐，院领导婉言谢绝。

4月8日左右，王瑜谈尼古拉耶夫选矿厂的试验矿样在哈萨克米哈诺布尔的连选扩大试验以我院为主。哈院配合进展顺利，非常友好。

4月8—11日，在铁岭选矿药剂厂进行现场干部考核及党政联席会议，决定任命王锁宽为厂长；钱晓哲任专职书记，不再兼副厂长；富有忠不再任厂长，调北京钨钼材料厂任书记兼副厂长。

4月11日，北京科技大学博士生陈秀枝谈选题：会泽选矿回水处理及回用的基础研究。

4月13—16日，孙传尧去金川公司出差，关于160立方米浮选机工业试验。

4月16—21日，从金川去新疆阿舍勒矿山出差，探讨关于新建选矿厂的工艺和设备调试与优化问题。孙传尧、蒋开喜、王瑜、吴熙群同去。

4月20日晚，敖宁主任电话：赞比亚炸药厂发生爆炸。孙传尧连夜紧急开会布置科研与调试任务，次日晨紧急回乌鲁木齐。

4月21日，孙传尧乘陈佳宏总经理的专车行车10小时，夜里赶到乌鲁木齐机场，抢购回北京的机票，于22日凌晨赶回北京。爆炸发生的当晚，夏晓鸥、王玉田紧急召开党政联席会议，制定了系列应急措施并报告国资委。

4月22日，外交部部长戴秉国主持会议，传达胡锦涛总书记、温家宝总理和国务委员华建敏的批示，迅速组团去赞比亚。陈键、吴晓华两位副部长出席。本院孙传尧、王玉田、张立诚参会。

4月23日上午，政府慰问团乘包机飞赞比亚。我院孙传尧、汪旭光、张立诚、韩龙、炸药所李国仲等随政府慰问团同机前往。孙传尧是政府慰问团成员。

5月7日，孙传尧、汪旭光回到北京，在赞比亚的半个月，处理系列与事故相关的事务。

5月10—12日，孙传尧撰写关于“4·20”赞比亚炸药厂爆炸事故的报告，准备向国资委汇报。

5月18日下午2:00—3:15，孙传尧在国资委向国资委主任李荣融汇报炸药厂爆炸事故情况。李寿生局长在场。

5月18日下午4:00—5:00，孙传尧去有色金属工业协会向康义和高德柱两位会长汇报炸药厂爆炸事故情况。

5月24日，佳木斯王文禄和朱红赤作家采访孙传尧，并去二部、三部、四部参观。

5月29日，中国职工之家，铝土矿选矿鉴定会。中南大学胡岳华汇报，王淀佐任专家组组长，孙传尧、张国诚、邱定蕃等参加。

6月6日，东北大学图书馆四楼学术报告厅，孙传尧报告《中国金属矿产资源概况及综合利用现状》，用时2.5小时。150人参加。

6月7日，晚6:30—9:30，孙传尧在东北大学采矿馆一楼阶梯教室为资源土木工程学院学生报告《笑对人生、迎接挑战，善待自己、报效祖国》。

6月10日，冶金工业出版社社长谭学余第二次电话，请孙传尧任《选矿工程师手册》主编。

7月3日，在北京市委党校会后，孙传尧与国资委干部二局局长谈工作：

（1）本人年龄已大，希望尽早从院长岗位上退下来，让年轻的同志上。

（2）院领导班子情况良好，有事业心、责任感，团结合作，有后备人选。希望从本单位产生院长，不从外单位派。

（3）赞比亚炸药厂爆炸情况简单汇报。

局长谈：

（1）60岁是退休年龄，但国资委不搞一刀切，有能力、有影响的一把手领导可以适当延长。

（2）班子结构合理，再增加一名总会计师，职数不减。

（3）赞比亚的事主要是接受教训，总结经验，以后还要重建。

7月8日下午，中苑宾馆，国资委下属10家院所领导讨论中国技术科学研究院问题。本院孙传尧、蒋开喜出席。

7月16—17日，在北京会议中心，矿冶总院总会计师公开招聘答辩。主考官：孙传尧。成员：人事部副部长孙树义、五矿集团总会计师沈翎等。刘显清当选。

7月19日，院全体党员参加先进性教育动员大会。孙传尧主持，张清林讲话，王玉田报告。

7月25日，先进性教育，孙传尧讲党课《中国矿产资源综合利用和矿冶总院的使命》。

8月1—5日，哈铜董事长鲁斯兰·永来院签合作协议。

8月6—13日，应佳木斯市委书记郭晓华之邀，孙传尧、敖宁参加中国企业家峰会佳木斯分会。考察三江平原农业，佳木斯制造业，风电，双鸭山、鹤岗煤矿。

9月22日，孙传尧、王玉田去305医院看望因病住院的张清林组长。

9月23日，国资委电话：刘显清已批准任总会计师，由矿冶总院代宣布。

9月22日下午—26日，院先进共产党员及部分党务工作者去延安学习，孙传尧没去。

10月20日，中层干部及职工代表大会，内容是：① 先进性教育总结及满意度测评；② 张立诚通报赞比亚炸药厂事故处理情况。

10月21日，香山，孙传尧参加科技部“十一五”国家工程中心规划会议。

10月21日，收到于月光所长矿冶总院材料发展规划建议。

10月25日，先进性教育总结大会。孙传尧因参加院士大会，请假。

11月3日，孙传尧、张立诚经乌鲁木齐转机到阿拉木图，去哈铜出差。董事长鲁斯兰·永决定尼古拉耶夫选矿厂改造总包及阿克托嘎依选矿厂设计都由北京矿冶研究总院承担。

11月8日，到达乌鲁木齐，住银都大酒店，参加新疆有色集团首届技术创新大会。孙传尧技术报告3小时。晚上宴请新疆老朋友，18人参加。

11月9日，孙传尧参观孙正军的鑫岩公司，为员工报告1小时。

11月12日，孙传尧和夏晓鸥在三亚参加有色金属系统科技进步奖评奖会。

11月17日，应张立诚副院长要求，孙传尧再次出差去哈铜谈判。

11月25日，孙传尧乘雅克-40离开哈铜到阿拉木图，住机场前简易宾馆。到中国驻哈萨克斯坦商务处谈哈铜的工作。

11月26日，乘4L887航班直飞北京。

11月2—12月1日，1个月内孙传尧乘14个航班出差。

11月29日，孙传尧参加太钢尖山铁矿提铁降硅反浮选鉴定会。

12月30日，矿冶文化宫新年联欢晚会及冷餐会。请刘林老师手风琴伴奏。

12月30日，孙传尧到首科花园售楼处办理购房手续。

2006年

1月22日24:00，吕晶打电话给孙传尧，导师吕永信先生急性脑梗在海军医院抢救。孙传尧紧急赶到海军医院看望吕老师并与脑神经科主任会面。

1月23日，请著名脑神经外科专家左焕琮院长到海军医院查看吕老师的病情。此后十余天，孙传尧大都在医院守护吕老师。

2月1日，大年初四晚11:45，吕永信老师逝世，孙传尧在医院。

2月10日，组织参加吕永信先生告别仪式，300人参加。

2月16日，党政联席会议，对促进矿冶总院改革与发展的19个研究课题分工。

2月20日，矿冶总院与中国有色集团讨论赞比亚炸药厂复建方案，到凌晨1:00，分歧在于双方都不想控股。

3月2日，与何发钰准备973项目：金属矿床成因及区域地球化学对矿物可浮性影响的基础研究。

贾木欣：硫化矿浮选的晶体化学研究。

3月17日，党委书记王玉田乘飞机赶到马鞍山。院长孙传尧已先期到达。当天晚上，在四方酒店宴请1966年3月从北京矿冶研究总院调往马鞍山矿山研究院的原二选及部分分析测试人员共26人。夏昭柱、樊绍良、毛域如、金宗德、李金荣等出席。每人发罗西尼手表作为纪念。王运敏院长、孙建华书记出席。此为北京矿冶研究总院建院50周年的系列活动之一，老同志十分激动。

3月19日，孙传尧、王玉田和敖宁到南京栖霞山铅锌矿看望本院参加现场工业试验的人员：贺政、申士富、高新章、王荣生、顾元章。

3月27日，黑龙江省科技厅王成富处长电话，佳木斯煤机厂对建国家工程中心不感兴趣。

3月27日，《中国有色金属报》第三届“最有影响的人物”中有孙传尧。

4月7日，在院部图书馆举办1956年进院的老职工座谈会，并合影留念。陈健、茅林、魏立华、韩荣元、李永蔚、东乃良、孙传尧、王玉田院领导参会。王宏勋、宣道中、范象波发言。中午，在国谊缘餐厅宴请老同志，每人发西铁城自动表一块，此为建院50周年的系列活动之一。老同志非常高兴。

4月13日，新大都饭店，北矿磁材股东会，研究股权分置改革方案。

4月19日，在中国工程院，中组部四局钟局长找院士谈话，推荐院长、副院长人选。孙传尧推荐徐匡迪院长连任。

4月19日，刘显清谈，2005年丹东冶金机械厂实现利润400多万元，大好消息！

4月19日，院长办公会议，讨论矿冶二部宿舍区规划设计方案。在三家设计机构中确定以矿冶总院龚风毅的设计方案为基础修改上报。

4月20日，孙传尧乘火车去宜昌参加国资委科技大会，在火车上保定至南阳段历时5小时写完《矿冶情》诗歌初稿。

4月30日，在东北大学出差后，铁岭选矿药剂厂厂办沈主任和司机张铁柱接孙传尧先到铁西看已拆平的沈阳厂区，然后到达铁岭选矿药剂厂。下午，先与厂领导座谈，听汇报，再去车间考察。

5月7日，新疆有色集团原总经理周宝光的女儿、洛阳铜加工厂职工周爱香患脑瘤来北京求医，孙传尧联系中日医院原副院长、清华医学院院长、著名脑神经外科专家左焕琮教授为其手术，术后良好。

5月9—17日，工程院化工、冶金与材料学部在杭州开常委会，并在浙江、安徽和上海参观考察。5月18日到京。

5月19日，在友谊宾馆与佳木斯市市长李海涛、副书记杨涛、宣传部副部长缪文利开会，研究佳木斯市最佳魅力城市推荐词。

5月20日，孙传尧撰稿推荐词，并演练。

5月21日下午，友谊宾馆聚英厅会场，孙传尧登台推荐佳木斯魅力城市，是唯一的脱稿推荐人，演讲6分钟，大获成功，主持人敬一丹说：“你可以作为最佳推荐人，院士就是院士。”最后，佳木斯被评为全国最佳生态文明城市。

5月30日，重庆，全国选矿设备学术会议，夏晓鸥任会议主席。全体代表当晚登维多利亚3号轮船，5月31日早启航，6月2日到达宜昌，散会。

6月3日，在武汉理工大学，孙传尧学术报告3小时。当晚乘火车于6月4日早到达北京。

6月5日，两院院士大会，胡锦涛总书记做重要讲话。孙传尧荣获第六届光华工程科技奖。晚上，徐匡迪院长宴请获奖人员和夫人。宋健主席出席。

6月上旬，孙传尧荣获有色金属科技进步特别贡献奖，获奖金2万元。委托院办主任敖宁和副主任晨阳把奖金分发给23人。

6月14日，丹东冶金机械厂厂长刘仁继被评为国资委优秀共产党员。

6月15日，因年龄原因，孙传尧向院党委提交不再担任院长和北矿磁材董事长的报告。

6月20日，东北大学。上午，博士生陈经华通过博士论文答辩。下午，张晓春、周洲去看望本院在东北大学读学位课的硕士研究生，与本院的研究生座谈，吃晚饭。

6月29日上午，在国资委1501房间，孙传尧向国资委干部二局副局长宋亚晨汇报工作。要点如下：

① 本年度院党委换届，本人年龄已到，不再担任院长。接任者夏晓鸥，又谈到夏晓鸥的特点、优势，5年前已培养。

② 希望王玉田留任书记。如能留任，不存在接替人选问题。

③ 班子的副职都很好。

④ 换届时间在2007年初最好。

⑤ 如果进一人，建议王瑜；进两人：王瑜、于月光。

宋亚晨副局长的回复要点是：

① 我根本没考虑班子换届，这几年院内的工作不错。

② 你院士的身份当院长合适，反正你也不退休，在院长位子上再顶上几年。

③ 夏晓鸥去长沙矿冶研究院当院长。两年后，把长沙矿冶研究院带进北京矿冶研究总院。两院专业相近，没有必要两院都归国资委管。这一条还没征求夏晓鸥的意见。

6月29日下午，宋亚晨副局长与王玉田书记谈话。

6月29日下午5:30，去北京科技大学报到，参加“211工程”验收会。专家组成员：单平、赫冀成、吴淦国、孙传尧、杨卫。

7月6日，北京科技大学葛昌纯院士找孙传尧，想与本院材料所合作，联合申请研制航空发动机涡轮盘项目。孙传尧回答：“国家已投巨资，钢铁研究院和621所研究了很多年都没结果，我们再申请立项很难。”

7月12—22日，孙传尧、董卫军、李晔、程新朝、贾木欣乘T17次列车去哈尔滨。

7月13日上午，黑龙江省副省长刘海生会见本院代表团，出席省院合作签字仪式。此后，我代表团去黑河、多宝山铜矿、萝北石墨矿、汤原东风金矿、佳木斯铝厂及哈尔滨东北轻合金加工厂等企业考察。省经委顾立民处长和黄金海冶金协会会长陪同。

7月24日下午5:30，孙传尧、王玉田、伊犁南冒雨乘火车去丹东，参加全国冶金矿山会议。刘仁继、杨文奎、孙希波接站。

蒋开喜副院长、周洲去东北大学参加邱竹贤院士告别会后回京。

8月3日，去胜利油田参加浅海石油管道修复项目鉴定会。马伟明院士、孙传尧院士等参会。

8月10日，《当代世界的矿物加工技术》定稿，75万字，交科学出版社。

8月14—16日，孙传尧和院研究生部人员去山东日照参加中国工程院研究生教育工作会议。

8月21日，本院160立方米浮选机知识产权与金川公司发生争议。

8月29日，孙传尧博士生何发钰在东北大学通过博士论文答辩。

9月1—12日，去土耳其参加第23届世界矿物加工大会，本院组团，共53名中国代表参会。

9月15日，院党政联席会议，评出13名矿冶勋章获得者。

9月26日，全院大会，50周年院庆。茅林、何伯泉出席，孙传尧讲话40分钟。本次院庆没请院外嘉宾。文艺演出时，孙传尧、周秀英配乐诗朗诵《矿冶情》（作者孙传尧），刘林手风琴伴奏。

9月28日晚，新大都饭店，建院50周年答谢宴会。尚勇、王淀佐、康义、茅林、刘学新、翟立功部长及8位院士等总计250位嘉宾出席，孙传尧致辞。

9月29日，建院50周年，矿冶文化宫冷餐会，院职工参加。新大都饭店，外国公司驻京办事处招待会，张立诚、战凯副院长负责。

10月9—15日，去金川和西北矿冶院出差。

10月11日，中国大洋协会在金川开理事会。孙传尧借此机会到选矿厂看160立方米浮选机金川自行改造现场，何发钰同去，王码斗厂长陪同。

10月12日，孙传尧、王玉田、李永蔚、东乃良、敖宁在白银市，下午看望从北京矿冶研究总院调到白银的老职工20多人，西北矿冶院全体领导参加，本院设晚宴招待，每人送院庆纪念表和资料。这是矿冶总院50周年院庆系列活动之一。

10月13日，上午参观西北矿冶研究院，下午在兰州机场乘机回北京。

10月16日，宋耀斌告别仪式，孙传尧、张晓春参加。

10月16日晚，孙传尧、敖宁在北航参加佳木斯最佳生态城市颁奖仪式。

10月21日晚，孙传尧与王福良同去鞍钢弓长岭参加旋流浮选柱铁精矿反浮选项目鉴定会。会后，鞍钢科技部主任邓克陪同两人参观东鞍山、齐大山、胡家庙、大孤山几座选矿厂及烧结厂，并到41年前在大孤山选矿厂实习时住的38宿舍看望。

10月29日，有色金属工业科技进步奖评审会在昆明召开。昆明理工大学历届领导廖伯宇、杨显万、张文彬、周荣、王家驹集体宴请有色行业的专家们。在宴会上，孙传尧带夏晓鸥每桌敬酒，介绍夏晓鸥是院长的接任者。

10月30日，本院专家全部回院。

10月31日，国资委干部二局张亚南副局长、王礼处长、马素珍来院进行领导班子换届人选考察，中层干部投票。

11月3日，孙传尧完成院长述职报告。

11月4日，阿克托嘎依选矿厂设计配置研讨会（选铁部分）在本院306会议室进行到晚9:00。孙传尧请张光烈、段其福、樊绍良、武豪杰、李维兵5位铁矿石选矿专家参会，研究确定哈铜阿矿5000万吨/年选矿厂设计铜浮选尾矿选铁流程。

11月5—18日，孙传尧带矿冶总院专家组先后去哈萨克斯坦锌业公司和哈铜尼古拉耶夫选矿厂出差。在阿拉木图，对哈萨克米哈诺布尔克列茨院长进行告别访问。

11月20日，张亚南副局长在国资委找孙传尧谈话3小时30分钟，讨论：夏晓鸥不接任院长怎么办？最后孙传尧建议，考察组再次进院公开竞聘院长。

11月24日，张立诚副院长谈想离院去国际镍业协会中国部任职。

11月27—29日，成都，第十届选矿年评会。孙传尧任主席，敖宁任秘书长。王淀佐、陈清如、余永富院士参会并报告。闭幕式上，孙传尧总结30分钟。

11月30日，矿冶总院干部全部离成都回京。

12月1日，孙传尧去徐州中国矿业大学参加陈清如先生八十大寿及从教55周年纪念会。

12月12日，国资委宋亚晨副局长任主考官，亲自来院参加4名候选人竞选院长考核答辩。孙传尧、王玉田、干勇、田会、王礼、王旭为考官。答辩人：蒋开喜、张建良、于月光、白厚善。结果，蒋开喜和张建良胜出，但还要再确定其中一人是院长人选。

12月21—22日，国资委干部二局来人对蒋开喜、张建良再征求意见。

12月23日，哈萨克米哈诺布尔院长克列茨和党委书记来矿冶总院回访，并商谈今后的合作。

12月23日下午，孙传尧接待哈萨克斯坦矿冶科学研究院院长乌沙科夫5人来院访问。

12月27日，孙传尧、王玉田、敖宁乘火车到杭州。28日，到浙江医学院一院看望住院的西北有色金属研究院院长周廉。

12月28日下午，孙传尧乘飞机离杭州飞沈阳。

12月29日，孙传尧参加本钢“十一五”科技规划讨论、咨询会。

12月30日，孙传尧乘火车到北京，下车后乘103路电车经1.5小时才到家。

2007年

1月2—3日，孙传尧在办公室审阅朱永楷和吴卫国的博士论文。

1月8日上午，去首科花园办理购房入住手续，胡跃武协助。

1月8日下午，院中层干部会议，传达国资委会议文件。孙传尧、王玉田离任前的非正式告别讲话。

1月9日一整天，孙传尧、王玉田、胡福成、张建良去矿冶二部、三部和固安巡查安全生产及产业情况。

1月10日，孙传尧与周俊武谈工作，自动化所不能满足于仪表的研发，要往控制系统开发的方向努力。

1月11日，有色金属研究院院长屠海令在东方红大餐厅宴请矿冶总院的全体领导班子成员，并每人赠送毛主席诗词一本。实际上是为孙传尧、王玉田二位即将离任聚餐，但谁也没提离任一事。

1月12日，在立水桥地热研究所开会，下午在旧书摊买了一本德国诗选。

1月14日，周日，孙传尧在办公室给企业事业单位负责人写新年贺卡，表明本人即将离任。

1月15日，与夏晓鸥谈工作。中午请周景琦、马士光吃饭。

1月16日，周二，孙传尧、王玉田去固安、永清等产业基地，实际上是告别看望那里的员工。

1月18日，张京京谈院驻哈铜办事处主任郭景丰报告，哈铜伦敦总部派4

人到哈铜，说哈铜阿克托嘎依选矿厂项目伦敦总部认为哈铜越权操作，没批，暂停。本院争取已完成的初步设计费用由哈铜支付，连选扩大试验继续做。以哈铜正式书面通知为准。

1月22日，战凯副院长主持哈铜项目汇报调度会，孙传尧、王玉田、夏晓鸥、王瑜及各位副总工程师和相关处长参加。

1月23日下午，战凯副院长、王瑜、郑晓虎研究泉州设计分院撤销后的收尾工作。

1月24日，中层干部汇报会在矿冶文化宫进行，监事会主席吴天林一行9人参会。

1月27日，周六，8:30—9:00，宋亚晨副局长与孙传尧谈话。

9:00—9:45，国资委副主任王勇与孙传尧谈话。

9:45—10:00，孙传尧表态。之后是王勇副主任与王玉田、蒋开喜、夏晓鸥谈话。

1月28日，周日，北矿磁材中层干部汇报会，孙传尧、王玉田参会。会议结束前，孙传尧讲话1小时。

1月29日，黑龙江勘探六院曹宪双院长电话，他已被调到哈尔滨某研究所任所长兼书记。翠宏山本院参股一事已定。铁力钼矿的矿样近日送矿冶总院，已与王福良打招呼。

1月30日，北京科技大学，吴卫国、朱永楷通过博士论文答辩。

2月1—8日，孙传尧、韩龙、王福良乘丹麦航班去瑞典参加欧洲选矿会议，并宣传矿冶总院2008年主办24届国际矿物加工大会。

2月9日上午，院长办公会议，研究北矿磁材的财务问题。

2月9日下午3:00—5:00，在矿冶文化宫召开全体干部大会。大会由孙传尧主持。国资委干部二局局长（王礼处长陪同）宣布北京矿冶研究总院领导班子的任免决定并做重要讲话。任命蒋开喜为北京矿冶研究总院院长、党委副书记，任命夏晓鸥为院党委书记；免去孙传尧院长和党委副书记职务，免去王玉田党委书记职务。王玉田、蒋开喜、夏晓鸥、孙传尧分别讲话。

至此，孙传尧院长正式离任。

当日晚，新老院领导班子成员在院专家楼酒家聚餐。

2月12日，全院总结大会。夏晓鸥主持，蒋开喜院长做工作报告。

2月12日晚，有色金属行业在京领导春节团拜会，孙传尧、王玉田没有出席。

2月12日晚，在佳木斯驻京办事处，市委书记郭晓华、市长李海涛宴请马福康、孙传尧、敖宏，涉及中铝海绵钛项目在佳木斯落地。

2月13日，去铁岭选矿药剂厂参加职工代表大会。孙传尧讲话1小时，蒋开喜院长、夏晓鸥书记和王玉田分别讲话。

2月14日中午，张铁柱和小赵开车，几位院领导去丹东冶金机械厂，刘仁继厂长陪同去东港考察。

2月15日，丹东冶金机械厂全厂干部大会。孙传尧讲话50分钟，蒋院长、夏书记和王玉田分别讲话。

2月16日，孙传尧、王玉田、蒋开喜、夏晓鸥分别看望费子文、张吾乐、高德柱、康义，在几位老部长面前正式交班。

2月17日，除夕，蒋开喜、夏晓鸥看望何伯泉、杨光、张建，孙传尧及王玉田没去。

附　录

1996年建院40周年在青年干部学习班结业式上院长孙传尧的讲话（录音整理）

咱们矿冶研究总院新中国成立以后出生的处级干部学习班，两天的时间，我觉得办得还是很成功的。大家围绕如何当好干部继续创业与发展，如何使自己成为跨世纪的学术、技术带头人，培养成为合格的人才做了很好的发言。我先把会议的情况向咱们刚刚参加会议的各位老同志报告一下。两天的学习时间，主要内容即将结束。学习班开始后，由周峰书记做了动员讲话，集中学习了江泽民同志的两篇文章，一是关于《领导干部一定要讲政治》；二是《努力建设高素质的干部队伍》。在这之后，全体参加学习班的处级领导干部，看了我们院庆40周年庆祝大会的实况录像，这是整体的实况录像，声像中心素材搞得很全，当然，没有做最后的制作。我们参加了会议，其他同志们由于在外面服务，没在主会场，在座的老同志还没来得及看，以后找个时间看一看，还是挺受鼓舞的。

在这之后，各位座谈、讨论、交流。昨天白天一整天，晚上又进行到8:00，今天到现在为止还是争先恐后地发言，还差几个人没有发言，而且由于时间有限，本来大家应该谈得很多，限于时间，最后谈了10分钟、5分钟，如果时间可以的话，每个同志谈半个小时到一个小时可能更深刻一些。在此期间，我们院领导也都跟大家一样，平等地坐下来共同交流，共同探讨。像郑院长通过自己当原设备室主任，以至于到后来当副院长，对怎样来摆正自己的位置，如何当主任、当副院长，做了很好的发言。邱院长、罗院长也都根据自己切身的体会做了很好的发言，对同志们交流都起很大作用。我们现职的院领导，8位都参加了学习班。参加学习班，也是我们现职院领导自身学习、提高的一个好的机会。我们学到很多东西，我深深感到我们这些年轻的同志们，上任的时间有长有短，长的到现在为止已经有七八年了，在处级岗位上还有任职10多年的，短的有今年刚上任的，有去年上任的，但是不管长短，都为了我们矿冶院的兴旺发达，尽职尽力。这一次院庆活动对我们所有干部都是一次再教育。看起来我们矿冶院还是有前途有发展的。今天除了年轻的处级干部之外，还请了新中国成立前出生的这些相对老的同志来参会。请大家来，一是向大家通报工作；二是跟大家讲，这些年轻的同志通过学习，看起来还是有前途的，是有发展潜力的。希望在今后的工作岗位上，增进了解，加强合作，对咱们年轻同志进一步支持、团结和考察检验，看看咱们学习班是不是有点效果。如果谈归谈，回去做归做，那就说明我们学习班办得还不够好。如果同志们说我们在座的年轻同志通过几天学习，不一定解决了根本问题，但大体上还是有所进步的话，那就说明咱们学习还有效果。

另外，就是借这个机会把我们院领导对干部的一些希望、要求，特别是本年度的一些工作，我们还是强调一下。所以请大家一块来，我结合我们参加学习班同志们的一些发言，也结合我自己的一些想法，谈谈看法，供大家参考。

第一个问题，我想谈一下，我们40年的成就是我们几代矿冶人奋斗的结果，那么明天的辉煌也需要我们当代矿冶人执着地追求和奋斗。所以我们全体干部、职工务必保持谦虚谨慎的态度，务必保持清醒的头脑。

今天的大会仍然是我们40周年院庆活动的继续，也是活动的尾声。我们希望这次学习能够激励大家，奋发向上，这是一个新的起点。这次院庆从内到外，反映还是不错的，但我们也非常清楚，彩旗、鲜花、掌声、笑脸都代表过去，将来是不是还能有这样的成果，那就看我们今后的努力。这次院庆有些同志增加了对矿冶院的了解，包括一些上级的老同志、国家机关同志、兄弟院所的同志、企业的同志，等等。所以有一个很著名的研究院的院长，散会以后跟我谈，他说看到矿冶院这次院庆潜意识是什么。他把我拉到旁边说："你潜意识，我看得非常清楚，你们的目标就是打造国家级的重点研究院！"他不愧为一位很有名气的院长，他看得很清楚。关于这个目标，国家科委工业技术司石定寰司长的讲话中也谈到了。我们矿冶研究院要不打造国家级的重点研究院，就不能说我们取得很好的成果。

一句话，北京矿冶研究总院离我们最后的成功还相差甚远，所以同志们务必在鲜花、掌声、笑脸之余，要保持清醒的头脑，要坚定不移地把我们院的科技体制改革推向前进。同志们在讨论中也都提出这个问题：矿冶院到底处于一个什么样的时期？有的说是上升时期，外边有的说是鼎盛时期，大家看出来鼎盛之后是不是要衰败？这个问题提得非常好，我想今天请所有的处长们来，包括院领导在内，使我们院要不断地保持快速发展的势头，使我们院永远立于不败之地，永远兴旺发达而不至于衰败。这就是我们今天院庆活动要到结尾的时候，请所有的处级干部来要谈的一个关键性的问题。

第二个问题，我们要进一步搞好爱国、爱院、爱岗的教育。

应该使我们所有的处长们，所有院里的广大干部立足于我们的国情、院情。实际上我谈这些应该说也是多余的，但我还是想谈，因为我今天要跟大家讲的，没有什么个人的发明创造，没有新东西，有些都是我们党和国家领导人，包括我们有色总公司的领导长期教导讲的，也有的是我们在座的很多干部，包括我们在座的年轻干部发言里谈到的一些观点。尽管这样，我还要重复还要讲，因为有些事不讲不行，有些东西不在于懂，而在于能够融会贯通，在于形成好的习惯，能够用。这就好像考试一样，你说你概念都懂了，但就是遇到大题的时候你答不出来，什么道理呢？没有融会贯通，没有形成自然，没有形成好的习惯。什么时候我们形成了好的习惯，不假思索地判断就能做出正确的结论，用不着在那翻书，翻箱倒柜，这时候大家就练得好了，但是这个问题要求比较高，不是大家短期都能做到的，包括院级领导也还是做不到。但是不管怎么样，我们向这个方向努力，这是必然。我想我们都是国家的干部，都是共和国把我们培养出来的，有的是从贫苦的家庭里走出来念了大学，念了研究生，有的拿了硕士，拿了博士，有的从国外回来，培养出了我们共和国、我们矿冶研究院的一批精英。那么我们首要的问题，不管你是作为一个干部，还是作为一个本职的科技工作者，最本质的就是应该对得起我们的党，对得起我们共和国。基于这样的话，应该对我们的国情加深认识，我之所以谈这个问题并不是我说大话，因为我们矿冶总院经常强调的就是我们承担四个责任：政治责任、社会责任、经济责任和技术责任。这四个责任不单是对我们矿冶院，而且是对我们国家负责任，对我们民族负责任，对企业负责任。因为我们搞四个现代化，搞改革开放，不管科技体制改革也好，经济体制改革也好，需要一批国家队，需要一批共和国的脊梁。国有大中型企业，那是共和国的脊梁。像我们这样的作为国家队的院所，或者将来作为国家级的重点研究院，是科技界的主力军，也是我们共和国的脊梁。如果我们的脊梁硬不起来，我们就承担不起来国家赋予我们的责任。所以，我们作为一个大型的国家级的重点研究院的干部们，务必把我们的立足点放在国家和我们有色金属工业的一个大视野上、大高度上，而不全是站在我们小的专题组、研究室、研究所和我们院的局部上看问题。

为什么这么说？举一个简单的例子，我觉得就清楚了。一份研究报告如果是单纯为了我们院的话，那么可以说目的达到了，因为订5万元的合同、10万元的合同，只要他付了钱，应该说我们院把钱赚到了，任务交差就完了。可是你要是对国家负责，对企业负责的话，你这份研究报告交了以后，它对企业、对国家到底能够起到什么样的作用？到底是有用还是一个废品？这个问题恐怕就不是一个简单的几万块钱能衡量的。所以这里就谈到对我们的干部、对我们的科技人员有一个责任感的问题，那就是说，他如果对国家、对企业负责任，他手里出来的产品就不单单是指我们院在合同书上应收的几万块钱，而应该感到这份研究报告、这份设计到底对社会、对我们企业起多大的作用。所以，这个问题是我们每个人应该经常考虑的，我们不能说只完成我们院内的事就行了，我们的东西到社会上到底有多大的效益，是加砖加瓦，还是对人家有负面效应，这些问题应该充分地考虑到。特别是目前有色金属工业处境不好，就需要我们以矿冶科学和工程设计为主体的一支主力军，发挥更大的作用，为我们国家，为我们的矿冶事业的技术进步添砖添瓦。特别是很多年轻的同志，应该增加对国情、院情的认识。我们认识国情的目的就是立足于国家的大平台视野、大的整体，而且应该充分认识到：不管是院里，还是我们国家，还是我们个人的发展，我院承担的责任之大。我们的前途不可能是一帆风顺的，有可能是曲折的，要做好这方面的思想准备。

我们国家过去说一穷二白，咱们老人家也说过，一穷二白，可以写最好的文字，画最美的图画。这是革命家的胆略和胸怀。但是从另一个角度看，一穷二白终究不是一件好事。跟一些条件比较好的国家相比，我们国家存在着自身的一些弱点，比如说我们国家资源不好，而我们恰恰就是跟资源综合利用打交道的一个专业性的研究院。我们的矿产资源不好，铅锌储量不算少，但是难采难选，我国铁矿石平均品位只有30%，属于贫铁矿。本来我们是一个钨矿大国，但是由于我们行业管控不好，我们的优势变为劣势。资源不好是客观的，那就需要我们科技工作者根据我们的国情来制定我们努力的方向。再说，我国现在人口非常多，已经12亿了，而且主体成分是农业和农民，目前我们的城市和农村的结构还不是很好，涉及中国东西部的差距现在不是缩小了，而是加大了！尽管中央采取了一系列措施，但是它毕竟有一个过程，而且我们西部边疆的少数民族地区和老少边穷地区，由于特殊的历史原因和社会环境带来一些更大的难度。例如，西藏、新疆最根本的一条是稳定问题，以稳定为前提，因此改革的步子就不能迈得太大，贫富的差异就不能太悬殊，力度就得有控，否则会造成社会不安定，就会出问题。对于这些地区，稳定是最大的前提。

有的同志知道，华东师范大学著名的地理学家胡焕庸教授，早在1935年就提出一条著名的爱辉-腾冲线。这条直线的右侧，也就是东南部，面积占全国36%，而人口占96%，直线的左侧，就是西北部，面积占64%，而人口仅占4%。几十年过去了，人口比例的格局没有明显的改变，西部人口比例只增加了1.5个百分点左右，这就是国情。我们国家提倡知识青年支援边疆，记得当时我在新疆工作时，从安徽去了一大批，山东、上海等省市去新疆大批青年，对新疆的发展起了重要的作用。但是现在不是那个情况了，现在大学生分不去了，孔雀东南飞。我们又不可能像美国拉斯维加斯那样在那儿建个赌城，使那些地区兴旺起来，我们的国情也不容许。怎么办？中央采取了一系列加强西部开发的方针，包括基础设施的建设，像南疆铁路，从库尔勒到喀什，还有新修的一条京九铁路，就是为改变老区的经济结构，提供一些支撑的条件。国家已经想方设法在改变西部和欠发达地区的面貌。国有大中型企业的改革步伐在加快，现在还存在一些难点。还有农业、农村和农民问题，下一步改革怎么走，也还需要深入探索。这些问题有一些是理论问题，理论界还在探讨，有一些是实际问题和社会问题。围绕着这些问题，我们矿冶研究总院不是孤立地生活在北京，因为我们的人员来自全国各地，而我们的服务又遍及全国各地。作为我们院的干部，如果把我们的国情，把我们的社会情况估计得太乐观，一想到中国就是北京、上海、深圳，就是夜总会、五星大酒店、卡拉OK歌厅，若不然花几千块钱、1万块钱吃一桌酒席，如果说我们的干部们，我们的立足点，所谓现代化，所谓改革就是在这些方面，恐怕我们的观念就有一些问题。所以我今天在这方面多讲几句，就是让大家一定注意，目前我们的国情，目前我们国有体制的国有经济改革，还有一些困难，这些困难不是说单靠中央就能解决的，而要靠我们所有的干部、所有的共产党员都为国分忧、为党分忧，把我们自己的本职工作搞好。

我们矿冶研究总院如今已走过40年。我们院从过去发展到现在很不容易。我们应该从内心感谢我们的老领导，感谢我们的老同志给我们打下很好的基础。

有一次，陈建老院长对我说，没有给我们后人留下多少好东西。实际上也不是这样，在当时历史条件下，我们的老领导能做到这一步已经很不简单，因为过去那个时代是钢铁元帅升帐，是以粮为纲，以钢为纲。关于“大跃进”和大炼钢铁，我们不加评论，让历史学家和政治家去评论。但是我们矿冶研究院在冶金部不可能摆在重要的位置。钢铁元帅升帐，首先是钢铁研究院、钢铁设计院。要准备打仗主要是军工材料，主要还是钢铁研究院和有色金属研究院。我们院是搞矿冶、搞前端原材料的，你不可能在那个时代得到很大的支持，不可能！你怎么能够强求我们的老领导为我们院打下的基础，比钢铁研究院、有色金属研究院还好？不可能！但是有一条，我们历届老领导带出了一支好队伍，培养了一支好的干部队伍、一支好的职工队伍、一支好的党员队伍，这就是最大、最好的财产！为我们的矿冶研究总院形成了矿冶风格、矿冶精神，这就是最大的贡献。1964年，我们陈建院长接纳了草桥的实验场，如今是矿冶的二部，没有二部怎么能想起来还建矿冶三部？所以，我们矿冶研究院能够发展到今天，不能忘记我们的老领导和我们老一辈的技术专家，包括一些老工人同志们的贡献。但是我们应该清醒地看到，矿冶研究总院的今天并不是我们最终的目标。

我们矿冶研究院科研、工程设计和科技产业三位一体的发展模式，在所有研究院所里公开这样提，而且形成一定的规模，受到国家科委肯定的，目前大概也就是咱们院一家，其他研究院可能还没有这么明确提出来。但是我们想一想，从科研到设计到我们的产业，我们现在是不是完美的？我们现在并不完美，而且差距相当大。咱们想一想，我们以矿冶科学与工程为主，咱们现在科研差在哪儿呢？我们现在高新技术这方面差得比较大，或者是基本上没入圈，在这个领域，咱们的发言权不是很多。想一想我们在国家自然科学基金承担多少项目？我们在“863”高技术里到底承担了什么项目？我们矿冶总院，有色金属工业需要我们，国家需要我们，但是需要的程度如何？是不是离不开我们？如果从需要或者绝大多数需要到国家离不开我们，我们院的科研就有质的变化。

别的院能在国家拿到钱，这表明人家有本事，人家的技术是国家离不开的，是国家需要的。当然，像这样的技术，不是说所有的研究院都能做到。我们能不能在我们的科研领域将来往新一点、高一点的技术走，除了为大有色服务，以我们的矿冶技术为我们的主力军服务之外，能不能搞一些我们国家需要我们的，或者国家想做，国家离不开我们的技术，而不是我们主动找国家。现在咱们为了搞点项目，到处东奔西跑，国家计委、国家科委、国家经贸委，向人家反复说明我们项目的重要性，人家还得听进去，打动了人家，觉得你是应该搞。但是，有的院所是国家科委、国家计委主动去找，因为国家需要，离了它不行，当然这个问题可不是一朝一夕就能做到的，但是今年不行，明年继续，本世纪不行，下个世纪继续，这一代人不行，下一代人、再下两代人，总能做到。矿冶技术是我们看家的本领，但是我们不能只躺在矿冶技术上，因为国家产业结构总是在调整的。将来我们如果把主业丢掉了，我们的特色就没有了，但是反过来不能单纯地搞矿冶，不开发新技术。这有个过程，如果走不出去，如果总迈不出这一步，我们总也不能前进。今天和昨天，很多青年干部都谈到要有预见性，预见性不是说院领导不想，想了好多年了，就苦于我们这方面几乎是空白，或者是我们传统的观念束缚太深，或者是我们人员的素质达不到这个高度。人员素质达不到，咱们可以想办法聘一些优秀的人才，包括我们采取一些特殊的政策。总之，科研领域我们专业结构不合理，我们缺乏高新技术，缺乏国家主动找我们，或者是国家离不开我们的东西。

关于我们的设计，我们应该充分地认识到，我院的设计是在夹缝中发展的。现在很多设计院任务并不饱满，但是我们的设计院好像活干不完，这实际上是人手不够，而不是项目多。这就有一个机制问题，有敢不敢上的问题。客观地讲，我们设计院现在还存在一些不足或者弱点，最重要的就是我们现在还没有达到甲级，基于这个前提，我们人员的结构不合理，我们专业配套还不够完善，我们承接大的工程项目总师还不够，或者业务技术还不够高，设计业绩少，积累的资料也不够。大的甲级设计院有一大本样板工程，我们的显示度不够，哪一家的大项目敢找你？ 但是不管怎么样，咱们的设计将来发展到跟科研和产业同等重要，设计这一条腿目前还不够粗壮。

看一看我们的产业。外界不了解情况的认为我们院的产业不得了了，光一个磁性材料今年产值达到1.6亿元，这就相当于一个中型企业，湖南柿竹园矿五六千职工，今年的产值不过1个亿左右了，前两三年才五六千万元。

这只是我们磁性材料研究所一个所的产值，我们的选矿设备能达到2000万元，金属材料能达到2000多万元。但是我们应该看到，我们的产业还存在很多弊端。一是我们结构不合理，包括两个方面：第一，磁性材料是一枝独秀；第二，我们的机械设备和结构材料还上不去。磁性材料要想大发展，单靠现在这几个产品还不行，要想加强市场竞争，质量要好，产品结构要完善，还得开发一些下游产品。我们危机感必须要有。二是加强我们在行业内的竞争力，包括技术竞争、人才竞争、市场份额的竞争。

我们今年一个很重要的工作是“50工程”。“50工程”就是在21世纪国家重点建设50座重点研究院。但是国家科委的“50工程”跟国家教委不一样，国家教委是宣传得很厉害，弄得社会各界都非常关注。有的省长因为他所支持的学校没上去，最后掉泪的也有，有的校长因学校没有进“211”工程，辞职的也有。为了上“211”工程；大学合并的风也不小，比如四川大学和成都科技大学合并，弄了一个四川联合大学，遭到社会的一致谴责。国家科委采取了另外一个策略，是低调、不宣传，它成熟一个认可一个。但是有一点遗憾是，我们有色总公司目前整体的科技体制改革还没有形成一个完整的思路，跟国家科委还没完全对接上。这样从行业试点来说，目前还没有真正开展，这就限制了我们本年度进入试点的可能性。因为有色总公司要成立有色金属科学院，虽然这个方向是对的，但是具体实施的过程中有一些难点，因此国家科委提出了一些问题。有色总公司21个院所虽然经过分流，但是要资助的重点的一些院所还太多，国家科委对此也有看法。基于这两个看法，给你有色总公司这个行业留出来试点的余地，所以我们争取创造条件，咱们院庆也是一个机遇，也是创造条件的一个部分。

关于职工宿舍问题。买房不是说买不起，10套8套的买得起，但要解决1万平方米就很难。一方面，院里千方百计想方设法解决宿舍问题；另一方面，咱们干部也得做群众工作，包括做我们干部自己的工作。这里面总有些不平衡，可能老同志住房地点好一点，但是房屋结构不好。现在这房子可能地点不好，差一点，但是房子结构很好，将来你看一看，咱们新建这栋宿舍，那房子结构很好，咱们设计院这几位年轻的设计师，费了好大劲，把房子户型搞得挺不错的。

这是第二个问题，跟大家讲一讲要加强对我们国情、院情的了解，要继续努力奋斗。我讲这个，目的就是使我们能够处理好个人利益和集体利益与国家利益的关系，使我们的爱国、爱岗、爱院有一致性。

第三个问题，我们作为干部，不管是老干部，还是相对年轻的干部，一定要加强自身的修养，提高我们干部自身的素质，还要培养我们成为科技帅才。

我们矿冶研究院是科研单位，科技为本，大部分干部要成为科技帅才。江泽民同志《努力建设高素质的干部队伍》这篇文章里讲得非常深刻、非常好，我们要认真学习。关键在于学了以后能不能经常做到。毛主席说过：一个人做一件好事并不难，难的是一辈子做好事不做坏事。我们有时这一时刻想起来了，工作很有成绩，你介绍经验可以，这个事我做得好。可是你不能贯穿你工作的整体，或者贯穿你整个人生！我们的问题出在哪儿呢？这些道理大家都懂，而在于具体做起来，有的时候不自觉，不能形成习惯，所以说我们必须提高我们自身的修养，提高我们干部自身的素质。

所谓提高素质就是提高全面素质，形成好的习惯，这是非常重要的事。为什么对于同一件事，不同素质的人会做出截然不同的选择？这涉及个人平常的觉悟，平常的素质，一瞬间就能反映出来做出抉择。有的人两秒钟做的决策、两分钟考虑做的决策和思考两个小时得出的结果是一样的，再考虑两个月结果可能还是一样。什么原因？就是跟我们干部自身的素质、自身的修养有关系，他形成了好的习惯，因此，好的习惯、好的素质是非常重要的。你说这问题在哪儿？为什么同一件事，有的人判断就对，说这个人判断能力强，它的强不全是父母给的，而与他经过长期积累有关，他个人能力与他的智商有关，但与他个人的勤奋努力也有一定的关系。所以，我们必须提高我们的素质，这是最重要的一个问题。

当干部，最根本的一条，要解决为什么人服务的问题、为什么当干部的问题，这是最根本的问题。有的同志也说得很具体，也包括几个人谈了当干部怎样对待得和失的问题，我觉得这个问题很重要。我们现在是立足于矿冶研究院，如果嫌我们矿冶院的干部级别低，你就趁早别干，会有人接。如果在矿冶院嫌钱少，想赚大钱，你趁早别干，你赶紧下来，会有人接着干。我觉得有人不怕官小，不嫌官小，有人不嫌钱少。我们院的中层干部是处级。有色总公司中层干部是司局级，到了县里中层是科级。大家想一想县委书记的榜样焦裕禄，60年代及以后那是震动了很多人的心，震撼人心，但他的级别跟大家一样仅仅是处级。

现在有多少奋战在第一线的处级企业，他的企业也有好几千人，是吧？我们很多矿里的矿长领导好几千人，他的级别跟咱们在座的处长是同样级别，有好几十万人的县长、县委书记，他付出多少劳动，他的级别跟咱们同志们级别一样，处级。咱们各位如果到部队里，肩章上恐怕就是2～3个星到头了吧？上校。

很多在基层工作的人讲投入讲奉献，而不考虑自己。在咱们这个群体里，院领导班子成员目前为止就8个人。咱们七八十位处长能进到院领导班子的有多少这样的机遇？有的同志可能这辈子在处级岗位上干到退休。有的同志发言时讲他不后悔，是什么原因？他当官不是为了级别，是为了干些实事。我们当干部势必在一定时期、一定范围之内，可能要失掉一些自己个人的利益，要吃点亏，我想这个问题是我们党的干部制度本身决定的，因为我们早就说过，我们作为共产党人做干部是吃苦在前，享受在后。

所谓享受在后，不是说不让你享受，有的时候可能你享受的时机要比别人慢一点，要慢半拍或慢一拍。我们现在跟以前不一样，现在我们的干部和共产党员应该得到合法的权益，我们要保护。但是作为组织上来说，应该考虑作为干部，首先想到的是应该为官一场要为民办事，而不在于自己要得到什么，有人觉得当了干部好像感到自豪，不应该这样。咱们不少老同志已五六十岁了，处长对他来说没有什么，说穿了有什么震动也无所谓了，干了一辈子，奉献了一辈子。

咱们年轻的同志们特别要注意这件事，因为你干几年以后可能感觉与你当干部的初衷不大一致了，说我干了10年了、干了20年了，怎么还是处长？有的在基层当县长当了一辈子。1983年，我到岫岩铅锌矿出差，一位老矿长退休了，在汽车里我们两人同行。聊天时老矿长对我说："东北有色局把我从沈阳派到这矿里干了几十年，直到退休谁也没想起我来，没再动地方。"老矿长从没向组织上提出调离这贫困的矿区。但上级一直没想起他也不妥。我想我们自身的素质的提高，最根本的一条，大家要摆正个人和集体的关系、个人和院和国家的关系，摆正我们个人的得和失。有的时候在名和利的问题上，大家作为干部不要着急，你宁可慢一拍或半拍会比较主动。我们的干部不管在科研上还是在管理工作上，如果把名和利看得太重，那么最后要失去你周围的群众，还有可能失去和你并肩战斗的那些好朋友，有很多这样的教训。话又说回来，作为有色总公司也好，我们院也好，从组织上来说，对咱们的干部还是爱护和关心的，干部应该得到的东西，尽可能让我们干部得到，让我们党员得到。

平心而论，大家想一想吧，我们有很多处长、主任、所长，咱们评教授级的高工，评享受政府特殊津贴的专家，包括分房，等等，我们这些干部占的比例还是很大的。我们这些同志是因为你在工作岗位上，在管理方面做出了贡献，虽然你个人在业务上受了些影响，但是你换得的是整个群体起来了，你的贡献就大，组织上或评委对你还是要考虑。所以咱们客观地想一想，真正认真干事的人在矿冶研究院，我觉得组织上不会忘记，虽然暂时可能顾不上，但是从长远来说还是尽力想着你，只不过是分期分批而已。这个问题两个方面都得考虑：作为个人来说，应该摆正位置；作为组织上来说，应该关心和爱护干部。我们这两天组织年轻干部的学习班，也就是加强对干部培养和使用的一个具体的措施。我觉得机遇还是不错的，想一想我们坐在后排的这些老同志，有的当了处长、当了主任多少年了，没有这么一次机会，大家坐下来交流，谈一谈如何当这个干部，怎么样干，怎样处理各方面关系，过去没这机会。如今，我们还有了这个机会。

年轻的同志们在这个基础上应该想办法发展。这里我联想到一篇文章，前不久8月份，大家知道著名计算机专家王选院士，他写了一篇文章，这篇文章我已经介绍几个同志来看，《光明日报》刊登他的文章就是这个意思，就是如何使现代科技企业和科研单位能培养出来一批科技帅才。王选从东北大学阿尔派的崛起想到的，东北大学软件中心为依托单位的东大阿尔派股票上市以后，几天之内股票增值一倍。我认真地读了他这篇文章，我觉得是一篇很难得的佳作。他谈了几个观点，我认为足以让我们科技人员和我们基层领导干部，特别是有技术背景的领导干部认真思考。他以东北大学阿尔派的总经理刘积仁博士的成功，谈到古人说立大志者要修身，他见到很多年轻人在学术上出类拔萃，但是综合素质不足，而且特别不会处理人际关系，所以有很多人由于这方面，而不是因为智力上的因素没有成功。作为一个好的科技人员，至少这三个方面要具备：要认真，要学习，要提高自己的学术水平。

今天我们在干部会上，好几个人都谈到了加强学习；要增长自己的管理才能，要有很好的市场意识；要修身，要宽宏大量，要有肚量，要宽容，这都是一个科技帅才至少应该具备的素质。

当然，具备这些素质也不容易。我就想我们很多同志学习扩充什么？老同志们因各方面的原因不能求全责备。但是各位年轻的朋友们一定要注意加强学习，因为矿冶院将来的希望要靠咱们这些老同志和年轻同志共同努力，从长远来看，必须要靠我们年轻同志接班。

我们是技术背景很强的一个专业研究院，如果我们不努力学习科学技术，在这方面你就失去了当领导的一些基本条件，当然，不是所有的岗位技术背景都很强。想一想咱们很多研究室、研究所和设计院的领导，你们天天谈的业务不就是技术含量很高的或者技术背景很强的事吗？没有说让你天天卖萝卜、大蒜和白菜，没有这种情况，主要还是以技术为背景。即便是你推销那些食用材料产品，它也有很强的技术背景。现在我们很多同志不大注意提高自己的专业技术水平，这是非常可怕的。不少年轻同志都谈到这一点，应该加强。大家一定要学习专业技术，特别是在你自己从事的专业技术范围之内，一定要搞得精，还要会经营。我想这有两个方面：其一，上午会上我插话的时候说过，我们这些人不是职业的领导者，我们的终身职业是科技人员，你首先是一个科技工作者，你当干部首先做一个在研究院里的干部，我讲的是有技术背景的岗位，你首先要做一个合格的科技工作者，在这个基础上，你到了管理岗位上才学习和增长自己的管理才干，才当一个科技的帅才。如果我们做一个研究室主任，做一个所长，做一个设计院的院长，在你自己从事的专业方面，你自己分量如何，怎么能使别人佩服你，你怎么能够知道这样的项目该不该接？应该哪些人干，干到什么程度才能够使你认为满意？你怎么能知道这项技术到社会以后，它的反响如何，它的后果如何？

这就需要你对这项技术有充分的判断。同样两个人去现场，有的人说半天不入门，有的人到那以后几句话就把问题点明了，人家说这人明白，当然找明白的人接项目。我联想到我们曾经有一个人搞过铝土矿选矿，企业要搞高岭土选矿，人家来找我们院里的同志，我们这位同志夸夸其谈讲了半天，他以为他选矿懂的不少。你懂的多，但是高岭土选矿你没干过，你就说不到点子上。后来咱们赶紧做了一些解释补充，最后得到了弥补。为什么有的人到现场去订合同，人家就能订上，到现场上下看了以后再一听，人家马上就说这问题在什么地方，我能干，我保证干好，干不好我负责任。现场当然要给你干。换一人去了以后根本就说不清道不明的，或者给人家送点小礼品，企业领导人缺你这点东西吗？人家更重要的是信赖你的技术。你作为一个研究院的领导者，本身说不清道不明，人家怎么能增加对矿冶院或者对你研究所的信任感？

所以我想这是其一。作为领导者，我们应该在自己的技术岗位上能说得清，能看得清，有自己的主观判断能力，这才能达到作为科技帅才的一个基本要求。

其二，我刚才说过我们这些人不是职业的领导者，工作需要你当干部你就当，如果认为你不合适了，那么又恢复到你的本来身份，做一个普通的科技人员，包括我们在内。到那步，你不能说我10年过去了，我30岁当干部，40岁下来以后我不会干了。你不会干是因为你当干部期间没有深入到科研前沿；你没有保持你的基本功，你当然不会干。同志们，你说现在干部年轻化，咱们24岁当干部，一直当到60岁，当了30年或20年，这种情况下还很不错，但是也有可能干些年后你不再当干部或换一个领导岗位。换岗位以后，你说你从事的专业技术不会干，这不合适。所以必须要学习，我们专业技术要深，知识面要广。反正我不知道别人，我虽然在自己的领导岗位上，但是我还千方百计抽时间学习专业技术知识，包括我自己不懂的，包括我过去学过的，我现在还要学习，大部分的学习是利用业余时间，工作时很难挤出时间学习专业知识。

我们有些同志还是比较注意，不要错过自己大好的年华，要学习一些跟自己专业相关的其他学科的知识。有的同志出差，跟自己有关的东西说得非常清楚，跟自己关系不大的也是咱们院的事，他也能说明白，这样的同志很不简单。在咱们矿冶研究院这样一个综合的研究机构里，你应该了解我们相关学科，甚至一些跨界学科的基本概念还是应该知道的。搞选矿的不了解冶金，搞采矿的不了解地质，你与相关专业怎么衔接？别人问到你的时候，你说我只知道这一条，下边的不懂，恐怕也不行。何况我们的干部在工作岗位上，是需要多学科知识的，比如说你今天当室主任，明天你到科研处当处长，你就不是单搞采矿、选矿和冶金，你需要综合的知识。况且我们现在很多专业是交叉学科，相邻学科容易出现新东西，所以希望我们的同志们除了本专业之外，我们相邻学科的东西也得学一学。

其三，就是外语和计算机的基本功，我们应该加强这方面的学习。老同志恐怕要想达到这个要求不大容易。第一是条件不具备，那时候没学过计算机，现在学起来也费点劲，眼睛也花了，看不清楚，手也不好使，反正不那么灵了，老同志让年轻人干也可以。

老同志在大学里大都学俄语，80年代开始补学英文，大多数老同志英文不可能学得很精，对外交往离不开翻译。年轻的同志中学、大学、硕士、博士阶段都学英文，也赶上好时代，声像资料很丰富，英文应当学得好。联想到我高中学三年俄语，大学又学三年，不要说没有声像资料，那个年代中苏关系破裂，就连一个苏联人都没看见过，以致我怀疑我们学的是不是真正的俄语。大学毕业后在新疆可可托海选矿厂半夜12:00下班后回到家，小心打开收音机，一不留神收到莫斯科电台，吓得赶紧关上，因为那时叫收听敌台，要当反革命的。但是倒也听明白了，我们学的俄语与莫斯科电台讲的一样，是真正的俄语。当代的年轻人外语学习环境这样好，学习时间又长，来我们矿冶院工作的又大都是高才生，英语太差说不过去。

我想作为年轻的干部，不管是行政管理干部还是技术人员，外语和计算机这些基本功应当坚实，对年轻同志们应该有个要求，这也是我们矿冶院干部的形象。我们矿冶院老同志尽力了，不做特殊要求，能学就学点，因为老同志时间宝贵，精力有限，怎样把自己最宝贵的年华用在最需要的工作上很重要。我看到咱们有的老同志要退休的时候，还参加英语培训班，我就不大理解，你积极性好，但是学完就退休有什么用？这可能是个人的兴趣吧！要妥善地安排自己的学习和工作，另外就是要学会管理，要有市场意识。

其四，要讲究修养。我们有些同志不注意这个群体关系。咱们有很多好的例子。一个人如果注意群体关系，注意合作，在自己的名和利的问题上，不过分或者不过高地考虑，但你的下属和你的组织上级可能会帮你考虑，这样就能够形成一种团队精神、一种群体精神。团体合作的效果比你个人奋斗可能要更好，据王选院士讲，现在美国的现代心理学家，他们在重新审视所谓智商的问题，他们认为一个人在学术上、在业务上有成就，他的智力因素充其量只占两成，其他的是一些包括自己的胸怀、毅力、承受能力等，这些占80%。所以美国心理学家说这些不妨叫作情绪商而不叫作智商。想想咱们院也有，咱们院你看有的人非常聪明，但是最后你看他实打实的成果或者贡献并不是很多；可有的人看来貌不惊人才不惊人，但是踏踏实实地干，多少年过去了，他红本一大堆，他的成果在企业里开了一大片花，硕果不少。什么原因？除了智力因素之外，其他的非智力因素，包括宽容、合作、毅力等这些因素是非常重要的。

王选教授谈到了两个人：一个是美国原子弹工程的重要贡献者奥本海默，还有一个是我们的两弹元勋邓稼先。这两个人是杨振宁的同事或者同学。奥本海默是杨振宁在美国普林斯顿研究中心合作7年的同事，邓稼先是杨振宁先生的同学，他对这两个人非常了解。谈起奥本海默，给人的印象就是这个人出类拔萃。他的导师波恩在评价他的时候曾经这样说，奥本海默经常在别人做学术报告的时候，也包括他的导师波恩在做学术报告时，他居然拿着粉笔打断别人的讲话：以下的论证可以用更简单的办法来解决。谈到邓稼先，杨振宁说他给人的印象就是非常含蓄，非常不引人注目这么一个人，非常宽容，善于合作，非常好，平易近人，所以在他周围就形成了一个群体。最近了解情况的人就说过，中国原子弹理论上最大贡献者是周光召，氢弹最大贡献者是于敏，而不完全是邓稼先。但是邓稼先能够以自己的宽宏合作，使像周光召、于敏这样的科学家能够团结在自己身旁，最后形成综合实力，使中国爆炸了原子弹和氢弹。所以王选教授得出这么一条感想：如果奥本海默在中国，他肯定造不出原子弹，他在美国打出来了；如果邓稼先在美国，他也造不出原子弹。中国和美国不一样。美国强调以个人为中心，中国强调我们的群体。我想作为咱们年轻的干部们，必须考虑我们的国情，你生长在中国，你服务在中国，必须以科技帅才为先导，一个群体、一个团队才能把我们的事业搞好。因为你是在中国，而不是在美国。

第四个问题，我们在工作中应该注意的几个具体方法问题。

第一，我们当干部，不管我们老干部还是年轻的干部，要处理好我们的干群关系，要注意在我们职工队伍的建设上下功夫。

矿冶研究院40年的成绩，40年的发展，其中一个非常重要的因素就是我们这支队伍形成一个矿冶精神，我们形成一个好的干部队伍、职工队伍、党员队伍。如果没有这么一支有战斗力的队伍，我们矿冶研究院不可能形成像今天这样的局面，这是客观事实。将来我们的发展，不管从院里还是研究室、研究所、设计院以及各个处，必须形成一个很好的战斗力非常强的队伍才能行。过去民兵训练是“召之即来、来之能战、战之必胜”。这些在民兵训练里都是大家的口头禅了，在当代管理上不一定合适，但是我想它的基本内涵还是可以借鉴的。设想我们一个重要的攻关项目，我们喊人的时候根本没有人上来，上来以后干得也是稀里哗啦，真正要到工业上见效的时候谁也不去，这样的队伍能打硬仗吗？这样的司令官那叫合格的司令官吗？所以我们必须在技术干部队伍上下决心建设好。

涉及干部队伍建设，首先应该稳住我们的队伍。现在社会非常流行那么三条：第一是待遇留人；第二是感情留人；第三是事业留人。咱们矿冶研究院，我们人均货币收入1991年是5500元，1992年是6500元，1993年是7200元，1994年是13100元，1995年是2万元。我们拼死拼活预计到2001年搞好了能到4万元就不错了。就算我们年收入4万元，一个月也不到4000元，是不是？这算什么呢？如果要是单靠钱的话，恐怕在矿冶院干没什么意思。我们不是有先例吗？过去我们要了两年，要来一个博士，到矿冶院一看，工薪不行，养不活自己老婆，养不活自己孩子，当然他是高标准的，一般要吃萝卜白菜猪肉还是能养得活的。后来人家走了，到一个外国公司当驻京代表，那里的薪酬比矿冶院高得多。

可你不当干部，在矿冶院当工程技术员、当教授、当高级工程师，也拿不到像外国人那么高的薪酬。但是有一条，你记住我们是给共和国干，我们起到共和国脊梁的作用，是为我们共和国效力，我觉得我们心里感到欣慰，我们国家总要需要这么一批人，我们院总得需要这样的人，你不干别人也干。所以作为咱们党员，作为咱们的干部，应该首先考虑国家的需要，而不完全考虑个人钱的多少。反过来，我们矿冶研究院也是尽力想方设法提高我们的福利待遇，提高我们的货币收入，咱们才能在五年之内一年比一年提高，我们院有对群众和对上边负责的双重性。

如果我们单纯提高职工的货币收入，而忽略了我们矿冶院的职能，那也不可能。虽然国家对研究机构并没有像企业要求那样，必须对国有资产增值保值，但是我们院还是按照企业管理的需要来加大了这方面的管理力度。所以说，咱们现在“八五”期间为国有资产增值差不多达到1个亿。上次吴建常总经理来院，院领导向他汇报时说，矿冶院为国有资产增值保值，都是你有色总公司的资产。

我们要对国家负责，对我们职工也要负责。你单纯为国家搞积累，你让职工没处住，钱又分不下来，大家没钱，恐怕职工的积极性也保持不了多久。所以我们对上对下一致，而且我们首先要稳住我们的队伍。要想稳住队伍，第一是待遇留人，但这不完全是唯一的。第二是我们的事业留人，大家感到在这个群体里面有事干，他也不走。为什么咱们矿化室还有咱们设备所那里出国的同志们少，不是说出国不好，出国也不错，根据工作需要你出去学习也应该。有的人觉得在国内干很充实，他舍不得离开他的岗位，舍不得他的事业，所以他觉得在这干得更充实，这就是事业留人。第三就是感情留人了。我们不管院也好，室也好，所也好，我们做了很多联谊活动，包括很多处长们、年轻的干部们在两天的会上谈论的事也给我们很多启发，为了感情投入，做了很多很细的工作，像矿化室一直到现在还有传统的活动，为家不在北京的年轻同志搞集体婚礼，他们搞得很周到。像这样的都是很典型的例子，其他部门谈得也很清楚。

谈到干群关系，现在改革到今天，我们干群关系方面有一些危机感，不仅仅矿冶研究院是这样。我觉得这也可以理解，一是群众获得不公平，二是确实我们有些干部可能自己不检点。在其他企事业单位，包括地方的干群关系也比较紧张。改革开放到了市场商品经济的今天，并不是说干群关系一定恶化，不是这个样子，主要还在于我们没有摆正自己的位置，没有摆正你的权力是谁给的，给你的权力是干吗的。如果说你的权力是国家给的，董事长给你的权力是为民服务，自己别捞别贪，你有多大的干劲，你有多大能力，群众可以理解，只要你尽力了，群众拥护你。但是你要明白，你不顾群众死活玩你自己的黑东西，当然群众不满意。所以我说咱们搞好干群关系，首先自己要廉洁奉公，另外要为民办事、办实事，脚踏实地公道办事，少说空话，我觉得这是最基本的。

第二，谈一下我们上下级的关系。

上下级的关系也包括我们院里有些公司。

我们党一贯的做法是个人服从组织，下级服从上级，全党服从中央，这是我们的规矩，到现在还是有效的。但是我们并不是说个人服从组织，下级服从上级，完全不加任何思考的，也不完全这样，我们有一些意见还要进行正常的申诉，要讲清要报告，求得上级的理解。如果我们说清了以后，上级主管部门认为你还要做，那你就应该做，因为你考虑的毕竟是一个局部，人家考虑的是一个整体。我这话不一定完全准确，但我看还是可以举个例子来说。比如说一场战役，有主攻的，有副攻的，有做掩护的，你要求你们连一定没有伤亡，你向领导说你一定没有伤亡，这可能不行。在战术布局上，在战役部署上可能就又要求你这个连要有牺牲，可能最后阵亡，而换得整个战役的胜利。因为有的时候要牺牲你个人利益，牺牲你局部利益，换得整体利益。这方面是一个战略家做一个战役的指挥者，他从宏观来看整体上布局。所以我们凡是跟有色总公司发生矛盾的时候，我们尽力汇报申诉，最后总公司决定了我们还是要办。

我想作为矿冶院下属的二级机构和领导，也应该本着这样一个原则，当下属的利益和院里全局利益发生矛盾的时候，你们应该正常地申诉，应该报告，应该求得院领导和主管部门的理解，看看是不是可以补救。如果最后认为还必须这样干，并不是领导为难你，也不是说领导跟你们所过不去，而确实是根据我们全院工作的需要，使你们应该做点必要的牺牲，换得院里的整体利益，我想下级跟上级的关系，也就简单说这么几句，因为大家从道理上都清楚。

第三，谈一下关于正职和副职的关系。

我们很多正职是从副职提上来的，其实也有不是这样的情况。有的同志由于客观原因的限制，他到了退休时还是副职。我想咱们不管年龄大的干部还是年轻的干部，你首先反省一条，对岗位负责是工作的需要，但有的人不是这样，有的人说我除非不当干部，我当干部就得上正职，你就得听我的，让我给别人做助手，我听别人的，我不干。当然这个人个性很强，他要这样的话，不干也可以。要把你放在副手的岗位上，你就干副手的事。我们院里从1985年开始执行行政院长负责制，从那以后各级都是行政正职负责制，副职对正职负责。这是从1985年开始一直到现在10多年了，总体来说运行还是不错的。但是我们发现有的同志，特别是有一些基层的同志，包括有些年轻同志不大懂得，不是说他本意干不好或者不好好干，而是在于不大懂得应该如何处理正职和副职的关系。既然我们行政上是正职负责制，那么正职就是起领导作用的，副职就对正职负责，副职协助正职来做好各方面工作，不管你是正职还是副职，都是组织上工作的需要。但是我可以坦率地说，有人在正职岗位上重要，但是个人能力和素质并不一定比副职全好。

就大多数情况来说还是因为正职工作时间长了，经验多，能力可能强一些，副职有一个过渡，特别是年轻人要过渡，但是不完全是这样。由于各方面原因，有可能副职的能力，他的开拓能力可能比正职还要强一点。你强一点，你风格高，你就帮正职干，多帮一点，我觉得应该这样理解。那么这有一个具体问题，我们在工作中，我想作为正职的干部，你应该统观全局，应该对室里、所里的整体发展有一个明确的思路，因为你要没有明确的思路，或者你不提出来问题，副职的干部就不好办，哪怕你想不出来也没关系，你布置下来，别人来做，再提出你整个研究室、研究机构的发展规划，这应该是必要的。但是恰恰有些研究室多年来对本单位的发展没有整体的思路，没有整体的规划，这是非常可怕的。你不相信别人，就怕连你自己都不相信，连提都不提，这样弄得副职就无所适从。

如果正职和副职意见发生不一致的情况下，我觉得应该这样来处理：

一是一般的情况下，如果没有原则的问题，正职和副职的意见不大一致，就应按正职的意见办，这是一个基本原则。也有这种情况，就是这两个方案不一定都是正职提出来的，或者副职的坚持比较强烈，不是个人成见，而确实从工作考虑，这个时候作为正职的干部，你就应该冷静下来考虑，要敢于否定自己，看看副职提的意见对不对，再审视一下自己的思路。有些事儿就不着急决定，稍微缓一缓再定，除非那种不可抗拒的突发的事件，你正职就得行使指挥官的权力，当机立断解决，这时候副职必须服从。一般的情况下没有这样急的事，你先缓一缓，别着急定。我们院里也是这样，院长办公会，书记、副书记、院长、副院长都参加，有的时候把我的意见否了，有的时候把别人的意见否了，有的时候采用多数意见，有的时候采纳少数意见。有的时候争论很激烈，确实觉得不好明确地判断对和不对的，我们就放一放，下次再议。有的时候放了一段时间以后，再议就统一起来了，因为经过一段思考以后，各位院领导重新审视自己的观点，可能就得到共识。我觉得这是在分歧比较大，而且不是个人成见，真正从工作上看法不一致的情况下，你不妨先缓一缓，决定先放一放，大家再冷静分析一下。另外，你可以征求一下别人的意见，包括我们支委的意见，包括一些老同志的意见，如果属于敏感的问题，你可以不与别人谈。还可以向领导报告一下，就是两个人在这个问题上看法不完全一致，希望院领导帮助，看一看哪种意见可行。

总而言之，正职和副职要商量，不可以独断专行。而且每干一件事，希望有一定的透明度，作为正职干部，应该主动跟副职打招呼，要商量，要征求意见。副职办事也应该主动跟正职打招呼。有一个原则应该清楚：要养成一定的正式研究工作的习惯。院里定期或者不定期地召开院长办公会，我们院长办公会一年多的话开50多次，少也得开40多次。每次院长办公会定的事儿，都是定的决议，必须要执行，效率比较高。

有的处，例如修建工程处，他们也学这个办法开处长办公会，吸收副处长，包括一些职能部门的干部参加，这很好。有的研究室可能也开主任办公会。但是有个别的二级单位只有一个主任怎么办？我觉得这个办法也有，我希望你在没有干扰的情况下，每个礼拜或者10天、半个月，你坐下来认真冷静思考一下你的工作，真正认真地思考一下，这是第一。第二，你调查研究，征求一下其他同志的意见。第三，你要征求支部委员的意见，我觉得这对你来说是一个补充。咱们院领导是8个人，咱们有的主任是三个人、两个人，磁性材料所比较大了，有五六个人，有的一个人、两个人。你正儿八经地说我开个主任办公会，就咱两个人，这也不一定非要召开办公会，但是有一条，必须正式地认真地研究工作，而且做必要的记录，将来有案可查，切忌决策的随意性，突然的动议，或者下级非正式的汇报，以打招呼的方式与你聊天。实际上他跟你打招呼的时候，可能你并没有想这事，或者你哼哈地点头，那人以为你同意了，实际上你并没过脑子。例如，他不是在正式场合谈工作，你中午在去食堂的路上，他边走边与你聊天，你心不在焉地点头也可能是对他或者对路上的人点头示意，结果，他误认为你同意了，我就遇到过这种情况。所以院领导要求，凡是重要的事，要正式向院领导汇报，必须以书面形式报告并以院领导签字为准。你光是哼哈点头那不行。

有的秘书钻领导的空子，他拿一大堆文件让领导签字，把别人托他的报告夹在文件中间，有的领导不注意，并不认真看报告内容，结果就顺手签字了。在国家机关或大企业，过去这是钻领导空子的常用做法，秘书被买通了，没有对领导负责。我们院不存在这种情况。

二是我们要求不管正职副职，你们要做明确的分工并明确责权，以便在自己管辖的范围之内，有权力独立自主地工作，不一定凡事都汇报。例如，你副职干部分管哪些科研项目，你就应该完全独立自主地管好，正职也不一定要求人家天天给你报告，没必要。你既然分配工作，就应该信任人家。但是定期研究工作的时候要充分沟通。

三是如果分工以后，正职不在，由副职代理工作的时候，代理正职主管的业务，正职回来以后，副职应有一个口头或是书面报告，这是规定。如果副职多的话，正职一定要点名指定哪一个副职代理正职工作。像我们院级领导，这是很明确的。我每次出差之前，都指定一位副院长在我出差期间全权代理工作，而且写好委托书，万一需要签字的时候，代理副院长可以行使权力。过去曾经有过教训，有一次我出差，郑院长代理工作，但没有委托书，需要贷款，郑院长不能签字，因没有法人代表的委托书银行不给办，结果贷款没贷上。最后办成了，那贷款利息也上去了，院里有损失。此外，每次我们出差之前都要跟有色总公司打好招呼，什么时间到哪儿出差，这期间谁代理工作，以便应对急事。

咱们院有一个优点，院领导都不争权，而且都让权，尤其是副院长都怕自己越权。在多名副院长中，你如果不指定哪一位代理，各位副院长都不好意思往前上，那工作没人管了。所以说正职和副职就两人的时候，你也应该明确你走了以后副职是不是全权代理，如果有两个以上副职的话，你应该指定一个副职代理你出差期间的全面工作，这是必须的，这是一个工作规矩。有的正职主任、所长什么事都想管，可是他又管不了那么细，那么副职就不好操作吧？既然是两个人，就要干两个人的事；既然是三个人，就要干三个人的事。因为是正职负责制，一般情况下不能绕过正职直接找副职布置工作。

我们对正职要求要高。第一你要全面负责，第二你要敢于负责，第三你要有驾驭全局的能力。作为大部分年轻干部，总有一天会担当正职的工作，要加强全面训练。还有一条，就是不管正职和副职，维护班子整体的团结非常重要，领导班子团结是我们取得各项事业成功的根本保证。作为院领导，我们可以很坦率地跟大家讲，院级领导在领导班子团结这个问题上，可以作为我们院二级班子的表率，因为院领导确实是这样做的。你说院领导是不是思路完全一样，这也不一定。可贵之处就在于院领导思路非常活跃，当不一致时，能够在一致的基础上求同存异，统一步调，这是难能可贵的。大家知道我们开院长办公会或党委会也好，我们有时候争论非常激烈，下了班以后，你在走廊里听声音最大的地方，肯定是院领导在开会，讨论最激烈、争论最多，有的时候面红耳赤，但最后院里做了决议，争论只在会场，离开会场以后只有一个声音，这一个声音不是个人的，而在于我们最后的决议。所以你们没有在院领导面前听到领导讲领导的坏话，或者哪个领导在会上说了什么。

也有的人钻领导空子，但都是小空子。例如，有的人要报销出租车票或饭费，郑院长有时候要求严一点，不给办，但是他又找我或者找别的领导签字。找一个院长签字没签成，又跑到另外一个院长处，有时候签了，这情况有，但都是小空子，不是大事。在大的问题上院领导之间没有什么空隙，你钻不了什么空子。什么原因？就是院领导团结维系得非常好，不同看法肯定有，只在于个人的思路和会场上，大事一定沟通。我想作为咱们二级班子，无论处的班子、设计院的班子或研究所的班子也都应该这样，正职要维护副职的威信，副职要维护正职的威信，绝不可以拉帮结伙打击对方。即便是某个地方出了问题，作为另一方也应该补台，而不应该添油加醋或者投石下井，那就是别有用心、心术不正，这是铁的纪律。

还应注意到，如果你不在场，即便是副职定的事，不太符合正职的意图，或者跟正职的观点不一致，如果没有原则问题，希望你能够尊重副职，不要给人家否定，这是对人的尊重，对岗位的尊重。不是大是大非的原则问题，既然他定了，他是领导者之一，他就应该有权力定，除非不可抗拒的，要引起严重后果的，那么你们交换意见或者向院领导报告，想办法换一种方式进行补救。

第四，关于新老干部合作问题。

一句话，咱们发挥各自的特长，优势互补。我们使用年轻干部最看重的就是年轻干部有活力，思维比较敏捷，能有一定的开拓思路，而不在于你有多大的决策能力，有多少经验。一般来说，如果我们年轻同志上来以后本身就暮气沉沉，我们干吗要年轻的？老同志有的是！所以既然起用年轻干部，你应该发挥你的特长，但不是说胡来，要跟老同志商量，要求得老同志的支持。反过来，老同志也应该正确对待年轻同志的特点和弱点。所谓弱点，就是说对历史情况不大了解，对我们的社会背景了解得不够充分，经验不太丰富，等等，也包含两代人的代沟。我们年轻干部跟老干部搭档，实际上是属于两代人了，我们年轻同志特别要注意向老同志学习。我们说这次院庆之后，今后五年是我们新老交替的五年，但是有一条，我们到任何时候都要充分发挥老同志和年轻同志的作用。即便是五年之后，咱们在座的很多处级干部到了离退休的年龄，到那时你可能不当领导了，而可能是在另外一个岗位上继续工作，也可能发的光和热要更多。我们这些年轻同志要尊重老同志几十年的贡献，这几十年的无形资产是非常宝贵的。人家干了几十年，积累了很多经验，你上来以后，三天两天就把人的经验学了，人家毫无代价地教你了，看起来不是很公平，但是我们要求只能是这样。老同志毫不保留地把自己几十年的工作经验和体会教给年轻干部，年轻人你不学白不学。这其中有经过多次失败、成功的经验和体会所积累的，也有的是从上级领导学来的，有的是从外单位学来的，都很宝贵，所以咱们年轻同志特别要摆正自己的心态，要先当学生，后当先生，要树立你一辈子就当学生的观念。老同志要注意对年轻同志爱护、关心和培养，要容许他们多谈一些思想，哪怕这些思想我们看不惯、听不惯，都没关系，只要敢谈就是好样的。谈了以后咱们再商量，有重大分歧我们可以再探讨。咱们要优势互补，年轻同志要珍惜这个机会，今后几年要赶紧作为骨干接班。有的老同志可能还得继续干，这个就不多说了。

第五，我们基层的行政干部跟基层党组织的关系。

党委的政治核心作用、党支部的战斗堡垒作用和共产党员的模范带头作用是我们党几十年来形成的好传统。我们虽然在基层是行政正职负责制，但并不表明我们基层的党支部、党组织不起作用，相反可能起非常重要的作用。我们很多基层的工作，包括思想工作，我觉得当前来说是重要的。虽然咱们强调要讲政治，但是涉及国家大政方针的事，主要还是国家领导人和上级机关把握，对于我们基层院所来说，主要是跟着上级来执行。但是职工中大量出现的思想意识问题，单靠主任、处长来做还是不够的，我们要发挥党支部的作用，要使全体党支部委员都能够明确我们基层的机构和我们院里整体的思路、整体的策略，把我们的政策变为职工自觉的行动，这样才能获得基层党支部对行政正职工作的监督和保障作用。

所以定期地跟支部书记、跟支委交换意见是必要的，尤其是我们人力不够的时候，更应该发挥我们支委的作用。这两天有几个支部书记的发言我觉得讲得很好，一是环保室成先红讲的，二是金宝惠讲他们后勤处，三是分析室讲的。作为行政领导，如何充分发挥党支部的作用，让党支部帮助你渡过难关，帮助你分担一部分工作，依靠党组织树立信心，这方面做得很不错。另一方面，我们有的副职成员本身就是支部书记，那么作为正职的干部，更应该主动地与作为支部书记的副职干部多商量，因为你有一个对党组织的尊重问题。这不是对个人，而在于对基层党组织的尊重。

我觉得作为行政正职，如果和基层党组织有矛盾，那么矛盾的主要方面我个人认为是在行政正职，因为你是行政正职负责制，既然你负责了，你也可以主动地征求人家的意见，主动请人家来对你监督吧？你也可以说我既然正职负责了，我就独立自主地进行指挥，这也可以说得过去。我们行政正职应该主动地接受基层党组织的监督保证。党政合一是说党政一条心进行工作。以往关于中心与核心之争在咱们院不存在什么问题。

第六，关于调查研究和民主决策问题。

我们很多基层工作都会遇到这个问题。比如说你这科技项目到底干不干？你的产业到底干不干？你的投资到底敢不敢？你的人员到底怎么安排？这都是一些基层面临的问题，但是基层的决策跟院里的决策不是一个层次，因为院具备独立的法人资格，而我们基层大多数不具备独立法人资格，但是有一些决策也是很严肃的，比如磁性材料研究所这样的大所，它每年的产值达到1亿多元，去年达到1.6亿元。所以它的决策也涉及是否科学合理的问题，因为它对全院的影响大。

我想不管我们大机构也好，小机构也好，在调查和决策问题上应该遵循四步骤的原则。一是，调查研究应该积极稳妥科学，应该实事求是，千万不能搞假，这是非常重要的。二是，论证时一定要畅所欲言，要充分发挥民主，让人家把话说完说透，你认真听听人家讲的有没有道理，哪怕跟你调查研究结论不一致，也让人说透，这保证我们的科学性。三是，决策必须果断，不管干和不干，只要是认准的，或者院领导认为可以定的，就坚决决策。有的时候少数人可能代表正确意见，这也得决策，严防拖泥带水、久议不决。四是，我们执行必须坚决，一成决议要坚决执行，谁挡道就搬开谁。当然这是极端的情况了，我们尽可能做得柔和一些。像金宝惠关于两栋宿舍搬迁，那不是很多搬迁户绝大多数的思想工作都做通了吗？最后一个钉子户是不是采取了行动措施？我们应该相信大多数干部和群众还是通情达理的。

只要把握了以上四步骤的工作程序，即“调查研究科学，论证讨论民主，决策定论果断，实施运作坚决”，一般来说不会出现重大的失误。这么多年来，我们基本上是遵循这四步骤原则，因此对一些重大的问题，我们应该说没有失误，这包括我们这几年占山头、抢地盘、抓机遇，是不是也是这么论证的？我们建立三部占地抢地盘，建立三个工程中心占山头，搞各方面的改革不都是抓机遇吗？

第七，管理部门要树立为基层服务的意识。

这方面我不多讲，有一条刚才我已经谈到了，就是说我们当干部一定要努力，要学习自己的专业知识，包括与自己相关的这些科学技术。我们主管部门、管理部门和研究所、研究室的关系，这个问题不是什么新问题。过去人们常说一线二线，现在一线二线议论得好像少一点，或者是已经充分理解了一些。作为咱们设计院、研究所、研究室，他们是在市场经济第一线承担了一线的责任，要出成果、出人才、出效益，他们是前线部队。作为咱们管理部门的同志们，责任也是非常大的，但是我觉得重要的一条首先要树立服务意识，我们绝对不能把我们院的各个处这些管理部门变成有的国家机关这样：门难进，脸难看，话难听。如果这样干的话，人家只对你敬而远之，那可不行。我们应该急研究所、研究室和设计院之所急，主动想办法来帮助下面做工作，而不是设置障碍，我们有些同志经常出国有体会，说到了发达国家，就觉得哪一件事儿人家想方设法帮你干成；一回到国内以后就感觉不一样了，好像故意就卡你。外界的事我们管不了，但是在咱们院里，应该树立一种服务意识。

第五个问题，努力抓好第四季度的工作，为全面完成本年的工作而努力。

今天是10月4日，本年度还有三个月，真正给我的时间也就是七八十天。总的来说，我们今年大多数措施，包括承包工作还是不错的，但是最后一个阶段，千方百计想方设法一定完成本年度的任务，出成果、出人才、出效益。不光是经济指标，经济指标是必须要完成的，我们院庆看起来轰轰烈烈，形象不错，但没钱能干什么？赚钱很不容易。我们除了赚钱、除了经济效益之外，还要保持我们科研的水平，保证我们整体的矿冶精神、矿冶文化的弘扬。给大家提个醒，我们一定在最后这第四季度里，各个单位要认真研究一下，怎样抓紧完成本部门的工作，使我们全年有一个很好的收成，打一个很好的基础，进一步跨入我们院庆后的新征程。全院职工要抓紧第四季度工作，为完成全年的任务而奋斗。

后　记

在本书前言中已提到，1988年2月我任北京矿冶研究总院院长直到2007年2月离任，之前还担任过两年多的副院长。在我任院长的20年间，历经了中国科技体制改革的全过程，这也是国家经济体制改革最困难的时期。当时有一句话："办法总比困难多。"中国终于挺过来了，闯过来了，迎来了改革开放的新局面。经历了不寻常的20年，我也经了风雨，见了世面。我以北京矿冶研究总院为背景，实则映射出那个时代的特征，我愿意把那些年的变革和我的经历与体会告诉读者，让当代人共享改革的春风，使年轻人增加对国情的了解，也为当今高等院校和科研机构以及企业的同行提供一些借鉴。我奉献此书，还原矿冶研究总院、矿冶人和矿冶界的同行为祖国的矿冶事业艰苦奋斗的那些激情燃烧的岁月，人们不会忘记、共和国不会忘记。

那段历史是以我为主描述的，但绝非我本人或少数人工作的记录，而是对全院干部职工和诸多合作者同甘共苦的回顾。

北京矿冶研究总院时任院长何伯泉、党委书记李永蔚培养我、提携我，中国有色金属工业总公司总经理费子文、吴建常为首的党组信任我、提拔我，使我有机会登上这个平台，义无反顾地工作，这个岗位原本别人也可以胜任，甚至比我干得更好。

与我任期内合作的院领导前后达20多位，我们精诚合作，没留下任何遗憾。特别是院党委书记周峰、邱定蕃书记兼副院长和王玉田书记，他们作为党委主要领导，以高度的事业心和责任感，识大体、顾大局，全力支持院长的工作，并且共同决策把关，使我院在快速发展的进程中没有出现明显的失误，我们既是工作中的伙伴又是好朋友。

与我合作共事的处级干部前后有上百人，还有几千名员工长年奋斗在科研、设计、产业、国内外市场和行政后勤的第一线，建立了不朽的功勋。其中不少人已经离退休，离开工作岗位，也有包括老领导在内的一些同伴永远离开了我们，使我想起他们就心里难过，我忘不了大家风雨同舟、同甘苦共患难的日子。

中国有色金属工业总公司、中国有色金属工业协会、中央企业工委、国务院国资委、国家经贸委、国家科委（科技部）、国家计委（发改委）、工信部等国家主管部门，各省、市人民政府，还有数不尽的企事业单位长期对矿冶总院支持和信任，使我们在民族复兴的道路上有主心骨，不单打独斗，不感到孤单。

这本书写起来并不轻松。原因是时间跨度大，发生的事件多，涉及的人物多。最重要的是要尊重历史，还原事实，不能随意编写，不搞虚假，不说大话、空话，不过多地发表议论，留下史料由后人和历史去评说。

众多同事对我提供了帮助。他们有的给我提供原始资料，有的直接为我写素材稿，有的介绍我不了解的背景。显见，没有大家的共同努力，就不可能成书。

举一个例子，写关于我院与哈萨克斯坦铜业公司合作部分，我花费了一个月的时间。主要原因是合作的周期长达几年，项目多，参与工作的人多，有上百人，并且没有任何人完整地历经项目的全过程，不同的人对事件的记载也不完全相同。在大家的支持和帮助下，经努力查证，我还算基本上说清楚了。

下列人员为我提供了宝贵的素材和资料：韩龙、夏晓鸥、张晓春、战凯、张立诚、周俊武、李生光、郑晓虎、王建文、张京京、王拥军、王福良、魏明安、梁殿印、刘永振、董卫军、王瑜、吴熙群、吉兆宁、曾红、王国立、郭景丰。

下列院领导和矿冶集团领导大部分曾是我亲密的合作伙伴，又为审阅书稿、纠错把关付出了心血：何伯泉、周峰、邱定蕃、郑宝臣、汪旭光、罗忠义、王玉田、饶绮麟、夏晓鸥、张建良、张立诚、张晓春、韩龙、战凯、蒋开喜、周洲、王卫东、黄松涛、马继儒、薛松、马彦卿、李建中。

下列人员为本书的编辑、审稿做出了贡献：朱阳戈、宋振国、周秀英、孙希文、孙远帆、孙霁航。

东北大学出版社社长郭爱民、总编辑助理孙锋、美术编辑潘正一以及东北大学资源与土木工程学院院长韩跃新对本书的出版给予了大力支持并付出了辛勤的努力。

笔者向以上做出贡献和帮助的同行深表感谢！

由于多方面的因素，尽管笔者已经尽力，但本书对事实的把握及表述的尺度还会有错漏，敬请各位读者批评指正，笔者不胜感谢！

除了正常工作之外，历时一年半的时间，本书终于脱稿了，我终于有资格深呼一口气，犹如攻克一个科研项目。书是我写的，但事情是大家干的。写这本书是我义不容辞的责任和义务，无论写得好与坏，我必须坚决完成，否则我对不起健在的和已故的合作者及同事。

孙传尧

2022年11月于北京矿冶研究总院（矿冶科技集团）